VORWORT

In Friedrich Schillers Prolog zu „Wallensteins Lager", dem 1. Teil seiner großen Dramentrilogie, die sich vor dem historischen Hintergrund des Dreißigjährigen Krieges vollzieht, heißt es über Wallenstein: „Von der Parteien Gunst und Haß verwirrt, schwankt sein Charakterbild in der Geschichte." Der umfassenderen und folgenreicheren Bedeutung entsprechend, trifft das auf Peter I. von Rußland in verstärktem Maße zu. Von den einen als fortschrittlicher Reformer, Schöpfer eines großrussischen Zarenreichs und Begründer russischer Weltmacht zum Denkmal eines unsterblichen Nationalheros idealisiert, von den anderen als grausamer Gewaltherrscher und blutrünstiger Barbar verdammt, gibt es bis heute die gegensätzlichsten Urteile in der Geschichtsschreibung. Die Neigung zur einen oder anderen Grundauffassung erklärt sich aus der weltanschaulichen Haltung und dem entsprechenden historischen Verständnis des jeweiligen Betrachters. Daher unterliegen auch die Details von Peters Charakter, seiner Regierung und seines außen- und innenpolitischen Wollens oft sehr unterschiedlichen Bewertungsmaßstäben.

Ohne Zweifel war Peter I., dem die Geschichte den Beinamen „der Große" verlieh, weder das eine noch das andere Extrem ausschließlich und vollständig, sondern er besaß von beidem genug, um viele

Deutungen zuzulassen und für jedes Urteil ausreichende Begründungen zu liefern. Doch wie man dieses Leben auch immer beurteilen mag, in keinem Fall wird man ihm gerecht, wenn ein unhistorischer Standpunkt mit sogenannter absoluter Wertung eingenommen wird, der die Zeitverhältnisse mißachtet oder nur soweit berücksichtigt, wie sie das Betrachtungskonzept bestätigen. Peter I. ist nicht deckungsgleich mit irgendeinem politischen Konzept oder weltanschaulichen Programm, sondern ein differenzierter Mensch mit Widersprüchen, der als Herrscher überragendes Format entwickelte. Er verfügte über unerschöpfliche Tatkraft, politische Instinktsicherheit und zweckgebundenen Einfallsreichtum. Er besaß die seltene Gabe, seine Intentionen mit den jeweils gegebenen Möglichkeiten in Einklang bringen zu können. Er konnte versöhnlich taktieren oder Widerstände mit brutaler Gewalt brechen. Er war kompromißbereit oder unterordnete Menschen und Verhältnisse rücksichtslos seinem Willen, wenn ihm die Zeit dazu reif erschien. Das befähigte ihn, sich selbst und seine politischen Pläne durchzusetzen, vorgezeichnete Entwicklungstendenzen zu stabilisieren und weiterzuführen, aber auch neue und in die Zukunft weisende Entwicklungen einzuleiten.

Henry Vallotton kann für seine Biographie in Anspruch nehmen, Peter den Großen weder in den Himmel der Unfehlbarkeit entrückt noch den Dämonen der Hölle zugeordnet und damit der sachlichen Betrachtung entzogen zu haben. Vorurteilsfrei wird ein Mensch dargestellt, zu dem helle, leuchtende Farben ebenso gehören wie düstere Schatten. Um ein gerechtes Urteil zu finden, wird die Persönlichkeit psychologisch analysiert und einfühlsam differenziert. Zeitgenössische Dokumente und Berichte sowie eine Fülle von Literatur vorwiegend aus dem 19. Jahrhundert und aus der ersten Hälfte unseres Jahrhunderts geben der Darstellung Detailtreue und Überzeugungskraft. Auf diese Weise entsteht vor einem turbulenten zeitgeschichtlichen Hintergrund das Charakterbild einer in den Vorzügen wie in den Unzulänglichkeiten und Fehlern faszinierenden Persönlichkeit. Allerdings ist die Darstellung dabei mitunter allzu eng auf psychologische Erklärungen konzentriert. Zwar ergeben sich aus dem Fühlen, Denken und Handeln Aufschlüsse über individuelle geistig-seelische Grunddispositionen, aber umgekehrt schreibt die Disposition nichts unabänderlich vor. Jede von Veranlagungen, Erziehung und Erfahrungen geprägte Persönlichkeit hat stets mehrere Möglichkeiten zur Verfügung. Innerhalb bestimmter individueller Grenzen ist die Persönlichkeit weitgehend entscheidungsfrei. Deshalb ist nicht nur aufschlußreich, was einen Menschen zu einer Handlung befähigt, sondern auch, warum er so und nicht anders handelt. Diese Fragestellung zielt jedoch weniger auf psychische Grundstrukturen als vielmehr auf das konkrete persönliche Verhältnis zur Umwelt. Eine phänomenologische Untersuchung, mag sie auch noch so interessant und aufschlußreich sein, ist etwas anderes als eine historische Biographie.

Die moderne Geschichtsschreibung, die sich in den Jahren nach dem Erscheinen von Henry Vallottons Biographie erneut mit Peter I. befaßt hat, ist heute weit von der Phänomenologie des Genies entfernt, die im ausgehenden 19. Jahrhundert und in der ersten Hälfte unseres Jahrhunderts viele Darstellungen großer Persönlichkeiten der Geschichte geprägt hat. Nicht nur die neuere sowjetische Geschichtsschreibung weist nachdrücklich auf Zusammenhänge hin, nach denen Peter I. das wichtige Bindeglied einer langen Entwicklungskette war und keineswegs, wie Henry Vallotton schreibt, „ein einsamer Riese, der wie ein Fels aus der trägen Masse seines Volkes emporragt" und mit unbegreiflicher Kraftentfaltung einen modernen Staat schuf. Aus Traditionen und Konventionen erwachsen und zugleich in die Zukunft weisend, hat Peter der Große weder in einem Vakuum gelebt noch das russische Zarenreich aus dem Nichts geschaffen, sondern vielmehr zu einer konkreten Zeit in einem speziellen Raum unter bestimmten Menschen gewirkt. Und diesen Zusammenhängen ist sein Wollen und Handeln bis hin zu den Mitteln und Methoden der Planung und Verwirklichung im Guten wie im Bösen verpflichtet. Licht und Schatten, Vorzug und Makel sind das Ergebnis vielfältiger Wechselwirkungen zwischen seiner Herrscherpersönlichkeit, seiner Zeit und seinem Volk.

Die neuere sowjetische Geschichtsschreibung sieht in Peter I. den Schöpfer des russischen Reichs auf dem Weg zur europäischen Großmacht und zur Weltgeltung, der mit staatsmännischem Weitblick Rußlands natürliches Streben nach einem Zugang zur Ostsee

erstmals deutlich artikulierte. Außerdem wird sein Organisations-
talent hervorgehoben, das durch Orientierung am europäischen
Fortschritt und dementsprechende Reformen der ökonomischen und
kulturellen Entwicklung Rußlands entscheidende Impulse gab. Wenn
damit auch die Rückständigkeit des Landes nicht überwunden werden konnte, da Peter I. in den Vorurteilen seines Klassendenkens
befangen blieb, die schöpferische Kraft des Volkes nicht zu erkennen vermochte und daher die Leibeigenschaft unangetastet ließ, die
in Henry Vallottons Darstellung keinen Stellenwert hat und nicht als
Problem in Erscheinung tritt, trug doch die relative Fortschrittlich-
keit seiner sozialen und administrativen Reformen dazu bei, Rußland
den historischen Verhältnissen entsprechend in Bewegung zu setzen
und einem modernen Staat nach westeuropäischem Vorbild näher-
zubringen. In diesem Zusammenhang wird die von Henry Vallotton
psychologisch als innere Ruhelosigkeit und Betätigungsdrang gedeu-
tete Arbeitsleidenschaft des Zaren betont, die in der russischen
Zarengeschichte ohne Beispiel ist und Peter I. von all seinen Vorgängern und Nachfolgern unterscheidet. Der ausgeprägte Hang zur
Grausamkeit, den Henry Vallotton ebenfalls psychologisch erklärt
und auf Kindheitserlebnisse zurückführt, wird nach der von Marx
und Lenin vorgezeichneten Auffassung damit begründet, daß Peter I.
zu seiner Zeit und in seinem Land kein wirksameres Mittel zur Verfügung stand, als die Barbarei mit barbarischen Maßnahmen zu
bekämpfen.
Die deutsche Geschichtsforschung der letzten Jahrzehnte interpre-
tiert Peter den Großen als genialen Vollstrecker vorgegebener Ideen
und zugleich als Wegbereiter russischer Großmachtpolitik, der mit
kühnen Reformen und Gewaltmaßnahmen statt gründlicher Syste-
matik Rußlands Anschluß an die europäische Entwicklung erzwang.
Seine Skrupellosigkeit und Willkür werden vor allem mit der historischen Situation des aufgeklärten Absolutismus russischer Prägung
erklärt, der zur Durchsetzung seiner politischen Ziele uneingeschränkte Herrschergewalt zur Voraussetzung hatte. Dieser Gewalt
konnte sich niemand entziehen; alles und jeder hatte ihr zu dienen;
vor ihr gab es keine korporativen oder individuellen Rechte. In diesem Sinne stand Peter der Große ganz in der Tradition des Mos-

kauer Zarentums, das schon lange vor ihm auf dem Prinzip des Dienststaates ruhte und das Verhältnis zwischen Herrscher und Untertanen nicht nach gegenseitigen Rechten, sondern nach Dienstpflichten regelte. Die Stufenfolge dieser Dienstordnung endete erst vor dem Zarenthron, dem vom Leibeigenen bis zum privilegierten Adligen alles untertan war und uneingeschränkt zu gehorchen hatte. Die Reformpolitik Peters des Großen war eher spontan als systematisch und vorwiegend von den jeweiligen Notwendigkeiten der Kriegsereignisse bestimmt. Für eine gründlich ordnende Innenpolitik, die nach Henry Vallottons Auffassung dem aus Schuldgefühlen innerlich vereinsamten und ruhelosen Charakter nicht entsprach, standen ihm ohnedies nur wenige Friedensjahre zur Verfügung. Dennoch haben seine Reformen im Zusammenhang mit militärischen Erfolgen und wichtigen Gebietserweiterungen erheblich dazu beigetragen, das Fundament für einen modernen Staat zu legen und Rußland die politische Vormachtstellung in Osteuropa zu sichern. Auf der stabilen Grundlage des Moskauer Fürstentums entwickelte Peter I. ein großrussisches Reich, das erstmals Anspruch auf Weltgeltung erhob. Henry Vallottons biographische Studie des großen Zaren stimmt mit der modernen sowjetischen und westlichen Geschichtsschreibung völlig darin überein, daß Peter I. innenpolitisch auf eine straff zentralisierte Verwaltung und einen Staatsapparat nach dem westeuropäischen Vorbild des aufgeklärten Absolutismus zielte und außenpolitisch zur Ostsee strebte, nach Westen zum Kaspischen Meer, nach dem Balkan und nach Mittelasien. Damit waren bei seinem Tod 1725 die Grundzüge der künftigen russischen Politik eindeutig markiert, an der sich bis heute nichts grundsätzlich geändert hat.

GÜNTER PÖSSIGER

The soul's joy lies in doing.

SHAKESPEARE

EINFÜHRUNG

*Die Geschichte — Das Land — Die großen Städte — Die Verkehrs-
wege — Der Bodenertrag — Der Zar — Die Duma der Bojaren — Der
Zarenhof — Die Finanzen — Recht und Rechtsprechung — Die Kirche —
Die Armee — Die Rangordnung — Der Handel — Die Menschen —
Volkscharakter und Sitten — Der Glaube — Die Familie — Die Frau —
Die Gesellschaft — Kultur, Künste, Literatur — Beziehungen zum
Ausland: ausländische und russische diplomatische Missionen — Schluß-
bemerkung.*

> *Rußland? Grenzenloses, leeres, monotones Land ohne Ein-
> schnitte, in dem die Orientierungszeichen fehlen; mit einem
> Wort: ein Kontinent in ungeheuren Maßen!* ... *Land der
> Härte und des Leidens, in dem die Natur selber keinen Ge-
> danken an Güte aufkommen läßt.* ANDRÉ SIEGFRIED

> *Das Klima bin ich.* NIKOLAUS I.

Der Einfall der Tataren geschah nicht in einer unaufhaltsamen, mit
einem Schlag über Rußland hinbrausenden Woge, welche die Armee
hinwegfegte und die Bevölkerung überflutete. Die Tataren gingen in
2 Abschnitten vor: nach der Eroberung Zentralasiens und dem siegreichen Marsch über Iran und den Kaukasus (1221) besiegten 2 Un-
terfeldherren des Dschingis-Khan, Subotaj und Dschebe, an der Spitze
von 25 000 Reitern die Russen bei Kalta und kehrten dann wieder
um. 13 Jahre später stieß Dschingis-Khans Enkel, der Khan Bati (oder
Batu), über den mittleren Ural vor, unterwarf das Königreich Kama,
besiegte nacheinander die russischen Teilfürsten und überfiel Galizien, Polen und Ungarn. Khan Bati gründete die „Goldene Horde"
und die Stadt Saraj an der Teilung von Wolga und Achtuba. Die
Mongolen hatten die Städte geplündert und zerstört: Von der
großen Stadt Kiew blieben nur 200 Häuser stehen. Aber nach Beendigung des Krieges trachteten sie nur darnach, den Besiegten aus-
zubeuten, wobei sie nach der grausamen Regel vorgingen: „Wenn

er nicht zahlt, nimm ihm sein Kind! Wenn er keines hat, entführe seine Frau! Wenn er Junggeselle oder Witwer ist, verkaufe ihn als Sklaven!"

Die Goldene Horde kümmerte sich nicht um die Verwaltung des eroberten Rußland; sie respektierte die wesentlichsten Gesetze des Landes, den Glauben, die Überlieferungen, die Bräuche und das Familienleben der Einwohner. Der Besitz der Kirchen wurde von den Steuern befreit; die Metropoliten wie die Großfürsten erhielten von der Horde die Bestätigung ihrer Würde. Dafür verlangte sie die Abgabe eines schweren Tributs und gefiel sich darin, ihre neuen Untertanen zu demütigen: Die Nachkommen von Rurik und Gedjmin wurden gezwungen, dem Khan zu Füßen zu fallen, und ihm Gold, Stoffe und kostbare Pelze darzubringen. Sie mußten ihm als Steigbügelhalter dienen, wenn er zu Pferde stieg, die Tropfen saurer Milch auflecken, die aus seinem Becher auf den Hals seines Reitpferdes flossen. Die Fürsten von Riasan, Rostow-Ssusdalj, Kiew, Smolensk, Galizien und die anderen sträubten sich gegen den Okku-panten; nur die moskowitischen Landesherren bewiesen eine äußer-ste Geschicklichkeit; bald arbeiteten sie mit dem Eroberer zusammen. Mit der Eintreibung der Abgaben beauftragt, die den anderen Für-sten auferlegt wurden, rächten sich die Moskowiter für die Demüti-gungen dadurch, daß sie den Tataren auf tausend Arten betrogen, bestahlen und hintergingen. Jahre verflossen. Während die Enkel des Dschingis-Khan im Nichtstun erschlafften, gewannen die Moskowiter durch viel Geduld, Schläue und Geschick an Boden. Sie nahmen ganz allmählich gegenüber den anderen russischen Fürsten die Stelle des Eroberers ein.

Dimitrij Donskoj errang 1380 bei Kulikowo einen glänzenden Sieg von außergewöhnlicher historischer Bedeutung über die Goldene Horde: Der Groß-Khan Mamaj hatte den Vorsatz gefaßt, Rußland zu unterjochen, dem Islam zuzuführen und dann in Europa einzu-fallen. Mamaj floh nach Kaffa zu seinen Genueser Verbündeten, die ihn sogleich köpften. 2 Jahre nach Kulikowo nahm der Khan Toch-tamysch Moskau ein, brannte es nieder und mordete die Einwohner. Die Besetzung wurde wie in der Vergangenheit fortgesetzt, und die moskowitischen Fürsten übernahmen wieder ihre Funktionen als

Steuereinnehmer der Goldenen Horde. Allerdings war der Tribut erheblich herabgesetzt worden.

Iwan III. bestieg im Jahre 1462 den Thron. Der Sohn von Wassilij II., dem Blinden, Enkel von Wassilij I., Nachkomme von Alexander Newskij, Iwan I. Kalita und Dimitrij Donskoj, war skrupellos in der Wahl der Mittel, ohne Gefühl und ohne Mitleid für seine Familie und seine Untertanen. Er wollte seine Macht festigen, „einen starken und gefürchteten Staat schaffen" (Pierling). Er bemächtigte sich der Herzogtümer Jaroslawl und Twer, und kaufte das Fürstentum Rostow. Verschlagen, mehr Diplomat als Soldat, blieb er gegenüber dem Tataren demütig und servil. Als Anhänger der orthodoxen und entschiedener Gegner der römisch-katholischen Kirche stand er den Mongolen näher als den Polen und Litauern. Wie Alexander Newskij war er der Ansicht, daß die größte Gefahr für Rußland aus Europa komme und nicht aus Asien. Er betrieb eine persönliche, willkürliche und absolute Innenpolitik, durch die er als der Begründer des Despotismus in Rußland angesehen werden kann.

Im Jahre 1469 starb die Gemahlin Iwans III., Marja Borissowna Iwerskaja. Sie hinterließ ihm einen Sohn: Dimitrij. Am 12. November 1472 heiratete Iwan III. in zweiter Ehe Sofja, die Tochter von Thomas Palaiologos, dem ehemaligen Despoten von Morea, Nichte Konstantins XI. Palaiologos, des letzten Kaisers des Byzantinischen Reiches. Nach dem Sieg Mohammeds II. war Thomas Palaiologos mit seinen Söhnen Andreas und Manuel und seiner Tochter Zoe nach Rom zu Papst Pius II. geflohen. Der Papst selber hatte ihm diese Ehe mit Iwan III. vorgeschlagen, denn er hegte die Hoffnung, das Fürstentum Moskau für seinen Kreuzzug gegen die Türken zu gewinnen und die Vereinigung der römisch-katholischen mit der orthodoxen Kirche zu verwirklichen. Iwan III. seinerseits rechnete damit, durch die Heirat mit einer kaiserlichen Prinzessin sich die Rechte auf das Erbe des Kaisers von Byzanz zu sichern. Zoe-Sofja war intelligent, gebildet, stolz und energisch; sie war es, die Iwan III. dazu bestimmte, den Tataren den Tribut zu verweigern; sie vertrieb mit List und Gewalt die mongolischen Vertreter aus dem Kreml (1476). Die Nachkommen Tamerlans waren entartet und uneinig. Das Reich der Goldenen Horde war nach und nach zerstückelt worden: Kasan, die Krim und andere Khanate hatten sich vom Joch der Knechtschaft Sarajs befreit. Khan Mohammed schloß mit Kasimir IV. von Polen ein Bündnis gegen Iwan III.; aber er zögerte so lange, daß der Großfürst Zeit hatte, mit Polen Frieden zu schließen, das Bündnis mit der Krim wieder zu festigen und seine Armee für den Krieg vorzubereiten. Als die Horde sich schließlich Moskau näherte, stieß sie auf Truppen, die die Oka verteidigten. Iwan III. floh angsterfüllt vom Flußufer und sandte seine Gemahlin und den Staatsschatz nach Beloosero[1]. Durch seinen Rückzug nach Moskau erregte er den Unwillen des Erzbischofs von Rostow und des Volkes. Der Khan aber wurde von Iwak, Khan der Horde von Trimen, erdolcht; seine Truppen traten den Rückzug an.

Die moskowitischen Fürsten haben im Laufe der Jahrhunderte versucht, sich einen Weg zum Meer zu bahnen trotz der Deutschordensritter, der Schwert-Brüder, Litauer, Polen, Türken und Tataren. Iwan IV., der Schreckliche, und Boris Godunow haben sich vergebens bemüht, an die Ostsee zu gelangen. Michail Feodorowitsch hat an Schweden Ingermanland und Karelien abtreten müssen; an Polen Livland, Smolensk und Tschernigow. Alexej, der Vater Peters I., war ebenfalls in seinen Unternehmungen gegen Schweden gescheitert; er hat ihm seine Eroberungen in Livland zurückgeben (Vertrag von Kardis, Juli 1661) und auf die letzten russischen Häfen an der Ostsee verzichten müssen; durch den Waffenstillstand von Andrussowo hatte er Litauen abgetreten, aber das linke Ufer des Dnjepr, Kiew und Smolensk behalten. Diese beiden Verträge haben jene von Oliva und Kopenhagen ergänzt und vorübergehend den Frieden mit dem Norden gesichert. Durch den Vertrag von Bachtschissaraj (1681) bildete der Dnjepr in seinem unteren Lauf die Grenze zwischen der Türkei, ihrem Verbündeten, dem Krim-Khan und Rußland. Iwan III., „der Große" genannt, hatte „die Länder wieder eingesammelt", die Grenzen weit bis nach Finnland, an das Weiße Meer, das Eismeer und zum Ural vorgeschoben. Sein Sohn Wassilij III. vereinigte unter seiner Herrschaft vollends die nordöstlichen russischen Besitzungen (Riasan, Nowgorod-Swersk, Pskow) und die Fürstentümer im Westen (u. a. Smolensk). Iwan IV., der Schreckliche genannt[2], Enkel Iwans III., eroberte Kasan, Astrachan und Sibirien.

Ein geeintes Land mit seiner zentralisierten Regierung ist aus den
Trümmern der mongolischen Gewaltherrschaft hervorgegangen. Die
Großfürsten von Moskau sind Zaren von Rußland geworden.

*

Peter I. wird einmal ein Territorium erben, das bei seiner Weit-
räumigkeit schlechte Grenzverhältnisse hat und durch seine Beschaffenheit und seine Lage Nordamerika ähnlicher ist als Europa
oder Asien. Gleichartigkeit des Bodens, Verschiedenheit der Rassen
und Stämme kennzeichnen dieses Land, in dem der Mensch auf 2 wesentliche Widerstände trifft: auf das Klima und den Raum. Moskowien, die große Durchzugsstraße von Asien nach Europa, wird in
Ermangelung natürlicher Grenzen von einer Befestigungslinie und
Klöstern verteidigt.

Gegen Ende des 17. Jahrhunderts hatte Rußland etwa 14 Millionen
Einwohner (Sibirien mit eingeschlossen), die sich auf 80 Völker ver-
teilten, die wiederum aus 4 Rassen, Slawen, Mongolen, Tataren und
Finnen, hervorgegangen sind. Sie unterschieden sich deutlich voneinander in Aussehen, Sprache, Sitten und Gebräuchen und in ihrer Lebensweise. Das Land war eingeschlossen von Schweden, Polen, den
Tataren und den Türken. Schweden — seit Richelieu mit Frankreich
verbündet, Großmacht infolge der Siege von Gustav II. Adolf —
erstreckte sich bis zum Ladoga-See; Newa und Narwa waren schwedische Flüsse; Schweden und Brandenburg beherrschten die Ostsee;
das Schwarze Meer gehörte der Türkei. Da Rußland ein ausgesprochen kontinentales Land war, grenzte es nur an Binnenmeere,
das Weiße und das Kaspische Meer; es besaß keinen Zugang zum
offenen Meer. Man mußte um das Nordkap und entlang der gefährlichen Küsten segeln, um seine Häfen zu erreichen, die einen großen
Teil des Jahres vereist sind, nämlich Astrachan am Kaspischen Meer,
das von Kaufleuten aus Persien oder Armenien aufgesucht, und
Archangelsk, das von englischen und holländischen Schiffen häufig
angelaufen wurde.

Nach Montesquieu soll das Klima in Rußland „so entsetzlich sein,
daß man kaum glauben möchte, daß daraus ausgewiesen zu werden,
eine Strafe bedeutete". In Wirklichkeit ist die Luft gut; Nebel sind

selten, die Sonnenuntergänge in der Steppe wunderschön. Doch dem Ausländer, der vom Klima rasch bedrückt ist, mag das flache, einförmige, nackte, unpersönliche Land mit seiner immer gleichbleibenden Bebauung recht eintönig erscheinen. Die herrlichen Flüsse (Dnjepr, Don und Wolga, 2000 bis 3500 km lang) haben zwei Nachteile: Sie haben keine Verbindung untereinander und sind nicht alle bis zu ihrer Mündung in russischem Besitz; die türkischen Befestigungen Otschakow und Asow beherrschen das Mündungsbecken von Dnjepr und Don. Will der Europäer Moskau auf dem Landwege erreichen, so muß er durch die unendlich weiten und gefürchteten Wälder Polens reisen; nach Überschreitung der Grenze setzt er seinen Weg auf einer abscheulichen, von Sümpfen unterbrochenen Straße fort, die an brückenlose Flüsse und zu armseligen Dörfern führt, deren Einwohner bei seinem Kommen die Flucht ergreifen. Baron Mayerberg, den Kaiser Leopold zu Zar Alexej entsandte, hat von seiner äußerst beschwerlichen Reise geschrieben: „Die Pferde versanken bis zum Bauch, die Räder bis zur Nabe im Schlamm." Glücklicherweise bilden die Flüsse im Winter ausgezeichnete Schlittenbahnen. Seit 1660 verband ein wöchentlicher Postwagen in beiden Richtungen Moskau mit Amsterdam über Smolensk—Wilna—Königsberg; ein anderer Postverkehr bestand nach Riga und Nowgorod.

Rußland, über dessen weite Ebene die Nordwinde hinwegfegen, gliedert sich in 4 Nutzgebiete auf: die Wälder, die schwarze Erde, die fruchtbaren und unfruchtbaren Steppen. Natürliche Produkte sind reichlich vorhanden: Getreide, Holz, Honig, Wachs, Pech, Salz, Leder, Talg, Tabak, Hanf, Marder- und Zobelpelze. In den lichten Wäldern gibt es Wild im Überfluß; die Seen und Flüsse sind sehr fischreich. Moskowien, in erster Linie ein Agrarland, ist reich an Gold, Kupfer und Eisen. „Es ist reicher ausgestattet als mancher andere Staat mit Metallen und Mineralien, die bisher nur noch niemand zu nutzen verstanden hat", wird Peter I. sagen.

*

Die Städte sind durch weite Entfernungen voneinander getrennt. Von weitem betrachtet sehen manche sehr hübsch aus, aber sobald man

die Stadtgrenze überschritten hat, führt einen der Weg durch elende,
holprige, unbeleuchtete Straßen und über Schutthalden, und man
trifft nur einige Häuser in Stein an. Es gibt keinen einzigen anständi-
gen Gasthof. Ruinen überall: die alten Befestigungswerke in Nowgorod, Smolensk und an anderen Orten verfallen. Mitten in Jaroslaw
steht ein Sumpf, in dem Betrunkene oft den Tod finden; sie liegen
dort neben verendeten Tieren. Man muß angeheiterten, sich prügeln-
den Soldaten und Rudeln streunender Hunde aus dem Wege gehen.
Häufig grassierten Epidemien.
Die volkreichsten Städte waren Moskau und Kiew. Die russischen
Chroniken erwähnen Moskau zum erstenmal 1147. Fürst Jurij Dolgorukij hatte sich zu diesem Zeitpunkt dort einen von einem hölzernen Wall umgebenen Sommerpalast erbaut. Diese Festung des Fürstentums Ssusdalj wurde zum Mittelpunkt der Kampfhandlungen:
„1237", heißt es in der Sophien-Chronik, „rückten die Tataren gegen
Moskau vor, besetzten es, mordeten alle Männer (von den Greisen
bis zu den Kindern) und zogen sich mit reicher Beute zurück, nachdem sie noch die Stadt und die Kirchen den Flammen übergeben und
alle Klöster und Dörfer niedergebrannt hatten."
Nach einem raschen Wiederaufbau wurde Moskau abermals von den
Tataren von Dudenja in Brand gesteckt (1293); wieder erhob es sich
aus seinen Trümmern, schmückte sich mit zahlreichen Kirchen und
blühte wirtschaftlich, besonders unter Iwan I. Kalita, auf. Der Sitz
des russischen Metropoliten ward von Wladimir nach Moskau verlegt, das damit zum religiösen Mittelpunkt des Landes wurde. 1327
fand die Weihe der Mariä-Himmelfahrts-Kathedrale statt; seitdem
baute man zahlreiche Kirchen in Stein. Trotzdem hielten die Feuersbrünste an: allein in den Jahren 1318 bis 1343 zählte man deren 15.
In einem Jahr vernichtete das Feuer 18 Heiligtümer!
An der Außenseite der Mauer, die dem Palast und einigen Kirchen
Schutz bot, beherbergten Dörfchen aus Holz die Dienstleute des
Fürsten: die Stallburschen hier und dort das Küchenpersonal; weiter
entfernt Gärtner und Falkner. Bauern, Händler und Handwerker
ließen sich nieder; die Dörfer wurden zahlreicher. Die Pest von 1352,
„der Schwarze Tod" genannt, raffte den Großfürsten, Simeon den
Stolzen, den Metropoliten und eine große Zahl der Einwohner dahin.

Eine neue Feuersbrunst vernichtete 1365 die Stadt innerhalb von
2 Stunden. Man umgab den Kreml[3], um ihn vor dieser dauernden
Gefahr zu schützen, mit Wällen, Pechnasen und Gräben. Mit dieser
Befestigung hielt die Zitadelle den Angriffen des Fürsten Olgerd von
Litauen stand; ebenso scheiterte später Tochtamysch und seine Tataren.
Der verschlagene Mongole griff darauf zu einer gemeinen List: Nachdem er feierlich seine Freundschaft beschworen hatte, mordete er die
Verteidiger der Festung, als sie gerade an einer Prozession teilnahmen; er verschleppte 25 000 gesunde Männer, Frauen und Mädchen
in die Sklaverei und ließ mehr als 20 000 Leichen hinter sich. Unter
dem Schutz des heiligen Georg, des Drachentöters, schien Moskau
unsterblich zu sein: nach jedem Brand, wenn es so aussah, als sei es
nun für immer vernichtet, erstand es schöner als zuvor, mit Kirchen
aus Stein und Klöstern; die Einwohner kamen aus ihren Schlupfwin-
keln in den Wäldern zurück und bevölkerten die Vorstädte, die in
einigen Wochen wieder in Holz aufgebaut wurden. Moskau war das
erste und hauptsächlichste Werkzeug der russischen Einigung, die
„Heilige Stadt", in der laut das Herz des Vaterlandes schlug.
Unter Wassilij I. und Wassilij II., dem Blinden, hatte Moskau bereits
ziemlich viele Straßen. Iwan III. riß die von Dimitrij Donskoj erbaute Stadtmauer ein, weil sie zu eng geworden war und verfiel;
trotz der empörten Proteste des Erzbischofs trug er die Kirchen vor
der Stadtmauer ab, um dadurch das Übergreifen von Bränden aus
den Vorstädten auf den Kreml zu verhindern. Italienische Architekten bauten die Himmelfahrts-Kathedrale, in der die Herrscher gekrönt wurden, und die Verkündigungs-Kathedrale wieder auf; sie
errichteten den seltsam anmutenden Facetten-Palast („Granowitaja
Palata"). Diese hervorragenden italienischen Künstler übernahmen
nach dem Willen des Fürsten den byzantinischen Stil der Kirchen
von Wladimir und anderer alter Städte, ohne jedoch auf die Ausstattung, die für die italienische Renaissance typisch ist, zu verzichten.
An den neuen, erweiterten Kreml-Mauern erhoben sich 18 Türme.
Wassilij III. setzte das Werk seines Vaters fort; er errichtete neue
Kirchen, restaurierte und vergoldete die alten, erbaute das Novo-
dewitschi-Kloster und 6 Heiligtümer in der Innenstadt. Der Architekt Alevisio legte den Schwanenteich an, leitete das Wasser in den

Graben am Fuße der Umwallung; der Kreml wurde zu einer befestigten Insel. Wassilij bezog 1508 seinen Steinpalast zwischen dem
Facetten-Palast und der Verkündigungs-Kathedrale. Karamsin gibt
eine begeisterte Schilderung der Stadt. Er schreibt: „Inmitten der
Ebene erhebt sich das große, majestätische Moskau mit den schim-
mernden Kuppeln seiner zahllosen Kirchen, seinen schönen Türmen,
den geweißten Mauern seines Kreml, seinen Häusern aus Stein und

Straße in Moskau (17. Jahrhundert)

der dunklen Masse der Gebäude aus Holz... Die Klöster der Umgebung sahen wie hübsche Städtchen aus. Die weiten Stadtviertel von
Moskau wurden nur von spanischen Reitern geschützt... Auf allen
Straßen wachte neben den spanischen Reitern ein Posten darüber, daß
niemand während der Nacht ohne dringenden Grund und ohne La-
terne die Stadt verließ. Tiefe Stille herrschte in der Stadt, wo es zahlreiche Gärten gab... Der Metropolit, die hohen Würdenträger, die
Fürsten und die Bojaren wohnten in großen Holzhäusern, die innerhalb der Kreml-Mauern schöne Straßen bildeten, an denen man
zahlreiche Kirchen, meistens aus Holz, fand... Keinerlei Zierrat
schmückte das Innere der Häuser; die reichsten Herren wohnten in
4 nackten Wänden. Der Vorraum war geräumig, aber die Türe so
niedrig, daß man sich bücken mußte, um hineinzugelangen."
Es ist schwierig, die Bevölkerung der Hauptstadt und der größeren
Städte zu schätzen. Moskau soll 1520 41 500 Häuser mit mindestens

PLAN VON MOSKAU

Anfang des 17. Jahrhunderts

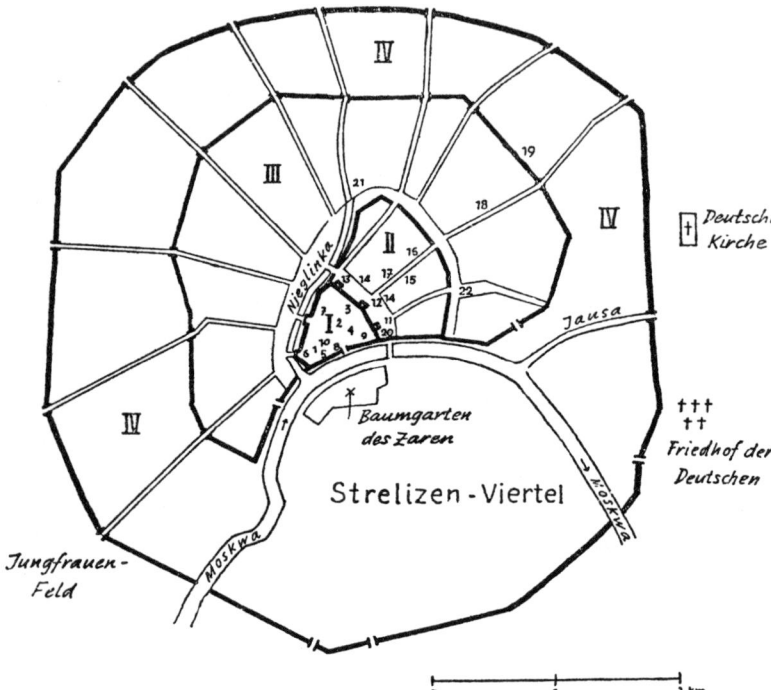

I. *Kreml*, II. *Kitaj-Gorod (Geschäftsviertel)*, III. *«Weiße Stadt» (mit Mauern)*. IV. *«Irdene Stadt» (mit Erdwall)*

1. *Palast des Zaren, Audienzsaal,*	8. *Kornhäuser*	15. *Gesandten-Hof*
Wohnung des Patriarchen	9. *Zeughaus*	16. *Druckerei*
2. *Turm Iwan Welikij*	10. *«Possolskij Prikas»*	17. *Münzhof*
3. *Große Glocke*	11. *Rednerbühne auf dem*	18. *Englische Kompanie*
4. *St.-Michaels-Kirche*	*Roten Platz*	19. *Holz- und Häusermarkt*
5. *Schatzhof*	12. *Markt*	20. *Zollamt*
6. *Pferdestall des Zaren*	13. *Ikonenmarkt*	21. *Kanonengießerei*
7. *Hof des Patriarchen*	14. *Krambuden*	22. *Salzamt*

Rechts außen: Kirche und Friedhof der « Njemètskaja Sloboda », der Ausländersiedlung

100 000 Einwohnern gehabt haben. Nowgorod hatte 5300 Wohn-
stätten; Pskow 1300 Läden. Um 1650 beherbergte Moskau etwa
500 000 Seelen. Am Anfang des 17. Jahrhunderts wurde die Stadt
in 4 Stadtteile eingeteilt, um die, in konzentrischen Ringen ange-

ordnet, jeweils eine Mauer und ein tiefer Graben liefen: die „Erd-
stadt", die „Weiße Stadt", die „Chinesenstadt" und der Kreml.
Die Hauptstadt begeisterte die Fremden mit ihren 4000 Kirchtürmen in
Gold, Silber, Grün, Blau, Rot oder Schwarz. Über der unvergleichlichen Basilius-Kathedrale wölben sich ein Dutzend Zwiebeltürme
von unterschiedlicher Form und Höhe, „gehämmert, facettiert, ge-
rillt oder im Schliff von Diamanten geschnitten wie eine Ananas,
diese in spiralförmige Streifen geritzt, jene schuppenartig überein-
andergelegt, rautenförmig, wabenartig gewaffelt" (Rambaud). Die
meisten Wohnungen waren jedoch nur baufällige Hütten, die Straßen Schlammlöcher, über die Tannenholzbretter gelegt wurden. „Mag
Moskau auch von außen wie Jerusalem aussehen, innen ist es nur
wie Bethlehem" (Oudard). Viele Leute wurden nachts von Verbre-
chern getötet, versichert Baron Mayerberg, dessen Wohnsitz durch
eine lärmende Abteilung von 40 Strelizen geschützt wurde. Fast täglich wüteten Feuersbrünste in dieser Stadt aus Holz. „Bricht irgendwo
ein Feuer aus, dann verbreitet es sich mit solcher Schnelligkeit nach
allen Seiten, daß es fast unmöglich einzudämmen ist; man reißt die
benachbarten Häuser ein, aber im allgemeinen hat man kaum Zeit,
auch nur die Möbel zu retten" (Perry). Diese Brände ermöglichten
die Beseitigung entsetzlicher, schmutziger Wohnlöcher und den Bau
gesunder Wohnviertel.
Mit ihren Überlieferungen und der Bindung an altertümliche Gebräuche „ist Moskau der Aufenthaltsort für Leute, die nichts anderes zu tun haben, als ihr Geld auszugeben, Karten zu spielen und
Besuche zu machen" (Ljewschin). Der Landadel verbrachte hier den
Winter, man suchte einen Mann für die Tochter. Puschkin hat eine
solche Familienreise erzählt: „Die Equipage, lange Zeit stand sie vergessen in der Remise, wird inspiziert, repariert, gewaschen, aufgefrischt.
Aber das genügt nicht. Man mußte unterwegs auch essen und schlafen! In drei breiten Gepäckwagen häuft man Koffer, Kopfkissen,
Töpfe, Marmeladen, Sessel übereinander . . ."
Die zweitgrößte Stadt war Kiew, „die Mutter der russischen Städte".
Nach der Befreiung von der Herrschaft der Chasaren wurde es Hauptstadt (882), später das religiöse Zentrum des Landes (1037). Schon
im 11. Jahrhundert besaß es mehr als 400 Kirchen. Nacheinander

von den Polen (1205), den Mongolen des Khan Bati (1240), den
Litauern (1321), den Krimtataren (1481) erobert, von den Kosaken
verwüstet (1649), von den Polen wiedererobert (1651) ging es 1667
endgültig in den Besitz der Zaren über.

*

Selten wagten sich Reisende, Stürmen und Sümpfen zum Trotz, nach
Rußland. Der kaiserliche Gesandte Herberstein, der Venezianer Contarini, der holländische Resident Valkenier und Paul Jove beschreiben
in ihren diplomatischen Berichten die absolute Macht des Großfürsten von Moskau. Er ist unumschränkter Gebieter; sein Wille ist
Gesetz; wer ihm gefällt, oder eher wer ihm mißfällt, den schickt er
ohne Prozeß und ohne Rechtsbeistand mit einer Handbewegung in
eine andere Welt. Seine Opfer danken es ihm, wenn er schlägt, peitscht
oder verurteilt. Er ist Herr über die Ländereien, die er geben und
nehmen kann. Der Besitz von Personen, die kinderlos sterben, fällt
ihm zu. Alle Russen nennen sich seine Sklaven und fühlen sich als
solche, seien sie Leibeigene oder Fürsten von Geblüt. Als dem Zaren
Alexej einmal von den Ärzten ein Aderlaß verordnet wurde, mußten
alle Bojaren sich der gleichen Prozedur unterziehen; ein hochbetagter
Fürst wurde von Alexej, dem „Sanftmütigen", mit Fußtritten und
Fausthieben bedacht, weil er diese Ehre ausgeschlagen hatte. Das
einfache Volk hatte für den Zaren eine grenzenlose Ergebenheit,
die einfache und scheue Achtung eines Kindes. Gab der Monarch
einen Befehl, so gehorchte der Muschik, er kannte keine Einwände,
keinen Widerstand. Die Hochachtung erstreckte sich auf den Besitz
der Krone: „Das Eigentum des Zaren verfault nicht, es wird weder
vom Feuer verzehrt noch vom Wasser verschlungen", sagte man. Der
Herrscher ist der „Batiuschka", das „Väterchen" seiner Kinder. Die
Leute aus dem Volke vertrauen ihm blindlings; sie beten ihn an und
sagen immer wieder: „Gott und unser Fürst haben es so gewollt; und
Gott und der Zar sind allwissend!"
Dieses asiatisch-patriarchalische System, diese Mischung von politi-
schem Despotismus und väterlicher Autorität, beeinflußte auch die
Beziehungen zwischen den Landbesitzern und ihren Leibeigenen,

zwischen dem Heerführer und seinen Soldaten. Herberstein schreibt darüber: „Einer der höchsten Beamten des Zaren, ein weißhaariger Greis, ehemaliger Gesandter in Spanien, kam uns zur Begrüßung entgegen, als wir in Moskau eintrafen. Er war hoch zu Roß und eilte wie ein Jüngling geschäftig hin und her; der Schweiß rann ihm über das Gesicht. Als ich ihm meine Verwunderung darüber zum Ausdruck brachte, sagte er mit lauter Stimme: ‚Oh, Herr Baron, wir dienen unseren Herrschern auf ganz andere Weise als Sie!‘ “

Dieses blinde Vertrauen des Volkes in sein Staatsoberhaupt, sein unbedingter Gehorsam gegenüber einem Despoten, erklärte sich sehr leicht: Die Mongolen hatten den Sieg über die Russen davongetragen, weil die Lehensfürsten getrennt gekämpft und ihre Kräfte nicht zusammengeschlossen hatten; die Leiden der Niederlage und eine dreihundertjährige Besetzung hatten zwar das Volk — nicht aber die immer noch uneinigen Fürsten — die Notwendigkeit einer starken, einigen Zentralgewalt gelehrt. Deshalb begrüßt der Historiker Karamsin in der Autokratie „eine notwendige Eigenschaft des Reiches, die alleinmögliche Verfassungsform und die einzige Grundlage für sein Heil, seine Stärke und seinen Wohlstand", während die Diplomaten darin nur Tyrannei sahen.

Der Zar hatte keine Zivilliste. Er behielt sich verschiedene Monopole, vor allem das Handelsmonopol, vor; er ließ zu seinen Gunsten die Pelze verkaufen, die man ihm schenkte oder als Tribut brachte. Nach Permisten besaß der Großfürst so viele goldene Schalen und wertvolle Edelsteine wie keiner der europäischen Herrscher. In seinem Wappen ist der Doppeladler abgebildet, seit Iwan III. aus dem Hause Rurik Sofja, die Tochter von Thomas Palaiologos und Nichte Kaiser Konstantins XI. von Byzanz, geheiratet hatte (1472).

*

Als absoluter Herrscher konnte der Groß-Knjas, der den Zarentitel erst seit Iwan IV. angenommen hatte, sich nicht um alle Angelegenheiten kümmern. Er wurde unterstützt von einem Ministerrat, der die Prikase (Staatsressorts) leitete, Prikas der Gesandten, des Krieges, der Finanzen, des Rechnungshofs, Prikas für Zivilrecht,

Strafrecht usw. Die im Jahre 1550 gegründete „Duma der Bojaren"
war an die Stelle des Rates der Lehensherren getreten. Im 16. Jahrhundert scheinen 70 Familien, darunter 40 fürstliche Häuser, ihr
rechtsmäßig angehört zu haben. Der Zar berief jedoch nur diejenigen
Mitglieder ein, die ihm für die jeweilige Angelegenheit geeignet
dünkten, an einem Tage 20 von 100, für eine andere Angelegenheit
nur 8. Er zog oft „Djake" (Sekretäre), Hofleute und Beamte zu.
Die Duma überwachte die Prikase und verfügte über eine weitrei-
chende Macht. Alle gesetzgeberischen Akte tragen den Vermerk „Auf
Weisung des Zaren haben die Bojaren verordnet[4]". Als das Haus
Romanow 1613 die Macht ergriff, trat der Stadt- und Landadel an
die Stelle der Bojaren. Mayerberg schreibt darüber: „Zu der Zeit,
als ich in Moskau war, wurde der Ministerrat von Alexej I. gebildet
von 26 Bojaren, 30 Oktolnitschije, 7 Duma-Dworianen, die alle von
Adel, in seiner Nähe saßen, dazu 3 Dumadjaken (Staatssekretäre)
von bürgerlicher Herkunft, die stehend der Versammlung beiwohnten[5]." Zur Zentralverwaltung zählten damals 39 Prikase. Jede Stadt
wurde von einem Woiwoden mit Unterstützung mehrerer Schreiber verwaltet, die zugleich das Amt des Richters, Steuereinnehmers
und Polizeichefs versahen; er vergaß auch nicht, sich zu bereichern, wenn er das Geld und die Soldaten bereitstellte, die Moskau
von ihm forderte. Kotoschichin hat schonungslos die Willkür und
Bestechlichkeit der Woiwoden geschildert.

Die Höflinge begaben sich im Sommer schon bei Sonnenaufgang in
den Palast; sie nahmen am Gottesdienst teil und, wenn sie dazu geladen waren, an den Sitzungen der Duma. Nach dem Mittagessen
und der Siesta kamen sie wieder. Wer nicht die Mittel besaß, entlieh
aus der Kleiderkammer des Fürsten die Prachtgewänder für die großen Zeremonien und Galabankette.

*

Es ist schwierig, das Budget des Zaren, seine Einnahmen und seine
Ausgaben, zu beziffern. Der englische Gesandte Fletcher schätzte
1588 die Gesamteinnahmen auf ungefähr 1 400 000 Rubel. Die Verwaltung kostete den Fürsten wenig: Die Gouverneure, Landvögte

und die übrigen Beamten erhielten im allgemeinen kein Gehalt; sie „ernährten sich" von der ihnen unterstellten Abteilung — oft mit einer solchen Habgier, daß sie manchmal auf dem Schafott endeten. Abgesehen von den ausländischen Söldnern erhielten die Soldaten keine Löhnung; die Leute in des Herrschers Diensten bekamen als einzige Bezahlung die Nutznießung aus den Ländereien, die er ihnen auf Lebenszeit überließ.

Die Haupteinnahmen der Staatskasse waren die Grundsteuer, die Zölle, die Abgaben aus den Wirtshäusern, Getränken, Pferdeverkauf, die Steuern auf Salz, Getreide und alle Warenarten. Die Fülle und der hohe Zinsfuß dieser Belastungen beeinträchtigten die Entwicklung des Handels. Der Fürst erhielt aus seinem persönlichen Besitz, zu dem Städte, Dörfer, Marktflecken und Ländereien gehörten, Abgaben in barem Geld und in Naturalien: Getreide, Vieh und Wild. Sparsam, ja geizig, hatten Iwan III., Wassilij III. und Iwan IV. ihren Schatz erheblich vergrößert; er war unter starker Bewachung in Beloosero, Wologda und sicheren Verstecken untergebracht: Kronen, Edelsteine, Goldketten, Gold- und Silbergeschirr, goldene Krummstäbe und Silberschalen sah man nebst einer reichhaltigen Kleiderkammer und kostbaren Stoffen.

*

Die russische Staatskasse kannte eine hochwillkommene Einnahmequelle, die für die modernen Staaten eine schwere Belastung darstellt: die Justiz! Sie ließ sich bezahlen — und nicht zu knapp, das Recht mußte etwas einbringen! Kläger und Angeklagte, Schuldige und Unschuldige wurden vor allem tüchtig gerupft und waren die Opfer einer unglaublichen Ausbeuterei, deren Nutznießer der „Hüter des Rechts" und die Staatskasse waren. Die verlierende Partei zahlte in jedem Zivilprozeß ein Zehntel der strittigen Summe; die Geldbußen und der konfiszierte Besitz wurden zwischen dem Staatsoberhaupt und der Behörde, die das Urteil gefällt hatte, geteilt. Das „Gericht der Räuber" übergab der Krone die eine Hälfte des Besitzes der Verurteilten; die andere Hälfte wurde zwischen der Obrigkeit und dem Denunzianten geteilt. Der Richter ließ sich sehr oft von einer der Parteien, wenn nicht von beiden, bestechen. Ein Richter, der von Wassilij III. verhört wurde, antwortete ehrlich: „Ich schenke einem Reichen immer eher Glauben als einem Armen." Die Korruption in der ganzen Verwaltung, besonders aber bei den Gerichten, war eine schwärende Wunde, von der Rußland trotz der Bemühungen Iwans IV. nicht geheilt werden konnte.

Rußland besaß seit dem 11. Jahrhundert eine Niederschrift der Gesetze — „Russkaja Prawda" (russisches Recht) von Jaroslaw —, die auf die skandinavischen Gesetze zurückging. Der „Ssudebnik" (Kodex) Iwans III., der das herrschende Gewohnheitsrecht ersetzte, wirkte sich in einem Rückgang der Verbrechen und Vergehen aus; Iwan IV. ließ 1551 verschiedene Änderungen daran vornehmen. Zar Alexej veröffentlichte den „Ssobornje Uloshenije" (Gesetzessammlung). Bei Strafprozessen wie bei Zivilprozessen wurde die Verhandlung schriftlich und geheim geführt; nur die Urteilsverkündung erfolgte öffentlich. Jeder verteidigte sich selbst oder ließ sich von einem Verwandten, manchmal sogar einem Diener beistehen; Anwälte in unserem Sinne gab es nicht.

Im Zivilprozeß wurde der Verurteilte, der nicht bezahlen konnte, seinem Gläubiger „mit dem Kopf" ausgeliefert; mit anderen Worten: er mußte bis zur Bezahlung seiner Schulden als Leibeigener dienen. Die Schuldner, die die Mittel hatten und nicht zahlen wollten, erhielten vor dem Gerichtsgebäude jeden Tag, stundenlang, Hiebe auf die Wade: das ist der „Prawieje". Für eine Schuld von 100 Rubeln dauerte das einen Monat; worauf der manchmal zum Krüppel geschlagene Schuldner seinem Gläubiger übergeben wurde. Die Bojaren und hochgestellten Persönlichkeiten konnten diesen schmerzhaften Schaustellungen fernbleiben oder ... einen Stellvertreter schikken. Wie in Europa, so war auch in Rußland die Folter an der Tagesordnung, die peinliche und die hochnotpeinliche Befragung. Die Richter verhängten die grausame, mörderische Knutenstrafe; sie konnten die Verurteilung erschweren durch den „Verlust der bürgerlichen Rechte", durch den der Verurteilte sein Hab und Gut, seinen Namen und seine Familienbande verlor; der Unglückliche hatte dann kein Weib, keine Kinder und keine Verwandten mehr; seine Frau wurde zur Witwe erklärt und konnte sich wieder verheiraten.

Als oberste Instanz der gesetzgebenden wie vollstreckenden Gewalt
konnte der Zar jedes Urteil für nichtig erklären. Ohne seine Er-
mächtigung war kein Todesurteil vollstreckbar. Manchmal wurden
auch Geistliche der weltlichen Gerichtsbarkeit übergeben.

*

Simeon der Stolze (1341–1353) hatte in seinem Testament seinen
Kindern gesagt: „Gehorcht in allem dem Metropoliten Alexej und
den alten Bojaren, damit die Erinnerung an unsere Altvorderen und
an uns nicht in Vergessenheit gerate und die Kerze nicht verlösche."
Der Fall von Konstantinopel (1453) hatte die Macht des Metropoliten noch verstärkt. Zu Beginn des 16. Jahrhunderts spielte die Kirche,
die in 10 Eparchiskopate eingeteilt war, eine sehr große Rolle auf
geistigem, finanziellem, wirtschaftlichem und politischem Gebiet. Bei
den Konzilen, die die kirchlichen Fragen regelten, und bei den Bera-
tungen, zu denen sie vom Zaren zugezogen wurden, äußerten die
hohen geistlichen Würdenträger offen ihre Meinung, auch ihre gegenteilige Meinung. Als eines Tages aus Anlaß einer liturgischen Frage
der Metropolit sich erzürnte und seinen Sitz verließ, war es Iwan III.,
der nachgab. Die Kirche mischte sich sogar in das Familienleben des
Zaren ein: Sie verbot der Herrscherin, während der ganzen Fasten-
zeit und den Wochenfasttagen, das Bett ihres Gemahls zu teilen. Es
ist nicht bekannt, ob die Eheleute diese Regel immer einhielten . . .
Iwan IV. wollte die kirchlichen Gebräuche durch den „Stoglaw" (die
101 Kapitel) reformieren, ohne die Glaubensgrundsätze anzutasten.
Es gelang ihm nur teilweise.

Im 17. Jahrhundert war die russische Kirche ein Staat im Staate. Ihr
Oberhaupt war bis zum Jahre 1588 der Patriarch von Konstantinopel gewesen, der den Metropoliten von Kiew und Moskau nomi-
nierte oder bestätigte. Seitdem wurde sie von einem Patriarchen
geleitet, der mit der Zustimmung des Zaren von einem „Ssobor"
gewählt wurde, jedoch unabhängig vom Herrscher blieb. Dem Patriarchen unterstanden die Metropoliten, die Erzbischöfe, die Geistlichkeit und zahlreiche Klöster. Die Mönche waren Junggesellen oder
Witwer; die Popen verheirateten sich vor der Ordination; wenn ihre
Frau starb, konnten sie keine neue Ehe eingehen.

Das Haupt der Kirche war Christus. Außer der Heiligen Jungfrau und dem heiligen Nikolaus, dem Schutzheiligen Rußlands, verehrte man insbesondere die Heiligen Michael, Andreas und Johannes. In Übereinstimmung mit den Bräuchen der römisch-katholischen und der griechisch-katholischen Kirche befolgte die russische Kirche die Lehre von der Verehrung, der Anrufung und der Fürbitte der Heiligen; sie hatte von der griechischen Kirche den liturgischen Gesang und die Riten übernommen. Die Gläubigen nahmen das Abendmahl in beiderlei Gestalt, beichteten, fasteten an 2 Tagen der Woche (Mittwoch und Freitag) und an jedem Tag der 4 Fastenzeiten; sie kannten das Totengebet, Prozessionen, Wallfahrten und das Kreuzeszeichen, aber kein Fegfeuer. Die Priester gossen warmes Wasser mit Wein in den Kelch, in Erinnerung an Blut und Wasser, die aus den Wunden Christi geflossen waren; sie tauften die Neugeborenen, indem sie sie dreimal bis zum Kinn in Wasser tauchten. Manche gebildeten höheren Geistliche hielten Predigten in Anwesenheit des Zaren; die Priester begnügten sich damit, die Liturgie zu singen und das Leben der Heiligen zu lesen. Am Dreikönigstag und an Mariä Himmelfahrt segnete der Patriarch die Moskwa, die anderen Priester die Wasserläufe im ganzen Land. Die russische Kirche zeichnete sich aus durch sehr lange, in der Landessprache abgehaltene Gottesdienste, ihre heiligen Bräuche, die Schönheit des Kirchengesangs und des Glockengeläuts.

In Moskau zog am Palmsonntag nach der Messe in der Himmelfahrts-Kathedrale feierlich eine Prozession zur Jerusalem-Kirche. An der Spitze schritten die höchsten kirchlichen Würdenträger, angetan mit ihren schönsten Gewändern; dann folgte ein Wagen, der einen früchtebeladenen Baum trug, in dessen Zweigen Kinder saßen, die ohne Unterlaß riefen: Hosianna in excelsis! 40 junge Adelige in scharlachroten Roben folgten. Schließlich erschien der Zar, am Zügel einen Esel (oder ein Pferd, dem man eine weiße Schabracke mit falschen Eselsohren übergelegt hatte) führend, auf dem der Patriarch ritt. An der Pforte der Jerusalem-Kirche stieg er ab und betrat mit dem Herrscher gemeinsam das Heiligtum. In ganz Rußland hielt man es ebenso: Der Bischof oder der Priester ritten auf dem Esel, der von dem Gouverneur, von einem Ratsbeamten oder einem Richter ge-

führt wurde, wie um in aller Öffentlichkeit den Vorrang der geistlichen über die weltliche Macht zu demonstrieren. Obwohl das in
Moskau unter der Mitwirkung von Antiochien und Alexandrien 1666
abgehaltene Konzil dem Staat den Vorrang vor der Kirche zugestanden hatte, blieb die Palmsonntagszeremonie unverändert bestehn.
Im 17. Jahrhundert spielten 2 Patriarchen eine maßgebende Rolle:
Nikon und Filaret, der Vater des ersten Romanow, Mitregent seines
Sohnes. Die Bearbeitung der Heiligen Schrift, die Nikon unternahm,
brachte die Altgläubigen gegen ihn auf, die auch Peter I. wiederholt noch beschäftigen sollten[6]. Nach der Auffassung des intole-
ranten Klerus waren alle diejenigen Heiden, die nicht der russisch-
orthodoxen Kirche angehörten. Der Priester, der Baron Mayerberg
gelegentlich seiner Reise empfing, weigerte sich, ihm die Hand zu
geben, um eine Befleckung zu vermeiden. Der Zutritt zu den Kirchen
war den „Heiden" verboten; wenn sich irgendein Fremder dort heimlich einschlich, warf man ihn hinaus; dann wurde der Boden gereinigt, um die Entweihung auszulöschen; die Nonne, die auf die schrift-
liche Anweisung eines Bischofs einem Diplomaten ihr Kloster zeigte,
reinigte mit Weihrauch alle die Stellen, an denen der Häretiker vor-
beigekommen war. Das Land war den Juden verschlossen. Die römisch-
katholischen Gläubigen durften keine Kirchen und keine Priester haben,
keinen Gottesdienst abhalten, was den Protestanten hingegen erlaubt
wurde. Die Popen waren schlecht bezahlt, arm und unwissend, weil
es nur eine einzige Priesterschule in Kiew gab. Da diese ungebildete
Geistlichkeit nicht das Volk unterweisen konnte, übernahmen die
Klöster diese Aufgabe. Das Konzil von 1666 ergriff verschiedene Maßnahmen zur Ausbildung der jungen Priester.

Der Reichtum der Orden war unermeßlich; ihre Ländereien unter-
lagen weder der Steuer noch der staatlichen Verwaltung, ihre Leute
waren der weltlichen Gerichtsbarkeit entzogen. Um 1550 sollen alle
Klöster zusammen über annähernd 660 000 Bauern und Einkünfte
von etwa 2 000 000 Rubeln verfügt haben. Bei der Thronbesteigung
Peters I. zählte man an 550 Klöster, von denen die meisten sehr
reich an Landbesitz und Leibeigenen waren. Das Kloster von Troitzko-
Sergiewo besaß etwa 100 000 Hörige, andere Klöster gaben sich
mit 10 000 zufrieden. Die Ordensgeistlichkeit erhielt beträchtliche

Legate und Schenkungen; sie trieb mit Geschick Handel und Wucher ohne Scham.

Da die Klöster zumeist befestigt waren — das Kloster des heiligen Kirill hatte Schutzwehren, 38 Türme und zahlreiche Geschütze —, beteiligten sie sich an der Landesverteidigung. Sie gewährten Bettlern und Landstreichern Gastfreundschaft. Das Kloster von Wolokolamsk ernährte während einer Hungersnot monatelang Hunderte von armen Leuten. Manche Klöster bauten und unterhielten Hospitäler und Pilgerherbergen. Unter Lebensgefahr gingen Mönche in die entlegensten Gegenden, um das Christentum unter den Heiden zu verbreiten; sie arbeiteten tätig an der Kolonisierung mit. Die höhere Geistlichkeit verwendete sich oft zugunsten der Leidtragenden der Despotenherrschaft und scheute auch nicht den Zorn des Herrschers. Das war nicht ihr geringstes Verdienst. Dagegen ließen die Sitten eines Teils des niedrigen Klerus sehr zu wünschen übrig; die ausländischen Reisenden sahen stockbetrunkene Popen vor den Gasthäusern in der Gosse liegen und andere, die öffentlich ausgepeitscht wurden. Es gab gastliche Einödklöster, in denen man es sich gut schmecken ließ und munter in weiblicher Gesellschaft in Saus und Braus lebte, an anderen Orten hausten Mönche und Nonnen zusammen, Tag und Nacht. Hüten wir uns jedoch vor Verallgemeinerungen und vergessen wir nicht, daß auch in Europa die Sitten eines Teiles der Geistlichkeit viel zu wünschen übrigließen.

Die Bibliotheken der Klöster besaßen nur Bibeln, Schriften der Kirchenväter, liturgische Bücher, Bücher über das Kirchenrecht, einige Chroniken, auch Apokryphen, wie das „Manuskript Adams, das er dem Teufel anvertraute"! Sie enthielten keine mathematischen, wissenschaftlichen und musikalischen Schriften: Das waren teuflische Machwerke, die man verbrennen mußte! Und der wahre Christ hält sich ja ferne von den katholischen oder mohammedanischen Ketzern, wenn er seine Seele vor Befleckung bewahren will!

*

Die ausländischen Beobachter schätzten im 16. Jahrhundert die Armee Iwans IV. auf etwa 300 000 Mann, unzählige Stallknechte, Arbeiter und Bediente mit eingeschlossen. Im 17. Jahrhundert verfügte der Zar in Friedenszeiten über 15 000 Reiter, 12 000 Fußsoldaten für seine Garde und die Garnisonen, 65 000 Mann zur Landesverteidigung. In Kriegszeiten hatten sich die Adligen persönlich mit einer bestimmten Anzahl von Leibeigenen, die auf ihre Kosten ausgerüstet wurden, zu stellen. Nach Permisten und Pétrée soll die Armee damals bis zu 400 000 Mann stark gewesen sein. Nach den Erfahrungen des Dreißigjährigen Krieges hatte der Zar ausländische Offiziere berufen und Waffen in Europa gekauft. Iwan der Schreckliche und Boris Godunow schufen eine bescheidene Kriegsindustrie, als sie feststellten, daß manche Staaten Ausrüstungsgegenstände nicht passieren ließen. Wenn sie zu den Waffen gerufen wurden, brachten Offiziere und Soldaten einige Pfund getrockneten und geschälten Hafer, Speck, Salz und Pfeffer mit. Jedes Regiment hatte seine Standarte, seine Musiker und Trompeter. Auf der Fahne Iwans IV. sah man Josua die Sonne anhalten ... Waffentaten, wie die Verteidigung der Stadt Pskow, des Kastells von Wilna und der Festung Nöteborg, hatten erwiesen, daß die russische Infanterie lange Belagerungen aushalten konnte; dafür glänzte sie nicht im Angreifen befestigter Städte, wie die Belagerungen von Smolensk (1633) und Riga (1656) zeigten; die Kavallerie konnte sich mit den Kosaken nicht messen; die Infanterie wurde oft von den Polen und Schweden in der geordneten Feldschlacht geschlagen. Feuerwaffen waren bei den Russen seit langem im Gebrauch; schon 1579 gab es allein in 4 Kastellen 2000 Kanonen. Die Armee litt jedoch an einem Krebsschaden: den Unterschlagungen zahlreicher höherer Offiziere, die, als Empfänger von Geldern für Verpflegung und Unterhalt ihrer Einheit, den eigenen ausstehenden Sold im voraus entnahmen oder für ihre persönlichen Bedürfnisse in die Kasse griffen.

Kam es zum Kampf, so warfen sich die Russen mit Ungestüm und fürchterlichem Geschrei auf den Feind. Herberstein schreibt darüber: „Im Kriege wie in der Gesellschaft unterscheiden sich die Völker erstaunlich voneinander. Wenn der Tatar von seinem Pferd gestürzt, blutüberströmt, entwaffnet ist, denkt er noch nicht daran, sich zu ergeben; er schlägt mit den Armen um sich, tritt nach seinem Feind und beißt. Der Türke wirft in Erkenntnis seiner Ohnmacht sein

Krummschwert von sich und fleht den Sieger um Großmut an. Verfolgt nur den Russen: Er verteidigt sich nicht mehr auf der Flucht, niemals bittet er um Gnade. Ist er von Lanzenstichen oder Schwerthieben durchbohrt? Er schweigt, er stirbt."

*

Der „Mestnitschestwo" (die Rangordnung) machte die Beförderungen in den Armee-Einheiten furchtbar schwer. Für die Bojaren und die „Bojarenkinder" war die Liste, auf der alle Ränge, alle Ämter verzeichnet waren, die die Väter, Großväter und Onkel innegehabt hatten, wichtiger als alles andere auf der Welt. „Sie entspricht nach Auffassung der adligen Moskowiter der ‚Magna Charta' der englischen Ritter" (von Eckhardt). Jeder Offizier hatte unter Berufung auf diese Rangstufenordnung das absolute Recht, den Dienst unter dem Befehl eines Vorgesetzten zu verweigern, der Untergebener eines seiner Verwandten gewesen war. Man sah, wie sich zwei Generäle im Angesicht des Feindes um den Vorrang stritten ... Andere Vorschriften komplizierten noch die Beförderung und Neubesetzung der militärischen Ränge: Die Armee bestand aus 5 Regimentern, von denen jedes mehrere Woiwoden hatte; der erste Woiwode hatte den Vortritt vor dem zweiten, der zweite vor dem dritten usf. Der erste Woiwode vom ersten Regiment konnte nicht durch dessen zweiten Woiwoden ersetzt werden, sondern nur durch den ersten Woiwoden vom zweiten Regiment. Schlimmer noch: Der erste Woiwode mußte bestimmten, sehr alten Familien angehören. Fühlte sich ein Offizier in seinen Rechten durch die Beförderung eines anderen beeinträchtigt oder war der Mestnitschestwo nach seiner Meinung verletzt, so ging er einfach nach Hause oder trat in die Dienste des Feindes über. Die Familienehre stand über der Pflicht gegenüber dem Vaterland und der militärischen Ehre. Um diesen Verirrungen zu begegnen, setzte der Zar manchmal für die Dauer eines Feldzuges oder für eine zeitlich begrenzte Periode das Recht der Rangordnung außer Kraft.

Die Geistlichkeit und die Zivilisten beriefen sich gleicherweise auf den Mestnitschestwo; man sah Laien sich um die Plätze in der Kirche oder bei Tisch balgen, Popen sich während einer Prozession am Barte packen.

*

Italiener bauten — von Iwan III. berufen — die Kirchen in Moskau wieder auf; unter Iwan dem Schrecklichen sicherten deutsche Mineure die Eroberung von Kasan, das die Tataren verloren (1552). Im folgenden Jahr entdeckten die Engländer den Seeweg nach Archangelsk. Nun kamen Offiziere, Wundärzte, Apotheker, Techniker, Kaufleute und Handwerker von dorther nach Rußland. Sie gaben den viel kürzeren, aber gefährlicheren Weg über Livland auf: Polen, Schweden, Dänen, Litauer und Schwert-Brüder hatten die Fremden, die Rußland ihre Wissenschaft, ihre Kunst oder ihr Handwerk brachten, oft übel zugerichtet. 1646 baten die russischen Händler den Zaren um Schutz gegen die Konkurrenz der „Deutschen". 6 Jahre später mußten, infolge der unaufhörlichen Beschwerden der Geistlichkeit und der Schwierigkeiten mit der Bevölkerung, die nicht konvertierten Ausländer Moskau verlassen, ihre Häuser verkaufen und in ein Wohnviertel außerhalb der Stadt, in die „Sloboda", ziehen; das war so etwas wie ein Getto, das ihnen Iwan der Schreckliche angewiesen hatte und das in der Zeit der Wirren zerstört wurde. Ein Ukas schrieb die Straßenbreite, die Größe des Grundbesitzes eines jeden je nach seinem Rang und seiner Stellung vor. 1671 lebten 21 000 Europäer in Moskau, Nischnij-Nowgorod und anderen Städten; sie beherrschten den Außenhandel; ihre Ingenieure entdeckten neue Minen. Der Sinn für europäische Gegenstände verbreitete sich am Hof und unter dem Adel: Es wurden ausländische Taschenuhren, Standuhren, Möbel und sogar Kutschen gekauft.

Mit Holland und England wurden lebhafte Handelsbeziehungen über Archangelsk und die Ostseehäfen unterhalten (Narwa, Riga, Pernau und Reval), deren Bedeutung Schweden durch die Zollsenkungen vergrößerte. In Holland, England und Schweden wußte man viel über Rußland, in Frankreich nichts. 1607 veröffentlichte jedoch Jacques Margeret, der als Hauptmann im Fürstentum Moskau gedient hatte, einen Reisebericht, in dem es heißt: „Rußland ist eines der vortrefflichsten Bollwerke der Christenheit. Dieses Reich ist viel größer, mächtiger, dichter bevölkert und reicher von der Natur bedacht, als man meint."

In der Mitte des 16. Jahrhunderts begann man unter der Regierung Iwans IV. Münzen in Silber und Kupfer zu schlagen. Die Geldstücke wurden unter strenger Aufsicht von den Goldschmieden in Twer, Pskow und Nowgorod geprägt. Aber die Gewinnung von Silber und Kupfer war noch so gering, daß bares Geld selten war; um hier Abhilfe zu schaffen, tauschte man Waren, oder man zahlte in Eichhörnchenfellen. Die im Umlauf befindlichen Goldstücke kamen aus Ungarn, England, Polen, Rom, Florenz und Spanien.

*

„Russische Männer und Frauen sind schön", schrieb der Gesandte Contarini, „und sehr fett, weil sie sich niemals körperliche Bewegung verschaffen, stets reiten oder in Schlitten fahren", ergänzt Margeret. Trotzdem gab es Hundertjährige in großer Zahl. Sollte es das Verdienst der Jünger Äskulaps gewesen sein? Nein, denn nur der Zar hatte Wundärzte. Die Russen fürchteten sich außerdem vor den Jüngern der Wissenschaft, vor dem Klistier, vor Moschus, Zibet, Pferdemist, Stutenurin und den anderen Heilmitteln der Zeit. Waren sie krank, dann tranken sie eine große Menge Branntwein, gemischt mit Schießpulver, gestoßenem Knoblauch oder Pfeffer; anschließend gingen sie in die Badestube, schwitzten 1 oder 2 Stunden, wälzten sich darauf im Schnee oder tauchten im eiskalten Wasser unter, frottierten sich und schlüpften wieder in ihre Gewänder. Der wohlhabende Mann legte zahlreiche Kleidungsstücke übereinander an: das reichbestickte, kragenlose Hemd; einen seidenen, knielangen Überwurf, der vorne geknöpft wurde, den Kaftan aus Goldstoff, ein langes, gerades, geknöpftes Kleidungsstück, das bis zu den Knöcheln reichte, einen zweiten seidenen Überwurf, pelzverbrämt und auf der Brust mit Goldstickereien verziert. Darauf zog er seine Stiefel aus rotem Saffianleder mit eisenbeschlagenen Absätzen an; er legte sich ein breites, perlen- oder edelsteinbesetztes Halsband um, hängte sein Messer und seinen Löffel an seinen persischen Gürtel, setzte sein Mützchen in Gold und Seide auf („Taflia") und darüber die große

Mütze mit Fuchsbesatz oder den breiten Filzhut. Wenn er so bekleidet, ausstaffiert, gegürtet und behutet war, nahm der Bojar seinen Kragenmantel und ging, aufgemuntert, von dannen. Wenn ein Bojar oder ein Adliger das Haus verließ — und sei es auch nur, um einen Nachbarn aufzusuchen —, so stieg er zu Pferde.

Die Frau von Stand verschwand unter einem unglaublichen Wust von Hemden, Kleidern, Überröcken, Unterröcken, allerhand Putz in Seide, Pelz oder goldgewirktem Stoff. Sie behängte sich mit breiten Halsbändern, Armbändern, Ohrgehängen und Geschmeiden; sie zog ein Haarnetz aus feiner, meist roter Seide über und einen weißen Kopfputz; darüber setzte sie eine mit edlem Pelz verbrämte Mütze aus Goldstoff, die mit Perlen und Edelsteinen übersät war. Ihre perlenbestickten Stiefelchen waren aus weißem, gelbem oder blauem Leder. Sie war — grell geschminkt — die lebende Auslage der Schneiderin und des Juweliers, eine wandelnde Schmuckschatulle.

Die Tracht der unteren Klassen war sehr einfach: Die Frauen zogen im Sommer zwei Hemden übereinander an; im Winter trugen sie ein Kleid aus grobem Tuch und einen mit Ziegenfell gefütterten Mantel, die Männer: Hose, gegürtetes Hemd, eine halblange Jacke, eine Art Überwurf, der bis zu den Absätzen reichte, und dazu Stiefel.

Nach Ansicht des Moskowiters, der bis zur Übertreibung am Überlieferten hing, war der Bart das Kennzeichen des Gläubigen, das äußerliche Zeichen des überzeugten Rechtgläubigen. Wie sollte Petrus den wahren Christen vom „Heiden" (Katholiken, Protestanten, Muselmanen, Juden oder Buddhisten) unterscheiden, wenn nicht durch diesen haarigen Beweis, bevor er die Bescheinigung für das Jenseits las, die der Verblichene in der Hand hielt? Diesen Bart zu berühren soll daher ein Sakrileg gewesen sein, „das nicht einmal durch das Blut eines Märtyrers gesühnt werden konnte" und das die Kirche mit der Exkommunizierung bestrafte. Noch Peters I. Vater bedrohte diejenigen Beamten mit dem Entzug ihrer Ämter oder mit dem Exil, welche sich ausländisch kleideten oder den Bart abschneiden ließen.

Robust, anpassungsfähig und ausdauernd, zeigte der Russe eine außergewöhnliche Widerstandskraft gegenüber körperlichen Schmerzen, gegen Hunger, Durst, Witterungsunbillen und Entbehrungen jeder Art. Niemand verstand so zu leiden und zu sterben wie er.

Er unterschied sich deutlich vom Mitteleuropäer durch seine unbe-
schwerte, wache, offenherzige Wesensart, seinen Hang zum Mystizismus, seine Schicksalsergebenheit, Gutmütigkeit und Grobheit, seine
Gefühllosigkeit und Güte, seine Unbeständigkeit und Launenhaftig-
keit, seinen Widerwillen gegen den einförmigen Trott des Lebens,
gegen Ordnung und Sparsamkeit, sein unbedenkliches Von-der-Hand-
in-den-Mund-Leben, seine Gleichgültigkeit gegen Schicksalsschläge,
seine Leidenschaft für Zufälliges und Spiel und seine Verschwen-
dungssucht. Der spekulative Geist des Europäers war der slawischen
Gedankenwelt diametral entgegengesetzt, der Lebensrhythmus verschieden, das Wesen ein anderes. „Bald sucht der Russe die Subli-
mierung seiner Freuden und Leiden und gerät so sehr nahe an die
Heiligkeit, dann wieder überläßt er sich mit einer infernalischen Be-
gierde den Schrecken der Ausschweifung; er besitzt die ganze Skala
der menschlichen Züge. Oft verlangt er vom Rausch die Verlängerung und Intensivierung seines Schwebezustandes zwischen Leben
und Tod und sucht Vergessen von seiner Verzweifelung, nicht endlich den Kelch des Absoluten ergreifen und darin seinen Durst
löschen zu können." (Korff).
Für den Russen war mit dem Wort „Vater" Gott, der Zar, der Priester und der Greis gemeint; die Kirche nannte er „Mutter". Erfüllt
von einer heißen Liebe zu seinem Vaterland sagte er: „Heiliges Mütterchen Rußland." Die Hauptstadt des Reiches war „das heilige Mütterchen Moskau", der größte Fluß „das Mütterchen Wolga, der Don
„Swet Iwanowitsch Don" (Don, Iwans erleuchteter Sohn). Sogar
die Landstraße von Moskau nach Wladimir nennt er „Nascha ma-
tuschka Wladimirskaja". (Unser Mütterchen, die Landstraße von Wladimir.) Vor allem aber weihten die Russen ihre Liebe und Verehrung
der Hauptstadt Moskau, dem traditionellen und geschichtlichen Mittelpunkt des Landes.
Ist der Russe auch freiheitsdurstig innerhalb seines persönlichen Be-
reiches, seiner Familie, seiner Arbeit, so unterwirft er sich — in merk-
würdigem Gegensatz dazu — widerspruchslos seinen Vorgesetzten.
Trotz Fehlern und Amtsmißbrauch steht er bei ihm in hohem Ansehen. Der Russe will eine starke Zentralgewalt. Die Revolution des
20. Jahrhunderts wird sich nicht gegen das Prinzip der Autokratie

richten, sondern gegen eine schwache und unfähige Autokratie. Der Russe fürchtet sich nicht davor, von seinen Vorgesetzten unterdrückt, ungerechter Behandlung ausgesetzt zu werden; er begegnet ihr mit Geduld und Schlauheit. Da er sehr an den Überlieferungen und ehrwürdigen Bräuchen hängt, widersetzt er sich gefühlsmäßig jeder Neuerung. Sein Beharrungsvermögen, seine Widerstandskraft sind unbeschränkt. Er mißtraut dem Ausländer, verachtet die Sitten der „Deutschen". Ohne jegliche Bildung, demütig, ergeben, einfältig, abergläubisch, beeinflußbar, voll Ehrfurcht für die Gebildeten, voll Bewunderung für die Schönredner, ist er die leichte Beute falscher Zaren und anderer Betrüger.

Aufgeweckt und behende, liebt er die stetige Arbeit nicht wie der Deutsche. Er widmet sich nur notgedrungen den zeitraubenden Feldarbeiten. Seine Neigungen verleiten ihn zur regellosen, sprunghaften, riskanten Tätigkeit des Nomaden. Er ist Fatalist. Ein Europäer, der an der Poststation einen auf dem Wege nach Sibirien befindlichen Verbanntentransport sieht, erzählt: Gleich nach Beendigung des namentlichen Aufrufens der 136 Verurteilten wurden die Kolonnen aufgelöst und die Verbannten ließen sich in der Mitte des Hofes nieder, aus dem bald ihr Stimmengewirr widerhallte; sie waren nicht niedergeschlagen, sondern vollkommen ruhig. Beim Betrachten dieser gleichgültigen, fast zufriedenen Gesichter erkannte der Reisende: „den hervorstechendsten Charakterzug der russischen Nation: von Natur aus sorglos und sich in sein Unglück ergebend, wenn es unabwendbar ist". Niemand flößt jedoch dem Volk mehr Mitleid und Anteilnahme ein als die Gefangenen: Bei allen festlichen Gelegenheiten — Taufen, Verlobungen und ganz besonders bei Hochzeiten — schickt man ihnen Kleider, Lebensmittel und kleine Geldsummen; die Frauen warten auf die Verbanntentransporte mit allerlei Vorräten. Trotzdem stirbt ein Drittel dieser Unglücklichen im Laufe ihrer beschwerlichen Fußreise, die 6 und 7 Monate dauert.

Die ausländischen Reisenden — die im allgemeinen in schlechtem Ruf stehen und unfreundlich aufgenommen werden, weil sie Häretiker sind — haben die Russen scharf verurteilt. Contarini schreibt: „Das ist ein vertiertes Volk (gente bestiale) . . . Eine scheußliche Krankheit nagt an allen Schichten der Gesellschaft: die Trunksucht. Der Geist aus der Flasche scheint der Hausdämon von Moskau zu sein. Man trifft überall ‚gewaltige Säufer‘, die sich dessen noch rühmen und die Enthaltsamen verachten."

In diesem Punkte sind sich alle Autoren einig. An Feiertagen müssen die Kutscher den Bürgern und Soldaten ausweichen, die besoffen um die Schenken herumliegen und oft vom Wirt, der sich auf diese Weise schadlos hält, ihrer Kleider bis aufs Hemd beraubt wurden. Iwan der Schreckliche beklagt „dieses Laster, das die Ausschweifung nach sich zieht", aber er selbst veranstaltete Orgien. Der Muschik, der Mann aus dem Volk und der Arme konnten für sich mehrere mildernde Umstände anführen: In diesem sehr rauhen Klima, das eine entsprechende Ernährung verlangt, hatten sie gerade Roggenbrot, Grütze und Suppe aus gegorenem Kohl zu essen. Das Fleisch war für sie ein unerhörter Luxus, der den Festtagen vorbehalten blieb und während einem Drittel des Jahres verboten war: während der 4 Fastenzeiten, der Abende vor den Feiertagen und der beiden wöchentlichen Fastentage. Der Genuß von Fleisch, Milch, Butter und Eiern war während der Fastenzeiten untersagt; es blieben fast nur Fische und Gemüse übrig. Um dieser ungenügenden Ernährungsweise abzuhelfen, stürzten sich die Leute aus dem Volke und die Bauern auf den Alkohol; sie tranken ihn nicht, sondern schütteten ihn auf einen Zug in sich hinein wie gierige Tiere, denn „die Trunksucht wächst mit dem geographischen Breitengrad" (Leroy-Beaulieu). Es kommt hinzu, daß der Muschik unter entsetzlichen Bedingungen den Winter verbringt: Die Fensterchen des einzigen Zimmers der „Isba" waren bis zum Frühling mit Brettern vernagelt, der Ofen derartig überheizt, daß manchmal ein Unterschied von 40 bis 50 Grad zwischen der Außen- und der Innentemperatur bestand. Der Bauer schläft, bekleidet mit seinem „Tulup" aus Schafpelz, den er schon den ganzen Tag getragen hat, in fröhlichem Durcheinander mit seinen Familienangehörigen und den Haustieren zusammen. Er entkleidet sich nur am Samstag, um sein Bad zu nehmen und steigt dann sofort wieder in dieselben Kleider, in denen ungestört das Ungeziefer nistet! Wenn dann schließlich der Frühling — unendlich lange ließ er auf sich warten — wieder einzieht, werden die Fenster geöffnet, die verpestete Luft, die Insekten und die Schädlinge verjagt, aber nun kommt von draußen der Gestank, denn der Unrat, den man monatelang in den Schnee geworfen hat, zersetzt sich langsam an der Sonne.

Wahrlich ein trostloses Leben, das die Kirche nicht verschönt: streng, fordernd, engstirnig, verbietet sie diesem Volk, das soviel Musik in sich hat, den Gesang; sie verbietet ihm den Tanz, den es doch im Blut hat; sie erlaubt den Frauen nicht einmal, miteinander zu schwätzen! Sie mißbilligt die seltenen Belustigungen der Straße, die Vorstellungen der Gaukler und fahrenden Sänger, die Schaustellungen, bei denen der gezähmte Bär die Rolle des betrogenen Ehemanns oder des bestochenen Richters spielt... Der „Domostroij" des 16. Jahrhunderts, eine Art Sittenalmanach, der das tägliche Leben des „russischen Biedermanns" zu regeln sucht, strömt eine tödliche Langweile aus. Wenn man darin liest, entschuldigt man den Moskowiter, im Alkohol die Illusion des Glücks gesucht zu haben. Vergessen von einer harten, eintönigen, freudlosen Existenz, die ein Handgemenge mit der Natur ist.

Ein anderer Charakterzug ist die Grausamkeit, für die die Zaren ein Beispiel sind. Am Anfang des 15. Jahrhunderts ließ Wassilij I. in Moskau 80 Einwohner von Torschok vierteilen, weil einer seiner Anhänger in dieser Stadt ermordet worden war. Im Bürgerkrieg zwischen Wassilij II. und seinem Onkel Jurij Dimitrijewitsch, stach Wassilij dem Enkel seines Onkels die Augen aus; aber bald wurde Gleiches mit Gleichem vergolten: Wassilij II. wird Wassilij der Blinde genannt. Iwan III. verurteilte 1493 den jüdischen Arzt Leon Jidowin, der in Italien engagiert wurde, zum Tode, weil es diesem unglücklichen Menschen nicht gelang, seinen Sohn Iwan zu heilen. Ein anderer Arzt, Anton genannt, der einen Tataren-Zarewitsch nicht mehr retten konnte, wurde von Iwan d. Gr. den Eltern des Verstorbenen ausgeliefert, „die ihn wie ein Schaf verschlangen", berichtete ein Zeitgenosse. Iwan IV. führte eine Schreckensherrschaft über Rußland und rottete ganze Städte aus.

Nach Contarini bleiben die Händler nur morgens auf dem Markt; von 12 Uhr mittags an gehen sie zum Essen und Trinken in den Gasthof[7]. Dagegen hebt Herberstein hervor, „daß sie sogar an Feiertagen arbeiten". Wenn die Kaufleute von Moskau für ihre Unredlichkeit bekannt waren, so war die Redlichkeit der Händler von Pskow und Nowgorod sprichwörtlich. Standes- und Gelddünkel, Verschlagenheit und ein hochgradiges Mißtrauen werden von den Reisenden als charakteristische Rasseeigenheiten geschildert. „Das ist das argwöhnischste Volk der Erde . . . Sie glauben nichts von dem, was man ihnen sagt, und sagen nichts, was Glauben verdient" (Fletcher). Die Melancholie und der Mystizismus der Russen rühren zweifellos von der Eintönigkeit der Landschaft her, von ihren sich in die Unendlichkeit erstreckenden Weiten, und vielleicht ist das Schweigen der Menschenmengen auf den Straßen der großen Städte das Echo des Schweigens der bis zur Unerbittlichkeit strengen Wälder? . . .

Seien wir gerecht! Vergessen wir nicht die außerordentlich guten Eigenschaften des Moskowiters: die Geduld, die Fähigkeit, sich unterzuordnen, die Furchtlosigkeit, Leidensfähigkeit, seine stoische Haltung, die der Kampf mit der Natur, der eisigen und lang anhaltenden Winterkälte in ihm entwickelt haben. „Die Schrecken des Klimas haben ihn darauf vorbereitet, die Tyrannei des Menschen zu ertragen" (Leroy-Beaulieu), sie haben ihn für die absolute Herrschaft herangebildet. Bis zum Tode dem Zaren und seinen Vorgesetzten ergeben, ist er gutmütig und hilfreich zu den Armen, solange sie ihm nicht im Wege sind; er ist hart und unbarmherzig gegen seine Feinde.

Der Großrusse ist lebhaft, aufgeweckt, munter, unbeständig, leichtlebig, außer auf politischem und religiösem Gebiet; der Kleinrusse ist langsam, ruhig, besonnen, melancholisch; der Kosak ist der munterste und verschlagenste von allen, versichern die Reisenden. So sehr die Diplomaten, die aus Rußland kommen, die Güte, die Höflichkeit und die anderen guten Eigenschaften des einfachen Mannes loben, so sehr tadeln sie den Dünkel, die Selbstgefälligkeit und die Anmaßung der Hofleute.

*

Die vor der Thronbesteigung Peters I. nach Moskau entsandten Diplomaten, der kaiserliche Gesandte Mayerberg im besonderen, haben die Mahlzeiten, denen sie beiwohnten, manchmal in recht harten

Worten geschildert: die Zinnplatten sind so schwarz, daß einem schlecht werden kann; Teller, Messer und Gabeln sind den Standespersonen vorbehalten; die mit Knoblauch und Zwiebeln gewaltig gewürzten Speisen sind abscheulich, die Manieren der Gäste noch schlimmer. Die Geistlichkeit verbietet den Tabak, weil er von einer bitteren Wurzel stammt, die der heilige Jakob als Sinnbild des Zornes und des Hasses dargestellt habe. Sie fügt hinzu — indem sie die Heilige Schrift auf ihre Weise auslegt — daß Christus das Rauchen verurteilt habe[8]. Für die Altgläubigen ist der Tabak „ein verfluchtes, gottloses, vom Teufel erfundenes Kraut". Olearius dagegen behauptet, daß die ärmsten Muschiks ihre letzte Kopeke dafür gaben, um sich dieses greuliche Betäubungsmittel zu verschaffen. Zar Michail Feodorowitsch hatte 1634 seinen Genuß untersagt; die Raucher, die man auf frischer Tat ertappte, wurden mit der Knute bestraft; man riß ihnen die Nasenflügel aus, man schnitt ihnen die Nase ab, man unterwarf sie der Folter, um von ihnen den Namen der Händler zu erfahren. Weit entfernt davon, den Geschmack am Tabak auszutreiben, hatten diese Strafmaßnahmen ihn erst recht entwickelt; die ausländischen Diplomaten wußten sehr wohl, daß er nach dem Gold das am meisten geschätzte Geschenk für die russischen Funktionäre war.

*

Der Russe ist seiner Kirche zutiefst ergeben, obwohl sie ihm die Freuden dieser Welt nur sehr knauserig zumißt, die Enthaltsamkeit in jeder Form verlangt und die Frau zum bevorzugten Werkzeug des Teufels erklärt. Er ist gläubig und fromm, aber die kirchlichen Gebräuche, Kniebeugen, Bekreuzigungen, Fastenzeiten, Wallfahrten, die endlosen Gottesdienste scheinen seinen Glauben unter weit strengeren Regeln zu ersticken, als sie das Strafgesetzbuch aufzuweisen hat. Die äußeren Formen spielen eine übertrieben große Rolle; die wichtigsten Fragen beziehen sich darauf: „Soll man sich mit 2 oder 3 Fingern bekreuzigen?" — „Kann man die Hausschwelle einer Frau im Wochenbett überschreiten, ohne eine Sünde zu begehen?" — „Kann der Priester die Messe zelebrieren, wenn er ein Frauentaschentuch an seiner Kleidung angeheftet hat?" Der Russe hält so zäh am Ritus („Obrjad"), den Zeremonien, den Gebärden, den Worten fest, daß er die durchaus gerechtfertigten liturgischen Korrekturen ablehnt, woraus sich das furchtbare Schisma der Altgläubigen ergab. Die orthodoxe Kirche — durch die Überlieferung gefesselt, Gefangene der Vergangenheit — erstarrt in ihrem Konservatismus, in ihrer Unbeweglichkeit.

Der Muschik betet nicht nur mit den Lippen, sondern mit dem ganzen Körper: er fällt nieder, erhebt sich, bekreuzigt sich, wirft sich von neuem zu Boden, richtet sich wieder auf, wiegt sich hin und her, bewegt den Kopf, die Arme und überläßt sich einer geheiligten Körperübung, die manches Mal Stunden dauert. Die Empfindung, die das Gebet auslöst, scheint unwichtiger zu sein als die Anzahl der aufgesagten Gebete; der maschinelle Ablauf bestimmter Bewegungen scheint vor den Regungen des Herzens und der Aufrichtigkeit der Beichte zu stehen. Und vielleicht öffnen die Schenkungen an die Kirche, an die Klöster eher die Pforte zum Paradies als die Reue? ... Aber vergessen wir nicht den schamlosen Ablaßhandel in Europa, der mit zur Reformation führte.

Obwohl durch diesen übertriebenen Formalismus abgestumpft, ist der tiefe, instinktive Glaube der Russen unleugbar. Er vermischt sich mit zahlreichen Formen des Aberglaubens: Der Schrei der Wildente kündigt einen Brand an; das Brummen des Bären bezeichnet das Geschlecht des Kindes, das geboren werden wird. Man glaubt fest an Träume; Seherinnen, Hexer und Wundertäter werden befragt. Die „Erleuchteten" — sie gehen nackt, sogar im Winter — werden als Heilige angesehen; sie haben das Recht, frei mit dem Zaren zu sprechen, Nahrungsmittel und Gegenstände zu nehmen, die sie haben wollen, ohne sie zu bezahlen (wie sollten sie sie auch bezahlen?). Das Volk verehrt sie, die Kirche läßt sie gewähren, wie sie auch gewisse alte heidnische Praktiken duldet.

Die Bauern bringen einige Tage vor Weihnachten ihren Toten Wegzehrung und Geschenke. Unter Klagerufen und Geheul fragen sie nach ihrem Befinden, warum sie sie verlassen haben und ob sie etwas benötigen. Wenn der Muschik den Schluckauf hat, bekreuzigt er sich und sagt: „Meine Seele spricht mit Gott." Am Schluß einer Tauffeier spucken die Gevattern auf die Erde, um den Teufel zu vertreiben. Bei Begräbnissen — nachdem der Tote mit weißem Hemd und neuen Stiefeln bekleidet und mit Taschentüchern versehen worden ist, um sich auf dem langen Wege, der ins Paradies führt, den Schweiß abzuwischen — gibt der Priester ihm eine Bescheinigung in die rechte Hand: Der Verstorbene habe nach den Gesetzen der orthodoxen Kirche gelebt, er sei rein von Sünden durch die Beichte, die Absolution und das Heilige Abendmahl; er habe die Fasten gehalten und seine Gebete verrichtet; er habe Gott und die Heiligen geehrt; man bittet den heiligen Petrus daher demütig, ihm die Himmelspforten zu öffnen und ihn in die Gemeinschaft der Seligen aufzunehmen. Es ist ein Empfehlungsschreiben für den himmlischen Zöllner, ein Paß für die Ewigkeit!... Der Aberglaube war allerdings zu dieser Zeit in allen Ländern Europas verbreitet. In Frankreich bewahrten die Bauern die am Karfreitag gelegten Eier auf, die die Eigenschaft haben sollten, Brände zu löschen; sie warteten bis zum Sankt-Philipps-Tag mit der Pflege der Pferde.

Wie verhielt sich das Volk gegenüber dem Klerus? Diejenigen Geistlichen, die ein erbauliches Leben führen, die sich den vom Unglück Betroffenen und den Kranken widmen, werden mit der größten Hochachtung behandelt; die meisten Popen auf dem Lande — gewöhnliche und eigensüchtige Menschen — werden verachtet. Der Muschik, der morgens einen Popen trifft, sieht darin ein böses Omen (wie in Italien) und spuckt schnellstens aus; darauf küßt er ihm die Hand. Er hat mehr Achtung vor den „schwarzen Priestern" (den Mönchen) als vor den weltlichen.

Ikonen werden in einem Winkel jedes Hauses aufgestellt, der „der rote Winkel" heißt und nach Osten liegt. Dort herrscht Gottvater. Er hat das Aussehen eines alten Mannes mit langem weißem Bart; die Jungfrau Maria ist jung und schön, reich gekleidet, beladen mit Perlen, Gold und Silber. Wenn ein Moskowiter eine Wohnung betritt, beugt er dreimal das Knie, bekreuzigt sich vor den Ikonen und sagt: „Herr! Erbarme Dich meiner!" Erst dann begrüßt er seinen Gastgeber. Verläßt er das Haus wieder, so verhält er sich ebenso. Niemand setzt sich zu Tisch, ohne gegen die Ikonen gewandt zu beten, indem er vielfältig von rechts nach links das Zeichen des Kreuzes macht. Die Heiligenbilder werden — lebendiges Symbol des Glaubens — bei Taufen, Hochzeiten, Begräbnissen und allen festlichen Anlässen mitgeführt.

*

Seit langem spielte die Frau in Europa eine bedeutsame Rolle, die sich teilweise aus dem Marienkult erklärt und von der Lyrik, Schauspiel und Roman der Zeit Zeugnis ablegen. Ihre Schönheit inspirierte Maler und Dichter; ihr Geist belebte die Kultur; ihre Anwesenheit verfeinerte die Sitten der Männer; die Ritter schlugen sich für ihre Damen. In Rußland ist es ganz anders: Die Frau erscheint nicht bei Hofe und genießt keinerlei Vorrecht in der Familie. Diese Gesellschaft von rauhen, gewöhnlichen Männern ist dem Trunke ergeben. Die Frau von Stande verbringt ihr Leben im „Terem" (Frauengemach), das mit 27 Riegeln verschlossen ist. Sie trägt den „Fata" (Schleier), bestreicht sich Gesicht und Hals mit Creme, die Wangen und Lippen mit Weiß und Zinnober. Sie verläßt nur das Haus — in einer Sänfte verborgen, von Dienstboten begleitet —, um zu ihren Eltern oder in die Kirche zu gehen; dort ist sie von den Männern getrennt. Die russischen Sprichwörter verdeutlichen das Mißtrauen, das man ihr entgegenbringt: „Das Pferd muß man am Zaume, die Frau durch Drohungen halten. — Ihr Geist ist wie ein Haus ohne Dach. — Vor der Schönheit der Frauen muß man fliehen, wie Noah vor der Sintflut geflohen ist." Um die Inferiorität der Evastochter klar herauszustellen, erlaubt ihr die Kirche nicht (wie dem Manne), am Hauptportal des Heiligtums das Abendmahl zu empfangen; sie duldet sie nur an einem zweiten Tor. Wehe der kinderlosen Frau oder der, die nur Töchter hat! „Sie muß darauf gefaßt sein, verstoßen und gewaltsam in irgendein Kloster gesperrt zu werden. Um sie dazu zu zwingen, greift der Ehemann zur Gewalt, zur Folterung, läßt sie auf Brennesseln schlafen und spannt sie sogar vor den Karren ..." (Léger).

Man heiratet sehr jung; der Mann schon mit 14, die Frau mit 12 Jahren. Alles machen die Eltern untereinander aus. Die Eheleute sehen sich erst am Tage der Hochzeit. Wenn die kirchliche Feier vorüber ist, wenn die Eheleute ihre Ringe tragen, geht die Frau auf ihren

Mann zu, kniet zu seinen Füßen nieder, neigt den Kopf, bis er seine Schuhe berührt zum Zeichen ihrer Unterwürfigkeit. Er breitet den unteren Teil seines Umhangs über sie, um dadurch zu zeigen, daß er sie unter seinen Schutz nimmt. Wenn der Abend hereinbricht, wird die junge Frau in das Haus ihres Schwiegervaters geführt, wo sie, mit der Haube auf dem Kopf, schlafen wird. Während der ganzen Nacht darf sie kein einziges Wort zu ihrem Mann sagen (das ist eine Tradition, die die Mutter und die alten Frauen in der Familie ihr eingeprägt haben), damit ihr Ehemann sie bis zum nächsten Tage weder sehen noch hören kann. An den drei folgenden Tagen darf sie nicht sprechen, außer um ihrem Mann, nach der Regel, einige Worte mit großen Respektbezeugungen zu sagen. Erst am vierten Tage ziehen die Eheleute in ihr eigenes Heim.

Der Vater ist allmächtig. „Achte ihn wie Gott und deine Mutter wie dich selbst!" sagt man den Kindern. Man findet in der Familie die Staatsordnung wieder: der Vater ist der Zar, die Ehefrau, die Kinder, die Diener sind die Untertanen, die Sklaven; er kann seine Nachkommenschaft verkaufen. Die Frau, ihr Leben lang eine Unmündige, ist dem Willen, den Launen ihres Herrn und Meisters ausgeliefert; nicht umsonst hat der Vater ihr eine Peitsche gezeigt, als er sie von der bevorstehenden Heirat unterrichtete. Diese Verbindungen, die beschlossen werden, ohne daß sich die Eheleute kennen, ohne daß sie sich auch nur einmal gesehen haben, sind oft unglücklich. Es kommt vor, daß die Frauen ihre Männer ermorden. Man bestraft sie, indem man sie bis zum Halse lebendig eingräbt.

Das Verprügeln der Frauen war so sehr ein Bestandteil der Sitten geworden, daß die mit Ausländern verheirateten Russinnen sich über die Gleichgültigkeit ihrer Ehemänner beklagten: sie schlugen sie ja nicht!... Die Töchter und Schwestern der Zaren durften nur Russen heiraten; sie vertaten ihre Tage in Palästen oder Klöstern, wo sie sich dem Zölibat, den Süßigkeiten und dem Klatsch ergaben.

*

Zar, Bojaren, Bauern, Diener, Leibeigene, Männer und Frauen, stehen sehr früh auf, beten und gehen dann ihren Pflichten nach. Nach

dem Mittagessen und dem Mittagsschläfchen macht der Bojar, der
nicht gerade am Hofe Dienst hat, einige Besuche. Er reitet ein reich
aufgeputztes Pferd, an dem Glöckchen bimmeln. Oder aber er nimmt
in seinem schmalen Schlitten Platz; ein Kutscher reitet auf dem Leit-
pferd, zwei Diener liegen zu Füßen des „Barin" (des russischen Standesherrn). Der Besuch läuft nach einem genau festgelegten Zeremoniell ab: Zuerst verbeugt man sich vor den Ikonen, dann begrüßt man
den Hausherrn mit einem kurzen oder längeren Händedruck, einer
tiefen Verneigung oder einem Beugen des Knies, je nach dem Rang.
Zuckersüße Worte werden gewechselt: „Ich werfe mich meinem
Wohltäter zu Füßen!" ... „Geruhen Euer Gnaden die Armut meines
Geistes zu verzeihen!" ... „Ich bin geblendet vom Glanz Ihres Wis-
sens!" Man nimmt einige Erfrischungen zu sich, Met, Muskateller,
Tokayer, und dann trennt man sich wieder unter gewaltigen Kompli-
menten.
Bei privaten Essen finden sich die Mitglieder einer Familie oder ein
Kreis von Freunden zusammen. Man verzehrt eine erstaunliche
Menge an übermäßig gewürzten Speisen: Fischsuppe mit Safran,
Hechtköpfe mit Knoblauch, Hasennieren mit Ingwer, Huhn mit
Pfeffer. Bald haben alle einen brennenden Durst; um diesen Brand
zu löschen, fließen die Weine aus Frankreich, Spanien, Ungarn, vom
Rhein, der Malvasier, der Alicante und der Burgunder in Strömen.
Großfürst Wladimir sagte zu einem „Ulema" (türkischen Gelehrten),
der zu ihm gekommen war, um ihm den Koran zu preisen: „Die
Freude Rußlands ist das Trinken. Es kann nicht darauf verzichten!..."
Das Festmahl endet oft mit einer allgemeinen Betrunkenheit, manchmal mit Schlägereien, und es kann sogar vorkommen, daß sich die
Türen des Terem öffnen.
Wenn ein Hausherr seine Gäste ganz besonders ehren will, stellt er
ihnen seine Frau nach einem unveränderlichen Ritus vor: Wenn sie
das Speisezimmer betritt, erheben sich die Gäste; sie macht eine
„kleine Verbeugung" (bis zur Taille), die sie mit einer „großen Verbeugung" (bis zur Erde) erwidern. Der Hausherr bittet nach einer
tiefen Verneigung, seine Gäste, gütigst seine Frau zu küssen; sie aber
bitten ihn demütig, es als erster zu tun. Nachdem er das ausgeführt
hat, ziehen die Gäste nacheinander an ihr vorbei, verneigen sich tief

vor ihr, küssen sie auf beide Wangen und treten mit einer weiteren
Reverenz zurück. Sind die Umarmungen beendet, dann nippt sie an
einem Kelch mit gewürztem Wein und bietet ihn den Herren an;
darauf zieht sie sich endgültig in den „Terem" zurück, wo sie bisweilen Ehefrauen der Eingeladenen bewirtet. Es kommt vor, daß
während der Mahlzeit die verheirateten Töchter (niemals die unver-
heirateten) oder die Schwiegertöchter des Gastgebers das Zimmer
betreten und ihre Wangen nach dem gleichen Zeremoniell zum Kusse
hinhalten.

*

Der Hochadel und der niedere Dienstadel, die hohen Beamten, die
Offiziere, die hohe Geistlichkeit, die Kaufleute, die Bauern und die
Leibeigenen bilden die maßgebenden sozialen Schichten in Rußland,
wo es kein Bürgertum westlicher Prägung gibt.

Der Adel — „ohne Ähnlichkeit mit dem Adel des Westens, mit dem
er weder die Entstehung noch die Tradition gemein hat" (Leroy-
Beaulieu) — ist nur eine Auszeichnung ehrenhalber, die der Eigen-
liebe und dem Interesse gewisse Vorrechte gewährt, ohne irgendein
politisches Anrecht zu verleihen. Die meisten großen Herren zeichnen
sich aus durch unbegrenzte Gastlichkeit, Spielleidenschaft, Hang
zum Luxus, Sprachbegabung und — wenn sie reisen konnten — durch
die Leichtigkeit, mit der sie sich fremden Sitten anpassen. Sie machen
gerne den Tag zur Nacht und die Nacht zum Tage. Der Reichtum der
Adeligen richtet sich nach der Größe ihres Grundbesitzes, der nach
Tausenden von „Seelen", d. h. nach Leibeigenen, bewertet wird. Ihr
zahlreiches Personal vermehrt sich schnell, denn diese Leute heiraten
gern untereinander und sind fruchtbar. Es gibt Fürsten, die Hunderte
von Bediensteten haben: Lakaien, Piköre, Kutscher, Köche, Kam-
merzofen, gar nicht zu reden von dem Hausgeistlichen, den Ma-
lern, Architekten, Tänzern, Musikern, Komödianten, weißen, schwarzen Zwergen und Zwerginnen, Türken und Kosaken in ihrer Umgebung. Der eine Vornehme hält sich ein Orchester mit 100 Musikern; ein anderer besitzt mehrere 100 Piköre und 2000 Hunde.
Jeder dienstbare Geist hat seine bestimmte Beschäftigung: Der
eine entzündet die Kerzen, ob er sie auch wieder auslöscht...?

Obwohl die Dienerschaft sich mit Grütze und Mehl zufriedengibt und für sich im Hof oder auf einem Ofen in ihrem Verhau kocht, obwohl sie nur Pritschen haben, völlig bekleidet schlafen und keine Entlöhnung bekommen, kosten sie doch viel, weil sie zahlreich und meistens überflüssig sind. Um diesen Hausstand, die Spielschulden, die Kosten für die Bewirtung — denn er hält offene Tafel — zu bestreiten, erhöht der Adelige die Abgaben und die Arbeitsleistung seiner Leibeigenen; wenn er irgendein öffentliches Amt bekleidet, gerät er in die Versuchung, das Defizit in seinem Budget mit unsauberen Mitteln auszugleichen.

Prunkvoll sind die Festlichkeiten am Hofe, bei den Fürsten und den begüterten Adeligen; die durchreisenden Ausländer staunen über die Kostbarkeit der Uniformen, die Schönheit der Juwelen, die Menge der Bedienten. Das ist der äußere Rahmen. Hinter den Kulissen sieht es weniger glänzend aus. Oft fehlt es am Allernötigsten. „Die mit Gold und Orden überladenen Leute tragen keine Hemden", versichert ein Diplomat. Wenn die Salons luxuriös sind, so sind die Wohnräume nur elende Verschläge; noch 60 Jahre später haust die zukünftige Katharina II. in einem schmutzigen Loch, „voll von allerlei Ungeziefer, wo das Wasser von der Vertäfelung tropft", schreibt sie selber. Während der Feuersbrünste in Moskau sieht man Ratten und Mäuse in ganzen Rudeln gemächlich die Treppen herunterkommen und in ein anderes Haus ziehen. Aufgeplatzte Kanapees, wackelige Tische, schwankende Stühle und zerfetzte Teppiche — das sind die Möbel hinter den Kulissen!

Anrecht auf einen Titel, einen Rang geben Verwundungen, die man im Kampf erhalten hat, die Gefangenschaft beim Feinde, der Tod eines Vaters oder eines nahen Verwandten während des Feldzuges. Unter der Regentschaft der Zarentochter Sofja vergrößern 2 schmerzliche Niederlagen die Liste der Adeligen um Hunderte von Namen!

*

Die ländliche Bevölkerung — die bei weitem zahlreichste — umfaßt die freien Bauern, die Pächter, die Leibeigenen der Krone, der Klöster, der Fabriken und der Grundbesitzer. Die Leibeigenen sind eine

Art beweglicher Habe, die dem Los der Güter und Fabriken folgt.
Ihr Dasein ist jammervoll: Der Besitzer verschenkt, tauscht, verheiratet sie nach seinem Gutdünken, verurteilt sie ohne Gnade zu Knuten- oder Stockschlägen, sogar zur Deportation. Zweifellos gibt es auch sehr gute Herren, die von ihren Untergebenen geliebt werden: Rtistschew, Favorit Alexejs, nennt seine Bauern „meine Brüder" und behandelt sie auch als solche. Aber andere Grundbesitzer sind abscheuliche Despoten. Man urteile selber: Die von einem Großgrundbesitzer verfaßte Verordnung setzte fest, daß ein Leibeigener, der zahlreiche Knuten- oder Stockschläge erhalten hatte, nur eine Woche im Bett bleiben durfte; wenn er dann nicht aufstand, wurde ihm jede Nahrung entzogen. Fürst Dolgorukij erzählt in seinen „Memoiren" folgende Anekdote: „Mein Großvater machte eines Tages der Marschallin Golizyn einen Besuch auf ihrem Gut. ‚Oh, mein lieber Fürst, wie freue ich mich, Sie zu sehen!' rief sie. ‚Es regnet, wir können unmöglich spazierengehen. Mein Mann ist nicht hier, und so langweile ich mich zu Tode. Ich wußte nicht, was ich machen sollte, und da habe ich zu meiner Zerstreuung meine Bediensteten mit Ruten streichen lassen.'" Ein Ausländer namens Passemans erzählt: „Umsonst habe ich alle möglichen Vorsichtsmaßnahmen ergriffen, um nicht Zeuge jener abscheulichen Mißhandlungen zu werden, aber sie kommen auf dem Dorf so häufig vor, sie sind so alltäglich, daß es unmöglich ist, nicht alle Augenblicke das Stöhnen der armen Opfer dieser unmenschlichen Gewaltherrschaft zu hören. Die gellenden Schmerzensschreie verfolgten mich sogar bis in den Schlaf. Wie oft verfluchte ich meine Kenntnisse der russischen Sprache, wenn ich mit anhören mußte, daß wieder Befehl zum Strafvollzug gegeben wurde!"
Und was noch schlimmer ist: Man verkauft die Leibeigenen. Unter Katharina II. — 80 Jahre nach der Thronbesteigung Peters I. — bieten die Zeitungen noch junge Mädchen, einen Barbier und Kinder an: „Für 20 Rubel ist eine sechzehnjährige Bäuerin mit gutem Betragen zu verkaufen." ... „Für 800 Rubel ein guter Musiker, ausgezeichneter Kapellmeister, zu verkaufen." Dagegen erreichte ein Rassehund manchmal den Preis von 2000 Rubeln!
Das ganz aus Holz gebaute Bauernhaus, die „Isba", hat nur Wohn-

raum und Küche. Auf dem Hängeboden, der die Mitte des Zimmers einnimmt, schläft die ganze Familie zusammengepfercht in Kleidern auf Matten, ohne Bett und ohne Stroh, dicht an die Hühner und Hasen gedrängt — ein jämmerliches Durcheinander, das — mit der Trunksucht — eine hohe Sterblichkeit zur Folge hat. Das Los der Arbeiter ist nicht beneidenswerter. Gewiß, das Lebensniveau der breiten bäuerlichen Schichten im 17. Jahrhundert war auch in ganz Europa sehr niedrig. Ein Mitglied des österreichischen Staatsrates versichert, daß „das Dasein der Hörigen in Ungarn und Böhmen schrecklich war". In Frankreich erlebte der Bauer, und vor allem der Tagelöhner, unter Ludwig XIV. während der Teuerungen und Hungersnöte entsetzliche Jahre. Man kennt die berühmte — übrigens umstrittene — Schilderung von La Bruyère. Was die Behausung des französischen Bauern anlangte, so bestand sie im allgemeinen nur aus einem größeren Raum. „Eine einfache, schlecht zusammengefügte Bretterwand trennt dieses einzige Zimmer vom Stall . . . Die Gerüche vom Misthaufen und aus den fauligen Abwässern verpesten das Innere der baufälligen Hütte . . ." (Mongrédien). Der Intendant Robertot berichtete 1665 Colbert: „In Bourg und den benachbarten Provinzen sind alle Einwohner, und ganz besonders die Landarbeiter, unglücklicher als die Sklaven in der Türkei und die Bauern in Polen." Das mag wohl sein, aber die französischen Bauern wurden nicht wie Vieh verkauft!

*

An der Schwelle des 17. Jahrhunderts war Rußland noch weit hinter Westeuropa zurückgeblieben. Woran lag das? An der Tatarenherrschaft, die für zweieinhalb Jahrhunderte die normale Entwicklung der Zivilisation unterbunden hat, antworten die meisten Historiker. Manche modernen Autoren bestreiten es und führen das Zeugnis des Metropoliten Makarij an: Es versichert, daß die Russen damals keinerlei Verlangen nach Kultur hatten, das Lesen der Heiligen Schrift genügte ihnen. Im übrigen hinderten die Tataren, die bereits am Anfang des 15. Jahrhunderts astronomische Tafeln besaßen, die Geistlichkeit und die Klöster nicht im geringsten daran, sich mit den Wissenschaften zu beschäftigen.

1607 besaß Rußland weder Schulen noch Universitäten, nur einige Priester lehrten die Jugend lesen und schreiben. „Die Rechenkunst ist so wenig bekannt, daß Multiplizieren und Dividieren überhaupt nicht begriffen werden" (Miljukow); Geometrie und Astronomie waren vollständig unbekannt. Das Verbot, außer Landes zu gehen, erleichterte nicht gerade die Studien. 1672 untersagte ein Ukas den Angehörigen aller Volksschichten, öffentlich oder im geheimen in Latein oder Polnisch gedruckte Bücher aufzubewahren. Sie waren bei den Behörden abzuliefern. Kurz darauf wurde der Versuch, den Handel mit ausländischen Büchern in Gang zu bringen, unterdrückt. „Es ist unnötig, derartige Werke nach Moskau zu schicken, da diese Stadt ihre eigene Druckerei besitzt!" besagte der Ukas. Man hielt bei einem gebildeten Bojaren eine Haussuchung ab, weil ein Werk gesucht wurde, das „gefährlich ist und gegen die göttlichen Gesetze verstößt, da es Zahlen enthält". Nur wenige Menschen konnten lesen. Die handgeschriebenen, kostspieligen Bücher waren selten. Die — meistens unwissenden — Kopisten begingen zahlreiche, manchmal sinnentstellende Fehler. Dafür waren Weissagungs- und Zauberbücher weit verbreitet.

Man sucht vergebens in den Werken des 14. und 15. Jahrhunderts, die nur Kompilationen waren, nach einer Spur von Phantasie, selbständigen Gedanken und Poesie. An neuen Werken zu Beginn des 16. Jahrhunderts gibt es das „Buch der Stufen" von Makarij und einige von Mönchen verfaßte Legenden und Annalen. Das Leben der Heiligen, Chroniken, die die Geschichte einer Landschaft, eines Fürsten oder eines Märtyrers berichten, Kurzepen, die dem Kampf gegen die Tataren oder Polen ihre Entstehung verdanken, Briefe und Erinnerungen machen den Bestand einer russischen Bibliothek aus. Die bemerkenswertesten Werke sind die „Predigten" des Metropoliten Ilarion und des Kirill von Turow, die „Reise nach Palästina", das Igorlied, der „Briefwechsel zwischen Iwan dem Schrecklichen und Fürst Kurbskij", die „Autobiographie Awwakums", die „Geschichte der vergangenen Jahre".

Zar Alexej, der Vater Peters d. Gr., jedoch las viel, schrieb glänzende Briefe, beschäftigte sich mit Geschichte, versuchte sich auch in der Dichtkunst. Am 17. Oktober 1672 wohnte er mit dem ganzen Hof

Gregorys „Tragikomödie von Esther" bei, die in deutscher Sprache
von den Fremden aus der Ssloboda gespielt wurde. Die Vorstellung
dauerte 10 Stunden! Der Herrscher erbaute im Kreml einen Vergnü-
gungspalast mit einer Bühne, auf der Tragödien mit Balletteinlagen
gegeben wurden. Die Vorstellung begann um 5 Uhr nachmittags und
war um 3 Uhr morgens beendet. Wir wollen hoffen, daß es zwischen-
durch Erfrischungspausen wie in Bayreuth gab . . . Alexej stellte einen
Übergang dar: Er stand mit einem Fuß in der altrussischen Vergangenheit und mit dem anderen in der westlichen Gegenwart; er
wünschte Reformen, hatte aber nicht die Kraft, sie durchzusetzen.
Bei seinem Tode wurde der Theatersaal geschlossen, aber die Fürsten
Dolgorukij, Scheremetjew, Golizyn nahmen die Schauspieler in ihren
Palästen auf.

Es gab noch andere gebildete Männer unter den Vertrauten des
Zaren: Sein Großonkel Nikita Romanow veranstaltete Konzerte mit
deutscher Musik, Artamon Matwejew empfing an einem Tag in der
Woche gemeinsam mit seiner Frau; Zechgelage gab es dabei nicht.
Der Kanzler Ordin-Nastschokin sprach Latein und Deutsch und hatte
Kenntnisse in Mathematik und den Naturwissenschaften. Er war ein
glänzender Diplomat, ein aufrechter, aktiver Mensch und wollte die
staatlichen Institutionen vollkommen umformen, die Armee modernisieren, die Technik fördern, die Verwaltung vereinfachen und die
Korruption ausrotten. Die Bojaren verachteten ihn und behandelten
ihn wie einen Ausländer. Entmutigt trat Ordin in ein Kloster ein.
Unter der Regierung Alexejs I. verdienen einige Schriftsteller Beachtung: der Patriarch Nikon, Ssimeon Polozkij und Gregor Kotoschichin, um nur ein paar bekannte Namen zu nennen.

*

Die russische, ausschließlich religiöse Malerei, durch byzantinische,
galizische und, vom Kaukasus her, orientalische Einflüsse bestimmt,
findet ihren Ausdruck in den Ikonen und Fresken. Wie im ganzen christlichen Morgenland spielt die Skulptur eine sehr untergeordnete Rolle. Nur die Männer, die ein untadeliges Leben führen,
beten und fasten, dürfen Ikonen malen, die geheiligten Bilder, die

den Text der Heiligen Schrift für die Unwissenden ersetzen. Als Gegenstand der Verehrung und Anbetung, als Schmuck der Kirchen, Paläste und der bescheidensten Hütte, zeigen sie meist die Figuren in Frontalansicht oder im Dreiviertelprofil. Die Mongoleneinfälle und die so häufig in den Städten mit ihren Holzbauten auftretenden Brände vernichteten herrliche Kirchen und wertvolle Ikonen. Glücklicherweise blieben wunderbare Werke erhalten. Nennen wir nur aus dem 12. Jahrhundert die Fresken der Ladoga-Kirche, aus dem 15. Jahrhundert die Fresken der Verkündigungskathedrale im Kreml, in der Dreifaltigkeits- und Sergej-Kirche bei Moskau, die Sophien-Kathedrale und die anderen Kirchen von Kiew und Moskau, die Erlöserkirche in Nerediza, die Verklärungskirche Sankt Makarius des „Griechen Theophanes"; vergessen wir nicht die Ikonen des 14., 15. und 16. Jahrhunderts, Meisterwerke der Komposition, der Zeichnung und der Farbe oder vielmehr glühende Gebete, Hymnen der Freude und der Hoffnung. Ich habe herrliche Ikonen in der Kathedrale der Altgläubigen in Staroobriadzi (vor den Toren Moskaus) gesehen, in deren Besitz sich 800 befinden. 3 Säle im Nationalmuseum in Leningrad sind diesen sakralen Bildern gewidmet. Der berühmteste russische Ikonenmaler ist Andrej Rubljow aus dem Troitzko-Ssergiewo-Kloster, der die Himmelfahrts-Kathedrale ausschmückte. Er lebte zu Beginn des 15. Jahrhunderts.

Man kann es gleichwohl bedauern, daß die orthodoxe Kirche, aus Mißtrauen gegen das Fleischliche, die Kunst in einer so strengen Gebundenheit gehalten hat, indem sie sie in lange feststehende, für Jahrhunderte erstarrte Grundformen zwängte. Diese übersteigerte Glaubensstrenge hat sich auch auf die Architektur ausgewirkt[9]. „Man muß nach den Vorschriften der Apostel und der Kirchenväter bauen", sagte der Klerus. „Es gehört sich nicht für orthodoxe Christen, über ihren Wohnungstüren Bilder von Fabeltieren, Drachen oder ungläubigen Helden anzubringen. Sie sollen ihre Türen mit den heiligen Ikonen oder verehrten Kreuzen schmücken!" Die Künstler sollen nicht nach ihrem eigenen Empfinden malen, nach der Natur, nach der „fränkischen" (d. h. westlichen) Manier, sondern nach dem Vorbild der Heiligen Schrift. Und dennoch, wieviel Freude, wieviel Wärme lebt in den orthodoxen Gotteshäusern! Angefangen bei der

Hagia Sophia und der Apostelkirche in Konstantinopel, den Kathedralen und Kirchen in Kiew, Nowgorod, Moskau und Leningrad und sogar in kleinen ländlichen Holzkirchen!

Architekten aus der ganzen Welt haben Kirchen und Paläste in Rußland errichtet; daraus erklärt sich der besondere Baustil, ein Gemisch von Östlichem und Westlichem, von Byzantinischem und Römischem, Persischem und Lombardischem, Deutschem und Indischem. Die ersten Baumeister im 11. und 13. Jahrhundert waren Griechen; im 12. Jahrhundert arbeiteten Lombarden an der Himmelfahrts-Kathedrale in Wladimir; Armenier wirkten in Ssusdalj; im 13. Jahrhundert machte sich der Einfluß der indo-tatarischen Kunst bemerkbar; das 15. Jahrhundert sah große italienische Architekten und Künstler in Rußland; Pietro A. Solario, Aristotile Fioravanti, die Brüder Mario und Aloisio. Liest man einige europäische Autoren, dann könnte man fast glauben, daß nur Ausländer allein sich in Rußland betätigten. Das stimmt nicht; es gab ausgezeichnete einheimische Künstler, Architekten, Maler und Baumeister.

Im Kampf gegen die Krankheit griff man auf magische Formeln und wundertätige Eigenschaften der Edelsteine zurück; es gab weder Ärzte noch Apotheker, außer denjenigen, die von den Zaren in ihre Dienste genommen wurden. Paul Jove tadelt an den Russen „ihre vollkommene Unwissenheit in den Naturwissenschaften, der Philosophie, der Astronomie, Physik und Medizin". Er bestätigt, daß es ausreichte, die Wirksamkeit der Heilkräuter zu kennen, um „Medicus" genannt zu werden.

*

Zahlreiche Länder knüpften diplomatische Beziehungen zu Rußland an, um ihre dort wohnenden Bürger zu schützen und den Handel in Gang zu bringen. Schweden unterhielt als erstes Land während des Dreißigjährigen Krieges unter Gustav II. Adolf eine ständige Gesandtschaft in Moskau. Dennoch wurden die wichtigsten Angelegenheiten von außerordentlichen Bevollmächtigten behandelt, die entsandt wurden vom römischen Kaiser, den Königen von England, Polen, Schweden und Dänemark, dem Sultan, dem Schah von Persien, den Krim-Khanen, den Nogaier-Tataren und Tauriern.

Die ausländischen Missionen wurden an der Grenze von einem Abgesandten des Großfürsten und einer berittenen Abteilung empfangen. Oft verursachte der Abgesandte Schwierigkeiten bezüglich der Etikette oder des Vorrangs. Nach einer beschwerlichen Reise langte der Gesandte in Moskau an; er wurde mit seinem gesamten Gefolge in einem von einer Abteilung Soldaten bewachten Hause einquartiert. Dadurch wurde jeder Kontakt zur Außenwelt abgeschnitten: ein erlauchter Gefangener, schärfer bewacht als alle andern. Der Diplomat wartete einige Tage oder auch Monate auf die allergnädigste Huld Seiner Majestät des Zaren, der übrigens sehr oft abwesend war. Die Audienz wurde endlich festgesetzt. Kutschen brachten den Gesandten und sein Gefolge in den Palast. Wenn er in den Thronsaal geführt wurde, sah er den Herrscher auf dem Thron sitzen, bekleidet mit einer perlenübersäten Robe, auf dem Haupt die Krone, in der Hand das Zepter, vor sich den goldenen Apfel. Zu beiden Seiten standen zwei junge Herolde. In Gewänder aus weißen, hermelinverbrämtem Samt gehüllt, auf dem Kopf eine hohe weiße Mütze, zwei schwere goldene Ketten auf der Brust, hielten sie eine silberne Streitaxt von sich gestreckt. Neben dem Fürsten sein Sohn; in einiger Entfernung saßen auf Bänken, starr und unbeweglich, die Mitglieder der Bojaren-Duma, die Würdenträger, die Adeligen und die Dienstleute in Gewändern aus goldgesticktem Stoff, auf dem Kopf eine hohe Mütze aus schwarzem Fuchspelz. Der Gesandte nahte sich dem Thron. Er verbeugte sich langsam und küßte die Hand des Zaren, die ein Würdenträger hielt; gleich darauf wurde die erlauchte Rechte in eine Schale getaucht, um sie von der Beschmutzung durch die Lippen des Ketzers zu reinigen ... Der Herrscher fragte nach dem Ergehen des ausländischen Monarchen, dann übergab der Gesandte sein Beglaubigungsschreiben und hielt seine Antrittsrede, die sofort übersetzt wurde. Die Audienz war damit beendet.

Darauf folgte unter großer Prachtentfaltung das Bankett. Wenn der Gesandte mit seinem Gefolge in den Saal geführt wurde, saßen die anderen Gäste schon auf ihren Plätzen. Der Fürst thronte mit seinen Brüdern oder seinen Söhnen an einer besonderen Tafel; die Tische der Bojaren waren längs der Wände aufgestellt. In der Saalmitte erhob sich ein pyramidenförmiges Gerüst, das mit Silbergeschirr und sehr kunstvoll gearbeiteten goldenen und silbernen Schalen und Schöpflöffeln überladen war. Um den Gast zu ehren, ließ ihm der Zar zu Beginn des Festessens Brot oder, was noch mehr galt, Salz oder Speisen von seinem Tisch bringen. Der Empfänger erhob sich sofort, verneigte sich tief vor dem Herrscher und sodann nach allen Seiten, bevor er sich wieder setzte. Edelknaben in perlen- und edelsteinbestickter Kleidung brachten Kranich- und Schwanbraten in saurem Rahm, in Essig eingelegte Birnen und gesalzene Gurken. Auf diese anreizenden Leckerbissen folgten unzählige Gänge. Es gab weder Teller noch Servietten, noch Gabeln; jeder griff mit der Hand in die vor ihm stehende Schüssel, um sich daraus Stücke herauszuholen; jeder Gast hatte seinen Löffel mitgebracht; die Ausländer fanden an ihren Plätzen goldene Löffel vor. Die Getränke flossen in Strömen. Das Festmahl dauerte manchmal volle 15 Stunden, ohne daß man den Saal verlassen konnte: Soldaten bewachten die Ausgänge ... Wenn der Groß-Knjas den Gesandten nicht an seiner Tafel haben konnte oder wollte, ließ er ihm ein Essen bringen.

Die Zaren ihrerseits schickten einfache Kuriere oder Gesandtschaften ins Ausland. Je nach Stellung und Bedeutung des Fürsten, dem die Mission galt, schwankte die Stärke des Gefolges zwischen 2 und 500 Personen: Würdenträger, Offiziere, Dolmetscher, Schreiber, Wachen, Trompeter, Trommler und Bediente. Von 1470 bis 1500 gab es sechs russische Gesandtschaften. Iwan IV. entsandte diplomatische Missionen nach Venedig, Rom, Wien, London, Konstantinopel und Stockholm; Feodor I. beehrte Kaiser Rudolf II. mit einer höchst kostspieligen Gesandtschaft von 500 Mitgliedern, die Tausende von Zobel-, Marder-, schwarzen Fuchs- und Biberpelzen und 74 Elchfelle mit sich führte. Alexej I. entsandte Likatschew in diplomatischer Mission nach Florenz, G. Dokturow nach England zu Karl I. Ständige Verbindungen unterhielt Rußland zu Persien, das ihm Teppiche und Seidenstoffe verkaufte (1670 lebte eine ganze Kolonie persischer Kaufleute in Moskau), und zu China, das ihm den Tee lieferte häufige Verbindungen mit Polen und Schweden, ziemlich regelmäßige mit England, sporadische zu Frankreich, Spanien und Portugal. Die Zaren hatten vom alten byzantinischen Reich bestimmte Regeln seines ausgetüftelten Zeremoniells und die Gewohnheit übernommen,

ihre diplomatischen Missionen mit Kostbarkeiten und Pelzen aus-
zustatten, die sie unterwegs verkauften, um für ihre Bedürfnisse zu
sorgen. So betrieben die Gesandten gleichzeitig Verhandlungen und
Handel. Um die Wirtschaft zu beleben, deren Monopol der Zar inne-
hatte, schickte er manchmal einen Gesandten zu einem Staatsoberhaupt, um sich lediglich nach seinem Ergehen zu erkundigen. Zahlreich
waren die Erfordernisse des Zeremoniells und die daraus entstehen-
den Streitereien. Die Instruktionen, die der Moskauer Diplomat vor
seiner Abreise erhielt, bestanden darauf, daß der ausländische Herrscher sich nach dem Befinden des Zaren, der Zarin und ihrer Kinder
erkundige, daß er keinen der unzähligen Titel und keines der dem
Gebieter Rußlands unterworfenen Länder auslasse. Moskau gedachte
demnach, sein Zeremoniell den anderen Herrschern aufzuzwingen,
sogar in ihrem eigenen Lande. Ein zu dem damals erkrankten Kurfürsten von Brandenburg entsandter russischer Beauftragter weigerte sich, von den Ministern empfangen zu werden, und verlangte,
daß ihm an der Seite Friedrich Wilhelms ein zweites Bett aufgestellt
wurde. Er soll dann, hingestreckt, zugedeckt, gestiefelt und gespornt
den Zweck seiner Mission erklärt haben. Der Kurfürst stand dann
aber doch lieber auf. Litt er vielleicht nur an einer diplomatischen
Krankheit?

Nach byzantinischem Brauch — der seit 1268 die berühmten „Rela-
tionen" der venezianischen Gesandten beeinflußt hatte — mußten die
Führer der russischen Missionen einen ganz genauen Tätigkeitsbericht
vorlegen; sie wurden belohnt oder bestraft, je nach den Ergebnissen,
die sie erzielt hatten. Man versteht daher ihr Entsetzen, ihre heftigen
Proteste, wenn die ausländischen Kanzleien auch nur den kleinsten
Fehler, die geringste Verletzung der Form begingen, die in Moskau
als schwere Beleidigung, ja sogar als Kriegsgrund angesehen wurden.

*

Ziehen wir die Schlußfolgerung aus dieser Einführung: Rußland,
das über vielfältige Reserven verfügte, war bei der Thronbesteigung
Peters I. eingekreist von Schweden, Polen und der mit den Tataren
verbündeten Türkei. Es hatte keinen Zugang zum offenen Meer.

Die Vorstöße der Zaren zur Durchbrechung dieser Isolierung waren
gescheitert. Dem riesigen Körper fehlten die Lungen. Bis auf einige
diplomatische Verbindungen spielte Rußland überhaupt keine politische Rolle in Europa; niemand suchte es als Verbündeten zu gewinnen. Der Handel mit dem Westen war gleich Null; der Zugang
zu den Meeren von Schweden und Dänemark, den Beherrschern der
Ostsee und des Sunds versperrt. Der Landweg war kostspielig und
gefährlich. Der größte Teil des Adels hatte keine Bildung, denn es gab keine
Universitäten und Hochschulen, er durfte Rußland nicht verlassen.
Seit dem Dreißigjährigen Kriege war das Heer, mit Ausnahme der
Artillerie und bestimmter Truppenteile, den ausländischen Armeen
unterlegen. Das Volk und der niedere Klerus versanken in Unwissenheit und Trunk. Die Stellung der Leibeigenen war jammervoll; eine
bürgerliche Schicht gab es nicht. Nach der Aussage zahreicher Reisender waren die Sitten erschreckend roh und barbarisch.
Rußland hatte glanzvolle Zeiten erlebt, in denen Kunst und Kultur auf seinem Boden blühten, aber die feindlichen Einfälle hatten
seinen Aufschwung zunichte gemacht. Der Kontakt mit Europa war
während etwa dreier Jahrhunderte unterbrochen worden. Mehrere
Zaren hatten versucht, ihren Staat zu modernisieren und zu verschö-
nern: Iwan III. hatte Künstler und Handwerker herangezogen und
mit seiner Gemahlin Sofja Palaiologos einen „aufgeklärten Hof" gehalten; Iwan IV. der Schreckliche hatte die Gewohnheitsrechte in
einem Gesetzbuch zusammengefaßt, die Landesversammlung berufen, die Buchdruckerkunst eingeführt, Karl V. um Techniker gebeten; Feodor I. hatte Kunst und Wissenschaft gefördert; Boris
Godunow hatte die Ausländer in seine Dienste genommen und junge
Russen zum Studium nach Paris geschickt. Der Vater Peters I. ließ
Theaterstücke aufführen und literarische Werke übersetzen.
Es ist daher nicht richtig, wie Voltaire zu behaupten, daß Rußland
beim Regierungsantritt Peters nur „Chaos und Barbarei" war. Es
war jedoch in seiner Entwicklung weit hinter Europa zurück. Nur
ein Gigant konnte den Gedanken fassen, mit einem Schlag die verlorenen Dezennien aufzuholen.

Erstes Buch

DIE ROTE TREPPE

1672—1694

Unsere Fröhlichkeit muß um so lärmender sein, je mehr unsere
alte Angst sich unserer Herzen bemächtigt.   GOGOL

Land der Langmut, Land des russischen Volkes. Mein Land!
TJUTSCHEW

AUFSTAND IM KREML

1682

Wenn Ihr glaubtet, es sei sehr leicht und sehr angenehm, König
zu sein, so habt Ihr Euch sehr getäuscht.
LUDWIG XIV. an PHILIPP V. von Spanien

Gospodi pomiluj! (Herr, erbarme Dich unser!)
RUSSISCHES GEBET

Im Jahre 1645 bestieg Alexej I., Sohn Michails I., den Thron. Er war kräftig, wohlgenährt und hochgewachsen; er hatte ein sanftes Gesicht, eine weiße Haut, rosige Wangen und goldblondes Haar. Schwach, vorsichtig, zurückhaltend, unentschieden, gebildet und obendrein friedliebend, verbrachte Alexej Michajlowitsch Stunden im Gebet, was ihn nicht hinderte, in seinen Wutanfällen Faust- und Stockhiebe auszuteilen. Einmal verprügelte er seinen Schwiegervater vor den versammelten Bojaren, weil er einen umstürzlerischen Vorschlag gemacht hatte, und setzte ihn dann vor die Türe. Weiter ging er jedoch nicht und verurteilte nur, wenn es notwendig war, zu Exil, zur Knute, zum politischen oder physischen Tode. Man nannte ihn „den frommen Zaren". 1647 heiratete er die schöne Maria Miloslawskij. Die Zarin schenkte ihm, im Bewußtsein ihrer Verpflichtungen gegenüber den Romanows, 5 Söhne und 6 Töchter. Die Zukunft der Dynastie schien gesichert, dann aber starben nacheinander 3 Söhne im Kindesalter. Von den beiden Überlebenden war Feodor zwar recht begabt, aber kränklich, Iwan schwach an Körper und Geist, „abscheulich anzusehen und so häßlich, daß er denjenigen, die ihn anschauten, leid tat", sagt die „Relation curieuse". Von den Töchtern tat sich die jüngste, Sofja, durch ihre Intelligenz, ihre Energie und ihre Korpulenz hervor. Die Zarin starb im Jahre 1669, erschöpft von ihren zahlreichen Geburten. Der 40jährige Witwer, der das Alleinsein nicht liebte, beschloß, eine neue Ehe einzugehen. Wenn der russische Bauer sich verheiraten wollte, dachte er in erster Linie an den Nutzen seiner Zukünftigen, die, wie das Volk sagte, „hart arbeiten können, Bullenkräfte und die Leistungsfähigkeit eines Pferdes haben sollte". Der Zar jedoch hatte das Recht, unter den schönsten Mädchen zu wählen. Alexej I. ließ bekanntgeben — wobei er sich nach einem jahrhundertealten Brauch richtete —, daß die Bewerberinnen um seine Hand und die Krone — ob Prinzessinnen oder Schäferinnen, reich oder arm, aber Jungfrauen, gesund und gut gewachsen — sich am 14. September 1670 im Kreml einfinden sollten. Die Bewerberinnen wurden dort von einigen Sachkundigen auf Herz und Nieren geprüft. Die für das kaiserliche Bett für unwürdig Befundenen wurden ausgesondert. Diejenigen aber, welche die Ausscheidungsprüfungen bestanden hatten, wurden in Schlafsälen im Palast untergebracht. Als sie abends in ihren Betten lagen, kam Alexej I. in Begleitung eines Vertrauensarztes zu ihnen. Die Inspektion war kurz, denn der Zar hatte sein Auge bereits auf Natalja Naryschkin geworfen, die zwar von niederem Adel und arm, dafür aber groß, schön, gut und ergeben war; er hatte sie im Hause seines Freundes Artamon Matwejew getroffen, der an der Spitze des Gesandtschafts-Prikas stand und wegen seiner Verbindungen zu den Ausländern den Beinamen „Der Westler" erhalten hatte. Alexej heiratete sie. Zähneknirschend mußten die Miloslawskij das Feld der zahlreichen Familie Naryschkin überlassen. Pünktlich 9 Monate später, am 30. Mai 1672, kam Natalja mit einem Knaben nieder: Peter, der einmal Peter der Große werden sollte. Sie schenkte 2 Jahre später einem Mädchen, Theodora, das Leben und 1674 einem zweiten Mädchen, das nach seiner Mutter Natalja genannt wurde. Die Geburt des Sohnes wurde vom Zaren freudig begrüßt. Die Palasttore öffneten sich zu einem prunkvollen Fest, Gefangene wurden freigelassen, Verbannte begnadigt und ausstehende Steuern erlassen. Alexej I. starb im Jahr 1676. Er hinterließ von seiner ersten Frau Maria Miloslawskij 6 Töchter (darunter Sofja) und 2 Söhne (Feodor und Iwan) und 2 Kinder (Peter und Natalja)

von seiner zweiten Frau Natalja Naryschkin. Sofort trat der „Semskij Ssobor" zusammen, die Versammlung, die sich aus der Bojaren-
duma, dem Heiligsten Rat der hohen Geistlichkeit, den Beamten
der verschiedenen Prikase und der weniger wichtigen Kanzleien zusammensetzte, und wählte zum Zaren Feodor, den Bruder von Sofja
und Iwan, Halbbruder und Pate Peters. Am 21. Juni 1676 berichtet
der Resident van Keller den Generalstaaten: „Der Zar wurde am vergangenen Sonntag gemäß den Sitten und Gebräuchen dieses Landes
gekrönt. Die Großen und die Hofleute waren alle prächtig angetan
mit Kleidern aus Gold- und Silberstoffen; viele von ihnen hatten
ihre Röcke und hohen Mützen reich bestickt und überladen mit einer
Unzahl von Perlen. Fürst Michail Dolgorukij warf mit vollen Händen Gold- und Silberstücke unter das Volk. Dort war ein Gewimmel
von Leuten allerlei Art, die, aus vollem Halse schreiend, dem Fürsten alles, was es an Gutem gibt, wünschten, während einige, die
allzu eilig die Geldstücke aufhoben, mit Füßen zu Tode getrampelt
wurden, ,um daran zu verrecken'[1]."
Die Miloslawskij kamen also wieder an die Macht und verdrängten
die Naryschkin. Sie schickten den Minister Artamon Matwejew, den
einstigen Vormund der Zarin Natalja, in die Verbannung, indem sie
ihn beschuldigten, den Tod Alexejs I. angestiftet und schwarze Magie
getrieben zu haben. Er besaß tatsächlich ein Algebrabuch.
Bei seinem Regierungsantritt war Feodor III. 19 Jahre alt, gebildet,
ein besonnener, klarer Kopf; er sprach Latein und Polnisch und verfaßte Reime in seinen Mußestunden. Zum Unglück war er kränklich,
aller Wahrscheinlichkeit nach skrofulös. Er heiratete 1680 Agathe,
die Tochter Simeon Gruschetzkijs. Sie starb im folgenden Jahr mit
ihrem Neugeborenen. Einige Monate später ging Feodor eine neue
Ehe mit Martha Apraksin ein, die ihm einen Sohn schenkte, der kurz
darauf starb. Die Kräfte des jungen Zaren nahmen schnell ab. Hohe
Würdenträger und Hofleute erregten sich über die Frage, ob der
Kranke, wie es Brauch war, seinen Nachfolger bestimmen würde.
Würde er in diesem Falle Iwan oder Peter wählen? Der 15jährige
halb wahnsinnige Iwan, Sohn von Maria Miloslawskij, litt an einem
Trachom, durch das er das Augenlicht verloren hatte. Peter dagegen,
der Sohn von Natalja Naryschkin, der in sein 10. Lebensjahr eintrat,

war intelligent, robust und voll strahlenden Lebens. Würde das Alter
den Sieg über die Gesundheit und den gesunden Geist davontragen?
Durch die finsteren, für geheime Zusammenkünfte so günstigen
Kreml-Gänge huschten geisterhafte Gestalten, verweilten kurz,
flüsterten, tauschten Zeichen: Es waren die Miloslawskij und die
Naryschkin, die sich die neuesten Nachrichten über den Todkranken
zuraunten, das Schicksal ihres Kandidaten abschätzten, der ihren
Sturz oder ihren Aufstieg, Glück oder Verbannung bestimmte. Während die beiden feindlichen Cliquen sich erregten, verbrachte Sofja
ihre Tage und Nächte am Krankenbett Feodors, umgab ihn mit Aufmerksamkeiten, die sie schon an ihren Vater, den seligen Alexej verschwendet hatte. Sie übte auf ihren Bruder einen so großen Einfluß
aus, daß sie seine junge Frau von ihm fernhielt. Oft sprach sie mit
leiser Stimme zu ihm. Was hatte sie zu sagen? Bedeutete sie ihm, daß
der zweifellos nicht sehr ansehnliche Iwan der ältere und ein Miloslawskij war, wie sie und Feodor selbst? Versuchte sie den Aufstieg
ihres Halbbruders Peter zu hintertreiben, der die Regentschaft seiner
Mutter, einer Naryschkin, mit sich brächte? Niemand hörte, was
Sofja dem Zaren ins Ohr flüsterte: Ihr späteres Verhalten läßt jedoch
vermuten, daß sie für Iwan zum Nachteil Peters eintrat in der Hoffnung, selber die Regentschaft übernehmen zu können.
Sofja hatte Latein und Polnisch gelernt und Nutzen aus den Unter-
weisungen des Mönches Silvester Medwedew und des Theologen
Ssimeon Polozkij, eines Astrologen, Redners und Dichters, gezogen.
Sie war sehr intelligent, energisch, verschlagen und intrigant, die
begabteste und häßlichste von den Töchtern Alexejs I.: Das Fleisch
quoll aus ihrem Mieder; ihr Körper war „von ungeheuerlichem Umfang, mit einem Kopf breit wie ein Scheffelmaß, mit Haaren im
Gesicht und Geschwüren an den Beinen", berichtet der Konsul La
Neuville. Das Ganze wog mehr als 80 Kilo. Mit 26 Jahren sah
sie wie eine Vierzigerin aus.
Im Frühjahr 1682 verschlimmerte sich Feodors III. Zustand. Ein
anderer Schatten schlich nun durch die gewundenen Gänge des
Kreml und löschte manchmal eine Lampe auf seinem Wege: der
Schatten des Todes. Die vom Lande herbeieilenden Bojaren mischten
sich unter die weltlichen und geistlichen Würdenträger. Sie waren

alle zur Stelle: die Kurakin, Golizyn, Dolgorukij, Romodanowskij, Odojewskij, Tscherkasskij, Repnin, Lykow, Urussow, Scheremetjew und die anderen. Da waren sie, die Anhänger von Iwan und die von Peter, die Leute der Miloslawskij und die Verfechter der Naryschkin, mit ihrer Ergebenheit, ihren Rachegelüsten, ihren Haßgefühlen, ihrer Scheinheiligkeit, ihren schiefen Blicken, ihrem gleisnerischen Lächeln und ihrem Ehrgeiz. Für die Mehrheit unter ihnen war der Todkranke nicht ein Gegenstand der Trauer oder des Mitleids, sondern der Ausgangspunkt ihrer Berechnungen. Ob sie Iwan oder Peter unterstützten, über den Zar von morgen hinweg dachten sie doch nur an sich. Des Umherstreifens in den Kirchen und Kapellen des Kreml, in den unzähligen Räumen, Salons, Zimmern, Küchen, Speise- und Kleiderkammern, schmutzigen Löchern, Verschlägen und Speichern des Palastes müde, trat der Schatten des Todes beim Zaren ein. Ohne Kampf hauchte Feodor III. sein Leben aus. Das war am 27. April 1682.

Nachdem der Patriarch Joakim das letzte Gebet gen Himmel gesandt hatte, verließ er das Zimmer, in dem der Herrscher aller Reußen mit entspannten Zügen friedlich schlief. Während noch die große Totenglocke läutete, berief er in den Ratssaal den „Semskij Ssobor". In der einen Hand hielt er das Kreuz, die andere lag auf dem Evangelium, und so beschwor er feierlich die hohen Würdenträger, Bischöfe, Bojaren und Offiziere, den neuen Zaren nach bestem Wissen und Gewissen zu wählen. Er schloß mit starker Stimme: „Denjenigen unter euch, der sich von seinen Leidenschaften leiten läßt, soll das Los des Judas treffen!" Die meisten riefen den Namen Peters; einige murmelten den Iwans; Peter war es also, den Joakim zum Zaren ausrief. Der Patriarch begab sich sodann, gefolgt von dieser Horde zusammengewürfelter Wähler auf die Rote Treppe und teilte den Soldaten und Zivilisten im Hof mit, daß der verstorbene Zar keinen Nachfolger bestimmt habe, und daß die Wahl des Semskij Ssobor auf Peter, den jüngsten Sohn Alexejs, gefallen sei. Sie antworteten: „Peter sei unser Zar!" Gleich darauf zerstreuten sie sich, um die Nachricht in der Stadt zu verbreiten und zu Ehren des jungen Herrschers becherweise Wodka zu trinken. Der Patriarch begab sich daraufhin in Begleitung seines Gefolges zu Peter; er seg-

nete mit dem Kreuzeszeichen den Kind-König, stimmte das Gebet für
die Verlängerung der Tage des Zaren an, das die Geistlichen im
Chor wiederholten; dann verkündete er von der Roten Treppe herab,
daß der Prinz das Zepter Monomachs angenommen habe. Peter
wurde noch am gleichen Tage in die Thronwürde eingesetzt, alle
leisteten den Treueid und küßten ihm die Hand. Sofja konnte sich
dieser Verpflichtung nicht entziehen. Kuriere sprengten in allen Richtungen davon, um das Ereignis zu verkünden. Die Leiche Feodors III.
wurde auf einem Prunkbett aufgebahrt; Reiche und Arme, Bojaren
und Leibeigene, Alte und Junge zogen zu Tausenden an seiner sterblichen Hülle vorüber.

Sofja, die die Fesseln des „Terem" abgestreift hatte, war entschlossen,
das Leben zu genießen, als eine junge Frau, die frei über ihr Tun
und Lassen und ihren Körper zu verfügen hatte, das Liebesabenteuer
mit Wassilij Golizyn weiterzuführen, das sich am Krankenbett des
Entschwundenen angesponnen hatte. Nein! Sie würde nicht in das
Kloster zurückkehren, aus dem Feodor sie zu seiner Pflege einige
Monate zuvor herausgeholt hatte; sie würde nicht das klägliche Dasein der Zarentöchter und -schwestern wiederaufnehmen, die kein
Wort an einen Mann richten konnten, und die nur in vollkommener
Dunkelheit der Arzt abhorchen durfte. Sie würde um keinen Preis
wie eine verstoßene Frau oder eine arme Nonne ihr Leben in einem
Kloster beschließen! Für sie war die Macht, waren Liebe und Reichtümer des Lebens da! Für andere die schmerzliche Keuschheit, die
übelriechenden Zellen...! Sie begibt sich sogleich mit ihren Ratgebern an die Arbeit: mit ihrem Onkel Iwan Miloslawskij dem Grausamen, ihrem zukünftigen Liebhaber Wassilij Golizyn — einem der
aufgeklärtesten Männer seiner Zeit, reich, kultiviert, liebenswert,
klug, 13 Jahre älter als sie — den Brüdern Johannes und Peter
Tolstoj, dem ungestümen Mönch Silvester Medwedew, dem Fürsten
Chowanskij, von dem man sagte, daß er altgläubig sei, und ihrer
Kammerfrau Feodora Rodimitza. Um ihr Ziel zu erreichen, erkaufte
sich Sofja die Mitwirkung der ehrgeizigen und armen Obersten
Ziegler und Osirow, die die Unzufriedenheit der Strelizen geschickt
ausnutzen werden.

Die Strelizen — von Iwan dem Schrecklichen ins Leben gerufen —

bestanden aus 20 Regimentern zu je 1000 Mann, die in Moskau ihr Standquartier hatten, und einigen an den Grenzen stationierten Regimentern. Die Lorbeeren, die sie im Verlauf mehrerer Kriege geerntet hatten, waren seit langem verwelkt. Diese Elitetruppe war zur Leibgarde der Zaren geworden, habsüchtige, hochmütige Janitscharen, anspruchsvoll und undiszipliniert, die sich mit ihrem farbigen Kaftan brüsteten, ihren goldgestickten Schärpen, roten Gürteln, zobelbesetzten hohen Samtmützen, Stiefeln aus weichem Leder. Ihr Sold war sehr viel höher als der Sold der zum Kriegsdienst Ausgehobenen, der Kosaken, der Staatsangestellten. Sie lebten mit ihren Familien in eigenen Stadtteilen und erfreuten sich zahlreicher Vorteile. Sie konnten einen Laden halten oder ein Handwerk ausüben, ohne Steuern zu zahlen; vom Krieg, der ihre Einnahmequellen vernichtete, wollten sie daher nichts wissen. Unter der Regierung des schwachen Feodor III. hatten sie noch mehr an Freiheiten gewonnen: Sie hielten Versammlungen ab, in denen es zu politischen und religiösen Diskussionen kam und nach Auflehnung gegen die Kirche und den Staat aussah; sie behaupteten — wahrscheinlich mit Recht —, einige ihrer Führer hätten sich auf Kosten der Allgemeinheit bereichert. Somit schwelte der Aufstand bereits, als Peter den Thron bestieg! Die Strelizen, von den Anhängern Sofjas aufgehetzt, erhoben Klage gegen mehrere ihrer Offiziere. Die Regentin, Natalja Naryschkin, sah sich in größter Verlegenheit, ihre Minister hatten keine Erfahrung, und Matwejew, eben aus der Verbannung zurückgerufen, beeilte sich nicht. Die Bojaren-Duma, die sich doch auf die Söldner und regulären Regimenter stützen konnte, verkannte den Ernst der Lage, zögerte, ließ Tage verstreichen; sie hoffte, die Janitscharen dadurch zu beschwichtigen, daß sie ihre Anwürfe ohne Nachprüfung gelten ließen, und verurteilte die Obersten Ziegler und Osirow, hohe Summen an sie zu zahlen, behandelte sie wie zahlungsunfähige Schuldner: Man gab ihnen vor versammelter Mannschaft stundenlang Rutenstreiche auf die Schenkel, bis sie das Geld beigebracht hatten. Die Strelizen, übermütig durch ihren Sieg, aufgestachelt von den Demütigungen, die man ihren Führern angetan hatte, kannten keine Grenzen mehr. Sofjas Helfer, allen voran Feodora Rodimitza, schlichen sich in die Wohnviertel der Strelizen, wo sie die erlogensten

Gerüchte verbreiteten: Peter sei nicht der Sohn von Alexej, die Naryschkins hätten Feodor III. vergiftet, sie würden den Zarewitsch
Iwan mißhandeln und wollten sich des Thrones bemächtigen ...
... Ein gedungener Bursche, der wie einer der Naryschkins gekleidet war,
tat nur zum Schein der Frau eines Strelizen Gewalt an und verschwand, von seiner Horde geschützt, in der Nacht. Die Strelizen
wollten in ihrer Empörung über den Kreml herfallen, doch Iwan
Miloslawskij hielt sie zurück: Er erwartete in Moskau Matwejew,
seinen ganz besonderen Feind, den er an die Spitze einer Liste von
46 Opfern gesetzt hatte.
Matwejew langte schließlich im Palast an. 4 Tage später, am 15. Mai
1682, ging Miloslawskij zum Angriff über. Er ließ den Strelizen sagen,
daß die Naryschkins soeben Iwan ermordet hätten. Die Strelizen von
19 Regimentern griffen sofort zu den Waffen, läuteten Sturm und
richteten ihre Kanonen auf den Kreml. Vom Wodka, der in Strömen
floß, befeuert, besetzten sie den Platz, da man nicht mehr die Zeit
hatte, die schweren Tore der Befestigungsmauer zu schließen. Sie
schwangen ihre Lanzen, stürzten die Kutschen um, verletzten die
Pferde durch Kolbenstöße und Beilhiebe und stießen Todesdrohun-
gen gegen die Naryschkins und Matwejew aus. Natalja, in der Hoffnung, sie beruhigen zu können, erschien auf der Roten Treppe; sie
trug die Insignien der Herrscher und hielt Peter und den Zarewitsch
Iwan an der Hand; der Patriarch Joakim, Matwejew und die Ratsbojaren folgten ihr. Die Aufrührer, im Glauben, Iwan sei ermordet,
schwiegen. Einige Beherzte fragten den Zarewitsch:
„Bist du es wirklich, Herr?"
„Ja", antwortete zitternd der Junge.
„Was haben sie dir Böses angetan?"
„Gar nichts!" ...
Matwejew nutzte die Verwirrung seiner ehemaligen Soldaten und
kam die Treppe vom Balkon herunter. Er hielt mit entschlossener
Freundlichkeit eine Ansprache an sie, beschwor ihre glorreichen Siege
herauf, ihr gutes Einvernehmen und den freundlichen Empfang, den
sie ihm bei seiner Rückkehr aus dem Exil bereitet hatten. Haben sie
ihm nicht Salz und Brot gebracht, haben sie ihm nicht auf einer
Messerspitze süßen Honig angeboten? Also sollen sie ihren Pflichten

treu bleiben . . .! Die Strelizen hörten ihm zu, ließen die Köpfe hängen und schwiegen. Sehr würdevoll und selbstsicher schritt Matwejew lächelnd die Stufen empor. Nun trat der Patriarch Joakim im vollen Ornat auf den Balkon. Er breitete die Arme in einer begütigenden Geste aus und sagte zu den Soldaten: „Niemand hat auch nur ein Haar auf dem geheiligten Haupt Iwans angerührt. Die umlaufenden Gerüchte sind unsinnig. Seht ihr nicht mit euren Augen den Zarewitsch?" Im Namen des Allmächtigen beschwört er sie, in ihre Quartiere zurückzukehren. Eingeschüchtert, beschämt stellten die Strelizen fest, daß man sie getäuscht hatte, und wollten sich zurückziehen, als Fürst Michail Dolgorukij, unter dessen Ressort sie fielen, sie hart anfuhr und ihnen unter Androhung strengster Strafen befahl, sofort in ihre Unterkünfte zurückzukehren. Dieses ungeschickte und grobe Dazwischentreten entfachte erneut ihren Zorn. Wutschnaubend stürzten sie sich auf den verhaßten Fürsten, schlugen ihn, warfen ihn vom Balkon herab auf die Lanzen ihrer Kameraden und rissen ihn in Stücke. Von nun an kennt ihre Raserei keine Grenzen mehr. Sie wollen Matwejew, der sich zu der Zarin und den kleinen Prinzen geflüchtet hat, greifen. Natalja nimmt ihn in ihre Arme, Fürst Tscherkasskij deckt ihn mit seinem Leib; die Strelizen stoßen die Zarin und Tscherkasskij gewaltsam beiseite, packen Matwejew, schlagen ihn, werfen ihn in den Hof, wo man ihn tötet. Bald ist er nur noch eine blutige Masse, von der die Besessenen die Glieder abschneiden. Dann dringen sie auf der Suche nach den Naryschkins in den Palast ein; sie durchstöbern sogar die Gemächer der Zarin, der Töchter Alexejs und die Kapellen. Unter Gebrüll, Beschimpfungen, Verwünschungen und Flüchen schlitzen sie mit der Spitze ihrer blutbesudelten Lanzen Matratzen und Tapeten auf, drücken die Türen ein, zerschlagen die Möbel.

Auf der Roten Treppe — rot dem Namen nach und rot von Blut — drückt die Zarin Natalja den kleinen Zaren an ihr Herz und nimmt ihn eilends mit sich in die Schatzkammer . . .

Die Strelizen haben Afanasij Kirillowitsch Naryschkin, einen der Brüder der Zarin, der sich im Palast versteckt hielt, aufgespürt und erwürgen ihn. Beim weiteren Suchen ergreifen sie Feodor Ssaltykow, den sie für einen Naryschkin halten. Auch ihn ermorden sie. Iwan

Naryschkin jedoch, dessen Name auf der Liste der Geächteten steht, hat sich im Zimmer einer Prinzessin verborgen und ist unauffindbar. Erschöpft ziehen die Strelizen sich zurück. Ein paar Soldaten — von Mitgefühl oder Grausamkeit getrieben — bringen die sterblichen Überreste des Fürsten Michail Dolgorukij zu seinem Vater. Der Greis dankt ihnen unbewegt und bietet ihnen ein Glas Bier an. Nachdem sie abgezogen sind, sagt er zu seiner schluchzenden Frau: „Sie haben den Hecht gegessen, doch die Zähne haben sie übriggelassen." Das ist ein altes russisches Sprichwort. Es bedeutet: „Wir werden ihn rächen!" Ein Diener hinterbringt es den Strelizen; sie eilen wütend zu dem Unglücklichen zurück, trennen ihm Füße und Hände ab, töten ihn und werfen den Leichnam auf einen Misthaufen.

So verlief der erste Tag des Aufstands. Die Nacht endete in Trinkgelagen: Sofja und ihre Helfershelfer knauserten nicht mit Geld und Wodka.

Erhielten die Strelizen während der Nacht Befehle von Iwan Miloslawskij? Man weiß es nicht. Wie dem auch sei, am nächsten Tag kamen sie beim Läuten der Sturmglocke wieder halbbetrunken in den Kreml zurück, durchstreifen wiederum den Palast, sprengen mit Gewalt die Geldkisten auf, zerbrechen die Ikonen und zerschlitzen die Bilder. Mit lautem Geschrei verlangen sie nach Iwan, dem ältesten Bruder Nataljas, dem Haupt der Naryschkin-Partei, den man gesehen haben soll, wie er sich die Zarenkrone aufprobierte, sagen sie. Sie drohen damit, die Ratsbojaren zu töten, wenn sie ihn nicht herausgeben. Sofja vermittelt einschmeichelnd und hinterlistig bei der Zarin und rät ihr, den Bruder auszuliefern, um die Tötung der Bojaren und vielleicht auch Peters zu verhindern. Natalja weigert sich. Der alte Fürst Odojewskij und andere Würdenträger vereinigen ihre zitternden Stimmen mit der Sofjas: „Wäre es nicht besser, einen der Unseren sterben zu sehen, als daß wir alle umgebracht werden?" sagen sie. Iwan Naryschkin, der sich unter den Polstern versteckt hält, wird von dem Vorgang unterrichtet. Er beschließt, sich zu opfern. In der Hoffnung, ihn beschützen zu können, läßt die verzweifelte Natalja ihn in die Erlöserkirche ein. Doch die Aufrührer bemächtigen sich des Unglücklichen in Gegenwart der Zarin, entreißen ihm das Marienbild, das er an die Brust preßt, schleifen ihn zum Konstantinsturm, wo sie ihn foltern, ohne ihm die Geständnisse entreißen zu können, die sie verlangen; sie werfen ihn schließlich halbtot auf den Platz, wo ihre Kameraden ihn vollends töten. Seine zerstückelten Glieder werden an Pfählen aufgespießt. Bevor die Strelizen an diesem Abend den Palast verlassen, schlagen sie unter den Augen der Zarin Martha dem ehemaligen Minister und Günstling Feodors III., Theodor Jasykow, den Kopf ab. Am dritten Tag töten sie Fürst Gregor Romodanowskij, den harmlosen Johannes Fomitsch Naryschkin und den Sekretär Ilarion Iwanow. Mehrere Bojaren werden auf gräßliche Art hingerichtet. Der deutsche Arzt Gaden wird unter der Beschuldigung, den Zaren vergiftet zu haben, so grausam gefoltert, daß er dieses erfundene Verbrechen zugibt; er wird zerstückelt. Während die Strelizen auf der Suche nach Verdächtigen die Stadt durchstreifen, plündern sie die Paläste, stehlen Schmuck, Gold- und Silbergeschirr, wertvolle Stoffe, Waffen und Weine; wie bei allen Revolutionen hilft die Hefe des Volkes den Aufrührern, die das Archivgebäude mit den Listen der Leibeigenen und den Besitztumsakten niederbrennen, befreien die Verbrecher, stecken die Gerichtsstuben in Brand.

Auf Betreiben Sofjas und ihrer Anhänger verlangen die Strelizen vom Rat der Bojaren, daß er Iwan an der Seite des jüngeren Peter zum Zaren bestimme, doch mit dem Vortrittsrecht. Iwan wird mit der Verwaltung beauftragt, Peter mit der Armee. Am 25. Juni spielt sich eine Zeremonie ab, wie man sie in Rußland noch nie gesehen hat: Der Patriarch krönt in der Himmelfahrts-Kathedrale zwei Zaren zur gleichen Zeit. Die Strelizen lassen einige Tage später Sofja, in Anbetracht der Minderjährigkeit der Herrscher, zur Regentin erklären. Sie verteilt die Ämter unter ihre Helfer: Der Gesandtschaftsprikas fällt an Wassilij Golyzin, das Kommando über die Strelizen an den Fürsten Chowanskij.

*

3 Tage lang hatten die Strelizen wehrlose Menschen mit hartnäckiger Wut verfolgt, hatten sie die gräßlichsten Qualen erleiden lassen, ihre Gesichter mit den Stiefeln zertrampelt, ihnen die Augen ausgestochen, die Brust zerquetscht, ihre Leiber in Stücke geschnitten.

Diese sadistischen Henker, diese betrunkenen Schlächter hatten ihre Uniform besudelt, ihre Uniform entehrt. Zur Belohnung für diese glanzvolle Heldentat gewährte Sofja einem jeden eine Prämie von 10 Rubeln; sie erhöhte ihren Sold und ließ aus dem Besitz der Opfer die noch ausstehende Löhnung zahlen. Im Verlauf eines Festessens schenkte sie sogar selbst ein! Um sie vor jeder Bestrafung zu sichern, ja vor jedem Vorwurf in der Zukunft, händigte man ihnen Begnadigungsbriefe aus, die mit dem großen Staatssiegel versehen waren. Auf dem Roten Platz wurde eine Säule errichtet zur Erinnerung an die Taten der Strelizen, die sie zum Ruhm und Preis „der Muttergottes und des Zaren" begangen hatten. Auf ihr wurden die Namen der Opfer und ihre angeblichen Verbrechen aufgeführt: Dolgorukij habe sich gegen den Befehl des Zaren aufgelehnt. Romodanowskij eine Festung verräterisch ausgeliefert, der Giftmörder Matwejew wollte den Zaren beseitigen ... Diese Ukase gingen vom Rat der Bojaren aus, der unter die Befehle Sofjas und ihrer Clique geraten war.

Die Leichen Matwejews, Naryschkins, Dolgorukijs und der anderen Opfer blieben unterdessen in einem Haufen auf dem Platz liegen, wo sie den Bespeiungen der Passanten und den gierigen Hunden überlassen waren. Ein einziger Mensch wagte daran zu rühren: Unter Lebensgefahr sammelte ein Diener Matwejews die zerstückelten sterblichen Reste seines geliebten Herrn ein und brachte sie der Familie zurück, die sie christlich beerdigte. Dieser unerschrockene Mensch hieß Johannes und war ein Neger.

Sofja hatte ihr Ziel erreicht: Sie regierte nun im Namen eines unfähigen Kranken und eines verängstigten Bürschchens von 10 Jahren.

*

Als Knabe hat also der kleine Zar aus unmittelbarer Nähe mitangesehen, wie die Strelizen ihren Anführer Dolgorukij schlugen, ihn mit ihren Lanzen durchbohrten, zu Tode trampelten; er hat gehört, wie der Kopf des Fürsten auf dem Boden zerschmettert wurde; er hat gesehen, wie die Aufrührer seine Mutter roh zur Seite stießen, seinen alten Freund Matwejew griffen, ihn durchbohrten und auf die Lanzen ihrer Kameraden warfen; er hat das Stöhnen der Gefolterten gehört, er hat Ströme von Blut fließen sehen. Seine Mutter trug ihn, vor Angst schluchzend, fort. 3 Tage lang drang das Läuten der Sturmglocke, das Rollen der Trommeln, das Geschrei der Soldaten, das Jammern der Frauen, das Röcheln der Sterbenden an sein Ohr. 3 Nächte lang hatte er in Angst und Schrecken gelebt, Stunde um Stunde die Marter seines Onkels miterlebt ... Peter I. vergißt niemals diese grausige Hetzjagd; er wird sie den Strelizen niemals vergeben. 16 Jahre später wird er sie mit der gleichen unversöhnlichen Grausamkeit ausrotten, die sie ihn soeben gelehrt haben. Er trug von diesen gräßlichen Szenen ein Nervenleiden davon, dessen Symptome zum erstenmal nach der Ermordung von Dolgorukij und Matwejew aufgetreten waren.

Nicht nur Menschen haben die Strelizen am 16. Mai 1682 auf der Roten Treppe des Kreml getötet. Auch eine Kinderseele haben sie getötet: die Seele Peters I.

SOFJAS REGENTSCHAFT
1682—1689

*In meiner Vorstellung war Sofja nur eine Schlampe; aber sie
war die Schwester Peters I.: Sie war begabt.*

Prosper Mérimée, Brief an Turgenjew, 25. September 1861

Vom Beginn ihrer Regentschaft an lag Sofja im Streit mit den
Sektierern, die den religiösen Frieden schon seit Jahrzehnten störten.
Ihre Bruderschaften, die sich an den weit von Moskau entfernt liegenden Ufern der Flüsse und Seen niedergelassen hatten, lehnten sich
heftig gegen die orthodoxe Kirche auf, die sie des Verrats am wahren
Glauben, der Einführung verabscheuungswürdiger Riten beschuldigten. Diese Dissidenten erkannten nur die alten handgeschriebenen Schriften, trotz der Fehler im Text, an, sie übten nur die
alten Kirchengebräuche aus; sie schrieben Issus (Jesus) und nicht
Jissus, hielten die Messe mit 7 geweihten Broten ab; sie behaupteten,
daß das Wort Halleluja in den Gebeten zweimal und nicht dreimal
wiederholt werden müsse. In ihren Augen war es ein Verbrechen,
sich mit 3 anstatt mit 2 Fingern zu bekreuzigen[1]. Sie nannten die
orthodoxen Kirchen „Schweineställe", hießen die Popen „hungrige
Wölfe", läuterten durch das Gebet die Speisen, die sie bei ihren Brüdern nicht kaufen konnten. Sie verkündeten das unmittelbar bevorstehende Erscheinen des Antichristen, der zweifellos ein Zar sein
würde; sie sagten das Herannahen des Weltuntergangs voraus und
schliefen, in Erwartung der Posaunen des Jüngsten Gerichts, mit
Totenhemden bekleidet in Särgen. Die Anhänger einiger Sekten

gaben sich zügellosen Ausschweifungen hin, von denen sie behaupteten, daß sie dem Herrn wohlgefällig seien. Die „Stummen" verurteilten sich bis zu ihrem Lebensende zum Schweigen und sagten kein Wort mehr, nicht einmal unter der Folter. Die „Geißelbrüder" versammelten sich in der Nacht, die dem ersten Ostertag vorausging. Eine alte Frau schnitt die linke Brust eines jungen, unberührten Mädchens ab, zerteilte sie in Stücke, die dann die Anwesenden aufaßen. Die „Eunuchen" ließen sich verstümmeln. In der Überzeugung, daß das Martyrium sie geradewegs ins Paradies führe, schlossen sich andere Sektierer mit ihren Familien in Versammlungsräumen ein; nachdem sie alle Ausgänge vernagelt hatten, entkleideten sie sich, entzündeten die vorbereiteten Haufen aus Heu und Holz und brannten wie die Fackeln; Mütter warfen ihre Kinder, die zu entfliehen versucht hatten, in die Flammen. Gebete, Schreie, Röcheln erstarben nach und nach. Es war nur noch das Knistern der Glut, das trockene Knacken der zerplatzenden Schädel und dann das Krachen des zusammenstürzenden Dachstuhls zu hören. Wieder andere, die das Eisen dem Feuer vorzogen, schlachteten sich gegenseitig ab. Als eines Tages etwa 50 dieser Wahnsinnigen sich auf diese Weise umgebracht hatten, wurden die beiden verletzten Überlebenden von einem geistlichen Gericht zur Knute verurteilt; bei jedem Peitschenhieb stießen sie Freudenschreie aus und dankten dem Peiniger.

Die Häresie machte beängstigende Fortschritte: Der Priester Nikita, Bischof von Kolomna, und das reiche Ssolowezkij-Kloster hatten sich ihnen angeschlossen. Die Entscheidungen der Konzile, die seit 1654 nacheinander abgehalten worden waren, die unerbittlichen Maßnahmen des Patriarchen Nikon hatten den Fanatismus noch geschürt. Die verschiedenen Sekten verabscheuten sich gegenseitig. Das einzige, was sie untereinander verband, war ihr Haß, ihre Verachtung für die orthodoxe Kirche, ihre Geistlichkeit und ihre Gläubigen.

Bediente sich Sofja während der Zeit der Aufstände der Sektierer? Wahrscheinlich. Für die Annahme spricht die Tatsache, daß Fürst Johan Chowanskij und zahlreiche Soldaten Abtrünnige waren. Jedenfalls war die Beförderung Chowanskijs zum Befehlshaber der Strelizen die Veranlassung dafür, daß sie aus der Verborgenheit heraustraten, um auch in Moskau ihre Zeremonien offen zu begehen.

Bald nach dem Staatsstreich und der Krönung der beiden Zaren drangen Rasende in den Kreml und in die Himmelfahrts-Kathedrale ein, öffneten die liturgischen Bücher auf den Pulten, entzündeten die Kerzen; ihre Anführer stießen Verwünschungen gegen die orthodoxe Kirche aus, beschimpften die Geistlichkeit und predigten Haß und Empörung. Mit Steinwürfen empfingen sie den Priester, den ihnen der Patriarch mit der Bitte sandte, ihre Demonstration an einem anderen Ort abzuhalten.

Sofja lud, mit der Absicht, diesen Wirren ein Ende zu setzen, die Geistlichkeit und ihre Gegner zu einer öffentlichen Aussprache in Anwesenheit der beiden Zaren in den Palast ein. Unter dem Geläut der Glocken des Kreml füllte sich am 3. Juli der Thronsaal mit Neugierigen. Iwan V. und Peter I. saßen Seite an Seite auf 2 edelsteingeschmückten Thronen, über denen der Doppeladler schwebte, Sofja hielt sich in ihrer Nähe auf. Der Patriarch Joakim begründete mit ruhiger Stimme — die Texte hielt er dabei in den Händen — die von den Konzilen in den alten Büchern angebrachten Verbesserungen. Peter I. hörte sehr aufmerksam zu. Iwan schien zu schlafen. Sofja sah prüfend die Gesichter an. Die aufgebrachten Altgläubigen unterbrachen häufig den Patriarchen, gestikulierten, bekreuzigten sich auf ihre Art, schrien und wollten nichts hören. Dann antwortete Nikita, ein ausgestoßener Priester, der allerdings der Häresie abgeschworen hatte, gegen Sofja gewandt, sehr heftig: „Wir haben soeben verlangt, daß die Zaren dem Patriarchen befehlen, die Messe künftig nach den alten Kirchenbüchern zu zelebrieren, 7 und nicht 5 Hostien zu gebrauchen, sich mit 2 und nicht mit 3 Fingern zu bekreuzigen und vor dem achtzackigen Kruzifix zu beten; das ist das Kreuz, an dem der Erlöser gestorben ist, und nicht das Kreuz mit 4 Balken, das jenes der Häretiker ist . . .“

In maßloser Wut griff er Joakim an, beschimpfte ihn und die anwesenden Geistlichen. Seine Anhänger brüllten. Es fehlte nur wenig, und die Diskussion wäre in eine blutige Schlägerei ausgeartet. Da gerade die Glocken zum Vespergottesdienst riefen, konnte die Regentin erklären, daß sie ihre Entscheidung später treffen werde; sie löste die Versammlung auf und zog sich zurück, gefolgt von den beiden Zaren, dem Patriarchen, den Bischöfen, den Bojaren und dem ganzen Hof. Auch die Sektierer gingen, ihre Bücher und Bilder schwenkend, und riefen der Menge zu: „Sieg! Sieg!", als hätten sie den Kampf gewonnen. Die Situation verschärfte sich mit jedem Tag. Ein Strelizenregiment schickte eine „untertänige Bittschrift", in der eine strenge Bestrafung des Patriarchen gefordert wurde. Da Chowanskij in hohem Ansehen bei den Abtrünnigen und den Strelizen stand, mußte man auf das Schlimmste gefaßt sein. Sofja und die Bojaren-Duma wurden energisch: Sie ließen Nikita und die gewalttätigsten Redner verhaften, die sie ohne weitere Umstände in eine bessere Welt spedierten; die weniger gefährlichen wurden ins Gefängnis geworfen. Dieses Durchgreifen erregte zwar keinen neuen Aufruhr, beschwichtigte aber auch nicht die Strelizen. Ein alter Oberst wurde unter der Anklage, während eines Feldzuges zu streng gewesen zu sein, gefoltert und dann getötet; 2 höhere Offiziere wurden verstümmelt. Chowanskij billigte auch die unbegründetsten Beschwerden seiner Mannen; die denunzierten Offiziere wurden ohne gerichtliche Untersuchung und Urteilsspruch geschlagen, verjagt und entehrt. Die Forderungen der Strelizen kannten keine Grenzen mehr. Ihr Befehlshaber — den sie „Batiuschka" (Väterchen) nannten — glaubte, sich alles erlauben zu können; er hetzte sie zur Widersetzlichkeit auf.

Durch ein anonymes Schreiben wurde Sofja eines Tages davon unterrichtet, daß Chowanskij ein Komplott gegen sie und die Bojaren schmiede. Auch Miloslawskij, vielleicht der Urheber oder der Anstifter dieser anonymen Denunziation, versicherte seiner Nichte, daß Chowanskij die Mitglieder der Zarenfamilie umbringen und sich des Thrones bemächtigen wolle. Am 20./30. August glaubte Sofja — oder gab vor, es zu glauben — an die Tatsache eines solchen Komplotts. Sie reiste unvermutet mit den beiden jungen Zaren, ihrem Liebhaber Wassilij Golizyn und dem ganzen Hof nach Kolomenskoje, dann nach Worobjowo; von dort nach Pawlowskoje, Kliabowo und Wotschwijenskaje, wo am 17./27. September 1682 ihr Namenstag gefeiert wurde. Nach der Messe, an der zahlreiche Bojaren und hohe Würdenträger teilnahmen, trat die Duma zusammen, um die Chowanskij, die von der Regentin in heimtückischer Absicht zu einem Empfang eingeladen worden waren, zum Tode zu verurteilen. Der

Fürst, sein Sohn und die 37 Strelizen, die ihn begleitet hatten, wurden
enthauptet.

Am 18./28. September erreichte man das etwa 60 Kilometer von
Moskau entfernte befestigte Troizkij-Kloster. Auf einer Hügelkuppe
gelegen, bot das berühmte Kloster seine 80 vergoldeten Kuppeln der
Sonne dar; hier hatten 1609 Gregor Dolgorukij und Alexej Golo-
schwastow 16 Monate lang siegreich den Polen unter Führung von
Lissowskij widerstanden. Die Regentin richtete einen Brief an die
Bojaren und Gouverneure der Umgebung, in dem sie ihnen versicherte, Fürst Chowanskij habe die Absicht gehabt, nach der Ermordung der beiden Zaren die Macht an sich zu reißen. Sie fuhr fort:
„Denkt an Gott und eure Pflicht, den Thron zu verteidigen. Kommt
mit bewaffneten und berittenen Männern zu uns. Eilt euch, reitet
Tag und Nacht. Laßt euch von nichts aufhalten, was es auch sei,
damit durch eure Zahl und eure Ergebenheit die Räuber und Verräter eingeschüchtert werden, das Böse, was sie bereits getan haben,
nicht schlimmer wird und die Plünderungen, unter denen das ganze
Volk leidet, nicht wieder beginnen."

Die Nachricht von der Hinrichtung ihres Anführers Chowanskij gelangte auf schnellstem Wege zu den Strelizen nach Moskau. Sie fielen
wütend über den Kreml her, rissen Waffen und Munition an sich
und ergriffen den Patriarchen, den sie fast getötet hätten. Sie behielten ihn dann aber als Geisel. Ihrer Gewohnheit getreu, tranken
sie die ganze Nacht und schworen, auf das Troizkij-Kloster loszumar-
schieren und die Bojaren umzubringen. Am nächsten Tag erfuhren
sie durch einen Brief der Regentin an den Patriarchen, daß sie angegriffen werden würden. Aus verschiedenen Quellen erhielten sie die
unangenehmsten Nachrichten: Eine starke Armee von Adeligen mit
ihren Leibeigenen habe ihr Lager auf der Troizka; die Städte schickten
den Zaren zahlreiche Truppen. Die Strelizen, die ihren Anführer verloren und die meisten von ihren Offizieren beseitigt oder abgesetzt
hatten, begriffen den Ernst ihrer Lage; ihr Zorn wich der Entmuti-
gung. Sie flehten den Patriarchen an, sich bei Sofja für sie zu verwenden, um ihre Begnadigung zu erwirken. Die Regentin erteilte sie,
verlangte aber die Auslieferung der Hauptträdelsführer, die hingerichtet wurden, und die Rückgabe der gestohlenen Kanonen und

Waffen; sie entzog den Strelizen-Regimentern den Ehrentitel der „Hof-Infanterie"; das auf dem Roten Platz nach den Aufständen errichtete Schandmal wurde abgerissen. Unter dem Schutz der Bojaren und mehr als 12 000 Mann zogen am 9. November die beiden Zaren und die Regentin im Triumph in Moskau ein. Die Strelizen, denen man an diesem Tage das Waffentragen untersagt hatte, verharrten niedergeworfen, mit dem Kopf auf dem Boden, zur Seite des Zuges.

Der Patriarch erwies sich gegen die Sektierer unbarmherzig und ließ ihre Anführer durch ein geistliches Gericht zum Tode verurteilen. Diese Strafe hatte schreckliche Repressalien in mehreren Provinzen zur Folge, wo Klöster und Priester von den Altgläubigen verbrannt wurden.

Sofja brachte Zar Iwan in ihrer Nähe im Kreml unter; Zar Peter und seine Mutter schickte sie in das Dorf Preobrashenskoje und setzte ihnen eine magere Rente aus. Der Naryschkins, Strelizen und Sektierer ledig, glaubte sie, nun das Reich nach ihrem Gutdünken regieren zu können und das Leben mit ihrem Liebhaber zu genießen. Sie ließ sich „Große Herrscherin", „gläubigste Zarewna", „Großfürstin Sofja Alexejewna" nennen. In den offiziellen Verlautbarungen schmückte sie sich mit dem Titel „Autokratin"; sie nahm den Platz der Zarin in der Kathedrale für sich in Anspruch. Der Patriarch huldigte ihr als der Herrscherin aller Reußen.

*

Sofja machte sich ohne Zögern ans Werk, nachdem sie nun in die Regierung eingesetzt war und von Wassilij Golizyn, dem besten ihrer Minister, unterstützt wurde. Am 30. Dezember 1682, 7 Wochen nach ihrer triumphalen Rückkehr, erließ sie einen Ukas, der die Niederlage der Strelizen besiegelte. Von den 20 in Moskau stationierten Regimentern hatten 12 an die Grenzen abzurücken und wurden durch die verläßlichsten Männer der Regimenter ersetzt, die sie ablösten; die Marschroute der Abteilungen war genau festgelegt, um jede Verbindung untereinander zu verhindern. Der Ukas befahl die sofortige und genaueste Zählung jeder Einheit; in Zukunft mußten ihre Stammrollen auf dem laufenden gehalten werden. Landstreicher und Personen, die nicht zu den Einheiten gehörten, sollten an ihren Wohnort zurückgeschickt werden. Das Amt der Strelizen wurde Schaklowityj anvertraut, einem energischen Offizier, der eine grausame Polizistennatur und der Regentin vollkommen ergeben war; die unfähigen Offiziere wurden abgelöst. Am festgesetzten Tage zogen die Strelizen mit ihren Familien aus den Stadtmauern. Sie trauerten ihrem angenehmen Leben, ihren nächtlichen Zechgelagen und ihren verlorenen Privilegien nach, dann verschwanden sie in Schnee und Wind...

Die Regentin ließ Landvermessungen vornehmen, um Ordnung in die Gaunerei mit dem Grundbesitz zu bringen, dessen Grenzen so ungenau festgelegt waren, daß die Gerichte in Klagen und Prozessen erstickten. Man mußte den Landvermessern zum Schutz bewaffnetes Geleit bewilligen. Um die im Verlauf der Aufstände zerstörten Archive wieder aufzubauen, forderte man die Grundbesitzer auf, binnen 2 Jahren ihre Rechte nachzuweisen. Sofja zeigte einen in Europa unbekannten Sinn für die religiöse Toleranz. Sie ließ alle Religionen zu und erteilte allen Einwohnern Rußlands die Gleichheit vor dem Gesetz. Die Hugenotten, die nach der Aufhebung des Edikts von Nantes aus Frankreich flohen, wurden freundlich aufgenommen, abtrünnige Sektierer nicht mehr verfolgt. Verschiedene Ukase ordneten den Handel, die Übertragung von Erbschaften, den Verkauf von Liegenschaften und den Schutz Moskaus gegen Feuergefahr. Bei den feierlichen Audienzen saßen die beiden jungen Zaren auf einem von Sofja ausgedachten Doppelthron. Der lebhafte Peter mit dem aufgeweckten Blick konnte nicht ruhig auf seinem Platz bleiben; der Arzt Rinhuber lobt seine Schönheit und Intelligenz. Iwan dagegen schien zu schlafen: „Er konnte sich nur mühsam aufrecht halten...", berichtet der österreichische Gesandte Hovel. Gordon findet ihn „sehr niedergeschlagen und stumm". Peters Antworten erstaunen die Diplomaten durch ihre Gescheitheit, Klugheit und Reife; man sagt, sie seien ihm von der Regentin durch ein Loch im Vorhang vorgesagt worden.

Die Sorgen um die Regierungsgeschäfte hinderten Sofja nicht daran, ihrer romantischen Liebesgeschichte mit Wassilij Golizyn zu leben. Der Minister bewohnte ein herrliches Haus, das mit Bildern erster

Meister und Landkarten geschmückt und mit einer reichen Bibliothek ausgestattet war, in dem er vornehme Ausländer empfing. Er liebte Frankreich so sehr, daß sein Sohn ein Medaillon von Ludwig XIV. trug. In ihren Mußestunden las die Regentin viel; manchmal ließ sie am Hof Komödien aufführen, die sie selbst verfaßte, oder — was weit besser war — den „Arzt wider Willen", den sie ins Russische übersetzt hatte. Nichts schien dieses Idyll zu trüben, nicht einmal die schüchterne Fürstin Golizyn, geborene Gräfin Hamilton, die sich in der Obhut eines Klosters befand . . .

*

Wenige Monate nach der Ausschaltung der Strelizen wurde Sofja aufgefordert, dem Bündnis zwischen Österreich, Polen und Venedig gegen die Türkei beizutreten[2]. Dies war eine lebenswichtige Frage für Rußland, das keine natürlichen Grenzen und keine Zugänge zu den Meeren besaß. Wollte man in ihren Besitz gelangen, so war ein Angriff auf Polen, das damals den Höhepunkt seiner Macht erreicht hatte, oder auf Schweden unter Karl XI., das eine gefürchtete Infanterie und reiche Staatskasse besaß, von vornherein ausgeschlossen. Es blieb die Türkei, deren Armeen in Auflösung geflohen waren, nachdem sie vor den Mauern Wiens von den zusammengewürfelten, spärlichen Truppen Sobieskis geschlagen worden waren (1683). Zudem unternahmen die Tataren dauernde Streifzüge in die Ukraine; der Pascha von Asow bedrohte die Donkosaken. Kaiser Leopold I. und der König von Polen drängten Rußland, sich ihnen anzuschließen: „Die Zeit ist gekommen, aus Europa die Feinde der heiligen Religion zu vertreiben", schrieb Sobieski. Nach dem Plan Sobieskis sollte Österreich den gemeinsamen Feind von der Donau aus angreifen, die Polen in Podolien und die Russen in der Krim. Durch die Unschlüssigkeit der Regentin aufgebracht, drohte Sobieski ihr mit dem Zorn des Allmächtigen. Die Gelegenheit, mit den Polen und Österreichern gegen die geschwächte Türkei vorzugehen, erschien Sofja sehr günstig, während eine Weigerung Leopold I. und Sobieski verstimmen, ja vielleicht veranlassen konnte, nach einem Friedensschluß mit der Hohen Pforte sich gegen Rußland zu wenden. Am 28. Mai 1684

wurde die „Große kaiserliche Gesandtschaft" unter Führung des Barons Blomberg in feierlicher Audienz von den beiden Zaren und der
Regentin empfangen, um die sich Minister und Bojaren scharten. In
lateinischer Sprache bat der Botschafter die Herrscher Rußlands eindringlich, auf die Krim und Byzanz zu marschieren, die Herrschaft
über Griechenland und Asien anzunehmen, die sie mit offenen Armen
erwarteten. „Endlich ist die Zeit gekommen, diesen Raubvogel (den
Türken) und seine Mordgesellen Eurer Macht zu unterwerfen, um
sie zur Huldigung vor Eurer Krone zu zwingen", sagte er. „Begebt
Euch auf das Schiff des Kaisers, das von den Engeln gesteuert wird
und dessen Schutz und Schirm Christus ist!" Sofja und Wassilij Golizyn sprachen sich für das Bündnis aus, beschlossen aber, sich für
ihren Beitritt teuer bezahlen zu lassen. Unter Führung von Golizyn
— beraten von Sofja — erzielte die russische Abordnung ausgezeichnete Ergebnisse: Durch den Vertrag von Moskau (21. April 1686),
der einen ewigen Frieden garantierte, wurde Kiew, die Wiege der
orthodoxen Religion, endgültig von Polen abgetreten; Rußland an-
nektierte außerdem das Gebiet von Sewerien und der Saporogischen
Kosaken, die Provinz Smolensk mit dem Dnjepr als Grenze; es verpflichtete sich zum Angriff auf die Krim und zahlte 146 000 Rubel
an Polen. Ein unverhoffter Sieg noch vor der eigentlichen Kriegserklärung! „Niemals haben unsere Vorfahren einen solch siegreichen
und günstigen Frieden geschlossen", verkündete die Regentin in
einem Manifest. Im Bunde mit dem Kaiser, Polen und der Republik
Venedig trat Rußland in das europäische Konzert ein.

*

Auf den Ruf der jungen Zaren und der Regentin sammelte sich lang-
sam die Armee. Sie umfaßte die vom Staat unterhaltenen regulären
Truppen (Strelizen, Söldner-Regimenter, Artillerie und Kavallerie),
die von den Städten entsandten Milizen und die Bojaren mit ihrem
Gefolge. Zahlreiche Adelige kamen in Trauerkleidern auf schwarzen
Pferden, um ihr Mißfallen an diesem Feldzug zum Ausdruck zu
bringen. Sofja entschloß sich, ihrem Geliebten, der sich als glänzender
Diplomat bewährt hatte, das Kommando über diese ungleiche Armee

zu geben. Vergebens weigerte sich Wassilij, indem er seine Inkompetenz hervorhob; da die Regentin sicher war, daß er sich mit Ruhm bedecken würde, bestand sie auf ihrem Beschluß, gab ihm jedoch als Berater den schottischen General Patrick Gordon bei, der Kommandant der Söldner-Regimenter war und zu diesem Krieg gedrängt hatte. Schwer beweglich mit 2000 Fahrzeugen aller Art und durch eine Unzahl von Bedienten behindert, überschritt die russische Armee die Grenzen der Ukraine und zog in die weite Steppe. Am 12. Juni 1687 traf sie, als sie sich den Quellen von Konskoje Wodj näherte, auf eine Flammenwand: Die Tataren hatten die Grasebenen in Brand gesteckt. Der Kriegsrat entschied, am nächsten Tage den Marsch fortzusetzen. Ohne Wasser, ohne Verpflegung, im Rauch erstickend, kamen die Truppen nur in kleinen Etappen mühsam voran; bald konnten die entkräfteten Pferde die Geschütze und Packwagen nicht mehr ziehen. Der Kriegsrat hielt es für unmöglich, Perekop zu erreichen, und entschloß sich zum Rückzug. Ohne eine einzige Schlacht geliefert zu haben, ging die Armee — 150 000 Mann, von denen 50 000 Saporogen waren — am 11. Juli über die Grenze zurück, nachdem sie Tausende von Soldaten und eine beträchtliche Anzahl von Pferden verloren hatte[3]. Sofja empfing dessenungeachtet ihren Geliebten wie einen Sieger und verteilte reichliche Belohnungen: Der Oberbefehlshaber erhielt 1500 Bauern und eine mit Brillanten eingefaßte Medaille im Wert von 500 Dukaten, die Offiziere goldene oder silberne Medaillen; die Unteroffiziere und Soldaten einen Goldpfennig, der einen Schilling wert war. Um die allgemeine Erregung zu beschwichtigen, beschuldigte man Samojlowitsch, den Hetman der Saporogen, des Verrats; er fiel damit den Machinationen Masepas zum Opfer, der sich an seiner Stelle ernennen ließ. Samojlowitsch wurde abgesetzt und nach Sibirien verbannt, wo er verstarb; sein ältester Sohn wurde enthauptet[4]. Dieser Fehlschlag war für Rußland um so beschämender, als seine Verbündeten nur Erfolge gehabt hatten: Sobieski hatte Podolien erobert und war in die Moldova eingedrungen; Karl von Lothringen hatte die Türken bei Mohacs geschlagen; die venezianische Flotte hatte sich fast des ganzen Küstenlands von Morea und mehrerer Inseln des Archipelagus bemächtigt.

1688 ging der Krim-Khan erneut zum Angriff vor, verwüstete einen

Teil der Ukraine, bedrohte Kiew und nahm 60 000 Russen mit in die
Gefangenschaft. Um die Erregung zu dämpfen, die in allen Schichten
laut wurde, befahl Sofja einen erneuten Feldzug und vertraute abermals den Oberbefehl ihrem Geliebten an. Man gab sich der Hoffnung
auf einen großen Sieg hin; die ganze griechisch-orthodoxe Welt,
insbesondere Serben, Bulgaren und Walachen, hatte versprochen,
zu den Waffen zu greifen. Nach einigen Erfolgen befand sich Golizyn im Frühjahr 1689 vor den leichten Befestigungswerken von
Perekop. Obwohl die Truppen von den langen Märschen und der
Hitze erschöpft waren, wäre es ein leichtes gewesen, diese Stellung
einzunehmen, aber der „General wider Willen" ließ sich auf Unterhandlungen mit den hinterlistigen Tataren ein, die nur Zeit gewinnen wollten. Proviant und Furage gingen zur Neige, Krankheiten
dezimierten die Regimenter; die unbeschäftigten Mannschaften verloren den Mut. Schließlich wurde der Rückzug befohlen, ohne daß
auch nur ein Sturmangriff versucht worden wäre! Die Nachhut erlitt
von der nachsetzenden Tataren-Kavallerie schwere Verluste. Von
dieser kläglichen Expedition brachte Golizyn als einzige Trophäe
eine Wildkatze mit! Nach Lefort ließ er 20 000 Tote und 15 000 Gefangene zurück. Sofja jedoch verlieh dem angeblichen Sieger neue
Ehren und verteilte Belohnungen: einen Monatssold an die hohen
Offiziere, Medaillen, Pelze und Stoffe an die höheren und die Unteroffiziere; die Väter, Söhne und nahen Verwandten der Getöteten wurden befördert. Obwohl sie inzwischen die Geliebte Schaklowityjs
geworden war, hatte sie einen leidenschaftlichen Brief an Golizyn
geschrieben, den sie mit Moses verglich, wie er die Juden durch das
Rote Meer führte: „Batiuschka, mein Hoffen, mein Alles! Gott möge
Dir ein langes Leben gewähren. Dieser Tag ist für mich ein großer
Glückstag, hat doch Gott, unser Herr, Seinen Namen wie den Namen
Seiner Mutter verherrlicht durch Dich, mein Alles. Niemals hat die
göttliche Gnade sich so geoffenbart! ... O mein Liebstes, was soll
ich tun, um Dein mühevolles, großes Werk würdig belohnen zu
können, o meine Freude, Glück meiner Augen? Kann ich wirklich
glauben, o mein Herz, Dich bald wiederzusehen, meine ganze Welt!
... Was soll ich tun, um Dich vor allen für alles auszuzeichnen? Niemand hätte das tun können, was Du getan hast ... Sofja"

Man unterstellte der Regentin die Absicht, ihren Geliebten zu heiraten, den Thron nach der Beseitigung der beiden jungen Zaren mit ihm zu teilen ... Wir haben dafür keinen Beweis. Bei dem Aufbruch Golizyns und seines Generalstabs hatte Peter dem Tedeum und der Fahnenweihe in Moskau beigewohnt, dann hatte er die Offiziere bis an das Nikolaus-Tor begleitet. Er hatte, auf die verlogenen Bulletins des Armeeoberkommandos vertrauend, an den Sieg geglaubt. Als er die Wahrheit erfuhr, ließ er seinem Zorn freien Lauf, versuchte vergebens, sich der Verteilung der Belohnungen zu widersetzen, und weigerte sich, Golizyn und seine Generäle zu empfangen. Diese Haltung, die ihm die Zustimmung der durch die beiden schmählichen Niederlagen empörten Russen einbrachte, führte zum Bruch mit Sofja. „Die Unzufriedenheit grollt und breitet sich aus", vermerkt General Gordon in seinem „Tagebuch".

Am Beginn dieses zweiten Feldzuges hatte der Diplomat van Keller an die Generalstaaten geschrieben: „Wenn er nicht besser gelingt als der vorhergehende, kann man sich zweifellos auf eine allgemeine Rebellion im ganzen Land gefaßt machen." Diese Rebellion fand nicht statt, denn der Favorit errang kurz darauf einen diplomatischen Sieg mit der Unterzeichnung des Vertrages von Nertschinsk, durch den die russischen Grenzen bis zum Amur vorgeschoben wurden.

DIE DEUTSCHE SIEDLUNG
1689–1696

Ein englischer Admiral ist weit glücklicher als der Zar von Rußland.   PETER I. an Admiral MITCHELL

Nach dem Strelizenaufstand war der zehnjährige Peter hoch erfreut gewesen, Moskau verlassen zu können und in das große Haus im Dorf Preobrashenskoje zurückzukehren, das für ihn voll lieber Erinnerungen war. Zar Alexej hatte ihm dort winzige Kanonen, vergoldete Säbel, Bleisoldaten und ein Wägelchen mit einem Ponygespann geschenkt. Der Zar spielte gerne mit seinem Sohne, aber plötzlich war er gestorben, als Peter erst 4 Jahre alt war. Der Herrscher hatte dort Tausende von Pferden, ein Heer von Falknern, Stallknechten und Bedienten unterhalten.

Natalja vergötterte ihr Kind. Gepeinigt von der Erinnerung an die Ermordung Dimitrijs zur Zeit Boris Godunows, bangte sie um das Leben ihres „Juwels". Der Schotte Menesius, den Alexej als Lehrer für seinen Sohn ausgesucht hatte, wurde bald von dem Djak Nikita Sotow abgelöst, der sich als Erzfaulpelz und gewaltiger Säufer entpuppte[1]. Als er seine Ernennung erfuhr, warf sich Sotow vor der Zarin auf die Knie, indem er erklärte, er sei unwürdig, ein solches Kleinod zu erziehen; überdies war er dazu gar nicht fähig. Er lehrte seinen Schüler die Evangelien lesen, zu schreiben, ohne dabei besondere Sorgfalt auf die Orthographie zu verwenden, und wie ein Diakon zu singen. Wenn der Zarewitsch seiner Unterrichtsstunden überdrüssig wurde, zeigte ihm Sotow illustrierte Bücher und erzählte ihm wunderbare Geschichten von Schlachten, Erstürmungen und Siegen. Diese Anstrengung machte unseren Säufer schnell wieder durstig, der alsbald zu seinen Flaschen zurückkehrte, während der Schüler zu seinen Spielkameraden davoneilte. Natalja und ihr Sohn lebten sehr einfach. Der kleine Zar wuchs mitten auf dem Lande auf, wurde ein strammer Junge, der die gleichaltrigen Buben — Söhne von Bojaren, Stallknechten und Bedienten — tüchtig hernahm. Er spielte mit ihnen Soldaten — er spielte Scheinkrieg; er schoß mit Holzkugeln auf die Mauern eines benachbarten Klosters, erstürmte die Miniaturfestung, die er auf einem Inselchen in der Jausa gebaut hatte.

Als Fürst Dolgorukij 1687 von einer diplomatischen Mission in Paris zurückkehrte, erzählte er Peter von einem wunderbaren Instrument, das Astrolabium genannt wurde, mit dem man die Position und die Größe der Sterne messen könne. Der Prinz ruhte nicht eher, als bis er es besaß, aber niemand konnte damit umgehen. Schließlich fand man einen jungen Holländer, Timmermann, der sich darauf verstand. Peter nahm ihn als Lehrer für Arithmetik und darstellende Geometrie zu sich, zur vollkommensten Zufriedenheit Nikita Sotows. Eines Tages entdeckte der junge Zar in einem Schuppen ein halbverfaultes Boot, das seinem Großonkel Nikita Romanow gehört hatte. Er ließ es unter Anleitung der beiden Holländer Karsten Brandt und Kort instand setzen, die dann seine Lehrmeister in Navigationslehre und Schiffsbaukunst wurden.

Mit 16 Jahren interessierte sich Peter leidenschaftlich für Handwerk, Technik, Mechanik, exakte Wissenschaften und Navigationslehre; er arbeitete gern in seiner Werkstatt und verbrachte Stunden an seiner Hobelbank. Nun genügte ihm nicht mehr der Befehl über die Bojarensöhne, die seine „Kammerleute" waren, über die Dorfjungen, über alle seine „Poteschnyje" (Unterhalter): Darum warb er Bediente und Falkeniere an, die seit dem Tode Alexejs ohne Arbeit waren. Zur Ausrüstung seiner Truppe ließ er aus dem Arsenal des Kreml Uniformen, Waffen, Fahnen, Trommeln, Pulver und Blei kommen. Jahr für Jahr nahm die Zahl seiner Soldaten zu. Einige Offiziere der Söldnerregimenter aus der nahen Deutschen Siedlung leiteten die Ausbildung der Soldaten, unterrichteten in Gewehr- und Kanonenschießen, in der schwer erlernbaren Kunst des Trommelns und später in Taktik, Felddienst- und Befestigungslehre. Peter war glücklich mit seinen Soldaten in diesem kleinen Flecken Preobrashenskoje, der inzwischen das Aussehen einer Garnison angenommen hatte. Wenn seine Mutter ihn schalt, weil er die Schule schwänzte, so entschuldigte er sich höflich und stahl sich heimlich davon; sie lächelte, bestand nicht weiter darauf und kehrte zu ihren Andachtsübungen zurück. Weniger freudvoll waren die Stunden, die er unter Sofjas Aufsicht in Moskau zubringen mußte; auf dem Thron, an der Seite Iwans sitzend, aufgeputzt wie ein Zirkuspferd, die schwere Krone auf dem Kopf, zu unerträglichem Stillhalten verurteilt, empfing er Diplomaten, führte den Vorsitz bei endlosen Zeremonien und ließ tödlich langweilige Reden über sich ergehen.

Die Diplomaten verfolgten aufmerksam die schnelle Entwicklung des Zaren. Schon 1683 berichtete Kaempfer, der Sekretär des schwedischen Gesandten, nach Stockholm: „Die beiden Fürsten saßen auf ihrem Thron, der jüngere (Peter) offenen Gesichts, dessen wunderbare Schönheit durch die Anmut der Haltung noch gesteigert wurde. Jedesmal, wenn das Wort an ihn gerichtet wurde, stieg ihm die Röte in die Wangen, so daß wir uns, hätten wir uns in Gegenwart eines bürgerlichen Fräuleins und nicht einer kaiserlichen Persönlichkeit befunden, alle verliebt hätten. Als die beiden Zaren sich erhoben, um sich nach dem Ergehen des Königs von Schweden zu erkundigen, tat dies der jüngere so unverzüglich, daß der Zeremonienmeister ihn zurückhielt, bis sein Bruder bereit war, an der Unterhaltung teilzunehmen . . .[2]."

Sobald er konnte, kehrte der Gefangene in sein geliebtes Preobrashenskoje, in die Freiheit, zurück. Er nahm jeden Tag, sogar während des strengsten Frostes, an den Übungen seines Bataillons teil, das bald mehrere 100 junge Männer in ausländischen Uniformen zählte.

Iwan tut nichts, Peter spielt Krieg, Sofja regiert mit ihrem Liebhaber. Die Regentin ist entzückt: Trommler Peter soll seine Kanonen, Pferde, Pfeifen und Waffen bekommen, Kinder müssen auch ihr Vergnügen haben! Wie sollte sie ahnen, daß diese Spiele keineswegs harmlos sind, daß aus diesem Keim die Truppen hervorgehen wür-

den, die eines Tages zu ihrem Sturz und zum Siege Peters bei Poltawa führten?

*

1689 war der Zar 17 Jahre alt. Man könnte ihm bei seiner Riesen-
größe, seiner Breitschultrigkeit und seiner Kraft leicht 25 Jahre geben. Seine Tage sind ausgefüllt mit militärischen Übungen und Boots-
fahrten auf dem Perejaslawschen See. Er schreibt am 12. April einen
Brief an die Mutter, der seinen Charakter und seine Gefühle wieder-

Brief Peters I. an seine Mutter

gibt: „An meine liebste Mutter, an die große Königin! Dein Sohn bittet um Deinen Segen. Ich hätte gerne gewußt, wie es um Deine Gesundheit steht. Dank Deiner Gebete schreiten unsere Angelegenheiten gut voran. Der See ist aufgetaut, und alle Schiffe — bis auf eines, das sich noch im Bau befindet — wurden vom Eise befreit. Es fehlt uns an Tauen, und ich bitte Dich, uns durch das Artillerieamt 700 Saginen (etwa 1400 Meter) zu senden. Sie müssen auf der Stelle geschickt werden! Was uns betrifft, so werden wir unsere Pflicht tun. Zum Schluß erbitte ich Euren Segen.

20. April 1689					Peter I.[3]."

Die Abende vergehen dem jungen Zaren mit Zechen im Kreise der Kameraden. Von größter Höflichkeit zu seiner Mutter, geht Peter mit den Männern sehr derb um. Natalja hatte ihn mit der um drei Jahren älteren Jewdokija Lopuchina, einer Bojarentochter, vermählt; sie hoffte, ihm dadurch feinere Manieren beizubringen, ihn an ein Heim zu fesseln. Sofja hatte 1686 Iwan mit Praskowje, der Tochter des Bojaren Feodor Petrowitsch Ssaltykow, verheiratet.

Unterdessen waren Schwierigkeiten zwischen der Regentin und Peter, zwischen den Strelizen und den Männern des „Spiel-Bataillons" aufgetreten. Ein Vetter Wassilij Golizyns, Boris Golizyn, einer der Ratgeber des Zaren, denen er am meisten Gehör schenkte, hinterbrachte ihm, daß Sofja entschlossen sei, ihn zu beseitigen, um sich des Thrones zu bemächtigen. Zum Beweis dieser Behauptungen zeigte er eine Abbildung der Regentin, auf der sie die Krone trug, Zepter und Reichsapfel in der Hand hielt, mit der Umschrift aller Titel, die einer Zarin zustehen; in Versen wurde sie mit Semiramis verglichen. Dieses Porträt war in Moskau und im Ausland, besonders in Amsterdam, verbreitet worden. Von nun an erschien die Regentin bei den gelegentlichen Besuchen, die sie ihrem Halbbruder machte, nur noch in Begleitung einer starken Strelizenabteilung. Der Zar hingegen ließ sich nur sehr selten im Kreml blicken. Am 8. Juli 1689 nahm Sofja, trotz der Vorstellungen Peters, an einer Prozession teil, die traditionsgemäß den Männern vorbehalten war. Nicht genug damit: Sie trug sogar das Bild „Unserer Lieben Frau von Kasan", was das Vorrecht des Herrschers war. Wütend verließ Peter vorzeitig die Zeremonie. In Erwartung eines Handstreichs hielten die beiden Gegner ihre Truppen unter den Waffen und sahen sich nicht mehr. Die Weigerung des Zaren, Wassilij Golizyn nach seiner zweiten Niederlage zu empfangen, wirkte als Funken im Pulverfaß. In der Nacht vom 7. auf den 8. August kommen ein paar Strelizenoffiziere in Preobrashenskoje angaloppiert, um den Zaren davon zu unterrichten, daß seine Mörder unterwegs seien[4]. Peter, in Erinnerung an das abscheuliche Schauspiel auf der Roten Treppe von Panik erfaßt, stürzt im Hemd, barfüßig in den Marstall, springt auf ein Pferd und entflieht, nachdem er seinen Leuten noch zugerufen hat, sie möchten ihm Kleider in ein nahes Wäldchen bringen, wo er sich versteckt halten will. Mit verhängten Zügeln erreicht er das Troizkij-Kloster, in das er sich 7 Jahre zuvor mit Iwan und Sofja geflüchtet hatte. Um 6 Uhr morgens kommt er erschöpft dort an. „Er wirft sich auf ein Bett, bricht in Tränen aus, berichtet dem Abt, was vorgefallen ist, und bittet ihn um Rat und Hilfe." (Gordon.) Am nächsten Tag hat er sich wieder gefangen, während der folgenden Tage beweist er eine auffallende Entschlußkraft.

Lachend hört Sofja von der Flucht des Zaren und macht sich über die Prahlerei der „Unterhalter" lustig. Im Glauben, sich auf die Strelizenregimenter verlassen zu können, schickt sie einen Unterhändler zu Peter mit dem Befehl, augenblicklich nach Moskau zu kommen. Der Zar weist den Boten grob zurück. Er fordert die Strelizen unter Androhung der Todesstrafe auf, zu ihm zu stoßen, und legt der Regentin nahe, sich in ein Kloster zu verfügen. Die Kuriere des Kreml und der Troizka, Überbringer von scharfen Befehlen und Drohungen, begegnen sich auf dem Wege. Die Frage ist, wer — die Regentin oder der Zar, Bruder oder Schwester — die Söldner- und Strelizenregimenter für seine Sache gewinnen wird. Am 1. September hält Sofja von der Roten Treppe herab eine Ansprache an die Söldnertruppen, verspricht ihnen Belohnungen, Rubel und Wodka, während Schaklowityj ihnen die schlimmsten Strafen androht, wenn sie Moskau verlassen. Sie haben also zu wählen zwischen einem jungen, energischen, einfachen Zaren, auf den sie vereidigt sind, und einer Frau, die gerade erst die beiden schmählichen Niederlagen ihres Geliebten belohnt hat, die bei der Großjährigkeit des Zaren auf die Regent-

Sofja Alexejewna als Selbstherrscherin

schaft verzichten muß. Wem sollen sie gehorchen? Einige Abteilungen setzen sich heimlich von der Hauptstadt nach der Troizka ab;
Oberst Ziegler verrät seine Gönnerin. Das Erste Strelizenregiment

unter dem Kommando des Obersten Sucharew, der nicht am Aufstand von 1682 teilgenommen hatte, meldete sich mit allen Offizieren als erstes beim Zaren. Ihrem Versprechen getreu, finden sich am 4./5. September die Söldnerregimenter mit General Gordon und Oberst Lefort bei Peter ein. Die Bojaren und Altgläubigen folgen ihrem Beispiel. Die Armee auf der Troizka wächst täglich an, während die Truppen des Kreml dahinschmelzen. Durch diesen Abfall verliert die Regentin ihre Machtmittel. So energisch, so geschickt sie für gewöhnlich war, jetzt sieht sie sich gezwungen, Fürst Trojekurow, ihre Tante Tatjana Michailowna, ihre Schwestern Martha und Maria und den Patriarchen Joakim zu ihrem Bruder zu entsenden, damit sie für eine Versöhnung eintreten. Die Unterhändler hüten sich, zurückzukommen! Sofja macht sich selbst auf den Weg, aber 10 Kilometer vor der Troizka verbietet ihr ein Offizier, den Weg fortzusetzen. Peter, durch seine Erfolge kühn geworden, verlangt, daß man ihm Schaklowityj ausliefere; die letzten Strelizen knebeln also ihren Anführer und bringen ihn. Der Zar richtet folgenden Brief an seinen Bruder: „Bruder, herrschender Zar Iwan Alexejewitsch, an meine kleine Schwägerin, an Eure Gemahlin und Eure Nachkommen, seid gegrüßt! Wisse, Herr, daß ich Deiner Unterstützung bedarf für das folgende Unternehmen: Durch Gottes Gnade wurde die Regierung über Rußland dem einen wie dem anderen von uns übertragen, durch die Versammlung unserer heiligen Mutter der Ostkirche im Jahre 7190 (1682), dergestalt, daß wir beiden Brüder gekrönt und als Herrscher anerkannt wurden. Ich erinnere mich nicht, daß damals von einer dritten Person die Rede gewesen wäre, die an den Staatsgeschäften teilhaben sollte. Desungeachtet übernahm aus eigener Machtvollkommenheit unsere Schwester, die Zarewna Sofja Alexejewna, die Führung unserer Regierung im Gegensatz zu unseren Wünschen und denen des Volkes. Ich erinnere Dich daran, daß unsere Geduld lang währte. Heute hat ein Schurke, Fedja Schaklowityj und andere, seine Komplicen, eine Verschwörung gegen uns und unsere Mutter gerichtet, was er gestanden hat, bevor er der Folter unterworfen wurde. Nun ist der Augenblick, den Gott uns gesandt hat, gekommen, mein Bruder, um selber zu regieren, da wir unsere Volljährigkeit erreicht haben. Erlauben wir nicht einer dritten Person, unserer Schwester, der Zarewna Sofja, unseren Titel zu teilen und sich in Angelegenheiten zu mischen, die wir zu entscheiden haben! Ich zweifele nicht daran, daß Du dieser Entscheidung beipflichtest. Herr und Bruder, möge Deine väterliche Güte uns erlauben, zum höchsten Wohle unserer Regierung unbestechliche Richter zu ernennen und die Schuldigen zu bestrafen, damit wir unsere Länder befrieden und erfreuen können. Wenn wir vereint sind, werden wir es gemeinsam verkünden, und ich bin bereit, Dich wie einen Vater zu ehren.

Darüber hinaus bitte ich Dich, Herr und Bruder, unseren getreuen Bojaren, den Fürsten Peter Iwanowitsch Prosorowskij, anzuhören. Ich flehe Dich an, auf diesen Brief und die mündliche Eröffnung, die er Dir machen wird, zu antworten.

Inmitten der Sorgen geschrieben, von Eurem Bruder, dem Zaren Peter, der Euch Gesundheit wünscht und Euch grüßt."

Eine Antwort hätte Iwan zu sehr angestrengt; also schwieg er. Schaklowityj — Sofjas böser Geist — gestand auf der Folter, daß man vorhatte, die Zarin Natalja zu töten, Preobrashenskoje in Brand zu stecken, jedoch nicht, Peter zu beseitigen. Am 11. September wurde er mit anderen Rädelsführern hingerichtet. Einige Bojaren wurden nach Sibirien geschickt. Wassilij Golizyn hatte es seinem Vetter Boris zu verdanken, daß er lediglich verbannt, während Sofja in ein Kloster gesperrt wurde, wo sie später den Namen Schwester Susanne annahm[5]. Immerhin durfte sie im Park spazierengehen, bewacht von einer starken Abteilung Soldaten; sie konnte am Gottesdienst teilnehmen, den Besuch ihrer Schwestern empfangen und mit ihnen — leise — den Zaren verwünschen . . .

Als Sieger hält Peter I., an der Spitze seines Hofes, seiner Bojaren, seiner „Spielkameraden" und der Strelizen einen triumphalen Einzug in Moskau. Sein Bruder Iwan empfängt ihn im Kreml und umarmt ihn liebevoll auf der Roten Treppe.

*

Der Diplomat de La Neuville und Voltaire haben aus Sofja eine zweite Lucrezia Borgia gemacht. Coxe, Lévèque, Karamsin und andere haben sie dargestellt als „eine der bedeutendsten Frauen, die je auf der Bühne der Weltgeschichte erschienen seien". Moeri schreibt 1732 in seinem Lexikon: „Sie war ein Weib von außerordentlichem Wert und von durchdringendstem, scharfsinnigstem und politischstem Verstand, obwohl dieser in einem der widerwärtigsten Körper lebte." Die Regentin träumte davon, die Rolle der Prinzessin Pulcheria in Byzanz, der Fürstin Olga im Moskowiterreich und der Königin Elisabeth in England zu spielen. Ihr unbestreitbares Verdienst ist es, die Ordnung wiederhergestellt, die Strelizen und die Dissidenten bezwungen zu haben. Sie erzielte hervorragende Ergebnisse in den Verhandlungen mit Polen und erließ kluge Ukase auf zahlreichen Gebieten. Sie beging den Fehler, ihren Liebhaber mit den beiden Krim-Feldzügen zu beauftragen und ihn trotz der beschämenden Mißerfolge mit Ehrungen zu überhäufen. Es erscheint uns darum auch ebenso unrichtig, sie als Unfähige, als Verbrecherin darzustellen wie vorbehaltlos ihr Werk zu verherrlichen.

Die Diplomaten van Keller und de La Neuville bestätigen, daß ihr Ratgeber und Geliebter Wassilij Golizyn umfassende Pläne hatte: Er wollte die Finanzen sanieren, die Armee reorganisieren, die Verwaltung verbessern, Schulen bauen und junge Russen zum Studium ins Ausland schicken. Er war ein untauglicher General, hatte aber die Fähigkeiten eines Staatsmannes und eines Diplomaten. Er war, mit A. L. Ordin-Nastschokin und A. S. Matwejew einer der drei großen russischen Politiker dieser Zeit.

*

Peter I. ist also 1689 absoluter Herrscher aller Reußen. Sofja vergeht vor Langerweile in einem Kloster; die gefährlichsten Anhänger der Exregentin, die nicht hingerichtet wurden, sind im Exil; der Marionettenzar Iwan widmet sich liebevoll seinen Töchtern, deren Vater er aller Wahrscheinlichkeit nach nicht ist[6]. Vermutlich wird Peter jetzt mit seinem jugendlichen Ungestüm das Reich regieren und die von den Tataren zugefügten Niederlagen rächen. Das ist die Hoffnung vieler Bojaren und die Ansicht der Diplomaten. Van Keller schreibt an die Generalstaaten: „Da der Zar große Intelligenz und

Scharfblick besitzt und gleichzeitig die Zuneigung eines jeden zu
gewinnen versteht und weil er eine ausgeprägte Vorliebe für das
Militär hat, erwartet man von ihm Heldentaten, man wünscht den
Tag herbei, an dem die Tataren in ihre Schranken gewiesen werden
können."
Diese Hoffnung erfüllte Peter nicht; er ließ den Patriarchen Joakim
und die Bojaren-Duma 7 Jahre lang nach ihrem Gutdünken regieren. Rückständig, erklärte Feinde der Ausländer, verfolgten sie die
Ketzer, verbrannten bei lebendigem Leibe den deutschen „Enthu-
siasten" Kuhlmann, der sich für einen Propheten hielt. Keinen einzigen Gedanken verwandte der Zar auf die Staatsgeschäfte, an die
Politik, an die Finanzen, an die Verwaltung „dieser Regierung der
Unordnung, Schande und Ungerechtigkeiten" (Kliutschewskij). Er
hatte nur Interesse an Kriegsspielen, am Bau von Schiffen, an Naviga-
tion und der „Njemjezkaja Sloboda", der Deutschen Siedlung[7]. So
nannte man ein Viertel, das einige Kilometer von der Hauptstadt
entfernt an den Ufern der Jausa, einem kleinen Nebenfluß der Moskwa, erbaut worden war. Es war den Ausländern vorbehalten und
hatte unter Iwan IV. die Kaufleute der Hanse aufgenommen, unter
Wassilij IV. polnische, deutsche und litauische Söldner, später dann
Schullehrer, Künstler und Handwerker. Zur Zeit Alexejs war es nur
noch dem Namen nach deutsch: Es beherbergte Holländer, Italiener,
Engländer und die von Cromwell verfolgten Schotten. Später nahm es
französische Hugenotten auf, die durch die Aufhebung des Ediktes
von Nantes außer Landes verwiesen wurden, 1689 fand man dort
Offiziere aller Rangordnungen, englische, holländische, dänische und
schwedische Diplomaten, Ärzte, Apotheker, Astronomen, Architek-
ten, Maler, Lehrer, Dekorateure, Goldschmiede, Möbelschreiner,
Kaufleute, Adelige, Abenteurer und nach alter Tradition — einen
Schweizer Uhrmacher. Die Lutheraner und Kalvinisten hatten ihren
Pfarrer. Da die Schulen in Rußland sehr selten waren, besuchten die
Kinder der Ausländer regelmäßig den Unterricht in der „Sloboda".
Die Backsteinhäuser waren bequem, hübsch möbliert, von blühenden
Gärten umgeben. Man erreichte sie auf gepflasterten, breiten und
sauberen Straßen, die sich von den Schlammlöchern anderer Ver-
kehrsadern vorteilhaft unterschieden.

An Intrigen, Rivalitäten und Klatsch mangelte es nicht in dieser Ansammlung von Europäern, die durch Abstammung, Stand, Sprache und Sitte untereinander verschieden waren. Familiengruppen zankten sich manchmal über Politik und Religion, vertrugen sich aber, wenn es galt, ihre gemeinsamen Interessen gegenüber dem russischen Aufseher ihres Viertels zu verteidigen. Der holländische Resident van Keller, der reichste und angesehenste Einwohner der Siedlung, empfing einmal wöchentlich Kurierpost aus Den Haag. Daher waren den Ausländern die Ereignisse in Europa manchmal eher bekannt als dem Leiter des Gesandtschafts-Prikases. Man lud sich gegenseitig zu Geburten, Geburtstagen, Hochzeiten und zu den Feiertagen ein. Man spielte Theater, arrangierte Maskenbälle. Die Kavaliere forderten eilig ihre Damen auf, wenn sie die Einleitungstakte zu ihrem Lieblingstanz hörten: „Als der Großvater die Großmutter nahm..." Vergessen waren Verdruß, Enttäuschungen, Strapazen und Zänkereien, wenn die Paare bis zum Morgengrauen herumwirbelten, während das schäumende Bier aus den Fässern floß. Die Sloboda war, nur einige Kilometer von Moskau entfernt, ein Stückchen Westen, ein Vorposten Europas.

*

Am 19. Februar 1690 wurde Jewdokija — der Peter bisweilen seine Aufmerksamkeit schenkte — von einem Knaben entbunden, dem Zarewitsch Alexej. Zur Feier dieses frohen Ereignisses wurden so viele Feste gegeben, daß van Keller einen Monat später den Generalstaaten berichtete: „Seit der Geburt des kaiserlichen Prinzen hat man nichts anderes getan, als so großartig wie möglich zu tafeln und sich zu amüsieren. Am Fastnachtsdienstag wurde die Tollheit der Festlichkeiten noch größer. Da diese Zerstreuungen fast nie ohne gewaltige Ausschreitungen ablaufen, kam es zu Unruhen, Schlägereien und Verbrechen... Viele Menschen wurden dabei übel zugerichtet und fanden ein trauriges Ende... Es wäre wünschenswert, daß solche Bacchus geweihten Tage abgeschafft würden, denn die achtbaren Leute können nicht auf die Straße gehen, ohne dauernd überfallen und beschimpft zu werden, obwohl an einigen Stellen der Stadt bewaffnete Wachen zur Verhinderung von Gewalttätigkeiten der Betrunkenen postiert wurden ...“

*

Am 27. März 1690 starb der Patriarch Joakim. In seinem Testament mahnte er den Zaren, den Ausländern nicht zu trauen, ihre Gesellschaft zu meiden, ihnen die Kommandostellen in der Armee zu entziehen: Sie sollen aus Rußland verjagt, ihre Kirchen zerstört werden. Die Diskussion religiöser Probleme soll verboten, jeglicher Bekehrungsversuch mit dem Tode bestraft werden! Als Nachfolger für Joakim schlug Peter den kultivierten, großzügig denkenden Metropoliten Marcellus vor; die Geistlichkeit gab jedoch, mit Unterstützung der Zarin Natalja, Adrian den Vorzug. Die geistlichen Würdenträger hatten fürwahr die schwersten Bedenken gegen Marcellus: Er sprach „barbarische“ Sprachen (d. h. Latein und Französisch); sein Bart hatte nicht die vorgeschriebene Länge; er ließ seinen Kutscher auf dem Kutschbock sitzen anstatt auf einem der Gespannpferde reiten; und schließlich stand er mit den „Häretikern“ auf gutem Fuße. Wie hätte man das Geschick der heiligen russischen Kirche den Händen eines Ungläubigen anvertrauen können?

Um sich von der Bevormundung durch die Geistlichkeit zu befreien und um in aller Öffentlichkeit die Unabhängigkeit des Zaren gegenüber der Kirche zu bekräftigen, beschloß Peter, nicht mehr den Esel des Patriarchen bei der Palmsonntagsprozession zu führen. Als Antwort auf die testamentarischen Ratschläge des Patriarchen Joakim dinierte er in der Sloboda bei dem Generalmajor Patrick Gordon. Der fünfzigjährige Gordon, Abkömmling einer ausgezeichneten schottischen Familie, war der Führer der kleinen Kolonie von Stuart-Anhängern, zu der die Hamilton, Drummond, Crawford und andere Aristokraten gehörten; er hatte in Deutschland, Polen und Schweden gekämpft und an den beiden schmählichen Feldzügen Wassilij Golizyns gegen die Tataren teilgenommen. Ehrenvoll hatte er sich der Wirtschaftsmissionen in England entledigt, mit denen er von Alexej I. betraut worden war. Der offene Charakter des jungen Zaren gefiel ihm, und so hatte er ihm die erbetenen Ausbildungsoffiziere und Infanteristen überlassen, dazu von sich aus noch „5 Pfeifer, die nach holländischer Mode gekleidet waren" (Gordon). Später hatte er bei der folgenschweren Auseinandersetzung mit Sofja, trotz ihrer Drohungen, die Söldnerregimenter nach der Troizka geführt. Der Zar schätzte Gordons soldatische Ehrenhaftigkeit und Freundestreue.

Eines Abends sah Peter unter den Gästen des Generals den Genfer François Lefort wieder, der während der kritischen Zeit mit seinem Bataillon zu ihm gestoßen war. Am Ende des Abendessens unterhielt er sich vertraulich mit diesem Schweizer, der ihm aus mancherlei Gründen sympathisch war: Der 34jährige Lefort war groß und kräftig; er radebrechte Russisch und Holländisch; er konnte ein paar Brocken Deutsch, Italienisch und Englisch und sprach glänzend Französisch, ritt Pferde zu, ertrug die größten Strapazen, traf bei jedem Schuß ins Schwarze, verstand es meisterlich, lustige Geschichten zu erzählen, und hatte dieses fröhliche Gemüt, dieses befreiende, ansteckende Lachen. Und schließlich trank er wie 3 Bombardiere! Der Zar war begeistert, er lud sich bei Lefort für den 3. September 1690 ein, und seitdem bezeugte er ihm eine Freundschaft, die nichts trüben konnte. 3 Jahre später wurde in Leforts Haus ein von Peter gestifteter großer Saal eingeweiht, der als Kasino diente; an diesem Abend trug der Zar französische Kleidung, aber keine Perücke, auch waren seine Haare nicht gepudert. Ein ausländischer Gast schreibt:

„Der General Lefort hat 4 Tage lang Seine Majestät mit den vornehmsten großen Herren des Landes, allen vornehmsten Ausländern mit ihren Damen, im ganzen 200 Personen, auf das prächtigste aufgenommen und bewirtet. Außer dem Aufwand der Gastmähler gab es da eine sehr hübsche Musik, Tag für Tag Ball, sehr lustige Feuerwerke, und täglich wurden 20 Schuß aus 12 Kanonen abgefeuert. S. M. hat einen sehr schönen Raum machen lassen, der 1500 Menschen fassen kann, prächtig mit Teppichen behängt und so kostbar mit Schnitzwerk versehen, dies alles vergoldet, so daß er für einen echten und einen der schönsten kaiserlichen Räume gehalten werden kann. Unser Monarch hat ihn mit 15 großen seidenen Wandbehängen verschönt, die reich mit Gold aufgelegt sind, von so außerordentlicher Größe und so sauber gearbeitet, daß es einfach wunderbar ist; sie werden auf 14 000 Taler geschätzt. Der General ist sehr prächtig eingerichtet mit

silbernem Geschirr, Waffen, Kleinodien, Bildern, Spiegeln und Tapisserien. Alles höchst beachtlich und von großem Wert; dazu eine Menge Domestiken und Lakaien, an die 20 prächtige Pferde im Stall und 20 Mann als ständige Wache vor seinem Tor[8]."
Wenn die Essen mit Damen in Leforts Saal noch mit Anstand stattfanden, so arteten die Herrenessen oft aus. Peter führte den Vorsitz bei Trinkgelagen, „die so gewaltig waren, daß viele Personen daran starben", berichtet Kurakin. Erhitzt von dem in Strömen fließenden Alkohol, bedachte er eines Tages seinen Schwager Feodor Lopuchin mit Ohrfeigen. Es konnte ihm sogar einfallen, vom Leder zu ziehen. Die Umstehenden warfen sich dazwischen, wenn sie noch nicht unter den Tisch gefallen waren, und der bedrohte Herr schlich sich eiligst davon. Am nächsten Tag in aller Frühe begab sich der Zar, ebenso frisch und ausgeruht wie Lefort, zu seinen Truppen nach Presburg, einem Städtchen, das er an der Jausa errichtet hatte. Es enthielt eine Miniaturfestung, eine Kaserne, einen Gerichtshof und Verwaltungsbüros. In seinem Hafen ankerte eine Flottille. Peter stieß dort zu den beiden auf seinen Befehl von General Gordon aufgestellten neuen Regimentern: den „Preobrashenskij" und „Ssemionowskij", die aus den ehemaligen „Poteschnyje", französischen Hugenotten und neu ausgehobenen Mannschaften, gebildet waren. Die Offiziere waren Ausländer, die Unteroffiziere Russen. Der Zar nahm bescheiden seinen Platz als Sergeant bei den Preobrashenskij ein. Mit klingendem Spiel und wehenden Fahnen zogen die Truppen mit ihren Kanonen zu den Gefechtsübungen aus. Was machte es schon, daß Offiziere bei einem Sturmangriff verletzt wurden oder der Fürst Iwan Dolgorukij in einem Handgemenge den Tod fand und der Sergeant Peter durch eine Granate Verbrennungen im Gesicht bekam? Die Korrespondenz Leforts sagt uns Genaues über diese Soldatenspiele, die — mit Feuerwerken und Liebesmählern — die Tage und Nächte des Zaren völlig ausfüllten. Der General schreibt anläßlich der Belagerung von Presburg, bei der auf beiden Seiten 20 000 Mann aufgeboten wurden: „Man warf Granaten, die topf- oder krugartige Gebilde waren und die mehr als 4 Pfund Schießpulver enthielten ... Beim Angriff auf eine Halbmondschanze wurde mir das Gesicht und ein Ohr verbrannt. Mein Augenlicht war in Gefahr."[9]

Der Zar sagte zu Lefort, der für 6 Tage erblindet war: „Es tut mir leid für dein Pech. Du hast dein Wort gehalten, eher zu sterben als von der Stelle zu weichen. Jetzt habe ich nichts, um dich zu belohnen, aber ich werde es nachholen." Fürst Kurakin schätzte die bei diesen Manövern erlittenen Verluste auf 24 Getötete und 50 Verletzte. Diese Zahlen scheinen unter den tatsächlichen zu liegen, da es nach Lefort „mehr als 80 Verletzte" im Verlauf eines einzigen Angriffs auf Presburg gab. Die Überlebenden schlossen die Gefechtsübungen mit Trankopfern ab, die der Gefährten der Odysseus würdig waren.

*

Das Interesse, das Peter sehr früh schon für Segelschiffe zeigte, war nicht der Vorliebe kleiner Jungen für „die Schiffchen, die auf dem Wasser schwimmen", zuzuschreiben, sondern einer echten Begeisterung. Der Zar befahl seinem alten Freund Brandt, 20 weitere qualifizierte holländische Zimmerleute einzustellen, sich mit ihnen am Perejaslawschen See, 2 Tagereisen von Moskau entfernt, niederzulassen und eine Flottille zu bauen. Die Mannschaft traf im Februar 1691 ein; der Herrscher ließ in der Nähe der Werft eine Holzkirche und ein so bescheidenes Häuschen erbauen, daß man es, wäre nicht der geschnitzte Doppeladler über der Türe, für die Wohnung eines Werkmeisters halten würde. Peter, der Zimmermann, ließ sich oft an den Ufern seines kleinen „Meeres" sehen. Er handhabte dort in Arbeiterkleidung mit Geschicklichkeit Axt, Hammer und Hobel[10]. Er fluchte, wenn er sich zum Empfang des Gesandten des Schahs von Persien in den Kreml begeben mußte. Zum Teufel mit den Diplomaten! Als der Zar 30 Jahre später auf diese schöne Werft zurückkehrte, fand er dort nur noch verfallene Häuser, verfaulte Schiffe und geborstene Masten vor.

Bald reichte der See nicht mehr aus. Peter wollte das Meer sehen, „das wirkliche Meer". Natalja, die die Unbesonnenheit ihres Sohnes kannte, flehte ihn an, davon abzustehen. Schließlich gab sie nach, als er versprochen hatte, sich nicht auf dieses tückische Element hinauszuwagen. Im Juli 1693 kam er, gefolgt von Lefort und 100 weiteren Personen, in Archangelsk, dem Hauptumschlagplatz für den

Handel zwischen Rußland und Europa, an, wo er bis zum 1. Oktober blieb. Der Ruf des graublauen Meeres war so gebieterisch, daß er augenblicklich sein Versprechen vergaß: In der Kleidung eines holländischen Kapitäns, die Tonpfeife im Mund, ging er an Bord eines Kutters. Das übellaunige Weiße Meer empfing ihn mit riesigen Wellen, die das Bötchen tüchtig durchrüttelten. Peter stand an der Seite des Steuermanns, lächelnd, nicht achtend der Gefahr, und war begeistert von diesem gewaltigen Schauspiel. Das Schiffchen erreichte nicht ohne Mühe den Hafen. Der Zar beschloß darauf, eine Kriegsflotte zu schaffen. Er erinnerte sich daran, daß Witsen, der Bürgermeister von Amsterdam, einen sehr lobenden Bericht über eine Reise in Rußland geschrieben hatte. Er bestellte bei ihm ein Kriegsschiff und beauftragte Lefort, ihm eine Anzahlung von 300 000 Talern zu machen.

Am 25. Januar 1694 starb die Zarin Natalja. Ihre letzten Worte zu ihrem Sohn waren: „Tue deine Pflicht! Eine große Bestimmung wartet deiner...! Ich werde immer da sein, um dich vor allen Gefahren zu schützen..." Peter schrie vor Schmerz, denn er betete diese schwache, gütige Mutter an, die nur für ihn lebte. 3 Tage später jedoch führte er wieder den Vorsitz bei einem großen Bankett in Leforts Saal und pflückte sich den Nachtisch von den Lippen der rosigen Anna Mons. Trotz solcher Zärtlichkeiten fehlte dem Zaren der rechte Schwung: Man konnte nämlich wegen der Hoftrauer keine Salven abfeuern...! Im Frühling gab ein Brief aus Amsterdam ihm seine ganze Lebenslust wieder: Witsen schrieb, daß das Kriegsschiff im Juni in Archangelsk ankommen werde. In Begleitung seines Hofes, seiner Bombardiere (400 Personen) und Leforts mit seinem ganzen Stab von 10 Offizieren verließ Peter auf 22 großen kiellosen, grob zusammengeschlagenen Booten Perejaslawlj. Am 18. Mai erreichte die Armada Archangelsk. 5 Wochen lang wartete man auf das Schiff. In der Tracht eines einfachen Matrosen plaudert der Herrscher ungezwungen mit Händlern, Seeleuten, Arbeitern und „hebt einen" mit ihnen. „Es bereitet ihm mehr Vergnügen, mit unseren Landsleuten und über unsere Schiffe zu sprechen, als über irgend etwas anderes", berichtet van Keller. Endlich erscheint auf hoher See der „Apostel Peter" im Glanze seines funkelnagelneuen

Anstrichs, begrüßt von den Kirchenglocken. Es gibt keinen seltsameren „Apostel" als dieses mit 44 Kanonen bestückte Kriegsschiff, auf dem eine Mannschaft von 40 Matrosen den Dienst versieht, die noch von herumspringenden Seidenaffen, hackenden Papageien und bissigen Bologneserhündchen Verstärkung erhalten hat! Er, der echte Peter, kann sich vor Freude nicht lassen.

Er läuft durch die reich möblierten Kabinen und den Salon, die mit Seidenstoffen und wertvollen Teppichen ausgestattet sind; beim Anblick des wohlbestellten Vorrats an französischen und Rhein-Weinen klatscht er in die Hände und ernennt François Lefort auf der Stelle zum Kommandanten seines ersten Kriegsschiffes. Ist der Freund nicht an den Ufern des Genfer Sees geboren worden, hat er nicht dort gelebt?

Glücklich wie ein Kind, das ein lang ersehntes Spielzeug bekommen hat, diktiert Peter I. folgenden Brief an den Bürgermeister von Amsterdam, der sogleich ins Holländische übersetzt wird:

„Min Her!

Jan Flaming (der Steuermann) ist angekommen ... In dieser glücklichen Stunde fühle ich mich nicht zum Schreiben disponiert, sondern viel eher dazu, Bacchus zu ehren, der sich einen Spaß daraus macht, mit seinen Weinranken die Augen desjenigen zu verschließen, der dir gerne einen ausführlicheren Brief geschrieben hätte ..."
Um seine Kenntnisse der niederländischen Sprache zu zeigen, signiert der Zar als:

Psan Tus Pro Petitjes
Schi Per van Schi

(was wohl heißen soll: Schipper van Schip Sanctus Propheties: Besitzer des Schiffes „Der heilige Prophet").
Am 31. Juli gaben an Bord des „Apostel Peter" der Herrscher und der Schweizer Admiral auf dem Weißen Meer einigen Schiffen das Geleit, die nach Holland zurückkehrten.

*

Das Bedürfnis nach neuen Zerstreuungen — oder der Wunsch, die Frömmler zu schockieren — hatte Peter dazu getrieben, eine ganz besonderes Mißfallen erregende Gesellschaft zu gründen: „Das närrische Konklave" oder „Das Konzil der großen Possenreißerei". Der Zweck dieses Kollegiums war die Verherrlichung Bacchus' durch häufige und totale Besäufnis. Es wurde angeführt von dem Djak Sotow, dem ehemaligen Lehrer des Zaren, dessen nicht zu überbietende Trunksucht ihm das höchste Amt verschafft hatte, das Amt des „Ersten Fürst-Papstes, des allerlärmendsten und allernärrischsten Patriarchen von Moskau, der ganzen Jausa und von ganz Koniuch[11]". Seine Narrheit trug ein Zepter und eine Mitra aus Blech. Sie erteilte den knieenden Trunkenbolden den Segen vermittels zweier gekreuzter Tabakspfeifen und Schlägern mit einer Schweinsblase auf den Kopf; sie reichte ihnen eine unflätige Statue des nackten Bacchus an Stelle einer Ikone zum Kuß. Wenn der Fürst-Papst mit dem Hirtenstab in der Hand tanzte, konnte man die auf seinen Meßgewändern aufgestickten Flaschen und entblößten Gestalten von Venus und Bacchus bewundern. Seine Narrheit stand einem Konklave von 12 Kardinälen, zahlreichen Bischöfen, Archimandriten, Diakonen und Subdiakonen vor, ausgesuchten Säufern und Freßsäcken, die unaussprechliche Beinamen hatten. Der Fürst-Papst wurde von einer „Mutter-Bischöfin" oder „Allerspaßigsten Äbtissin" begleitet, die in leichter Kleidung an allen Gelagen teilnahm. Die Zwerge und Narren des Zaren halfen bei den Gottesdiensten. Die erste Frage, die von Seiner Narrheit an den Neuling gestellt wurde, lautete: „Säufst du?" in Abwandlung der Worte „Glaubst du?", die die Alte Kirche an die Täuflinge richtete.

Peter, Archidiakon der Korporation, war auch ihr Gründer. Er — der Zar! — hatte die Ordensregeln aufgestellt, die Hierarchie ihrer Mitglieder festgelegt, bis ins kleinste Detail den Wahlmodus, die Inthronisation des Fürst-Papstes, die Weihe der Säufer vorgeschrieben. Im Verlaufe ihrer Versammlungen kämpften die Konzilmitglieder, die alle maskiert erschienen, mit gewaltigen Humpen Wodka, Wein und Bier gegen einen geheimnisvollen „unsichtbaren Feind" — der vielleicht nur der Durst oder die Scham war? Sie trinken, trinken über alle Maßen, wie die ausgedorrte Erde, wie die gierigen Hunde. Graf Apraksin, ein melancholischer Säufer, bekommt das heulende Elend und spricht vor sich hin. Andere Gäste beschimpfen und prügeln sich und landen schließlich unter dem Tisch bei denen, die wieder alles von sich geben und die stockbetrunken sind. Um das Weihnachtsfest würdig zu begehen, rasen die Bacchusbrüder in vollgestopften Schlitten, mit ihren nachgemachten Sutanen, Narren-Meßgewändern, in den nach außen gekehrten Pelzmänteln durch die Straßen Moskaus. Sie psalmodieren im Falsett die Litaneien, halten vor den Häusern der Bojaren oder der reichen Kaufleute und verlangen, daß man ihnen zu trinken bringe und sie für ihren Gesang bezahle. In der Karwoche setzt sich Seine Narrheit – die mit sämtlichen blechernen Zeichen ihrer Priesterwürde nebst nackter Venus und nacktem Bacchus geschmückt ist – an die Spitze einer Prozession von 200 auf Ochsen oder Eseln reitenden Schreihälsen. Auf Wagen, die von Bären, Ziegenböcken oder Schweinen gezogen werden, johlen die Hofnarren und Zwerge und machen sich über die Kirche lustig, verhöhnen die liturgischen Texte und ziehen über die Frommen her.

Als Jewdokija erfuhr, daß Peter in eigener Person diese gotteslästerlichen Parodien inszenierte und leitete, weinte sie und betete für ihren Mann; der Patriarch Adrian zog sich in ein Kloster zurück; die Gläubigen bekreuzigten sich und flüsterten sich zu: „Das ist der Antichrist."

Zweites Buch

DIE GROSSE GESANDTSCHAFT

Hoch nun die Anker, Matrose, bind los die Taue vom Lande!
Klar die Schiffe zur Fahrt! Sämtliche Segel gesetzt!
Ich, der Schirmherr der Häfen, gebiete es, ich, der Priapos:
Auf, ihr Männer, befahrt sämtliche Märkte der Welt!

LEONIDAS VON TARENT

Anmerkung: Übersetzung der Verse von Leonidas von Tarent nach der „Anthologia Graeca", Verlag Ernst Heimeran, München

KRIEG GEGEN DIE TÜRKEI
1695—1696

Je prétends tous les ans me battre, aimer et boire.
Mars, Vénus et le vin auront chacun leur tour.
Je laisse le printemps et l'été pour la gloire,
L'automne pour Bacchus et l'hiver pour l'amour.
Französisches Soldatenlied unter LUDWIG XIV.

Er hat das Zeug in sich, um vier Könige und einen honnête homme daraus zu machen.
Marschall GRAMMONT in seinen Memoiren über LUDWIG XIV.

Während der Zar in Presburg Spielkrieg führte, in Perejaslawlj Boote baute und sein erstes Kriegsschiff in Archangelsk in Empfang nahm, ließ die Lage Rußlands sehr zu wünschen übrig. 12 000 Tataren hatten 1692 Nemirowo geplündert, Tausende von Gefangenen und Pferdeherden weggeführt. Masepa, stets zum Verrat bereit, sandte beunruhigende Berichte über die Ukraine nach Moskau, bat um Unterstützung und fädelte, als er die Untätigkeit Rußlands festgestellt hatte, eine Intrige ein, um sich Polen zu nähern. Frankreich verhandelte mit der Hohen Pforte über den Schutz der Heiligen Stätten; in Jerusalem wurden die orthodoxen Mönche vom Heiligen Grab verwiesen; die Kirche von Bethlehem war wieder von katholischen Mönchen in Besitz genommen worden... Sultan Achmed II. hatte seinen Regierungsantritt allen Herrschern mitgeteilt, außer Iwan V. und Peter I., denen er auf diese Weise seine Mißachtung zum Ausdruck brachte. Die gegen die Häretiker so grausame Bojaren-Duma war unfähig, die Ordnung aufrechtzuerhalten; Räuberbanden machten die ländlichen Gegenden unsicher, raubten und mordeten bis hinein in die Vorstädte von Moskau.
Der römische Kaiser und der König von Polen waren empört, daß Rußland im Kriege gegen die Ungläubigen untätig blieb, wodurch

es den Vertrag von Moskau verletzte; sie leiteten daher Besprechungen mit der Hohen und Goldenen Pforte ein, ohne es für nötig zu halten, ihren Verbündeten darüber zu unterrichten. Diese Verhandlungen sollten dazu führen, daß Rußland den Tataren und Ottomanen gegenüber allein stehen würde. Diese beunruhigende Aussicht — die die Regentin Sofja und Wassilij Golizyn dazu bewogen hatte, seinerzeit den Vertrag abzuschließen — vermochte es nicht, Peter von seinen Kriegs- und Seespielen, seinen Feuerwerken abzulenken. Die Verwirrung im Innern, der bis dahin noch nicht gerächte Einfall der Tataren, die Abkühlung der Beziehungen zum Kaiserreich und zu Polen, die Gleichgültigkeit des Zaren, sein lästerliches Verhalten gegen die Kirche und seine engen Beziehungen zu den Ausländern in der Sloboda riefen eine täglich anwachsende Unzufriedenheit hervor. Zahlreiche Bojaren, die 1689 zur Troizka geeilt waren, trauerten der Regentschaft Sofjas nach. Wassilij Golizyn hatte zwar, so sagten sie, 2 Niederlagen erlitten, war aber wenigstens mit der Armee ausgerückt. Der Zar hingegen stürmte eine Miniaturfestung, die ihm sowieso gehörte, anstatt stracks auf die Tataren loszugehen!

Der kaiserliche stellvertretende Gesandte bei der Pforte war 1691 mit dem Auftrag nach Moskau gekommen, Rußland zum Angriff auf die „Barbaren" aufzufordern. Einige Monate später sandte der Patriarch von Konstantinopel an die Zaren einen Brief, in dem er sie auf das dringlichste bat, einzugreifen. Durch die Untätigkeit der Russen ermutigt, setzten die Tataren ihre Streifzüge fort, steckten sie Städte in Brand und verschleppten die Bevölkerung in die Sklaverei. Am 20. Januar 1695 schien Peter I. endlich munter zu werden und erließ einen Ukas mit dem Mobilmachungsbefehl gegen die Türkei. Ein Ziel drängte sich ihm auf: Asow. Von griechischen Siedlern war diese Stadt am Mündungsbecken des Don gegründet worden (das „Tanais" der alten Griechen); die Venezianer und die Genuesen hatten es sich streitig gemacht, und die Türken hatten es 1475 erobert. Während Sofjas Regentschaft hatten 26 000 Osmanen jahrelang an seiner Befestigung gearbeitet. Sie hatten gerade zwei Türme fertiggestellt — einer auf dem rechten, der andere auf dem linken Ufer des Don —, die durch ein Pfahlwerk und eine den Hafen versperrende Kette verbunden waren; die Zugänge wurden durch natürliche Hindernisse geschützt, von einem Graben, einer dicken Befestigungsmauer und einer Bastei. Um seine Absichten zu verschleiern, warf Peter die Hauptmacht der Truppen an den Dnjepr. Die Armee, die auf Asow marschierte, bestand aus den frisch ausgehobenen Regimentern, der Kompanie der Bombardiere des Zaren, den Strelizen, der Stadt- und der Hof-Miliz, insgesamt 31 000 Mann; sie wurde von einem Triumvirat befehligt: Gordon, Artamon Golowin und Lefort[1]. Die Dnjepr-Armee — etwa 120 000 Mann — war dieselbe, die Wassilij Golizyn während seiner 2 unseligen Feldzüge geführt hatte. Unter General Scheremetjew sollte sie nun auf die Ukraine marschieren, sich mit den Saporogen Masepas vereinigen, zum Unterlauf des Dnjepr vorstoßen und die Befestigungen oberhalb von Otschakow nehmen.

Die alte Armee setzte sich Anfang 1695 als erste in Bewegung; dann verließ Peter mit den neuen Truppen am 19. Mai Moskau. Aus Nishnij Nowgorod schreibt er an General Romodanowskij, der von ihm anläßlich einer Erstürmung in Presburg „König von Polen" genannt wurde:

„Minher Kenich!

Der Brief Ew. Majestät, der von Eurer Hauptstadt Presburg datiert war, wurde mir übergeben. Für diesen Gunstbeweis Ew. Majestät bin ich verpflichtet, meinen letzten Blutstropfen zu vergießen, deshalb mache ich mich jetzt auf den Weg..."

Die Armeekorps Gordons, Golowins und Leforts — vom Don und der Wolga kommend — vereinigten sich Ende Juni in der Nähe von Asow. Einige Tage später hatte die Vorhut von Gordon Feindberührung mit 10 000 Türken und Tataren; sie zwang sie, ihr das Feld zu überlassen und sich in die Festung zurückzuziehen. Man begann unbeholfen mit der Beschießung der Stadt. Peter wurde bald ungeduldig, er fand, daß die Belagerung zu lange dauerte, und verlangte eine sofortige Erstürmung, als sei man im Spielkrieg in Presburg. Um ihn zufriedenzustellen, ließ Gordon sich herbei, einen Handstreich zu versuchen. Eine finstere Nacht nutzend, schlich sich eine Abteilung von 200 Kosaken auf das linke Ufer, sprengte das Festungstor und machte die Besatzung nieder; die Geschütze, die man dort vorfand, wurden auf den Turm des rechten Ufers gerichtet, das die Türken daraufhin räumten. Diesem doppelten Erfolg folgte kurz darauf eine Niederlage: die Türken nutzten die von einem Deserteur, Jakob Jansen, erteilten Informationen zu einem Überraschungsüberfall auf die russischen Batterien, nahmen sie und töteten dabei 1000 Soldaten. Gordon – sein Leben aufs Spiel setzend – gab ein Beispiel an Mut und Kaltblütigkeit, sammelte seine Truppen und verhinderte eine Panik. Diese harte Lektion besänftigte Peters brennende Ungeduld, der nun befahl, das Bombardement der Stadt wieder aufzunehmen. Neue Batterien wurden in Stellung gebracht; die meisten Häuser der Stadt gingen in Flammen auf, die Bastion stürzte ein. Die türkischen Schützen aber, die mit langen Musketen bewaffnet waren, unterhielten von den Festungswällen herab ein mörderisches Feuer. Der Zar schreibt aus dem Schützengraben an seine Schwester: „Weder fahren wir im Wagen noch gehen wir zu Fuß, sondern wir rutschen auf den Knien, denn wir sind hier nahe am Nest, zum großen Schaden der Bremsen, die uns wütend stechen, was aber keineswegs hindert, daß ihr Nest nach und nach in Staub zerfällt ..." Anstatt geduldig die Zermalmung der feindlichen Stellungen weiter zu verfolgen, die Festungsgräben zuzuschütten, die Mauern niederzulegen, entschied der ungestüme Bombardier Peter, entgegen den Ratschlägen Gordons, der sich als der beste von den 3 Generälen erwies, zum Sturmangriff überzugehen. Er setzte den 5. August als Datum des Angriffs fest und rief nach Freiwilligen. Von allen neuen Truppen, von allen Strelizen erschien keiner; dafür meldeten sich 2500 Donkosaken. Die Übungen von Presburg hatten die ehemaligen Poteschnyje und ihre Kumpane wahrlich nicht kampffreudig gemacht! ... In Ermangelung einer ausreichenden artilleristischen Vorbereitung, einer Koordinierung der verschiedenen Truppenteile, einer vorherigen Erkundung des Geländes erlitt man eine Schlappe; 1500 Kosaken bedeckten das Feld. Der Kriegsrat beschloß nun – in der Erkenntnis, daß man einen Befestigungsgürtel nicht nehmen kann, ohne wenigstens vorher eine breite Bresche geschlagen zu haben – anstelle der Kanonen Minen zu verwenden. Doch ach, viele Minen krepierten nicht, diejenige Golowins tötete 2 Obersten und an die 100 russische Soldaten! Eine schließlich, die mit 1500 kg Schießpulver geladen war, schlug ein Loch in die Bastion. Dreimal stürmte Gordon, dreimal wurde er zurückgeschlagen. Andere Operationen waren nicht erfolgreicher. Darüber vergingen Wochen; die herbstlichen Regengüsse überschwemmten die Schützengräben und machten Kanonen und Wagen unbeweglich. Nach 196 Tagen der Belagerung zog man sich Anfang Oktober 1695 auf Tscherkask zurück. Die Tatarenreiter Kaplan Ghirais setzten der russischen Armee zu, der es an allem fehlte: an Lebensmitteln, Kleidung, Schuhen. Die Nachzügler wurden von Wölfen gefressen, 2000 Mann starben. Es war schlimmer als der Rückzug Golyzins! Der Liebhaber Sofjas hatte als Beute nur eine Katze heimgebracht. Peter war erfolgreicher, er brachte — einen Gefangenen mit! In Moskau gab es einen triumphalen Empfang. Die ganze Verantwortung für die Verluste an Mannschaften und Pferden wurde auf den Verräter Jakob Jansen abgewälzt. Golyzin hatte das gleiche mit dem Hetman Samojlowitsch getan.

Während der Zar vor den Toren Asows scheiterte, nahm General Scheremetjew 4 türkische Forts entlang des Dnjepr ein, darunter Kazi-Kermen und Tagan. Er hatte seinen Auftrag ausgeführt.

*

Peter war mit der gleichen Begeisterung ins Feld gezogen, wie er sich zu den Manövern nach Presburg begab. Er setzte volles Vertrauen in seine neuen Regimenter, die, nach europäischem Muster einexerziert, schnell und kühn im Erstürmen von Festungen waren; der Sieg konnte diesen Tapferen nicht entgehen! Da er niemals bei einer Schlacht dabeigewesen war, verwechselte er den „Spielkrieg", bei dem er die Kampfhandlungen nach seinem Belieben lenken konnte, mit dem wirklichen, dem grausamen, unbarmherzigen Krieg voll unvorhergesehener Zwischenfälle. Der Gedanke, daß die Türken ihm Widerstand leisten könnten, war ihm gar nicht in den Sinn gekommen. Mißtrauisch gegen die alte Armee, mit der Wassilij Golizyn zweimal eine Niederlage erlitten hatte, hatte er sie dafür an den Dnjepr geschickt und sich die Ehre vorbehalten, Asow mit seinen neuen Regimentern an der Spitze seiner Bombardiere einzunehmen. Seine Illusionen waren nacheinander zerstört worden: Das Schießpulver war schlecht, die Artillerie — die er „von unvergleichlicher Schönheit" gefunden hatte — zielte daneben[2]; die Minen gingen nicht los oder töteten die, die mit ihnen hantierten; die Reiter flüchteten vor den Tataren; die Infanteristen hatten mehrere Male Reißaus genommen, und was noch ärger war: Kein einziger seiner Männer hatte sich als Freiwilliger gemeldet, keiner sein Leben dem Zaren gegeben, während 2500 Donkosaken, diese Halbwilden, sich ohne Zögern geopfert hatten. Die alte Armee von Scheremetjew dagegen hatte einen glänzenden Erfolg zu verbuchen. Welche Enttäuschungen!

Die Niederlage von Asow war eine öffentliche Demütigung, die Peter auf die Stufe von Wassilij Golizyn herabdrückte. Ein anderer hätte den Mut sinken lassen. Er aber ging den Gründen für seine Niederlage nach. Unablässig wiederholte ihm Lefort, der ernsthaft verwundet wurde: „Wir wären siegreich gewesen, wenn wir über eine Flotte verfügt hätten." Der Binnenadmiral war zwar kein großer Stratege, aber ein umsichtiger Offizier und ein ergebener Freund. Der Zar gab ihm recht: Eine Flotte muß her! Also wird man sie bauen, was es auch koste! Man wird Asow nehmen, nicht etwa mit der alten Armee, sondern mit den gleichen Regimentern, die man, gestützt auf die Erfahrungen dieser unglückseligen Belagerung, drillen wird. Rußland besitzt weder Werften noch Arsenale? Man wird sie eben schaffen! Es hat weder eine Marine noch Spezialisten? Daran soll es nicht liegen! Man wird sie aus Europa kommen lassen!

Während des Rückzugs hatte Peter einen Plan aufgestellt: Am 4. November 1696 beschloß die Bojaren-Duma den Bau einer Kriegsflotte; das gesamte Volk sollte an diesem Unternehmen mitwirken, die einen mit ihrer Hände Arbeit, die anderen mit ihrer Börse. Jeder Grundbesitzer, der über 10 000 „Seelen" verfügte, hatte ein bewaffnetes, ausgerüstetes Schiff zu liefern; die Klöster zahlten ein Schiff durch 5000 Leibeigene; die Kaufleute stifteten 14 Schiffe; den weniger begüterten Landbesitzern wurde eine Sondersteuer auferlegt, die sogenannte „Seefron", oder sie schlossen sich zu Gesellschaften („Kumpanstwo") zusammen, die den Namen des bedeutendsten von ihnen trugen; die Familie des Zaren ließ auf ihre Kosten 9 Schiffe bauen. Aber woher sollten die eigentlichen Arbeitskräfte kommen? Peter warb in Archangelsk Kapitäne, Steuermänner und ausländische Matrosen an; aus Moskau beorderte er Schmiede, Zimmerleute und Schreiner; man schickte sie in Gewaltmärschen nach Woronesch, wo sie mit ungefähr 30 000 Muschiks zusammentrafen, die man in den benachbarten Gegenden zusammengeholt hatte. Und das Material? Man fällte die Eichen, Tannen und Linden der riesigen Wälder von Woronesch! Man beschlagnahmte bei den Zivilpersonen, in den Läden und Lagern ganz Rußlands Eisen, Kupfer, Messing, Teer, das Tauwerk, das Segeltuch, das Handwerkszeug für den Bau, die Betakelung und die Bewaffnung der Flotte. Der Zar hatte den Kai-

Russisches Kriegsschiff

ser, die Herren der Generalstaaten, den Kurfürsten von Brandenburg, die Republik Venedig gebeten, ihm auf dem schnellsten Wege Offiziere, Ingenieure, Schiffsbaumeister, Seeleute, Kanoniere, Pioniere und Spezialisten zu schicken. In Frankreich hatte er Konteradmiral Balthasar de l'Osière angeworben. Er beschränkte sich nicht darauf, in Woronesch die Werften zu überwachen: Er hantierte mit der Axt wie ein Bauer, mit dem Hobel wie ein Zimmermann und mit dem Zirkel wie ein Ingenieur. „Wie Gott es unserem Vorfahren Adam befohlen hat, essen wir unser Brot im Schweiße unseres Angesichts", schrieb er. Er betrauerte aufrichtig den Tod seines Bruders Iwan, hatte aber nicht die Zeit, sich darum zu kümmern[3]. Die so-

genannten „freiwilligen" Arbeiter und Bauern wurden so unzureichend verpflegt, die Unterkünfte waren so schlecht, die Arbeit so
schwer, daß sie sich zu Hunderten in die Wälder davonmachten.
Von Archangelsk nach Woronesch überführte man 2 von den Niederlanden gelieferte Kriegsschiffe, den „Apostel Peter" und den
„Apostel Paul" unter ungeheuren Schwierigkeiten, mal auf den Flüs-
sen, dann durch Treideln auf dem Schnee. Der Zar verfügte schon
bald über eine Flottille von 23 Galeeren (eine war mit 32 Kanonen
bestückt und mit 38 Ruderern versehen), 4 Brandern, einige 100 kleinere Schiffe aller Arten bis zu den Rundholzflößen.
Der Wille des Herrschers hatte die Widerstände hinweggefegt, die
Hindernisse überrannt, die träge Masse der Verwaltung aufgerüttelt.
Wo ist der Vagabund geblieben, der sich mit Feuerwerken vergnügte,
während die Tataren seine Städte plünderten? Bis dahin hatte Peter
sich amüsiert. Jetzt wollte er durch einen Sieg die Ehre Rußlands
reinwaschen, die mit der seinen identisch ist. Sollte der alte Adam
tot sein? Nein! Aber ein anderer, entschlossener, ausdauernder Mensch
überlagert den von ehedem, der bisweilen wieder mit seinen geschmacklosen Narreteien zum Vorschein kommt.
13 Jahre hatte Peter den Thron schon inne, aber in Woronesch begann seine eigentliche Regierungszeit.

*

Im Frühjahr 1696 wurde das Wunderwerk fertiggestellt: Die russische Marine war da. Das Kommando über die Flotte und die von
der gefürchteten Kalmückenkavallerie verstärkte Landarmee wurde
einem einzigen Befehlshaber übertragen, dem Generalissimus Alexej
Schein, dem General Gordon zur Seite stand. Am 5. Mai setzte man
sich, reichlich mit Munition versehen, auf dem Don und auf dem
Landwege nach Asow in Bewegung. Kommandeur Peter gehörte zur
Vorhut auf der Galeere „Principium", Lefort befehligte den „Elefanten", deshalb so genannt, weil sich im Wappen der Leforts der
Elefant befand.
Die Armee hatte bei ihrem Rückzug (Oktober 1695) in den beiden
von Asow flußaufwärts gelegenen Forts Besatzungen zurückgelassen;

die Türken hatten nicht versucht, sie zurückzuerobern. In ihrem Schutz besetzten die Russen ohne Verluste wieder ihre alten Stellungen. Peter gab kurz nach seiner Ankunft den Befehl zum Angriff auf 13 große türkische Schiffe, die in den Mündungsarmen des Don vor Anker lagen und vollgestopft waren mit Soldaten, Nahrungsmitteln und Munition, die auf kleinen Booten nach Asow transportiert werden sollten. Auf leichten Barken überraschten die Kosaken den Feind und brachten ihm solche Verluste bei, daß das ottomanische Geschwader das offene Meer suchen mußte. Die russische Flotte konnte nun die Flußmündung blockieren und die Stadt einschließen. Peter beeilte sich, diesen geglückten Handstreich dem Fürsten Romodanowskij zu schildern:

„Min Her Kenih,
am 15. ist unsere Karawane in Tscherkask angekommen, am 18. an der Kalantscha, am 19. an der Flußmündung (vielmehr am nördlichen Mündungsarm), aber wegen des niedrigen Wasserstands konnten wir nicht hindurchkommen. Der Feind war mit 13 Schiffen auf See. An diesem Tage transportierte er Sold und Verpflegung in die Stadt auf 13 ‚tumbass‘, begleitet von 11 ‚utschkols‘ mit Janitscharen als Eskorte. Als diese Schiffe an der Mündung der Kalantscha vorbeizogen, fielen wir, Deine Knechte, in kleinen Ruderbooten und die Kosaken in ihren ‚lodki‘ unter Anrufung der göttlichen Hilfe über unsere besagten Feinde her, und durch die Gnade Gottes und seiner heiligsten Mutter und die Fürbitte aller Heiligen, zur höchsten Ehre Ew. Majestät vernichteten wir die besagten Schiffe; wir verbrannten davon 11 und nahmen eines. Der Rest flüchtete zu den großen Schiffen, die in Erkenntnis dieser Gefahr das Weite suchten. Ein Schiff wurde von seiner Besatzung versenkt, ein anderes von unseren Leuten in Brand gesetzt. Auf den ‚tumbass‘ haben wir 29 Gefangene gemacht, 85 Fässer Pulver, 300 Bomben, 5000 Granaten, 500 Lunten genommen, kurz alles, was sie geladen hatten; es wurde Tuch und mancherlei anderes erbeutet.
Die Gefangenen berichteten uns, daß man auf dieser Flotte 500 Janitscharen transportierte, viel Munition und Mörser. Die Soldaten haben, kaum daß sie unserer Galeeren ansichtig wurden, die Stadt

über die Ufer erreicht; aber die Munition ist mit den Schiffen dahin-
gegangen. Am dritten Tage ist der Wind auf Süd umgeschlagen, und
alle unsere Galeeren haben in gutem Zustand das Meer erreicht.
Auf dem Meer, den 31. Mai 1696

PITER"

Da die Türken Herren in Asow geblieben waren, mußte die Stadt
erneut belagert werden. Die Artillerie nahm die Beschießung wieder auf, legte die letzten Häuser der Stadt in Schutt und Asche, ohne
jedoch eine Bresche schlagen zu können. Die Besatzung hielt sich
tapfer; das Feuer der gut eingeschossenen Musketen verursachte
schwere Verluste. Peter schrieb damals an seine Schwester, die Zarewna Natalja:

„Sei gegrüßt! Ich bin, gottlob, wohlauf. Um Deinen Wünschen zu
gehorchen, nähere ich mich weder Kanonenkugeln noch Gewehr-
geschossen; aber sie nähern sich mir. Sie tun es indessen immer sehr
höflich. Die Türken haben Verstärkung bekommen, aber sie werden
nicht bis zu uns gelangen. Ich glaube, sie wollen, daß wir sie auf-
suchen.   PITER"

Da das Geschützfeuer der russischen Artillerie in Ermangelung von
Spezialisten nichts ausrichtete, ersann man den Bau eines riesigen
Erddammes, um näher an das Bollwerk heranzukommen und es zu
beherrschen. 15 000 Arbeiter machten sich an dieses Werk. Vielleicht
dachte man an die Berichte des Julius Cäsar? Der Damm wurde
nicht vollendet, denn ein österreichischer Artillerieoberst, der nach
einer über 4 Monate dauernden Reise eintraf, richtete die Kanonen
so gut auf das Ziel, daß die Türken die Eckbastion aufgeben mußten,
außerdem ging die Munition der Belagerten zu Ende. Am 16. Juli
erstürmten 2000 Kosaken und Saporogen auf eigene Faust die
Festungswälle, verjagten die Türken und verfolgten sie; den Osmanen aber gelang es, indem sie einen außerordentlichen Beweis ihres
Mutes ablegten, die Eindringlinge wieder zurückzuwerfen. 2 Tage
später — der Besatzung fehlte es an allem Lebensnotwendigen —
nahm der Pascha die Kapitulationsbedingungen Peters an: Die Be-

lagerten durften mit Frauen, Kindern, Fahnen, Waffen und Gepäck
abziehen; sie mußten aber den Deserteur Jakob Jansen ausliefern,
der während des ersten Feldzugs zum Verräter geworden war. In
diesem Punkte war Peter I. unerbittlich.

Stets zu Späßen aufgelegt, versäumte der Zar nicht, Romodanowskij,
dem Herrscher von Presburg, den Sieg zu verkünden: „Min Her Kenih!
Es sei Euch kundgetan, Sire, daß Gott den Armeen Eures Königreiches seinen Segen erteilt hat ... Als die Leute von Asow sich zum
Äußersten getrieben sahen, haben sie sich ergeben. Wie wir es bewerkstelligten und was wir erbeutet haben? Ich werde es mit dem
nächsten Kurier Ew. Majestät schreiben ..." Der Duma berichtete er:
„Freuet euch mit dem heiligen Paulus! Und ich sage nochmals: Freuet
euch! Heute ist unsere Freude eine vollkommene, denn der Herr hat
in seiner Güte die 2 Jahre Mühe und Blutvergießen belohnt. Gestern
haben sich die Asower in Erkenntnis ihrer endgültigen Niederlage
ergeben."

Nach der Räumung der Stadt ließ Peter die neuen Befestigungen
von Asow, die in aller Eile von einem deutschen Ingenieur entworfen worden waren, bauen und belegte sie mit einer Besatzung von
8000 Mann. Nachdem er die Saporogen und Kosaken reichlich belohnt hatte, entließ er sie und rückte mit der Armee ab.

*

Die Truppenparade am 30. September 1696 in Moskau hätte dem
alten Rom Ehre gemacht. Ein am Stadteingang errichteter Triumphbogen trug folgende Inschrift: „Rückkehr des Kaisers Konstantin".
Darauf waren ein gemalter oder gemeißelter türkischer Pascha und
ein Tatarenführer in Ketten zu sehen sowie eine Neptunstatue mit
folgender Kartusche: „Ich wünsche Euch Glück zur Einnahme von
Asow und bin Eurem Imperium untertan!" Der Zug bewegte sich
langsam in der Reihenfolge:

18 Reiter,
der Fürst-Papst Nikita Sotow in einer sechsspännigen Karosse, in

der Hand Säbel und Schild, Geschenke Masepas;
Diakone und Vorsänger;
der Kriegskommissar Feodor Golowin und der Großkämmerer Naryschkin;
14 Pferde und 2 leere Kaleschen des Generals Lefort;
General Lefort in einem prächtigen Schlitten, gefolgt von seiner mit
einer Ehrenwache umgebenen Standarte;
Vizeadmiral Lima und Konteradmiral Balthasar de l'Osière;
die Standarte des Generalissimus Schein mit Paukenschlägern und
Trompetern;
30 Piköre in Kürassen;
2 Gruppen von Trompetern;
die große Standarte des Zaren mit einer Ehrengarde lanzenbewaffne-
ter Soldaten;
2 Priester in einer Prachtkutsche, die eine Ikone und ein Kreuz trugen;
Generalissimus Schein mit seiner Eskorte;
16 erbeutete Standarten, die durch den Straßenschmutz geschleift
wurden;
ein Tatarengefangener in Ketten;
General Artamon Golowin mit seiner Eskorte;
das Preobraschenskij-Regiment;
auf einem Karren der Verräter Jakob Jansen, der, mit einem türkischen Turban bekleidet, an einen Galgen angebunden war, um den
ringsherum die Werkzeuge aller Foltern gezeigt wurden, denen er
unterworfen werden sollte; unterdessen schlugen ihn 2 Henker mit
Ruten. Auf dem Hochgericht las man: Abtrünniger von 4 Religionen.
Verräter, gehaßt von Christen und Türken[4];
das Ssemionowskij-Regiment;
die ausländischen Ingenieure und Zimmerleute;
die Strelizenregimenter;
General Gordon und sein Stab;
die Gefangenen;
alle übrigen Regimenter.
Frenetische Hurrarufe begrüßten einen Offizier, der, ein Kurzgewehr
geschultert, eine weiße Feder auf seiner Mütze, an der Spitze seines
Marinekorps marschierte, am Anfang des Zuges, jedoch hinter Le-

fort: Es war der Kommandeur Peter Alexejew! Während seine Generäle sich zu Pferde, in Prunkwagen oder im Schlitten fortbewegten, ging der Zar den ganzen Weg durch die Stadt zu Fuß. Jeder Offizier, jeder Soldat erhielt eine Belohnung. Lefort wurde zum Vizekönig des Großfürstentums Nowgorod ernannt; der Zar schenkte ihm einen Landbesitz, verlieh ihm den Adel und übergab ihm einen Silberpokal mit folgender Inschrift: „François Lefort für die Einnahme von Asow, 1696". Obwohl der General schrecklich unter einer „sehr breiten und tiefen Wunde" litt und seit einem Jahr eine strenge Diät halten mußte⁵, fand das Abschlußbankett in seinem Hause statt, mit Ball, Feuerwerk und einer so ausgiebigen Kanonade, daß alle Fensterscheiben des Viertels zersprangen.

AUF ENTDECKUNGSREISE IN EUROPA
1697–1698

*Was sagen Sie, Monsieur, zu der Reise des Zaren von Rußland
und zu seinem guten Vorsatz, seine Nation der Barbarei zu
entreißen? Ist das nicht etwas Außergewöhnliches?*
LEIBNIZ am 18. Juli 1698 an den Kurfürsten von Hannover

*Die Reise Peters I. ist ein einschneidendes Ereignis in der Ge-
schichte nicht nur seines Landes, sondern auch des unseren und
der der ganzen Welt.* MACAULAY, History of England, IX, 84

Die Überschreitung der Grenzen des heiligen Rußland und der Besuch der Heiden ohne besondere Genehmigung des Zaren wurde von
der Kirche als eine Sünde betrachtet, welche die Verdammnis zur
Folge hatte, vom Staate als ein Verbrechen des Hochverrates, das
mit dem Tode und der Konfiszierung des Besitzes geahndet wurde[1].
Ein einziger Fürst hatte die Kühnheit besessen, sich aus seinem Reich
zu entfernen: Der Großfürst Isjaslaw von Kiew hatte Kaiser Heinrich IV. in Mainz einen Besuch abgestattet.
Nun beschloß Peter I., der Zar selber, in jenes Märchenland Europa
zu reisen, von dem ihm Lefort, Gordon, der Gesandte Kurakin und
seine holländischen Freunde so oft erzählt hatten. Er hatte nicht die
Absicht, „die Freiheit außerhalb seines Landes zu genießen und ein
wenig umherzuspazieren", wie der Gesandte Pleyer annahm: Er
wollte den Krieg gegen die Türkei mit größerem Nachdruck führen, seine Flotte ausbauen, die Industrie, das Handwerk und den
Handel studieren und Fachleute in seine Dienste nehmen. Obwohl
seine Ziele sehr löblich waren, wußte er doch, daß diese Rundreise
den gegenüber den Ausländern feindselig und mißtrauisch eingestell-
ten Bojaren und der Geistlichkeit mißfallen würde. Sie würden, nicht
ohne Grund, geltend machen, daß der Zeitpunkt schlecht gewählt,

daß Europa noch in Unfrieden sei. In der Tat war der 7 Jahre zuvor begonnene Koalitionskrieg — das Kaiserreich, Spanien, Holland und Savoyen gegen Frankreich — noch nicht beendigt und verursachte Rußland schwere Schäden; aus Furcht vor den französischen Kaperschiffen hatte kein holländisches Handelsschiff Archangelsk angelaufen. Zudem war der König von Polen, Jan Sobieski, der gefürchtetste Gegner der Türken, gerade gestorben. Wenn die Bestrebungen Frankreichs, seinen Anwärter auf den polnischen Thron zu bringen, Erfolg hätten, würde Polen dann nicht den Krieg gegen die Türkei aufgeben? Würde Rußland in diesem Falle im Kampf gegen die Osmanen nicht allein stehen?

Als der Zar am 6. Dezember 1696 seine Absicht bekanntgab, mit einer Gesandtschaft zur Festigung der Freundschaft mit den Verbündeten zu reisen, flehten ihn die Bojaren an, darauf zu verzichten. Er blieb bei seinem Entschluß, ergriff aber seine Vorsichtsmaßnahmen: Er schickte die Strelizen ohne ihre Familien an die Grenzen und ersetzte sie durch neue Truppen unter dem Kommando ausländischer Offiziere. 69 Adelige des Regiments Lefort reisten nach Venedig und Livorno, um dort die Schiffsbaukunst zu lernen und sich mit dem Seewesen vertraut zu machen; mit dem gleichen Ziel fuhren 40 Adelige nach Holland; andere gingen nach Deutschland, um sich in der Militärwissenschaft auszubilden. Peter wählte etwa 30 Bojarensöhne zu seiner Begleitung in Europa als „Freiwillige" aus; in Wirklichkeit waren sie nichts anderes als Geiseln.

Die Maßnahmen erwiesen sich als gerechtfertigt, denn man hatte ein von dem Vater zweier „Freiwilligen" angestiftetes Komplott gegen den Zaren aufgedeckt. Die Verschwörer waren der Großoffizier am Hofe, Alexej Prokowjew Sokownin, der Strelizenoberst Ziegler (oder Tzikler), der Sohn des Bojaren Puschkin, 2 Strelizen und ein Donkosak. Auf der Folter gestand Ziegler, daß die Zarewna Sofja, zu deren eifrigsten Anhängern er einst gehört hatte, 1682 und 1687 von ihm verlangt habe, den Zaren aus dem Wege zu räumen. Nach einem Bericht des Gesandten Pleyer an den römischen Kaiser war die Verschwörung gegen Peter, seine Familie, seine Umgebung und alle Ausländer gerichtet. Die Bestrafung der Verschwörer war grauenvoll: Ehe man sie enthauptete, trennte man ihnen den rechten Arm und das linke Bein ab, darauf den linken Arm und das rechte Bein; ihre Glieder wurden kunstvoll auf einem Steinsockel aufgeschichtet. Die Mitschuld Zieglers und der beiden Strelizen hatte Peter wieder an die schmerzlichen Ereignisse von 1682 errinnert. Er ließ infolgedessen die Gebeine des 12 Jahre zuvor verstorbenen Iwan Miloslawskij wieder aus dem Grabe holen; Schweine, die man vor einen Schlitten gespannt hatte, schleiften den Sarg des ehemaligen Parteigängers der Regentin Sofja nach Preobrashenskoje, wo er während der Marter der Verurteilten unter dem Schafott aufgestellt wurde; ihr Blut floß auf die sterblichen Reste Miloslawskijs, zuerst in breitem Strahl, dann nur noch tröpfelnd. Der Vater der Zarin Jewdokija wurde auf seine Besitzungen verbannt, ihr Bruder und ihre beiden Vettern auf weit entfernte Posten geschickt.

Peter vertraute die Verwaltung des Reiches einem fünfköpfigen Staatsrat und den Schutz Moskaus dem für seine Grausamkeit gefürchteten Fürsten Th. I. Romodanowskij an. Das Kommando über die Truppen der Hauptstadt übergab er General Gordon, dem zahlreiche ausländische Offiziere unterstanden. Durch die Krankheit Leforts verzögert, verließ die „Große Gesandtschaft" endlich am 10. März 1697 Moskau. Sie führte folgendes Beglaubigungsschreiben des Zaren bei sich:

„Großmächtige Herren der Generalstaaten der Niederlande. Ehrenwerte Freie und Geeinte! Liebe Nachbarn und Freunde!
Wir geben Euch bekannt, daß Wir Euch Unsere großen Botschafter senden, welche sind der General und Admiral François Jakowlewitsch Le Fort, Gouverneur von Nowgorod, der General und Kriegskommissar Feodor Alexejewitsch Golowin, Gouverneur von Sibirien, und als Kanzler der Staatssekretär Prokop Bogdanowitsch Wosnizyn, Gouverneur von Belewaky.
... Großmächtige Herren! Unsere große und mächtige Majestät der Zar wünscht, daß Ihr dieses Schreiben mit Ehrfurcht aufnehmet. Und wir bitten Euch, unsere großen bevollmächtigten Gesandten, wenn sie an Ihren Grenzen ankommen werden, nicht nur mit ihrer Suite zu empfangen und ihnen die gebührenden Ehren zu erweisen, sondern ihnen Audienz zu gewähren, wann sie es wünschen. Mit die-

sem Schreiben, großmächtige Herren, empfehlen Wir Euch dem Schutze des Allmächtigen.

An Unserem Zarenhofe in der großen Stadt Moskau, am achten Tage des Frühlingsmonats, im Jahr der Schöpfung 7205, im siebzehnten Unserer Regierung².“

Die Gesandten nahmen gleichlautende Schreiben mit für den kaiserlichen Hof in Wien und Kopenhagen, für die Kurfürsten von Brandenburg und Hannover und für die Republik Venedig. Lefort wurde von seinem Neffen Pierre begleitet, der als Gesandtschaftssekretär fungierte; Golowin nahm einen seiner Söhne, einen Bruder und einen Schwager mit; Wosnizyn standen seine beiden Neffen zur Seite. Jeder der 3 Gesandten verfügte über 12 Kammerherren und 2 Pagen. Unter den 31 „freiwilligen“ Edelleuten figurierten Peter Michailow (der Zar), und sein teurer Gefährte Alexander Danilowitsch Menschikow, den Peter „meinen Bruder . . ., meinen liebsten Freund . . ., mein Herzenskind“ nannte. Fürst Alexander von Imeretien, 1 Hofmeister, 1 Stallmeister, 1 Majordomus, 4 Kammerherren, 3 Dolmetscher, Ärzte, Feldschere, 1 Koch, 6 Trompeter, Kammerdiener, Vorreiter und Kutscher vervollständigten die Mission. 70 der größten Soldaten des Preobraschensker Regiments unter dem Befehl einiger der schmucksten Offiziere, dienten als Heiducken und Leibwächter. Insgesamt 260 Mann, dazu ein paar Zwerge und 1 Affe.

Der Train bestand aus Prachtkutschen, 32 Wagen, 4 Packwagen und 34 Pferden. Den Schatz bildeten 2 Millionen Rubel in barem Gelde, auf jede Hauptstadt ausgestellte Kreditbriefe, die Krondiamanten, kostbare Pelze, Seidenstoffe, Gewänder von allergrößtem Reichtum, und — vergessen wir sie nicht! — die sorgfältig verpackte Trommel des Zaren. Peter Michailow, der Herrscher aller Reußen, verfügte über ein Petschaft, das einen Schiffszimmermann darstellte und folgende Inschrift trug: „Ich bin ein Schüler und ich suche Lehrer.“ Der Zar hatte verboten, seine Anwesenheit zu verraten — unter Todesstrafe, versteht sich. Die Post wurde scharf überwacht. In Amsterdam und Stockholm hingegen war schon im Januar 1697 die Reise des Zaren bekanntgeworden, der Vertreter Österreichs setzte

kurz nach der Abreise der Mission den Kaiser durch eine chiffrierte
Depesche davon in Kenntnis.

*

Auf völlig verschlammten Straßen zog die Große Gesandtschaft
langsam unter Regen- und Schneeschauern dahin. Sie nächtigte in
elenden Herbergen, kam durch ein armes, fast menschenleeres Land.
Der Empfang in Riga, der Festung des schwedischen Livland, die der
Vater des Zaren vor 40 Jahren 6 Wochen lang belagert hatte, war
frostig. Der kranke, bettlägerige Gouverneur, Graf Erik Dahlbergh, hatte sich entschuldigt, die Mission, die er seit 6 Wochen
erwartete, nicht persönlich empfangen zu können. „Ich habe ihnen
nicht meine Aufwartung gemacht", heißt es in einem Schreiben an
seinen König, „ich habe sie nicht ins Schloß eingeladen, weil sie nicht
bei Ew. Majestät akkreditiert sind. Meine Vorgänger haben sich
unter den gleichen Umständen ebenso verhalten. Wir haben uns nicht
anmerken lassen, daß wir von der Anwesenheit des Zaren wußten.
Von seiner Begleitung wagt bei Todesstrafe niemand darüber zu
sprechen." Obgleich Peter angeblich inkognito reiste, war er ge-
kränkt, wenn man ihm nicht die königlichen Ehrenbezeigungen erwies. Die Ärgerlichkeiten nahmen bald noch zu: „Die Russen klettern
auf die erhöhten Punkte, um deren Lage festzustellen, sie steigen in
die Gräben hinunter, um deren Tiefe zu erforschen, und zeichnen
sogar die Hauptschanzwerke ab", schrieb Dahlbergh später an
Karl XII. Dem Gouverneur riß die Geduld: Er verbot den Russen
den Zutritt zur Zitadelle. Zudem gab es Streitereien über die Rech-
nungen, die Anzahl der Schiffe und der Männer der Eskorte, und
schließlich Beleidigungen. Der Zar schwört Rache — er wird Wort
halten. In einem Brief an seinen Freund Winius, dem er an dem Tag,
an dem er Riga verließ, schreibt, läßt er seinem Zorn freien Lauf:
„Wir wurden wie Spitzbuben behandelt und mit blauem Dunst
abgespeist . . ." Auf der Rückseite dieses Schreibens fügte er mit un-
sichtbarer Tinte folgende Informationen an, die allein schon das
Verhalten des Gouverneurs einer Festung rechtfertigen: „Man sagt,
es lägen hier 2780 Soldaten. Wir haben die Stadt und das Schloß
visitiert. Es sind da Soldaten an 5 Stellen; insgesamt weniger als

1000 ... Die Stadt ist gut befestigt, aber der Festungsgürtel nicht fertiggestellt." Fürst Kasimir von Kurland, ein Freund Leforts, nahm am 14. April 1697 in Mitau die Große Gesandtschaft so gastfreundlich auf, daß sie ihm Säbel mit eingelegten Edelsteinen und Pelze im Wert von 20 000 Talern zum Geschenk machte. Der Zar wandte sich sodann mit dem Fürsten von Imeretien und Menschikow nach Libau und gelangte zu Schiff nach Königsberg, wohin seine Leute auf dem Landwege reisten. Kurfürst Friedrich III. von Brandenburg — der zukünftige König Friedrich I. in Preußen — empfing die Gesandtschaft mit fürstlichem Prunk. Dennoch weigerte sich der Generaladmiral Lefort, ihm die Hand zu küssen, und betonte, daß die kostbaren Pelze, die man ihm schenken werde, nicht zu Füßen des Fürsten niedergelegt würden, damit man darin nicht eine Tributleistung sehen könne. Peter konferierte des öfteren mit dem Kurfürsten, er fand ihn so sympathisch, daß er ihm zu Ehren die Trommel schlug und die Trompete blies. Von seinem ausgedehnten Besuch nahm er folgendes Zeugnis des Obersten von Sternfeld mit, der ihm einige Unterrichtsstunden in der Pyrotechnik erteilt hatte: „An alle, ob Große oder Kleine, welche Stellung und Macht sie auch haben mögen, richten wir ergeben, freundschaftlich, inständig, untertänigst und wärmstens die Aufforderung, Peter Michailow als vollkommenen Bombardier, kenntnisreichen und vorsichtigen Feuerwerker zu empfangen und anzuerkennen."

„Der vollkommene Bombardier", der in seinen Heften Notizen über Ballistik, Pulver und Kaliber der Waffen macht, beträgt sich manchmal recht seltsam: Er hält auf der Straße eine Dame, die eine Uhr an ihrer Corsage trägt, an, sieht nach der Zeit und entfernt sich, ohne einen Ton von sich zu geben; er reißt einem Zeremonienmeister die Perücke vom Kopf; er verlangt, daß man einen Diener schlägt, weil er einen Teller fallen ließ; mit Fußtritten werden 2 Würdenträger des Kurfürsten traktiert, die ihm eine Antwort überbringen, die ihm mißfällt. An einem Abend ausgelassener Zecherei stürzt er sich auf Lefort, um ihn zu ermorden; man kann ihn im letzten Augenblick noch daran hindern; am folgenden Tag überschüttet er seinen Admiral mit Küssen ... Der überkorrekte Kurfürst war bestürzt über dieses eigentümliche Benehmen. Er zeigte sich trotzdem seinem Gast gegenüber von der freundlichen Seite, denn er hoffte, mit ihm ein Verteidigungsbündnis gegen Schweden zu schließen. Peter, von der Frage der polnischen Thronfolge völlig in Anspruch genommen, entzog sich dieser Aufforderung.

Zahlreich waren die Anwärter auf die Krone der Jagellonen: Prinz Conti, Kurfürst Friedrich August von Sachsen, der Sohn Jans III., Sobieski, der Markgraf von Baden, ein österreichischer Erzherzog, der Palatin Opalinski, der Neffe des Papstes, Fürst Odeschalchi. Der Gesandte Frankreichs in Warschau, Abbé de Polignac, stellte Polen die Rückgabe der Feste Kamenz und Podoliens in Aussicht, und die Zahlung einer Summe von 6 Millionen, wenn Conti gewählt würde. Der Kardinal-Primas, Erzbischof von Posen, sowie zahlreiche Deputierte des polnischen Adels standen auf seiner Seite. Peter, der sich zuerst für Jakob Sobieski ausgesprochen hatte, entschloß sich nunmehr für die Kandidatur des Kurfürsten. „Lieber sehe ich den Teufel auf diesem Thron als Conti", sagte er wiederholt. Er sandte dem polnischen Reichstag einen Brief, in dem er ihn darüber in Kenntnis setzte, daß „die Wahl eines Prinzen aus dem Hause Bourbon, das den Türken freundlich gesinnt sei, ihm als Bruch der Abmachungen der Allianz erscheine, die den Verbündeten (dem Reich, Polen, Venedig und Rußland) jeden Separatfrieden mit dem gemeinsamen Feind (den Türken) untersage". Um jeden Zweifel über seine Absichten auszuschließen, beorderte er eine Armee an die polnisch-litauische Grenze und blieb 3 Wochen in Pillau, „um zu hören, wie die polnischen Angelegenheiten im Hinblick auf den Kurfürsten verlaufen werden[3]".

Der Kardinal-Primas rief am 27. Juni nach einer stürmischen Sitzung den Prinzen Conti zum König von Polen aus, während der Bischof von Kujavien die Wahl Friedrich Augusts von Sachsen als allein gültig erklärte, der, nachdem er dem Luthertum abgeschworen hatte, zum katholischen Glauben übergetreten war. Friedrich August bemächtigte sich Krakaus und warf mit Leichtigkeit die am 8. November in Polen eingetroffenen 300 Mann des Prinzen Conti zurück, der, nach der Veröffentlichung eines sehr würdevollen Manifestes, nach Frankreich zurückkehrte. Der Zar hatte die Partie gewonnen.

Die Aufmerksamkeit Europas war auf diese Thronfolge, auf den zu Rijswijk versammelten Friedenskongreß gerichtet und nicht auf den Krieg gegen die Ungläubigen. Die Reise des Zaren verlief fast unbemerkt. Die Holländer fragten sich denn auch, welches wohl ihr wahrer Grund sei, liefen doch die seltsamsten Gerüchte um: Es hieß sogar, der Zar wolle „die Religion wechseln oder zumindest eine Vereinigung der Kirchen herbeiführen[4]".

Ende Juli setzte die Große Gesandtschaft ihre Reise in Richtung Holland, ohne Aufenthalt in Berlin, fort. Die 3 Gesandten und Peter Michailow fuhren über Hamburg und Lübeck; die Suite nahm ihren Weg über Minden und Cleve. In Kloppenburg wurde der Zar von der Kurfürstin Sophie von Hannover und ihrer Tochter, der Kurfürstin von Brandenburg (der zukünftigen Königin Sophie Charlotte von Preußen), zum Abendessen eingeladen. Die faltige, verblühte Fürstin-Mutter hatte ihre vielen Zahnlücken durch schlecht haftendes Wachs ersetzt. Die 29jährige Sophie Charlotte, hübsch, kultiviert und geistreich, hatte sich während eines langen Aufenthalts am Hof von Versailles französische Bildung angeeignet; freigebig zeigt sie ihren üppigen Busen, den ihre Mutter sorgfältig verhüllt. Von Königsberg aus hatte ihr Gemahl sie über den Besuch Peters I. unterrichtet und damit die Neugier der Kurfürstin und ihres Schützlings Leibniz erregt. Zuerst machte der Zar allerlei Umstände, schließlich nahm er aber die Einladung der Fürstinnen an. Anfänglich war er – zwischen ihnen beiden sitzend – befangen. Er sagte: „Ich kann nicht sprechen." Dann wurde er, von ihrem Charme bestrickt, munter und aufgeräumt, ließ Musikanten kommen, schenkte jedem der Anwesenden zu trinken ein und tanzte bis zum Morgengrauen. Sophie Charlotte stellte fest: „Wenn er auch keine Lehrer gehabt hat, um anständig essen zu lernen, so hat er doch eine natürliche Art, einen lebendigen Geist." Beim Tanzen hatte er die Fischbeinstäbe der Korsetts der Damen mit seinen Fingern befühlt und wunderte sich, daß „die deutschen Frauen so widerwärtig harte Knochen haben". Die Kurfürstin von Brandenburg fand die Physiognomie des Zaren sehr schön; hingegen hätte sie es gerne gesehen, wenn sein „Gebaren" ein bißchen weniger ungehobelt gewesen wäre, denn er hatte sie die Schwielen an seinen Händen betasten lassen, was nach Ansicht der Fürstin nicht gerade ein unbedingter Beweis adeliger Herkunft sei. „Er ist zugleich sehr gutmütig und sehr bösartig", schreibt sie, „er hat ganz den Charakter seines Volkes. Wenn er eine bessere Erziehung gehabt hätte, wäre er ein wahrer Fürst: Er hat viele Vorzüge." Die 4 Zobelpelze und die 3 Damaststücke, die der Zar zur Erinnerung hinterläßt, sind unglücklicherweise so klein, daß Sophie Charlotte „daraus nur Sesselbezüge machen kann".

Am 13. August sandte Leibniz aus Hannover an den jungen Lefort den Stammbaum des Zaren und bat ihn um Auskünfte über die verwandtschaftlichen Beziehungen zwischen der regierenden Familie und dem Adel. Er fügte hinzu: „Die Kurfürstinnen fanden die Moskowiter weit angenehmer, als man erwartet hatte . . . Ich hörte die beiden hohen Damen gegenüber dem Herrn Kurfürsten und seinen beiden Brüdern, den Herzögen, ihre Gefühle der Bewunderung zum Ausdruck bringen . . . Die Kurfürstinnen berichten um die Wette die eines Geistesheroen würdigen, schlagfertigen Antworten und Sentenzen, die sie gehört haben . . ."

*

Am Abend des 16. August 1697 kam Peter mit Menschikow, 4 Bojaren und 1 Dolmetscher in Amsterdam an. Ohne eine Sekunde zu verlieren, mietete er ein Boot, das ihn im Morgengrauen nach Zaandam brachte, dem von seinen Freunden Brandt, Meetje und dem Kapitän Musch gerühmten Hafen. Bemerkenswert an diesem bescheidenen Städtchen von einigen 1000 Einwohnern, 10 Kilometer von Amsterdam entfernt, war der Verkehr auf dem Kanal, der es mit dem Meer verband. Seine Werften, die 300 im Bau oder in Reparatur befindlichen Schiffe, die 500 Mühlen, die Walfischtransiedereien, die Uhren- und Kompaßfabrikation und der rege Handel. Der Zar sah hier Gerrit Kist wieder, der Schmied in Woronesh gewesen war. Er mietete für 7 Gulden eine Hütte, die aus 2 Zimmern und 1 Dachkammer bestand[5]. Hier schlief er auf einem armseligen Bett, in einer Art zweitürigem Schrank, und bereitete sich selbst seine Mahlzeiten auf dem offenen Kamin zu. Gleich bei seiner Ankunft kaufte er für sich und seine Begleiter Bauerngewänder und

Zimmermannswerkzeug. „Meister Peter (Peterbas)", der Zimmermann Peter aus Zaandam, nahm Arbeit auf einer Werft an und betätigte sich dort mit Feuereifer. Im kragenlosen, auf der Brust geknöpften Rock, mit einfachen Kniehosen, einem kegelförmigen Filzhut besuchte er Sägewerke, Seilereien, Öl- und Papiermühlen, Fabriken und Läden; er probierte Maschinen, Kompasse, Sextanten, Fernrohre aus und stellte 1000 Fragen. Eines Tages segelte er mit seiner kleinen Jacht am frühen Morgen auf dem Zaan-Flüßchen. Seine Anwesenheit wurde alsbald publik. Ein gewisser Cornelis Albertzoon Black trat so nahe an ihn heran, daß der Zar ihm eine schallende Ohrfeige verpaßte. „Bravo! Nun bist du zum Ritter geschlagen!" riefen ihm die Umstehenden zu. Sollte Peter etwa gerade damals „mit dem Bauernmädchen zusammen gewesen sein, die ganz nach seinem Geschmack war und mit der er — nach dem Vorbild des Herkules — auf dem Wasser der Liebe huldigte[6]"?

Meister Peter leerte mit den Seeleuten manchen Humpen Bier, nahm von einem alten Frauchen einen Schluck Wacholder, speiste mit einem Matrosen zu Abend und schloß in einer Kneipe den Kauf einer Jacht ab. Ein ärgerlicher Zwischenfall unterbrach dieses Idyll: Mit seinem Hut voller Pflaumen auf dem Heimweg, wird er von einer Bande Schuljungen verfolgt, die ihn für einen Obstdieb halten und mit Steinen nach ihm werfen. Die Neugier der Holländer, die in Haufen herbeiströmen, um ihn bei der Arbeit auf der Werft zu sehen, oder seine Jacht umlagerten, geht ihm auf die Nerven: Nach 8 Tagen — nicht etwa nach Monaten, wie Voltaire schreibt — verläßt er fluchtartig die kleine Stadt.

Kurz darauf hielt die Große Gesandtschaft ihren feierlichen Einzug in Amsterdam. Peter Michailow glaubte, im letzten Wagen sitzend und sehr einfach gekleidet, unerkannt zu bleiben: Sein Inkognito war längst ein öffentliches Geheimnis[7]. Eine unabsehbare Menge wohnte dem Defilee des Zuges bei, der sich in folgender Weise gruppierte:

Eine Schwadron von jungen Freiwilligen der Stadt, die mit allergrößter Pracht ausstaffiert waren;

Trompeter;

4 mit Pfeil und Bogen bewaffnete Tataren;

14 russische Edelleute und 16 Pagen zu Pferde;

die 3 Gesandten in Staatskarossen, begleitet von 24 Heiducken in slavonischer Tracht mit silbernen Streitäxten und edelsteinbesetzten Krummsäbeln;

ein langer Zug mit Hoflakaien in scharlachroten, silbergestickten Livreen;

städtische Amtsdiener;

mehr als 50 prächtige Equipagen.

Die langen, mit Perlen oder wertvollen Pelzen besetzten Röcke der Adeligen sind aus Goldgewebe, die hohen Bärenmützen, die von Gold und Edelsteinen funkelnden Waffen erfüllten die Zuschauer mit Bewunderung. Eine üppige Kollation in dem wunderschönen Rathaus, Diners mit unzähligen Gängen, Empfänge der verschiedenen Kollegien, Feuerwerke folgten den Stadtbesuchen. Der weithin für seine Arbeiten über die Schiffsbaukunst bekannte Bürgermeister und Gönner Nikolas Witsen gedachte in Dankbarkeit Alexejs I., der ihn anläßlich einer Gesandtschaftsmission auf das trefflichste in Moskau aufgenommen hatte. Daher war er auch der großzügigste Gastgeber und der zuverlässigste Berater Peters I.

„Piter Timmermann" — so nennt sich der Zar neuerdings — nahm bald Wohnung im Hause eines Werkmeisters in Oostenburg und arbeitete als einfacher Arbeiter auf den Werften der Ostindischen Kompagnie. Ohne sein Wissen kamen der Herzog von Marlborough und der Graf von Portland, J. W. Bentinck, um ihm beim Hantieren mit dem Beil, der Axt, dem Stemmeisen und Dachsbeil, beim Transport eines Balkens zuzusehen. Am 5. Januar 1698 erhält er folgendes Zeugnis von seinem Arbeitgeber Gerrik Klaas Pool: „Piter hat sich als guter und geschickter Arbeiter beim Bau der Fregatte ‚Peter und Paul' erwiesen. Er hat von Grund auf die Schiffsbaukunst studiert und sich als geeignet für die Ausübung dieser Künste gezeigt."

Der Zar aller Reußen war somit in der Lage, den Unterhalt für seine Familie als Zimmermann zu verdienen! Er nahm Stunden bei den besten Kennern der Astronomie, Mathematik, der Naturwissenschaften, Zoologie, Botanik, Kartographie und der Kupferstecherkunst; er besichtigte Kirchen, Hospitäler, Fabriken und Werkstätten; begeistert verfolgte er eine von Vizeadmiral Gilles Schey, den er vergeblich zum Eintritt in seine Marine zu bewegen suchte, gelenkte

Seeschlacht. Damit seine Gefährten sich ihrerseits auch Kenntnisse aneignen konnten, schickte er Menschikow, Kurakin, Alexander Naryschkin und Gabriel Golowkin zum Arbeiten zu verschiedenen Handwerkern nach Zaandam; er gab ihnen einen Musiker für die nächtlichen Freuden und einen Priester für die trübseligen Tage mit.

Am 24. September 1697 wurde der Zar von Bürgermeister Witsen und 2 Würdenträgern zu einer Fahrt nach Den Haag abgeholt, wo die Generalstaaten bereits seit 3 Monaten die Große Gesandtschaft erwarteten. Im blauen, mit Goldtressen besetzten Rock, mit blonder Perücke und einem Hut mit weißem Federschmuck stellte Peter ganz entschieden mehr vor als Piter Timmermann im schmutzigen Arbeitskittel! Als der Wagen eben anfahren will, bedeutet er einem seiner Zwerge, noch einzusteigen; man weist schüchtern darauf hin, daß ja nur 4 Plätze in dem Landauer seien. Was kümmert es ihn: Er nimmt den Zwerg auf die Knie! Während der Fahrt zwickt er den kleinen Mann in die Ohren und die Nase, kitzelt ihn, bringt ihn vor den verdutzten Holländern zu lautem Juchzen. Als er eines hübschen Landhauses ansichtig wird, will er es besichtigen, verlangt aber, daß die Besitzer es vorher räumen, denn er will die Wohnung sehen und nicht die Bewohner. Er wünscht, daß man Harlem umgeht; da es sich nicht machen läßt, versteckt er sein Gesicht während der Stadtdurchfahrt. Um 11 Uhr abends erreicht man Den Haag. Peter schlägt das für ihn vorbereitete Prachtgemach und das mollige Bett aus; er weckt mit Fußtritten einen Kosaken, der in einem Zimmerchen auf einem Tierfell liegt. „Hier will ich schlafen", sagt er. Die Abgeordneten der Generalstaaten ziehen sich höchst befremdet von so schlechten Manieren zurück.

Pierre Lefort, Sekretär der Großen Gesandtschaft, ging zur Begrüßung der außerordentlichen Gesandten, die als Vertreter des Kaiserreichs, Großbritanniens, der Niederlande, Schwedens, Spaniens, des Herzogs von Savoyen und der Kurfürsten von Brandenburg und Sachsen in Rijswijk versammelt waren, um dem Krieg des Augsburger Bundes eine Ende zu setzen. Er übersah geflissentlich die Gesandten Ludwigs XIV., weil das Bündnis zwischen Frankreich und der Türkei noch bestand, und schenkte den weniger bedeutenden Kurfürsten keine Beachtung, „da sie ja im Vergleich zu denjenigen von Sachsen und Brandenburg keine Rolle spielen . . .[8]".

Am 5. Oktober 1697 wurde die Große Gesandtschaft in feierlicher Audienz von den Generalstaaten empfangen. Lefort war in pelzgefütterter Toga aus Goldstoff erschienen; Golowin und Wosnizyn, in Gewändern aus schwarzem Samt und Satin mit Goldeinfassungen, trugen auf der Brust ein Medaillon mit dem Porträt Peters I. und auf dem Rücken den reichgestickten Doppeladler. Die 3 Gesandten schritten auf die 48 Mitglieder der Generalstaaten zu, die um einen langen Tisch, auf dem eine grüne Decke lag, standen. Golowin hielt eine Ansprache auf russisch, die ein Dolmetscher übersetzte; seine Stimme klang wie bei einer Proklamation, als er — so war es üblich — feierlich die vielen Titel des Zaren aufzählte; er begrüßte die Generalstaaten, wünschte ihnen viel Glück, versicherte sie der Freundschaft Seiner Majestät des Zaren, erinnerte an den Krieg gegen die Ungläubigen, die von Peter I. errungenen Erfolge, insbesondere an die Eroberung von Asow; am Schluß sprach er den Wunsch aus, später einige Vorschläge machen zu dürfen. Nach kurzen Begrüßungsworten überreichte Lefort den Generalstaaten 600 Paar besonders schöne Zobelfelle als Geschenk. Die Audienz war beendet; die 3 Gesandten kehrten wieder zu ihrer Suite zurück.

Peter sah nichts von dieser glänzenden Zeremonie. Da er eigensinnig auf einem Inkognito bestand, das niemanden mehr täuschen konnte, hatte er sich in einen an den Audienzsaal anstoßenden Raum führen lassen, um unbemerkt dem Schauspiel beiwohnen zu können. Über die Verspätung des Einzuges regte er sich so auf, daß er wieder gehen wollte. Da es aber keinen anderen Ausgang als den über die Treveskammer gab, äußerte er den Wunsch, die Mitglieder der Generalstaaten möchten sich zur Wand kehren, während er hinausging; die Abgeordneten gaben zur Antwort, die Etikette verbiete es ihnen, einem regierenden Herrscher den Rücken zuzuwenden. Als der Zar eintrat, erhoben sie sich; er zog die Perücke über das Gesicht, lief mit langen Schritten durch den Saal und erreichte den Ausgang . . .

Die Vorschläge der Großen Gesandtschaft wurden mit den Delegierten der Generalstaaten besprochen. Sie betrafen die niederländische Unterstützung Rußlands gegen die Türken, die polnischen Angele-

genheiten und die Nutzung des Hafens Archangelsk. Als die Abordnung der Generalstaaten die Große Gesandtschaft aufforderte, ihre Vorschläge schriftlich abzufassen, weigerten sich die Russen. Der Zar besichtigte an den folgenden Tagen größere Kriegsschiffe auf Texel, wohnte der Rückkehr der Walfischfänger aus Grönland bei und begab sich nach Delft und Leyden. Dort, von einer plötzlichen Leidenschaft für die Anatomie, die Chirurgie und die Zahnheilkunde gepackt, war er bei den Vorlesungen von Professor Ruijsch, bei Operationen und Sektionen zugegen. Eines Tages soll er im Anatomie-Saal („Theatrum anatomicum") bemerkt haben, daß zwei seiner Bojaren Abscheu vor einer Leiche zeigten, deren Arterien man zum Konservieren herauspräpariert hatte. Es heißt, er habe darauf seinen Leuten befohlen, mit den Zähnen einen Muskel aus dem Leichnam herauszureißen. Das dürfte jedoch eine Legende sein ... Der Herrscher begnügte sich nicht allein damit, bei den Operationen zuzusehen: Er legte selbst Hand an. Obgleich man ihm keine Approbation ausgestellt hatte, führte er von nun an ein kleines chirurgisches Besteck bei sich — neben seinem Notizbuch und einem Zirkelkasten. Wehe dem, der über Schmerzen in seiner Backe klagte: Peter I. packt ihn, reißt den kranken (oder den danebenstehenden) Zahn heraus — und ein Stückchen Fleisch dazu! Nicht genug damit: In Moskau operierte er eine Frau, die die Wassersucht hatte; die Patientin starb kurz danach; der Zar — der es ihr nicht weiter übelnahm — war bei ihrem Begräbnis zugegen ...
Die Große Gesandtschaft verließ nach einer Abschiedsaudienz am 28. Oktober Den Haag und kehrte nach Amsterdam zurück, wo Peter seine Arbeit als Zimmermann wieder aufnahm. Diese grobe Betätigung schien aber sein Temperament in keiner Weise zu zügeln, denn er verprügelte die Domestiken wegen irgendwelcher Lappalien, warf Neugierigen leere Flaschen an den Kopf und sah sich aus der Nähe die Hinrichtung zweier Mörder an. Sein überschäumender Tatendrang hinderte ihn nicht daran, an den zahlreichen Festen seines Gefolges teilzunehmen. Am 6. Dezember gab Lefort dem Bürgermeister ein Essen von seltener Prachtentfaltung, zu Ehren eines Sieges der Russen über die Türken. Bei dieser Gelegenheit lüftete der Zar sein Inkognito. Am 21. wurde das in Genf übliche Fest zur

Erinnerung an den Versuch des Herzogs von Savoyen, die Stadt zu
erstürmen, von der Großen Gesandtschaft glanzvoll begangen. Diese
Liebesmähler waren von übermäßigen Trankopfern begleitet, über
die Pierre Lefort schreibt: „Für diese Nation muß man viel Nachsicht aufbringen und sehr leiden ..." Wird dieses schlechte Beispiel
Schule machen? Als der Bruder und 2 Neffen des Generals mit ihrem
illustren Verwandten in Amsterdam wieder zusammentreffen, „erweisen sie Bacchus mehr Ehre, als es Söhnen der Stadt Calvins an-
steht ...⁹".
Peter bekamen diese Orgien glänzend. „Er scheint munter, lebhaft
und stets guter Dinge bei allen seinen Unternehmungen; alles deutet
auf eine Schaffensperiode, in der ihm alles zu gelingen scheint"
(Noomen). Diese Vitalität, diese Spontanität äußerten sich, als die
Ostindische Kompagnie ihm die „Amsterdam", das Schiff, an dem
er mitgearbeitet hatte, zum Geschenk machte, worauf der Zar-Zim-
mermann dem Bürgermeister um den Hals fiel. Ebenso bewegt zeigte
er sich, als er Lefort verließ, um nach England zu gehen; einer der
Brüder des Generals vermerkte darüber: „Der Herrscher umarmte
ihn zu verschiedenen Malen bei einem Essen, das er allen moskowitischen Gesandten gab; als er am folgenden Tage gerade die
Kutsche besteigen wollte, ging er wieder in sein Arbeitszimmer ...
Sie umarmten sich noch einmal so innig, daß beide in Gegenwart
verschiedener Personen Tränen vergossen¹⁰." Bürgermeister Witsen
versichert, „niemals etwas Ergreifenderes gesehen zu haben".
Peter hatte, nachdem er davon unterrichtet worden war, daß die
Schiffsbaukunst in England weiter fortgeschritten sei als in Holland,
den Wunsch geäußert, sich dorthin zu begeben. Wilhelm III., der
mit ihm in Utrecht und Den Haag zusammengetroffen war, hatte
ihn eingeladen und seine königliche Jacht, begleitet von 3 Kriegsschiffen, die unter dem Kommando des Vizeadmirals Mitchell standen, gesandt.
Da die Große Gesandtschaft in Amsterdam zurückblieb, ging er nur
in Begleitung von Menschikow und einigen Edelleuten am 18. Januar
1698 in Hellevoetshuis an Bord. In dem schönen Palais in der
Buckingham Street Nr. 15 vertauschte er das für ihn bestimmte
Prunkgemach mit einem kleinen Raum, in dem er mit dreien seiner

Bedienten schlief. Als er dort Wilhelm III. empfing, war die Luft derartig verpestet, daß sein Gast darum bat, trotz der Kälte die Fenster zu öffnen.

Ein paar Tage später erwiderte der Zar den Besuch seines Bruders und Vetters in Kensington. Die Bilder und Kunstschätze des Palastes würdigte er keines Blickes, dafür interessierte er sich um so mehr für einen Windmesser. Er wunderte sich, daß Seine Majestät es nicht vorzog, im Matrosenhospital von Greenwich zu residieren, das ihm der Marquis von Carmarthen gezeigt hat. Gab es einen sympathischeren Führer als diesen adeligen Trunkenbold, der sich keinen Deut um die Etikette scherte? Peter besuchte mit ihm die Akademie der Wissenschaften, wo er „göttliche Dinge" sah, die Universität von Oxford, den Erzbischof von Canterbury, die Schlösser Windsor, Hampton-Court, das Arsenal von Woolwich, den Tower, die Münze, das Observatorium, die Theater, eine Sargfabrik, Werften, eine Kanonengießerei, die Docks und Kaufläden. Er äußerte den Wunsch, unbeobachtet einer Sitzung des Unterhauses beizuwohnen. Man brachte ihn daher auf einem Speicher von Westminster unter; durch ein Guckloch verfolgte er die Debatten über die Grundsteuer. Zu seinem Dolmetscher sagte er: „Es tut wohl, Untertanen freimütig die Wahrheit aussprechen zu hören. Darin sollte man den Engländern nacheifern . . ." Paßt dieser Ausspruch zu den Vorstellungen des unumschränktesten Herrschers der Welt? Wir bezweifeln es.

Lag es an der Wirkung des Gins? Peter I. erwies sich sehr großzügig gegenüber Lord Caermarthen, dem er für 20 000 Pfund das Privileg erteilte, 3000 Fässer Tabak nach Rußland einzuführen. Ein merkwürdiges Geschäft, da ja die orthodoxe Kirche „dieses Gott nicht wohlgefällige, verfluchte und teuflische Kraut" untersagte. Lord Caermarthen äußerte deshalb seine Bedenken gegenüber dem Zaren: Würde der Patriarch Adrian sich nicht dem Verkauf des Teufelszeugs widersetzen? „Glauben Sie, daß ich mir nicht den Gehorsam eines Priesters zu verschaffen wüßte?" entgegnete ihm der Herrscher.

General Lefort, vom Zaren nach London beordert, brachte seinen Bruder Jacques und seinen Neffen Pierre Chauvet mit, zu denen sich bald darauf der junge Advokat Lefort gesellte. Bei dieser Familienversammlung entsteht folgendes lustige Briefchen:

„Hochverehrter Herr und Bruder,
ich werde Ihnen nicht sehr lang schreiben, weil mein Neffe, der
Advokat, Ihr Sohn, es übernehmen wird, über die Unterhaltung zu
berichten, die wir mit meinem Bruder, dem General, wegen meines
Neffen, hatten, der Sekretär seines Bruders ist...[11]."
Wilhelm III. hatte den Bischof Burnet damit beauftragt, den Zaren
zu den Gottesdiensten der verschiedenen Konfessionen zu geleiten und
ihm ihre Glaubenssätze zu erklären. Der ehrenwerte Prälat hielt die
Eindrücke in seinen „Erinnerungen" fest:
„Ich hatte gute Dolmetscher, so daß ich mich mühelos mit Peter I.
verständigen konnte. Er ist ein Mann mit einem gewalttätigen Temperament, der bei der geringfügigsten Kleinigkeit in Zorn gerät und
sich dann nur seinen Leidenschaften überläßt. Dieser aufbrausende
Charakter schöpft überdies neue Kräfte aus dem Schnaps und anderen geistigen Getränken, für die er eine Neigung hat. Er versucht sie
unter Aufbietung aller Kräfte zu bezwingen. Öfter hat er Anfälle
von nervösem Zittern, die vielleicht der Grund dafür sind, daß
er den Kopf zu Boden gesenkt hält und daß sein Gesicht manchmal
konvulsivisch zuckt. Es fehlt ihm nicht an genialen Fähigkeiten, und
er besitzt mehr Kenntnisse, als man von einem Fürsten erwarten
würde, dem eine so rauhe und barbarische Erziehung zuteil wurde.
Der Mangel an Urteil und eine gewisse Unbeständigkeit des Tempe-
raments machen sich bei ihm nur allzu oft und allzu deutlich bemerkbar.
Er hat eine ausgesprochene Vorliebe für das Handwerk. Die Natur
scheint ihn dazu geschaffen zu haben, eher ein guter Zimmermann
als ein bedeutender Fürst zu werden. Sein größtes Vergnügen besteht
darin, mit seinen eigenen Händen zu arbeiten und Zeichnungen von
Schiffen anzufertigen. Er erzählte mir den Plan, eine Flotte bei
Asow zu unterhalten und die Türken auf diesem Wege anzugreifen;
aber er erschien mir zur Ausführung eines Unternehmens von dieser
Tragweite nicht geeignet. Er sprach von dem Wunsch, sich über die
Glaubenswahrheiten unserer Kirche zu unterrichten, aber er schien
mir wenig Lust zu zeigen, irgendwelche Änderungen in der Religion
seines Reiches vorzunehmen. Sein einziger Gedanke war, dort ein
wenig Zivilisation einzuführen, dafür Ausländer heranzuziehen und

den Adel auf Reisen zu schicken. Aber er fürchtete immer die Intrigen seiner Schwester. Sein Gemüt ist eine Mischung aus Zorn und Grausamkeit. Er hat Mut, aber geringe Kenntnis der Kriegskunst; er scheint sogar darauf keinen großen Wert zu legen. Nachdem ich mich lange mit ihm unterhalten habe, konnte ich mich nicht genug über den Ratschluß der Vorsehung wundern, daß sie einen so gewalttätigen Menschen auf eine so hohe Stufe der Macht und der Herrschaft über einen so großen Teil der Menschheit erhoben hat." Peter gefiel es gar nicht in dem eigens für ihn hergerichteten Haus in London. Er blieb dort nicht lange, sondern quartierte sich bei Admiral John Evelyn an der Themse in der Nähe der königlichen Werft von Deptford ein. Freudig nahm er wieder seine Axt und sein Werkzeug zur Hand, machte sich an die Arbeit und unterrichtete sich bei den Ingenieuren, den Schiffsbaumeistern und Seeleuten. „Wäre ich nicht nach England gegangen, so wäre ich nur Zimmermann geblieben", wird er später einmal sagen. In der Kleidung eines Arbeiters, die kurze Pfeife der holländischen Seeleute rauchend, trank er abends Bier in der benachbarten Taverne. In seinem neuen Logis kehrte er das Unterste zuoberst, verwandelte die Bibliothek in einen Schlafsaal, den Salon in ein Eßzimmer, speiste um 3 Uhr morgens zu Mittag, dinierte um 6 Uhr abends. „Manchmal bleibt man zu Hause und amüsiert sich recht gut", schreibt er. Der Besitzer amüsierte sich weniger gut, als er nach dreimonatiger Besetzung in sein Heim zurückkehrte. Die Figuren auf den Bildern erster Meister waren von den Russen als Zielscheiben benutzt worden und von Kugeln durchlöchert, die Fußböden und Wände verunreinigt, Balken und Fensterrahmen angekohlt, die Rasenflächen zerstampft. In dem schönen Haus sah es aus wie nach einer Wirtshausschlägerei. Der Vizeadmiral ließ von der Kriminalpolizei den Tatbestand aufnehmen; die jederzeit höfliche Regierung Seiner Majestät zahlte anstandslos 350 Pfund Sterling Schadenersatz.
Zur Erinnerung an diesen Aufenthalt in England schenkte Wilhelm III. dem Zaren die prächtige Fregatte, die er bei seinen Reisen benutzte, und das aufs genaueste ausgeführte Modell eines Kriegsschiffes mit 120 Kanonen. Der Zar überreichte seinerseits seinem

Gastgeber einen großen Diamanten, der — in ein Stück graues Papier eingewickelt war! Als er Ende April England verließ, geriet er in einen heftigen Sturm. Unerschütterlich lächelnd beruhigte er seine Begleiter: „Hat man je einen Zaren ertrinken sehen?" Am 7. Mai traf er in Amsterdam wieder mit der Großen Gesandtschaft zusammen, nachdem er in London die verschiedenartigsten Eindrücke hinterlassen hatte: Crull lobt „die Offenheit und Umgänglichkeit des Souverains[12]", wohingegen Graf Auersperg, der österreichische Resident, behauptete, man sei „seiner bizarren Einfälle überdrüssig" gewesen. Am 5. Juni verließen die Moskowiter endgültig die Vereinigten Niederlande. „Das Reich und unsere kleine Stadt West-Zaandam sind von der Last dieses so berühmten, so ehrenwerten, so absonderlichen und so beschwerlichen Besuches befreit, erlöst worden", schreibt Noomen. Die Ausgaben waren inzwischen auf 300000 Gulden gestiegen statt der im Budget vorgesehenen 100000.

Nach kurzen Aufenthalten in Leipzig und Dresden, wo der Zar der schönen Aurora von Königsmarck, der Geliebten des Königs August von Polen, seine Bewunderung zollte, hielt die Große Gesandtschaft am 26. Juni feierlichen Einzug in Wien; voran fuhren 60 Staatskarossen der kaiserlichen Würdenträger. Am 18. Juli wurde sie von Leopold I. in Audienz empfangen. In den Reihen seines Gefolges hörte Peter, wie der Kaiser General Lefort gemäß dem Protokoll fragte: „Wie ist das Befinden unseres Vetters, des Zaren aller Reußen, Großrußlands, Kleinrußlands und Weißrußlands?" Der Chef der Mission antwortete ohne Zögern: „Am Tage, da wir Seine Majestät in Moskau verließen, ging es ihm so gut, wie man es nur wünschen kann!" Ein großes Diner folgte auf die Audienz. Hinter Leforts Stuhl stand ein „Volontär", der die 6 Weinsorten vorkostete. Der General bittet den Kaiser um die Erlaubnis, „diesem Freunde" — es ist der Herr über ganz Rußland — zu trinken zu geben. Es ist nicht bekannt, ob der Kaiser für derlei Späße Verständnis hatte.

Die erste Begegnung der beiden Herrscher fand im Schloß Favorit statt. Beeindruckt von der strengen spanischen Etikette, dem Prunk dieses frostigen Hofes geriet der Zar ganz aus der Fassung; er wollte die Hand des Kaisers küssen, zog seinen Hut, setzte ihn wieder auf, nahm ihn abermals ab. Nach einer Viertelstunde, die mit nichtssagenden Redensarten vergangen war, empfahl er sich in übler Laune. Plötzlich entdeckte er auf einem Teich eine venezianische Gondel; sofort waren Zorn und Protokoll vergessen. Glücklich wie ein Schüler beim Verlassen der Schule springt er zum lebhaften Mißvergnügen der österreichischen Kammerherren in den Nachen.

Die weiteren Unterredungen unter 4 Augen mit dem Kaiser waren anscheinend herzlicher, denn General Lefort, der als Dolmetscher fungierte, schreibt: „Nie sah ich so große Offenheit[13]." Der Kaiser löste geistvoll eine von Peter verursachte Schwierigkeit. Der Zar weigerte sich, Ehrengast bei einem offiziellen Bankett zu sein: Leopold bestimmte, daß das Los über die Platzverteilung entscheiden solle!

Peter traf den Prinzen Eugen von Savoyen, er machte der Kaiserin, den Prinzessinnen einen Besuch und zeigte sich von der liebenswürdigsten Seite. Als friesischer Bauer nahm er an der Seite des Kaisers, der als Schankwirt verkleidet war, an einem Kostümball teil. Seinerseits wartete er mit einem großen Diner auf, bei dem mit Wein nicht gespart wurde. „Es wurde viel getrunken, und mehrere Paare haben in den Gärten Hochzeit gehalten", schreibt „Piter" an seinen Vertrauten Winius. Nach Ansicht des venezianischen Gesandten hat der Zar Beweise ungewöhnlicher Fähigkeiten gegeben und Interesse für Sitten und Gebräuche und die politischen Institutionen gezeigt[14]. Der päpstliche Nuntius berichtet, Peter verfüge über umfassende Kenntnisse in Geschichte und Geographie und sei sehr lernbeflissen, vor allem, was das Handwerk betreffe.

Die von den 3 Gesandten mit dem Kanzler Kinsky eingeleiteten Verhandlungen über den Krieg gegen die Ungläubigen enthüllten eine weitgehende Uneinigkeit: Leopold I. wollte den Frieden um jeden Preis, Peter beabsichtigte, die Feindseligkeiten fortzusetzen. Als der Zar die Nutzlosigkeit der Verhandlungen feststellte, machte er sich zur Abfahrt nach Venedig bereit, wo er den Bau von Galeeren studieren, das berühmte Zeughaus besuchen und, wenn möglich, ein neues Bündnis mit der Signoria gegen die Türken schließen wollte. Schon waren die Packwagen beladen, da langte ein erschöpfter Kurier an, der 20 Pferde zuschanden geritten hatte. Er brachte

eine höchst eilige Botschaft aus Moskau nach Wien: Die an den
litauischen Grenzen kantonierten Strelizen haben sich erhoben und
marschieren auf die Hauptstadt zu ... Die Strelizen! Schon wieder!
Immer die Strelizen! Rasend vor Wut läßt der Zar seine Große
Gesandtschaft da, wo sie ist, sagt seinen Besuch in Venedig ab, wirft
sich mit Lefort, Golowin, Menschikow und Schafirow in einen leichten Wagen und jagt in Tag- und Nachtfahrten nach Rußland, flankiert von einer Eskorte von 30 Reitern. Weh' den Strelizen ...!
Während dieser 18monatigen Reise hatte Peter Tag für Tag die
Vorgänge in Rußland verfolgt, ganz besonders den Bau der Flotte,
die Errichtung der Befestigungen in Asow und Taganrog, die Operationen gegen die Türken, die Truppenbewegungen und die Ereignisse in Polen. Während er sich einige Jahre früher, zur Zeit des
Spiel-Krieges, überhaupt nicht für die Staatsgeschäfte interessiert
hatte, will Peter nun alles wissen; er stellt tausend Fragen an Romodanowskij, den er beharrlich „Min Her Kenih" nennt, obwohl er ihn
als „Säufer" und „wildes Tier" tituliert. Er schreibt ihm oft nachts
und entschuldigt sich für eine Verzögerung, die durch die Feste zu
Bacchus' Ehren entstanden war.
Die Reise der Großen Gesandtschaft hatte Rußland etwa 3 Millionen
Rubel gekostet, eine erhebliche Summe für diese Epoche. Haben die
Endergebnisse eine derartige Ausgabe, eine so offenkundige Verletzung alles Herkömmlichen gerechtfertigt? Versuchen wir die Bilanz
des Unternehmens aufzustellen. Das eigentliche politische Ziel der
Mission war „die Festigung der alten Bündnisse und der Freundschaft sowie die Schwächung der Feinde des Christentums: des türkischen Sultans, des Krim-Khans und aller Horden von Ungläubigen. Peter hatte sich außerdem vorgenommen, in Holland eine
Kriegsflotte aufzustellen, um ungehindert das Schwarze und Asow-
sche Meer zu befahren. Nun schien aber Leopold I., der wie Ludwig XIV. mit einer Infantin verheiratet und daher an der spanischen
Erbfolge in höchstem Maß interessiert war, fest entschlossen, mit der
Hohen Pforte zu verhandeln, um über seine gesamten Streitkräfte
verfügen zu können; Friedensverhandlungen waren bereits im Gange.
Die Generalstaaten wiederum hatten nach mühsamen Verhandlungen schließlich die Finanzierung, die Ausrüstung der vom Zaren er-

betenen 70 Kriegsschiffe und 100 Galeeren abgelehnt. Sie hatten sich darauf berufen, daß sie am Ende eines 8 Jahre währenden Krieges gegen Frankreich kein Geld hätten und ihre Flotte wieder aufbauen müßten. Außerdem wollten sie nicht ihren Handel mit der Levante aufs Spiel setzen. Sie hüteten sich wohl, den Gesandten zu sagen, daß sie, zusammen mit Wilhelm III., als Vermittler zwischen Kaiser und Sultan tätig waren.

Dem Zaren war es auf der anderen Seite gelungen, August den Starken Polen als König aufzudrängen und damit den Prinzen Conti, den Kandidaten Frankreichs, das mit den Türken und Schweden verbündet war, zu vertreiben. Er hatte Polen dem französischen Einfluß entzogen und bereitete ein Bündnis mit ihm gegen Karl XII. vor. Es war ein diplomatischer Sieg über die Abgesandten Ludwigs XIV., Monsieur de Forval und Abbé de Polignac. Außerdem hatte Peter persönliche Beziehungen angeknüpft mit dem König von England, dem römischen Kaiser, den Generalstaaten, den Kurfürsten von Brandenburg und Hannover. Seine Gesandten hatten Kontakt mit den meisten der in Rijswijk anwesenden Delegationen aufgenommen.

Diese Reise sollte eine ganz unerwartete politische Folge haben, deren Bedeutung für Rußland und ganz Europa unabsehbar war: Sie brachte den Zaren von der Fortsetzung des türkischen Krieges ab und trieb ihn gegen Schweden. Der angeblich unfreundliche Empfang durch die Schweden in Riga, die freundschaftlichen Gespräche mit dem zukünftigen König in Preußen, die Absage seiner Verbündeten im Kriege gegen die Türkei, der Kongreß von Rijswijk, die herzlichen Begegnungen mit August dem Starken sollten eine völlige Umgestaltung der Außenpolitik Rußlands bewirken. War der Zar mit dem Vorsatz, den Krieg gegen die Ungläubigen zu schüren, nach Europa gereist, so kehrte er, überzeugt vom Ende der Heiligen Liga, von der Unmöglichkeit, die Kampfhandlungen fortzusetzen, zurück. Bald wandte er seine Aufmerksamkeit vom Schwarzen und Asowschen Meer und Konstantinopel ab, um sie auf die Ostsee zu richten.

Der andere Zweck der Reise — sich der Mithilfe von Spezialisten zu versichern und Material einzukaufen — wurde in vollem Umfang erreicht. Mit dem Einverständnis der Generalstaaten und des Königs

von England hatte die Große Gesandtschaft Hunderte von Personen
angeworben: Seeoffiziere, Ingenieure, Mathematiker, Wundärzte,
Schiffszeichner, Zimmerleute, Matrosen, Handwerker und Arbeiter.
In England hatte Peter den Admiral Cornelius Cruys, der von Vizeadmiral Gilles Schey empfohlen worden war, eingestellt; er hatte
Fergusson in seine Dienste genommen, der eine Marineschule in
Moskau leitete, den Kapitän Perry für den Bau von Kanälen, den
Kapitän Villebois, Kommodore, Lotsen und geschickte Spezialisten.
640 Europäer werden sich nach Rußland einschiffen, zusammen mit
260 Kisten — gezeichnet P. M. (Peter Michailow) —, die die seltsamsten Gegenstände enthalten: Instrumente, Webstühle, Stoffe, Werkzeug, 3 Särge, Bibeln, ein ausgestopftes Krokodil und die Verleihungs-
urkunde eines Doctor honoris causa, die Peter von der Universität
Oxford überreicht worden war.
Der Zar hatte dem Rat der Bojaren erklärt, daß er zu seiner Unter-
richtung nach Europa gehe. Er wird später in der Einleitung zum
Seereglement schreiben, daß er sich nach Holland und England begeben habe, „um auf den Werften zu arbeiten und seinen Untergebenen nicht nachzustehen". Er hielt Wort und erweiterte seine
technischen Kenntnisse, vor allem im Schiffsbau: Er hat 6 Monate
auf den Werften verbracht, das heißt ein Drittel seines gesamten
Aufenthalts im Ausland. Wenn man auch nicht alle Zeugnisse ernst
nehmen kann, die ihm nach einigen Unterrichtsstunden oder Arbeits-
wochen ausgestellt wurden, so muß man doch dasjenige des geschickten Zimmermannes als gültig anerkennen. Auch seine Begleiter haben
gelernt, mit ihren eigenen Händen zu arbeiten. Und vor allem haben
diese 260 Männer ein und ein halbes Jahr lang im Westen gelebt;
dieser Kontakt hat ihnen neue Aussichten eröffnet. Zu Dutzenden
werden junge Russen zum Studium der Fortifikationslehre nach Wien
und Venedig gehen, nach Holland und nach England, um die Schiffsbaukunst zu erlernen. So hat sich der Eiserne Vorhang, der Rußland
von Europa trennte, wenigstens teilweise gehoben.
Abschließend kann man sagen, daß die Große Gesandtschaft — obwohl sie nicht alle von Peter I. gesteckten Ziele erreichte — doch
nützliche Arbeit geleistet hat. Als gewagtes, ja fast revolutionäres
Unternehmen schloß sie mit einem günstigen Ergebnis ab.

DIE STRELIZEN-REVOLTE
1698–1699

Die Seele gehört Gott, der Rücken dem Herrn, der Kopf dem Zaren.

Die Stute tat dem Wolf leid: er hat den Schwanz und die Mähne übriggelassen.   Russische Sprichwörter

Wen es nach Herrschaft gelüstet, verdient kein Erbarmen.
Elisabeth I.

Isabelle: Hé! Monsieur! Peut-on voir souffrir les malheureux? ...
Dandin: Bon! Cela fait toujours passer une heure ou deux! ...
Racine, Les Plaideurs

Im Mai 1698, als Peter I. gerade aus London nach Amsterdam zurückgekehrt war, hatte er von Fürst Romodanowskij einen Brief mit dem Datum vom 8. April erhalten, der ihn davon in Kenntnis setzte, daß 175 Strelizen desertiert seien und ein Gesuch nach Moskau gebracht hätten, in dem sie die Abberufung ihrer Einheiten von den Grenzen verlangten; man hatte sie kurzerhand wieder zurückgeschickt. In der Annahme, daß es Romodanowskij an Entschlossenheit gefehlt habe, erteilte ihm der Zar folgende Ermahnung:
„Sie berichten mir von dem Strelizen-Aufruhr und sagen mir, daß die regulären Truppen Ihrer Befehlsgewalt gehorchen und treu zur Fahne stehen. Wir freuen uns darüber, über Dich aber bin ich betrübt und verärgert. Warum hast Du nicht eine Untersuchung veranlaßt? Möge Gott Dich richten! Dies ist wohl nicht ganz das, was wir im Hause vor der Stadt vereinbart haben. Glauben Sie denn, ich sei verloren, weil die Post verspätet eintrifft; Sie haben Angst, und Sie wagen nichts zu unternehmen. Gottlob ist keiner tot, wir sind alle am Leben! Woher diese Weiberängste? Ist man etwa weniger lebendig, weil ein Brief verlorengeht? Ich erwarte nichts Gutes von solcher Feigheit. Verzeih, ärgere Dich nicht, aber ich schreibe mit wundem Herzen ..."

In Krakau erhielt der Zar beruhigende Bulletins: Der Aufstand war niedergeschlagen, Moskau außer Gefahr. Obwohl er zu gern seine Bojaren in Italien wiedergesehen hätte, hielt er es doch für notwendig, nach Moskau zurückzukehren. Ruhigeren Gemütes, da Romodanowskij Herr der Lage war, konnte er nun mit August II. in Rawa bei Lemberg Besprechungen führen. Die beiden Herrscher erörterten die politische Lage und schätzten die Aussichten in einem eventuellen Krieg gegen Schweden ab; der Zar schwur, „den Affront zu rächen, den ihm der Gouverneur Dahlbergh in Riga angetan habe, wo er mit knapper Not sein Leben retten konnte!" (Tagebuch Peters d. Gr.) Sie nahmen eine Truppenparade ab und praßten 3 Tage und 3 Nächte. Peter war so entzückt von diesem unersättlichen Säufer, daß er mit ihm Kleider und Degen tauschte. Als König von Polen verkleidet, langte der Zar am Abend des 25. August 1698 in Moskau an. Er stieg nicht im Palast ab und er suchte seine Frau nicht auf, sondern verbrachte den Abend bei seinem Freund Lefort; dort beglückwünschte er General Gordon zu seiner festen Haltung. Am folgenden Morgen empfing er liebenswürdig Romodanowskij, Schein und die Bojaren, die zu seiner Begrüßung herbeigeeilt waren. Plötzlich griff er zu einer langen Schere, packte einen Bart, schnitt ihn ab und machte es auch bei den anderen so. Die Bojaren schwiegen erschreckt, vor Entsetzen erstarrt. Welch ein Sakrileg! Sollten sie nun, nach den Worten des Patriarchen Adrian, „aussehen wie die Katzen und die Hunde, wie die Polen und die Ketzer"? Peter lachte aus vollem Halse und mokierte sich über ihre Fassungslosigkeit. Bei einem Bankett machte sich kurze Zeit darauf auf Befehl Seiner Majestät der närrische Turgenjew an die letzten Bärte.

Doch um Köpfe, nicht Bärte abzuschneiden, hatte er auf seine Reise nach Venedig verzichtet. Gleich nach seiner Ankunft wurden die Generäle Gordon und Schein über den Strelizen-Aufstand befragt. Der Tatbestand war klar: Die 4 Regimenter, welche ein Jahr lang an den Befestigungen von Asow gearbeitet hatten, hatten sich vergebens darüber beschwert, daß sie nicht bezahlt, schlecht ernährt und behandelt worden seien (Gordon). Ende März 1698 waren 175 Strelizen, ohne beurlaubt zu sein, nach Moskau zurückgekommen. Fürst Romodanowskij und die Bojaren — die damals ohne Nachricht von

Peter I. waren — fürchteten eine Erhebung. Sie ließen daher einige Tage verstreichen, ehe sie die Deserteure verhaften und nach Welikije-Luki schicken ließen, wo die Regimenter kantoniert waren. Die Rebellen brachten aus Moskau die alarmierendsten Gerüchte mit: Man wußte nichts über das Schicksal des Zaren, wahrscheinlich sei er in Europa gestorben. Die Bojaren wollten den Zarewitsch Alexej beseitigen und die Regimenter auflösen. Die Ausländer, die Heiden aus der Deutschen Siedlung, seien die Herren des Reiches, das sie nach ihrem Gutdünken entgegen den Interessen der Russen und rechtgläubigen Christen lenkten. Aus ihrer klösterlichen Gefangenschaft appellierte die unglückselige Zarewna Sofja an die Ergebenheit der Strelizen ... Als die Regimenter kurz darauf nach Toropetz verlegt wurden, glaubten die Strelizen, man wolle sie nach Moskau zurückführen, und freuten sich darüber. Nachdem sie nun erfahren hatten, daß sie für eine unbestimmte Zeit auf weit entfernte Garnisonen verstreut werden sollten, empörten sie sich, befreiten die Deserteure mit Schreien wie: „Nieder mit den Bojaren! Nieder mit den Fremden! Nieder mit dem Koniuch!"

Der Mehrzahl der Strelizen-Offiziere gelang es, nach Moskau zu entkommen; die Aufständischen, etwa 2000 an der Zahl, wählten aus ihrer Mitte neue Anführer und zogen in kleinen Etappen auf die Hauptstadt zu. Als diese Nachrichten nach Moskau gelangten, beschloß die Duma, den Aufrührern die stehenden Preobrashensker und Ssemionowschen Regimenter entgegenzuschicken, 4000 Mann und 25 Geschütze, unter dem Befehl des Generals Alexej Schein, dem General Gordon und Fürst Koltzow-Massalsnij zur Seite standen. Schein traf am 17. Juni in der Nähe des Auferstehungsklosters auf die Strelizen. Gordon, nur von einigen Reitern begleitet, redete auf die Aufrührer ein. Er versprach ihnen Pardon, wenn sie die Deserteure und die Anführer der Revolte ausliefern würden. Sie jedoch gaben zur Antwort, daß sie lieber stürben, wenn sie nicht nach Moskau zurückgeschickt würden. Vergebens bestand der General darauf und vergebens schickte er ihnen einen anderen höheren Offizier: Die Verhandlungen scheiterten. Darauf schoß Scheins Artillerie auf die Aufständischen, die bei der dritten Salve kapitulierten: 22 Tote und 40 Schwerverletzte blieben auf der Strecke. Schein befahl, an

Ort und Stelle 56 Rädelsführer und 14 Deserteure aufzuknüpfen. Die übrigen Strelizen, 1956 Mann insgesamt, wurden ins Gefängnis geworfen. „Nicht einer hat entkommen können", schreibt Winius an Peter. Der Aufstand war niedergeschlagen[1].

Die Vergangenheit dieser Soldaten war schwer belastet: Unter Alexej hatten sie den Aufstand des Kosaken Stenka-Rasin unterstützt, 1682 zahlreiche Verwandte und Freunde der Zarin Natalja gemordet; 1689 und 1697 hatten Schaklowityj und Ziegler gestanden, daß sie an den Sturz des Zaren dachten. Peter war in seinem Zorn darüber, daß er seine Reise so unvermittelt abbrechen mußte, davon überzeugt, daß dieser neuerliche Aufstand von Sofja und ihrem Anhang angestiftet sei. Er glaubte, daß die Untersuchung in dieser Richtung mit größerem Nachdruck hätte geführt werden müssen, die von Schein verhängten Bestrafungen waren nach seiner Meinung zu milde. Entschlossen, ein und für alle Male mit seiner Halbschwester und den Strelizen zu einem Ende zu kommen, ernannte er eine vielköpfige Kommission unter dem Vorsitz Romodanowskijs, die sich aus Bojaren, militärischen Würdenträgern und Zivilpersonen zusammensetzte; sie war sowohl mit der Untersuchung wie mit der Verurteilung beauftragt. Die Angeklagten wurden zu je 120 Mann zusammengekettet, nach Preobrashenskoje zurückgebracht oder in die Gefängnisse und Klöster in Moskau geworfen.

Am 17. September, an Sofjas Namenstag, begann das Verhör in 14 Folterkammern gleichzeitig, da die Mitglieder der Kommission sich die Arbeit geteilt hatten. Die Richter fingen mit einem kurzen Verhör an; sobald sie aber auf hartnäckiges Schweigen oder Leugnen bei dem Angeklagten stießen, ordneten sie die „peinliche Befragung" an: Hier fällt die Knute auf einen nackten Körper nieder, in den sie blutige Striemen kerbt; dort zieht ein Wippgalgen einen Strelizen hoch, läßt ihn jählings niederfallen, wobei ihm Arme und Beine zerschmettert werden; weiter weg werden glühende Eisen ins Fleisch getrieben, werden Gliedmaßen am Feuer gesengt. Die 14 Kammern hallen wieder von Verwünschungen, Flüchen, flehentlichen Bitten, Schmerzensschreien und Todesröcheln. Wenn ein Angeklagter ohnmächtig wird, bringen ihn die Ärzte wieder zu Bewußtsein; dann nehmen die Richter erneut das Verhör auf, foltern ihn noch einmal. Von seinem Sitz schnellt plötzlich ein Riese hoch, nähert sich einem dieser gepeinigten Menschen, stößt ihm den Kopf nach hinten, senkt den Blick in sein Auge, beschimpft ihn, spuckt ihm ins Gesicht, schlägt ihn mit seiner „Dubina", dem schweren Stock mit dem Knopf aus Elfenbein: Es ist Peter I. Den ganzen September über verläßt er nicht die Folterkammern; er watet wie ein Rasender durch die Blutlachen. Gleichgültig gegen die Qualen und den Geruch von verbranntem Fleisch, läßt er seinem Haß freien Lauf. Der Zar übt ein Handwerk aus, das ihn keiner zu lehren brauchte: das Handwerk des Folterknechts. Innerhalb von 8 Tagen wurden 361 Strelizen verhört, gefoltert und gerichtet. Am 30. September brachte man sie auf Karren von Preobrashenskoje auf den Richtplatz. Sie waren nur mehr Fleischfetzen mit klaffenden Wunden, bekleidet mit blut- und unratverschmierten Lumpen. Frauen, Väter, Mütter, Kinder schlüpften zwischen der berittenen Eskorte hindurch, liefen um die Karren herum, Namen schreiend, weinend, Klagelaute ausstoßend. Am Stadttor hielt der Zug vor dem empfindungslosen Zaren im Kreise der Bojaren und Offiziere. Der Gerichtsschreiber verliest das Urteil: „Räuber, Schurken, Beleidiger des Kreuzes, Rebellen der Regimenter von Theodosius Kolsakow, Athanasius Tschubarow, Jan Tschermny, Tikhon Hundertmark, Strelizen! Peter Alexejewitsch, Herrscher und Großfürst, Selbstherrscher von Großrußland, Kleinrußland und Weißrußland, hat befohlen, das Folgende bekanntzugeben: Am 27. Oktober des vergangenen Jahres erhielten die Strelizen durch einen Brief der Obersten Kanzlei Befehl, Storopzo (Toropetz, eine Kleinstadt im Gouvernement Nowgorod) zu verlassen und sich mit der Armee des Senators und Generals Fürst Michail Gregorowitsch Romodanowskij zu vereinigen, um entsprechend dem Beschluß des Herrschers mit ihren Offizieren, Obersten und Oberstleutnants in den nachstehend aufgeführten Städten und Orten Garnison zu beziehen: das Regiment von Theodosius in Wiasma, das von Anastas in Bielji, das von Jan in Ostheba und Wolodomir, das von Tikhon in Dorogobugsch. Entgegen dem Befehl des Herrschers begaben sie sich nicht mit ihren Obersten und Oberstleutnants in die angegebenen Städte, sondern verjagten aus ihren Stellungen die Obersten, Oberstleutnants und Hauptleute. An ihre Stelle wählten sie Rebellen wie sie selbst, Soldaten, ihre Kameraden, und machten sich von Storopzo mit den Waffen und den Kanonen der Regimenter auf den Weg nach Moskau.

Wie sie gerade bei dem Auferstehungskloster waren, traf Alexej Simonowitsch Schein mit seinen Offizieren und der Garde mit ihnen zusammen; dreimal sandte er jemanden aus seinem Lager zu ihnen, um sie dazu zu bewegen, sich der Empörung gegen den Herrscher schuldig zu bekennen und sich nach dem Willen des Herrschers in die bezeichneten Garnisonen zu begeben. Aber in Auflehnung gegen den herrscherlichen Willen zogen sie nicht in die angegebenen Städte ab, sondern sie bereiteten sich zum Kampfe vor, richteten die Waffen und die Kanonen des Herrschers gegen die Verteidiger des Herrschers und trafen eine große Zahl der letzteren, von denen einige ihren Verletzungen erlagen. Nachdem sie sich in Richtung Moskau in Marsch gesetzt hatten, wollten sie vor dem Kloster im Jungfern-Feld Halt machen, um der Prinzessin Sofja Alexejewna eine Bittschrift vorzulegen und sie aufzufordern, sich — wie schon einmal — an ihre Spitze zu setzen. Dann hätten sie die Soldaten, die dieses Kloster bewachen, umgebracht. Nach diesem Blutbad wollten sie in Moskau einziehen, darauf in den dicht bevölkerten Stadtteilen Abschriften ihrer aufwieglerischen Bittschrift verteilen. Sie hätten das niedere Volk aufgehetzt, indem sie ihm erzählten, der Herrscher sei jenseits der Meere gestorben. Dann hätten sie sich gemeinsam mit dem Pöbel erhoben, hätten die Bojaren getötet, die Deutsche Siedlung zerstört, alle Ausländer in den Tod geschickt und dem Herrscher den Zutritt zu Moskau verwehrt[2].

Wenn die Garnison gegen sie aufgestanden wäre, hätten sie an die Strelizen-Regimenter, die augenblicklich im Dienste des Herrschers stehen, geschrieben, sich mit ihnen gegen die in Moskau liegenden Truppen zu vereinigen. Wenn sie diese Verstärkung erhalten hätten, so hätten sie alle zusammen die schon genannte Prinzessin aufgefordert, sich an ihre Spitze zu setzen, die Garnison über die Klinge springen lassen, die Bojaren umgebracht, die Deutsche Siedlung vollständig zerstört und dem Herrscher den Zugang zu seiner Hauptstadt verwehrt. Nachdem sie den Verhören und der Folter unterzogen worden sind, bekennen sie sich aller dieser Schandtaten schuldig.

Der Herrscher hat befohlen, daß:
wegen ihrer Widersetzlichkeit diese Schufte, diese Verräter, diese Gesetzesübertreter und diese Rebellen mit dem Tode bestraft werden sollen, damit in der Folge andere nicht dazu verleitet werden, ihrem Beispiel nachzueifern."
Am selben Tage wurden 201 Strelizen gehenkt; 100 weitere, zwischen 15 und 20 Jahren, erhielten die Knute, wurden auf der rechten Wange gebrandmarkt und nach Sibirien verbannt; die übrigen, die als die gefährlichsten angesehen wurden, brachte man zu erneuten Todesqualen wieder ins Gefängnis zurück; sie bedauerten zutiefst, nicht das Los ihrer Kameraden geteilt zu haben.
Kurz vor der Hinrichtung war der Patriarch Adrian im Ornat vor dem Zaren erschienen. Er hatte ihm die wundertätige Ikone der Jungfrau vorgehalten und war für die Strelizen eingetreten. Peter schrie ihn wütend an: „Was soll diese Ikone? Wie kommst du hierher? Verschwinde so schnell wie möglich und bring die Ikone an ihren Platz zurück. Ich glaube, daß ich die heilige Muttergottes mehr verehre als du. Ich erfülle hiermit meine Pflicht und tue ein Gott wohlgefälliges Werk, wenn ich das Volk verteidige und die Verbrecher hinrichte, die sich gegen es verschworen haben[3]."
Nach einigen Ruhetagen — die Henker waren müde — wurde die Untersuchung mit doppelter Grausamkeit fortgesetzt. Die Strelizen-Frauen, die Zofen der Fürstinnen wurden verhört. Trotz Knute, Wippgalgen, glühenden Eisen, brennenden Hölzchen unter den Nägeln, dem ganzen Apparat der Spezial-Folterkammern, schwiegen die Angeklagten. Sie legten einen so unerhörten Mut und eine ebensolche Ausdauer an den Tag, daß die Richter nichts Neues von ihnen zu hören bekamen. In der Zeit vom 11. bis 19. Oktober wurden 675 Strelizen gehenkt, geköpft oder gerädert; 195 wurden im Hof des Klosters aufgeknüpft, in dem Sofja eingesperrt war. Drei Leichen pendelten an den Gittern vor dem Fenster der Zarewna. Die in der Mitte schwebende reichte ihr durch das Gitter hindurch einen Brief, der an die Bittschrift erinnern sollte, die die Aufrührer ihr angeblich geschickt hatten, wie man aus den Geständnissen schloß, die einigen Zeugen auf der Folter erpreßt wurden. Bei einem ausgelassenen Diner feierte der Zar das Fallen des tausendsten Kopfes.

Nach einer Reise Peters I. zu den Werften von Woronesch nahm das
Tribunal wieder sein blutiges Geschäft auf: 137 Strelizen wurden
gehenkt; 285 erhielten die Knute und wurden mit glühenden Eisen
gezeichnet. Die letzteren wurden, fest zusammengekettet, zur Verfügung des Zaren gehalten. Der Neffe des Generals Lefort schreibt
am 3. Februar 1699 aus Moskau: „Heute verurteilte man nochmals
300 dieser armen Teufel, die uns gerne in eine andere Welt befördert
hätten. Seine Majestät hat angeordnet, daß alle Ausländer sich einzu-
finden haben, um bei der Hinrichtung zugegen zu sein. Es sind dies
die letzten. Alle anderen haben bereits ihre Strafe erhalten[4]."
Die Strelizen-Regimenter wurden aufgelöst, die Witwen und Kinder
der Verurteilten aus der Hauptstadt verjagt. Praktisch waren sie dem
Tode geweiht, da es verboten war, ihnen Arbeit oder Nahrung zu
geben. Bis zum Frühjahr blieben die Leichen auf der Richtstätte liegen. Der Schrecken herrschte in Rußland. Obwohl die drei Untersuchungen keinen Schuldbeweis gegen Sofja erbracht hatten – sie
stritt jede Mitwirkung an der Verschwörung ab –, wurde die
Zarewna ihrer Titel für verlustig erklärt und gezwungen, im No-
wodewitschij-Kloster den Schleier zu nehmen, wo sie, isoliert in
ihrer Zelle, unter schärfste Bewachung gestellt und den strengsten
Regeln unterworfen wurde. Dort starb sie 5 Jahre später. Martha,
eine andere Halbschwester Peters, die in dem Verdacht stand, an
Sofja eine Botschaft überbracht zu haben, wurde ebenfalls in ein
Kloster gesperrt. Sie soll geständig gewesen sein.
Die Zarin Jewdokija war an dem Aufstand vollkommen unbeteiligt.
Trotzdem schickte Peter seine Exgattin in das Kloster der Fürbitte
der Gottesmutter nach Ssusdalj. Ihrer Rechte und Titel beraubt,
kahlgeschoren, in einem Kloster eingesperrt, widerfuhr der „Nonne
Helene" noch das Leid, es erleben zu müssen, daß ihr 19jähriger
Sohn Alexej ihrer ärgsten Feindin anvertraut wurde: Natalja, der
Schwester des Zaren.

*

Peter hat die Angeklagten verhört, beschimpft, geschlagen; er war
bei den Folterungen, den tödlichen Martern zugegen. Das steht fest.
Beruht es aber auf Wahrheit, daß er die Strelizen eigenhändig köpfte,

wie von einigen Historikern in gutem Glauben immer wieder behauptet wird? Nach gründlichem Studium dieser Frage stellen wir fest, daß es keinerlei Beweise dafür gibt, daß er selber das Todesurteil an 5 Strelizen (Korb) vollstreckte, oder „a fortiori" an 84 (Kurt Kersten), 100 (Dubois), über 100 (Lamartine) und sogar 200 Rebellen (Stephan Graham). Wenn so fortgefahren wird, lesen wir vielleicht eines Tages, daß Peter I. 500 Aufrührer im Zeitraum von einigen Stunden in den Tod schickte, „ohne daß ihm dabei die Faust erlahmte".

Die Erfinder sensationeller Neuigkeiten begnügten sich nicht alleine damit: Printz, Oberstallmeister am preußischen Hof, war gerade zur Zeit der Urteilsverkündung in Moskau. Bei einem Bankett ließ Peter, so schreibt er, aus den Gefängnissen etwa 20 Aufrührer herbeischaffen; mit jedem Glase, das er leerte, schlug er einem den Kopf ab; darauf soll er den Gesandten aufgefordert haben, es ihm gleichzutun. Friedrich der Große teilte diese aufschlußreiche Begebenheit Voltaire mit, der in seiner „Geschichte Karls XII." sagt: „Peter I. hat mit seinen eigenen Händen die über die Verbrecher verhängten Strafen vollstreckt, und er hat bei einer ausschweifenden Prasserei sich seiner Geschicklichkeit im Köpfeabschlagen gerühmt." Eine bemerkenswerte Tatsache, wenn Voltaire später den Prozeß und Untergang der Strelizen in seiner „Geschichte Peters des Großen" erwähnt, sagt er nämlich kein einziges Wort mehr über ihre Hinrichtung durch den Zaren.

Ségur schreibt in seiner „Geschichte Rußlands", wobei er sich auf die Erzählung von Printz (für die wir im übrigen nirgends eine Bestätigung gefunden haben) und den Bericht von Korb beruft (der kein Wort von dieser frevelhaften Tat während eines Essens sagt): „Trunken von Wein und Blut, das Glas in der einen, das Beil in der andern Hand, sind die in einer Stunde geleerten 20 Gläser das Zeichen für das Fallen von 20 Strelizen-Häuptern, die zu seinen Füßen rollten." In seiner Entrüstung führt Ségur Iwan IV. an, der die gesamte Bevölkerung von Nowgorod ausgerottet, 500 Edelleute in Moskau umgebracht, Frauen am Eingang zu ihren Häusern aufgehängt habe, wo die Leichen bis zu ihrer völligen Verwesung geblieben seien; außerdem habe er Bären und Hunde auf Unschuldige gehetzt, Gefangene auf Feuern rösten lassen, die er selber schürte, und schließlich den ältesten seiner 3 Söhne getötet. Was bleibt übrig von diesen Anschuldigungen gegen Peter? Eine von Korb aus unbekannter Quelle weiterverbreitete Äußerung, ein von Irrtümern strotzender Bericht, der Villebois zugeschrieben wird, eine von Printz höchstwahrscheinlich erfundene Geschichte, von der Waliszewski nicht ein Wort glaubt. Das sind keine Beweise. Der sehr gewissenhafte Historiker Ustrialow, der alle Peter I. betreffenden Urkundensammlungen gründlich studiert hat, bezeugt, daß kein einziges Dokument Korbs Erzählung bestätigt. Polevoj schreibt: „Es ist eine gehässige Verleumdung." Der Zar hatte zweifelsohne in seinem blinden Rachedurst eine unbarmherzige Grausamkeit gegenüber den Strelizen bewiesen. Es ist hingegen nicht der schlüssige Beweis dafür zu erbringen, daß er eigenhändig die Arbeit eines Henkers verrichtet hätte. Daß er dessen fähig gewesen wäre, ist möglich, wenn man sein Temperament in Betracht zieht, seine furchtbaren Zornesausbrüche, den Haß, den er seit seiner Kindheit auf diese Mietlinge hatte. Aber ebensowenig wie die Gerichte der Menschen kann das Tribunal der Geschichte seine Urteile auf Wahrscheinlichkeiten, Indizien und Berichte aus dritter Hand gründen. Es ist ratsam — will man zu einer objektiven Betrachtungsweise kommen — sich an die grausamen Sitten der damaligen Zeit sowohl in Europa wie in Rußland zu erinnern: Kotoschichin berichtet, Alexej „der Fromme" habe 1662 Tausende von Aufständischen durch 50 eigens dazu bestellte Henker hinrichten lassen. Karl XII. ließ 1707 seinen ehemaligen Untertan Patkul rädern, der 1703 in den Dienst des Zaren übergetreten war. 1757 wird Damiens, nach den entsetzlichsten Martern, von 4 Pferden in Stücke gerissen, weil er Ludwig XV. mit einem Messer leicht verletzt hatte. Also, weder Rußland noch Peter d. Gr. hatten das Monopol auf Grausamkeiten.

Drittes Buch

PETER I. GEGEN KARL XII.

1700—1721

*Quand orgueil chevauche devant, honte et dommage suivent
de près . . .*   Louis XI.

*Peter I., fälschlich „der Große" genannt, und Karl XII. waren
Bettler. Sie umschlichen Europa, so wie die Eisbären auf Spitzbergen nachts an des Fischers Hütte scharren; sie brummen, sie
steigen auf das Dach, um von dort aus in das Haus zu gelangen.*

Michelet

DER NORDISCHE KRIEG

Von Narwa bis Poltawa

1700—1709

Karl XII. war kein Alexander, aber er hätte den besten Sol-
daten Alexanders abgegeben. MONTESQUIEU

Ein geschlagener Mann ist zwei ungeschlagene wert.

RUSSISCHES SPRICHWORT

Als Peter Wien verließ, um auf dem schnellsten Wege nach Rußland zurückzukehren, hatte er nicht mehr die geringsten Zweifel
über die Pläne des Kaisers: Leopold I. wünschte so bald als möglich
den Krieg gegen die Türkei zu beendigen, um freie Hand für den
bevorstehenden Kampf um die spanische Erbfolge zu haben. Der
Zar ließ Wosnizyn mit dem Auftrag in Österreich zurück, sich dem
Frieden zu widersetzen, notfalls die Abtretung von Kertsch zu verlangen, einer Stadt von allergrößter strategischer Bedeutung. Der
Friede von Karlowitz (26. Januar 1699) setzte nach 62tägiger Verhandlung der Koalition gegen die Ungläubigen ein Ende. Die Hohe
Pforte trat an Österreich das türkisch besetzte Ungarn und Sieben-
bürgen ab, an Polen Podolien, einen Teil der Ukraine und die Festung
Kamenez, an Venedig ein Teilstück der dalmatinischen Küste, Morea und einige Inseln. Dafür hatte sie Rußland Kertsch verweigert,
da sie nur auf ihr Recht auf Asow zu verzichten gedachte. Rußland
hatte allerdings wenig zum Siege der Heiligen Liga beigetragen,
während seine Verbündeten die Türken am Kahlenberg, bei Mohacs,
Slankamen, Lugos, Olasz, Zenta, in Morea und im Ägäischen Meer
geschlagen hatten.

Da Wosnizyn keine andere Wahl hatte, nahm er es auf sich, einen

zweijährigen Waffenstillstand zu unterzeichnen. Er schrieb an den
Zaren: „Ich wurde dazu gezwungen ... Nachdem die Alliierten für
sich selbst gesorgt hatten, haben sie Dich fallen lassen[1]." Das ist
richtig. Artikel 3 des in Wien am 8. Februar 1697 unterzeichneten
Angriffs- und Verteidigungsbündnisses mit Österreich und Venedig
untersagte jeden Separatfrieden. Allein gelassen gegenüber der Türkei und ohne die für die Erzwingung des Sieges unentbehrliche
Flotte von den Generalstaaten erhalten zu haben, beschloß der Zar,
den Staatsrat Ukrainzew in Begleitung des Sekretärs Tscheredejew
zu Verhandlungen nach Konstantinopel zu schicken. Am 13./24. August
1699 verließ das Geschwader unter dem Befehl des zukünftigen Grafen und Kanzlers Admiral F. A. Golowin die Reede von Taganrog
und setzte Segel auf Kertsch. Der Gesandte war an Bord des mit
46 Kanonen bestückten Admiralsschiffes „Kriepost", Peter hatte das
Kommando auf dem Linienschiff „Apostel Peter". Das russische Geschwader ging, nachdem es hin- und hergekreuzt war und ein Scheingefecht geliefert hatte, am 29. längs des ottomanischen Geschwaders
unter dem Befehl des Admirals Assam Pascha in der Meerenge von
Kertsch vor Anker. Der Abgesandte bat sofort um die Durchfahrt
nach Konstantinopel. Während der 10 Tage dauernden Verhandlungen hatte der Zar, der als einfacher Matrose auf der Schaluppe des
Admirals Golowin ruderte, in aller Ruhe die türkischen Befestigungen und die Schiffe studiert ... Schließlich wurde dem „Kriepost"
allein die Fahrt durch das Schwarze Meer gestattet. Am 5. September war das russische Geschwader klar zur Rückkehr nach Taganrog.
3 Tage später lichtete die Fregatte Ukrainzews die Anker; bei ihrer
Ankunft auf der Höhe des Serails in der Nacht vom 13. September
schoß sie die vorgeschriebenen Salven (und vielleicht ein paar mehr).
Die Mauern erbebten, die Fensterscheiben zersplitterten; die Harems-
damen wurden durch den fürchterlichen Lärm aufgeweckt und schrien
laut; die Eunuchen zitterten an allen Gliedern, die Janitscharen griffen eiligst zu den Waffen, der Großwesir und die Würdenträger
stürzten zum Herrscher. Plötzlich schwiegen die Kanonen; es herrschte
vollständige Ruhe. Es war also keine Beschießung? Die russische
Flotte hatte die Durchfahrt nicht erzwungen? Die Kosaken würden
nicht alles niedermetzeln? Die aufgehende Sonne beruhigte die Be-

wohner des Serails: Sie beschien nur ein einziges, sehr schnittiges Kriegsschiff — über dem die Flagge mit dem Andreas-Kreuz flatterte. Mustapha II. konnte sich den Wunsch nicht versagen, das erste russische Kriegsschiff zu besichtigen, das in den Gewässern des Bosporus aufgetaucht war.

Glaubte der Zar die Aufgabe seines Gesandten durch diese Demonstration zur See, die zur Einschüchterung des Diwans bestimmt war, zu erleichtern? Möglich ist es. Aber er hätte den Türken nicht deutlicher die Gefahr vor Augen führen können, in die sie gerieten, wenn sie ihm Kertsch, die Schlüsselposition am Schwarzen Meer, abtreten würden. Die Hohe Pforte wurde durch die Herausforderung sehr aufgebracht; Ukrainzew mußte seine ganze Geschicklichkeit aufbieten, um schließlich die Abretung von Asow und einen Waffenstillstand über 30 Jahre zu erreichen, nach 23 Sitzungen und 8 Monate langen, umständlichen Unterhandlungen. Während der Dauer der Verhandlungen hatten die Türken hartnäckig den Russen den Zugang zum Schwarzen Meer verwehrt, „das der Sultan bewacht wie eine reine Jungfrau, die niemand berühren darf", sagt der Privatsekretär Seiner Hoheit zu dem Gesandten. — Lord Pajet und Graf Collyers, die Gesandten Englands und Hollands, hetzten übrigens die Hohe Pforte gegen Rußland auf.

Am 3. Juli 1700 wurde der Vertrag in Konstantinopel paraphiert. Diese Nachricht traf am 8. August in Moskau ein. Noch am gleichen Abend begab sich der Zar mit einigen Favoriten zu Generalmajor von Langen, der die Interessen Augusts des Starken vertrat; er zog ihn in eine Zimmerecke und flüsterte ihm in seinem miserablen Holländisch zu: „Du bist ein ungeduldiger Teufel! Ist es denn nicht besser, daß wir noch ein bißchen gewartet haben, bis wir mit den Türken Frieden geschlossen und nun die Hände frei haben, um mit unserer ganzen Truppenmacht loszuschlagen? Schreibe also an Deinen König, daß ich für 30 Jahre Frieden mit dem Türken gemacht habe und daß ich am 20. dieses Augustmonats, der durch eine glückliche Vorbestimmung den Namen Deines Königs trägt, mit unserem Feinde offiziell die Beziehungen abgebrochen haben werde. Mein viellieber Bruder wird schon merken, daß ich ein Mann bin, der sein Wort hält. Mit Gottes Hilfe werden wir alles tun, wozu wir uns verpflichtet haben." Darauf nahm der Zar ein großes Glas Wein, „das er in einem Zug auf die Gesundheit seines so herzlich geliebten Bruders leerte, den er niemals im Stich lassen wird und dessen Interesse unauflöslich mit dem seinen verbunden bleibt"[2].

Peter erklärte Schweden den Krieg unter Berufung auf „die vielfachen schwedischen Ungerechtigkeiten, die den Untertanen Seiner Zarischen Majestät zugefügten Beleidigungen und vor allem die schändliche Behandlung, die der Großen Gesandtschaft im Jahre 1697 widerfahren war, die die Person Seiner Majestät des Zaren selbst betraf". (Erinnern wir daran, daß Peter damals inkognito reiste und daß die Mission nicht beim König von Schweden angemeldet war!) Diese Anschuldigungen wurden von den russischen Emissären im Ausland übernommen, die sich über die „reichlich heimtückische Haltung" Karls XII. gegenüber dem Zaren beklagten[3]. 5 Jahre später kam Außenminister Golowin während eines Gespräches mit dem Gesandten Whitworth auf diese Angelegenheit zurück[4]. Und dennoch hatte der Zar, kurz bevor er den Krieg erklärte, den schwedischen Residenten Kniperkron mit den Beteuerungen seiner Friedensliebe reichlich bedacht[5]. Beim Gesandtschaftsprikas hatte man der schwedischen Mission, die zur Erneuerung des Vertrages von Kardis nach Moskau gekommen war, gesagt, daß der Zar ihn in vollem Umfang bestätige, aber er könne keinen Eid auf das Evangelium erneuern, den er bereits unter Karl XI. geleistet habe; Peter übergab der Gesandtschaft einen paraphierten Abschlußvertrag, der aber nicht durch einen Eid bekräftigt war. Im Juli des Jahres 1699 hatten die Schweden Moskau verlassen, ohne die leiseste Ahnung davon zu haben, was Rußland, Dänemark und Polen im Schilde führten. Die moskowitischen Gesandten in Den Haag und Stockholm hatten die gleiche beschwichtigende Sprache geführt wie Peter. Und was noch schöner war: Der Zar hatte seinen „cher frère et cousin" Karl XII. gedrängt, ihm Kanonen zu liefern! Als der König von Schweden die Kriegserklärung erhielt, ließ er den russischen Gesandten ins Gefängnis werfen. Der arme Kerl starb dort 18 Jahre später.

Peter I. hatte 2 Offensiv- und Defensivbündnisse abgeschlossen: mit Dänemark (im September 1699) und dem Kurfürsten von Sachsen, der zugleich König von Polen war (im November). Die Ver-

bündeten waren übereingekommen, daß Rußland erst nach Friedensschluß mit der Türkei in den Krieg eintreten sollte, jedoch „späte-
stens im April 1700". Die Abmachungen bestimmten genau die Rollen jedes einzelnen von ihnen: Der Kurfürst sollte von Estland und
Livland aus angreifen, Dänemark über Holstein herfallen, das es sich
ausbedungen hatte, der Zar in Karelien und Ingermanland einmar-
schieren. Der Beuteanteil Rußlands war nicht klar festgelegt worden; August II. garantierte ihm „eine sichere Stellung" an der Ostsee und gedachte ihm Ingermanland und Karelien zu überlassen;
Peter gelüstete es bereits nach Dorpat, Jurjew, das 1030 von Jaroslaw dem Weisen gegründet worden war, und Narwa, das im
16. Jahrhundert für mehr als 20 Jahre und im 17. Jahrhundert für
ein Lustrum zu Rußland gehört hatte. Patkul, Berater Augusts des
Starken, widersetzte sich den russischen Absichten, die er zu gefährlich für Polen fand. In einer Denkschrift hatte er den Zaren inständig gebeten, doch maßvoll zu bleiben; andererseits hoffte er,
daß Peter den baltischen Adel wieder in seine Privilegien einsetzen
würde.
Der Zar vollführte also 1700 eine plötzliche Schwenkung in seiner
Außenpolitik: Er verzichtete auf den Kampf mit der Türkei, um
dafür den Weg nach Norden einzuschlagen, auf dem Iwan der
Schreckliche gescheitert war. Er machte sich den Plan zu eigen, den
der bedeutende Diplomat Ordin-Nastschokin erfolglos dem Zaren
Alexej vorgeschlagen hatte: sich mit Polen gegen Schweden zu verständigen, um Livland und die Häfen am offenen Meer zu erobern,
eine Ostseeflotte zu schaffen und sich an die Spitze der slawischen
Völker zu setzen ... Peter wechselte die Richtung, das Meer, die
Gegner: Der Bottnische Meerbusen, die Ostsee, die Nordsee treten
an die Stelle des Asowschen Meeres; Mustapha II. und seine Janitscharen verschwinden vor Karl XII. und seinen Trabanten. Und
dennoch: Wenn auch die Ziele gewechselt haben, der Zweck bleibt
der gleiche: Rußland ein Fenster nach dem Meer zu öffnen. Peter sagte
1704 zum König von Polen: „Die großen Reiche können nicht ohne
Seehäfen existieren, sie sind die Arterien, die das Herz eines Staates
in gesunder und gleichmäßiger Weise zum Schlagen bringen."
Die Kriegserklärung an Schweden war trotz ihrer scheinbaren Über-

stürzung kein unüberlegter Streich, sondern eine wohlüberlegte Handlung. Sie war aber auch eine schlimme Unvorsichtigkeit, wie der Zar später erkennen sollte: Er machte sich Illusionen über seine eigenen und die Kräfte seiner Verbündeten; er unterschätzte die Reserven seines Gegners und die Kampfkraft der schwedischen Armee. Ein Kampf auf Leben und Tod begann zwischen Peter I. und Karl XII. Der Krieg wird 21 Jahre dauern.

*

Karl XII., der Sohn von Karl XI. und Ulrika-Eleonora von Dänemark, war 1700 18 Jahre alt, 10 Jahre jünger als Peter I. Dank der drakonischen „Restitutions"-Maßnahmen, die Karl XI. dem Adel auferlegte, war Schweden ein wohlhabendes Land. Im Frieden mit seinen Nachbarn lebend, die seine Armee fürchteten, umfaßte es Finnland, Karelien, Ingermanland, Wismar, das Herzogtum Bremen und Verden, Holstein, Vorpommern, Estland und Livland. Die Ostsee war ein schwedisches Binnenmeer, sehr zum Ärger der Nachbarn Dänemark, Polen und Rußland.

Karl XII. hatte eine sorgfältige Erziehung erhalten, die Klassiker und das Werk Pufendorfs „De iure naturae et gentium" gelesen. Als Vorbild hatte er sich Alexander den Großen von Quintus Curtius Rufus gewählt. Als der junge Prinz von seinem Erzieher darauf hingewiesen wurde, daß dieser Held mit 32 Jahren gestorben sei, hatte er ihm zur Antwort gegeben: „Reicht das nicht, wenn man Königreiche erobert hat?" Eine Karte von Riga, die in den Gemächern Karls XI. aufgehängt war, trug folgenden Bibelvers: „Gott hat sie mir gegeben, Gott hat sie mir genommen ... des Herrn Wille geschehe!" Das Kind schrieb darunter: „Gott hat sie mir gegeben, auch der Teufel wird sie mir nicht entreißen!" Als Jüngling zeichnete er sich in allen körperlichen Übungen aus durch Kraft, Wendigkeit, Mut und Ausdauer. Sein unzugänglicher Charakter, sein unüberwindbarer Eigensinn, seine Verschlossenheit hätten seine Lehrer zur Verzweiflung gebracht, hätten sie nicht an sein Ehrgefühl und sein Verlangen nach Ruhm appellieren können. Auf diesem Wege setzten sie alles bei dem Prinzen durch.

Einige Monate nach dem Tod seines Vaters wurde Karl XII. mit
15 und einem halben Jahr für mündig erklärt (27. November 1697),
obwohl die schwedischen Stände die Großjährigkeit der Könige auf
18 Jahre festgesetzt hatten. Zur Krönung erschien er mit der Krone
auf dem Haupt, denn er wollte sie nicht aus den Händen des Erzbischofs empfangen. Er möchte für seine Investitur niemandem zu
Dank verpflichtet sein, nicht einmal der lutherischen Kirche; zwischen
sich und Gott erkennt er keinen Mittler an. Wenn er auf seinem
Fuchs durch Stockholm ritt, ein schlanker Edelknabe, hochaufge-
schossen, kräftig, mit länglichem Gesicht, breiter Stirn, tiefblauen
Augen, durchdringendem Blick, kühner Nase, dann betrachteten ihn
die Soldaten neugierig, und die jungen Mädchen sahen ihm bewun-
dernd nach. Während der ersten 3 Jahre seiner Regierung kümmerte
er sich überhaupt nicht um seine Pflichten. Wochenlang hörte er sich
keinen Vortrag seiner Minister an, die er für gewöhnlich gar zu
gerne aus dem Zimmer warf. Mit seinen Kameraden zerschlug er
das Gestühl in der Kapelle oder die Sessel im Schloß. Im gestreckten
Galopp ritt er um die Mittagszeit hemdärmelig durch Stockholm,
tanzte wie toll jede Nacht bis 10 Uhr morgens und übte sich darin,
die Köpfe von Schafen und Ziegen mit einem Säbelhieb vom Rumpf
zu trennen. Darauf warf er sie auf die Straße. Mehrere von seinen
Freunden fanden beim Lanzenbrechen und auf der Bärenjagd den
Tod. Was war schon von einem solch jugendlichen, unerfahrenen,
leichtsinnigen und abenteuerlustigen König zu befürchten, der weder
Gewissensbisse noch Hindernisse noch Beschränkungen kannte, der
auf keinen Rat hörte, die Staatsgeschäfte um seiner persönlichen
Vergnügungen willen vernachlässigte und obendrein keine fähigen
Generäle hatte? Das waren die Argumente, die Johann Reinhold
Patkul, ein livländischer Edelmann, der später in Schweden zum Tode
verurteilt wurde, bei August II., Friedrich IV. und Peter I. erfolgreich angeführt hat. Irregeleitet von den Versicherungen und
Versprechungen dieses leidenschaftlichen Patrioten, dieser „Stern-
schnuppe am diplomatischen Horizont Europas", hatten sich also die
3 Herrscher gegen Schweden verbündet.
Als der harmlose Bärenjäger von der Verschwörung gegen sein Land
erfährt, geht eine schlagartige Verwandlung mit ihm vor: Der 17jäh-

rige König verzichtet auf die Liebe, den Alkohol und die eleganten Kleider. Es ist ein sofort verwirklichter, vollkommener, endgültiger Verzicht! Er sagt vor dem Staatsrat: „Mein Entschluß steht fest. Ich greife den ersten meiner Feinde an, der sich zeigt; wenn ich ihn besiegt habe, wende ich mich gegen die andern." Prahlerei, Geschwätz eines anmaßenden Jünglings? Nein, der vorbedachte Plan eines geborenen Führers. Nachdem er den Mobilisationsbefehl hatte ergehen lassen, nahm er Abschied von seiner Großmutter und seinen Schwestern mit der Bemerkung, daß er für einige Tage fortgehe. Er sollte sie nie wiedersehen.

Wenn die Dänen, die Sachsen und die Russen ihren Gegner an den 3 vorgesehenen Fronten gleichzeitig angegriffen hätten, wäre die Lage Schwedens sehr kritisch geworden. Aber der Zar wartete auf die Unterzeichnung des Friedens mit der Türkei. Auf Anraten Patkuls wollte sich August der Starke Riga sichern, und Dänemark schließlich brannte auf die Eroberung Holsteins. Die 3 Alliierten gingen also getrennt vor: Die Sachsen setzten sich schon im Februar 1700 in Marsch, kurz darauf fielen die Dänen im Gebiet des Herzogs von Holstein ein, der mit einer Schwester Karls XII. verheiratet war. Der König von Schweden verließ Carlshamn am 24. Juli an der Spitze von 43 Schiffen und erschien vor Kopenhagen, nachdem er die befreundete Flotte von England und Holland zusammengezogen hatte, die Garanten des Altonaer Abkommens waren, das Dänemark soeben verletzt hatte. Karl XII. erwartete voll Ungeduld den Kampf. Er springt ins Wasser, seine Männer folgen ihm. Um ihn herum fallen Offiziere unter den Kugeln, die wie Bienen um ihre Köpfe summen, doch er sagt lachend: „Das wird von nun an meine Musik sein!" Der Chevalier Guiscar, Gesandter des Königs von Frankreich, springt mit dem jungen König aus dem Boot und ruft ihm zu: „Majestät wünschen doch nicht, daß ich Ihren Hof an Ihrem glücklichsten Tage verlasse ...!" Nach der Einnahme der ersten feindlichen Verschanzungen kniet Karl XII. zu einem Dankgebet nieder, so wie es Gustav II. Adolf getan hätte. Die Hauptstadt zahlt ein Lösegeld von 400 000 Reichstalern, um damit einen Sturmangriff abzuwenden. Dänemark unterzeichnet den für Schweden äußerst günstigen Frieden von Travendal (18. August 1700). Karl XII. hat mit Hilfe des

Generals Stuart in 25 Tagen den ersten seiner Gegner außer Gefecht gesetzt. Der Feldzug war ein Meisterwerk nach Planung und Ausführung.

*

Peter hatte unterdessen die allgemeine militärische Dienstpflicht eingeführt, in aller Eile eine Armee aufgestellt zur Ergänzung der stehenden Regimenter und der Lefortschen Brigade, der einzigen Truppen, die nach der Ausrottung und Auflösung der Strelizen noch übriggeblieben waren. Im Juli 1700 umfaßte die Armee 3 neue Divisionen unter dem Kommando der ehemaligen „Poteschnyje", der Generäle Artamon Golowin, Weyde und Repnin. Dazu kamen 10 500 Kosaken und die angeworbenen Truppen, im ganzen etwa 64 000 Mann. Anstatt nun nach Norden vorzustoßen, wie er es mit seinen Verbündeten vereinbart hatte, marschierte der Zar mit 40 000 Mann nach Livland, in den Bereich Augusts II.; die Division Repnin und die Kosaken aus der Ukraine behielt er als Reserven zurück. Da stand nun Peter vor Narwa, das sein Großvater an Gustav II. Adolf hatte abtreten müssen. Vom Beginn der Belagerung an gingen die militärischen Operationen schief. Die schwedische Artillerie fügte den Russen schwere Verluste zu, während die aus Pskow herbeigeschafften 34 Kanonen aus Bronze und die 29 Geschütze aus Nowgorod sich als ebenso unbrauchbar erwiesen wie ihre Bedienung. In Ermangelung von Pulver und Kugeln mußte darauf verzichtet werden, eine Bresche in die Festungsmauern zu schießen. Ein schwedischer Gefangener teilte dem überraschten Zaren mit, daß Karl XII. in Gewaltmärschen heraneile. Am 20. November tauchte der König von Schweden auf, an der Spitze von 10 500 verhungerten und erschöpften Soldaten. Am nächsten Tage stellte er im Schutze eines heftigen Schneesturmes und dichten Nebels seine Truppen in 2 Kolonnen auf, durchbrach die russischen Flügelpositionen und überrannte alles auf seinem Wege. Ungeachtet des Widerstandes der Bataillone Weydes hinter der Palisadenverschanzung, trotz der Anstrengungen der Preobrashensker und Ssemionowsker Regimenter ergreifen die Moskowiter die Flucht; ihre Kavallerie stürzt sich in die Narowa, die an 1000 Mann verschlingt; die Brücken von Kamperholm im Norden und von Ioala im Süden brechen unter dem Gewicht der Infanteristen zusammen, die ebenfalls fliehen. Nach 2 kräftigen Gegenstößen, nach Umzingelungs- und Durchbruchsversuchen muß die Armee Peters auf dem Schlachtfelde kapitulieren. Die Russen hatten 10 000 Mann verloren (nach dem „Tagebuch Peters d. Gr." nur 6000). Der Marschall Herzog Croy[6], Fürst Dolgorukij, die Generäle Weyde, Hallart, Lange, Oberst Pierre Lefort, der Neffe des Generals, sowie 50 weitere Offiziere wurden gefangengenommen. Die Beute war unermeßlich: 143 Fahnen, 20 Standarten, die Armeekasse mit 263 000 Talern, 63 schwere Artilleriegeschütze, 27 Mörser, 7 Haubitzen und 50 Feldgeschütze. Großmütig erlaubte Karl XII. dem besiegten Heer, mit seinen Handfeuerwaffen abzuziehen und erleichterte ihm sogar das Übersetzen über die Sarra. 10 500 kampfgewohnte Schweden hatten 40 000 Russen besiegt, die unter unfähigen Befehlshabern standen und zum größten Teil Rekruten waren. Die Zahl der Gefangenen war viermal so groß wie die der Sieger, deren Gesamtverluste an Toten nur 31 Offiziere und 636 Mann, an Verletzten 66 Offiziere und 1181 Mann betrugen. Der Zar war bei der Schlacht nicht zugegen; er war am Tag zuvor überstürzt mit Menschikow und Golowin abgereist, nachdem er den Oberbefehl Fürst Dolgorukij und dem Herzog Karl Eugen Croy übergeben hatte. Peter I. schien den Kopf verloren zu haben, denn er hatte Croy 2 sich widersprechende Instruktionen gegeben: Einmal sollte er die Bestürmung bis zum Eintreffen der Artilleriemunition zurückstellen und zum anderen Narwa vor dem Eintreffen Karls XII. einnehmen..., der ja bereits da war! Über den Grund dieses überstürzten Ortswechsels gibt es verschiedene Versionen. Wir geben hier diejenige aus dem „Tagebuch" Peters d. Gr. wieder: „Am 18. ist Seine Majestät von der Armee aus nach Nowgorod gereist, um die vorrückenden Regimenter, die sich auf dem Marsch zur Belagerung von Narwa befanden, zu größerer Eile anzuspornen; doch der wichtigste Grund seiner Abreise war, daß er mit dem König von Polen, der die Belagerung von Riga abgebrochen hatte, eine Zusammenkunft wünschte und mit ihm über ihre gemeinsamen Vorhaben beraten wollte. Zu diesem Zweck nahm er den Marschall Graf Golowin, der ja auch Außenminister ist, mit."

Die neuesten „Berichte zur Geschichte der Sowjetunion" geben ebenfalls zu, daß „Peter am Vortage die Armee verlassen hatte, um sich nach Nowgorod zu begeben"[7]. Die Generäle Hallart und Lange berichten in ihren offiziellen Rapporten, daß der Zar sich nach Moskau aufgemacht habe, um den türkischen Gesandten zu empfangen..., der erst 3 Monate später eintraf. Pleyer, der Gesandte des Kaisers, versichert, Peter habe im Hinblick auf die bevorstehenden Gefahren dem Drängen seiner Ratgeber nachgegeben. General Hallart mit seiner soldatischen Rauhbeinigkeit wird später einmal ausrufen: „Sie haben soviel Herz, wie ein Frosch Haare auf dem Bauch hat."

Unter Androhung schwerster Strafen war es verboten, von der Niederlage Rußlands zu sprechen. Die im Ausland stehenden Gesandten des Zaren erhielten den Befehl, sie als Sieg hinzustellen: Die Schweden hätten kapituliert, die russischen Offiziere, die Karl XII. ihre Aufwartung machen wollten, seien durch Verrat in Gefangenschaft geraten. Europa schenkte diesen Märchen keinen Glauben und warf dem Zaren vor, daß er mit der Schlacht zugleich auch die Ehre verloren habe. Eine Medaille zeigte ihn auf der Flucht, den Degen hat er fortgeworfen, der Hut fliegt ihm vom Kopf, mit dem Sacktuch wischt er sich die Tränen ab. Darunter stand die Inschrift aus dem Evangelium: „Er ging hinaus und weinte bitterlich." Vielleicht hatte Peter sich an jenes alte russische Sprichwort gehalten, in dem es heißt: „Fliehen ist zwar nicht sehr ehrenhaft, dafür aber sehr gesund."

Die Bevölkerung von Moskau richtete bei Bekanntwerden der Niederlage von Narwa folgendes Gebet an den heiligen Nikolaus:

„O großer heiliger, unendlich mächtiger Nikolaus, der du unser getreuer Trost in all unserer Trübsal bist! Mit welchem Vergehen haben wir uns so an dir versündigt, bei unseren heiligen Messen, dem Beugen des Knies, den Verneigungen, unseren Danksagungen, daß du uns so unendlich allein gelassen hast? Wir haben deine Hilfe angefleht im Kampf gegen diese schrecklichen, frechen, rasenden, furchtbaren, unbändigen Zerstörer, als sie — den Löwen oder Bären gleich, die ihre Jungen verloren — uns angegriffen, erschreckt, verwundet, zu Tausenden getötet haben. Uns, die wir dein Volk sind! Unmöglich ist es, daß dies ohne Hexerei und bösen Zauber geschehen sei. Deshalb flehen wir dich an, o großer heiliger Nikolaus, sei unser Streiter und unser Bannerträger, mach uns frei von diesen Hexerscharen, jage sie weit weg von unseren Grenzen, bestrafe sie, wie sie es verdienen."

Was wird nun Karl XII. nach seinem Siege tun? Verfolgt er die Überbleibsel der russischen Armee? Marschiert er dann nach Moskau, oder wendet er sich gegen August II.? Der schwedische König hatte sich, wie es schien, nach einigem Zögern zur Liquidierung der sächsischen Armee entschlossen und seine Winterquartiere in der Nähe von Dorpat in Estland aufgeschlagen[8].

Peter schickte, in der Hoffnung, noch einen ehrenhaften Frieden zu erwirken, Matwejew nach London; er bat auch den Kaiser, die Generalstaaten, Frankreich und den Kurfürsten von Brandenburg um Vermittlung. Er ließ über Oberst Morel de Carrière als Mittelsperson seine Vorschläge dem Gesandten Bezenval unterbreiten. Golowin schrieb an den Gesandten Le Héron: „Die Vereinigung zwischen diesen beiden Helden (Karl XII. und Peter I.) wäre bestimmt ein edler Gegenstand der Bewunderung für Europa." In Versailles machte man sich darüber lustig. Von seiner Seite unterbreitete nun August II. einen Friedensvorschlag, den Karl XII., entgegen den Ratschlägen des Kanzlers Bengt Oxenstjerna und des Grafen Piper verächtlich zurückwies. „Der Sieg bei Narwa war allzu wunderbar, wurde allzu leicht gewonnen; er erzeugte bei Karl XII. eine Verachtung für den Gegner, die bedauerliche Folgen hatte", schreibt König Oskar II. von Schweden[9].

Der Zar war vollkommen durcheinander. Seine Illusionen, seine Hoffnungen waren dahingeschwunden: Seine Arme, seine Artillerie, seine Soldaten sind nichts wert; die schwedischen Truppen sind anscheinend nicht zu besiegen. Karl XII. hatte sich als großer Feldherr erwiesen. Das Tor zur Ostsee war ebenso uneinnehmbar wie das zum Schwarzen Meer! Doch plötzlich schöpfte der Besiegte neuen Mut: Er will seine Rache haben! Mit ganzer Leidenschaft macht er sich ans Werk. „Ich weiß genau", sagt er, „daß die Schweden uns noch sehr oft schlagen werden, aber am Ende lehren sie uns, wie *sie* zu schlagen sind." Die vernichtende Niederlage bei Narwa führte ihn zum strahlenden Sieg bei Poltawa, denn große Seelen zeigen ihre wahre Beschaffenheit in Zeiten der Prüfung und nicht in Zeiten des Erfolges. Puschkin hat geschrieben: „Ein schwerer Hammer zerschlägt zwar das Glas, aber er schmiedet das Schwert."

*

Viele Jahre später sagte Peter I. über Narwa: „Die ganze Sache war nur eine Kinderei, die ohne Verstand geführt wurde... Wir haben diesen Krieg wie Blinde begonnen... Wenn ich heute daran denke, danke ich Gott für dieses Unglück, das uns frei machte von Trägheit und uns zum Arbeiten zwang, Tag und Nacht." Das stimmt: Der Zar gönnte sich von nun an keinen Augenblick der Ruhe mehr. Zur Ergänzung seiner auf 25 000 Mann zusammengeschmolzenen Armee und zum Wiederaufbau seiner Artillerie hob er 10 frische Regimenter aus, baute ein großes Eisenwerk in Newjansk-Kamenskij, ließ die Kirchen- und Klosterglocken einschmelzen, befahl in allerkürzester Frist die Lieferung von 130 Belagerungsgeschützen, 142 Feldgeschützen, 12 Mörsern und Haubitzen. In Lüttich kaufte er 15 000 moderne Gewehre, Schnellfeuergeschütze und Fernrohre. Er versetzte Archangelsk in den Verteidigungszustand gegen einen eventuellen Angriff der schwedischen Flotte, ließ Halb-Galeeren bauen, deren jede 50 Mann auf dem Peipus- und Ladoga-See transportieren konnte und mit denen die kleinen feindlichen Schiffe dort bekämpft werden sollten. Er stellte bald die Strelizen-Regimenter wieder auf, die er gerade erst aufgelöst hatte. Er besprach sich im Februar 1701 mit August II. — wobei er sich immer noch Illusionen über die Kampfkraft seiner Verbündeten machte — auf Schloß Birsen bei Dünaburg und unterzeichnete einen neuen Vertrag, in dem man übereinkam, daß nach einem Siege Livland und Estland wieder an den König von Polen, Ingermanland und Karelien an den Zaren fallen sollten. Vor lauter Wiedersehensfreude hielten die beiden Herrscher ein 3 Tage und 3 Nächte währendes Gelage ab. Im Zielschießen mit Kanonen war der Zar dem König unterlegen; dafür revanchierte er sich glänzend bei Tisch: August war nämlich schwer betrunken und konnte sich darum am nächsten Morgen nicht zur römisch-katholischen Messe begeben, die der griechisch-orthodoxe Monarch belustigt und taufrisch verfolgte ... Auch mit Dänemark schloß Peter einen neuen Vertrag ab.

Ein allzu genauer Bericht über die Schlachten und Belagerungen dieses langen Krieges würde den Rahmen dieses Buches sprengen; wir beschränken uns daher auf die Darstellung der wesentlichsten Geschehnisse. Karl XII., der seine Truppen in Dorpat einem scharfen Drill unterworfen hatte, brachte den Sachsen und Russen bei Riga eine schmerzliche Niederlage bei (1701); er nahm Mitau, Bausk und Birsen ein und vernichtete die 12 000 Litauer des Fürsten Oginski. Die Russen trugen ihren ersten Sieg über die Schweden bei Erestfer davon, schlugen die Truppen des Generals Schlippenbach (1702), eroberten die Festungen Marienburg und Nöteborg (das seitdem Schlüsselburg genannt wird); auf Befehl des Zaren richteten sie so gründliche Verheerungen in Livland an, daß es bis auf einige Städte „in eine Wüste verwandelt wurde; es gibt nichts mehr zu zerstören", berichtet Scheremetjew. Ein paar Dutzend junge Soldaten wurden wegen Feigheit vor dem Feind von Peter aus der Armee ausgestoßen. Vor ihrer Hinrichtung ließ man sie Spießrutenlaufen und spuckte ihnen ins Gesicht. Karl XII. schlug die Sachsen und Polen bei Klissow (Juli 1702), zog in Krakau ein und warf seine Gegner auf Thorn zurück. Vergebens schickte August II. seine Geliebte, die Gräfin Königsmarck, zu einer Begegnung mit dem jungen König. Der sittenstrenge Schwede, der nun an die Stelle des unbesonnenen Jünglings getreten ist, mustert gleichgültig die schöne Aurora und entfernt sich wortlos. Was sollte er sich, mit seinen 21 Lenzen, aus der 42jährigen, im Herbst ihres Lebens stehenden Favoritin machen? Ende Dezember zog der Zar im Triumph in Moskau ein. Man schleppte ein paar schwedische Gefangene mit, die auf dem Markt zum Preis von 3 bis 30 Dukaten verkauft wurden. Scheremetjew erhielt den Marschallstab, Menschikow wurde zum Gouverneur von Schlüsselburg ernannt.

Die wesentlichsten Ereignisse des Jahres 1703 waren die Gründung von St. Petersburg und die Siege der Schweden über die Sachsen. Karl XII. brachte Pultusk, Thorn, Marienburg und Elbing in seinen Besitz; er ließ durch den Reichstag von Warschau Stanislaus Leszczinski, den Woiwoden von Posen, zum König wählen (12. Juli 1704). Polen hatte damit 2 Könige: Stanislaus und August II., obwohl dieser durch beide Kammern des Reichstags, Senat und Landboten, schon vor einigen Monaten seines Titels verlustig erklärt worden war.

Eine merkwürdige Episode spielte sich in der Nähe von Narwa ab: Russische Soldaten, die als schwedische Infanteristen verkleidet waren, lieferten ein Scheingefecht gegen die Russen, wodurch sie die Schweden aus der Garnison lockten und gefangennahmen. Das „Tagebuch" Peters d. Gr. berichtet stolz über diesen Zwischenfall: „So stürzten diese Offiziere selbst auf das vermeintliche Regiment von Schlippenbach, wobei sie aus vollem Halse ,Willkommen' schrien! Und dann wurden sie gefangen." Niemand anderer als General Fürst Repnin und der Gouverneur von Ingermanland, Menschikow, waren die Anführer dieses Manövers; der Zar hatte sich für den wenig rühmlichen Streich als schwedischer Soldat verkleidet. Man könnte meinen, wir befänden uns noch in der Deutschen Siedlung. Ehrenvoller ging es bei der Eroberung von Dorpat und Narwa zu: Peter nahm 250 schwedische Offiziere, 1600 Soldaten und 350 Flammenwerfer. Karl XII. dagegen eroberte Warschau und Lemberg.

Am 6. Dezember 1704 zog der Zar wieder in Moskau ein, als Triumphator — wie er es sich so vorstellte: an der Spitze seiner Schützen-Kompanie, während Scheremetjew, Repnin und Bruce sich in Prunkschlitten mächtig aufspielten, hinter sich 150 gefangene schwedische Offiziere, 14 Standarten, 40 Fahnen und 80 erbeutete Kanonen aus Bronze.

Das „Tagebuch" berichtet von den häufigen Reisen des Zaren, die ihn von einem Ende des Reiches zum anderen führten, zu Wasser und zu Lande, von der Stadt auf die Werften, von den Fabriken zum Heer. Peter war überall zugleich. Ein heftiges Fieber warf ihn nieder, aber schon bald war er wieder auf den Beinen und ließ neue Schiffe vom Stapel laufen: Brander, Galeeren, Galioten und Brigantinen, die die unterschiedlichsten Namen erhielten: „Der Elefant", „Die Standarte" und „Michael".

1705, so schreibt der Gesandte Whitworth, ist die russische Armee — trotz der ungeheuren Verluste, die sie erlitten hatte — 68 250 Mann

stark; davon 16 200 Kavalleristen und 52 050 Infanteristen; von diesem Jahr an erhielt sie einen jährlichen Zuwachs von ungefähr 30 000
Rekruten. Peter ließ Kriegsmaterial herstellen, erhöhte die Abgaben,
zog die Gelder des Kloster-Prikas ein; 82 Prozent der Ausgaben
betrafen die Armee. Der Sieg flog von einem Lager zum anderen: Lewenhaupt brachte
den Verbündeten unter dem Befehl von Scheremetjew 2 Niederlagen
bei, aber die Russen eroberten alle schwedischen Stützpunkte in Kurland. Der Zar nahm Mitau ein, Menschikow errang einen Sieg, der
ihm den Rang eines Kavalleriegenerals einbrachte. Im November
1705 war sich Peter nach einem Besuch des polnischen Königs im
Feldlager von Grodno über den Kriegsausgang so wenig sicher, daß
er Whitworth die Hoffnung anvertraute, „die Königin von England,
Anna, möge ihre Vermittlung für einen Frieden mit Schweden anbieten". Auch dem preußischen Gesandten gegenüber drückte er den
Wunsch aus, daß sein Gebieter sich auch weiterhin in dieser Sache
verwende. Whitworth erklärt, er zweifle nicht an der Aufrichtigkeit
des Zaren, der seine guten Gründe habe: „Seine Gesundheit, die
Überforderung der Armee, der schlechte Stand der Finanzen, die
Unsicherheit über den Ausgang des Krieges, eine Erhebung in Astrachan, die allgemeine Unzufriedenheit in Moskau." Der Diplomat
fügt hinzu, daß „der Zar lieber sein ganzes Reich hergeben würde als
sein geliebtes St. Petersburg".
In Moskau hatte eine neue Siegesparade das Jahr abgeschlossen. Es
folgte ein grausames Erwachen: Im Januar 1706 verläßt Karl XII.
Warschau, taucht plötzlich mit 24 000 Mann vor Grodno auf und
schlägt 50 000 Russen in die Flucht; die Truppen des Marschalls
Ogilvy und Menschikows — die vom Zaren die Order erhalten haben, „nur ganz wenig mit sich zu führen und wenn nötig, alles weg-
zuwerfen" —, die Truppen versenken 100 Kanonen im Njemen (Me-
mel), lassen ihre Bagage im Stich und flüchten über Wolhynien.
Karl XII. wird durch den starken Eisgang auf dem Fluß an ihrer
weiteren Verfolgung gehindert und marschiert auf Sachsen zu.
Rehnskiöld bereitet den sächsischen und russischen Truppen unter
dem Befehl des Generals Johann Matthias von der Schulenburg in
Fraunstadt eine entscheidende Niederlage (13. Februar)[10]. „Das ist

ein harter Schlag für Rußland", berichtet Whitworth. Der Zar ist enttäuscht von den wiederholten Niederlagen seines Verbündeten und schreibt an Graf Golowin, seinen Außenminister: „Für all mein gutes Geld, das ich dem König von Polen gegeben habe (1 600 000 Rubel), habe ich nur Verluste erlitten." Golowin drängt abermals den Gesandten Whitworth wegen einer Friedensvermittlung Englands.

Unterdessen verbesserte sich die innenpolitische Lage Rußlands, denn Scheremetjew schlug die Rebellen in Astrachan, die den Gouverneur, zahlreiche Adelige und Ausländer umgebracht hatten; 300 Anführer wurden hingerichtet, 4000 Insurgenten gewaltsam in die Armee eingegliedert; dazu verfügte Peter I. jetzt über 4 Häfen: St. Petersburg, Asow, Archangelsk und Narwa.

*

Indessen war der Spanische Erbfolgekrieg (1702—1713) entbrannt zwischen dem mit Spanien, den Kurfürsten von Bayern und Köln verbündeten Frankreich einerseits und der Koalition, die am Ende 8 Staaten umfaßte, darunter das Kaiserreich, England, Holland und Preußen anderseits. Die Armeen Ludwigs XIV. — die anfänglich die glänzenden Siege von Luzzeira und Friedlingen erfochten hatten — erlitten die Niederlagen von Höchstädt und Blindheim, Ramillies und Turin (1706). Ebenso wie Polen hatte Spanien zwei Könige, von denen der eine in Madrid (Philipp V., Herzog von Anjou) und der andere in Barcelona (Karl III., Erzherzog von Österreich) proklamiert wurden. Der Herzog von Marlborough hatte eben Belgien erobert, Karl III. Madrid eingenommen. Ludwig XIV. bemühte sich um den Frieden.

Als Karl XII. am 1. September 1706 mit seiner siegreichen Armee in Altranstädt eintraf, hatten sich in Leipzig, 2 Kilometer vom Schwedenkönig entfernt, die Vertreter der „Großen Allianz" gegen Frankreich eingefunden. August II. war nach Dresden geflohen und hatte schon seit einigen Monaten geheime Verhandlungen mit dem jungen Sieger eingeleitet. Dessenungeachtet wagte er es nicht, den nominell unter seinem Befehl stehenden Menschikow davon abzuhalten, den 8000 Schweden und 24 000 Anhängern Leszczinskis unter dem Kommando von Mardefeld eine Schlacht zu liefern. Menschikow errang den Sieg von Kalisch (29. Oktober), nahm an die 100 Offiziere und 1800 Mann gefangen. August II. beauftragte seinen Gesandten Finkenstein, Karl XII. folgendes zu eröffnen: „Es sei ohne sein Dazutun zur Schlacht gekommen. Die Russen und die Polen auf seiner Seite hätten ihn dazu gezwungen; er habe alles versucht, um Menschikow fallenzulassen, Mardefeld hätte ihn schlagen können, wenn er die Gelegenheit genutzt hätte. Er werde alle schwedischen Gefangenen zurückschicken und mit den Russen brechen; und schließlich werde er dem schwedischen König eine angemessene Satisfaktion geben, weil er es wagte, seine Truppen zu schlagen . . ." Gleichzeitig meldete er Peter „den ruhmreichen Sieg über Mardefeld"! August setzte hinzu: „Wir haben allen Grund, Gott für diesen Sieg zu danken[11]." Weiter hätte man die Doppelzüngigkeit kaum treiben können!

Karl XII. erteilte den geheimen Unterhändlern Augusts II. seine Antwort und diktierte in einem Zuge seine Bedingungen: Endgültiger Verzicht auf die Krone Polens zugunsten Stanislaus', Lösung der Bündnisverträge, insbesondere mit Rußland, Herausgabe der Gefangenen und Auslieferung der Deserteure. Vergebens bemühten sich die polnischen Bevollmächtigten um eine Verbesserung dieser harten Forderungen: „So will es mein Gebieter, und er ändert seine Entschlüsse niemals", antwortete Graf Piper, sein Premierminister. August II. suchte persönlich seinen Bezwinger auf. Karl XII. dachte nicht daran, seine Bedingungen zu mildern und verlangte noch, daß der entthronte König ein Glückwunschschreiben an Stanislaus richte und ihm die Kronjuwelen und das Staatsarchiv nach Warschau sende. Der Vertrag von Altranstädt beendete den Krieg zwischen Schweden und Polen. Alle Forderungen Karls XII. waren anerkannt worden. Er hatte nicht einen Zollbreit Landes für Schweden, keinen einzigen Vorteil für sich verlangt. August II. besaß die Niedertracht, seinen Freund Patkul, der jetzt Gesandter des Zaren bei ihm war, an Schweden auszuliefern. Karl XII., der Patkul für einen Deserteur und Verräter hielt, ließ ihn foltern und in Casimierz, einem polnischen Dörfchen, enthaupten, trotz aller Bemühungen, die Peter I. zu sei-

nen Gunsten unternahm. Held oder Intrigant — Patkul starb unter
größten Qualen.

*

Somit hatte Karl XII. 2 seiner 3 Gegner außer Gefecht gesetzt: Dänemark und Polen. Seine blendenden Siege, die Schnelligkeit seiner
Vor- und Rückmärsche, seine Geschicklichkeit im Manövrieren, seine
Kühnheit sowie die Disziplin und die Tapferkeit seiner „Karolinen"
und seiner Trabanten umgaben ihn mit einer Aureole. Er verfügte
über annähernd 44 000 Mann, von denen 25 000 gut ausgebildete,
hervorragend ausgerüstete Kavalleristen waren. Die Regimentskas-
sen waren reich. „Manche von ihnen hatten bis zu 10 000 Pfund in
Silbermünzen" (Oskar II.). Die kriegführenden Nationen fragten
sich: Was wird Karl XII. nun unternehmen? Wird er seinen Kampf
auf Leben und Tod gegen Peter weiterführen? Begnügt er sich damit, die Russen aus Polen zu vertreiben? Schließt er mit dem Zaren
Frieden? Kehrt er nach Schweden zurück? Schlägt er sich zu Frankreich, um Wien in seinen Besitz zu bringen, sich zum Kaiser krönen
zu lassen und damit den Wunschtraum seines illustren Vorfahren
Gustav II. Adolf zu verwirklichen? Oder wird er im Gegenteil die
Große Allianz um Landgewinne in Europa unterstützen? ... Tiefs-
tes Geheimnis umgab die Absichten des Königs von Schweden, der
sich in undurchdringliches Schweigen hüllte, mit höchster Aufmerksamkeit seine Stiefelspitzen betrachtete, damit die Diplomaten nicht
in seinen Augen lesen konnten, oder aber er riß statt jeder Antwort
so stark an den Rockknöpfen seines Gesprächspartners, daß sie
manchmal in seiner Hand zurückblieben. Um die Spione irrezuführen,
hatte er den Reichsmarschall um Bericht gebeten über die Wege, die
„von Leipzig nach *allen* Hauptstädten Europas" führen. Da der
Marschall in Majuskeln auf das erste Aktenstück „Straßen von Leipzig nach Stockholm" geschrieben hatte, meinte Karl XII. gelassen:
„Ich erkenne sehr wohl, wohin Sie mich bringen wollen. Aber so
bald werden wir nicht nach Stockholm zurückkehren."
Der Kaiser fürchtete den Zorn Karls XII. und stimmte daher seinen
übertriebensten Forderungen zu: Er verpflichtete sich, ihm 1500 Kosaken auszuliefern, die sich in seine Länder geflüchtet hatten (und

die er später entkommen ließ), er übergab ihm seinen eigenen Käm-
merer, der sich in Wien geweigert hatte, auf die Gesundheit des
Königs von Schweden zu trinken, sowie zwei Livländer. (Der Käm-
merer wurde nach einiger Zeit zurückgeschickt, die Livländer gerädert.) Als der Papst dem Kaiser Vorwürfe machte, weil er 100 Kirchen den Protestanten zurückgegeben hatte, gab er ihm zur Antwort: „Freuet Euch, daß der König von Schweden mir nicht vorgeschlagen hat, zum lutherischen Glauben überzutreten. Wenn er es
gewünscht hätte – ich weiß nicht, wie ich mich entschlossen hätte!"
In Altranstädt empfing Karl XII. die Mehrzahl der deutschen Fürsten. Ludwig XIV. schickte ihm als außerordentlichen Gesandten
Jean-Victor de Besenval Baron Bronstadt, der sich im Dienste Frankreichs während des Spanischen Erbfolgekrieges ausgezeichnet hatte.
Saint-Simon bezeichnet diesen Schweizer als einen „vertrauenswürdigen Mann von Geist, der die Schliche kennt und ein kluger Kopf
ist". Als Diener verkleidet, gelang es Besenval, durch Deutschland bis
nach Leipzig zu kommen, wo die Diplomaten aus dem feindlichen
Lager ihm das Leben schwer machten. Nach den genauen Instruktionen Ludwigs XIV. sollte er dem König von Schweden die Rolle
eines Vermittlers zwischen Frankreich und der Großen Allianz anbieten und ihn vor allem auf die französische Seite ziehen. Die Aufgabe war heikel: Wenn die Beziehungen zwischen Versailles und
Stockholm auch sehr lange Zeit ausgezeichnet waren, so stand jetzt
der König von Schweden auf bestem Fuße mit England und Holland.
Besenval wurde vom Grafen Piper sehr kühl empfangen, erhielt aber
am 1. März 1707 eine Audienz beim König. In einem morastigen
Hof, in dem Pferde eingestellt sind, steigt er aus seinem Wagen
und betritt „eines der armseligsten Häuser des schmutzigsten Ortes
von Sachsen", schreibt er. Er hatte geglaubt, der junge Herrscher
lebe umgeben von seinen Hofleuten, wie es der König von Frankreich während eines Feldzuges hielt. Karl XII. indessen, der nur
einen Minister bei sich hat, lebt wie ein junger Hauptmann und
begnügt sich mit einem Wohn- und einem Arbeitsraum; das Hauptquartier des Siegers von Narwa und Klissow erinnert in nichts an die
glänzende Hofhaltung seines Ahnherrn Gustaf Adolf in Deutschland
während des Dreißigjährigen Krieges.

Besenval wird hereingeführt. Karl XII. trägt seine Felduniform mit
umgelegtem Kragen, großen Knöpfen aus vergoldetem Messing,
eine Weste aus Büffelleder und eine schwarze Halsbinde.
Seine Hose aus Rentierleder und die Ränder an seinem Hemd sind schmutzig.
Ein Degen von ungewöhnlicher Länge hängt an seinem Koppel aus
rohem Leder; er trägt riesige Stiefel mit dreifacher Sohle und eckiger
Kappe, die bis zu den Oberschenkeln hinaufreichen und in über-
großen Sporen aus Stahl endigen, wahre Siebenmeilenstiefel! Er hat
weder Handschuhe noch Manschetten, noch Orden, noch Rangabzei-
chen, nicht die geringste Verzierung[12]. Bei der Jugend des Königs,
seiner hoch aufragenden Gestalt, der außerordentlichen Einfachheit
seiner Kleidung könnte man ihn für irgendeinen armen Adjutanten
halten, wenn nicht der durchdringende, gebieterische Blick wäre unter den hellbraunen Haaren, die fettig und kurz sind und immer
unordentlich hochstehen. Er trägt, seitdem er in den Krieg gezogen
ist, nie eine Perücke; in Carlshamn hat er sie ins Wasser geworfen!
Für einen Augenblick ist Besenval aus der Fassung, fängt sich aber
sofort wieder, denn auch er ist Soldat. Er bringt seine Sache vor. Ein
Sekretär übersetzt ins Schwedische. Karl XII. sagt nichts. In der Annahme, der König verstehe kein Französisch, fährt der Gesandte in
deutsch fort. Karl XII. starrt hartnäckig auf seine Stiefelspitzen und
schweigt. Besenval glaubt, der Herrscher sei schlechter Laune und
bricht ab. Er sucht um eine weitere Audienz nach. Der König
schweigt weiter und bedeutet ihm, daß er sich zurückziehen möge.
Der Gesandte Ludwigs XIV. verbeugt sich und geht; er hat nicht
einmal die Stimme des Königs gehört! Trotzdem gibt er sich nicht
geschlagen, knüpft Verbindungen an, festigt einige Freundschaften
und erfährt aus sicherer Quelle, daß der König an den Angelegenheiten des Westens nicht uninteressiert sei, es aber „für eine unver-
meidliche Notwendigkeit hält, zuerst einmal den Krieg mit Warschau zu beenden".
Am 26. April 1707 trifft John Churchill, Herzog von Marlborough,
Generalissimus der Seestreitkräfte, der berühmte Sieger von Blindheim und Ramillies, in Altranstädt ein, wo er von Karl XII. auf das
freundlichste empfangen wird. Während er ihm einen Brief der
Königin Anna überreicht, bemerkt der Herzog einige Landkarten

von Rußland auf dem Arbeitstisch des Schweden. Er stellt fest, daß die Augen seines Gesprächspartners „auflodern", als er mit ihm über den Zaren spricht. Beruhigt verläßt er Deutschland in der Überzeugung, daß der junge Löwe seine nächsten Prankenhiebe in dieser Richtung führen wird. Auf Befehl Ludwigs XIV. setzte Besenval, der in Leipzig geblieben war, Graf Piper darüber in Kenntnis, daß der Zar zu Verhandlungen bereit sei. Karl XII. verlangte die Herausgabe aller russischen Eroberungen, insbesondere des Sumpfgebietes, aus dem der Zar St. Petersburg hatte erstehen lassen. „Man hat mir erneut versichert", schreibt Besenval im Juli 1707, „daß der König von Schweden zuverlässig erklärt hat: Wenn der Zar ihm einen aufrichtig gemeinten Vorschlag unterbreite, wie er in den bekannten Fragen zufriedengestellt werden könne, dann werde er Frieden mit ihm schließen. Das sind genau die gleichen Worte, die der König gebraucht hat." Besenval, der über die Kurfürstin von der Pfalz als Vermittlerin verhandelte, erhielt diese Erklärung vom Zaren nicht. Dagegen berichtete ihm Vizekanzler Golowkin folgendes: „Peter I. ist bereit, die Vermittlung Frankreichs anzunehmen, oder Unterhändler zum König von Schweden zu entsenden, wenn jener direkt verhandeln will. Solange ihm die Pläne für einen Friedensschluß des schwedischen Hofes nicht bekannt sind, kann er keine bindenden Vorschläge machen." Während noch der Gesandte Ludwigs XIV. vergeblich nach einer Möglichkeit zur Beendigung des Nordischen Krieges suchte, flehte Stanislaus Leszczinski, in der Hoffnung, Karl XII. richte nun seine Waffen gegen den Kaiser, den schwedischen König an, die Russen aus Polen zu vertreiben.

Als Peter merkte, daß die Interventionen Frankreichs zur Erreichung eines Friedensschlusses zu nichts führten, wandte er sich an die siegreichen Feldherren, indem er dem Herzog von Marlborough ein Königreich am Dnjepr und dem Prinzen Eugen die polnische Krone anbot. Karl XII. blieb unerschütterlich: Er wird Rußland keinen Zoll breit Boden überlassen. Peter wiederum läßt sich eher den Kopf abschlagen, als St. Petersburg herauszugeben. Eine Verständigung ist also unmöglich.

Am 1. September 1707 verläßt ganz plötzlich die schwedische Armee

Sachsen und marschiert nach Polen und Rußland. Kurz zuvor hatte
Besenval zu Hermelin, dem Sekretär Pipers, gesagt: „Die Campagne
gegen die Russen wird schwierig und gefährlich sein, denn die
Schweden haben den Moskowitern das Kriegshandwerk beigebracht,
und sie haben aus ihnen bedrohliche Feinde gemacht; es ist doch
unmöglich, diese ungeheuer große Macht vollkommen zu vernichten." Besenval sah die Ereignisse richtig voraus.

*

Während des ganzen Jahres, das er in Altranstädt verbrachte, hatte
Karl XII. – der jeden Morgen um 4 Uhr aufstand – mit seinen Soldaten Übungen abgehalten, indem er sie nach seiner Auffassung
„drillte"; er zwang ihnen eine eiserne Disziplin auf, verlangte unge-
heure Leistungen von ihnen. Daß sie ihr Leben opfern, erschien ihm
nur natürlich, da er das seine andauernd in die Schanze schlug! Die
Armee war seine Braut, seine Familie und sein Lebensinhalt; er
hatte sich ihr mit Leib und Seele verschrieben. Am Vorabend des
Weihnachtstages 1706 berichtete er seiner Mutter Ulrika Eleonora:
„Meine Schwester schreibt mir, daß sie von meiner bevorstehenden
Heirat habe reden hören. Ich muß bekennen, daß ich mit meiner
Armee verheiratet bin, in guten wie in bösen Tagen, im Leben wie
im Tode. Es ist in unserem Heer verboten worden (sowohl in Polen
wie in Sachsen, wo wir augenblicklich sind), auch nur ans Heiraten
zu denken. Und niemand kann etwas angreifen, das nun einmal auf
so kluge Weise angeordnet worden ist."
In einem späteren Brief verweigerte er Oberst Leijonhufvud, der
darum nachgesucht hatte, die Heiratserlaubnis: „Ich glaube, es ist für
diesen Offizier besser, in Anbetracht seines militärischen Ranges,
nicht an eine Heirat zu denken ..."
Peter I. hatte auf seiner Seite während der 7 Jahre, die seit der
Schlacht von Narwa vergangen waren, eine unablässige Aktivität an
den Tag gelegt: Er hatte den Schiffsbau und die Herstellung von
Kanonen beschleunigt, die Leibeigenen, die bis dahin ihren Bojaren
in die Armee gefolgt waren, als Soldaten angeworben. Er hatte ein
Militärhospital in Moskau gegründet, ausländische Feldschere in

Dienst genommen, weitere Steuererhebungen angeordnet, das Post-
wesen, Salz und Tabak zum Monopol erklärt, Gesteinsbohrungen
vornehmen lassen, um Silber und Blei zu finden. Demidow wurde die
staatliche Waffenfabrikation übertragen. In der Ukraine ließ er
Schafe zur Gewinnung von Wolle züchten. Als er von dem schmach-
vollen Friedensschluß zu Altranstädt erfuhr, der ohne sein Wissen
von August II. selber unterzeichnet wurde, glaubte er, daß die Bevollmächtigten seines Verbündeten sich für Bestechungen zugänglich
gezeigt und die Vollmachten ihres Gebieters mißbraucht hatten. Der
Exkönig von Polen – der seine freundschaftliche Korrespondenz mit
dem Zaren fortsetzte – hatte dessenungeachtet mit Karl XII. und
Stanislaus in Leipzig diniert . . .
Die schwedische Armee war in hervorragender Kondition aus Sachsen
abgerückt. Sie säuberte das verwüstete Polen von den russischen Truppen, die den Rückzug antraten. Peter schlug sich mit finanziellen
Schwierigkeiten herum. „Wenn der Krieg einen schlechten Ausgang
nimmt, muß man den Ausbruch einer Revolution befürchten, die
wahrscheinlich für alle Ausländer verhängnisvoll sein wird", bemerkt
Whitworth. Der Zar befürchtete einen Marsch Karls XII. auf Moskau und mobilisierte Tausende von Arbeitern zur Befestigung des
Kreml und der Innenstadt: Er befahl eine äußerst scharfe Überwachung der schwedischen Gefangenen, darauf ihre Entfernung aus
der Hauptstadt. Wie stand es im im Jahr 1708 mit der Armee? Seit
Narwa hatte sie ernsthafte Fortschritte gemacht: Die Artillerie war
von Andrej Winius mit neuen Geschützen ausgestattet worden; mehr-
rere Regimenter wurden neu aufgestellt, zahlreiche ausländische
Offiziere angeworben. Der Zar hatte sich entgegen den Vertrag bestimmungen geweigert, an die 100 von ihnen zu entlassen. Die Rekruten erhielten eine strenge Ausbildung. Whitworth berichtet im
Dezember 1707: „Die Regimenter haben jedoch einen Teil ihres
Effektivbestandes wegen der unglaublichen Verfehlungen ihrer höheren Offiziere eingebüßt. Einige wurden aus dem Dienst entlassen,
andere in den Arrest geschickt, und wieder andere wegen ihres skan-
dalösen Benehmens vor ein Kriegsgericht gestellt. Die Vorhaben des
Zaren scheinen auf Grund des Mangels an fähigen Offizieren zum
Scheitern verurteilt . . . Viele Soldaten wurden zwangsweise mobili-

siert; zahlreich sind die Deserteure; allein 700 in einem einzigen Dragoner-Regiment."

*

Die schwedische Vorhut erreichte Grodno am 26. Januar 1708 — nur 2 Stunden nach dem Abmarsch des Zaren. Die auf dem Rückzug befindliche russische Armee litt entsetzlich unter dem Frost, den langen Tagesmärschen auf grundlosen Wegen, dem Mangel an Lebensmitteln und Fourage. Sie hatte große Verluste an Menschen, Pferden und Wagen. Die Kaufleute beschrieben die Unordnung in Menschikows Truppe, die auf der Flucht vor einer Handvoll Feinde die Dörfer plünderten, ihre Läden in Brand steckten. Bei der Rückkehr von der Front sagte der preußische Gesandte zu seinem englischen Kollegen: „Die Streitereien zwischen Scheremetjew und Menschikow sind schon so weit gediehen, daß der Generalissimus vor dem versammelten Ministerrat erklärt, er wolle von seinem Posten zurücktreten, da sein Ruf und die Armee des Zaren ruiniert würden, solange der Oberbefehl über die Kavallerie dem Fürsten nicht vollkommen entzogen würde."

Karl XII. bezog mit etwa 35 000 Mann Winterquartiere in der Umgebung von Minsk; sein Hauptquartier war in Rodoscowicz. Außerdem verfügte er noch über etwa 11 000 Soldaten unter dem Kommando von Lewenhaupt[13], über 12 000 in Finnland unter dem Befehl von Luebecker und 8000 Mann (in der Hauptsache deutsche Rekruten), die unter dem Befehl des Generals Crassow in Polen geblieben waren, um die Sicherheit Stanislaus Leszczinskis zu garantieren. Er befahl Lewenhaupt, zu ihm zu stoßen, und Luebecker, Ingermanland anzugreifen. Er selbst marschierte auf Borissow. Nachdem er über die beiden Armeekorps Scheremetjews und Menschikows den in der Folge bedeutungslosen Sieg von Holowtschin (3. Juli 1708) davongetragen hatte, den er selbst übrigens für seinen größten Erfolg hielt, überschritt er die Beresina. Er hatte sich in den Fluß gestürzt, ohne auf seine Infanterie zu warten. Als er sieht, daß einer seiner Adjutanten in seiner Nähe verletzt wird, überläßt er ihm sein Pferd und kämpft zu Fuß weiter. Er schert sich nicht um die Kugeln, verheimlicht seine Verletzungen und lächelt dem Tode zu wie einer Geliebten.

Mit einem solchen Anführer vollbringen die Karolinen außergewöhnliche Heldentaten. Für die Trabanten — eine Heldenschar, in der jeder für irgendeine glänzende Waffentat den Offiziersrang bekleidet — gibt es nichts, was unmöglich wäre. Nun ist Karl XII. also in Mohilew, auf dem Wege nach Smolensk und Moskau!

Und der Zar? Er trieb die Befestigungsarbeiten der Hauptstadt voran. Zur Unterdrückung der Revolte des Anführers der Donkosaken Bulawin (1707/08) und des Baschkirenaufstandes in der Gegend von Kasan und Ufa war er gezwungen, Truppen abzustellen, wodurch sein Armeebestand verringert wurde. Das „Tagebuch" berichtet darüber: „Der König von Schweden verfolgte die Russen, mal von der einen, mal von der anderen Seite. Die Armee war andauernd auf dem Rückmarsch; von allem, was sie auf ihrem Wege fand, nahm sie einen Teil für ihren eigenen Gebrauch, der Rest wurde verbrannt, damit der Feind keinen Nutzen davon habe... Man wurde vom Feinde verfolgt, dem unsere Kavallerie zuvorkam, indem sie die Lebensmittel in den Dörfern verbrannte, und auch das Getreide und die Scheunen auf den Feldern, um den Feind auszuhungern und ihm den Rückzug abzuschneiden."

Schon damals also gab es die gefürchtete Taktik der „verbrannten Erde", mit der auch Napoleon I. und der Gefreite Hitler Bekanntschaft machen sollten. Die Kosaken griffen die Schweden an, verschwanden, tauchten abermals auf, töteten die Soldaten und waren wieder wie fortgeblasen, sie waren nicht zu fassen. Peter befahl Menschikow immer wieder, „vor den Schweden eine Wüste zu bereiten, ihnen an allen schwierigen Stellen unentwegt zuzusetzen".

Karl XII. war der Überlegenheit seiner Truppen sicher und suchte ein entscheidendes Treffen herbeizuführen. Dem entzog sich der Zar in der Erkenntnis seiner Unterlegenheit und sagt dazu: „Es ist besser, die ganze Armee für den Tag der Entscheidung aufzusparen, als kleine unbedeutende Siege zu erfechten, die zu keinem Ergebnis führen. Es wäre sehr gewagt, sich einem entscheidenden Kampf zu stellen, denn dann könnten all unsere Hoffnungen in einer Stunde vollkommen zerschlagen werden."

Der König wartete einige Tage auf General Lewenhaupt, der vom Regen und den unwegsamen Straßen, von seiner Artillerie und seinem Train mit 7000 schwerbeladenen Packwagen aufgehalten war. Karl XII. war kein geduldiger Mensch, immer siegte sein Ungestüm über die Vorsicht (wodurch er sich besonders von seinem Vorfahren Gustav II. Adolf unterschied). Obwohl seine Generäle dringend abrieten, nahm er den Vormarsch wieder auf und befahl Lewenhaupt, nachzukommen. Am 10. September erreichte die russische Armee auf ihrem Rückzug Solowjewa. Am 22. stürzte sich Karl XII. an der Spitze seines Oştgöta-Regiments auf die zehnfach überlegenen Russen und Kosaken. Sein Pferd wird getötet, zwei Flügeladjutanten fallen an seiner Seite. Mit eigener Hand wirft er ein Dutzend Reiter aus dem Sattel. Nur durch ein Wunder wird er nicht umgebracht. Anstatt sich nach Moskau zu wenden, schwenkt er plötzlich nach Südosten, nach Kleinrußland, um, in Masepas Gebiet. Als Peter diese überraschende Nachricht erfährt, die Moskau von einer unmittelbaren Gefahr befreit, teilt er seine Armee in 2 Gruppen: die eine marschiert mit ihm gegen Lewenhaupt, die andere unter Scheremetjew folgt der schwedischen Armee in die Ukraine.

Am 28. September (alter Zeitrechnung) beginnt die Schlacht gegen Lewenhaupt bei Lesnaja (oder Ljesna) an der Ssosha. Die Russen siegen nach anderthalb Tagen erbitterten Kampfes. Der schwedische General vernagelt seine Kanonen, verbrennt die Packwagen und erreicht schließlich durch einen bemerkenswerten Flankenmarsch den König. Die ganze Operationsbasis Karls XII. bricht zusammen: Er erwartete 11 000 Mann frisch ausgehobener Truppen, 7000 Proviant-, Fourage- und Munitionswagen! Und nun erlebt er, wie nur 6700 verhungerte, erschöpfte Soldaten ohne Kanonen und Verpflegung ankommen!

„Dieser Sieg kann als der erste angesehen werden, den wir errungen haben, weil wir nie zuvor eine so große Überlegenheit über stehende Truppen hatten, und dies mit einer kleineren Anzahl von Soldaten als der Feind", heißt es im „Tagebuch": „Er war die eigentliche Ursache all der glücklichen Siege, die von da an Rußlands Armeen erfochten; er war die Feuerprobe, die den Soldaten kühn macht; er erfüllte ihn mit einem Vertrauen, das die Ursache des Sieges war, der ihm 9 Monate später folgte. 8000 (?) Schweden wurden getötet, 876 Offiziere, Unteroffiziere und Soldaten gefangengenommen, 17

Kanonen und 44 Fahnen erbeutet. „Nach dreitägiger Rast begab sich unser Armeekorps auf den Weg nach Smolensk, wo es am 8. Oktober mit den Gefangenen und Fahnen eintraf." Es steht schlecht um Karl XII.: Luebeckers Truppen werden in Ingermanland geschlagen und verlieren 3000 Mann; Stanislaus' Soldaten werden in Polen vernichtet. Und was noch schlimmer ist: Die von Masepa gepriesene ukrainische Kornkammer ist von den Russen verwüstet worden, die von ihm in Aussicht gestellten 40 000 Kosaken schmelzen auf einige Dutzend Offiziere und 2000 Reiter zusammen! Menschikow nimmt Baturin, die Residenz der Hetmane Kleinrußlands, ein. Er gibt die Stadt zur Plünderung, zur Brandschatzung frei und läßt unzählige Unschuldige elend umbringen. So hat also der Günstling getreulich die Befehle ausgeführt, die Peter I. ihm gegeben hatte:

„Herr Marschall,
ich teile Ihnen mit, daß Masepa sein Leben nicht auf ehrenvolle Weise beenden wollte. Er hat uns verraten und sich auf die schwedische Seite geschlagen. Dafür — Gott sei Dank! — hat er nicht einmal 5 Mann bei sich! Mit Gottes Hilfe, tut Eure Pflicht!
An der Front, den 30. Oktober 1708   PITER[14]."

Die Kosaken wählten ihr neues Oberhaupt in der Person Jan Skoropadskys und bekundeten feierlich ihre Treue zum Zaren.

*

Im Dezember 1708 war die schwedische Armee 1200 Kilometer von Stockholm entfernt. Es fehlte an allem und jedem in dem verwüsteten Land, in dem die 50 Taler, die jeder Soldat aus Altranstädt mitgenommen hatte, und der während der ersten Feldzüge des Nordischen Krieges angesammelte Kriegsschatz keinerlei Nutzen hatten. Der König aß verschimmeltes Brot wie seine Leute; er litt wie sie und beklagte sich doch niemals; er hatte dem Geringsten unter seinen Soldaten nur eines voraus: den unerschütterlichen Glauben an seinen Stern. Er kennt keine Zweifel, keine Furcht und keine Mutlosigkeit. An der Spitze seiner Karolinen, die er für unsterblich hält, zog er bei strengem Frost durch den tiefen Schnee. Seit Menschengedenken gab es keinen solch schrecklichen Winter. Auf einem nächtlichen Rundgang überrascht Karl XII. einen unbeweglich an einem Baum lehnenden Wachtposten, von dem er annimmt, er sei eingeschlafen. Aufgebracht über einen derartigen Verstoß gegen die Disziplin schreit er den Soldaten an. Der antwortet nicht. Er schüttelt ihn, der Mann fällt um: Er ist erfroren. Erfroren wie die Vögel auf den Zweigen.

Die Kosaken greifen ununterbrochen die Schweden an, rauben die selten gewordenen Transporte und stecken die Quartiere in Brand. Von 6 Adjutanten Karls XII. lebt nur noch ein einziger. Die Regimenter schwinden dahin, die Soldaten fallen, die Pferde krepieren. Der König bietet seinen Feinden, die alle zugleich auf ihn einstürmen, die Stirne: den Russen, der Kälte, dem Hunger und den Krankheiten. Die Trabanten sagen gleichmütig: „Wir haben drei gute Ärzte: den Aquavit, den Knoblauch und den Tod." Schließlich muß aber auch der eigensinnigste aller Heerführer haltmachen, denn die Spuren dieser hehren Hungerleider werden mit Leichen markiert. Tag und Nacht amputieren die Feldschere in den provisorisch eingerichteten Lazaretten erfrorene Glieder. Von der unbesiegbaren Armee bleiben einschließlich der Saporogen und der Hilfstruppen aus der Ukraine und der Walachei nur mehr 24 000 Mann in durchlöcherten Stiefeln, zerlumpten Uniformen übrig, die weder Lebensmittel noch Wäsche haben, weder Medikamente noch Verbandszeug.

Anfang Februar 1709 werden nach einem vom „General Winter" erzwungenen Waffenstillstand die Feindseligkeiten wiederaufgenommen. Die Schweden erscheinen Ende April vor Poltawa, das am äußersten Rand der Ukraine, am Westufer der Worskla, liegt. Die Stadt ist zwar ziemlich schlecht befestigt, dafür um so reicher an Proviantmagazinen. Sie wird von 6000 Mann verteidigt, die Peter unter dem Befehl der Generäle Hallart und Wolkonskij entsandt hat. Karl XII. umzingelt sie, versucht aber nicht, sie im Sturm zu nehmen. Vielleicht will er weitere Verluste vermeiden oder das Wenige an Schießpulver, das ihm noch geblieben ist, aufsparen. Hofft er, daß die Garnison sich ergeben wird? Vielleicht rechnete er auch damit, der russischen Armee, die seine Patrouillen signalisiert haben, eine

Schlacht zu liefern. Jeden Tag werden Essensträger vom Feind, der unablässig auf Streifzügen ist, getötet oder gefangen. Menschikow gelingt es, durch einen Scheinangriff der Kavallerie die Aufmerksamkeit Karls XII. abzulenken und 900 Mann unter Golowkin in die Stadt zu werfen. Der Zar — stets erfindungsreich und technisch geschickt — sendet dem Gouverneur von Poltawa hohle Bomben, die Botschaften zur Ermutigung enthalten. Während er mit seinen Truppen heranrückt, hat er an den Grafen Apraksin geschrieben: „Wir stehen vor unseren Nachbarn. Hier wird — das ist sicher — mit Gottes Hilfe das entscheidende Treffen stattfinden."

Die russische Armee — nun an die 100 000 Mann stark — baut bei Poltawa Schanzgräben und Reduten. Das Unheil verfolgt Karl XII.: Am 27. Juni wird er auf einem Erkundungsritt von einer Kugel verletzt, die ihm den linken Fuß durchschlägt. Er sagt zwar kein Wort und hält sich noch 6 Stunden auf seinem Pferd, fällt aber in Ohnmacht, als er aus dem Sattel steigt. Er wird in sein Zelt transportiert und muß die qualvollen Eingriffe der Feldschere aushalten, die er sogar noch mit den Worten anspornt: „Nun macht schon voran, ihr Herren! Es ist ja nur der Fuß! Das ist ja gar nichts!" Aber schon bald muß er den Oberbefehl an den Marschall Rehnskiöld abtreten — einen ausgezeichneten Untergebenen, aber sehr mittelmäßigen Generalissimus. Obwohl es an Proviant und Munition fehlt und es sich herausstellt, daß die Stadt uneinnehmbar ist, zweifelt er keinen Augenblick an dem Endsieg. Am 7. Juli beschließt er — die Ratschläge seiner höheren Offiziere zurückweisend, die ihm abermals den Rückzug anraten —, am nächsten Tage die Schlacht zu schlagen.

Bis dahin hatte Peter I. eine Entscheidungsschlacht gefürchtet. Jetzt, da er alle Trümpfe in der Hand hat, nimmt er sie an. Er schickt folgenden Befehl an Scheremetjew:

„Herr Marschall,
ich vertraue Ihnen meine Armee an. Ich hoffe, daß Sie als Befehlshaber sich genau an die Ihnen erteilten Instruktionen halten und in unvorhergesehenen Situationen wie ein geschickter und erfahrener General handeln werden. Ich werde über dem Ganzen ihrer Opera-

tionen wachen und bereit sein, an allen den Punkten einzugreifen, an denen die Gefahr oder die Notwendigkeit es verlangen.

PETER."

Am 27. Juni/8. Juli 1709 um 6 Uhr morgens greifen die Schweden, nachdem sie einen Teil der Truppen vor der Stadt gelassen haben, die russische Armee an, die sich auf einem sehr günstigen, von ihr selber gewählten Gelände festgesetzt und verschanzt hat. Der eine Flügel der russischen Position wird von einem unwegsamen Sumpf geschützt, der andere durch Stapel von gefällten Bäumen. Im Zentrum erstreckt sich eine kleine, leicht zugängliche Ebene, die von einer dreifachen Reihe von Feldschanzen und schwerer Artillerie verteidigt wird. Karl XII. wird auf einer Bahre an der Spitze der Infanterie getragen und muß machtlos den militärischen Operationen zusehen. Der rechte russische Flügel wird von General Rönne befehligt, das Zentrum von Scheremetjew, der linke Flügel von Menschikow, die Artillerie von Bruce: die Generäle Repnin, Dolgorukij, Wolkonskij und Renzel nehmen eine untergeordnete Stelle ein. Im ersten Anlauf überrennt die schwedische Kavallerie die moskowitische — trotz der Anstrengungen Menschikows, dem 3 Pferde unter dem Leibe zusammengeschossen werden. Der Zar sammelt die Russen in frischer Formation. Um 9 Uhr tobt die Schlacht von neuem. Vergebens stürmen die Karolinen mit ihrer legendären Unerschrockenheit gegen den Feind an: die 72 Geschütze der Russen mähen sie reihenweise nieder. Die schwache schwedische Artillerie kann das Feuer nicht erwidern, da sie keine Munition mehr hat. Was können schon auf einem solchen Gelände einige 20 000 tapfere Krieger gegen 80 000 ausgebildete Soldaten ausrichten, die noch dazu von beträchtlichen Freiwilligen-Kontingenten verstärkt werden[15]? Um das Unglück voll zu machen, trifft die Abteilung des Generals Creutz, die den Russen in die Flanke fallen sollte, nicht ein. Die schwedische Infanterie wird von dem Geschützfeuer aus den Schanzen zerschmettert, die Kavallerie von ungezählten Gegnern zersäbelt. Die Pferde, die die königliche Bahre tragen, werden niedergemacht. Der König fällt auf die Leichen seiner Gardisten. Das erste Treffen, von allen Seiten von Feinden umbrandet, dezimiert, zerschmettert, ohne Munition,

wird auf das zweite zurückgeworfen. Die Arme wankt. Lewenhaupt
sammelt seine Truppen und ruft ihnen zu: „Haltet aus! In Jesu Namen, haltet aus! Der König ist hier!" Blutüberströmt kämpfen die
Schweden wie die Löwen. Karl, wieder zu Pferde, schwingt in der
einen Hand eine Pistole, in der anderen seinen langen Degen. Als
seine Stute getötet wird, hebt man den König auf ein anderes
Pferd... Der Kampf ist entschieden zu ungleich! Die Karolinen
weichen unter dem Druck der feindlichen Übermacht. Die Armee
bricht zusammen und flieht in Richtung auf den Dnjepr. Sie reißt
Karl XII. mit fort und läßt Kanonen und Bagage im Stich – was nun
geschieht, ist nur noch kopflose Flucht, Blutbad, Chaos.

Die Nacht senkt sich über den Rest der schwedischen Truppen, die bis
an das Ufer eines unpassierbaren Flusses zurückgetrieben wurden.
Dort sind noch etwa 13 000 erschöpfte Soldaten versammelt, fast
ohne Proviant und Munition. Der König gibt seine letzten Instruktionen für den Rückzug an Lewenhaupt, dem er das Kommando
überläßt. Mit hohem Fieber, hervorgerufen durch seine eiternde
Wunde, setzt er in einem erbärmlichen Karren, der auf 2 Boote gestellt wurde, über den Fluß; Masepa, General Sparre und einige
100 Reiter folgen ihm.

Am 9. Juli 1709 unterschreibt Lewenhaupt im Lager von Perewolotschna eine Kapitulation mit 6 Punkten: „...Alle schwedischen
Truppen ohne Ausnahme ergeben sich samt ihrem Gefolge als Seiner Majestät des Zaren Gefangene. An S. M. wird die schwedische
Artillerie ausgeliefert, alle Geschosse, die Fahnen, Standarten, Trompeten, Pauken und Pfeifen sowie die Kriegskasse. Die Saporogen und
anderen Aufrührer, die augenblicklich in den Reihen der schwedischen Truppen kämpfen, sind vorerst Seiner Majestät dem Zaren
auszuliefern..." Lewenhaupt überläßt also der unerbittlichen Rache
des Zaren diese armen Verbündeten, die ihr Blut für Schweden vergossen haben! Schwedische Offiziere und Soldaten stürzen sich bei
Bekanntwerden dieser schmählichen Kapitulation in den Dnjepr und
ertrinken; Verletzte reißen ihre Verbände ab und öffnen gewaltsam
ihre Wunden, denn der Tod ist ihnen lieber als die Gefangenschaft,
als die Schande. Die schwedischen Truppen defilieren an Menschikow
vorbei, legen ihre Waffen zu seinen Füßen nieder, wie es 9 Jahre

ehedem die Russen vor Karl XII. in Narwa getan hatten. „Sic transit gloria mundi!"

Karl XII. flieht nach Otschakow und dann nach dem damals türkischen Bender. Von dort aus schreibt dieser schweigsame, undurchdringliche, von einem gewissen Nimbus umgebene Soldat, der den Optimismus bis zur Bewußtlosigkeit treibt, an seine geliebte Schwester:

„Alles ging sehr gut! Nur zum Schluß und durch einen merkwürdigen Zufall ist ein Unglück eingetreten: Die Armee hat eine Schlappe erlitten, die, so hoffe ich, bald wieder ausgemerzt sein wird. Ich selbst wurde einige Tage vor der Schlacht am Fuß verletzt, wodurch ich eine Zeitlang am Reiten gehindert war; ich hoffe, daß ich bald wieder zu Pferde steigen kann ... Eine kleine Aufmerksamkeit, die man meinem Fuß erwies ..."

Zehn Tage nach dieser vernichtenden Niederlage schreibt er an die Verteidigungskommission nach Stockholm:

„Die Verluste sind ganz beträchtlich. Wir denken jedoch über die Maßnahmen nach, die ergriffen werden müssen, um den Feind daran zu hindern, die Oberhand oder auch nur den geringsten Vorteil zu gewinnen. Wir müssen alles wieder auf seinen ursprünglichen Stand bringen, wenn wir in kurzer Zeit zu einem befriedigenden Ergebnis kommen wollen. Wir sind davon überzeugt, daß der Feind trotz dieses Verlustes schon bald gezwungen sein wird, Unseren Forderungen nachzugeben ..."

Peter hatte sofort nach dem Siege folgendes Billett[16] seiner späteren Gemahlin überbringen lassen, die sich irgendwo in der Nähe des Schlachtfeldes aufhielt:

„Sei gegrüßt, Mütterchen!
Ich teile Ihnen mit, daß Gott in seiner Güte uns heute einen überwältigenden Sieg zu erfechten erlaubte. Kurz, ich sage Ihnen, daß alle feindlichen Streitkräfte vernichtet sind. Ich wollte Ihnen selber diese Nachricht mitteilen.
Zur Beglückwünschung kommen Sie nur selber hierher!

Im Feldlager, am 27. Juni 1709   Piter."

Der Zar lädt am Abend der Schlacht die gefangenen schwedischen Generäle an seinen Tisch ein. Während er sein Glas hebt, ruft er ihnen zu: „Ich trinke auf das Wohl derjenigen, die mir Lehrmeister der Kriegskunst waren!" Er lobt den Mut des Generals Rehnskiöld, macht ihm seinen eigenen Degen zum Geschenk und gibt ihm die Erlaubnis, ihn zu tragen. Das „Tagebuch" widmet 23 Seiten der Aufzählung der Gefangenen und gibt folgende Endsumme an: 1 Marschall, 10 Generalmajore, 59 Generalstabsoffiziere, 1100 andere Offiziere, insgesamt 18 746 Soldaten. Dazu den Premierminister Graf Piper, Senatoren, die Staatssekretäre und die ganze Hofhaltung Karls XII. 9000 (?) Schweden wurden angeblich getötet; die Russen sollen nur 1345 Tote und 3290 Verletzte gehabt haben. 3000 gefangene Deutsche gingen in den Dienst des Zaren über.

Peter verteilte Belohnungen in reicher Zahl: Ländereien, militärische Beförderungen, Offizierspatente, Medaillen und Orden. Menschikow wurde zweiter Marschall, Golowkin zum Kanzler ernannt, „der kleine Jude" Schafirow stieg zum Vizekanzler auf. Im „Tagebuch" heißt es: „Nachdem die Minister, Generäle, Offiziere und Soldaten Seiner Majestät gedankt hatten, erinnerten sie Seine Majestät daran, was Seine Majestät persönlich zum Gelingen dieser gewaltigen Schlacht und anderer Waffentaten beigetragen hat. Sie baten Seine Majestät bei dieser Gelegenheit, den Rang des obersten Generalstabschefs der Landstreitkräfte und den eines Konter-Admirals der Seestreitkräfte anzunehmen, denn vor der Schlacht bei Poltawa bekleidete S. M. nur den Oberstenrang seines Garderegiments. S. M. nahm unter den Glückwünschen der Generäle, Minister und Offiziere und dem Beifall der Soldaten an."

Truppenteile wurden mit Scheremetjew nach Livland entsandt, weitere mit Menschikow nach Polen. Der Rest der siegreichen Armee und die schwedischen Gefangenen setzten sich langsam nach Moskau in Bewegung. Der Zar erholte sich in Kiew mit seiner geliebten Katharina, die ihn nicht mehr verlassen wird. Sie verdiente die Dankbarkeit ihres Geliebten: Während der Schlacht bei Poltawa war sie in einer offenen Kutsche von einem Flügel der Armee zum anderen geeilt und hatte Branntwein und Wäsche an die Verwundeten verteilt. Peter begab sich dann nach Lublin, Warschau und

Thorn. Dort hatte er mehrere Unterredungen mit August II. Er vergaß alle verräterischen Manipulationen dieses dunklen Ehrenmannes und sank ihm in die Arme, küßte ihn immer wieder und gab sich mit ihm endlosen Trinkgelagen hin. Über Ragnitz, Mitau, Riga und Narwa erreichte er St. Petersburg, darauf Moskau (23. August); 2 Tage später reiste er nach Kiew weiter. Am 18. Dezember empfing er die ausländischen Gesandten und unterhielt sich mit Whitworth: „Über Poltawa sprach er mit großer Mäßigung und bedauerte nur die Halsstarrigkeit und das herablassende Gebaren, das der schwedische König sogar noch nach der Niederlage ihm gegenüber zeigte. Er beklagte sich über die Ablehnung Karls XII. gegenüber jeglicher Verständigung. Er meinte, daß trotz des Friedenswillens aller Schweden es keinen Frieden gebe — selbst wenn der König von Schweden in sein Land zurückkehren würde — außer einer machtvollen Vermittlung und einer energischen Fortführung des Krieges."

Am 1. Januar 1710 hielt die russische Armee einen triumphalen Einzug in Moskau. Hinter ihr folgte die endlose Kolonne der schwedischen Gefangenen, 279 erbeutete Fahnen, 35 Kanonen und 20 Rentierschlitten, die von Lappländern gelenkt wurden. Mit höchster Neugier und größtem Stolz aber bestaunte die Volksmenge die zerbrochene Bahre, auf der sich Karl XII. bei Poltawa in das dichteste Schlachtgetümmel hatte tragen lassen. Einer der 7 Triumphbogen, unter denen die Regimenter durchzogen, stellte Herkules (Peter I.) bei der Zähmung der Juno (Schwedens) dar. Andere waren übersät mit unflätigen Karikaturen. Vor dem letzten Triumphbogen überreichten Kinder in römischen Gewändern dem Zaren Lorbeerzweige. Auf einem erhöhten Thron saß, umgeben von dem ganzen Hofe, der „König" Romodanowskij in der Tracht der ehemaligen moskowitischen Herrscher. Er erteilte dem ersten Marschall Scheremetjew das Wort, der sich folgendermaßen vernehmen ließ:

„Durch Gottes Gnade und die Huld Eurer Kaiserlichen Majestät habe ich die schwedische Armee vernichtet."

Dann war es an Menschikow, vorzutreten und die folgenden Worte zu sprechen:

„Durch Gottes Gnade und die Huld Eurer Kaiserlichen Majestät habe ich bei Perewolotschna den General Lewenhaupt mit seinem Armeekorps gefangen." Darauf kam der Zar an die Reihe: „Durch Gottes Gnade und die Huld Eurer Kaiserlichen Majestät habe ich mich bei Poltawa mit meinem Regiment siegreich geschlagen!" Sodann defilierten die schwedischen Gefangenen vor „Seiner Majestät" Romodanowskij vorbei — bestürzt über die vorausgegangene Zeremonie, die ihrer Achtung vor der Monarchie und ihrer strengen Vorstellung von Hofsitten so sehr widersprach.

*

Was waren nun die Gründe für den Zusammenbruch von Poltawa? In erster Linie die Unbesonnenheiten Karls XII., die nicht geringer waren als sein Heroismus. Nach Narwa war die russische Armee fast zerstört, die besten Generäle gefangen. Der Zar suchte die Vermittlung der großen Mächte. Anstatt nun einen sehr günstigen Frieden zu schließen oder seinen Vorteil bis ins letzte zu nutzen, anstatt die wenigen intakten russischen Regimenter nun vollkommen zu vernichten, seine Winterquartiere an der Grenze aufzuschlagen und in den ersten Frühlingstagen auf Moskau zu marschieren, wandte er sich seinem zweitrangigen Gegner, August II., zu. Vom Ende des Jahres 1700 an bis zum Herbst 1707 verfolgte er hartnäckig den von ihm verabscheuten, verachteten polnischen König und wollte ihn von den Polen selber entthronen lassen. Dadurch gewährte er dem Zaren eine Frist von 7 Jahren, um sich wieder zu fangen, frische Truppen auszuheben und auszubilden, ausländische Offiziere anzuwerben, schwedische Städte und Ortschaften an der Ostsee einzunehmen, die von tapferen, aber zu schwachen Besatzungen verteidigt wurden. „Karl XII. versinkt in Polen wie in einem Morast", sagte sein Gegner mit tiefer Befriedigung.

Der König ließ sich durch sein Ungestüm dazu hinreißen, einen zweiten schweren Fehler zu begehen: Er wartete nicht auf Lewenhaupt, der ihm frische Truppen, Artillerie, Munition und 7000 Trainwagen bringen sollte[17]. Immerhin kann man gelten lassen, daß die

Versorgung mit Lebensmitteln an Ort und Stelle äußerst schwierig war und daß er damit rechnete, in der Ukraine Proviant und Fourage vorzufinden. Es war ebenso ein Fehler, Masepa, dem Erzschurken, zu trauen und mit der Truppenverlegung erst Mitte September zu beginnen.

Hätte er, als er im Juli 1708 in Mohilew anlangte, von dort aus auf dem direkten Wege die Belagerung Moskaus wagen sollen, anstatt den langen Umweg über die Ukraine zu machen, die er ja nicht kannte? Die zahlreichen Schriftsteller, die diese These verteidigt haben, vergaßen, daß der Vormarsch über Smolensk unmöglich war; denn, da die Russen eine völlig verwüstete Zone angelegt hatten, wäre die schwedische Armee dem Hungertod preisgegeben gewesen[18]. In der fruchtbaren, städtereichen Ukraine dagegen schien die Versorgung der Armee mit Lebensmitteln gesichert zu sein, und von dort aus konnte der König sich über Kursk und Tula nach Moskau wenden. Außerdem verließ sich Karl XII., von Masepa umgarnt, auf die Saporogen, Tataren und Türken, deren Erhebung Peter befürchtete. Wahrscheinlich wollte der König seinen Gegner von hinten angreifen, während Luebecker Finnland und Ingermanland erobern und die Truppen des Generals Crassow sowie die Anhänger Stanislaus' in Polen Fuß fassen sollten.

Es kommt uns so vor, als habe der entscheidende Fehler des Königs in der Gesamtanlage des Feldzugsplanes, in der Wahl der Nachschubwege und des Abtransportes der Kranken und Verwundeten gelegen: Warum ist er nicht, anstatt allzuweit vorzustoßen, sich ins Unbekannte zu wagen, die Verbindung mit seinen Versorgungsbasen zu verlieren, sich jeglicher Hilfe zu berauben — über Livland und Ingermanland nach St. Petersburg vorgerückt? Er wäre auf das Armeekorps Lewenhaupts gestoßen und hätte sich mit den Truppen Luebeckers vereinigt. Seine Flotte, seine Transportschiffe und seine Truppeneinheiten, die durch Finnland zogen, hätten ihn mit frischen Mannschaften, Proviant, Pulver und Artillerie versorgt. Auf dem Rückweg hätten sie die Verwundeten und Kranken abtransportiert. Von Finnland aus war es nur eine kurze Wegstrecke. Die Einnahme von St. Petersburg — dessen Rückgabe der Zar bei den Friedensverhandlungen in Altranstädt verweigert hatte — soll ihm sehr am

Herzen gelegen haben. Wenn die Karolinen eine Schlappe erlitten hätten, wäre es ein leichtes gewesen, den Rückzug anzutreten, ohne zur Kapitulation gezwungen zu sein, wie es im fernen Poltawa der Fall war. Und dann hätte der König von Schweden immer noch seine zunächst gelegenen Länder und Grenzen schützen können. Die charakterliche Veranlagung Karls XII. — „des entfesselten Kriegers", wie ihn ein englischer Historiker nennt — spielte bei dieser Niederlage eine entscheidende Rolle. Jefferies, der englische Vertreter beim König von Schweden, schrieb am 9. Juli 1709 aus dem Lager bei Poltawa an seinen Kollegen Whitworth: „Sie erleben, wie eine siegreiche und zahlenmäßig überlegene Armee in weniger als 2 Jahren zerstört wurde, weil sie (die Schweden) ihren Feind unterschätzten, und weil vor allem der König keinen Vorschlag seiner Ratgeber hören wollte, die diesen Krieg, dessen seien Sie sicher, auf eine ganz andere Weise geführt hätten[19]."

In der Tat hatte der Kanzler Piper vergebens seinem Gebieter nahegelegt, die kältesten Wochen des schrecklichen Winters von 1708/09 in Rommy, einer kleinen Stadt in der Ukraine, zu verbringen. Karl XII. hatte geantwortet, „er sei nicht der Mensch dazu, sich in einer Stadt einzuschließen..." Ebenso erfolglos hatten Piper und die Generäle ihm davon abgeraten, die Belagerung von Poltawa zu unternehmen. Sie hatten einstimmig den Rückzug vorgeschlagen. Der eigensinnigste aller Menschen hatte ihnen geantwortet: „Wenn Gott mir einen seiner Engel schickte, damit ich Eure Vorschläge befolge, ich würde nicht auf ihn hören..." General Stenbock schreibt, zermürbt vor der Schlacht von Poltawa: „Der König kann an nichts anderes mehr denken als an den Krieg. Er will nicht mehr auf die Stimmen der Vernunft hören. Er spricht gerade so, als würde Gott selbst ihm seine Entschließungen eingeben... Blieben ihm auch nur noch an 1000 Soldaten, er würde sie einem ganzen Heer entgegenwerfen."

Doch die Fehler und Irrtümer Karls XII. allein sind kein ausreichender Grund für die Erklärung seiner Niederlage. Hinzukommt der jämmerliche Zustand seiner von allem entblößten, von Frost, Strapazen und Krankheiten völlig erschöpften Truppen. Die Karolinen blieben auch in ihrem tiefsten Elend gefürchtete Krieger. Um sie zu besiegen, bedurfte es des glühenden Kampfeswillens, der Tapferkeit der russischen Armee, die sich seit Narwa verwandelt hatte. Alle — vom Oberbefehlshaber bis zum letzten Soldaten, von Scheremetjew, Menschikow, Bruce, Michail Golizyn bis zum allerjüngsten Infanteristen — sie alle schlugen sich glänzend. Gewiß, der Zar hatte die Überlegenheit der Zahl, der Waffen und des Terrains, aber es ist unrichtig, zu behaupten, „daß er nur noch einen Leichnam tötete". Der schottische Marschall Keith, der unter Marlborough diente, bevor er Gesandter Friedrichs II. in Paris wurde, besichtigte das Schlachtfeld von Poltawa und die einmalig günstige Position der Russen. Er glaubte, daß Karl XII. nie, nicht einmal mit 100 000 Soldaten hätte siegen können.

Des Zaren Rolle war während der Dauer des ganzen Krieges von ausschlaggebender Bedeutung: Er war der Organisator und der Lieferant der Armee. Er improvisierte, indem er sich das Dringendste vornahm, was für den Sieg vonnöten war: Soldaten, Befehlshaber, Proviant, Kanonen, Munition und Geld. Von einem Ende des Reiches zum anderen jagte er abwechselnd als Kriegs- oder Finanzminister, Direktor der Kanonengießereien, Chefingenieur, als Generalquartiermeister und Befehlshaber der Etappe. Auf seiner Araberstute „Finette" riskierte er bei Poltawa sein Leben, stellte Mut und Kaltblütigkeit unter Beweis, feuerte er seine Truppen an. Zwei Kugeln durchschlugen seinen Hut und seinen Sattel. Der Ausreißer von Narwa war für immer vor „Peter dem Großen" ins Nichts versunken.

*

Die Auswirkungen dieses Sieges waren von weittragender Bedeutung. Poltawa führte zum Sturz des blendenden schwedischen Kriegshelden, den noch zwei Jahre zuvor in Altranstädt ganz Europa umbuhlte. Durch diesen Sieg wird der moskowitische Zar, den das gleiche Europa nach Narwa verlacht hatte, auf den Schild erhoben. Bis dahin hatten die Großmächte Rußland und seinem Herrscher keinerlei Beachtung geschenkt, sie hatten ihre Geringschätzung vor seinen Gesandten nicht verborgen. Alexej Golizyn berichtete 1701 aus Wien: „Der Kanzler entzieht sich jeglicher Unterhaltung. Und was die übrigen betrifft, so möchte ich mich ihnen nicht anvertrauen, denn sie machen sich ja doch nur über uns lustig." 4 Jahre später schreibt Andrej Matwejew nach einer Audienz bei Ludwig XIV.: „Am Hofe von Versailles beschränkt sich die Freundschaft auf heuchlerische Komplimente. In Wirklichkeit wird dort nur Haß und Feindseligkeit hinsichtlich der Interessen Seiner Majestät des Zaren verströmt." Die gleiche Haltung zeigen Den Haag und London: „Die Engländer sind fest entschlossen, uns auch nicht den allerkleinsten Besitz an der Ostsee zu gönnen", stellt der schon erwähnte Matwejew fest. „Sie wollen nichts von einer solch nahen Nachbarschaft wissen. Vergebens empfangen sie uns mit herzlichen Worten – ihre Herzen sind nicht ehrlich." Als die schwedische Armee sich nach Rußland aufgemacht hatte, glaubte Europa, daß Karl XII. nun in einem Zuge bis Moskau eilen und dem Kreml seine Friedensbedingungen diktieren werde, wie er es schon in Dänemark, Polen und Deutschland getan hatte. Die vernichtende Niederlage von Poltawa, die Flucht des „nordischen Löwen" und die Kapitulation der Karolinen wirkten wie ein Donnerschlag.

August II. erneuerte seinen Bündnisvertrag, der in einer Geheimklausel den Anspruch Polens auf Livland „mit allen Städten und Ortschaften" bestätigte. Dafür mußte er zugunsten des Zaren auf Estland verzichten. Der König von Dänemark unterzeichnete ein neues Bündnis, „ohne dafür einen Sou oder einen Shilling zu bekommen", berichtete der Gesandte Dolgorukij dem Zaren. Anna von England begrüßte den Sieger mit dem Titel „Kaiser" und erkannte August II. als König von Polen an. Sie entsandte ein Schiff nach Archangelsk und bat den Zaren in aller Form um Verzeihung für die auf Betreiben seiner Gläubiger in London erfolgte Verhaftung des russischen Gesandten Matwejew. Außerordentliche Gesandte überbrachten dem Zaren die Glückwünsche ihrer Herrscher. Im Frühling 1710 erlebte Moskau den Aufenthalt der Beauftragten der Niederlande, des römischen Kaisers, der Königin von England, der Könige von Polen, Preußen und Dänemark. Der Kurfürst von Hannover unterzeichnete einen Bündnisvertrag; Herzog Friedrich Wilhelm von Kurland heiratete eine Nichte des Zaren, die Großherzogin Anna; man plante die Verheiratung einer Tochter Kaiser Josephs I.

mit Peters Sohn, dem Zarewitsch Alexej. Nur das französische Königshaus hielt zu Schweden und machte ein unfreundliches Gesicht. Trotz der Niederlage von Malplaquet — 2 Monate nach Poltawa — entschloß es sich erst 1711, M. Baluze mit einer zweiten außerordentlichen Mission beim Zaren zu beauftragen. Gesandtschaftssekretär Gregorij Wolchow gab seinem Mißfallen darüber in seinen Berichten Ausdruck: „In Paris hört man die erfreulichen Nachrichten aus unserem Lande nicht gerne, und sie werden auch in der Presse nicht zugelassen", schreibt er.

Der Sieg von Poltawa rief bei den Orthodoxen auf dem Balkan und in Kleinasien einen Ausbruch stürmischer Begeisterung und kühner Erwartungen hervor: Die Griechen, Serben, Montenegriner, Walachen, die Bewohner des Moldaugebietes, die Armenier, Georgier, Kopten und Kroaten bestürmten Peter, sie von der türkischen Knechtschaft zu befreien. Leibniz flicht Peter I. Kränze — nun, da er vergessen hat, daß er nach der Niederlage von Narwa den Wunsch geäußert hatte, Karl XII. möge über Rußland regieren.

Der Sieg von Poltawa enthüllte dem überraschten Europa die unerschöpflichen Reserven dieses fernen, geheimnisvollen Rußland, auf das es bis dahin geringschätzig, ja verächtlich herabgesehen hatte. Er bedeutete den Niedergang Schwedens, der durch den Frieden von Nystadt, 12 Jahre später, besiegelt wurde. Er wies dem Polen Augusts II., dem Geschöpf des Zaren, einen Platz im russischen Machtbereich an. Er ließ erkennen, daß nunmehr das Zarenreich als Großmacht an die Stelle des schwedischen Königreiches trat. Peter I. träumte davon, ein Fenster nach Europa aufzustoßen, einen Zugang zum offenen Meer zu gewinnen. Er hat seinen Traum verwirklicht — und er wird noch einiges darüber hinaus tun.

ZWISCHENSPIEL: DER BAU VON SANKT PETERSBURG – DIE NIEDERLAGE AM PRUTH

Ich liebe den sandigen Abhang,
die beiden Vogelbeerbäume vor der Isba,
die Zisterne, das bescheidene Gatter,
und am Himmel das graue Gewölk ...

Doch sieh genau hin: ein paar armselige Isbas,
in der Ferne die schwarze Erde, eine abschüssige Ebene,
und darüber die dicke Wolkenschicht.
Wo seid ihr, lichte Felder, dunkle Wälder, und ihr, Bächlein?
In unserem Hof, nicht weit von dem niedrigen Zaun
siehst du die Freude unserer Augen: zwei arme kleine Bäumchen,
nichts weiter als zwei kleine Bäumchen ...

PUSCHKIN

DER BAU VON SANKT PETERSBURG

Die Russen hatten zu Beginn des Jahres 1703 das schwedische Fort Nyenschantz in ihren Besitz gebracht. Sie machten es dem Erdboden gleich. Peter beschloß, an dieser Stelle eine Festung und eine Stadt zu erbauen. Am 27. Mai, am Pfingsttag, legte er den Grundstein zu der neuen Stadt; sie sollte auf mehreren Inseln an der Mündung der Newa, die sich dort in den Finnischen Meerbusen ergießt, erstehen. In Moskau war man mit diesem Entschluß sehr unzufrieden. Warum nur, so raunte man sich unter dem Adel zu, warum wurde dieses Sumpfgebiet in Ingermanland ausgesucht, mit seinen stinkenden Gewässern, finsteren und traurigen Wäldern und der langweiligen Heide? Warum so weit weg von der Hauptstadt und so nahe dem feindlichen Schweden? Warum wird eine große Stadt an diesem trostlosen Ort errichtet, „wo man weit und breit nur einen Tschuden-Fischer, einen traurigen Sohn der stiefmütterlichen Natur, einsam an schlüpfrigem Ufer sein schlappes Netz in diese namenlosen Fluten werfen sieht" (Puschkin)? Warum nur? Der Zar weiß es sehr wohl: Damit der endlos lange Seeweg von Archangelsk herab verkürzt wird, damit die Zufuhr von Waffen, Munition und Waren aus

Europa schneller vonstatten geht. Damit „ein Fenster nach dem Meer geöffnet wird[1]", die zukünftige Flotte in einem befestigten Hafen Schutz findet und die nördliche Grenze gegen schwedische Übergriffe gesichert ist. Anscheinend wurde der Zar auch noch von zwei anderen Gründen gefühlsmäßiger Natur geleitet: Er verabscheute Moskau mit seinen Greisen. Dagegen liebte er die Landschaft um die Newa, dieses Gewirr von Feldern, Sümpfen, Inseln, Heide und Wäldern, diesen klaren, brausenden ungestümen Fluß, der durch seine Wassermassen einem Meeresarm ähnelt. Nur dort will er ein zweites Amsterdam erbauen.

Soll er die Stadt, wie die meisten russischen Städte, auf den Anhöhen errichten oder nach dem Vorbild der holländischen Stadt in den Deltaniederungen? Er stimmte der zweiten Lösung zu, trotz der ihm wohlbekannten Schwierigkeiten: dem morastigen Grund, den Stauungen der Newa, die auftreten, wenn der Westwind den normalen Austritt des Flusses in das Meer verhindert und Überschwemmungen entstehen, die Härte eines Winters, der 6 Monate dauert, die unwegsamen Straßen und die gefährdete Verbindung nach Moskau, sobald der Eisgang im April einsetzt. Es war eine Wette, eine Herausforderung an die Elemente. Was machte es schon! Der Unbezähmbare lacht nur über die Hindernisse und stürzt sich blindlings in das Abenteuer. Eines Tages fällte er bei einem Erkundungsritt auf der bewaldeten Beresovij-Insel einen Goldregenbaum und befahl, an der gleichen Stelle, am Newaufer, „ein schönes Haus" für ihn zu erbauen. Innerhalb von 2 Wochen wuchs der kaiserliche Palast in die Höhe: ein Häuschen aus Tannenholz mit einem Schindeldach. Decken und Wände der 4 Zimmer waren mit Stoff bespannt und geweißt, die Türen so niedrig, daß Peter I. sich die Stirne anschlug, wenn er vergaß, sich zu bücken. An einer Wand war eine Landkarte von Europa befestigt, an der anderen hing der kostbarste Gegenstand, der dem Herrscher aller Reußen bei seinen Feldzügen, bei Poltawa, stets folgte und der ihm auch in seiner letzten Ruhestätte vorausgehen sollte: das Bild des Erlösers mit Verzierungen aus purem Golde, Edelsteinen und Brillanten. In einem anderen Raum, der als Werkstatt diente, standen eine Drehbank, Hobel, Sägen, eine Axt und zahlreiche andere Werkzeuge für den Zimmermann Piter

bereit. Durch die schmalen Fenster blickte man auf seinen Viermast-
schoner. Der kleine Mörser auf dem Dach, flankiert von 4 Kanonenkugeln, erinnerte daran, daß der Hausherr kein harmloser Fischer
war. Dieses Sommerhäuschen war das Hauptquartier des Zaren, der
seinen bisherigen 17 Berufen und Handfertigkeiten nun noch das
Metier eines Ingenieurs, Baumeisters, Vorarbeiters und Maurers hinzugefügt hatte.

Noch allzuoft wird der Sturm an dieser Bretterhütte rütteln, noch
oft werden wütende Wogen Bretter, Balken und Türen herausreißen,
als wollten sie sich an dem Eindringling rächen. Das Hüttchen wird
allen diesen stürmischen Angriffen standhalten, während Stein auf
Stein eine herrliche Stadt emporwächst. Es bleibt bis in unsere Tage
erhalten, rührender Zeuge übermenschlicher Kraftentfaltung.

Durch die Vermittlung seines Gesandten in Dänemark, Ismajlow,
gelang es Peter, als „capo mastro" Domenigo Trezzini für den Bau
von „batimenti, fabbriche e fortificazioni" zu gewinnen. Dieser Tessiner, ein würdiger Sohn des Schweizer Kantons, der Europa zahlreiche Baumeister geschenkt hat, traf im Februar 1704 an den Ufern
der Newa ein. Er fand dort Tausende von Arbeitern vor, die aus den
Nachbarprovinzen herbeigeholt worden waren. Diesen Armen fehlte
es an allem: an Unterkünften, Werkzeugen, Lebensmitteln und Medi-
kamenten. „Ohne Hacke und ohne Schubkarren, mußten sie zusehen,
wie sie die Erdmassen transportierten, die einen in ihrem Rockschoß,
die anderen in armseligen Flechtkörben, denn da die Insel viel zu
tief lag, war man gezwungen, das Terrain aufzuschütten, was sich
nicht ohne große Mühe und Plage machen ließ" (Haumant). Die
Arbeiter starben zu Hunderten; an ihre Stelle traten die von den
Landgerichten Verurteilten, die der Zar aus dem ganzen Reich herbeischaffen ließ. Sumpffieber, Ruhr und Skorbut rafften sie dahin.
Dann wurden Treibjagden auf Bauern veranstaltet, die nun unter
bewaffneter militärischer Überwachung arbeiteten. Diese Einrichtung
war der Vorläufer der Konzentrationslager, mit dem Unterschied,
daß es dort keine Baracken gab. Konsul La Vie schreibt 1710: „Man
rechnet damit, daß bereits mehr als 150 000 Bauern bei den Arbeiten
an den Befestigungen (von Petersburg, Kiew, Wilna, Peresjaslawlj,
Tschernigow, Reval, Riga und Wiborg) oder am Ladoga- und Kron-

städter Kanal umgekommen sind." Kliutschewskij sagt: „In der Kriegsgeschichte wird man wohl kaum eine Schlacht ausfindig machen können, die mehr Kriegern das Leben gekostet hätte, als hier Arbeiter beim Bau Petersburgs oder Kronstadts ihr Leben lassen mußten." Peters „Paradies", wie er es nannte, war für die Arbeiter eine Hölle und ein Massengrab.

Die Mitarbeiter Trezzinis — der Zar nennt ihn Andrej Petrowitsch — waren zum größten Teil Ausländer: Holländer, Italiener, Deutsche und Franzosen. Sobald sie konnten, flohen sie von diesem verfluchten Ort. Sein Gehilfe war ein gewisser Serjavir, dem man später die Zunge verbrennen wird zur Strafe dafür, daß er nach althergebrachter Gewohnheit einen unerlaubten Griff in die Kasse getan hat. Trezzini blieb beharrlich am Werk, trotz Arbeitsniederlegung, Unregelmäßigkeiten bei der Bezahlung, Lebensmittelknappheit und Mangel an Facharbeitern. Er war abwechselnd Ingenieur, Architekt und Ziegelfabrikant, Leiter eines ganzen Arbeiterheeres: 1708 waren es 40 000, 1711 52 000 Beschäftigte. Die Wälder fielen unter der Axt, Pfähle wurden zu Tausenden in den Sumpf gerammt, die Mauern wuchsen, die Peter-Pauls-Festung ging ihrer Vollendung entgegen. Der Zar kümmerte sich um alles: Er ließ Entwürfe und Pläne aus Europa kommen, interessierte sich für das kleinste Detail, teilte die Sorgen der Architekten, bestellte Bäume, Pflanzen, Statuen, Glockenspiele und Bilder. Er tadelte, ermunterte und ließ seine Dubina sausen, „Herr der Schöpfung" in des Wortes eigentlichster Bedeutung. Die Organisation war mangelhaft: Der Architekt Härbel z. B. beschwerte sich darüber, daß er 17 verschiedene Aufträge von 3 verschiedenen Beamten bekommen hatte, zu deren Ausführung weder Zimmerleute noch Maurer, noch Dolmetscher zur Verfügung standen (Ehret). Trezzini baute die Peter-und-Pauls-Kirche, deren ungewöhnlich hoher, überschlanker Turm einem himmelwärts zielenden Dolche gleicht. Er baute die Befestigungen von Kronstadt, das Palais Schafirow, später Sitz der Akademie der Wissenschaften, und auf dem gleichen Platz, auf dem Großfürst Alexander 1240 die Schweden schlug, errichtete er das Alexander-Newskij-Kloster. Er entwarf die Pläne für das Palais der 12 Kollegien, die spätere Universität, ein Militärhospital, Palais, Quais und Villen.

Mit jedem Jahr gewann Peter seine Stadt lieber. „Der Gedanke an einen schwedischen Angriff auf Ingermanland und seinen ‚darling Petersburg' beunruhigt ihn mehr als ein Angriff auf irgendeinen anderen Teil des Reiches", schreibt der Gesandte Whitworth (18. September 1708). Der Zar sieht Moskau erst 1717 wieder, nach mehreren Jahren der Abwesenheit. Die Adligen verabscheuten dieses verfluchte Paradies, diese künstliche, europäische, gegen alle moskowitischen Traditionen erbaute Stadt, die von Peter in allen Teilen auf ihre Kosten erdacht, eingepflanzt, entworfen und gebaut wurde. Um sie zu bevölkern, befahl der Zar 350 adeligen Familien, dort ihren Wohnsitz zu nehmen; jede Familie mußte ein zweistöckiges Haus auf einem angewiesenen Gelände bauen. Am 13. Mai 1712 brannte ein Drittel von Moskau nieder, also etwa 15 000 Häuser, die Kontore und Nebengebäude nicht mitgerechnet. Der Zar machte es 5000 Familien (Adeligen, Kaufleuten und Handwerkern), die von der Feuersbrunst betroffen wurden, zur Pflicht, nach Sankt Petersburg zu kommen und dort ihre Wohnungen zu bauen. Im Oktober 1715 richtete er eine ebensolche Aufforderung an 12 000 weitere Familien. Im nächsten Jahr hörte man von den Adeligen, die in Sankt Petersburg eintrafen, daß sie durch diese Maßnahme 2 Drittel ihres Vermögens einbüßten. Die Diplomaten berichteten, daß das Leben dort doppelt so teuer sei wie in London[2].

Angezogen durch die Anwesenheit des Zaren und der hohen Würdenträger hatten sich indessen Großhändler, Handwerker und Krämer aus Livland, Finnland und Schweden unaufgefordert in der Stadt angesiedelt. Peter zwang die russischen Kaufleute, sich dort niederzulassen. Er gab sich nicht allein damit zufrieden, Moskau, das ungeliebte Moskau, teilweise zu entvölkern: Er erließ sogar ein Verbot, neue Häuser zu errichten und diejenigen wiederaufzubauen, die einzustürzen drohten. Zur Verhütung von Bränden ordnete er an, daß alle Bauten in Sankt Petersburg aus Stein aufgeführt werden müßten, was er im ganzen übrigen Reich untersagt hatte. Schiffe durften in Sankt Petersburg nur anlegen, wenn sie eine bestimmte Menge Sandstein unter ihrer Ladung mitführten. Eine sehr strenge Verfügung verbot den Bau von Nebengebäuden an der Straßenseite, wie es in Moskau üblich war. Verboten war ferner: innerhalb der

Stadt sehr schnell zu fahren, auf den Straßen die gewohnheitsmäßigen Pferderennen abzuhalten, zu betteln und Almosen zu geben. Jedes Haus, das nicht vorschriftsmäßig gebaut war, wurde von Soldaten abgerissen und sein Besitzer mit einer Strafe von 1000 Rubeln belegt. Eine Feuerwehrmannschaft wurde aufgestellt und mit 4 holländischen Spritzen ausgerüstet. Zuerst bot Sankt Petersburg den Anblick einer Ansammlung von Dörfern in der Nähe von einer Festung und Kasernen. Um von einem Viertel in das andere zu gelangen, mußte man häufig die Newa auf Segelschiffen überqueren, die auf ausdrücklichen Befehl des Zaren keine Ruder hatten. Resident Weber schreibt 1714: „Die Stadt ist so groß, daß man sich davon keine rechte Vorstellung machen kann, solange man sie nicht zu Fuß abgegangen hat." Schon 1721 schauten die Ausländer voller Bewunderung auf die Dreifaltigkeitskirche, die herrlichen Palais, die schönen, großen Häuser im holländischen Barockstil, die breiten Straßen, den Newskij-Prospekt und die nach dem Vorbild von Versailles angelegten Gärten. An manchen Stellen der Stadt glaubten sie in Holland, an anderen wieder in Italien zu sein. Das Winterpalais — von Rastrelli erst unter der Regierung Elisabeths beendet — befand sich im Bau. Am ersten Sonntag nach Epiphanias zogen unverheiratete Mädchen — bunt aufgeputzt — in langer Reihe durch die Straßen. Ihr Weg kreuzte sich mit dem der Junggesellenschar in Barett und Fuchspelz. „Die dickste Heiratskandidatin sieht aus wie ein Kürbis zwischen Gurken", berichtet der Memoirenschreiber Jikharew.

Petersburg wurde 1713 zur Hauptstadt erklärt. Im darauffolgenden Jahr schon zählte die Bevölkerung 34550, beim Tode des Gründers 70000 und unter Elisabeth 120000 Seelen. Die vom Zaren herausgeforderten Elemente rächten sich grausam: Im August 1703 ertranken bei einer Überschwemmung etwa 2000 Kranke und Verwundete, vermerkt der österreichische Gesandte Pleyer; in den folgenden Jahren berichten andere ausländische Vertreter von weiteren Naturkatastrophen[3].

Um mit dem Zaren zusammenzutreffen, brauchte der französische Gesandte Campredon 80 Tage für den Weg von Moskau nach Petersburg, weil sich seine Reise durch den Zustand der Straßen und die

Überschwemmungen verzögerte. Er verlor einen Teil seines Gepäcks und wäre beim Übergang über einen Fluß beinahe ertrunken. Als Karl XII. in Sachsen vom Bau Sankt Petersburgs hörte, sagte er ironisch: „Soll der Zar sich nur damit vergnügen, Städte zu bauen. Wir werden uns die Ehre vorbehalten, sie ihm wieder wegzunehmen!" Zu diesem Zweck transportierte eine schwedische Flotte, bestehend aus 22 Kriegsschiffen mit 54 und 64 Geschützen, 6 Fregatten und 2 Bombardier-Galioten und 2 Branderschiffe Truppen, die auf der kleinen Insel Kotin an Land gingen; ein rechtzeitig alarmiertes russisches Regiment hatte sich versteckt und empfing die Schweden mit Flintenschüssen. Die Angreifer flohen, wobei sie 300 Gefangene zurückließen. Einem weiteren Angriff von 2000 Schweden unter der Führung des Generalleutnants Maydel war das gleiche Los beschieden... Überschwemmungen, Tauwetter, Schlamm, das Wehgeschrei der Kaufleute aus Archangelsk, die Unzufriedenheit der Adeligen, die Leiden der Arbeiter störten den Zaren nicht: Beim Anblick der Stadt, die aus dem Nichts erstand, war er glücklich. Legten ausländische Schiffe an, dann umarmte er überschwenglich die Kapitäne. An Festtagen flatterte über der Hauptbastion eine Fahne mit dem aufgestickten Weißen, dem Kaspischen, dem Asowschen Meer und der Ostsee.

Zahlreiche Architekten von Rang haben an der Erbauung von Sankt Petersburg mitgewirkt, insbesondere der Franzose J.-B. Alexandre Leblond und der Deutsche Andreas Schlüter; Matarnovi, Nikolaus-Friedrich Härbel, genannt Gerbel aus Basel, der Tessiner Pietro-Antonio Trezzini, der Sohn Domenigos, und der Italiener Bartolomeo Rastrelli[4]. Aber der eigentliche Baumeister der neuen Hauptstadt war Domenigo Trezzini, der ihr unter 2 Zaren und 2 Zarinnen 30 Jahre seines Lebens widmete. Er starb über seiner Aufgabe.

Nach Poltawa galt der erste Gedanke des Siegers seinem „Paradies". Er schrieb an Admiral Apraksin: „Nun ist der Grundstein für Petersburg eingemauert. Ich glaube, wir werden die Stadt und ihr Territorium fest in unserer Hand behalten..." Moskau und Sankt Petersburg gemahnen an die beiden Adler im kaiserlichen Wappen: der eine schaut wie eine verlassene Witwe auf die Vergangenheit, während der andere der Zukunft entgegensieht.

Während der 7 Jahre, die Karl XII. in Sachsen nutzlos verbrachte, hatte er vom schwedischen Senat mehrmals die Entsendung frischer Truppen und Geld verlangt. Aber die noch zu Beginn seiner Regierung ausgezeichnete Lage Schwedens verschlechterte sich zusehends. Das Land war ausgeblutet an jungen Männern, die Staatskasse leerte sich. Das Volk, anfänglich von den Siegen seines Helden begeistert, murrte nun: „Warum sich auf August II. so hartnäckig versteifen, wenn doch Schweden selbst bedroht ist? Ist denn die Verteidigung der eigenen Grenzen nicht wichtiger und dringender als die Absetzung des polnischen Königs? Warum läßt man den Zaren in aller Ruhe schwedische Städte an der Ostsee erobern, unsere Garnisonen gefangennehmen und an der Newa eine Befestigung und eine Stadt bauen, die Finnland und Stockholm bedrohen[5]?" Die Unzufriedenheit wuchs in diesem unendlich geduldigen, mutigen und disziplinierten Volk. Die Katastrophe bei Poltawa, die Gefangennahme der besten Generäle und Tausender von Soldaten, der Tod so vieler kampferprobter Männer, der Verlust der Artillerie und aller Pferde versetzten Schweden einen furchtbaren Schlag. Aber sein Leidensweg war damit noch nicht zu Ende: Nach einem unerbittlich kalten Winter suchte die Pest 1710 das Land heim und forderte 100 000 Opfer. Eine letzte Hoffnung blieb noch: die sofortige Rückkehr Karls XII., ein überzeugender Sieg und darauf der Friede.

Die Verbindung zwischen Senat und König war schwierig und spärlich. Schon 1704, so berichtet Campredon, „wußten nicht einmal die Senatoren etwas". 1706 hatte Karl XII. 7 Depeschen geschickt, 1707 waren es 5, 1708 1 und 1709 überhaupt keine mehr. Im folgenden Jahr trat der Reichstag zusammen, ohne vom König einberufen zu sein, der ja in Bender war. Als Karl davon erfuhr, erzürnte er sich heftig. Immer noch, nach 10 Jahren Abwesenheit, wollte er alles bestimmen, sogar die Heirat der in Schweden zurückgebliebenen Offiziere, sogar die Ernennung der Kammerherren am Hof von Drottningholm!

Als der besiegte König in Bender angelangt war, hatte Sultan Achmed III. sich als sehr großmütig erwiesen. Er hatte ihm reiche Geschenke gemacht und ihm erlaubt, sich mit den etwa 1800 Schweden, Polen und Kosaken, die zu ihm gestoßen waren, in einem Lager niederzulassen. Woran dachte der schwedische König? Auf schnellstem Wege in sein von 3 Seiten bedrohtes Land heimzukehren? Weit gefehlt! Ungerührt von den Leiden seines Volkes lehnte er jeden Vorschlag ab, den ihm der Diwan hinsichtlich der Heimkehr in sein Land machte, und verlängerte seinen Aufenthalt. Er dachte nur an Vergeltung und drängte die Türkei, dem Zaren den Krieg zu erklären. Kein Gedanke an Stockholm, wo er sehnlichst erwartet wurde — sein Sinnen richtete sich auf Moskau, das den Triumph seines Herrschers feierte. Allein mit seinen Träumen, unerschütterlich in seinen Entschlüssen, störrischer als ein Maulesel, schlug er jeden Rat in den Wind. Der Sultan unterzeichnete mit Rußland eine Friedensverlängerung um 20 Jahre (Februar 1710) — ungeachtet der Umtriebe seines unbequemen Gastes, der drängenden Demarchen des französischen Gesandten, Stanislaus Leszczinskis und der Tataren.

Der Gesandte des Zaren in Konstantinopel, Tolstoj, kam mit der türkischen Regierung überein, daß Karl durch Polen nach Schweden zurückkehren sollte. Wahrscheinlich dachte er daran, im Lauf dieser langen Reise sich seiner zu bemächtigen. Der König ging nicht in die Falle und weigerte sich, abzureisen. Vergebens wiederholte Tolstoj seine Vorstellung beim Wesir.

Karl setzte indessen in Bender sein Leben als fanatischer Krieger fort. Täglich verbrauchte er mehrere Reitpferde, exerzierte mit den Überbleibseln seiner Armee und schrieb auf schmutzigen Papierfetzen zärtliche Briefe voller Hoffnung an seine Schwestern. Peter erinnerte den Sultan an die mit Tolstoj getroffene Abmachung. Er versprach eine Eskorte für Karl XII. und freies Geleit. Eindringlich, jedoch erfolglos bestand er auf der Auslieferung Masepas. Sein Gesandter wurde schließlich in die unterirdischen Gefängnisse befördert. Der schwedische König nahm bei den Gebrüdern Cook und der englischen Levante-Gesellschaft Anleihen auf, um dadurch den Großwesir für seine Sache zu gewinnen und ihn zur Kriegserklärung an Rußland zu bewegen. Er griff mit vollen Händen in die Kriegskasse, die er aus der Poltawa-Schlacht gerettet hatte, und in die Fäßchen mit Gold, die Masepa ihm hinterließ. Hatte sich der Hetman doch

tatsächlich vergiftet, womit er den einzig annehmbaren Schlußstrich
unter seine an Winkelzügen so reiche Laufbahn zog.

Trotz des Friedensvertrages waren die Beziehungen zwischen der
Türkei und Rußland seit 1700 auch weiterhin gespannt geblieben.
Der Zar fürchtete für Asow, das er aufs schwerste befestigen ließ.
Die Hohe Pforte wiederum rechnete mit einem Angriff von der
See her. Unaufhörlich kursierten die beunruhigendsten Gerüchte. Im
November 1710 ließ der Zar der Türkei ein Ultimatum überreichen,
obgleich der Krieg mit Schweden noch nicht beendet war. Die Hohe
Pforte antwortete darauf, indem sie die demütigendsten Bedingungen
stellte: Rußland sollte Stanislaus Leszczinski als König von Polen
anerkennen, an Schweden Livland und Ingermanland zurückgeben,
ein Bündnis mit Karl XII. und Stanislaus gegen August II. schließen
und sich verpflichten, niemals in das Schwarze Meer vorzudringen.
Am 1. Dezember erklärte der Sultan den Krieg. Er warf Tolstoj
— gemäß einer zwar alten, aber von den Diplomaten wenig geschätz-
ten Tradition — in das Kastell Jedi Kule.

Am Abend des 1. Januar 1711 bewunderten die Moskauer ein Feuerwerk in zwei Bildern. Auf dem ersten wurde ein Stern, der an die
türkische Fahne erinnern sollte, von der folgenden Inschrift begleitet:
„Herr, zeige uns Deine Wege!" Das zweite stellte eine Säule dar, auf
der ein Schlüssel und ein Schwert zu sehen waren. Dazu die Worte:
„Wo die Gerechtigkeit weilt, ist Gottes Hilfe nicht weit." Auf diese
Weise erfuhr Rußland, daß es sich mit der Türkei im Kriege befand,
zum zweiten Male seit dem Regierungsantritt Peters I. Am 25. Februar wurde in der Himmelfahrts-Kathedrale ein feierliches Tedeum
abgehalten. Die beiden Garderegimenter trugen rote Fahnen mit den
Devisen: „Im Namen Jesu Christi und der Christenheit!" — „In hoc
signo vinces" (Unter diesem Zeichen wirst Du siegen). In einer
Proklamation wurde die Verantwortung für den Krieg auf die Türkei
abgewälzt. Dann schworen die 8 Mitglieder des „Regierenden Senats" — den der Zar nach schwedischem Muster geschaffen hatte —,
„ihre Aufgabe ehrlich, unbestechlich und umsichtig zu erfüllen und
die Gerechtigkeit zu wahren".

Am 6. Januar erschien ein Flugblatt, in dem Peter die Türken beschuldigte — sie wurden mit Wölfen verglichen —, die Christen unter

ihrer Herrschaft zu unterdrücken. Am 6. März wurde feierlich bekanntgegeben, daß „Katharina Alexejewna die wirkliche und rechtmäßige Frau Peters I." sei. Am gleichen Tage verließ der Zar mit ihr
zusammen Moskau, um über Smolensk und Luck zur Armee zu stoßen.
Im April erkrankte er an Skorbut. Die Krankheit hatte ihn auch see-
lisch getroffen. Beklommen schreibt er an Menschikow: „Ein Weg steht
uns bevor, von dem wir uns keinen Begriff machen können, den nur
Gott alleine kennt." In einem Brief an Graf Apraksin sagte er, daß
er sich „in einem Zustand tiefster Niedergeschlagenheit" befinde.
Nach seiner Genesung setzte er sogleich seinen Weg mit Katharina
fort, die sich hartnäckig weigerte, in irgendeinem friedlichen Städtchen
in Polen auf ihn zu warten. Das „Tagebuch" verzeichnet dies mit
folgenden Worten: „Sie bat ihn so inständig, bei der Armee bleiben
zu dürfen, daß Seine Majestät zur Einwilligung genötigt war. Seit
dieser Zeit begleitet ihn die Kaiserin auf all seinen Feldzügen."
Peter hatte Polen, Venedig, die Christen im Orient, die Serben,
Montenegriner, die Hospodare der Moldau und Walachei zum Kampf
„gegen die Feinde Christi, zum Marsch auf die Herrin der Städte"
aufgerufen. Damit griff er auf den Traum der russischen Fürsten von
der Eroberung Byzanz' zurück ... Demetrius Kantemir, der Hospodar der Moldau, kam diesem Aufruf nach: Er unterzeichnete am
15. April 1711 einen Vertrag, in dem er — unter bestimmten Bedingungen — sowohl die Oberhoheit wie die Schutzherrschaft des Zaren
anerkannte. Aber er führte ihm nur 5000 armselige, mit kurzen Lanzen und Pfeilen ausgerüstete Reiter zu.
Am 3. Juni traf Peter in Jaroslawl mit August II. zusammen, der ihm
weitgehende Unterstützung zusagte. Im Namen beider Herrscher
wurde den Ungläubigen der Krieg erklärt, doch der polnische Reichstag widersetzte sich dem Bruch mit der Türkei. Der Zar kehrte zur
Armee nach Podolien zurück und hielt in der Nähe des Sorroka-
Schlosses an den Ufern des Dnjestr einen Kriegsrat ab. Die ausländischen Generäle Hallart, Ensberg, Janus, Osten und Brecols waren
der Ansicht, daß die Armee entlang des Dnjestr stationiert bleiben
sollte und sofort Proviantmagazine angelegt werden müßten. Man
würde Bender angreifen und die Türken erwarten, ohne sich in die
heiße Steppe wagen zu müssen. Die russischen Generäle, unterstützt

von Kanzler Graf Golowkin und Baron Schafirow waren diametral
entgegengesetzter Meinung: Die Ehre verlangte, daß eine so vortreffliche Armee nicht untätig hinter der Flußlinie in Stellung bleibe,
sondern übersetze und sich auf die Türken stürze, „die schon bei
ihrem bloßen Anblick halb geschlagen sein werden" — argumentier-
ten die Russen. Und was die ausstehende Verpflegung betrifft, na
schön, man wird sie eben jenseits der Steppengebiete erbeuten!
Außerdem, so fahren sie fort, werden die griechischen Provinzen, an
die S. M. der Zar geschrieben hat, zweifellos zu seinen Fahnen
eilen ... Peter wählte diesen zweiten Plan. Die Armee setzte also
über den Dnjestr, drang in die Steppengebiete ein und stieß weit
„in ein Land vor, wo nur die zu Bergen aufgeworfenen, brennend
heißen Sandflächen zu sehen sind. Und der Himmel. Keine Bäume,
keine Bewohner, kein Wasser" (Moreau).

Vom 12. bis 29. Juni blieben die Truppen an den Ufern des Pruth,
wo 220 höhere Offiziere den Jahrestag der Schlacht von Poltawa
begingen. Das Bankett — der Zar führte dabei den Vorsitz — dauerte
den ganzen Tag mit dem ausdrücklichen Verbot, vor 8 Uhr abends
die Tafelrunde zu verlassen. Zum Glück war der Wein gut: Tokayer!
Die fast im Rang einer Zarin stehende Katharina ihrerseits bewirtete
„die Damen der Armee". Moreau, ein Franzose, der an dem Feldzug
teilnahm, berichtet darüber: „Fast alle verheirateten ausländischen
Generäle hatte ihre Frauen und Kinder dabei, aus dem Grunde, weil
es ja nicht sicher war, ob man hinterher — und wenn —, dann erst
sehr viel später, wieder zusammenkommt und weil keiner vom andern jemals Nachricht erhält, da keinerlei Postverbindungen bestehen. Von den Ausländern kamen nur die Generalin Hallart und die
Generalmajorin Guintre der Einladung Katharinas nach."

Am 29. Juni wurde der Namenstag des Zaren mit einer weiteren
Festlichkeit begangen, obgleich am Tag zuvor 600 Kosaken von
20 000 Tataren niedergemetzelt worden waren. Die Pruth-
Armee unter dem Kommando des Feldmarschalls Scheremetjew war
79 000 Mann stark. Davon waren 16 000 Reiter und 15 000 Gardesoldaten. Hinzu kamen noch 10 000 Kosaken und 5000 Moldau-
Soldaten, 60 Kanonen und ungezählte Fahrzeuge. Auf Vorschlag
des russischen Generals Rhenne wurden, trotz der gegenteiligen An-

sicht des deutschen Generalleutnants Brecols, 15 000 Soldaten zur Unterwerfung der Walachei abkommandiert. Die Armee war nun effektiv um 24 000 Mann geschwächt, denn in Sorroka, Mohilew und Jassy wurden Besatzungen zurückgelassen. Mitte Juli hatten alle Einheiten die Pruth-Brücken überschritten. Auf den Landkarten der Offiziere war der Fluß von Städten und Dörfern gesäumt verzeichnet — tatsächlich aber fand man nur ärmliche Hütten vor. Am 28. war die reguläre Truppe bereits auf 47 000 Mann zusammengeschmolzen: Viele Soldaten waren infolge der seit Februar ununterbrochen unternommenen Märsche an Erschöpfung gestorben. Die Truppenbestände schwanden zusehends dahin: ein Regiment von 4600 Mann hatte jetzt nur mehr 724 Soldaten! Am 29. traf eine starke Erkundungsabteilung auf 50 000 Türken. Der Zar berief abermals einen Kriegsrat ein, an dem auch Moreau mit seinem Vorgesetzten, dem General Janus, teilnahm. Dieser beschwerte sich darüber, daß man in keiner Weise die Ansichten der ausländischen Generäle berücksichtigt habe. Es liege nun an den russischen Generälen, die den Zaren „in diese Sackgasse geführt hatten, ihn auch da wieder herauszuholen". Aber dies war wohl nicht der richtige Moment für Anschuldigungen. Man mußte zusehen, wie man schnellstens den Kopf aus der Schlinge zog! Und so wurde beschlossen, daß die Armee, von spanischen Reitern geschützt, sich in einem geschlossenen Viereck aufstellen sollte, die Artillerie, der Troß und die Pferde in der Mitte! Die nicht unbedingt notwendigen Fahrzeuge wurden verbrannt, „eine unendliche Menge an Wagen und Karren".

Unterdessen hatte eine fünffach überlegene türkische Armee, mit einer unverbrauchten Kavallerie und 160 Kanonen ausgerüstet, die Russen von 3 Seiten in einer halbkreisförmigen, 2 Treffen tiefen Schlachtaufstellung umzingelt. Die vierte Seite schloß der Pruth ab. Schwere Verluste entstanden durch den Angriff der Türken mit der blanken Waffe, durch die Geschwindigkeit ihres Artillerie- und Infanteriefeuers. Die Wagen, in denen Frauen und Kinder Schutz gesucht hatten, wurden von Kugeln durchlöchert. „Wir konnten weder zurückgehen noch am Ort bleiben, da wir weder Proviant noch Fourage hatten", meldet das „Tagebuch". Bald war die Armee in einer verzweifelten Lage: Es fehlte am Lebensnotwendigsten, eine

Gluthitze herrschte, Krankheiten breiteten sich aus, die Soldaten fielen, und die Pferde krepierten zu Tausenden. Es blieb nur die Wahl zwischen dem Tod in einem aussichtslosen Kampf oder der Sklaverei durch die Kapitulation. In dieser verzweifelten Lage geschah ein Wunder: Der Großwesir, der dieses Heer durch einen Angriff hätte vernichten oder aushungern können, schenkte ihm unter lächerlich günstigen Bedingungen die Freiheit. Was war geschehen? Das „Tagebuch" berichtet, Scheremetjew habe am 31. Juli beim Großwesir um einen Waffenstillstand nachgesucht. Schon am 4. August wurde der Frieden unterzeichnet. „Nur ein Phantast konnte noch auf den Frieden hoffen, und nur ein noch närrischerer Geisteskranker konnte ihn gewähren", soll damals General Janus zu Moreau gesagt haben.

Nach einer anderen, zumeist gebräuchlichen phantastischen Version soll Katharina die Armee gerettet haben. Peter habe verzweifelt, abgeschlossen von der Umwelt, in seinem Zelt gesessen und sich geweigert, irgend jemanden zu empfangen. Katharina habe ihn ruhig und lächelnd besänftigt und ihn zum Verhandeln mit dem Feinde bewogen. Sie habe Schafirow ihre Juwelen und ihr Gold übergeben, um damit den Großwesir zu bestechen[6]. 4 Jahre später schien der Zar diese Geschichte zu bestätigen, als er „höchstselber die Zarin mit dem vor kurzem gestifteten Orden der heiligen Katharina auszeichnete in Erinnerung an die Anwesenheit Ihrer Majestät bei der Schlacht gegen die Türken am Pruth, bei der sie nicht wie eine Frau, sondern wie ein ganzer Mann gehandelt hat" („Tagebuch").

Ist die Käuflichkeit des Wesirs eine ausreichende Erklärung für diesen unfaßlichen Friedensschluß? Gewiß nicht! Baltadschi Pascha war zwar für Geschenke sehr empfänglich — was zu jener Zeit durchaus üblich war —, aber er hatte vernommen, daß die russische Reiterei unter den Generälen Rhenne und Tschiriwow Braila eingenommen und damit die Rückzugsbrücken abgeschnitten habe. Zudem hatten die Janitscharen, die das russische Lager siebenmal angegriffen und schwere Verluste erlitten hatten, gemäß den Geboten des Korans darum gebeten, das Feuer einzustellen. Der Wesir holte gewiß den Rat des ihn begleitenden Ministers des Sultans ein und fügte sich dessen Instruktionen. Vielleicht fürchteten die Ratgeber des Großherren

auch, die gegen diesen Krieg gewesen waren, daß die kaiserlichen
Truppen unter Prinz Eugen von Savoyen eingreifen könnten? Vielleicht wollte sich aber der Sultan lieber gegen Venedig wenden und
Morea erobern? ... Wie dem auch sei, die Tatsache, daß der Sultan
den Überbringer der Friedensbotschaft zum Oberstallmeister ernannte, scheint immerhin ein Beweis für sein Einverständnis zu
sein.
Graf Poniatowski, den Karl XII. als Repräsentanten beim Großwesir abkommandiert hatte, erhob Einspruch. Als der König über
die inzwischen eingeleiteten Verhandlungen unterrichtet wurde, eilte
er mit verhängten Zügeln herbei, überquerte den Pruth auf einer
Piroge, die schnellstens aus einem Baumstumpf geschlagen wurde,
und ließ sein Pferd schwimmend hinterher kommen. Bei seiner Ankunft im türkischen Feldlager sah er gerade noch, wie die russische
Armee, reichlich mit Proviant und Fourage versorgt, mit wehenden
Fahnen unter Trompeten- und Hörnerschall abzog. Außer sich vor
Wut, forderte er eine Erklärung vom Sultan. Er versicherte ihm,
wenn einer seiner Generäle in dieser Art und Weise verfahren wäre,
so hätte er ihn köpfen lassen. Er verlange, daß der Sultan ein Gleiches tue[7]. Baltadschi Mohammed antwortete sanft: „Allah befiehlt
uns, dem Feinde, der sich vor uns erniedrigt und uns um Gnade
bittet, zu verzeihen. Er verbietet uns, die einmal gegebene Vergebung wieder rückgängig zu machen. Und wenn ich nun den Zaren
gefangengenommen hätte, wer sollte dann sein Reich regieren?“ Der
Großwesir soll, ein wenig anzüglich, hinzugefügt haben: „Es müssen
ja nicht alle Herrscher ihr Land verlassen!“
Im Feldlager am Pruth soll Peter einen jungen Offizier zu sich
gerufen und ihn gefragt haben, ob er glaube, durch das türkische
Lager bis nach Moskau gelangen zu können. Auf die Zusage des
Leutnants habe der Zar ihm einen Brief für den Senat übergeben, ihn
gesegnet und ihn auf die Stirn geküßt. Dazu sagte er: „Geh mit Gott!“
Wir geben nachstehend die wörtliche Übersetzung dieser Botschaft,
deren Echtheit allerdings angezweifelt wird:

„Meine Herren Senatoren!
Ich setze Sie hierdurch davon in Kenntnis, daß ich mit meiner Armee

von einer vierfach überlegenen türkischen Armee eingeschlossen bin — dies hat weder durch unseren eigenen Fehler noch Irrtum, sondern nur auf Grund von Falschmeldungen geschehen können —, so daß jede Lebensmittelzufuhr abgeschnitten ist und daß ich ohne Gottes ganz besonderen Beistand nur noch unserer vollkommenen Vernichtung oder der türkischen Gefangenschaft entgegensehe. Tritt letzteres ein, so haben Sie mich nicht als Ihr Staatsoberhaupt zu betrachten, Sie dürfen nichts von dem, was zu Ihnen gelangt, zur Vollstreckung bringen, und wäre es auch ein eigenhändig geschriebener Befehl von mir, bis Sie mich nicht selber gesehen haben. Wenn ich umkommen sollte und Sie Gewißheit von meinem Tode erhalten, dann wählen Sie aus Ihren Reihen den Würdigsten zu meinem Nachfolger. PETER"

Sogar im „Tagebuch" wird zugegeben, daß „dieser Feldzug gegen die Türken ein unbesonnenes Unternehmen gewesen sei und die Armee mit Sicherheit verloren gewesen wäre, wenn der Großwesir die Ratschläge Karls XII. befolgt hätte". Das stimmt. Da der Zar mit der Unterstützung der Hospodare der Walachei und der Moldau, mit dem Reichtum an Lebensmitteln dieser Länder gerechnet hatte, war er in ein unbekanntes Land eingedrungen, ohne vorher die Verpflegung und den Nachschub gesichert zu haben. Aber der Hospodar der Walachei, Brankowan, der 30 000 Soldaten in Aussicht gestellt hatte, hat weiterhin zu den Türken gestanden; der Proviant war ausgeblieben, die Heuschrecken hatten das Futter aufgefressen, und die Verbindungen waren abgeschnitten worden. Die Verantwortung für die Niederlage wurde auf Brankowan abgeschoben, den die Russen und Türken gleichermaßen des Verrates bezichtigten[8]. Um seinen Mißerfolg zu beschönigen, hatte der Zar an Apraksin geschrieben: „Obwohl ich nicht ohne Bedauern dieses Gebiet (Asow) aufgebe, das uns so viel Mühe und Arbeit gekostet hat, gedenke ich doch, daraus eine große Stärkung und einen unvergleichlichen Nutzen zu ziehen." Er setzte allerdings hinzu: „So also ist dieses Totenfest zu Ende gegangen." Graf Golowkin hatte folgendes merkwürdiges Schreiben an den Fürsten Dolgorukij gesandt:

„Am Pruth, den 15. Juli 1711

Wir sind unter Aufbietung aller Kräfte auf die Donau vorgerückt, um den Türken zuvorzukommen und Verpflegung für die Truppen herbeizuschaffen. Aber die Türken waren früher da und stießen am Pruth auf uns, wo wir 3 Tage lang, am 8., 9. und 10. dieses Monats, in einem verzweifelten Gefecht standen. Da es uns an Verpflegung und fähiger Reiterei fehlte, war es uns unmöglich, unseren Marsch fortzusetzen, und gefährlich, zurückzugehen. Wir schlossen Frieden nach dieser Schlacht und, da wir keine Hoffnung hatten, in diesem Kriege noch einmal die Oberhand zu gewinnen, gaben wir den Bitten der Türken nach, einen ewigen Frieden zu schließen und uns dadurch in Sicherheit zu bringen, den sie mit Freuden annahmen und womit sie sich von den Schweden trennten. Sie können dem König von Polen versichern, daß dieser Friedensschluß unseren Verbündeten sehr zum Vorteil gereicht, da nunmehr der Zar über seine ganze Armee verfügen kann."

Europa schenkte diesen aus der Luft gegriffenen Erklärungen keinen Glauben. Die rasch bekanntgewordene Niederlage am Pruth und der Verlust Asows „schadeten dem Ansehen des Zaren erheblich und setzten in den Augen des Kaisers den Wert seiner Partnerschaft herab". So der Gesandte Whitworth. Die Präambel des am 23. Juli in der Nähe des Dorfes Falken geschlossenen und unterzeichneten Vertrages läßt nicht mehr den leisesten Zweifel an der Niederlage aufkommen: „Da es Gott, dem Allmächtigen Herrn des Alls, in seiner weisen Vorsehung und seiner unendlichen Barmherzigkeit gefallen hat, der siegreichen Armee der Gläubigen die Umzingelung des Zaren von Rußland und all seiner Truppen am Ufer des Pruth zu vergönnen, wo sie solchermaßen geschlagen wurden, sah Seine Majestät der Zar sich gezwungen, nach dem Frieden zu trachten und ihn vor aller Welt zu erbitten. Das ist der wahre Grund, weshalb wir das Folgende schriftlich niedergelegt haben ..."

Wir geben hier die wesentlichsten Bestimmungen des Vertrages wieder: Der Zar verpflichtet sich, Asow zurückzugeben, 3 Festungen zu schleifen und den schwedischen König nicht an der Rückkehr in sein Reich zu hindern. Er darf keine Gesandten oder Bevollmächtigten in Konstantinopel haben.

Nach diesen heftigen Aufregungen war der Zar zur Kur nach Karlsbad abgereist, wo er am 24. September 1711 mit etlichen Generälen und Ministern eintraf. Darauf begab er sich zur Hochzeit des Zarewitsch Alexej nach Torgau. Er sah dort Leibniz, den er 1712 und 1716 noch einmal traf. Das schwer angeschlagene Heer zog sich, behindert von den zahlreichen Kranken und Verwundeten und den dauernden Beunruhigungen der Tataren nur langsam über Stanope und Mohilew zurück.

Der Zar hatte als Pfand für die Ausführung der Vertragsbestimmungen den Vizekanzler Schafirow und den Sohn des Marschalls Scheremetjew in der Gewalt der Türken zurücklassen müssen. Diese beiden Geiseln blieben, zusammen mit Tolstoj, ganze 3 Jahre in den Gefängnissen von Jedi Kule zurück, weil Peter Asow unbedingt behalten wollte. Manchmal wurde Schafirow vom Sultan zu Besprechungen gerufen und mit allen Ehren, die einem Gesandten zukommen, behandelt. Dann kehrte er wieder in seinen finsteren Kerker zurück. In seinen Briefen vom 15. November 1711, 4. März und 16. Juni 1713 schreibt Schafirow an Feldmarschall Scheremetjew: „Wir leben in einer grauenhaften Angst vor dem Tode und wir haben keine Hoffnung mehr, ihm zu entgehen . . . Wir leiden großen Mangel. Das Tageslicht dringt durch eine winzig kleine Öffnung gerade noch zu uns . . . Wir ersticken an den ekelhaften Gerüchen in unserer Nähe." Mal Diplomat, mal Gefangener — wie so manche Figur Molières — wurde er vom Sultan oder vom Kerkermeister empfangen, man präsentierte vor ihm oder schob ihm einen Napf hin. Er fuhr in einer Kutsche oder streckte sich auf einer Pritsche aus. Er wurde „Exzellenz" tituliert oder bekam Rippenstöße. — „Sie brauchen nicht die Folter oder den Tod zu befürchten!" schrieb der Zar an ihn, der dabei wohl an die harten Worte einer seiner Schwestern dachte, die von einer Dienstmagd sagte, als diese verhaftet worden war: „Sie sollen ruhig für uns sterben!" Mit großer Geschicklichkeit und Ausdauer gelang es „dem kleinen Juden" schließlich, unterstützt von den englischen und holländischen Gesandten, einen neuen Friedensvertrag auf 25 Jahre zum Abschluß zu bringen (5. April 1712). Indes tauchten neue Schwierigkeiten auf, und Schafirow wurde wieder in den Turm geworfen, bis der Vertrag,

der die neuen Grenzen zwischen den beiden Staaten festlegte, unterzeichnet war (7. Oktober 1713). Als Schafirow und Scheremetjew
endlich frei waren, machten sie sich auf den Weg nach Rußland. Der
General starb unterwegs, der Vizekanzler wurde mit größten Ehren
in Moskau empfangen.

Der Türkenkrieg war zu Ende, Peter wunderbarerweise einer Gefahr entronnen, die aller Voraussicht nach zu seinem Tode oder
seiner Gefangenschaft geführt hätte, zur Ausrottung oder zur Kapitulation seines gesamten Heeres, zur Erbeutung der Fahnen, der Artillerie, der Pferde und der Kriegskasse[9]. Es hätte nicht viel gefehlt und
Rußland, ohne seinen Zaren, ohne seine Armee, hätte alle seine Eroberungen zurückgeben und in einen demütigenden Frieden einwilli-
gen müssen. Die Bojaren und die Geistlichkeit hätten dann ohne jeden
Zweifel Peters Neuerungswerk, das sie mit Abscheu betrachteten,
zerstört. Rußland wäre wieder in seine Isolierung und Rückständigkeit zurückgefallen. Karl XII. wäre nach Stockholm zurückgekehrt.
Schweden hätte wieder seine Stellung als Großmacht eingenommen.
Stanislaus wäre wieder auf den polnischen Thron gelangt. Das Antlitz der Welt hätte sich von neuem gewandelt ... Der Untergang
Karls XII. bei Poltawa und die Niederlage Peters I. am Pruth
führen uns in eindringlicher Weise vor Augen, daß das Schicksal
solcher Staaten, die von einem Despoten regiert werden — mag er
nun Zar, Kaiser, Duce oder Führer heißen — auf tönernen Füßen
steht.

VON POLTAWA BIS ZUM NYSTADER FRIEDEN

1710—1721

Wir haben, Gott sei Dank, Rußland das Meer weggenommen.
Es wird für die Russen künftig sehr schwierig sein, den Graben
zu überspringen.

GUSTAV II. ADOLF, Rede vor dem Senat anläßlich des Friedens
von Stolbowa, 1617

Die Geschichte Rußlands vom Sieg bei Poltawa bis zum Frie-
den von Nystad ist nichts als Chaos und Sumpf.

WALISZEWSKI

Nach der Schlacht bei Poltawa beauftragte Peter I. Schafirow, die
nachstehenden Friedensbedingungen durch Vermittlung des Generals
Mardefeld und des Staatssekretärs Zederhielm, die zu diesem Zweck
Urlaub auf Ehrenwort erhielten, der Regierung in Stockholm bekanntzugeben:

1. Narwa und Ingermanland, „die seit unvordenklichen Zeiten zu
Rußland gehörten", sind zurückzugeben.

2. Ein Teil von Karelien mit Wiborg und das estnische Reval sind als
Entschädigung für die während des Krieges erlittenen Verluste an
Rußland abzutreten; für die Dauer der Friedensverhandlungen bleibt
Reval von den Schweden besetzt.

Karl XII., unzugänglicher denn je, lehnte diese Vorschläge ab.

Bald darauf sollte sich der Zar in Deutschland in vollkommen wirre
Unternehmungen einlassen. Waliszewski schreibt dies „einzig und
allein dem Drange zu, sich sehen zu lassen, in Europa eine Rolle zu
spielen und sich dort in alles einzumischen". Die Haltung Peters
scheint uns viel eher in seiner Freundestreue zu liegen, in der absolu-
tistischen Regierungsform, die es erlaubt, daß er alleine alle Entscheidungen trifft, in dem Mangel an mutigen Beratern, kurz in einer
Verkettung von Umständen, deren er nicht Herr werden will oder

kann. Wir fassen die reichlich verwickelten Geschehnisse kurz zusammen, denn Rußland kämpft nun an mehreren, weit auseinanderliegenden Fronten, während der Zar ruhelos sein hektisches Reiseleben fortsetzt.

Der Nordische Krieg hatte eine für die Russen günstige Wendung genommen dank der Pest, von der Polen, Kurland, Livland, Estland und die schwedischen Städte an der Ostsee heimgesucht worden waren. Die Epidemie dezimierte die Armee Crassows auf 6000 Mann und raffte in Reval 55 000, in Riga 60 000 Menschen dahin („Nouveaux Mémoires"). Briefe wurden mit Essig behandelt, Reisende in Quarantäne geschickt. Im Jahre 1710 errang die Poltawa-Armee glänzende Erfolge. Sie eroberte die befestigten Orte Elbing (in Ostpreußen), Wiborg (in Karelien), Riga und Dünaburg (in Livland), Reval und Pernau (in Estland), Kexholm am Ladoga-See und Arensburg auf der Insel Ösel[1]. Dagegen schlug General Graf Magnus Stenbock, dem es gelungen war, in Schweden ein 14 000 Mann starkes Heer auszuheben, die Dänen bei Helsingborg und verjagte sie aus der schwedischen Provinz Schonen. Die Russen brachen den erst kürzlich mit Sachsen geschlossenen Vertrag von Jaroslawl und annektieren die livländischen Städte. Vergebens hatten die Seemächte, der Kaiser und Preußen, versucht, durch die Verträge von Den Haag (31. März und 4. August 1710) das nördliche Deutschland neutral erklären zu lassen. Karl XII., immer noch in Bender, hatte ihre Anerkennung abgelehnt.

Ein Verbündetenheer der Russen, Sachsen und Polen zog im August durch das preußische Hinterpommern nach dem schwedischen Vorpommern, wo es sich mit den dänischen Einheiten vereinigte. Damit betraten zum erstenmal russische Truppen norddeutschen Boden. August II. verlangte schon sehr bald den Abzug der Kosaken, die das Land verwüsteten, und erhob Einspruch dagegen, daß sie ihre Winterquartiere in Polen bezogen. Die Klagen des Königs waren berechtigt[2].

Gleich nach der Schlacht von Poltawa hatte der englische Gesandte seiner Befürchtung Ausdruck gegeben, daß der Sieg „den Zaren-Hof noch hochmütiger und schwieriger" machen werde. Anscheinend hatte er sich nicht getäuscht, denn der König von Preußen setzte den

Gesandten Van der Lith vor die Türe, der ihn gemahnt hatte, sich auf die Seite des Zaren zu stellen und ihn des Wortbruchs beschuldigte[3]. Die Russen führten sich in Polen auf wie in einem eroberten Lande. Der polnische Großmarschall beklagte sich darüber, daß „die moskowitischen Truppen größere Verheerung in das Vaterland brächten, als es seine schlimmsten Feinde vermögen". Der Gesandte Baluze bestätigt es[4]. In der polnischen Landbotenkammer in Warschau wurde im April 1712 nachdrücklich der sofortige Abzug der Russen verlangt. Als während der Sitzung ein moskowitischer Offizier erschien, rief ein Abgeordneter: „Diese Leute, die es verstanden, sich Zugang zu unseren Zimmern, unseren Vorratskammern und Scheunen zu verschaffen, um uns zugrunde zu richten, haben auch noch die Stirn, uns hier, an unserer Beratungsstätte, zu belauschen!" Der Offizier wurde aus dem Gebäude gewiesen.

Peters Erfolge in den baltischen Provinzen beruhten ebenso auf seiner persönlichen Geschicklichkeit wie auf der Tüchtigkeit seiner Truppen. Er hatte freie Ausübung des Glaubens versprochen und den Gebrauch der deutschen Sprache in den Kanzleien und bei den Gerichten zugesichert. Er gab dem Adel die von Karl XI. geschmälerten Besitzrechte zurück und erteilte dem Provinzial-Senat wieder die Befugnisse, die Schweden aufgehoben hatte.

*

Die Periode, die auf den Pruth-Vertrag folgte, ist überreich an Machenschaften, Intrigen, Hinterhältigkeiten, flüchtigen Plänen, Komplotten, Verrat, vertraulichen Anweisungen und höchstgeheimen Berichten und Abmachungen. In diesem Wirrwarr mißtraute jeder Herrscher seinen Verbündeten ebenso wie seinen Feinden. Die Dänen und Sachsen, die nicht auf die Russen warten wollten, wurden 1712 von Stenbock bei Gadebusch vernichtet. Im darauffolgenden Jahr war es an Stenbock, bei Tonningen vor Menschikow mit 10 000 Soldaten, 67 Fahnen, 61 Standarten und 12 Kanonen aus Bronze zu kapitulieren. Der Zar hatte unterdessen auf Grund des neuen Bündnisvertrages mit Dänemark den Angriff auf Finnland vorbereiten lassen. Er schrieb an den Großadmiral Apraksin: „Das Ziel der Campagne ist nicht die Verwüstung, sondern die Besitzergreifung von Finnland, nicht etwa weil der Zar diese Gebiete behalten will, sondern aus 2 anderen Gründen: die Provinz könnte bei Ausarbeitung des Friedensvertrages als Tauschobjekt oder Faustpfand dienen. Außerdem ist Finnland die Nährmutter Schwedens, dem es Fleisch, allerhand andere Lebensmittel und Holz liefert. Wenn Gott es gefällt, daß wir Åbo einnehmen, werden die Schweden weniger halsstarrig sein" (30. Oktober 1712).

Die junge Flotte in der Stärke von 93 Galeeren, 60 Brigantinen und 50 großen Kriegsschiffen stach von St. Petersburg unter dem Befehl von Apraksin mit 16 000 Soldaten an Bord in See. Der Zar, im Rang eines Konteradmirals, befehligte die Vorhut. Die Russen eroberten Helsingfors (im März 1713), darauf Borga und Åbo.

„Am 6. August 1713", so berichtet das „Tagebuch", „baten der Großadmiral mit allen seinen Generälen und den Offizieren Seine Majestät, den Titel des Oberbefehlshabers anzunehmen, als Anerkennung für die großen Strapazen, die S. M. während des vorhergegangenen Krieges und im Jahre 1713 hatte ertragen müssen. Seine Majestät nahm das Angebot an und empfing die Glückwünsche aller Offiziere."

Die Schweden unter dem Kommando des Generals Armfeldt wurden im Oktober 1713 bei Tammersfors und einige Monate später bei Storkyro geschlagen. Im Jahr darauf gewann der Zar persönlich die Seeschlacht von Hangö über die als unüberwindlich geltende schwedische Flotte. Admiral Ehrenskiöld wurde gefangen und 10 bewaffnete Schiffe aufgebracht. Katharina schrieb an Peter, um ihn „zur Gefangennahme eines gleichgestellten Waffenbruders" zu beglückwünschen. Dieser erste große Erfolg zur See wurde mit Triumph in Petersburg gefeiert, gleichzeitig mit der Eroberung der Inseln Rügen, Usedom und Wollin. Es wurde eine Medaille geschlagen, die folgende Inschrift trug: „Der russische Adler läßt nicht mit sich spaßen." Mit der Eroberung der Ostseegebiete hatte der Zar der 7 Jahrhunderte während Rivalität mit Schweden ein Ende gesetzt und die ehemals zum Fürstentum Kiew gehörenden Städte wiedererlangt. Der Sieg zur See enthüllte Europa, daß Rußland nun nicht nur zu

Lande, sondern auch auf dem Meere eine Bedrohung war: nach Poltawa jetzt Hangö! Die europäischen Mächte waren besorgt, denn Peter I. führte sich in Deutschland wie ein Gebieter auf und machte kein Hehl aus seiner Absicht, in Schweden einzudringen. Wo wird der Eroberer denn einmal haltmachen ...? Karl XII. verweilte ohne ersichtlichen Grund immer noch in Bender. Durch seine schroffe Haltung und seine Anmaßungen hatte der „Löwe aus dem Norden" sich nach und nach das Wohlwollen der Hohen Pforte verscherzt und einen offenen Konflikt heraufbeschworen. Im Verlauf einer bis heute berühmten „Kalabalik" (wildes Handgemenge, genauer: „Kampf des Löwen") schlug sich der König 9 Stunden lang gegen die Soldaten des Paschas, die Befehl hatten, ihn lebend zu fangen (1. Februar 1713). Als er sieht, daß um sein Holzhaus die Flammen stehen, stürzt er auf den Platz, stößt ein paar Janitscharen nieder, strauchelt und schlägt hin. Man wirft sich auf ihn, und „Dickschädel" — so nennen ihn die Türken — wird gefesselt unter starker Bedeckung nach Timurtasch bei Adrianopel gebracht. Er streckte sich auf sein Lager, von dem er sich monatelang nicht mehr erhob — angeblich fühlte er sich nicht wohl — in Wahrheit aber „will er den Belästigungen des türkischen Hofzeremoniells entgehen[5]". Gustav III. verurteilte aufs schärfste das Verhalten seines Vorgängers. Er schreibt: „Karl XII. erweckte zu jener Zeit den Anschein eines Wahnsinnigen, von blinder Verzweiflung oder Halsstarrigkeit beherrscht, die schon eines normalen Menschen unwürdig, bei einer großen Persönlichkeit aber ganz unverzeihlich sind[6]."

Plötzlich eilte eine überraschende Neuigkeit von einer Hauptstadt zur anderen: Der König von Schweden war entkommen! In einem Gewaltritt — würdig des ersten Karolinen — gelangte er verkleidet, nur von 3 Gefährten begleitet, mit unglaublicher Schnelligkeit durch Ungarn und Deutschland. Als er bereits am 22. November in Stralsund eintraf und in die belagerte Stadt eindrang, hatte er 16 Tage lang nicht geschlafen. Man mußte ihm die Stiefel von den Füßen schneiden, so geschwollen waren seine Beine. Nachdem er sich ein paar Stunden ausgeruht hatte, hielt er eine Truppenmusterung ab, besichtigte die Befestigungswerke und gab Befehle, damit die Ope-

rationen in Gang kämen. Obwohl das ausgeblutete Schweden das
Ende des Krieges herbeisehnte, widersetzte er sich jedem Gedanken
an Frieden. Unbeugsam, eigensinniger denn je, weigerte er sich, in
seiner Eigenschaft als Mitglied des Deutschen Bundes an der Haupt-
versammlung teilzunehmen, die vom Kaiser nach Braunschweig einberufen worden war. Er ließ sich nicht von seinen beiden Zielen
abbringen: August II. zu entthronen und Petersburg zu zerstören.
7 Jahre hatte er in Polen vertan, bei Poltawa die schwerste Niederlage einstecken müssen, 5 Jahre in der Türkei vergeudet, seit 14 Jahren sein Vaterland und seine Familie nicht wieder gesehen ... Was
macht es schon! Er will den Krieg und nicht den Frieden! „Dickschädel" hat nichts dazugelernt!

In dem Augenblick, da Stralsund kapitulierte, floh Karl XII. In einem
zerbrechlichen Skiff gelangte er mitten durch riesige Eismassen hindurch und ging in Trelleborg (Schonen) an Land. In Lund richtete
er seine Residenz ein. Dieser neue Fehlschlag dämpfte keineswegs
seine Kampfeslust: Er wird sich in Norwegen gegen die Dänen
schlagen.

*

Peter hatte von seinen Verbündeten keinen unmittelbaren Vorteil
gehabt: August der Starke lieferte einen neuen Beweis seines Machia-
vellismus, indem er heimlich Frankreich Verhandlungsvorschläge
unterbreitete[7]. Dänemark war ein kostspieliger, unsicherer Partner.
König Friedrich Wilhelm I. von Preußen war erst in den Krieg eingetreten, nachdem der Zar sich verpflichtet hatte, ihm Stettin zu überlassen (Juni 1714). Die Beziehungen zwischen Moskau und Hannover und England wurden von Jahr zu Jahr schlechter. Nach dem
Siege von Poltawa hatte Kanzler Golowkin gesagt: „Alleine ist Rußland viel stärker als im Bunde mit seinen Alliierten!" Das war nicht
richtig, denn dadurch, daß der Zar mit ihnen paktierte, hat er die
Bildung einer bedrohlichen Koalition von sich abwenden können.
Darüber hinaus hatte er dank August II., der von Karl XII. so hartnäckig verfolgt worden war, die notwendige Zeit gewonnen, sein
Heer aufzustellen.

Wie dem auch sei, Peter war bereits seit Jahren mit seinen Verbündeten unzufrieden. 1711 hatte er sich bei dem Gesandten Whitworth darüber beklagt, daß der Kaiserhof in Wien „überall gegen ihn intrigiere, sei es in Konstantinopel oder Venedig". Und weiter: „Alle Minister des Kaisers sind Schurken! Beim Frieden von Karlowitz wurde ich, mit leeren Taschen, von meinen Partnern und Vermittlern im Stich gelassen ... Sie haben mir nicht mehr Beachtung geschenkt als einem Hunde ... Ich bin auf ihr Betreiben dennoch in den Krieg (gegen die Türken) eingetreten, zum Wohle der Christenheit ... Sie haben weite Strecken Landes gewonnen, und ich dagegen nur eine kleine Stadt ... Dann kam es zu dem Separatfrieden von Travendal ... Die Vermittlung, um die ich gebeten hatte, wurde mir erst zugestanden, als ich sie schon nicht mehr nötig hatte ...[8]" Seit 1712 herrschte offene Zwietracht zwischen den Verbündeten. England — dem der Sinn sehr nach mehreren schwedischen Besitzungen stand — gab seiner Befürchtung Ausdruck, daß „eine allzu große Schwächung Schwedens das Gleichgewicht der Kräfte im Norden zerstören könnte[9]." Es beschwerte sich darüber, daß im August oder September 1713 der Gouverneur von Archangelsk 19 englische Seeleute zur russischen Marine gepreßt hatte. Die Niederlande warfen für ihren Teil dem Zaren vor, daß vor Helsingfors 5 holländische Schiffe verbrannt worden seien und verlangten von ihm eine Entschädigung. Indessen kamen der König in Preußen und Georg I., der in seiner Eigenschaft als Kurfürst von Hannover handelte, mit dem Zaren in den Verträgen von Petersburg und Greifswald überein, daß Petersburg, Wiborg, Reval und Narwa zu Rußland gehören sollten. Sie enthielten ihm Riga vor. Peter I. konzedierte von seiner Seite Stettin und Vorpommern an Preußen, Bremen und Verden an Hannover. Preußen versprach, sich dafür zu verwenden, daß Rußland der Erwerb Livlands gelänge. England und Hannover verweigerten jegliches Engagement in diesem Punkt. Diese verfrühte Teilung der Beute verringerte nicht das gegenseitige Mißtrauen. Die Erfolge der zaristischen Armeen, die verwandtschaftlichen Bindungen zu den deutschen Fürstenhäusern vergrößerten diese Spannungen noch. Nach der Heirat seiner Nichte, der Großherzogin Anna Iwanowna, mit dem Herzog von Kurland und des Zarewitschs Alexej mit der Prinzessin Christine von Wolfenbüttel vermählte sich nun eine zweite

Nichte Peters mit dem Herzog Karl Leopold von Mecklenburg[10].
Diese Verbindung wurde durch einen Bündnisvertrag ergänzt, der
Rußland gestattete, seine Truppen im Norden Deutschlands zu sta-
tionieren, selbst in Zeiten des Friedens mit Schweden. Als Peter dem
Herzog von Mecklenburg Truppen zur Verfügung stellte, um alte
Händel mit seinen Adligen zu beenden, wuchs die Besorgnis in Eng-
land. Der mecklenburgische Baron Bernstorff, Repräsentant König
Georgs I. in Hannover, hatte in seinen von den Russen besetzten
Ländereien schwere Schäden erlitten. Er unterstützte nachdrücklich
die Klagen der Mecklenburger in London und Wien. Als Wismar
kapitulierte (April 1716), hinderten die Dänen und Hannoveraner
die russischen Truppen am Betreten der Stadt, die Peter dem Herzog
von Mecklenburg versprochen hatte. Im folgenden Monat ersuchte
Georg I. den Zaren — ohne Erfolg —, seine Armee aus Mecklenburg zurückzuziehen. 40 000 Russen schlugen dort ihre Winterquartiere auf.

Trotz dieser Reibereien brach die gegen Schweden gebildete Koalition noch nicht auseinander. Der Zar landete 1716 mit einem Geschwader von 48 Galeeren und einem umfangreichen Expeditionskorps in Kopenhagen, um zusammen mit seinen Verbündeten, Schweden anzugreifen. Die verschiedensten Gerüchte waren über dieses
Vorhaben im Umlauf. Während er seinem Gast noch Feste gab, ließ
Friedrich IV. die alte Festung wieder instand setzen. Peter I. hielt
eine Flottenparade ab, an der 70 englische, holländische, dänische
und russische Schiffe teilnahmen, über die er den Oberbefehl hatte.
So stolz er auf diese Auszeichnung war — zum ersten Male wurde
ein englisches Geschwader dem Befehl eines ausländischen Admirals
unterstellt — so wenig machte er sich Illusionen über den Ausgang
des Unternehmens. Und in der Tat, die schwedische Flotte, die in
den Häfen Schutz gesucht hatte, blieb unsichtbar. Die Verbündeten
ihrerseits zeigten auch keine Lust zur Landung. An Bord des Admiralsschiffes „Ingermanland" schrieb der Zar folgende enttäuschte
Botschaft an Katharina: „Über das, was hier geschieht, möchte ich
Ihnen sagen, daß Wir vergebens hier herumspazieren, denn Unsere
Reunion gleicht einem Gespann junger Pferde vor einer Karosse.
Während die in der Mitte sich rühren wollen, denken die an der

Seite nicht einmal daran. Weil das nun alles so ist, werde ich wohl
bald wieder bei Ihnen sein." (13. August 1716.)
Nach stürmischen Auseinandersetzungen wurde die Expedition auf
das nächste Jahr verschoben. Die Flottenverbände trennten sich. Am
6. Dezember kam der Zar nach Amsterdam, wo er einige Monate
blieb, bevor er sich nach Paris weiterbegab.

*

Zu Beginn des Jahres 1717 kam es zu einem folgenschweren Zwischenfall, der die ohnehin schon gespannten Beziehungen zwischen
dem König von England und dem Zaren noch mehr zerrüttete: London beschuldigte Peter der Teilnahme an Umtrieben, die, geführt
von Baron Görtz, den Sturz Georgs I. und die Einsetzung des Thron-
prätendenten zum Ziele hatten. Der Arzt des Zaren, Areskin, sollte
eine strafbare Korrespondenz mit den Jakobiten, den Anhängern des
Sohnes von Jakob II. Stuart, unterhalten haben. Als Beweis wurden
Briefe von Görtz und einiger schwedischer Minister veröffentlicht,
die auf einem Schiff beschlagnahmt worden waren, das während seiner Fahrt nach Holland in einem norwegischen Hafen Schutz vor
dem Sturm gesucht hatte. Durch diese Korrespondenz wurde die Existenz eines Komplotts aufgedeckt, in welches der Zar mit hinein verwickelt war. Der König von Dänemark hatte nichts Eiligeres zu tun,
als diese Briefe dem König von England zur Kenntnis zu bringen,
der den schwedischen Gesandten Gyllenborg in London verhaften
ließ (1. Februar). Unter seinen Papieren fand man den Briefwechsel
mit den Jakobiten. Auf Ansuchen Georgs I. wurde Görtz in Holland
verhaftet. Nach sechsmonatigem Gefängnisaufenthalt wurden Gyllenborg und Görtz verhört und wieder freigelassen.
Am 12. März 1717 erschien ein 17 Seiten starkes Memorandum, das
im Ausland weit verbreitet wurde und in dem der Sekretär der russischen Gesandtschaft in London, F. Wesselowskij, protestiert gegen
„diese falschen Einflüsterungen, diese unwürdigen Verleumdungen,
die der Feind verbreitet, die ungeheuerliche Konspiration dieses Be-
truges. Der Zar habe nicht im entferntesten daran gedacht, auch nur
im geringsten an einem so verabscheuungswürdigen Anschlag teilzu-

nehmen. Er setze seinen ganzen Stolz darein, mit seinen Verbündeten in voller Aufrichtigkeit und Redlichkeit zu leben . . . Er hielte sich
gewissenhaft an alle seine Bündnisse und Verpflichtungen[11]". Der
Antwort Lord Stanhopes war bei aller Höflichkeit der Form doch
zu entnehmen, daß er an der „Aufrichtigkeit" und der „Redlichkeit"
des Herrschers aller Reußen starke Zweifel hegte.
Was war nun wahr an diesen Bezichtigungen? Obwohl diese trübe
Affäre nie ganz geklärt worden ist, geben wir hier das wieder, was
uns davon bekannt ist: Ein Minister des Zaren (oder Menschikow)
soll in Amsterdam in größter Heimlichkeit Baron Görtz getroffen
haben, der Geheimer Rat des Herzogs von Holstein und später Finanzminister, Bevollmächtigter und vertrauter Ratgeber Karls XII.
war[12]. Peter ließ sich anscheinend von der machiavellistischen Kom-
binationsgabe dieses schlauen Fuchses blenden, den Stanhope „den
Schurken" nennt. Görtz selber hatte sich durch den Plan des Kardi-
nals Alberoni verlocken lassen, der bei Philipp V. Erster Minister
war und ein Interesse daran hatte, Spanien von den drückenden Bedingungen des Utrechter Friedens freizubekommen. Mit der Unterstützung des spanischen Gesandten in Paris, Cellamare, hoffte Alberoni,
den Herzog von Orléans zu stürzen und an seiner Stelle Philipp V.
zum Regenten zu machen. Er träumte davon, Georg I. durch den
Stuart-Prätendenten zu ersetzen. Karl XII. sollte deshalb mit Unterstützung der Russen eine Landung in Schottland unternehmen. Spanische Truppen hätten unterdessen die österreichischen Besitzungen
Sardinien und Sizilien eingenommen. Die Türken sollten Unterstützung gegen Österreich erhalten. Der Ausläufer „Nord" dieser allgemeinen Umwälzung wäre allerdings nur realisierbar gewesen, wenn
Peter I. mit Karl XII. Frieden schloß. Zu diesem Zweck hatte Görtz
die Abtretung der Ostseeküsten an Rußland vorgesehen unter der Bedingung, daß der Zar bei der Eroberung Norwegens (das damals zu
Dänemark gehörte) Schweden seine Unterstützung lieh . . . Der spanische Gesandte Barretti-Landi hatte dem Botschafter Peters, dem
Fürsten Kurakin, eröffnet, daß Kaiser Karl VI. ein Übereinkommen
zwischen Rußland und Schweden für sehr wünschenswert halte.
Truppen dieser beiden Nationen könnten, verstärkt durch 30 000
Soldaten und 30 Schiffe aus Spanien, in Schottland einfallen. Das

Londoner Kabinett behauptete, der Zar sei über dieses Gespräch durch seinen Gesandten unterrichtet worden und hätte diesen gegen Georg I. gerichteten Anschlag nicht abgelehnt. Auch habe man ihn in Reval in Gesellschaft des Irländers Loless gesehen, eines Agenten der Stuart-Anhänger. Peter stritt in seiner Note vom 3. Oktober 1718 jeglichen Kontakt mit dem Stuart-Prätendenten ab[13].

Auf den Åland-Inseln führten bereits seit 5 Monaten 2 russische Delegierte, der Generalfeldzeugmeister der Artillerie, Bruce, und Vizekanzler Ostermann, Friedensbesprechungen mit den Unterhändlern Karls XII., Görtz und Gyllenborg. Der heikle Punkt bei diesen Verhandlungen war Livland, auf das der Zar nicht verzichten wollte. Trotzdem wurde ein Vertrag ausgearbeitet, der dem Zaren alle seine Eroberungen bis auf Finnland ließ. Görtz reiste nach Norwegen, um dem schwedischen König diesen Vorschlag zu unterbreiten, der aber sofort eine starke Opposition in den Regierungskreisen hervorrief. Görtz wurde der Bestechlichkeit beschuldigt. Mit dem tragischen Tod Karls XII. vor der Festung Friedrichshall brachen die Verhandlungen ab[14]. Der 36jährige König hinterließ Schweden ruiniert, sein Landbesitz war verkleinert, es hatte seine Großmachtstellung verloren. „Sein (Karls XII.) Leben war wie der Schein eines leuchtenden Meteors", schreibt Oskar II. „Er erhellte den Himmel, er blendete die Augen, aber nach seinem Vorbeiziehen herrschte um so tiefere Finsternis." Peter besaß die Courtoisie, zu Ehren seines toten Gegners mit dem gesamten Hof Trauer anzulegen.

Auf Befehl von Ulrike Eleonore, die ihrem Bruder auf den Thron folgte, wurde Görtz verhaftet. Die Anklage warf ihm vor, er habe sich von Rußland bestechen lassen. Er wurde verurteilt und geköpft[15].

Alberonis Rechnung ging nicht auf: Die spanische Flotte wurde bei Cap Pesaro von dem Geschwader des Admirals Bing vernichtet. Der Krieg zwischen Rußland und Schweden ging weiter. Die Türken waren gezwungen, mit Österreich den Frieden von Passarowitz zu schließen. Im Juni 1719 griffen die Franzosen mit Erfolg Spanien an. Gesandter Cellamare wurde unter militärischer Bedeckung an die Grenze gebracht. Der Stuart-Prätendent scheiterte bei einem Landungsversuch in Schottland. Philipp V. schloß nach der Entlassung

Alberonis, dem Stanhope den Beinamen „der Verwirrung stiftende
Minister" gegeben hatte[16], mit der Quadrupel-Allianz Frieden und
verzichtete auf die französische Krone.

Peter hatte durch seine Einmischung in die Angelegenheiten der
deutschen Fürstenhäuser, seine Vertraulichkeiten mit Görtz, sein an-
gebliches geheimes Einverständnis mit seinem Arzt Areskin, durch
den Prozeß gegen den Zarewitsch Alexej und seinen gräßlichen Tod,
durch seine Neid und Unzufriedenheit heraufbeschwörenden Siege
das Mißtrauen der Regierungen von Wien, London, Kopenhagen und
Warschau vergrößert. Seine ehemaligen Freunde gingen sogar soweit, ihn zu beschimpfen. Stanhope war besorgt, daß Rußland nun
die Ostseehäfen beherrschte und damit auch den Handel mit Flachs,
Hanf und Masthölzern, die England so dringend für seine Marine
benötigte. Folglich war er bestrebt, mit Hilfe seiner Gesandten die
Allianzen Moskaus zu zerstören und einen neuen Krieg zwischen der
Türkei und Rußland zu provozieren. Er teilte dem Kaiser seine Be-
fürchtungen mit, wechselte die Front und unterstützte am Ende
Schweden.

Am 5. Januar 1719 schlossen sich der Kaiser und die Kurfürsten von
Sachsen und Hannover zum „Verteidigungsbund von Wien" zusammen, um die Aufrechterhaltung der Integrität Polens zu sichern und
den Durchmarsch russischer Truppen nach Deutschland zu verhindern. In einer Geheimklausel erklärte Georg I., eine englische Flotte
bereitzuhalten für den Fall einer Verletzung der polnischen Neutralität.

Die Königin von Schweden gedachte, mit Peter I. auf direktem
Wege zu verhandeln, da er sich zu einigen Konzessionen in Livland
bereit erklärt hatte. Aber der französische Regent, der Herzog von
Orléans, hatte ihr geraten, sich zuerst mit ihren anderen Gegnern zu
verständigen. Ulrika Eleonora und später ihr Gemahl verhandelten
also nacheinander mit Hannover, Preußen, Dänemark und Polen und
überließen diesen Staaten den größten Teil der schwedischen Besitzungen in Deutschland und einige Streifen Land in Pommern mit
Stralsund und Rügen. Somit stand der Zar ohne Verbündete Schweden gegenüber, das finanziell von Frankreich Unterstützung erhielt,
moralisch vom Kaiser, realiter von der englischen Flotte. „Nur eine

von Polen und Kurland ausgehende starke Diversion könnte der Macht des Zaren Grenzen setzen", berichtet Sir John Carteret, der Gesandte Georgs I., nach Stockholm. Obwohl Stanhope für den Krieg war, verhinderten verschiedene unangenehme Zufälle die Bildung eines Angriffsbündnisses: England machte infolge des Bankrotts der „Südchinesischen Handelsgesellschaft" eine schwere finanzielle Krise durch. Frankreich hatte durch den Zusammenbruch der Lawschen Finanzpolitik und die Pestepidemie, die in Marseille wütete, vollauf mit sich zu tun. Polen, von den moskowitischen Armeen besetzt, wagte sich nicht zu rühren. Preußen wollte seine wohlwollende Neutralität nicht aufgeben. Der Kaiser stand in Verhandlungen wegen der Pragmatischen Sanktion.

Stanhope gab im August 1719 dem Befehlshaber der englischen Ostseeflotte, Admiral Norris, folgende Order: „Mit Waffengewalt werden Sie den Zaren zur Vernunft bringen, indem Sie seine Flotte zerstören, die eine Gefahr für die ganze Welt darstellt. Er ist der gefährlichste Feind, den unser Land nur haben kann." Zur gleichen Zeit schrieb er: „Wenn England die Herrschaft zur See anstrebt, dann muß es sich — mehr als jede andere Macht — den maritimen Fortschritten der russischen Nation entgegenstellen." Peter hielt seine Schiffe außer Schußweite und machte sich über die 20 Kähne des Geschwaders Norris lustig.

Da die auf den Åland-Inseln wiederaufgenommenen Friedensverhandlungen zwischen Schweden und Rußland zu keinem Ergebnis führten, griff der Zar zu Gewaltmaßnahmen: Im Juli 1719 setzte Admiral Apraksin an der Spitze von 260 Schiffen aller Gattungen an den schwedischen Küsten ein Armeekorps an Land, von dem 6 Städte, 866 Dörfer, 100 Schlösser, 3 Mühlen, 5 Eisen- und Kupferwerke zerstört wurden. Lascy legte noch weitere 2 Städte, 135 Dörfer, 21 Schlösser, 40 Mühlen und 9 Eisengießereien in Schutt und Asche. Die Besitzer hatten ihm umsonst 300 000 Taler angeboten, damit er ihr Eigentum verschone. Als die Schweden hörten, daß die Kosaken 4 Meilen vor Stockholm standen, brannten sie selber die reiche Stadt Norrköping nieder. Der Prinzgemahl hatte sich an die Spitze seiner Truppen gestellt, um einen derartig dreisten Feind aus dem Lande zu jagen. Aber die Russen manövrierten so geschickt, daß er sie nicht zu fassen bekam. Sie verschwanden, um an den Orten wieder aufzutauchen, wo man sie am wenigsten vermutete. Sie steckten die größten Eisenwalzwerke in Brand — und das ganz in der Nähe der schwedischen Armee. Im September kehrten Apraksin und Lascy mit einer Beute, die auf mehr als eine Million Taler geschätzt wurde, nach Kronstadt zurück.

Trotz dieser Verluste ließen sich die Schweden nicht kleinkriegen und traten Ostermann, der zu Verhandlungen entsandt wurde, stolz entgegen. Im Mai 1720 unternahm eine russische Abteilung eine weitere Landung in Schweden und brannte mehr als 1000 Häuser nieder, während die englischen und schwedischen Schiffe . . . ein Häuschen und ein Bad beschossen! Kurz nach diesem Heldenstück befahl die Londoner Regierung General Norris, aus der Ostsee abzuziehen. In der Zwischenzeit hatte der Zar die Vermittlung Frankreichs angenommen.

Peter formulierte in seinem Brief vom 29. Mai an den Herzog von Orléans seine endgültigen Friedensbedingungen und erklärte sich zum Abschluß „eines engen Bündnisses mit Frankreich, Schweden, Spanien, Preußen, dem Landgrafen von Hessen-Kassel und einigen anderen hohen Reichsfürsten, die protestantischen Glaubens sind, bereit". Dem Beauftragten Ludwigs XV. in Stockholm, Campredon, war die Vermittlung übertragen worden. Er gab sich alle erdenkliche Mühe, um die Verhandlungen zum Ziele zu führen, konferierte mit dem schwedischen König und Peter, entwarf Noten und Memoranden. Der Zar war entschlossen, „auf gar keinen Fall" Livland und Estland wieder herauszugeben. Er wollte keinen Waffenstillstand, er war bereit, den Krieg bis zum Ende weiterzuführen: „Warum geht Schweden nicht auf meine berechtigten Ansprüche ein, wenn es Gegnern, die so wenig darum gekämpft haben, umfangreiche Gebiete abgetreten hat?" meinte er. Campredon kehrte im April 1721 nach Stockholm zurück. „Der Plan, eine europäische Einigung gegen den Zaren herbeizuführen, ist undurchführbar, und das Geld, das zu diesem Zweck verwendet werden sollte, wäre zum Fenster hinausgeworfen", schreibt er. Da er davon überzeugt war, daß die Fortsetzung des Krieges zu einer Katastrophe für Schweden führen würde, drang er auf die Unterzeichnung des Nystader Friedens, trotz der (vielleicht vorgetäuschten) Opposition des Vizekanzlers Ostermann[17].

Der Abzug der britischen Flotte und die Bedrohung seines Landes
durch erneute russische Truppeneinfälle zwangen den König von
Schweden, Friedrich von Hessen-Kassel (der auf die Königin Ulrika
Eleonora gefolgt war), am 30. August/10. September den Friedensvertrag von Nystad zu unterzeichnen. Seine wichtigsten Bestimmungen sind: Livland, Estland, Ingermanland und Karelien mit Wiborg
fallen „auf ewig" an Rußland (Artikel 4). Schweden erhält das
Großherzogtum Finnland zurück, sowie eine Entschädigung von
2 Millionen Talern, die in 4 jährlichen Raten zahlbar ist. Es kann bis
zu 50 000 Rubel im Jahr zollfrei Getreide in den Ostseehäfen kaufen. Der Zar garantiert den Bewohnern von Livland, Estland und Ösel
die Aufrechterhaltung ihrer Privilegien, ihrer Gesetze und die freie
Ausübung von Lehre und Glauben. Am 22. Februar 1724 wurde der
Friedensvertrag durch ein russisch-schwedisches Verteidigungsbündnis ergänzt. Die beiden Mächte verpflichten sich in Geheimartikeln,
ihre ganzen Bemühungen auf die Wiederherstellung von Schleswig-
Holstein zu richten und jede Einmischung von fremder Seite in
Polen abzuwenden.

*

Am 3./14. September überbrachte ein Kurier die Nachricht vom Friedensschluß dem Zaren, der sich an Bord einer Brigantine auf dem
Weg nach Wiborg befand. Er kehrt sofort nach St. Petersburg zurück. Unter den Salven von 3 Bordkanonen, dem Lärm der Trommeln und Blechinstrumente zog das Schiff die Newa aufwärts. Der
Sieger stand am Bug, winkte mit einem Taschentuch und rief: „Mir!
Mir!" (Friede! Friede!) Das Volk strömte am Quai zusammen, warf
sich vor dem Herrscher zu Boden, jauchzte ihm zu und wiederholte
dieses wunderbare Wort, eines der schönsten, das es wohl in allen
Sprachen gibt: „Mir! Mir!" Friede! Friede nach 21 Jahren Krieg,
nach Jahren der Trauer, der Leiden, der Entbehrungen!... Peter
bestieg nach einem Dankgottesdienst in der Dreifaltigkeits-Kathedrale einen in aller Eile errichteten Podest und wandte sich mit bewegten Worten an die Bevölkerung: „Seid gegrüßt, meine lieben

Landeskinder. Rechtgläubige, danket Gott, dem Allmächtigen, der uns nunmehr nach einem so langen und so schweren Krieg mit Schweden einen ewigen Frieden beschert. Ich trinke auf euer aller Wohl, die ihr eurem Vaterland zum Ruhme verholfen habt!"

Die Freudenbotschaft hatte sich wie ein Lauffeuer in der Stadt verbreitet. Fahnen voraus, zogen Soldaten, mit Lorbeer bekränzt, durch die Straßen und riefen: „Friede! Friede!" Hinterher strömte die Volksmenge und antwortete mit frenetischen Hurrarufen. Es wurde getanzt, gelacht und geweint. Die Kanonen donnerten, die Musketen krachten. Nie sah die Stadt eine solche Begeisterung. Der Zar setzte die Gefangenen auf freien Fuß und erließ die noch ausstehenden Steuern. Er schrieb an den Fürsten Wassilij Dolgorukij: „Im allgemeinen haben die Studenten ihr Studium nach 7 Jahren abgeschlossen. Wir sind dreimal so lange in die Schule gegangen, aber — dem Herrn sei Dank — es ist so gut ausgegangen, wie man es gar nicht besser wünschen könnte."

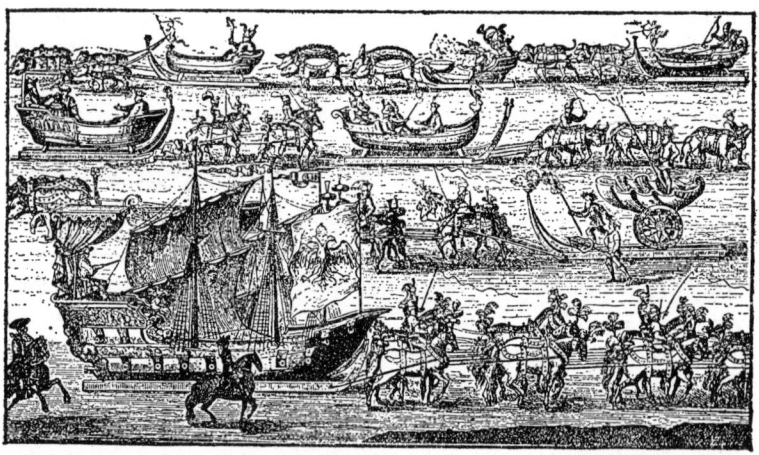

Festlicher Umzug in Petersburg zur Feier des Friedens von Nystad, 1721

Anläßlich einer Feier am 1. November richtete der Kanzler Golowkin im Namen des Senats und aller Russen folgende Ansprache an den Zaren:

„Höchster und mächtigster Monarch, unser aller großherzigster Herrscher!

Einzig und allein die ruhmreichen Taten Eurer Zarischen Majestät, Euer überragender Mut in der Politik wie im Kriege und Euer unermüdliches Streben haben uns aus dem Dunkel und der Unwissenheit, in denen wir gelebt, emporgeführt auf einen Ehrenplatz in der Weltgeschichte, sozusagen, indem Ihr aus dem Nichts, das war, etwas Bedeutendes schuft, uns an die Seite der zivilisierten Völker stelltet... Der Senat erlaubt sich in aller Unterwürfigkeit, Euch demütigst die Bitte vorzutragen, den Titel anzunehmen: Peter der Große, Vater des Vaterlandes, Kaiser aller Reußen... Es lebe Peter der Große, Vater des Vaterlandes, Kaiser aller Reußen!"

In seiner sehr knappen Erwiderung ermahnte der Zar seine Untertanen, „sich nicht von den Genüssen der Wollust, der Gefährtin des Müßigganges, verweichlichen zu lassen, den Gebrauch der Waffen nicht zu vernachlässigen, der allein ihnen Achtung bei ihren Nachbarn verschaffte, und an seinen Plänen zur Einführung neuer Gesetze und zur Hebung des Handels mitzuwirken, damit es das Volk leichter habe..." Stürmischer Beifall und Salutschüsse aus 1000 Kanonen und 20000 Gewehren antworteten dem Herrscher. 10 000 Rubel wurden für Feuerwerke verschossen, auf den Plätzen in der Stadt strömte die ganze Nacht der Wein aus den Brunnen.

*

Die Freude der Russen wird wohl kaum so groß gewesen sein wie die von Tausenden schwedischer Gefangener, die nun, nachdem sie jahrelang in Rußland festgehalten worden waren, ihre Heimat wiedersehen sollten. Einer fehlte bei ihnen: Graf Piper war tot. Zuerst wurde er gut behandelt, dann von Petersburg nach der Festung Schlüsselburg gebracht, weil der schwedische Senat seiner Frau untersagt hatte, eine Kaution von 50 000 Reichstalern zu zahlen. Ein Diplomat schrieb im Oktober 1715: „Der Kanzler Piper führt in Rußland ein sehr trauriges Leben. Man hat ihm nur einen einzigen Bedienten gelassen, er hat außer der Heiligen Schrift und einer Kirchengeschichte keine anderen Bücher. Wir konnten weder eine Sprech-

erlaubnis erhalten noch ihn durch das Fenster sehen. Er war sehr
gefährlich krank" (Nouveaux Mémoires). Auch General Lewenhaupt
war in der Gefangenschaft gestorben. Die schwedischen Gefangenen
verdienten ihren Lebensunterhalt mit der Ausübung der verschiedensten Berufe und Handwerksarbeiten. Viele Soldaten hatten Russinnen geheiratet und vermischten sich mit der Bevölkerung. Manchmal wurden die Gefangenen ausgetauscht, so der Feldmarschall
Rehnskiöld gegen die Generäle Golowin und Trubezkoj. Wenn die
Russen irgendeinen Mißerfolg hatten, wenn die Friedensverhandlungen nicht nach dem Wunsche des Zaren verliefen oder die Offiziere, die die Erlaubnis hatten, nach Schweden zu gehen, nicht zu-
rückkamen, wurden über die in Rußland lebenden Gefangenen Vergeltungsmaßnahmen verhängt: Sie wurden auf schmale Kost gesetzt
und in Gefängnisse oder Klöster gesperrt[18].
Die Gefangenen nahmen daher die Nachricht von ihrer Befreiung
mit unbeschreiblichem Jubel auf. Sie gingen an Bord von 4 russischen
Schiffen, die sie in ihre Heimat zurückbrachten, jeder neu eingeklei-
det und mit 5 Rubeln versehen. Als der Stockholmer Königspalast
im Dunst sichtbar wurde, konnten sie ihn, von der Wiedersehensfreude überwältigt, nur mit gedämpften „Ra-ra-ra"-Rufen begrüßen.

*

Kanzler Golowkin hatte dem Zaren den neuen Titel „Kaiser" gegeben. Er hatte zur Rechtfertigung dieses Senatsbeschlusses daran erinnert, daß Kaiser Maximilian anläßlich einer Vertragsunterzeich-
nung am 4. August 1514 den Zaren Wassilij zweimal „Kaiser und
Herrscher aller Reußen" genannt hatte. Der Kanzler hätte sich noch
auf andere Vorgänger berufen können: Ludwig XIII. hatte 3 Briefe
an den Zaren gerichtet, in denen er ihn titulierte: „Kaiser von Rußland ... Kaiser und Großfürst ... Kaiser von Kasan ... Kaiser von
Astrachan, Sibirien usw.[19]" Königin Elisabeth und Königin Anna,
die englischen Gesandten, bis Mackenzie, hatten es ebenso gehalten.
Wenn Peter auch nicht auf dem Titel eines Kaisers von Ost-Rom oder
Byzanz bestand, so nahm er doch den des Kaisers aller Reußen an,
wie er sich in den baltischen Provinzen schon seit 1710 genannt hatte.

Der erste Ukas, der nach der Zeremonie in der Kathedrale erschien, begann wie folgt: „Wir, Peter I., Kaiser von Gottes Gnaden und Herrscher aller Reußen von Moskowien, Kiew, Wladimir, Nowgorod, Zar von Kasan, Zar von Astrachan, Zar von Sibirien, Lehnsherr von Pleskau, Großfürst von Smolensk, Herzog von Estland, Livland, Karelien, Twer usw. . . .²⁰" Der Kaisertitel war also auf die russischen Territorien beschränkt — er war kein universelles Symbol der Macht. Schafirow und Ostermann ersuchten die Chefs der diplomatischen Missionen, bei ihren Regierungen die Anerkennung dieses Titels zu erreichen. Sie betonten ausdrücklich, daß Peter „auf keinerlei Vorrecht oder Stellung und Behandlung Anspruch erhebe als auf die früher schon zwischen den gekrönten Häuptern und ihm üblichen Gepflogenheiten . . .²¹" Preußen und Holland gestanden ihm sofort den Titel zu, Schweden erkannte ihn 1723 an. Österreich und England 1742, Frankreich und Spanien 1745. Dafür ließ ihn der Heilige Stuhl nicht gelten.

*

Aus dem 21 Jahre während en Krieg — er hätte abgekürzt werden können, wenn „die sächsischen, mecklenburgischen und dänischen Kleinigkeiten" (Kliutschewskij) vermieden worden wären — war Peter I. als Sieger hervorgegangen. An Stelle eines „Fensters zum Meer" hatte er umfangreiche Seeprovinzen erobert. Polen, Kurland und Mecklenburg waren in seine Einflußsphäre getreten, die er später durch die Verheiratung seiner Tochter Anna noch auf Holstein ausdehnen sollte.

Dieser nicht enden wollende Krieg mit seinen ungezählten Wechselfällen ist der Angelpunkt im Leben des Zaren. Was vor und was nach seinem gigantischen Zweikampf mit dem verwegensten aller Feldherren liegt, ist nur Auftakt und Finale eines erbarmungslosen Ringens, welches das Antlitz Europas verwandeln sollte.

Werft der Admiralität von Petersburg

Viertes Buch

INNENPOLITIK UND AUSSENPOLITIK

1716—1721

Es gibt keine schlechtere Schule der Staatenlenkung als die absolute Macht.   GUIZOT, Mémoires

... eine Grenze hat Tyrannenmacht.   SCHILLER, Wilhelm Tell

PETER I. REIST NACH PARIS
1716—1717

*Mach es dir, Menschlein, nicht schwer und führ nicht ein un-
stetes Leben,*
treib nicht von Lande zu Land stets dich voll Mühen umher!
*Mach's dir nicht schwer! Laß lieber ein Hüttlein auch leer dich
umgeben,*
drin voll wärmender Glut flackernd ein Feuerchen brennt,
*wenn deine Hände auch nur bescheidenen Kuchen aus wenig
ausgezeichnetem Mehl wenden und kneten im Trog,*
*wenn auch Thymian nur, Polei oder herbes, in Speisen
mild sich gebendes Salz Zukost zum Brote dir ist.*

LEONIDAS VON TARENT

Wie steht es um 1716 mit den Beziehungen Rußlands zu seinen
Nachbarn und zu den übrigen europäischen Staaten? Haben sie unter
der 34 Jahre währenden Regierung Peters Fortschritte gemacht? Und
in welcher Richtung? Man muß etwas weiter ausholen, wenn man
diese Fragen beantworten und die politischen Motive erklären will,
die Veranlassung für die Pariser Reise des Zaren waren.
Immer wieder, und trotz der Unverläßlichkeit Augusts des Starken,
hatte Peter an den Verträgen mit Sachsen und Polen festgehalten —
wahrscheinlich eher aus freundschaftlichem Gefühl denn aus Staats-
interessen. Anderseits verfügte er vollkommen ungeniert über die
Territorien seines Verbündeten. August II. ertrug die russische Bevormundung, weil er sich ja davon nicht frei machen konnte.
Zu Anfang seiner Regierung hatte der Zar Holland eine aufrichtige
Zuneigung und Achtung entgegengebracht. In Schifferkleidung, die
Pfeife im Mund, schwang er die Axt und stieß beim Trinken mit den
Seeleuten an. Er bestellte seine ersten Kriegsschiffe in Amsterdam,
verweilte lange in der Stadt, wo er freundliche Aufnahme fand. Er
zog holländische Händler nach Rußland. 1712 hatte er eine Unterredung mit dem Residenten Jakob de Bie, der den Generalstaaten
darüber schrieb: „Seine Majestät hat meinen Kopf zwischen seine

Hände genommen, mich geküßt und gesagt: ‚Ihre Vorgesetzten sind
wirklich gute Freunde von mir; daher bin ich ihnen stets zugetan
und zum Abschluß eines jeden von ihnen gewünschten Bündnisses
oder Vertrages bereit.'¹"

Indessen hatten die in Rußland lebenden holländischen Kaufleute
trotz der wiederholten Versprechungen des Zaren mancherlei Schi-
kanen zu ertragen. Sie wurden gezwungen, ihre Läden zu schließen; es drohte ihnen, falls sie, sogar aus Unkenntnis, ihre Steuern
nicht bezahlten, Verbannung mit Frau und Kind, Verschickung auf
die Galeeren und Beschlagnahme ihrer Ware. Die Gouverneure, die
Festungskommandanten und die Offiziere der Miliz setzten ihnen
arg zu. Der holländische Resident trat für sie ein – ohne Erfolg.
„Bis heute waren alle meine Schritte vergebens", schreibt de Bie.
„Es scheint, daß man beharrlich bestrebt ist, allen ausländischen
Kaufleuten, in Petersburg wie in Moskau und Archangelsk, das Land
zu verleiden." Die Generalstaaten richteten 1712 zwei dringliche
Beschwerden an den Zaren – ohne Ergebnis². Vielleicht hatte Peter,
der nachtragend war, ihnen nicht vergessen, daß sie ihm die Schiffe
nicht gegeben hatten, die er für den Krieg gegen die Türken benötigte, oder daß sie ihn beim Kongreß von Karlowitz und den Verhandlungen von Ukrainzew in Konstantinopel im Stich gelassen hatten. Vielleicht war er auch von seinen Untergebenen schlecht beraten
worden.

Der mit Österreich gegen die Türkei geführte Krieg hatte die Beziehungen zwischen dem Kaiser und dem Zaren enger gestaltet.
Leopold I. hatte Peter anläßlich der Reise der Großen Gesandtschaft
in Wien höchst zuvorkommend behandelt. Später waren diplomatische Vertretungen ausgetauscht worden. Aber der Kaiser hatte in
Karlowitz einen Separatfrieden geschlossen und damit seine Verpflichtungen gegen Rußland nicht eingehalten. Die Beziehungen zwischen den beiden Herrschern hatten sich allmählich immer mehr verschlechtert. Karl VI. war über das Eindringen der Russen in Deutschland beunruhigt und forderte den Zaren auf, seine Armee aus Mecklenburg zurückzunehmen. Peter antwortete mit einer ausführlichen
Klarstellung. Er protestierte gegen die falschen Anschuldigungen, die
sich auf das Verhalten seiner Soldaten bezogen, und sagte dann wei-

ter: „Rußland hegt keinerlei Absichten, die dem Kaiserreich schaden könnten und will sich nicht in seine Angelegenheiten einmischen … Wir lassen unsere in Deutschland stationierten Truppen so bald als möglich abziehen, wenn es die Jahreszeit und die Angelegenheiten des Nordischen Bundes gestatten[3]." Die Spannung wuchs noch bis zum Frieden von Nystad.

Nach dem Londoner Aufenthalt des Zaren ergab sich in den Beziehungen zwischen Rußland und England die gleiche unerfreuliche Entwicklung. Im Jahre 1705 schrieb der Staatssekretär im englischen Außenministerium an den Gesandten Whitworth, daß gewisse Leute den Anbau und die Verarbeitung von Tabak im Moskauer Staat einzuführen versuchten. Sie hatten aus England Spezialmaschinen und Facharbeiter kommen lassen. Ihre Majestät sei darüber sehr ungehalten, schrieb er weiter, da der Tabak „the native product of her Majesty's Dominions" sei. Sie gebe hiermit dem Diplomaten Befehl, „alles Rohmaterial, alle Maschinen und alles Werkzeug insgeheim, sozusagen privat, zu vernichten" und die englischen Arbeiter sofort aus Rußland wegschaffen zu lassen und in ihr Heimatland zurückzuschicken. Eines Abends erschien Whitworth mit seinem Sekretär und 4 Dienern in der Tabak-Manufaktur. Die ganze Nacht hindurch zerstörten sie das Betriebsmaterial, öffneten die mit Ferment gefüllten Fässer, so daß sich die Flüssigkeit auf den Boden ergoß, zerschlugen eine große Menge Handwerkszeug und Maschinen aller Art. Fürwahr, eine etwas merkwürdige Beschäftigung für einen Gesandten. Am nächsten Tage kamen seine Diener noch einmal, um die Einrichtungsgegenstände aus Holz zu verbrennen!

Der Streit zwischen Rußland und England um die Interessen an der Ostsee trat ab 1706 immer deutlicher zutage, so daß Whitworth die englische Regierung dringend um seine Abberufung ersuchte[4]. Ein unangenehmer Zwischenfall, durch den der Stolz des Zaren aufs tiefste verletzt wurde, verschärfte noch die Mißstimmung zwischen den beiden Ländern: Am 21. Juli 1708 wurde sein Gesandter in London, Andrej Matwejew, wegen seiner Schulden verhaftet, einen Tag lang eingekerkert und wieder freigelassen. Obwohl der Staatssekretär Beyle sich sofort entschuldigte[5] und 17 Personen verhaftet wurden, weigerte sich der Gesandte, weiterhin in London zu bleiben, und reiste nach Holland. Peter schenkte dem teilweise ungenauen Bericht seines Vertreters Glauben und schrieb mit eigener Hand einen heftigen Protestbrief an die Königin Anna, in dem er sich gegen „die abscheuliche und unglaubliche Behandlung" wandte. Er verlangte „eine der Beleidigung angemessene Entschädigung, indem die Urheber und Komplicen mit dem Tode bestraft werden[6]", Matwejew forderte in einem in französischer Sprache abgefaßten Brief eine exemplarische Bestrafung „contre cet affront sans pareil que la populace anglaise m'a attenté... cette offense inoui.. cette férocité détestable, cette barbarie, ce jamais inoui affront fait à Sa Majesté tzarienne". Diese Bestrafung konnte nur das Todesurteil für den Sheriff bedeuten, die Folterung der Vollstreckungsbeamten am Tatort selbst. Matwejew schloß mit folgender Drohung: „Sa Majesté mon maître m'a commandé de Vous déclarer qu'Elle, faute de la réparation suffisante, serait obligée d'en trouver de la manière réciproque par des voies suffisantes[7]."

Einen bedauerlichen Zwischenfall bauschte Moskau zu einer Staatsaffäre, einer öffentlichen Kränkung Seiner Zarischen Majestät auf. Golowkin und Schafirow machten dem armen Whitworth die heftigsten Vorwürfe und verstiegen sich sogar zu der Annahme, daß die Feinde des Zaren die Verhaftung Matwejews betrieben hätten[8]. Die Freilassung des Sheriffs und der anderen Häftlinge, ihre Freisprechung nach einem langen Prozeß steigerten nur noch die Gereiztheit der Russen. Königin Anna war in Sorge um die Interessen der in Rußland ansässigen britischen Kaufleute und zeigte sich sehr versöhnlich. Am 5. Februar 1710 überbrachte Charles Whitworth, hier eigens als Gesandter in Sondermission bestellt, in öffentlicher Audienz „in aller Form die Entschuldigung im Namen der Königin, um die Matwejew in London angetane Beleidigung wiedergutzumachen... Ihre Majestät die Königin bezeugt — als wäre sie persönlich zugegen — ihren Ärger, ihren tiefen Abscheu über diese vermessene Tat und bittet um Entschuldigung". In Begleitung von 40 englischen Offizieren in russischen Diensten, den britischen Kaufleuten und dem ganzen Personal der Mission überreichte Whitworth dem Zaren ein langes, von der Königin unterzeichnetes Schreiben, in dem ihr Bedauern zum Ausdruck kam: „Diejenigen, die an diesen Taten teilgenommen haben, sind als gemeine Verbrecher gebrandmarkt und den augenblicklich geltenden Gesetzen überantwortet", schrieb sie. Worauf Seine Majestät der Zar in 8 Zeilen zu antworten geruhte, er habe seine Bevollmächtigten angewiesen, „diese Affäre auf mündlichem Wege zu erledigen[9]".

Der kurz zurückliegende Sieg von Poltawa hatte zweifellos die Diplomaten der Königin veranlaßt, diese Demütigung hinzunehmen, da sie einen Zusammenbruch Schwedens, „eines Bollwerks des Protestantismus", befürchteten. Dies ist den später an die Gesandten Mackenzie und Haldane ergangenen Instruktionen zu entnehmen[10]. Das Parlament erkannte in einer Bill die diplomatische Immunität an; als Schadenersatz erhielt Matwejew 4000 Pfund Sterling und seine Gemahlin 500 Pfund. Aber das gute Einvernehmen zwischen den beiden Staaten war damit nicht wiederhergestellt. Im Dezember 1710 wurden 2 Bediente des englischen Gesandten in seiner Abwesenheit von einem Offizier und russischen Soldaten beschimpft, verprügelt und ins Gefängnis geworfen. Weitere Unzuträglichkeiten und die militärischen Erfolge des Zaren vergrößerten die Feindseligkeit zwischen den beiden Ländern.

*

Und wie stand es um die Beziehungen zwischen dem Hof von Versailles und Moskau? Unter der Führung des Fürsten Almasow Dolgorukij war 1685 eine aus „120 Personen", darunter 2 Arkebusen tragende Wachen, gebildete Gesandtschaft nach Paris gekommen, um die Thronbesteigung Iwans V. und Peters I. bekanntzugeben. In seiner Antwort gab Ludwig XIV. dem Wunsche Ausdruck, „mit dem Moskauer Staat in gutem Einvernehmen zu leben[11]". Die Regentin Sofja entsandte 2 Jahre später eine weitere Mission von 150 Teilnehmern unter den Fürsten Jakob Dolgorukij und Jakob Myschetskij. Da die beiden Fürsten nicht Französisch sprachen, kam es sogleich nach ihrer Ankunft in Dünkirchen zu zahlreichen Unannehmlichkeiten. Die Gesandten erbrachen die von den Zollbehörden an ihren Gepäckstücken angebrachten Siegel, die eigentlich erst in Paris geöffnet werden sollten. Weil sie kein Geld hatten, nahmen sie Pelze zum öffentlichen Verkauf heraus. Es wurde gegen diese Art von

Handeltreiben eingeschritten. In Paris angekommen, weigerte sich Dolgorukij, einen Minister aufzusuchen, bevor er nicht den König gesehen habe. Als die Gesandten schließlich zur Überreichung ihrer Beglaubigungsschreiben zugelassen wurden, setzten sie Ludwig XIV. vom Abschluß des ewigen Friedens mit Polen in Kenntnis und baten ihn im Namen der Verbündeten, der Heiligen Liga beizutreten und Hilfstruppen zur Verfügung zu stellen, damit man endlich mit „diesen schändlichen Türken" zu einem Ende komme. Colbert antwortete darauf, daß seine Allerchristlichste Majestät nicht daran denke, gegen die Türken zu Felde zu ziehen, da er ja mit ihnen in Frieden und Freundschaft lebe. Er sagte aber nicht, daß das Kabinett in Versailles die unvermutete Annäherung zwischen Österreich und Rußland höchst ungern sah. Einige Tage nach der Audienz weigerten sich die Gesandtschaftsmitglieder, ihr Gepäck von den Zollbehörden untersuchen zu lassen; einer von ihnen stürzte sich sogar mit einem Messer in der Hand auf den Polizeioffizier. Ludwig XIV. befahl ihnen nachdrücklich, auf der Stelle aus Frankreich abzureisen, ließ ihnen aber einige Geschenke für den Zaren übergeben. Die Gesandten nahmen die Geschenke nicht an und weigerten sich, das Land zu verlassen, bevor ihnen nicht eine erneute Audienz bewilligt wurde. Diesmal allerdings war der König mit vollem Recht verärgert. Er schickte ihre Geschenke zurück und schärfte ihnen nochmals ein, sich unverzüglich aus dem Staube zu machen. Er ließ ihre Koffer beschlagnahmen, ihre Tagegelder streichen und aus ihrem Palais die Möbel entfernen. Darauf erklärten die beiden unglücklichen Gesandten, wenn Ludwig XIV. weiter auf seinen Launen beharre, dann würden sie bei ihrer Rückkehr Gefahr laufen, „fix und fertig gemacht" zu werden. Aus purer Gutmütigkeit willigte der König ein, sie noch einmal zu empfangen — aber erst, nachdem der Zoll ihr Gepäck visitiert hatte. Ludwig XIV. beschloß, in Zukunft nicht mehr für den Unterhalt der russischen Missionen aufzukommen, sondern sie wie die europäischen Fürstenhöfe zu behandeln. Leopold I. faßte noch in dem gleichen Jahre denselben Entschluß, nachdem er den äußerst kostspieligen Besuch von 4 russischen Gesandten mit einem Gefolge von 400 Personen erhalten hatte.

Bei seiner ersten Reise nach Europa (1697) hatte Peter den Wunsch geäußert, Ludwig XIV. einen Besuch abzustatten. Man hatte ihn „auf honette Art von diesem Vorhaben abgebracht" (Saint-Simon). Sein bewaffneter Widerstand gegen die Kandidatur des Prinzen Conti für den polnischen Thron, der Krieg gegen die Türkei, die ja mit Frankreich verbündet war, rechtfertigten diese Haltung. Die diplomatischen Beziehungen zwischen Moskau und Versailles liefen jedoch weiter, denn der Zar zeigte eine ehrliche Bewunderung für den Sonnenkönig. Als er sich 1701 gerade in Kurland aufhielt, empfing er den außerordentlichen Bevollmächtigten Frankreichs am Hofe Augusts II., du Héron, der die Vorteile anpries, die ein Vertrag zwischen diesen 2 Ländern für beide Seiten bot. Peter antwortete, es sei sein aufrichtiger Wunsch, sich mit Ludwig XIV. in enger Freundschaft, zumindest in Form eines Handelsvertrages, zu verbinden. Ludwig XIV. beauftragte Jean-Casimir Baluze, der damals gerade in Polen war, mit einer Mission beim Zaren: Er sollte die Vermittlung seines Landes im Nordischen Krieg anbieten und zu einem Einvernehmen mit Rußland gegen Leopold I. kommen; gingen die Verhandlungen nach Wunsch, so hatte man ein „festgegründetes Bündnis für ewige Zeiten" ins Auge gefaßt. Als Baluze ohne Geld in Rußland ankam, mußte er bald sein Unvermögen feststellen. Die Verhandlungen schleppten sich hin. Das ist nicht weiter verwunderlich, da Peter ja zu dieser Zeit der Feind aller Verbündeten Frankreichs war (der Türken und Schweden) und der Freund aller Feinde Ludwigs XIV. (des römischen Kaisers, des Königs von Polen, des Kurfürsten von Brandenburg). Ludwig XIV. ließ am 12. Juli Baluze wissen: „Ich ersehe aus Ihrem Rechenschaftsbericht, daß die Beauftragten des Zaren Sie dazu zwingen wollen, in meinem Namen als erster Vorschläge für einen Bündnisvertrag zu machen. Als ich Sie entsandte, war es meine Absicht, der Beflissenheit dieses Fürsten zu entsprechen, mit der er in Verbindung mit mir zu treten wünschte. Da ich aber zu erkennen glaube, daß er nicht mehr gleichen Sinnes ist, wäre es unnötig, daß Sie nun noch länger in Moskau blieben." Baluze verließ Rußland im Februar 1704 und kehrte nach Polen zurück. Im nächsten Jahr sandte Peter Matwejew nach Paris, damit er einen Zwischenfall in Ordnung bringe; nämlich die Prise von 2 russischen Schiffen durch die Freibeuter von Dünkirchen. Der Gesandte versicherte Ludwig XIV. der aufrichtigen Zuneigung des Zaren: „Seine Majestät der Zar ist weit davon entfernt, die französische Nation und ihren König zu hassen; er bewundert im Gegenteil die Tugenden, die Frömmigkeit und den erhabenen Geist Ew. Majestät und sieht Ew. Majestät Regierung als das vollendetste Vorbild an, dem von allen Monarchen nachgeeifert werden sollte." Matwejew gefiel es überhaupt nicht in Versailles, wie aus seinem Bericht hervorgeht:

„Bei allen schmeichelhaften Komplimenten ist hier nicht mit einer wirklichen Freundschaft zu rechnen... Dieser stolze Hof schenkt uns und unseren Anliegen wenig Beachtung. Ich werde hier eher als Reisender denn als Gesandter angesehen. Darum bitte ich dringendst um baldige Nachricht, um nicht noch weiter an diesem so gleisnerischen und so reichen Hofe ein elendes und untätiges Leben zu führen. Es sind unerhört viele Menschen hier, und unerhört sind die Kleidung, die Amüsements und die Lustigkeit dieses Volkes. Im übrigen ist es nicht wahr, daß dieses Volk, wie man gesagt hat, von seinem König unterdrückt wird; jedermann kann tun und lassen, was ihm beliebt; sie leben in vollendeter Gleichheit. Keiner der Großen des Reiches ist über irgend etwas unzufrieden. Man merkt nicht einmal, daß sie einen so langen und so schweren Krieg führen... Die Schweden stehen beim Hof in großem Ansehen und verbreiten über uns die bösartigsten Verleumdungen; die uns hier gezeigte Freundschaft ist erheuchelt und ohne jede Wirkung. Wenn wir die Freundschaft der Engländer und Holländer gegen diejenige der Franzosen eintauschen, würde uns das kaum von irgendwelchem Vorteil sein."

Matwejew kehrte im Herbst 1706 mit einem Brief von Torcy nach Moskau zurück, in dem stand, daß die Kriegsereignisse einen Vertragsabschluß nicht zuließen[12]. Die Missionen von Baluze und Matwejew waren also ergebnislos verlaufen. Auch hatte Karl XII. die Vermittlung Frankreichs abgelehnt: „Ich werde mit dem Zaren nur in Moskau verhandeln", sagte er stolz.

Der unglückliche Ausgang der Schlachten von Ramillies, Turin und Oudenaarde (1708), die Marschall de Villars von dem Herzog von Marlborough und dem Prinzen Eugen bei Malplaquet bereitete Niederlage — einige Wochen nach dem Sieg bei Poltawa — bestimmten Ludwig XIV. dazu, Baluze 1710 mit einer erneuten Mission zu betrauen: „Da Peter I. sich nun gehörigen Respekt bei seinen Nachbarn verschaffte und Frankreich keinen Grund hat, Schweden zu schonen, soll dem Zaren der Abschluß eines Handelsvertrages mit Frankreich angeboten werden. Er soll weiter dazu veranlaßt werden, seine Vermittlung für einen Friedensschluß zur Verfügung zu stellen, und falls die Feinde diesen Vorschlag ablehnen, soll er das Haupt und die treibende Kraft der Liga sein, die im Norden zu bilden wäre." Die Instruktionen enthalten noch folgendes: „Sollte der Zar sich darüber beklagen, daß wir ihn in Frankreich mit Geringschätzung behandelt haben und seinen Gesandten Unrecht geschehen ist, so kann ihm darauf entgegnet werden, daß der Moskauer Staat erst richtig gewürdigt wird, seit Peter I. durch seine großen Taten und seine persönlichen Qualitäten sich die Achtung der anderen Nationen erworben hat und daß Seine Allerchristlichste Majestät im Vertrauen auf diese Reputation ihm aufrichtig ihre Freundschaft antragen läßt[13]."

Als es Baluze schließlich gelang, Peter I. zu erreichen (1711), stand Rußland schon wieder mit der Türkei im Krieg. Der Zar erteilte Baluze eine Abfuhr, weil er davon überzeugt war, daß Frankreich die Hohe Pforte dazu getrieben hatte, die Feindseligkeiten wiederaufzunehmen — obwohl Ludwig XIV. dieser Annahme energisch widersprach[14]. Peter ließ ihn wissen, daß er die Intervention Frankreichs zwar bei der türkischen Regierung begrüßen würde, nicht aber bei der schwedischen. In der Zwischenzeit hatte er den Sekretär Gregorij Wolchow zu Verhandlungen nach Fontainebleau gesandt. Die Niederlage am Pruth und der darauf folgende Friede setzten den Missionen von Baluze und Wolchow ein Ende.

Das Verhältnis der beiden Staaten zueinander hatte sich demzufolge nicht verbessert. Die Verhandlungen hatten die große Verschiedenheit der Interessen und Absichten klar zutage treten lassen. Frankreich unterzeichnete kurze Zeit später einen neuen Vertrag mit Schweden: Es verpflichtete sich, 3 Jahre lang 150 000 Taler vierteljährlich zu zahlen. Dafür verlangt es die feste Zusage einer schwedischen Diversion mit 5000 Fußsoldaten, 2700 Reitern oder 8 Kriegsschiffen, falls Frankreich angegriffen werden sollte.

Immerhin schien aber eine Annäherung auf wirtschaftlichem Gebiet möglich zu sein. Jean Lefort, der wirtschaftliche Berater des Zaren, und Arsenjew, der Schwager des Günstlings Menschikow, kamen Ende des Jahres 1713 nach Paris, um zu veranlassen, daß Handelsschiffe nach Rußland geschickt werden. Auf Verlangen M. de Pontchartrains gründeten die Kaufleute von Saint-Malo eine Handelsgesellschaft, die 2 Schiffe nach Petersburg charterte. Doch wurden diese Schiffe von den Schweden aufgebracht und beschlagnahmt, 2 weitere gelangten glücklich bis Archangelsk. Die französische Regierung, die „einem direkten Handel mit den Ländern des Zaren über St. Petersburg wohlwollend gegenübersteht", beauftragte den Staatsrat Ameld in Moskau, eine Reihe von Wirtschaftsfragen zu erörtern. Im Januar 1715 kam La Vie, Bevollmächtigter der königlichen Marine in Hamburg, nach Rußland. Er blieb 10 Jahre und arbeitete zahlreiche Berichte aus[15].

Auch nach dem Tode Ludwigs XIV. wurden die Beziehungen zwischen den beiden Ländern fortgesetzt. Jean Lefort war durch das Beglaubigungsschreiben des Zaren vom 16. Januar 1716 als Beauftragter am französischen Hof bestellt und kam in dieser Eigenschaft nach Paris zurück, wo ihm das gleiche Mißgeschick widerfuhr, wie Matwejew 8 Jahre zuvor in London: Man sperrte ihn „auf Grund eines von dem Händler Josse erwirkten Gerichtsbeschlusses" ins Gefängnis von Saint-Martin ein, doch schon am nächsten Tag wurde seine Freilassung verfügt[16].

In dieser Zeit begaben sich etwa 60 Franzosen nach Rußland, unter ihnen der Architekt Leblond, der Bildhauer Nicolas Sineau, der Maler J. B. Oudry mit ihren Familien, außerdem Zeichner, Goldschmiede, Schreiner, Schlosser, Tischler, Drucker, Stellmacher usw. Viele von ihnen mußten in ihre Heimat zurückgeschickt werden, weil sie von der Bevölkerung angefeindet wurden und fast verhungert wären.

*

Peter hatte kurz vor dem Tode Ludwigs XIV. nochmals den Wunsch geäußert, ihm einen Besuch zu machen. Der König hatte diesen Vorschlag mit dem Hinweis auf sein hohes Alter, seinen Gesundheits-

zustand und die angespannte Finanzlage Frankreichs höflich abgelehnt. Im Dezember 1716 kam der Zar nach Holland, diesmal nicht,
um sich in der Schiffsbaukunst zu vervollkommnen, sondern mit politischen Zielen. Enttäuscht von seinen Verbündeten — ganz besonders
von England und Dänemark, suchte er eine Annäherung an Frankreich und wollte es von Schweden abziehen. Fürst Kurakin gab dem
Marquis de Châteauneuf, Gesandter Ludwigs XV. in Den Haag, zu
verstehen, mit welcher Ungeduld sein Gebieter den jungen König
und den Regenten, Philipp von Orléans, zu sehen wünsche. Châteauneuf befand sich in großer Verlegenheit, denn er wußte ja, daß seine
Regierung dem Zaren wenig Sympathie entgegenbrachte, außerdem
führte er gerade zu dieser Zeit mit dem Abbé Dubois die Verhandlungen, die zu dem Dreierbündnis zwischen Frankreich, England und
Holland führen sollten, und schließlich hatten Frankreich und Preußen sich gegenseitig die Verträge von Utrecht und Baden garantiert.
Châteauneuf setzte den Regenten von der Demarche Kurakins in
Kenntnis. Dubois, der ganz auf seiten Englands stand und gegen
jegliches Bündnis mit Rußland war, wußte bereits von den Absichten
Peters, bevor der Zar in den Niederlanden eingetroffen war. Er
hatte an den Regenten geschrieben: „Denken Sie stets daran, daß Sie,
falls Sie nicht mit Seiner Majestät dem König von England auch
weiterhin verbunden bleiben, vom Regen in die Traufe kommen.
Deshalb flehe ich Sie im Namen Gottes an, nichts zu wagen, wie auch
die Dinge liegen mögen, was zu einer Abkühlung dieser Freundschaft
führen oder nur das leiseste Mißtrauen wecken könnte — bis ich die
Ehre haben werde, Sie zu sehen und zu sprechen."
Am 7. Januar erhielt Châteauneuf einen langen Brief mit Anweisungen, der in einige Sätze zusammengefaßt werden kann: „Seien Sie
ganz besonders vorsichtig, denn der Zar geht manchmal recht gewun-
dene Wege. Handeln Sie mit aller gebotenen Vorsicht, damit die
Gesandten des Königs von England keinen Verdacht schöpfen und
mißtrauisch werden." Marschall d'Huxelle, Vorsitzender des Rates
für Auswärtige Angelegenheiten und Mitglied des Regentschaftsrates, richtete an den Gesandten mehrere Briefe; er forderte ihn auf,
„sehr behutsam . . ., mit großer Umsicht vorzugehen; es handelt sich
weniger darum, dem Zaren gegenüber Verpflichtungen einzugehen,

als ihn daran zu hindern, daß er solche Verbindungen anknüpft, die den Interessen des Königs schaden könnten[17].

Châteauneuf verstand es so gut, die Dinge hinzuziehen, daß Peter ungeduldig wurde und vom März an den Wunsch bekundete, in Paris direkt zu verhandeln. Frankreich hatte nun keinen triftigen Grund mehr, seine Weigerung von früher zu erneuern, und außerdem wollte man sicherlich den Bezwinger Karls XII., den Beherrscher von Norddeutschland, den Schiedsrichter über Polen nicht verletzen. Man fügte sich also ohne große Begeisterung. Saint-Simon schreibt: „Es war nicht möglich, sich darüber sehr zu freuen, und der Regent hätte am liebsten darauf verzichtet. Die Ausgaben für den Unterhalt des Zaren waren groß, und groß war auch die Verlegenheit, da es sich um einen mächtigen und scharfsichtigen Fürsten handelte, der voll merkwürdiger Einfälle war, samt einem Rest barbarischer Sitten."

*

Peter traf aus Amsterdam kommend am 19. März 1717 in Den Haag ein, derzeit das Zentrum der europäischen Verhandlungen. Er blieb 2 Wochen, besuchte ein paar Städte in Holland und Seeland und begab sich dann in die österreichischen Niederlande, damals nominell von Prinz Eugen von Savoyen, realiter von dem Marquis de Prié als Generalstatthalter regiert. Prié war verhaßt, weil er ehrgeizig, faul, brutal und ungeschickt war. Den Beinamen „der transalpine Schurke" hatte man ihm gegeben, weil er aus Piemont stammte. Am Sonntag, dem 11. April, um halb 4 Uhr nachmittags, brachte die Jacht der holländischen Admiralität den Zaren nach Antwerpen. 4 Stunden warteten auf dem Quai die Abgesandten des Marquis de Prié, der Herzog von Holstein-Plön und der Fürst von Thurn und Taxis darauf, daß Seine Majestät der Zar zu erscheinen geruhe. Schließlich ging Peter, stets darauf bedacht, der Menge auszuweichen, nach Einbruch der Dunkelheit an Land. Nach dem Austausch der üblichen Komplimente wurde er zur Abtei Saint-Michel gebracht, in der für ihn Quartier bereitet worden war. Am nächsten Tag besichtigte er die Stadt.

Am 13. fuhr er mit der gleichen Jacht auf der Schelde und Rupel

nach Brüssel. Als gegen 4 Uhr nachmittags das Schiff des Zaren auf-
tauchte, riefen Tausende von Brüsselern, die sich an den Ufern
des Willebroeck-Kanals in Laeken zusammengerottet hatten, laut
„Hurra" und winkten mit ihren Kopfbedeckungen. Das Schiff
stoppte, der Zar aber blieb unsichtbar. Einzelne Hurra-Rufe waren
noch zu hören, dann verstummten auch sie. Die Begeisterung ließ
nach, die Brüsseler setzten ihre Hüte wieder auf und gingen nach
Hause. Um 8 Uhr verließ ein Riese eiligen Schrittes die Jacht, warf
sich in eine Kutsche, die in scharfem Trabe davonjagte und erst wieder vor dem kleinen Haus Karls V. am Ende des herzoglichen Parks
zum Stehen kam. Seiner Gewohnheit getreu hatte der Zar diese
verborgene Behausung dem Palais der Bournonville und Thurn und
Taxis vorgezogen. Am 15. galt sein erster Besuch einem Mönch des
Kartäuserklosters, der für seine Geschicklichkeit als Dreher berühm-
ter war als für seine Heiligkeit. Am 16. begab er sich in die St.-
Gudula-Kathedrale. Der Dechant zeigte ihm ein Stück vom Kreuze
Christi. Da Peter sich darüber wunderte, daß es deren so viele in der
Welt gebe, erzählte ihm der Geistliche die Geschichte dieser echten
Reliquie, die 15 Zoll hoch und 7 Zoll breit sei. Sofort zog der Herrscher aller Reußen ein kleines Lineal aus seiner Tasche, prüfte die
angegebenen Größen nach und sagte ungerührt: „Das stimmt nicht,
euer Stück Kreuz hat 18 auf 11 Zoll!" Da der Zar inkognito reiste
und sehr einfach gekleidet war, hielt ihn der Dechant vielleicht für
einen Tischler auf Ferienreise? ...
Am gleichen Tag, um 3 Uhr nachmittags, ließ sich Peter in der glühenden Hitze auf dem Rand eines Springbrunnens im Park des Her-
zogsschlosses nieder. Wie eine in das Becken eingelassene lateinische
Inschrift — die heute stark umstritten ist — besagt, soll er damals
„das Brunnenwasser durch den Genuß von Wein geadelt" haben[18].
Was soll man darunter verstehen? Daß der Zar allzusehr dem
Bacchus zugesprochen hatte, das Gleichgewicht verlor und ein un-
freiwilliges Bad nahm? Oder hatte er seinen Durst gelöscht und war
hinterher zurückgekommen, um zu Ehren der Quelle, die seine
kaiserliche Kehle erquickt hatte, Wein zu trinken? Vielleicht hat er
ganz einfach eine Flasche zum Kühlen in den Brunnen gelegt? Die
erste Version scheint uns die originellste.

An jenem Abend nahm Peter in Begleitung seiner Minister und Generäle und im Beisein der höchsten Mitglieder des Adels an einem Bankett teil, das der Marquis de Prié ihm zu Ehren im Thronsaal des Egmont-Palastes gab. Bei vertraulichen Gesprächen lobte er den Kaiser und gab seinem Bedauern darüber Ausdruck, daß der Nordische Krieg es ihm nicht erlaubte, Österreich in seinem Kampf gegen die Türken zu unterstützen. Am 18. April brach er nach Gent auf. Er ging den ihm zu Ehren organisierten Feierlichkeiten aus dem Wege, brannte den Stadtschöffen durch und gelangte unerkannt bis an Bord der Jacht der Flandrischen Staaten, die im Gent-Ostende-Kanal vor Anker lag. Die fassungslosen Bürgermeister holten ihn aber noch ein, um ihm ihre Aufwartung zu machen. Einer von ihnen verzeichnete darüber: „Der Zar ist sehr unstet und macht gar keine Umstände. In einer halben Stunde hatte er gespeist. Er ist sehr mäßig im Trinken, aber sehr wißbegierig. Er spricht Deutsch, kann Holländisch, Latein und ein wenig Französisch."

Nachdem der Zar die Nacht vor Anker verbracht hatte, langte er am nächsten Morgen um 10 Uhr in Brügge an. Resigniert ließ er die Begrüßungsansprachen des Stadtrats, des Bischofs und der Deputierten der Freien Lande über sich ergehen. Darauf setzte er seine Reise nach Ostende fort, wo er sich aufs lebhafteste für den Mechanismus der Schleusen interessierte. In Nieuwpoort machten der Herzog von Holstein und der Fürst von Thurn und Taxis am 21. ihren letzten Bückling. Kaiser Karl VI. trug alle Kosten für den Aufenthalt des Zaren und seines Gefolges. Die Archive liefern uns einige beredte Zahlen: In Brüssel betrugen die Ausgaben 11 979 Florin und 9 Soldi; in Antwerpen hatte Peter mit den Seinen in anderthalb Tagen 269 Flaschen Wein gepichelt.

Am 21. April 1717 betrat der Zar in Dünkirchen französischen Boden. Katharina, die ihn bis dahin bei allen Fürstenbesuchen begleitet hatte, ließ er in Holland zurück. Vielleicht fürchtete er, daß sie keine gute Figur am französischen Hof machen würde, den Kurakin als so erlesen, so zeremoniös geschildert hatte? In Dünkirchen begrüßte ihn in Vertretung des Regenten der königliche Kammerherr M. de Libois. Sparsam, erkundigte er sich sogleich nach den Kosten für das Gefolge. (Zuerst 57, dann 80 Personen entgegen der angekündig-

ten 40.) Auf Grund der russischen Gepflogenheiten für den Unterhalt der ausländischen Missionen nannte Libois eine Tagespauschale
von 1500 Livres. Kurakin erklärte diesen Betrag für unzureichend
und erhob ein Zetergeschrei. Schließlich entschied Versailles, die
Ausgaben dürften keine Rolle spielen, Seine Majestät der Zar solle
sich wohl fühlen. Aber leicht war es nicht, die Launen und die wider-
sprüchlichen Wünsche eines Herrschers zu erfüllen, der angeblich
inkognito reiste und dennoch sehen wollte, wie die Garnisonen für
ihn antraten, wenn es ihm gerade paßte, der den für ihn eigens
organisierten Veranstaltungen aus dem Wege ging und sich hinterher
beschwerte, daß er nicht seinem Rang entsprechend empfangen worden sei[19]. Er verschmähte die für ihn bereit gehaltenen Staatskarossen,
und Kurakin entrüstete sich: „Hat je ein Edelmann einen solchen
Leichenwagen bestiegen?" Einmal verlangte Peter Berlinen, dann
überlegte er es sich wieder anders und forderte fünf offene Zwei-
sitzer. Als man schließlich Wagen dieser Bauart aufgetrieben hatte,
hatte er sich anders besonnen und wünschte sich nun, daß Relais
eingerichtet werden, um in 4 Tagen Paris zu erreichen. Libois
schrieb nach Versailles: „Dieser kleine Hofstaat ist sehr unentschlos-
sen und, angefangen beim Zaren bis zum letzten Stallburschen,
neigen alle sehr zu Zornesausbrüchen. Der Zar hat zwar Ansätze
von Gesittung, sie sind aber ganz verwildert ... Er erhebt sich sehr
früh am Morgen, nimmt das Mittagessen um 10 Uhr ein und ißt,
wenn er reichlich zu Mittag gespeist hat, nur ein leichtes Abendessen.
Um 9 Uhr geht er zu Bett. Zwischen Mittag- und Abendessen nimmt
er gewaltige Mengen von Anisschnaps, Bier, Wein, Früchten und
allerlei Eßwaren zu sich ... Er hat stets 2 oder 3 von seinem Koch
zubereitete Gerichte zur Hand. Er läßt eine reich gedeckte Tafel
stehen und ißt dafür auf seinem Zimmer. Er findet das angebotene
Bier ganz abscheulich und beklagt sich über alles."
In Dünkirchen ereignete sich ein weiterer Zwischenfall, der für die
Reise des Zaren bezeichnend ist: Auf dem Hafendamm wurde Peter
während der Flut von einem Windstoß überrascht und konnte nur
mit knapper Not den steigenden Wogen entkommen, indem er sich
auf ein schnell ausgespanntes Wagenpferd schwang. Anscheinend
hatte er ganz vergessen, daß er ja eigentlich in 4 Tagen in Paris sein

wollte, denn er blieb lange in Calais, wo er seine Zeit mit der Besichtigung des Hafens, der Befestigungen und der Arbeit der Seeleute verbrachte. Er machte Libois Vorwürfe über die Verkehrsmittel.
Als sein Gastgeber schon so weit war, sich zu fragen, ob der Zar
wohl überhaupt noch seine Reise fortsetzen würde, da verrauchte
plötzlich der kaiserliche Zorn: Peter fand die Frau des Stadtober-
haupts von Calais derart bezaubernd und begehrenswert, daß Libois
darob schon höchst besorgt war. Am 2. Mai traf der hochelegante
Marquis de Mailly-Nesle ein, um den Herrscher im Auftrag des
Regenten zu begrüßen. Er kam sehr ungelegen, denn zur Feier des
russischen Osterfestes war der Zar mit seinen Spielleuten zu einem
Trunk in eine Kneipe gegangen, und das ganze Gefolge war stern-
hagelvoll. Der Marquis erschien jeden Tag in einem anderen Aufzug, was Peter zu der Frage veranlaßte: „Kann der junge Mann denn
keinen Schneider finden, der zu seiner Zufriedenheit arbeitet?"
Staatskutschen, Berlinen und Kabrioletts hatte er schon abgelehnt,
und nun erfand er ein neues Gefährt: Auf eine Art Bahre, die von
Pferden getragen wurde, hatte man das Gestell eines alten Viersitzers
montiert. Es kam dann so, daß „Männer die Pferde und die Sattel-
bäume stützen mußten und der Herrscher aller Reußen auf dieser
grotesken und gefährlichen Maschine gleichmütig durch 2 unserer
Provinzen zog" (Lemontoy). Sein Gefolge reiste in Berlinen, Sänf-
ten, in dreispännigen Chaisen, mit 8 Handpferden, 20 Sattelpferden
und 12 Packpferden[20].
Angewidert von einem solchen Hof schreibt Mailly: „Die Menschen
lassen sich im allgemeinen von der Vernunft leiten, aber jene (soweit
ein Etwas, das nichts Menschliches mehr an sich hat, noch ein Mensch
genannt werden darf), jene wissen davon nichts ... Wenn Seine königliche Hoheit den Zaren erst einmal gesehen hat und er einige
Tage geblieben ist, dann wird sie ihn, dessen bin ich sicher, gerne
wieder los sein. Der Zar hat jeden Augenblick einen anderen Einfall.
Ich kann Ihnen leider nichts Gutes über seine Reise sagen." Libois
wiederum berichtet, daß er „kein rechtes Motiv für die Reise des
Zaren gefunden habe, außer daß ihn einfach Reiselust und Neugier
trieben". In Amiens warteten der Bischof und die Honoratioren der
Stadt vergebens auf den Herrscher: Seine Majestät weigerte sich,

hier haltzumachen und irgend jemanden zu sehen. „Um die Situation einigermaßen zu retten", bat der Intendant de Bernage die Damen, das kaiserliche Souper zu verspeisen. Anschließend improvisierte er einen großen Ball im bischöflichen Palais[21].

In Beauvais hatte der Intendant ein Konzert, einen Empfang, ein Souper, eine Illuminierung, ein Feuerwerk und Prachtzimmer vorbereitet. Peter ließ ihn aufsitzen — er nahm sein Abendessen für 18 Francs in einer elenden Spelunke, wo er auch die Nacht verbrachte. Mittlerweile rückte der lange Zug der Hauptstadt näher. Der Gesandte Kurakin war dabei und der Vizekanzler Schafirow, der Generalprokureur Jagushinskij, Generalleutnant Dolgorukij, der Kabinettsrat Tolstoj, Offiziere, Kammerherren, Edelleute und der Hofnarr Sotow, „ein greisenhafter Zwerg, mit langen, auf die Schultern niederwallenden Haaren, von unerträglicher Häßlichkeit und Mißgestalt, mit einer quakenden Froschstimme" (Dubois).

300 berittene Grenadiere gaben dem Zaren das Geleit bei seinem Einzug in Paris am 7. Mai 1717, um 9 Uhr abends, denn er hoffte, zu dieser Zeit der Neugier der Menge zu entgehen — doch Tausende von Schaulustigen erwarteten ihn auf den festlich erleuchteten Straßen der Faubourgs Saint-Denis und Saint-Honoré. „An einem jener schönen Tage war es, wenn die Rosen blühen", heißt es in der alten Stadtchronik. Der Regent war bereits über die Eigentümlichkeiten seines Gastes unterrichtet und hatte daher 2 Unterkünfte herrichten lassen: das Prunkgemach der Königin-Mutter im Louvre und das Palais Lesdiguières. Peter begab sich zuerst in den Louvre, betrat den großen Saal, in dem 2 Tafeln zu 60 Gedecken mit den herrlichsten Speisen warteten. Er aß im Stehen ein Stückchen Brot und ein paar Rettiche und trank dazu 2 Gläser Bier. Nachdem er 6 Sorten Wein gekostet hatte, befahl er, die Kerzen zu löschen, und verfügte sich ins Palais Lesdiguières. Er weigerte sich, in dem großen Zimmer zu schlafen und ließ sein Feldbett in einem Schrankzimmer aufstellen. Am nächsten Morgen war er um 4 Uhr bei der Arbeit.

Anstatt in Paris umherzustreifen, vergrub sich „der Bär aus dem Baltikum, der Kosak vom Tanais", wie ihn Dubois nennt, 3 Tage lang in seinem Palais. War er etwa krank? Keineswegs! Er weigerte sich — und übertrat damit jegliche Gepflogenheiten — dem König von Frankreich als erster seine Aufwartung zu machen. Der inkognito Reisende bestand eigenwillig auf der Etikette, die er Versailles aufzwingen wollte, und er verlangte, der König solle zuerst einmal zu ihm kommen! Am 8. Juni erschien der Regent mit seinem Gefolge im Palais Lesdiguières. Saint-Simon schildert dieses Ereignis folgendermaßen: „Der Zar kam aus seinem Gemach, ging ihm einige Schritte entgegen, umarmte ihn, wobei er sich den Anschein großer Überlegenheit gab, wies auf die Türe seines Gemachs und wandte sich — ohne jede Lebensart — sofort um und ging hinein. Der Regent folgte ihm, dahinter kam Fürst Kurakin, der als Dolmetscher fungierte. Im Raum standen 2 Sessel, einer dem anderen gegenüber, in denen sich der Zar und der Regent niederließen. Die Unterhaltung dauerte fast eine Stunde, ohne daß von Geschäften gesprochen wurde. Darauf verließ der Zar sein Gemach, der Regent kam hinterher, und nach einer tiefen Reverenz, die flüchtig erwidert wurde, verließ er ihn an der gleichen Stelle, an der er ihn bei seinem Eintreten vorgefunden hatte."

Der Regent ließ sich um des lieben Friedens willen die Protokoll-Ansprüche des Zaren gefallen. Am 10. Juni kam also der König zu seinem Gast: vorneweg das königliche Kammerorchester (Oboen, Zimbeln, Trompeten, Trommeln), dann die Pagen des Kleinen Marstalls und die höheren Hofchargen. Der König wurde von seinem Erzieher, dem Marschall de Villeroy, dem Herzog du Maine, dem Herzog de Charost, dem Marquis de Louvois begleitet. Es folgte ihm eine prächtige Eskorte mit Offizieren der Leibgarde. Auf der Rue Saint-Honoré und der Rue Saint-Antoine jubelte eine riesige Menschenmenge, mühsam zurückgehalten von Soldaten, die Spalier bildeten, dem Kind-König zu, der so winzig in seiner achtspännigen Staatskarosse saß. Lassen wir Saint-Simon wieder zu Worte kommen: „Der Zar empfing den König am Wagenschlag, half ihm beim Aussteigen und ging zur Linken des Königs bis in sein Gemach. Dort standen 2 gleiche Sessel. Der König setzte sich auf den zur Rechten, der Zar auf den zur Linken. Fürst Kurakin machte den Dolmetscher. Wie überrascht war man, als der Zar den König unter beiden Armen faßte und ihn zu sich hochhob. Und so küßte er ihn in der Luft. Obwohl der König noch so jung ist und darauf nicht vorbereitet war,

zeigte er keine Furcht. Erstaunlich war es, welchen Anstand der Zar
vor dem König zeigte, wie zärtlich er mit ihm war und von welcher
von Herzen kommenden Höflichkeit. Und doch war Hoheit, Eben-
bürtigkeit und eine kleine Überlegenheit des Alters dabei, denn das
alles spürte man. Er lobte den König sehr. Er schien von ihm entzückt zu sein und ließ es alle Anwesenden merken. Mehrfach küßte
er ihn. Der König sagte sehr artig seine kurze Ansprache. M. du
Maine, Marschall de Villeroy und alle vornehmen Anwesenden
trugen zur Unterhaltung bei. Der Besuch dauerte ein Viertel-
stündchen. Der Zar begleitete den König so wie er ihn auch empfangen hatte und wartete, bis er in den Wagen gestiegen war."
Nach Dubois soll der Zar zu dem jungen Monarchen gesagt haben,
als er ihn zum erstenmal küßte: „Sire, das ist kein Judaskuß!" Am
nächsten Tage erwiderte er den Besuch. Als er Ludwig XV. zu seinem
Empfang auf seinen Wagen zuschreiten sah, sprang er heraus, lief
auf ihn zu, nahm ihn in seine Arme und stieg mit ihm die Treppe
hinauf. Marschall de Villeroy berichtete Madame de Maintenon:
„Ich vermag Ihnen gar nicht zu beschreiben, mit welcher Würde, mit
welchem Anstand und mit welcher Artigkeit der König den Besuch
beim Zaren gemacht und dessen Besuch empfangen hat. Jedoch muß
ich zugleich bekennen, daß dieser Fürst, von dem man sagt, er sei barbarisch, es in keiner Weise ist. Er hat uns Regungen von adliger
Gesinnung, Großherzigkeit und Höflichkeit offenbart, die wir nicht
erwartet hatten."

*

Peter machte sich nun mit gewohntem Ungestüm und unersättlicher
Neugier an die Eroberung von Paris. Die Stadtverwaltung war in
einem geheimen königlichen Schreiben angewiesen worden, ihm mit
großem Gepränge die üblichen Geschenke zu überbringen: „12 Dutzend Schachteln mit Zuckerwerk und 12 Dutzend Kerzen aus weißem
Wachs, davon eine jede 2 Pfund wiegen soll, in ebenso vielen Bündeln
mit Bändern zusammengehalten und in 3 weiße und feine Körbe zu
legen, und mit weißem Taffet zu bedecken." Vom 10. bis zum 20. Mai
streifte der Zar in Paris umher (außer an den Tagen, wenn er ein
Abführmittel genommen hatte). „Er ist in einen ganz schmutzigen

Überrock aus grauem, grobem Wollstoff gekleidet. Dazu trägt er ein graues Wams mit diamantenen Knöpfen, keine Halsbinde und keine Manschetten und auch keine Spitzen an den Hemdärmeln. Er hat eine braune Perücke à l'espagnole, von der er den rückwärtigen Teil abgeschnitten hat, weil er ihm zu lang war, und sie ist auch nicht gepudert" (Buvat). Duclos berichtet, Peter habe eine Perücke bestellt. Der Perückenmacher war im Glauben, Seine Majestät wolle eine mit langem und fülligem Haar nach der damaligen Mode. „Aber der Zar ließ sie rundherum abschneiden, um sie jener gleichzumachen, die er trug." Durch seine hohe Gestalt, sein herrisches Wesen und seinen fremdländischen Akzent fiel er den Parisern auf, die sich zu seinem größten Mißvergnügen an seine Fersen hefteten. Er besichtigte die Tuilerien, die Akademien, den Louvre, das Hôtel des Invalides, Saint-Cloud und Marly; er wurde zu Gala-Vorstellungen und Diners gebeten. Oft entwischte er dem ihm beigegebenen Begleiter, Marschall de Tessé, und stieg in eine dahertrottende Droschke oder irgendeine vor seinem Hause angehaltene Kutsche. Ständig hatte er andere Pläne, so daß Tessé dem Regenten mitteilte: „Ich habe keine Ahnung, wo der Zar dinieren will, noch weiß ich, ob er nach Versailles zurückkommen wird. Bei all diesem Hin und Her muß ja jedem Menschen der Kopf schwirren."
Wissenschaft und Technik zogen Peter besonders an. Er setzte seine Studien als Zahnklempner fort, indem er beim Zähneausreißen auf dem Pont-Neuf und im Jardin des Plantes zusah, und vervollkommnete seine chirurgischen Kenntnisse, indem er einer Staroperation des Augenarztes Woolhouse beiwohnte. In der Akademie der Wissenschaften galt seine Bewunderung der Hebemaschine Lafrayes und der Winde Dalines. Lebhaftes Interesse zeigte er auch für die Kanonengießerei, die Gobelin-Manufaktur und das physikalische Kabinett des Direktors der Post. Er führte lange Gespräche mit Wissenschaftlern, Mathematikern und Geographen. Ungezwungen plauderte er mit den Arbeitern, trank mit den alten Soldaten im Hôtel des Invalides — nur in der Oper nickte er ein. In der Sorbonne soll er die Büste von Richelieu mit dem Ausruf umarmt haben: „Ich würde die Hälfte meines Reiches hergeben, wenn er mich die andere zu regieren lehrte!" Dieser theatralische Ausspruch, der von Duclos über-

liefert wurde, ist allerdings weder bei Dangeau noch bei Saint-Simon vermerkt, der im übrigen begeistert von dem Zaren-Besuch berichtet. In Saint-Cyr besuchte Peter die 82jährige Madame de Maintenon, die in einem Brief an ihre Nichte, Madame de Caylus, schrieb: „Der Zar kam um 7 Uhr abends. Er hat sich an das Fußende meines Bettes gesetzt. Er fragte mich, ob ich krank sei. Ich bejahte dies. Er ließ mich fragen, welches denn mein Leiden sei. Ich antwortete: ‚Ein hohes Alter!‘ Er wußte darauf nichts zu sagen, und sein Dolmetsch schien mich nicht zu verstehen. Sein Besuch war sehr kurz . . . Er hat die Vorhänge am Fußende meines Bettes aufziehen lassen, damit er mich sehen kann. Sie können sich vorstellen, daß es kein ergötzlicher Anblick für ihn war."

Wenn der Zar auch dem jungen Herrscher gegenüber außerordentlich liebenswürdig war und seit seinem Besuch beim König von Preußen (1712)²² bedeutende Fortschritte gemacht hatte, so ließ sein Benehmen doch manchmal sehr zu wünschen übrig, denn er zeigte nicht die gebührende Achtung für die Prinzessinnen von Geblüt und gab sich den Herzoginnen von Berry und von Orléans gegenüber den Ausdruck eines Höhergestellten. Als er von einer Parforcejagd kam, bei der er zuviel gegessen und getrunken hatte, beschmutzte er in der abscheulichsten Weise seine Kutsche. „Was können Sie, Madame, von diesem Scheusal schon an Anstand erwarten?" erwiderte der Herzog von Rohan seiner Frau, als sie sich über das ungehobelte Betragen des Besuchers beklagte . . . Welcher Kontrast zwischen dem Hof des Regenten und dem Gefolge des Zaren! Auf der einen Seite geistvolle, skeptische, ja zynische Höflinge, auf der anderen Seite Würdenträger und Offiziere, die ihrem Herrn sklavisch gehorchen, die nichts von den Feinheiten des gesellschaftlichen Lebens wissen und sich „unflätig" betrinken (Antin). Gar manche der schönen und eleganten Damen der Gesellschaft hätte sich gern geopfert, um den Bezwinger Karls XII. zu zerstreuen. Man war daher schockiert, daß er in Versailles, Trianon und Marly die Nacht mit einem irgendwo aufgelesenen Mädchen verbrachte, dem er 2 Taler zahlte. Beim Regenten rühmte er sich seiner Heldentaten bei diesem Dämchen, die, wie er sagte, ihn als „prächtiges Mannsbild" und „knickerigen Herrscher" bezeichnete. Allerdings vergaß der Zar tunlichst, dieses Abenteuer seiner Katharina zu erzählen. Er schrieb im Gegenteil, „er fühle sich alt und sehne sich sehr nach ihr". Sie antwortete voll Witz: „Hoffentlich werde ich bis zum Tode einen so innig geliebten Greis mit meiner Liebe umgeben können!" Die Russen hatten, dem Beispiel ihres Herrn folgend, Dirnen in die Gemächer der Madame de Maintenon in Versailles eingeschmuggelt, jene Gemächer, die Saint-Simon „den Tempel der Prüderie" nannte. Die Zeit zum Abschiednehmen war gekommen. Peter verteilte großzügig Geldgeschenke: 50 000 Livres erhielten die Mundköche, 30 000 seine Leibwache und 30 000 die Arbeiter der Fabriken und Betriebe, die er besichtigt hatte. Dem König und einigen hohen Würdenträgern verehrte er sein brillantenbesetztes Porträt. Er nahm von Ludwig XV. 2 herrliche Gobelins entgegen, aber er verweigerte aus Gründen des Protokolls die Annahme eines Degens, dessen Knauf mit wertvollen Steinen geschmückt war. Peter begab sich am 20. Juni 1717 auf den Weg nach Soissons. In Versailles hinterließ er einen zwiespältigen Eindruck von seiner Person: einmal den eines intelligenten, aktiven und bildungshungrigen Menschen, und zum andern den eines anmaßenden, launenhaften, hemmungslosen Herrschers, kurz den eines Halbgebildeten. Als er Paris verließ, sagte er: „Ich bedauere, daß meine Geschäfte mich zwingen, diese Stätten, an denen die Wissenschaft und die Kunst gedeihen, schon so bald zu verlassen. Ich bedaure, daß diese schöne Stadt früher oder später wegen des Aufwandes und der Zügellosigkeit dazu verurteilt ist, einen großen Schaden zu erleiden und elend zugrunde zu gehen." Die Akademie der Wissenschaften forderte ihren ständigen Sekretär Fontenelle im folgenden Jahr zu einem Schreiben an den Zaren auf[23].

*

Als Monsieur de Libois Peter in Dünkirchen empfangen hatte, nahm er an, daß der Monarch nur zur Befriedigung seiner Neugier nach Frankreich gekommen sei. Marschall Tessé hingegen wußte, daß der Zar politische Pläne und ein starkes Interesse für das neu aufgeteilte Europa hatte, das aus den Verträgen von Utrecht und Rastatt hervorgegangen war. Diese hatten den Spanischen Erbfolgekrieg beendet, den Territorialbesitz und die Stellung der kriegführenden Mächte deutlich verändert: Die Kronen Frankreichs und Spaniens wurden getrennt; Spanien hatte Portugal und Belgien eingebüßt, Frankreich dem Hause Österreich seinen Teil der spanischen Niederlande und ein Gebiet der französischen Niederlande abgetreten, dafür das Elsaß behalten und Lille, Béthune und andere Städte wiedererlangt. Österreich hat sich in Sardinien, Neapel, Mailand und den belgischen Provinzen festgesetzt. Friedrich Wilhelm I. hat sich Geldern gesichert und als König in Preußen anerkennen lassen. England hatte Gibraltar und Menorca erworben. Eine Mittelmeermacht geworden, baute es jetzt sein Kolonialreich auf. Holland war neben einem solch starken Nachbarn nur noch ein Boot im Kielwasser Albions. England und Holland — bis dahin mit Frankreich verfeindet — waren von nun an seine Verbündeten. Österreich suchte vergebens, seine durch Rasse, Sprache, Religion und Wesensart so verschiedenartigen Völker in einem Staatskörper zu verschmelzen.

Auch die Souveräne selber — oder ihre Titel — hatten gewechselt: Herzog Viktor-Emanuel II. von Savoyen war 1713 König geworden; Friedrich Wilhelm I. von Preußen war an die Stelle von Friedrich I. getreten; als Georg I. war 1714 der Kurfürst von Hannover der Königin Anna gefolgt. Im folgenden Jahr starb der Sonnenkönig und reichte das Zepter an den minderjährigen Ludwig XV. weiter.

Europa im Jahre 1717 war also sehr verschieden von jenem, das der Westfälische Friede geschaffen hatte. Immerhin war das Kräfteverhältnis zwischen den 3 Großmächten Frankreich, England und Österreich einigermaßen ausbalanciert. Holland war im Absteigen, Spanien geschwächt, Polen gespalten, und Preußen zählte noch nicht. Durch dieses Spiel der Allianzen war es möglich geworden, der Vorherrschaft einer der 3 Großen erfolgreich zu begegnen; der letzte Krieg hatte es bewiesen. Unter diesen Umständen bestand die Gefahr, daß durch das Erscheinen einer neuen, über beträchtliche Kräfte verfügenden Macht — nämlich durch das Erscheinen Rußlands bei Poltawa und später in Deutschland —, das europäische Gleichgewicht gestört werde.

Wenn auch die Verträge den gegenseitigen Groll nicht besänftigt hatten, so erlaubten sie andererseits den Signatarstaaten doch, ihre Aufmerksamkeit der Lage im Norden zuzuwenden. Rußland hatte Finnland und die baltischen Provinzen besetzt. August II., durch den Papst seiner Verpflichtungen entbunden, kehrte auf den polnischen Thron zurück und verlangte nun die Rückgabe Kurlands. Der englische König begehrte Bremen und Verden, die ihm später von Dänemark abgetreten wurden. Der König von Dänemark war in Holstein eingefallen und forderte Schonen zurück. Der König von Preußen wollte Pommern haben. Das Haus Holstein fühlte sich von Dänemark und Mecklenburg bedroht und warb um die Unterstützung des Zaren. Jeder — ob großmächtiger König oder Duodezfürst — schickte sich an, Schweden die Eroberungen Gustavs II. Adolf wieder abzujagen. Jeder wartete ungeduldig auf seinen Beuteanteil.

Karl XII. hatte sich durch das Korsaren-Edikt, das gegen den Handel mit den inzwischen russisch gewordenen Ostseehäfen gerichtet war, die Sympathie Georgs I. verscherzt und England dazu getrieben, mit Rußland, Dänemark und Preußen an den Kriegshandlungen gegen Schweden teilzunehmen. Frankreich, erschöpft von dem eben erst beendeten langen Krieg, wünschte sehnlichst den Frieden. Seine nationalen Interessen forderten zugleich die Verhinderung einer neuen Koalition zwischen Österreich und Preußen und eine Verständigung mit Peter, ohne sich mit dem sehr mißtrauischen England zu entzweien. Diese Annäherung war aus verschiedenen Gründen nicht einfach: Frankreich hatte seine Vereinbarungen mit Schweden erneuert; es unterhielt die allerbesten Beziehungen zur Türkei; es hatte Stanislaus Leszczinski im Kampf gegen August II. unterstützt und Verträge mit Preußen, England und den Generalstaaten abgeschlossen (1716 und 1717).

Der Zar fühlte sich gegenüber Europa, das ihn durch seine Wissenschaft, seine Erfindungen, seine Technik und seine Zivilisation anzog, sehr isoliert. Er wünschte die Anerkennung und Garantie seiner neuesten schwedischen Eroberungen durch die europäischen Mächte, und er hoffte auf eine einträgliche Allianz, auf Handelsbeziehungen, die es Rußland ermöglichen sollten, Rohprodukte auszuführen und Fertigfabrikate einzuführen. Da er sich mit seinen eigenen Verbündeten überworfen hatte und mit England nicht sonderlich gut stand, hatte er sich an Frankreich gewandt. Die dem Gesandten Château-neuf vom Regenten auferlegte Zurückhaltung hatte Peter I. in seinem Wunsch, nach Paris zu kommen, nur noch bestärkt. Dort hatte er, im Vertrauen auf Marschall Tessé — einen kultivierten, geschmeidigen und fähigen Grandseigneur —, Fürst Kurakin, Tolstoj, Dolgorukij und Vizekanzler Schafirow (den Tessé „den Knirps" nannte) beauftragt, mit dem Marschall Besprechungen aufzunehmen. Tessé setzte sofort den Marschall d'Huxelles darüber in Kenntnis, der ihm als Richtschnur die Weisung gab, den Zaren „so festzulegen, daß er an eine Verbindung mit Wien nicht mehr denkt", jedoch sich „auf präzise Verpflichtungen, die über Handels- oder Freundschaftsbeziehungen hinausgehen", nicht einzulassen und sie zu vermeiden (18. Mai 1717).

Am nächsten Tag begannen die Verhandlungen im Palais Lesdiguières in aller Heimlichkeit, „um den deutschen Spionen und denjenigen all der Nationen zu entgehen, die die kleinsten politischen Bewegungen beobachten", sagte Tessé. Peter hatte es eilig, der Regent dagegen nicht; die russischen Unterhändler hatten Befehl, die Dinge voranzutreiben, der Franzose sollte genau festgelegte Verpflichtungen vermeiden. Wie hätte man unter solchen Voraussetzungen zum Ziel kommen können? Schafirow machte den Vorschlag „einer Freundschaft auf Gegenseitigkeit und eines Treuebündnisses, als deren Festigung und Grundlage ein Defensivbündnis geschlossen werden solle, um die Verträge von Utrecht und Baden zu verbürgen, ferner daß Frankreich die schwedischen Eroberungen des Zaren garantiert und daß besagtes Schweden keinesfalls weder mit Geld noch mit Soldaten, weder direkt noch indirekt unterstützt wird". Tessé gab zurück, daß es nicht möglich sei, gegen die mit den Verbündeten, insbesondere mit Schweden, geschlossenen Verträge zu verstoßen, daß es „im Hinblick auf die Wechselfälle des Waffenglücks" auch nicht möglich sei, die Eroberungen zu garantieren, solange der Nordische Krieg noch nicht beendet sei. Wir zitieren in der Folge, nach seinem Bericht, die im Namen des Herrschers aller Reußen gegebene Antwort seiner Verhandlungspartner: „Lassen Sie den Zaren mit Schweden verfahren, wie er will! ... Das europäische Staatssystem hat die Basis Ihrer ganzen Verträge geändert ... Schweden, das fast vernichtet ist, kann Ihnen von keinerlei Nutzen mehr sein. Die Macht des Kaisers hat unendlich zugenommen, und ich, der Zar, habe mich Frankreich angeboten, an die Stelle Schwedens zu treten. Ich biete Frankreich nicht nur ein Bündnis mit mir an, sondern auch meine Machtmittel und diejenigen Preußens, denn ohne Preußen könnte ich nicht unterhandeln... Durch mich, den Zaren, wird der Ausgleich, den Schweden bringen sollte, wiederhergestellt... denn das Gewicht, das ich hineinlege, wiegt Schweden auf; und daher schließe ich, daß mir, dem Zaren, die gleiche Behandlung zusteht wie Schweden, da ich nicht nur seine Stelle einnehme, sondern Ihnen auch noch Preußen dazubringe."

Dieser kühne Vorschlag hatte zumindest den Wert, klar und deutlich zu sein, denn Rußland würde Schweden als Verbündeten Frankreichs ersetzen; es übernähme die gleichen Verpflichtungen und würde die bis dahin Stockholm vorbehaltenen Subsidien einstreichen; es würde Preußen als dritten Partner mitbringen. (Der Zar wußte nicht, daß Preußen schon einen Vertrag mit Frankreich unterzeichnet hatte.) Hatte auch das Verhalten Karls XII. Frankreich gegenüber bisweilen zu wünschen übriggelassen — besonders in Altranstädt und später in Bender — so war doch die Regierung Philipps von Orléans nicht gewillt, einen alten Bundesgenossen gegen einen Neuankömmling einzutauschen, der nach ihrer Meinung „ehrgeizig, unsicher und von Europa unter mehreren Gesichtspunkten sehr weit entfernt" war[24]. Angesichts der russischen Beharrlichkeit kam man überein, daß jede Seite einen Vertragsentwurf ausarbeiten sollte. Der französische Text sah „eine dauerhafte und treue Allianz und Freundschaft vor, eine enge Verbindung und Zusammenarbeit..."; es war keine Rede von einer Garantie der russischen Eroberungen, von Subsidienzahlungen oder gar von einer Preisgabe Schwedens. Die Verhandlungen kamen nicht recht voran; Stein des Anstoßes war die Form einer zu garantierenden militärischen Unterstützung, ein weiterer die vom Zaren verlangte jährliche Subsidienzahlung.

Am 12. Juni kam Peter nach einem Besuch in der staatlichen Münze in das Palais Lesdiguières zurück, wo er Tessé in der Unterhaltung mit den beiden russischen Diplomaten vorfand. Am nächsten Tag berichtete der Marschall dem Regenten: „Unser Zar kam also gestern

abend sehr befriedigt von seinem Ausflug zurück. Aber kaum war er
ein wenig im Garten spaziert und kaum hatte er seine Bevollmächtigten um sich versammelt, da schlug seine Stimmung um, und ich sah,
wie er gestikulierte, wie er nachdenklich umherging, alleine, auf seinen Stock gestützt, und auf dem Kies herumtrampelte wie ein erregter
Mensch. Seine Minister riefen mich und sagten mir, welchen Schmerz
ihrem Gebieter das Gefühl bereite, daß es ihm nicht gelinge – obwohl es doch sein heißer Wunsch sei –, zu einer Einigung zu gelangen."

Der Regent mußte wohl lächeln beim Lesen dieser Depesche, denn
er wußte bereits von seinen Agenten in Berlin – lange vor Kniep-
hausens Ankunft –, daß dieser Diplomat keine Vollmacht für die
Unterzeichnung der Militärklauseln besaß. Er hatte daher angeordnet, den Zaren über diesen Punkt „zappeln" zu lassen, er hatte
den gutgläubigen Peter an der Nase herumgeführt. Vielleicht war
– wie Marschall d'Huxelles vermutete – für den Herrscher aller Reußen die Subsidienfrage die wichtigste.

Am 16. Juni 1717 wohnte der Zar mit geistesabwesendem Ausdruck
einer großen Truppenparade auf den Champs-Elysées bei. Er brach
vorzeitig auf und besichtigte die Arbeiten am Pont Tournant bei den
Tuilerien. Mit dem Regenten schloß er sich in eine Pförtnerloge ein
und unterhielt sich mit ihm eine halbe Stunde mit Hilfe eines Dol-
metschers. Was hatten sie sich wohl zu sagen? Man weiß es nicht[25].
Vier Tage später reiste Peter nach Spa und überließ es Schafirow und
Kurakin, die Verhandlungen weiterzuführen. Am 15. August wurde
in Amsterdam ein Vertrag zwischen dem Zaren, Ludwig XV. und
Friedrich Wilhelm I. geschlossen, ein mühseliger Vertrag, der Marschall Tessé „viel Kopfzerbrechen" bereitet hat[26]. Die 3 Herrscher
verpflichteten sich, „auf ewig" aufrichtige Freundschaft und Zusammenarbeit zu pflegen. Sie gaben sich Garantien für die Verträge von
Utrecht und Baden und für diejenigen, die bei der Beilegung des
Nordischen Krieges hinzukommen sollten. Innerhalb von 8 Monaten
sollten die Bedingungen eines Handels- und eines Schiffahrtsvertrags
festgelegt werden; der Vertrag ließ anderen Nationen den Beitritt
offen und beeinträchtigte nicht das Bündnis, welches am 4. Januar
zwischen den Königen von England und Frankreich und der „Repu-

blik Holland" unterzeichnet wurde. Durch 2 „separate und geheime" Artikel wurde die Abtretung von Stettin an Preußen garantiert und gegenseitiger Beistand, falls es zu Feindseligkeiten kommen sollte. Der Zar und der König von Preußen billigten die Vermittlung des Königs von Frankreich, um leichter zu einem Friedensschluß mit dem Norden zu gelangen. Ludwig XV. versprach seinerseits, bis Erlöschen des noch gültigen Vertrages, das heißt bis Mai 1718, keine weitere Verpflichtung gegen Schweden einzugehen.

Wenn schon dieser Vertrag von Amsterdam nicht die Unterstützung an Truppen und Geld festlegte, welche die neuen Bundesgenossen sich erwartet hatten, konnte der Zar dann wenigstens glauben, daß es ihm gelungen war, Schweden von Frankreich abgezogen zu haben? Es war ein Trugschluß, denn Schweden erhielt seine Subsidien nach wie vor. Hingegen war es Frankreich gelungen, ein Bündnis, das es zwischen Österreich und Rußland befürchtete, zu verhindern, und Preußen konnte Stettin als sein Eigentum betrachten.

Campredon wurde infolge dieses Vertrages als Bevollmächtigter und Villardeau als Konsul nach Rußland geschickt.

Das politische Maximalprogramm, das Peter sich für Paris vorgenommen hatte (Bildung einer Allianz mit Frankreich, Polen und Preußen, den Platz Schwedens an der Seite Frankreichs einzunehmen), wurde darum nicht erfüllt, weil Frankreich weiter zu England und zu Schweden stand. Aber immerhin hatte der Zar die Vermittlung Frankreichs erreicht. Saint-Simon schreibt diesen quasi Mißerfolg den „unheilvollen Zauberkünsten Englands und der törichten Verkennung Rußlands" zu. Es stimmt, daß der Regent und Dubois — beide standen zu dem erst kürzlich geschlossenen Bündnis mit England und Holland — vor allem fürchteten, Georg I. zu verstimmen. Sie hatten wiederholt Lord Stairs, dem englischen Gesandten, und seinem Stellvertreter Crawford versichert, daß „Frankreich nichts mit dem Zaren beschließen würde, ohne Georg I. berichtet und seine Zustimmung eingeholt zu haben[27]". Obwohl man dem Zaren die Geheimhaltung der Verhandlungen versprochen hatte, wurde London über alle Besprechungen auf dem laufenden gehalten. Nicht ganz ohne Grund spricht Madelin von einer „Politik der Willfährigkeit", zu der der Herzog und Dubois sich hergegeben hätten.

Trotzdem war die Reise des Zaren nach Frankreich nicht nutzlos. Der Herrscher behielt die ihm bereitete Aufnahme und die ihm erwiesenen Aufmerksamkeiten in allerbester Erinnerung. Die beiden Länder knüpften reguläre diplomatische Beziehungen an und tauschten „bevollmächtigte Vertreter" aus; die französischen Diplomaten entledigten sich glänzend ihrer Aufgabe als Vermittler zwischen Rußland und Schweden und später dann zwischen Rußland und der Türkei.

*

Auf Anraten der Ärzte, die ihm — nichts ahnend — jegliche alkoholischen und sonstigen Exzesse untersagt hatten, begab sich der Zar in die Bäder von Spa, die, wie ein Anekdotenschreiber der Régence boshaft bemerkt, „gut zur Wiederherstellung der beim Liebesspiel verausgabten Kräfte sind". Peter erreichte über Soissons und Reims Charleville und ging an Bord eines reich bewimpelten Schiffes, auf dem ein schöner Proviant seiner harrte: 170 Pfund Fleisch verschiedener Sorten, 1 Rehbock, 35 Hühnchen, 6 fette Puter, 83 Pfund Schinken, 200 Krebse, 200 Eier, ein 15pfündiger Lachs, 12 schwere Forellen und 3 Fässer Bier. Dabei hatte Peters Leibarzt Areskin darauf verwiesen, daß Seine Majestät „durch die Erschlaffung der Magenmuskulatur an großer Appetitlosigkeit leide, begleitet von Schwellungen der Beine, zeitweiligen Gallenkoliken und starker gelber Gesichtsfarbe". Aber die Kur sollte ja erst in Spa beginnen!
Der Marquis de Prié erteilte dem Gouverneur der Provinz Namur, dem Grafen de Lannoy, folgende Weisungen: Der Zar soll freigehalten, die Kanonensalven erst abgegeben werden, wenn er in seinem Logis ist und nach seiner Abreise aus der Stadt, er wird „noch auf der Maas" empfangen; 20 Soldaten sollen seine Eskorte bilden[28].
Der Aufenthalt in Namur, wo der Zar am 25. Juni eintraf, war ganz besonders gut gelungen, denn Peter amüsierte sich königlich beim Stelzenwettlauf, Schifferstechen und Sackhüpfen. Er genoß das „vom Magistrat der Stadt gegebene Prachtdiner und die erlesenen Weine" und tanzte bis weit nach 1 Uhr morgens. Seit Jahren habe man ihn nicht so vergnügt gesehen, versicherten seine Begleiter. Beweis da-

für waren die Trinkgelder: 50 Dukaten schenkte er den „Stelzen-
läufern" und ebensoviel den „Schifferstechern"; aufrecht in einer
„Barke" stehend, die Hand vertraulich auf dem Kopf eines Ruderers,
so ließ er sich von der Menge zujubeln. Das hinderte ihn aber nicht,
seinen Gewohnheiten getreu, alle ihm zu Ehren getroffenen Dispo-
sitionen über den Haufen zu werfen. Er weigerte sich, im Palast des
Gouverneurs zu schlafen, kehrte auf das Schiff zurück und ließ sich
das in den Prunksälen hergerichtete Galadiner an Bord bringen.
Bei strahlendem Sonnenschein legte 2 Tage später der große Schlepp-
kahn des Zaren — hinter sich eine ganze Flottille, gestopft voll mit
Oboen, Trompeten und anderen Instrumenten — in dem hinreißend
schön geschmückten Lüttich an. Die Geschütze donnerten, die Fan-
faren schmetterten, die Trommler schlugen den Wirbel und das Volk
brach in ein Freudengeschrei aus. Nachdem der Bürgermeister Engel-
bert de la Naye die Menge zum Schweigen gebracht hatte, entbot
er den Willkommensgruß der Stadt. Am nächsten Tage war die
Reihe an dem Stiftsherren Henri de la Naye, Dompropst von Sainte-
Croix, den Zaren im Auftrag des Fürstbischofs Joseph Clemens von
Bayern, Bischof von Lüttich, der in Bonn zurückgehalten war, zu
begrüßen. Saint-Simon hat uns folgendes gelungene Porträt Seiner
bischöflichen Gnaden hinterlassen: „Er ist blond, trägt eine mächtige
Perücke, ist furchtbar häßlich, vorne sehr und hinten ein wenig
bucklig, aber weder in seinem Auftreten noch in seinen Reden zeigt
er auch nur eine Spur von Verlegenheit." Nach einem Willkom-
menstrunk und einem prunkvollen Bankett, das auf silbernem Geschirr aufgetragen wurde, war Zeit genug, die hohe Statur des Zaren,
seine dunkle Hautfarbe, seine braunen, lebhaften Augen, seine Warze,
seine zu kurze Perücke und sein Gesichtszucken zu bestaunen. Die
Gäste waren enttäuscht, denn — Peter hatte sich keine Ungehörigkeit
zuschulden kommen lassen. Allerdings weigerte er sich wieder, in
den Palastgemächern zu logieren und ging zum Schlafen in das Hôtel
de Lorraine. Von seinem Fenster aus verfolgte er mit Bewunderung
das Feuerwerk und die „Lichtpyramiden, über denen das Wappen
des Zaren und des Fürstbischofs schwebte".
Am folgenden Tage besichtigte der Unermüdliche schon zu früher
Morgenstunde ein Kohlenbergwerk und studierte lange den von

einem Optiker konstruierten Brennspiegel. Darauf begab er sich in Richtung Spa weiter, flankiert von 130 Mann zu Fuß und 70 Reitern, in Begleitung von etwa 40 Personen seines Gefolges. Ein Kammerdiener und ein Lakai standen zu seiner persönlichen Verfügung. Die Straßen nach Spa seien die „unwegsamsten", behauptete ein zeitgenössischer Chronist. Aber der Zar war ja aus Rußland an schlechtere Wege gewöhnt! Bevor er das gesunde Brunnenwasser kostete, übergab ihm der Magistrat dieser Ortschaft, die damals aus 300 Häuschen bestand, ein Fuder alten Rheinweins als Willkommensgruß. Von nun an begab Peter sich jeden Morgen an die etwa 4 Kilometer von Spa entfernte Géronstère-Quelle. Er ritt, fuhr in der Kutsche, Berline oder im offenen Jagdwagen, den er trotz der Schwierigkeiten des mit Felsbrocken besäten Weges selber lenkte. Der ungeduldige Patient trank bis zu 20 Gläsern Wasser hintereinander; einmal verschlang er 6 Pfund Kirschen und 1 Dutzend Feigen, gleich nachdem er das Wasser geschlürft hatte, das er überaus reichlich mit starkem Branntwein und „allen Weinsorten, die zu einem Saufgelage gehören", begoß. Diese „Diät" dürfte wohl nicht ganz die von den Ärzten vorgeschriebene gewesen sein.

Tagsüber hielt sich der Zar, auf einem Holzstuhl sitzend, in einem Zelt auf, das in der Mitte des Platzes aufgeschlagen war, der heute seinen Namen trägt. Dort empfing er auch den geistreichen Domherrn de la Naye zum Essen, welcher am folgenden Tage an Seine Durchlaucht den Kurfürsten schrieb: „Der Tisch reichte eigentlich nur für 8 Gedecke, aber man hatte es fertiggebracht, deren 12 aufzulegen; der Zar führte den Vorsitz, in Nachtmütze, ohne Halsbinde; wir aßen alle dicht aneinandergedrängt und einen halben Fuß vom Tisch entfernt. 2 Soldaten brachten für jeden einen Teller, auf dem nichts, aber auch gar nichts war, doch rundherum standen Näpfe aus Ton, in denen war Bouillon und ein Stück Fleisch; jeder nahm sich nun einen solchen Napf vor seinen Teller, dergestalt, daß dieser Abstand mit dem ersten zusammen die Tafel so weit abrückt, daß man, um einen Löffel Bouillon zu nehmen, den Arm wie beim Fechten ausstrecken muß. Hat man die Bouillon verzehrt, möchte aber noch etwas davon haben, so fährt man ohne Umstände in den Napf seines Nachbarn — genauso wie der Zar aus dem Napf seines

Kanzlers löffelt. Dem Zaren gegenüber saß der Admiral der Galeeren, und da er nicht bei Appetit war, vergnügte er sich mit Nägel-
kauen. Plötzlich kam ein Soldat und schleuderte 6 Flaschen Wein
auf den Tisch, gerade so wie beim Scheibenwerfen, und stellte sie
auch nicht auf. Der Zar nahm eine Flasche und gab jedem der Tisch-
gäste ein Glas davon.

Ich hatte meinen Platz neben dem Kanzler, und wie er nun bemerkte,
daß ich das Fleisch ohne Salz aß, das einzige Salzfaß aber am anderen
Tischende stand, da sagte er sehr freundlich zu mir: ‚Wenn Sie Salz
wünschen, müssen Sie auch welches nehmen!‘ Und um nicht unbeholfen zu wirken, langte ich am Zaren vorbei und nahm reichlich
Salz für meine ganze Mahlzeit.

Fast aus allen Näpfen hatte sich Suppe auf das Tischtuch ergossen,
auch Wein aus den schlecht verkorkten Flaschen. Als der erste Gang
abgeräumt wurde, triefte das Tischtuch von Fett und Wein.

Der zweite Gang kam. Ein Soldat, der zufällig an der Küche vorbei-
ging, bekam eine Schüssel in die Hand gedrückt, und, da er ja keine
Zeit hatte, seine Mütze abzunehmen, schüttelte er seinen Kopf, damit sie herunterfiele. Aber der Zar bedeutete ihm, er solle ruhig mit
der Mütze auf dem Kopf herbeikommen. Dieser Gang bestand aus
einer Schüssel, auf der 2 Kalbsnierenbraten und 4 Hühner lagen. Da
Seine Majestät ein Huhn, größer als die anderen, bemerkt hatte,
nahm er es mit den Fingern, rieb es unter seiner Nase hin und her
und bedeutete mir, daß es gut sei. Dann war er so gütig, es auf
meinen Teller zu werfen. Der glitt, ohne irgendwo anzustoßen, von
einem Ende des Tisches zum anderen, da ja er einmal alleine war
und zum anderen das fettige Tischtuch sein Dahingleiten erleichterte.
Dann kam das Dessert, ein Teller mit 3 Stück Biskuit aus Spa. Nun
wurde die Tafel aufgehoben. Der Zar ging auf ein Fenster zu, an
dem eine fettige, verrostete Lichtputzschere hing, die er zum Reinigen der Nägel benutzte.“

Obwohl Peter wie ein schlichter „bobelin“ (Spitzname der Kurgäste
von Spa) behandelt werden wollte, war und blieb er ein großer
Säufer vor dem Herrn. Aber er war beileibe kein solcher Gewohn-
heitstrinker wie sein Hofprediger, der täglich 16 Pinten Wein und
oft sogar das Doppelte trank.

Während der Kur unternahm er lange Spaziergänge zu Fuß, plauderte mit den Bauern auf den Feldern, trat auch in ein bescheidenes Bauernhaus ein, wo er sich vor allem die Ackerbaugeräte ansah. Stunden verbrachte er in den Drechsler- und Malerwerkstätten und kaufte dort Mengen von Souvenirs. In Spa empfing er Kurierpost aus Rußland, Wien und Mecklenburg. Täglich arbeitete er eine oder mehrere Stunden. Nach 4 Wochen dieser eigentümlichen Heilbehandlung war der Zar wiederhergestellt. Er lud die städtischen Behörden zu sich ein, dankte ihnen liebenswürdig, verschenkte einige Medaillen, „jede im Gewicht von 10 Louis", auf deren Avers die Einnahme von Narwa oder Elbing und auf deren Revers Peter I. prangte. Er machte den Leibwächtern ein Geldgeschenk; sein Leibarzt stellte eine für den Kurort höchst schmeichelhafte Bescheinigung aus. Aus Amsterdam sandte der Zar eine Gedächtnistafel aus schwarzem Marmor. Die Inschrift darauf erinnert an den Aufenthalt Peters und rühmt „die heilsamen Wässer" von Spa, wo er „wieder zu Kräften und vollkommener Gesundheit gelangte".

Am 24. Juli verließ Peter Spa, um sich nach Holland zu begeben, wo Katharina ihn erwartete. Er verbrachte einige Wochen mit ihr und nahm sie dann im September mit nach Berlin. In Sanssouci wurden sie auf das liebenswürdigste vom preußischen Königspaar empfangen. Die Schwester Friedrichs II., die Markgräfin von Bayreuth, hat uns in ihren „Memoiren" einen recht boshaften Bericht dieses Besuches hinterlassen, der folgendermaßen schließt: „Endlich reiste dieser barbarische Hofstaat ab. Die Königin begab sich 2 Tage später nach Monbijou. Dort herrschte eine Verwüstung wie nach der Zerstörung Jerusalems; nie habe ich ähnliches gesehen; alles war derart ruiniert worden, daß die Königin fast das ganze Haus neu einrichten lassen mußte."
Nach 20 Monaten waren Peter und Katharina am 9./21. Oktober 1717 wieder in St. Petersburg. Dieses Mal war es nicht der Strelizenaufstand, was ihn zur Rückkehr veranlaßte, sondern die Flucht des Zarewitsch Alexej. Gegen seinen eigenen Sohn sollte er nicht barmherziger sein als gegen die aufständischen Strelizen!

DER PROZESS GEGEN DEN ZAREWITSCH ALEXEJ
1718

Ich fürchte Gott und ich fürchte, daß ich mich versündigen muß.
PETER I., Brief an den russischen Klerus vom 24. Juni 1718
Blutgierig ist der Tiger, aber er frißt seine Jungen nicht.
IWAN GOLOWIN
Jener Wilde war viel stärker, als man heutzutage zu sein pflegt.
MERIMÉE, Brief an die Familie Delessert, 1867
*Ich schreibe die Geschichte von Alexej, er war der Sohn Peters
des Großen; der quälte ihn so lange, bis er daran starb und
wahrscheinlich nur darum nicht geköpft wurde.*
MERIMÉE, Brief an die Prinzessin Julie, 1864
*In einem durchschnittlichen Jahrhundert wollte Alexej nichts
weiter als ein durchschnittlicher Mensch sein.*
Eugène-Melchior de VOGÜÉ

Wir erinnern uns, daß Peter im Januar 1689 mit 16einhalb Jahren
Jewdokija Lopuchina geheiratet hatte. Am 19. Februar 1690 gebar
sie den Zarewitsch Alexej, ein kränkliches Kind, das sich weder durch
besondere Schönheit noch durch Kraft oder Intelligenz auszeichnete.
In den ersten Jahren seiner Kindheit lebte Alexej von allem abgeschlossen. Nur der Sohn des Generals Lefort durfte ihn besuchen[1].
Mit 6 Jahren wurde er einem Hauslehrer namens Nikephor Wiasemskij anvertraut. In welchem Maße dieser Federfuchser mit
Dummheit geschlagen war, entnehmen wir der folgenden Probe aus
einem Schreiben an den Zaren: „Ich wende mein Angesicht Deiner
lichtvollen Morgenröte zu, damit die Sonne Deines Geistes ihr Licht
über der gebenedeiten Frucht Deiner kaiserlichen Lenden scheinen
lasse, über dem strahlenden Porphyrogenetos, dem Herren Zarewitsch und Großfürsten Alexej Petrowitsch aller Reußen, von Großrußland, Kleinrußland und Weißrußland, damit sie ihm sei wie eine
gesegnete Schutzwehr, jetzt da ich mit dem Alpha beginne."
Jewdokija war eine sehr zärtliche, intelligente, jedoch ungebildete,
abergläubische Frau, eine Frömmlerin, und so konnte sie ihrem Sohn
einzig die strenge Einhaltung der liturgischen Gebräuche beibringen,
blinden Gehorsam gegenüber den Mönchen und Haß gegen jede

Neuerung. Auf der anderen Seite kam Nikephor nach dem Alpha kaum über das Beta hinaus. Sein erlauchter Schüler bezeugte ihm seine Dankbarkeit dadurch, daß er ihn mit Fußtritten bedachte. Nach dem Prozeß gegen die Strelizen hatte der Zar Jewdokija im Kloster von Ssusdalj eingesperrt. Bis dahin war Alexej von der Zuneigung seiner Mutter und seines Großvaters Abraham Lopuchin umgeben worden. Nun wurde der Knabe gewaltsam von ihnen getrennt, von einem mit Geschäften überlasteten Vater im Stich gelassen, und stand mit 9 Jahren ganz alleine da, ohne alle Zärtlichkeit und Wärme, das Opfer der albernen Schwätzereien seiner Tanten und der Speichelleckereien der Höflinge.

Peter hatte eigentlich beabsichtigt, Alexej zusammen mit dem Sohn des Generals Lefort nach Deutschland zu schicken und ihm General Karlowitz als Erzieher beizugeben. Der Tod des sächsischen Offiziers, dem bald darauf der von Lefort folgte, machte diesen Plan zunichte. Daraufhin schlug der Zar das Angebot des Kanzlers Kaunitz aus, den Kronprinzen in die Obhut des Wiener Hofes zu geben, „wo er wie ein Sohn gehalten werden würde". Als Erzieher bestimmte er nun den deutschen Baron Huyssen[2]. Da Huyssen den Ränken der Würdenträger mißtraute, nahm er wohl diese Stellung bei Hofe an, verzichtete aber auf die damit verbundenen Rechte. Menschikow wurde darauf Obersthofmeister bei Alexej. Huyssen war ein gescheiter und kultivierter Mann. Er arbeitete ein Programm aus, das eines Bossuet und Fénelon würdig war. Er sah den Unterricht in Französisch (mit „Télémaque" und dem „Mercure historique") vor, Deutsch, Mathematik, Geometrie und Fortifikationslehre. Peter ließ es jedoch nicht zur Verwirklichung dieses Programms kommen, da er Huyssen mit wichtigen Missionen im Ausland betraute.

Das Kind geriet also — nicht zu seinem Besten — wieder unter die Fuchtel des Federfuchsers Wiasemskij. Es erhielt eine oftmals unterbrochene, unregelmäßige und mangelhafte Erziehung. 2 Männer sollten bald einen äußerst ungünstigen Einfluß auf den Knaben ausüben: Ignatjew und Kikin. Der Protopope Jakob Ignatjew wird ihn auf die Heilige Schrift schwören lassen, daß er seinem Beichtvater ebenso gehorcht wie Gott, und er wird es ihm nachsehen, daß er den Tod des Zaren wünscht „wie die gesamte Geistlichkeit". Der bei

Peter in Ungnade gefallene Alexander Kikin, ein verkommener Nichtsnutz, ließ keine Gelegenheit vorbeigehen, den Herrscher schlechtzumachen. Was konnte der Thronfolger schon lernen — er war wißbegierig, passiv, nicht gerade dumm und sehr fromm. Man lehrte ihn, die Bibel in Altslawisch und Arnolds „Kirchen- und Ketzerhistorie" zu lesen und an jedem Gottesdienst der orthodoxen Kirche teilzunehmen. Man ließ ihm seine beispiellose Faulheit durchgehen. „Ich bin kein Dummkopf, aber ich kann nun einmal überhaupt nicht arbeiten", pflegte er zu sagen. Man ermunterte ihn sogar zu Saufereien und verhalf ihm zu seinen kräfteraubenden Ausschweifungen mit den Töchtern der Leibeigenen[3]. So, zwischen einem tyrannischen Vater, vor dem er zitterte, und den Höflingen, die alle seine Launen befriedigten, wurde Alexej zu einem verlogenen, hinterhältigen Menschen. Seine schlechten Anlagen konnten sich entwickeln und erstickten die guten Regungen.

Der Zar ließ ihn während des Feldzuges von 1703 als einfachen Artilleristen dienen, weil er hoffte, aus ihm einen Soldaten und später einen Fürsten zu machen, der in der Lage war, die Regierung des Reiches zu übernehmen. Alexej war bei der Einnahme von Nyenschantz und der Eroberung von Narwa, ein Jahr später, dabei. Er war inzwischen zum Offizier im Preobrashensker Regiment aufgerückt. Sein Vater versuchte, in ihm das Gefühl für seine Pflichten gegen den Staat zu wecken: „Scheue keine Mühe, wenn es um das Gedeihen des Vaterlandes geht! Gib dich ganz der Arbeit für das Allgemeinwohl hin!" schärfte er ihm immer wieder ein. Aber der Zar war ungeschickt, unfähig, sich zu beherrschen. Seine Ratschläge wurden von Drohungen begleitet: „Wenn ich nur in den Wind gesprochen habe, wenn du mir nicht gehorchen willst, dann werde ich dich nicht als meinen Sohn ansehen und Gott bitten, daß er dich in dieser und jener anderen Welt bestrafen soll." Der Zarewitsch küßte respektvoll die Vaterhand, versprach alles und nahm mit Tränen in den Augen eine unterwürfige Haltung ein. Aber es war weiter nichts als Verstellung, denn er hatte in seiner Umgebung den Haß gegen die Reformtätigkeit Peters eingesogen, er verabscheute zutiefst den Krieg und alles, was mit dem Kriegshandwerk zusammenhängt. Man kann sich schwerlich zwei gegensätzlichere Menschen vorstellen:

in dem einen verkörpern sich Arbeitseifer, Tatkraft, Stärke und Wille, im anderen Faulheit, Verweichlichung und Hinterlist. Peter will sich von der Vormundschaft der Kirche befreien, Alexej ist der ergebene Diener der Popen; der Vater läßt sich Abhandlungen über Ballistik und Pyrotechnik kommen, der Sohn liest — flüchtig — in

Zarewitsch Alexej

theologischen Schriften; der eine beugt sich über das Mikroskop, der andere vertieft sich in die religiösen Wunder; der Zar will alles neu gestalten, der Zarewitsch hat nur Sinn für die alten Gebräuche; der Vater ist zum Befehlen geboren, der Sohn völlig untauglich; der Herrscher ist ein Romanow, der Zarewitsch ein Lopuchin. Einzig

ihre Vorliebe für den Alkohol haben sie gemeinsam. Alexej wurde
— übrigens ohne sein Wissen und ohne daß er irgendwie dazu bei-
trug — von Jahr zu Jahr mehr die Hoffnung des Klerus, der ungezählten Feinde des Zaren. In ihren Augen verkörperte er die Ehrfurcht vor der Kirche, die Traditionen des heiligen Rußland; er ist die
Vergangenheit, die sich gegen eine Zukunft auflehnt, mit der sie
nichts zu tun haben wollen.

Welche Gefühle hatten Peter und sein Sohn füreinander? Der Zar
— früher hatte er einmal mit dem Kind gespielt und sich seiner angenommen — traute dem Jüngling nicht recht und behandelte ihn
daher als zweifelhaftes Subjekt. Alexej hingegen fürchtete sich vor
dem Vater. Wahrscheinlich verzieh er ihm nicht, daß er ihn seiner
Mutter, seiner Verwandten beraubte und um seine Jugend betrogen
hatte. Vielleicht rächte er sich dafür durch jenen passiven Widerstand,
der den Zaren so aufbrachte? Was an dem Herrscher groß und uneigennützig war, das bemerkte er nicht; er sah in ihm nur einen
Feind. Aber er verbarg seine wahren Gefühle unter gleisnerischem
Gebaren. Am allerwenigsten wird man sagen können, daß sie noch
Zuneigung füreinander hatten, als Alexej in sein 16. Lebensjahr ging.
1707 erfuhr Peter, daß der Sohn seine Mutter heimlich in Ssusdalj
besucht hatte, und, da er ein Komplott vermutete, machte er ihm eine
heftige Szene.

Der Zar forderte Alexej zur Teilnahme an den Senatssitzungen auf
und übertrug ihm verschiedene Aufgaben bei den Truppenaushebungen und Befestigungsarbeiten, um sein Interesse zu wecken[4]. 1707,
als er im Felde stand, übergab er ihm die Regierung des Reiches. Am
8. Juli 1709, dem Tag der Schlacht von Poltawa — die für Peter I. der
Lohn für 9 mühevolle Jahre war —, glänzte der Thronfolger durch
Abwesenheit: Er schützte Krankheit vor. Der Zar ließ sich nicht täuschen. Aus Marienwerder schrieb er ihm 3 Monate später folgenden
kurzen Brief, in dem man vergeblich nach einer Spur von Zuneigung
suchen wird: „Sohn! Wir teilen Ihnen mit, daß Sie sich sofort nach
der Ankunft des Fürsten Menschikow nach Dresden zu begeben haben, und zwar mit denjenigen Personen, die er für Ihre Begleitung
aussuchen wird. Ich befehle Ihnen, dort ein wohlanständiges Leben
zu führen und ernsthaft Ihren Studien nachzugehen, vor allem der

Erlernung fremder Sprachen, die Sie ja schon begonnen haben: dem Deutschen und Französischen. Befleißigen Sie sich auch der ‚Giometrie‘ und der ‚Fortofication‘ und, wenn Zeit und Gelegenheit sich bieten, der Politik. Wenn Du mit der ‚Giometrie‘ und der ‚Fortofication‘ fertig bist, dann schreibe mir. Und nun reise mit Gott!“ Der Zarewitsch beeilte sich nicht mit dem Gehorchen. Erst im März 1710 machte er sich auf den Weg nach Dresden. Er bat Ignatiew, ihm auf schnellstem Wege und unter strengster Geheimhaltung einen Priester zu senden! Er soll sein Priestergewand ablegen, keinen Bart tragen, unverheiratet sein und für einen seiner Lakaien ausgegeben werden. „Tun Sie mir den Gefallen! Erbarmen Sie sich meiner Seele! Lassen Sie mich nicht ohne Vergebung sterben!“ schrieb er. Ferner gab er ihm Anweisungen für die geheime Korrespondenz mit seiner Mutter und seinem Großvater „wegen der vielen Schnüffler“. Kurz darauf schrieb er folgenden Brief, der uns ein anschauliches Bild von dem jungen Mann und den russischen Sitten der damaligen Zeit gibt: „Hochwürdigster Vater, zuvor Dir und Deinen Kindern meinen Gruß!

Wir berichten Ew. Heiligkeit, daß wir hier das Fest des heiligen Märtyrers Eustachius begangen haben mit geistlichen Übungen, Vesper, Komplet, Matutin und Hauptgottesdienst, worauf wir Leib und Seele im Zustand der Fröhlichkeit erhielten, indem wir auf Ihre Gesundheit tranken. Auch haben wir diesen Brief mit Wein genetzt, damit Ihnen nach seinem Empfang ein langes Leben und ein kräftiger Schluck zu unserem Andenken beschieden sei. Wolle Gott uns in allernächster Zeit wieder zusammenführen! Alle rechtgläubigen Christen, die mit uns hier vereint sind, unterschreiben diesen Brief. Der sündige Alexej und der Priester Jan Slonskij haben diese Unterschriften bei vielen Gläsern Wein bezeugt und sie bei reichlichem Zechen als richtig anerkannt. Nicht wie die Deutschen, sondern wie die Russen haben wir Sie hochleben lassen. Alle trinken wir auf Ihre Gesundheit! Verzeihen Sie, wenn Sie unseren Brief nicht lesen können, aber um die Wahrheit zu sagen, wir waren ganz betrunken, als wir ihn schrieben!“

Menschikow hatte in seinen Weisungen an die Begleiter des Zarewitsch, Iwan Golowin und Jurij Trubezkoj, ausdrücklich darauf be-

standen, daß sie sich unauffällig benehmen und darüber wachen sollten, daß der Prinz auch seine Arbeiten erledige. Aber Alexej scherte
sich überhaupt nicht um die von seinem Vater angeordneten ,Gio-
metrie- und Fortoficationsstunden‘, auch nicht um den von Menschikow vorgeschriebenen Unterricht in Tanzen und Fechten. Wein und
Weiber müssen her! Das ist der Gegenstand seiner Studien!

*

Peter eröffnete seinem Sohn im Jahre 1710, daß er beschlossen habe,
ihn mit der 16jährigen Prinzessin Charlotte Christine von Braun-
schweig-Wolfenbüttel, der Tochter des Herzogs Ludwig Rudolf, zu
verheiraten[5]. 2 Jahre zuvor hatte sich die ältere Schwester der Prinzessin mit Erzherzog Karl vermählt, der der Gegenkandidat Philipps V. für den spanischen Thron war und später Kaiser Karl VI.
wurde. Der Zarewitsch beklagte sich bitterlich, denn Charlotte war
lang, flachbrüstig und pockennarbig, und zu allem Überfluß noch
Lutheranerin! Er sollte also eine Ausländerin und obendrein noch
eine Ketzerin nach Moskau heimführen? Wie sollte er mit einer solchen Frau der ewigen Verdammnis entgehen? Er verweigerte seinem
Vater zwar nicht den Gehorsam — das war nicht seine Art — aber er
verlangte, „noch andere Prinzessinnen" zu sehen, die er nicht einmal
kennenzulernen versuchte.
Bevor der Zar zum Pruth-Feldzug aufbrach, gab er seine weit weniger ehrenwerte Heirat mit seiner Geliebten bekannt. Alexej schrieb
an Katharina:

                                        „Braunschweig, den 11. Mai 1711
Allergnädigste Frau!
Ich erfahre soeben, daß mein Herr und Vater Euer Gnaden zu seiner
Gemahlin erwählt hat. Aus diesem Anlaß entbiete ich Euch meine
Glückwünsche und gebe der Hoffnung Ausdruck, daß Ihr mir auch
weiterhin wie in der Vergangenheit die Ehre Eurer Gunst angedei-
hen lassen werdet. Ich wage es nicht, meinem Herrn und Vater meine
Glückwünsche zu senden, da ich von ihm bisher noch keine schrift-
liche Nachricht erhalten habe. Die Herzöge, der Onkel und der Vater
meiner Braut, sind außerordentlich freundlich zu mir. Meine Braut

läßt Euch für die Güte danken, da Ihr sie in Eurem Briefe grüßen ließet."

Nach der Niederlage am Pruth — sie hätte für Peter tödlich ausgehen und den Weg auf den Thron freimachen können — begab sich der Zar zur Kur nach Karlsbad. Am 14. Oktober 1711 war er bei der Hochzeit Alexejs zugegen, die in Torgau an der Elbe, der Residenz der Patin der Braut, der polnischen Königin und Kurfürstin von Sachsen, stattfand. Im rot ausgeschlagenen Prunksaal des altertümlichen Schlosses las bei Fackelschein in Anwesenheit des Zaren, der Königin von Polen und aller Wolfenbütteler ein Pope die Hochzeitsgebete in russischer Sprache. Kanzler Golowkin hielt die schwere Krone über das Haupt des 17jährigen Kindes, das gegen seinen Willen herzzerbrechend schluchzte. Der alte Herzog hingegen war tief befriedigt: Die älteste von seinen 3 Töchtern war römische Kaiserin, und die zweite wird doch Zarin aller Reußen werden! Leibniz schrieb zur Feier dieses großen Ereignisses ein lateinisches Akrostichon und verbrach erbärmlich schlechte Verse in der von ihm so hoffnungslos geliebten französischen Sprache . . .

Am folgenden Tage kam der Zar bereits in aller Frühe mit seinen Ministern zum Frühstück in das Brautgemach. Der jungen Prinzessin mußte es merkwürdig vorkommen, denn sie hatte am sächsischen und polnischen Hof eine ausgezeichnete Erziehung genossen. Nach 2 festlichen, für Peter todlangweiligen Tagen, kehrte er wieder nach Rußland zurück. Er beorderte den Zarewitsch nach Thorn, um dort die Verproviantierung von 30 000 Soldaten vorzubereiten, denn der schwedische Krieg nahm weiter seinen Lauf. Die Jungvermählten gingen indessen nach Wolfenbüttel, wo die Feierlichkeiten fortgesetzt wurden. Es bedurfte einer dringlichen Mahnung des Zaren, damit Alexej am 7. November schließlich nach Thorn reiste, wo einen Monat später seine Frau wieder mit ihm zusammenkam. Sie schrieb an ihre Familie: „Ich lebe in einem Kloster gegenüber einem abgebrannten Haus. Bisweilen besuchen mich die polnischen Landedelleute." Der Thronfolger blieb aus dienstlichen Gründen sehr oft dem Hause fern. Kam er dann zurück, so durchzechte er die Nächte. Die Prinzessin führte ein Elendsdasein in den vom Krieg zerstörten Städten Thorn, Elbing und Marienburg. Ging es wieder an einen anderen

Ort, so mußte sie hinter den Militärkolonnen über grundlose Straßen durch die ostpreußischen Sümpfe ziehen. Sie berichtete ihren Eltern: „Diese Welt ist ohne allen Zweifel ein einziges Jammertal, und das Schicksal hält für mich in der Zukunft noch großes Leid bereit ... Ich bin entsetzt, wenn ich bedenke, was mich noch erwartet, und daß dieser Kummer von einem Menschen kommt, der mir so teuer ist, daß keine Klagen laut werden dürfen.

Elbing, im April 1712"

Da der Zar ihre Apanage zu zahlen vergaß, geriet sie in Not. Menschikow schrieb an Peter: „Ich bin Zeuge ihres Elends geworden und habe ihr daher 5000 Rubel aus der Bekleidungskasse des Regiments Ingermanland geliehen, weil ich das Geld nicht anderweitig auftreiben konnte." 6 Monate später berichtete sie ihrer Mutter: „Ich bin mit einem Mann verheiratet, der mich niemals geliebt hat, der mich überhaupt nicht liebt ... Ich bin in einer schrecklichen Situation." Arme kleine häßliche Prinzessin und doch so sanft und liebevoll! Als die russischen Truppen Elbing räumten, forderte der Zar Charlotte auf, mit ihnen nach Riga zu gehen. „Die mir aufgezwungene Megäre" — so wird sie von ihrem Mann genannt — war am Ende ihrer Kräfte, der Verzweiflung nahe. Sie floh nach Wolfenbüttel, wo sie den Winter verbrachte. Im Frühjahr holte der Zar sie höchstpersönlich dort ab. Er gab ihr einige 1000 Gulden für ihre Ausstattung und schickte sie wieder nach Rußland. Im Juni 1713 wurde sie mit großem Prunk in St. Petersburg empfangen, wo Katharina ihr, traditionsgemäß, eine feuervergoldete, mit Perlen gefüllte Schale überreichte. Alexej war in Ladoga und kam erst Ende des Sommers zu ihr. In den ersten Wochen brachte er seiner Frau wenigstens ein wenig Zärtlichkeit entgegen, so daß sie wieder Hoffnung schöpfen konnte: „Ich liebe ihn ganz toll", schrieb sie den Ihren. Doch leider war dies nur eine kurze Stille vor dem Sturm! Der Zarewitsch verbrachte sein Leben mit den Popen oder dem gemeinen Volk. „Und zu allem Übel ergibt er sich auch noch dem Trunk", berichtet der Resident des Kaisers, Pleyer. Allerdings, der Zar und seine Hofleute betranken sich auch bei den Banketten, die manchmal in wüste Orgien ausarteten, aber Peter nahm am folgenden Morgen seine Arbeit wieder auf, während der Zarewitsch durch diese viehischen Saufereien seine ohnehin schon schwache Gesundheit zugrunde richtete. Es war ein hartes Leben für die Großfürstin. In St. Petersburg — damals noch „ein riesiger Bauplatz in einem Sumpf" (de Vogüé) — fehlte es Charlotte am Allernotwendigsten, sogar an Geld, um ihren kleinen deutschen Hofstaat zu unterhalten, den der Heiratsvertrag ihr mitzunehmen erlaubt hatte. Trotz ihrer zarten Konstitution wurde sie gezwungen, den Freunden ihres Mannes bei den endlosen Schmausereien aufzuwarten. Zu ihrem Trost widerfuhr ihr eine große Freude: Sie erwartete ein Kind. Einige Wochen vor der Niederkunft verkündete Alexej plötzlich, daß er zur Kur nach Karlsbad gehe. (Der Zar und Katharina waren gerade in Finnland.) Die Großfürstin blieb alleine zurück, unter der strengen Aufsicht von 3 alten Damen, die jede Kindsunterschiebung verhüten sollten! Die Prinzessin schrieb an ihre Mutter: „Ich bin ein armes Opfer unseres Zarenhauses, ohne daß es davon irgendeinen Nutzen hätte. Ich aber sterbe vor Kummer eines langsamen Todes."

Unterdessen leerte in Karlsbad der Zarewitsch wieder seine „Tassen", die, anstatt mit Wasser, mit Wein gefüllt waren. Er unterstrich beim Lesen von Baronius' „Annales ecclesiastici" einige Stellen, die seine Gedanken über die Neuerungen seines Vaters verraten: „In Frankreich wurden lange Gewänder getragen. Karl der Große untersagte das Tragen von kurzen Gewändern ... König Chilperich von Frankreich mußte sterben, weil er die Kirchen geplündert hatte ..."

Charlotte kam im Juli 1714 mit Natalja nieder. Der Zarewitsch schien noch einmal von einer kurz aufflackernden Liebe zu seiner jungen Frau erfüllt zu sein, sank aber kurz darauf wieder in seine alten Laster zurück. Jetzt kannte er keine Hemmungen mehr und brachte unter dem gemeinsamen Dach seine Mätresse Afrosinja unter, eine ordinäre Leibeigene aus Finnland, eine Säuferin, bar jeder Erziehung und Bildung. Die zarte Großfürstin mußte erleben, wie eine Soldatenhure ihr den Rang ablief — und das in ihrem eigenen Hause! Wie tief wurde sie gedemütigt! Wie groß war ihr Kummer! „Die arme Prinzessin erträgt standhaft ihr Ungemach. Nur die Wände sind Zeugen ihrer Tränen", schrieb der Gesandte Hannovers in seinen „Me-

moiren". Am 11. Oktober brachte Charlotte einen Sohn, Peter, zur Welt. Einige Tage später verspürte sie heftige Schmerzen, die rasch zunahmen. Die vom Zar entsandten Ärzte — er war damals selber ans Bett gefesselt — gaben schon bald jede Hoffnung auf. Die Großfürstin wußte, daß sie verloren war und wartete gelassen auf den befreienden Tod. Mit stoischer Ruhe ertrug sie ihre Schmerzen und diktierte sogar noch folgenden Brief (der ihr möglicherweise von anderer Seite nahegelegt wurde) an ihre kaiserliche Schwester: „Ich weiß, daß verleumderische Gerüchte in Umlauf sind. Manche Leute werden vielleicht sagen, ich sei nicht an einer Krankheit, sondern vor Kummer gestorben. Diese bösartigen Reden sollen widerlegt werden, deshalb sagt meinen Eltern in meinem Namen, daß ich stets mit meinem Los zufrieden war und stolz auf die Zuneigung Ihrer Majestäten. Der Zar hat nicht nur alle Bestimmungen meines Heiratsvertrages erfüllt, sondern er war immer voller Wohlwollen für mich, und ich möchte ihm hier aus ganzem Herzen danken."
Die Todgeweihte bat inständig darum, ihre Freundin, die Prinzessin von Ostfriesland bei ihren beiden verwaisten Kindern zu lassen. Sie dankte denjenigen, die sie umhegt hatten, und verzieh allen. Am 21. nahm sie eine Arznei nicht mehr an, die die Ärzte für sie präpariert hatten: „Laßt mich in Frieden sterben. Ich will nicht mehr leben."
In der Nacht auf den 22. Oktober (alter Zeitrechnung), schied sie im Alter von 21 Jahren aus der Welt.
Nachdem der Zar der Autopsie seiner Schwiegertochter beigewohnt hatte, wurde die Leiche im Großen Saal des Palastes aufgebahrt. Ebenso wie der Saal im Schloß zu Torgau war auch er mit rotem Stoff ausgeschlagen. Damals hatte die Prinzessin geweint, jetzt lächelte die Großfürstin in ihrem Sarg: Sie hat ausgelitten. Ihr Schicksal erschien zu grausam, und so entstand das Gerücht, sie sei mit einem französischen Offizier nach Louisiana geflohen und mit ihm sehr glücklich geworden. Leider war es nur ein Märchen.

*

Gleich nach den Trauerfeierlichkeiten für Charlotte, am 27. Oktober 1715 (alter Zeitrechnung), erhielt Alexej vom Zaren „eine förmliche

Ankündigung", datiert in Schlüsselburg am Tage der Geburt des kleinen Peter, dem 11. Oktober. Der Zar erinnert darin an die Wechselfälle des Nordischen Krieges und spricht dann von seinem „verzehrenden" Kummer darüber, erleben zu müssen, daß sein Sohn so gar keine Neigung für das Kriegshandwerk zeige. „Du verstehst nichts vom Kommandieren. Wenn man Dir etwas in den Schnabel geben will, bist Du so widerspenstig wie ein Vögelchen..." Wer wird mein Erbe antreten, fragt sich der Zar, und fährt fort: „Ich denke an Deine üblen Neigungen und an Deine Starrköpfigkeit. Habe ich Dich nicht ungezählte Male deswegen getadelt? Und nicht nur getadelt, sondern sogar geschlagen? Schon seit Jahren (zähle sie nach) habe ich es aufgegeben, Dich zu ermahnen! Nichts hat gefruchtet, keine Besserung ist darauf erfolgt. Alles war vergeblich, alles hat seinen Zweck verfehlt. Du wolltest Dich immer nur in Deinem Haus vergnügen, wo es im übrigen drunter und drüber geht. Was soll daraus werden, nicht nur aus Dir, sondern aus dem ganzen Land? Als ich so mit tiefer Trauer im Herzen und voller Hoffnungslosigkeit, Dich nicht zum Guten bekehren zu können, darüber nachsann, meinte ich Dir das vorliegende letzte ‚Testament'[6] schreiben und dann noch ein wenig abwarten zu müssen, bis Du Dich, selbstverständlich ganz aufrichtig, besserst. Wenn Du nicht dergleichen tust, so sei meiner Warnung eingedenk, daß ich Dich von der Thronfolge ausschließen werde. Du wirst dann wie ein brandiges Glied für mich sein, und ich werde vergessen, daß Du mein einziger Sohn bist. Das ist keine leere Drohung. Gott sei mein Zeuge, daß ich das verwirklichen werde, was ich sage. Ich habe für mein Land und mein Volk mein Leben nicht geschont und bin heute noch bereit, es zu opfern. Warum sollte ich also einen Taugenichts schonen? Ein ehrbarer Fremder taugt für mich viel mehr als ein Taugenichts von meinem eigenen Fleisch und Blut[7]."
Die unheilbare Faulheit Alexejs, sein passiver Widerstand, sein jämmerliches Betragen, sein Verhalten bei Poltawa und die Mißhandlungen seiner Frau — die er, während sie hochschwanger war, mitten in den Leib getreten haben soll — waren allein schon ausreichend, daß ihm sein Vater ins Gewissen redete. Offenkundig war die Geburt des kleinen Peter der unmittelbare Anlaß für die Entscheidung des

Zaren, der, ganz ungebunden in der Wahl seines Nachfolgers, nunmehr statt des Zarewitsch dessen Sohn zum Thronfolger bestimmen
konnte. Nachdem Alexej reihum den Rat von Kikin, Wiasemskij und
Wassilij Dolgorukij eingeholt hatte, schrieb er an seinen Vater:

„Allergnädigster Herr und Vater,
Ich habe Dein kaiserliches Schreiben gelesen, das mir in Deinem
Namen am 27. dieses Monats, am Tage von meiner Gemahlin Begräbnis, überbracht wurde. Was könnte ich anderes darauf antworten, als daß ich mich wegen meiner Unfähigkeit von Ihnen von der
russischen Thronfolge ausgeschlossen sehe und daher nur wünschen
kann, dies geschehe nach Ihrem Willen. Ich selbst bitte Sie, Sire, untertänigst darum, da ich mich dieser großen Aufgabe nicht gewachsen, nicht fähig fühle, und ich bitte Sie insbesondere, weil ich überhaupt kein Gedächtnis habe – und ohne Gedächtnis vermag man
nichts Rechtes zu leisten. Ich bin infolge verschiedener Krankheiten
geistig und körperlich geschwächt und unfähig, ein solch großes
Reich zu regieren, denn dazu bedarf es eines weniger verderbten
Menschen als mich. Und deshalb werde ich jetzt und in der Zukunft
keinen Anspruch auf die russische Thronfolge (möge es Gott gefallen, Euch ein langes Leben zu schenken) erheben, selbst wenn ich
keinen Bruder hätte (aber ich habe ja jetzt Gott sei gelobt einen Bruder, den Gott am Leben erhalten möge). Für die Wahrhaftigkeit
dieser meiner Worte rufe ich Gott zum Zeugen an, und zum gültigen
Beweis habe ich diesen Brief mit eigener Hand geschrieben.
Ich vertraue meine Kinder Ihrem guten Willen an und erbitte für
mich eine Rente bis zu meinem Tode.
Indem ich alles Eurem Urteil und Eurer Gnade überlasse, bin ich
Euer untertänigster Sklave und Sohn   ALEXEJ.
St. Petersburg, den 31. Oktober 1715"

Katharina war gerade mit einem Knaben niedergekommen, der wie
der Sohn Alexejs den Namen Peter erhielt, und hatte damit einen
neuerlichen Beweis ihres ausgeprägten Sinns für vorteilhafte Gelegenheiten geliefert. Die Thronfolge konnte daher durch einen der
beiden Söhne Peters (Alexej und Peter) oder durch seinen Enkel

Peter gesichert werden. Verschiedene Autoren haben vermutet, daß der Grund für die eindringliche Ermahnung von Alexej die Geburt dieses Kindes der Zarin war. Diese Annahme scheitert an den Daten, denn der Brief des Zaren, der Alexej am Tage der Trauerfeierlichkeiten für Charlotte (27. Oktober) überbracht wurde, ist vom 10. Oktober datiert, Katharinas Kind wurde aber am 29. Oktober geboren. Um ihre Annahme glaubhaft zu machen, vermuten diese Historiker weiter, daß die „Notifikation" am gleichen Tage geschrieben und überbracht, allerdings nachdatiert, worden war, und daß das Kind schon am 27. geboren wurde. Die Geburt wurde dann erst am übernächsten Tage im Anschluß an die Trauerzeremonie bekanntgegeben. Zur Untermauerung dieser Hypothese können keine stichhaltigen Beweise beigebracht werden.

Vor lauter Freude über die Geburt seines zweiten Sohnes gab Peter prachtvolle Festlichkeiten, die 8 Tage währten. Das im Anschluß an die Taufe stattfindende Festmahl — Paten waren die Könige von Dänemark und Preußen — war entschieden originell. Auf dem Tisch der Vornehmsten wurde nämlich eine Riesenpastete aufgetragen, ihr entstieg eine gut gewachsene Zwergin im Evakostüm, sagte ein artiges Kompliment, füllte einige Gläser mit Wein und verschwand wieder. Die gleiche Pastete wurde den Damen serviert, nur war es diesmal ein Zwerg, ebenso unbekleidet wie seine Gefährtin, der in paradiesischer Nacktheit den Mundschenken machte.

Der Zar lag zu Bett, als er Alexejs Antwort erhielt. Sein Zustand verschlimmerte sich derart, daß man ihm am 2. Dezember die Sterbesakramente erteilte. Erst am Weihnachtstag zeigte er sich wieder in der Öffentlichkeit. Am 19. Januar antwortete er seinem Sohn mit einem „letzten Memorandum". Nach der Feststellung, Alexej habe nicht einmal den Versuch unternommen, sich wegen der gegen ihn erhobenen Vorwürfe zu rechtfertigen und sich über die väterlichen Drohungen lustig gemacht, schloß er folgendermaßen: „Würdest Du mir jemals bei meinen schier unerträglichen Strapazen, bei meinen Unternehmungen behilflich sein, jetzt, da Du das Alter erreicht hast, in dem Du mir zur Seite stehen könntest? Natürlich nie! Es ist jedenfalls sicher, daß Du meine Regierung und alles, was ich ohne Rücksicht auf meine Gesundheit für mein Volk tue, nicht aus-

stehen kannst. Und am Ende wärst Du dann derjenige, der dieses
Reich zerstört. Es geht nicht an, daß Du so bleibst wie Du bist, nicht
Fisch und nicht Fleisch. Also, entweder änderst Du Dein Leben und
arbeitest mit Feuereifer daran, meines Erbes würdig zu sein, oder
werde eben Mönch! Meine Seele kann ohne eine Entscheidung keinen Frieden finden, vor allem jetzt, da meine Gesundheit angegriffen
ist. Antworte mir ohne Säumen nach Erhalt dieses Schreibens, schriftlich oder mündlich! Falls Du nicht gehorchst, werde ich mit Dir wie
mit einem gemeinen Missetäter verfahren!"
Alexejs Vertraute rieten ihm, sich in ein Kloster zu begeben und dort
auf seine Stunde zu warten. „Was Recht ist, soll Recht bleiben ...
Alles kommt zu seiner Zeit ... Auch das Pfaffenkäppchen ist nicht
am Kopfe angenagelt", sagte Dolgorukij immer wieder. Der Zarewitsch ließ also am nächsten Tage folgendes Billett dem Zaren überbringen:

„Allergnädigster Herr und Vater,
Ihr Brief vom 19. dieses Monats wurde mir noch am Morgen des
gleichen Tages ausgehändigt. Da ich krank bin, kann ich Ihnen keine
andere Antwort geben, als daß ich Mönch zu werden wünsche und
Ihre gnädigste Erlaubnis erbitte.
Euer Sklave und unwürdiger Sohn   ALEXEJ."

Um später einmal behaupten zu können, er habe nicht aus freiem
Willen gehandelt, übergab er der Afrosinja zwei gleichlautende Billette für Kikin und Ignatjew: „Ich gehe ins Kloster, weil ich dazu
gezwungen wurde."
Der Zar war gerade im Begriff, nach Holland zu reisen. Er machte
seinem Sohn, der sich krank stellte, einen kurzen Besuch und gab ihm
eine Bedenkfrist von 6 Monaten. Alexej war hocherfreut, diesen Aufschub gewonnen zu haben, und stürzte sich wieder in seine Dienst-
botenliebschaften, seine Saufgelage und Schandtaten. Ein kurzer
Brief seines Vaters aus Kopenhagen vom 26. August 1716 schreckte
ihn aus seinem Stumpfsinn auf: „Ich habe jetzt 7 Monate gewartet",
schrieb der Zar. „Du hast Zeit genug gehabt, eine Entscheidung zu
treffen. Wenn Du meine Sache gewählt hast, dann komm in einer

Woche zu mir nach Kopenhagen. Noch hast Du Zeit zur Erlernung der Staatsgeschäfte. Solltest Du aber den zweiten Weg gewählt haben, so schreibe mir unverzüglich, an welchem Tage und in welches Kloster Du eintrittst, damit ich beruhigten Gemütes weiß, was ich von Dir zu halten habe. Aber jetzt muß endlich Schluß sein! Ich bin mir wohl darüber im klaren, daß Du mit der Dir eigenen Faulheit nur Zeit zu gewinnen suchst."

Sogleich verfügte sich Alexej zu Menschikow und eröffnete ihm, er werde zu seinem Vater reisen. Die gleiche Erklärung gab er vor dem Senat ab und verließ St. Petersburg am 26. September 1716. In seiner Begleitung befand sich seine Mätresse Afrosinja und deren Bruder Iwan Fedorow sowie 3 Bediente. Von Menschikow hatte er 1000 Dukaten in Empfang genommen, vom Senat 2000 Rubel. In Riga pumpte er einen Kriegskommissar um 5000 Dukaten an. An einen nicht näher bezeichneten Empfänger — wahrscheinlich an Kikin — sandte er folgende kurze Mitteilung aus Riga[8]:

„Am 6. Oktober bin ich in Riga eingetroffen und reise weiter. Bete für uns! ALEXEJ
Riga, den 8. Oktober 1716."

Wollte der Zarewitsch wirklich dem Kloster entsagen und bei seinem Vater „die Staatsgeschäfte erlernen"? Keineswegs, er hatte sich zur Flucht entschlossen: Er wollte bei seinem Schwager, Kaiser Karl VI., in Wien oder sogar beim Papst in Rom Schutz suchen. In diesen Plan hatte er nur seinen Majordomus Afanassiew eingeweiht. Der edle Kikin war mit von der Partie. Von Karlsbad aus hatte er an Alexej geschrieben, daß „er für ihn in Wien vorgearbeitet habe und daß der Kaiser ihn nicht ausliefern werde". Kikin traf in Libau mit Alexej zusammen, bekräftigte seine Nachricht und brüstete sich, vollkommen zu Unrecht, mit dem Ergebnis seiner niemals in Wien unternommenen Schritte. In Danzig stieß der Zarewitsch auf einen Kurier, der von Moskau zu Peter nach Lübeck gesandt worden war. Er beauftragte ihn, den Vater von seiner unmittelbar bevorstehenden Ankunft zu unterrichten.

Doch Alexej kommt nicht. Der Zar schickt Patrouillen zum Ab-

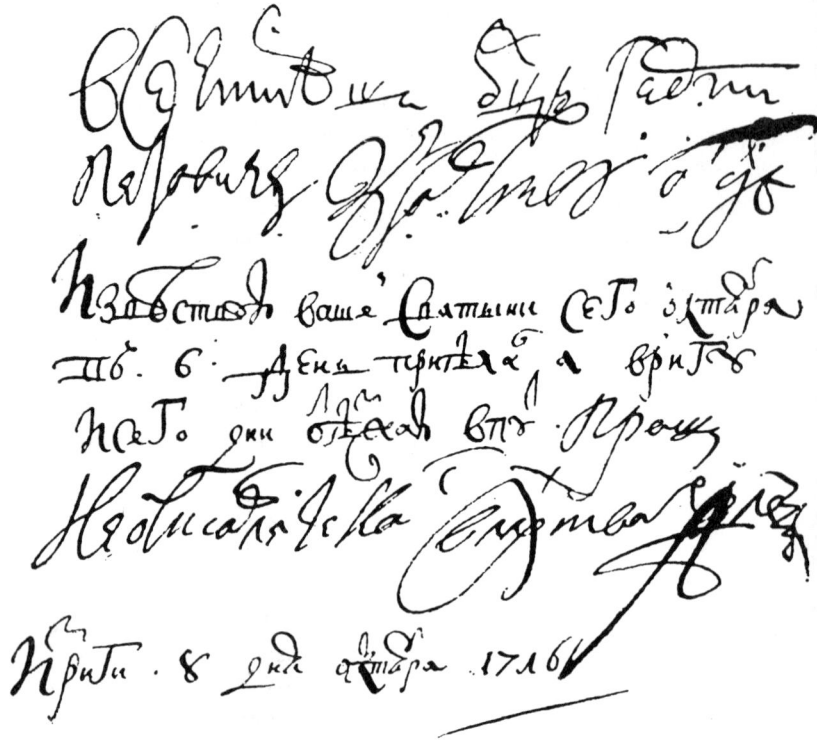

Brief Alexejs an Afrosinja (s. S. 287)

suchen der Landstraßen aus — ohne Erfolg. Peter und Katharina erreichten Lübeck. Immer noch nichts! Die Zarin schreibt an Menschikow, doch er wußte auch nicht mehr. Wochen vergingen. Man raunte sich die unsinnigsten Gerüchte zu: Alexej sei inkognito in die Armee des Kaisers eingetreten; er verstecke sich in einem österreichischen Kloster; er sei umgebracht worden[9]. Dem Zaren dämmerte es, daß sein Sohn ihn zum besten gehalten hatte. Während er so tat, als wolle er zu ihm reisen, hatte er sich Pässe und Geld verschafft, um das Weite suchen zu können. Aber wo hielt er sich versteckt? Peter schickte die besten Spürhunde seiner Meute aus: Rumjanzew und Tolstoj mit ihren Häschern. Einige Monate später

schreiben sie: „Wir sind auf der Spur, wir werden das Wild stellen."
Das Wort ist bezeichnend: Die Hetzjagd hat begonnen.

*

Der Zarewitsch kam am 20. Oktober 1716 nach Frankfurt a. d. O. Er
trug sich ins Fremdenbuch als „Oberstleutnant Kohanskij mit Frau
und Gefolge aus Moskau" ein. Über Breslau, Neiße und Prag erreichte er Wien am 9. November und meldete sich am Stadttor
als polnischer Edelmann Kremenetzski. Er stieg im Gasthof zum
„Schwarzen Adler" ab, kaufte seiner Begleiterin Männerkleider, die
sie sofort anlegte. Am nächsten Abend um 10 Uhr pochte Afrosinjas
Bruder an die Türe des Reichshofvizekanzlers Graf Schönborn, der
gerade in seinem privaten Arbeitszimmer beschäftigt war. Iwan
Fedorow machte die Sache so dringlich, daß der hochbetagte Herr
nicht umhin konnte, ihn schließlich doch noch, im Schlafrock, zu empfangen. „Euer Gnaden", ruft Iwan Fedorow, „unten, im Vestibül
ist der Zarewitsch und möchte Sie sprechen!" Sollte der russische
Thronfolger in Wien sein, ohne daß man vorher darüber unterrichtete worden wäre? Er bittet um eine Unterredung, um 10 Uhr in
der Nacht? Dieser Unbekannte muß ein Irrer sein, das ist doch
läppisches Geschwätz! überlegte der Kanzler. Gerade wollte er
Fedorow hinauswerfen lassen, als Alexej eintrat, bleich und niedergeschlagen. Er brachte seine Geschichte vor, so wie er sie sah: Der
Zar habe unter dem Einfluß der Zarin und des Fürsten Menschikow,
dieser beiden Gottlosen, beschlossen, ihm, dem Zarewitsch, und
seinen beiden Kindern den Thron zu entziehen ... Er wünscht, unverzüglich den Kaiser, seinen Schwager, zu sehen, dessen allerhöchsten Rat und Beistand er erfleht. Während er im Zimmer auf und
ab schritt und von Zeit zu Zeit ein bißchen in sein volles Glas weinte,
redete er weiter: „Mein Vater ist grausam und blutdürstig. Er meint,
wie Gott das Recht über Leben und Tod zu haben. Er hat viel unschuldiges Blut vergossen. Manchmal hat er sogar mit eigener
Hand die armen Verurteilten gerichtet. Er ist jähzornig und rachsüchtig und schont keinen Menschen. Wenn der Kaiser mich ihm
ausliefern würde, wäre es so, als schickte er mich in den Tod. Aber
selbst wenn mein Vater mich verschonte, so würden meine Stief-

mutter und Menschikow nicht eher ruhen und rasten, bis sie mich durch Trunk oder Gift getötet haben." Nachdem der Kanzler seinen seltsamen Besucher beruhigt hatte, schickte er ihn gegen Mitternacht in seinen Gasthof zurück. Am nächsten Morgen ließ er ihm sagen, Karl VI. halte es für besser, ihn jetzt nicht zu empfangen, er werde ihn aber unter seinen Schutz nehmen, bis er eine Versöhnung mit seinem Vater herbeigeführt habe. Der Zarewitsch solle sich außerdem eilends aus Wien entfernen und in vollkommener Abgeschiedenheit leben. Am gleichen Tage wurden Alexej und sein kleines Gefolge, das Frauenzimmer Afrosinja als Page verkleidet, in aller Heimlichkeit erst nach Weierburg, einige Kilometer von der Hauptstadt entfernt, und dann auf die Feste Ehrenberg in Tirol gebracht, wo sie am 15. Dezember eintrafen. Jede Verbindung mit der Außenwelt war abgeschnitten. Von neuem befragt, brachte Alexej weitere Klagen gegen den Zaren vor: „Mein Vater ist der Feind und Tyrann seines eigenen Volkes. Es kann sehr leicht sein, daß das Volk ihn stürzen und Gott ihn verdammen wird." Schönborn schrieb am 27. Februar: „Ich muß Ihnen von den Gerüchten Mitteilung machen, die allmählich über das Verschwinden des Zarewitsch in Umlauf kommen. Einmal heißt es, er habe sich durch die Flucht der Grausamkeit seines Vaters entzogen, dann wieder, er sei vom Zaren getötet oder unterwegs von Räubern ermordet worden. Niemand weiß, wo er sich augenblicklich aufhält." Der Kanzler beging die große Unvorsichtigkeit, diesem Brief die Berichte des kaiserlichen Gesandten in Rußland, Pleyer, beizufügen, die besagten, daß „hier alles zu einer Revolte bereit ist. Man redet nur von den Gewalttätigkeiten der Minister des Zaren. Das Volk wird von den Steuern zugrunde gerichtet." Diese äußerst vertraulichen Dokumente, die der Zarewitsch zur Einsicht erhielt, gerieten später in die Hände der Abgesandten des Zaren!

Schönborn täuschte sich, wenn er meinte, man wisse nichts über den Aufenthaltsort des Zarewitsch. Überzeugt, daß sein Sohn sich zum Kaiser geflüchtet hat, schreibt der Zar am 20. Dezember 1716 an Karl VI., er habe seinen Residenten in Wien, Wjesselowskij, beauftragt, den Flüchtigen aufzuspüren und nach Rußland zurückzubringen. Er bittet den Kaiser, „Alexej unter der Bewachung von einigen

Offizieren — wegen der Sicherheit auf der Reise — zurückzuschicken, damit wir ihn zu seinem eigenen Besten väterlich zurechtweisen können." Die russischen Spürhunde hatten die Fährte des Zarewitsch dank der Schwatzhaftigkeit seines Bedientengesindels, dank der Saufgelage und der in Russisch oder Polnisch geführten Zänkereien der kleinen Reisegesellschaft bis nach Wien verfolgen können, dort aber die Spur verloren. Anfang März ließ ein von Wjesselowskij bestochener kleiner Beamter der Hofkanzlei durchblicken, daß der Flüchtige sich unter dem Schutz des Kaisers in Tirol aufhalte. Der russische Resident wurde sofort beim Kanzler und bei dem Prinzen Eugen, Präsident des Kaiserlichen Hofkriegsrates, vorstellig, die selbtsredend von der Sache nichts wußten.

Unterdessen hatte der vom russischen Residenten ausgeschickte Hauptmann Rumjanzew das Versteck des Flüchtlings ausgemacht. Wjesselowskij wiederholte seine Forderungen, nun aber in einem drohenden Tone. Das Kaiserliche Kabinett beharrte auf dem eingenommenen Standpunkt und beschloß, sich den Zarewitsch vom Halse zu schaffen. Alexej wurde Anfang Mai — mit ihm der unzertrennliche Page — über Trient und Mantua nach Neapel spediert, wo er am 17. eintraf. Der ihn begleitende österreichische Staatssekretär Keil sandte folgenden Bericht aus Trient nach Wien: „Es geht alles sehr gut, aber ich habe alle Mühe, unsere Gesellschaft vom Saufen und Spektakelmachen abzuhalten. Ich habe bemerkt, daß verdächtige Personen uns auf den Fersen sind." Keil wurde auch tatsächlich von Rumjanzew, der eine Reihe falscher Pässe hatte, bis nach Neapel verfolgt. Erst dort verlor der russische Hauptmann die Spur. Was machte es schon, nun, da der Zarewitsch bis an die äußersten Grenzen der österreichischen Hoheitsgebiete gelangt war und nicht weiter konnte? Auf Umwegen hatte Alexej die Festung Sankt Elmo erreicht, auf der er ohne Aufsehen interniert wurde. Rumjanzew eilte nach Wien, orientierte den Residenten über die Lage und begab sich auf schnellstem Wege zum Zaren nach Spa.

Am 12. Mai entschloß sich endlich der Kaiser zu einer Antwort auf den Brief des Zaren, in der natürlich außer Höflichkeiten nichts stand.

Peter hatte von Rumjanzew das Versteck seines Sohnes erfahren und antwortete am 10. Juli 1717 dem Kaiser mit einem Handschreiben, in dem er der Verwunderung Ausdruck gibt, daß sein „lieber Freund und Bruder" nichts über den Aufenthaltsort Alexejs gesagt habe, er wisse jedoch, daß sein Sohn in Neapel sei. Hat der Kaiser den Zarewitsch unter seinen persönlichen Schutz gestellt oder hält er ihn gefangen? Er fährt fort:

„Auf Unseren Befehl wird Unser persönlicher Ratgeber Tolstoj mit Eurer Majestät bei einer Privataudienz über all diese Dinge sprechen. Sodann wird er Unseren Sohn sehen und ihm mündlich und schriftlich Unsere väterlichen Ermahnungen übermitteln und darauf bestehen, daß er unverzüglich zu Uns zurückkehre. Wir haben ihm den Gardehauptmann Rumjanzew beigegeben, der die Abreise Unseres Sohnes aus Ehrenburg und dessen Ankunft in Neapel bezeugen kann. Eine Weigerung Eurer Kaiserlichen Majestät könnten Wir nicht gelten lassen, denn sie wäre weder auf das Recht noch irgendeine andere Ursache gegründet. Das Recht der Natur und die Gesetze unseres Landes verbieten jegliches Dazwischentreten von Fremden, sogar bei Privatpersonen, wenn es darum geht, zwischen einem Vater und seinem Sohn zu entscheiden. Das gilt natürlich in noch größerem Maße, wenn es sich um einen unabhängigen Monarchen handelt . . .

In Erwartung des endgültigen Beschlusses Eurer Majestät, der die Maßnahmen diktiert, welche Wir zu ergreifen haben werden, sind Wir Eurer Kaiserlichen Majestät.

wohlgeneigter Bruder
PETER."

Die detaillierten Instruktionen der beiden Beauftragten hatten kategorischen Charakter. Sollte der Kaiser ihnen die Erlaubnis, Alexej zu sehen und zu sprechen, verweigern, so würden sie erklären, daß alle Beziehungen zwischen den beiden Höfen abgebrochen werden, und der Zar für diesen Vorgang Genugtuung verlange. Wenn Alexej nicht nach Rußland zurückkehren will, soll ihm mit dem Fluch seines Vaters und der Exkommunikation gedroht werden. Man soll ihm sagen, daß der Zar den Kaiser zwingen werde, ihn auszuliefern, und wenn es sein muß, mit Waffengewalt!

Am 26. Juli kamen Tolstoj und Rumjanzew in Wien an und suchten um eine Audienz nach. Sie wurden schon am 29. empfangen, viel früher, als es die diplomatischen Gepflogenheiten vorsahen. Der Kaiser überflog den Brief des Zaren, erklärte, daß er später darauf antworten werde, ließ sich auf keine Diskussion ein und beendete die Audienz. Die Minister des Kaisers debattierten über die Angelegenheit. Trotz der äußerst schlechten Meinung, die sie von Alexej hatten, widerstrebte es ihnen, einen Prinzen, der sich in den Schutz des Kaisers begeben hatte, der väterlichen Rache auszuliefern. Anderseits befürchteten sie, daß Peter seine polnische Armee nach Schlesien oder Böhmen in Marsch setzen könnte, diesen beiden unzuverlässigen, schlecht verteidigten Ländern. Sie machten Karl VI. den Vorschlag, die beiden Beauftragten zu einem Schreiben an den Zarewitsch aufzufordern. Als Tolstoj davon erfuhr, erhob er großes Geschrei: Sein Gebieter habe ihn nicht beauftragt, an Alexej zu *schreiben*, sondern *direkt* mit ihm zu verhandeln, was wohl nicht dasselbe sei! Schließlich und endlich erhielt er die Erlaubnis, in Gesellschaft des Gardehauptmanns Rumjanzew den Flüchtling zu besuchen.

Der Kaiser erteilte am 21. August seine Anweisungen für dieses Zusammentreffen dem Vizekönig von Neapel, Graf Daun. Er schrieb an ihn: „Sie haben alle Maßnahmen zu treffen, daß diese Spitzbuben von Moskowitern — Leute, die zu allem fähig sind — nicht Hand an den Zarewitsch legen, obwohl ich glaube, daß dieser Fall nicht eintreten wird..." Daun soll sie dennoch „höflich als die Bevollmächtigten des Zaren" empfangen. Am 5. September teilte der Vizekönig dem Kaiser mit, Alexej habe gegenüber dem Sekretär Weingarten erklärt, daß „er niemals freiwillig nach Rußland zurückkehren werde, wo ihn nichts Gutes erwarte. Wie auch die Versprechungen seines Vaters seien, er kenne ihn zu gut, um ihnen Glauben zu schenken. Es gebe keinen Eid, an den sich der Zar gebunden fühlte." Der Kaiser gewährte den russischen Bevollmächtigten vor ihrer Abreise nach Neapel eine weitere Audienz und sagte zu ihnen: „Ich hoffe, daß meine Ermahnungen den Prinzen zur Rückkehr bewegen und sein Vater ihm verzeihen wird." Tolstoj antwortete darauf, daß dies die feste Absicht des Zaren sei.

Nach einer fünfwöchigen Reise erreichten die Unterhändler am 8. Oktober Neapel. Schon am folgenden Tage bekamen sie im Palast des Vizekönigs den Zarewitsch zu Gesicht, „der vor Furcht, daß sie ihn töten würden, am ganzen Leibe zitterte", berichtete Daun. Als man Alexej eine Stunde zuvor ihren Besuch gemeldet hatte, war er von einem jener Anfälle von Angstzuständen befallen worden, an denen er bisweilen litt. Tolstoj überreichte ihm den Brief des Zaren:

„Mein Sohn!

Alle Welt weiß, wie Du meine Befehle eingeschätzt hast — Du hast sie mißachtet. Weder meine Bitten noch meine Drohungen haben Dich zum Gehorchen veranlassen können. Kurz, Du hast mich betrogen, Du hast vor Gott Deinen Eid gebrochen, nachdem Du mir noch bei meiner Abreise Dein Versprechen gegeben hattest. Was hast Du statt dessen getan? Du bist geflohen wie ein Deserteur. Du hast Dich den Ausländern überliefert. Nie zuvor hat ein Prinz aus Unserem Geschlecht, nicht einmal ein Edelmann Unserer Untertanen ähnliches getan. Du hast Deinem Vater den größten Kummer bereitet und Deinem Vaterlande die größte Schande! Ich schreibe Dir heute zum letzten Male. Tolstoj und Rumjanzew werden Dir meine Absichten mitteilen. *Hast Du Angst vor mir? Schön, ich verspreche und ich versichere Dir bei Gott und Seiner Gerechtigkeit, daß Du nicht bestraft werden wirst. Ich werde Dich sogar sehr gern haben, wenn Du Dich auf den Gehorsam besinnst*[10]. Wenn Du Dich widersetzt, werde ich Dich in meiner Stellung als Vater und kraft der mir von Gott verliehenen Macht in alle Ewigkeit verdammen und als Dein Gebieter werde ich Dich zum Verräter erklären, und ich werde alle Mittel anwenden, um Dich auch wie einen Verräter und einen aufsässigen Sohn zu bestrafen. Darin wolle Gott mir in meiner Aufrichtigkeit beistehen. Erinnere Dich daran, daß ich Dir gegenüber nie Gewalt angewendet habe. Wenn ich Dich zu etwas hätte zwingen wollen, hätte ich Dir dann die Möglichkeit der freien Wahl gelassen? Wäre es mein Wille gewesen, so hätte ich es auch ausgeführt.

Spa, den 10. Juli 1717"   PETER I.

Die beiden Russen nutzten geschickt die völlige Verwirrung, in die
der Zarewitsch durch diese Botschaft geriet, um ihn abwechselnd in
die Zange zu nehmen, plötzlich über ihn herzufallen und ihn ein-
zukreisen. Der gewalttätige Rumjanzew stieß die schlimmsten Drohungen aus, der scheinheilige Tolstoj überschlug sich mit Bitten und
Versprechungen und vergoß sogar einige Tränen. Umsonst! Alexej
ließ sich nicht herumkriegen, er müsse darüber nachdenken. Wahrscheinlich wollte er sich bei seiner teuren Afrosinja, seiner Vertrauten und Maitresse, Rat holen. 2 Tage später spielte sich die gleiche
Szene noch einmal ab. Dieses Mal jedoch wurde Tolstoj sehr ärgerlich und erklärte dem Prinzen, „daß man seiner schon habhaft werde,
tot oder lebendig". Alexej weigerte sich abermals, mit nach Rußland
zu kommen. Bei der dritten Besprechung ließ er sich entschuldigen,
er sei krank. Tolstoj beschwerte sich in einem Brief an den Zaren
über die Halsstarrigkeit „dieses wilden Tieres". Mit geradezu satani-
scher Geschicklichkeit wandte er andere Mittel an, und zwar bestach
er mit 160 Dukaten den edlen Herrn Weingarten, Graf Dauns Sekretär, der das Vertrauen Alexejs besaß. Sehr wahrscheinlich hat er auch
Afrosinja Versprechungen gemacht! Der Vizekönig wiederum schien
es nun eilig zu haben, die zudringlichen Gäste loszuwerden. Der
Zarewitsch mußte von nun an seinen Kampf gegen die heimtücki-
schen Vorschläge Tolstojs, die vernichtenden Drohungen Rumjanzews und die eigennützigen Ratschläge Weingartens und vielleicht
der finnischen Dirne ganz allein führen, allein wie ein gehetztes Wild,
denn die Treibjagd ging weiter: Das „Tier" war umstellt.
Daun, der in diesem Drama anscheinend eine etwas zweifelhafte
Rolle gespielt hat, ließ dem Zarewitsch durch Weingarten mitteilen,
daß er die Absicht habe, Afrosinja fortzuschaffen. Alexej geriet unter
diesem Schlag ins Wanken und verlangte, sofort Tolstoj zu einer
Unterredung unter 4 Augen zu sehen. Tolstoj drohte mit dem Auftauchen des Zaren in Italien. Diese Lüge brachte Alexej zur Strecke,
der darüber hinaus noch die Trennung von seiner Geliebten befürchten mußte. Er werde nach Rußland zurückkehren, erklärte er,
unter der Bedingung, daß sein Vater ihm erlaube, auf dem Lande
zu leben und Afrosinja bei sich zu behalten... Am nächsten Tag
bat er um die Erlaubnis, seine Freundin heiraten zu dürfen, denn

der Page war im 4. Monat schwanger! „Man kann sich unmöglich das Ausmaß der Liebe vorstellen, die er für dieses Frauenzimmer empfindet", berichtete Tolstoj dem Zaren.

Tolstojs Brief an den Vizekanzler Schafirow liefert einen anschaulichen Beweis seiner Doppelzüngigkeit:

„Ich bin der Ansicht, man sollte ihm seine Bitte gewähren. Auf diese Weise zeigte er der ganzen Welt, daß er nur seiner Maitresse wegen die Flucht ergriffen hat. Es wäre mir lieb, wenn der Zar, neben anderen Angelegenheiten, mir seine Absichten darüber schreiben würde, so daß ich den Brief zwar vorzeigen kann, ihn aber nicht auszuhändigen brauche. Falls der Zar dem Projekt nicht zustimmen will, genügt es, wenn er mir schreibt, daß die Hochzeit in Petersburg abgehalten werden soll. Der Prinz wird dann so hoffnungsvoll sein, daß er nicht auf einer sofortigen Hochzeit besteht. Nach meiner Ansicht würde durch die Erteilung der Heiratserlaubnis für eine solche Person dem ganzen Reich vor Augen geführt, wes Geistes Kind der Zarewitsch ist."

Alexej wiederum schrieb an den Zaren:
„Allergnädigster Herr und Vater!
Ihr Brief, allergnädigster Herr, wurde mir von den Herren Tolstoj und Rumjanzew übergeben. Sie haben mir auch Ihre wohlwollenden Absichten bezüglich meiner Person mitgeteilt, so unwürdig ich Eurer Gnade bin. Sie haben mir weiterhin verkündet, daß Sie mir den dummen Streich, dessen ich mich schuldig gemacht habe, zu verzeihen geruhen, wenn ich zu Ihnen zurückkehre. Weinend vor Rührung bitte ich Euere Barmherzigkeit kniefällig um Vergebung für mein Vergehen und bekenne, daß ich jede wie auch immer geartete Strafe verdiene. In Erwartung Ihrer allergnädigsten Antwort bin ich ganz zu Ihrem Willen. In wenigen Tagen reise ich mit Deinen Abgesandten nach Deinem Lande, Sire, und begebe mich nach Petersburg.
Der allerniedrigste und allererbärmlichste Sklave, unwürdig Euer Sohn genannt zu werden.

ALEXEJ

Neapel, den 4. (15.) Oktober 1717"

Noch am gleichen Tage teilte der Zarewitsch dem Kaiser seine Entscheidung mit und bat ihn, wenn er durch Wien komme, ihm mündlich seinen Dank abstatten zu dürfen. Karl VI. antwortete darauf, daß er ihn erwarte.

Peter schickte am 20. November/10. Dezember folgenden kurzen Brief an seinen Sohn:

„Ich habe Deinen Brief vom 4. Oktober erhalten. *Du bittest darum, daß Dir verziehen werde.* Tolstoj und Rumjanzew haben Dir dies in meinem Namen mündlich und schriftlich versprochen. *Ich bestätige es Dir hiermit noch einmal, sei also dessen ganz sicher.* Und was gewisse Wünsche von Dir betrifft, über die Tolstoj Uns unterrichtete, so werden sie erfüllt werden. Er wird mit Dir darüber sprechen."

An Tolstoj schrieb der Zar:

„Du schreibst mir, daß mein Sohn dieses Frauenzimmer, mit der er zusammen ist, heiraten und auf seinen Landgütern leben will. Es ist mir recht. Sollte er noch daran festhalten, wenn er erst einmal hier ist, dann kann dies nach seiner Ankunft in der Stadt oder auf dem Lande geschehen."

Einige Tage später äußerte sich Peter ausführlicher zu dem Heiratsprojekt.

„St. Petersburg, den 3. Dezember.
Meine Herren!
Sie schreiben mir, daß er sich mit dem Frauenzimmer, das er bei sich hat, verheiraten will. Soll er sich meinetwegen in Rußland verheiraten oder vielleicht noch in Riga, sogar in Kurland, bei meiner Nichte, aber sich so ohne weiteres im Ausland zu verehelichen, das ist schändlich. Er glaubt wohl, ich würde etwas dagegen einzuwenden haben. Nun, soll er selber urteilen: *Nachdem ich ihm nun ein so schweres Vergehen verziehen habe,* wie könnte ich da noch zögern, ihm eine Lappalie zu bewilligen!"

Er bestätigte noch am gleichen Tage Alexej seine Heiratserlaubnis.

Der Zarewitsch erreichte mit seinen beiden Wächtern am 15. Dezember abends, über Rom, Bologna und Innsbruck, Wien. Er setzte seinen Weg nach Brünn fort, ohne dem Kaiser einen Besuch zu machen. Da Karl VI. befürchten mußte, daß der Prinz gewaltsam entführt worden sei, gab er dem Kommandanten von Brünn, General Graf Colloredo Befehl, Alexej aufzusuchen. Nach einem heftigen Wortwechsel mit Tolstoj wurde der Graf im Beisein der beiden Leibwächter von dem Flüchtling empfangen. Der Zarewitsch beschränkte sich darauf, ihm für seinen Besuch zu danken. Er setzte seine Reise fort und kam Mitte Januar 1718 in Rußland an.

Alexejs Mißtrauen war durch die wiederholten und feierlichen Versprechungen seines Vaters und die Versicherungen Tolstojs geschwunden. Er war jetzt ruhig, ja heiter. „Den größen Kummer bereitet ihm die Trennung von seiner Geliebten", schreibt ein Diplomat[11]. Alle die den Charakter des Zaren kannten, waren über Alexejs Sorglosigkeit bestürzt. Fürst Gagarin sagte zu einem Freunde: „Dieser Narr kommt zu seinem Begräbnis, nicht aber zu seiner Hochzeit her." Dolgorukij rief: „Der Dummkopf wird hier den Tod finden!" Der sächsische Gesandte schrieb an Feldmarschall Flemming: „Ich glaube, wenn er für den Rest seines Lebens in ein Kloster eingesperrt wird, so kommt er noch sehr glimpflich davon. Diejenigen aber, die ihm zum Verlassen des Landes geraten haben — denn darüber wird er dem Zaren einen genauen und wahrheitsgetreuen Bericht abstatten müssen, wenn er nicht den Tod erleiden will —, diejenigen also werden auf wenig angenehme Art den Rest ihrer Tage verbringen[11]."

Afrosinja war in Anbetracht ihrer Schwangerschaft mit ihrem Bruder und 2 Bedienten Alexejs in Bologna zurückgeblieben. Sie setzte ihren Weg in kleinen Etappen fort und kam im Mai 1718 in St. Petersburg an. Ihr Geliebter schickte ihr viele zärtliche Briefe:

„Teure Seele!
Gräme Dich nicht! Um Himmels willen, pflege Dich! Achte nicht auf die Kosten, denn Deine Gesundheit ist mir teurer als alles andere ... *Künftig* steht alles zum Besten. Gottlob! Ich verzichte auf alles, Du Freude meines Herzens, wenn ich nur mit Dir leben

kann, wo es Gott gefällt, irgendwo auf dem Lande, und wir keine weiteren Sorgen mehr haben ... (Twer, den 22. Januar 1718)."

Er mahnte seine Bedienten „höflich mit ihr zu sein und sie zu unterhalten". In ihren Antwortschreiben bat „die teure Seele" ihn, ihr Kaviar, feines Weißbrot und andere Delikatessen zu schicken. Man sieht: Er lebte nur für die Liebe, sie fürs Fressen.

Sobald Alexej die russische Grenze hinter sich gelassen hatte, wurde er zum Gegenstand ergreifender und unheilverkündender Kundgebungen. „Sobald das einfache Volk seiner ansichtig wurde, warf es sich zu Boden und erflehte Gottes Segen auf sein Haupt", erzählt der Gesandte Pleyer. Alexej kam am 11. Februar (neuer Zeitrechnung) 1718 mit Rumjanzew in Moskau an. Tolstoj hatte ihn schon in Riga verlassen, um dem Zaren Bericht zu erstatten. Was sagte er ihm? Wahrscheinlich nur Schlechtes von dem „Tier", denn der Zar empfing seinen Sohn nicht. Der Herrscher berief am 13. zu einer Mitteilung von außerordentlicher Bedeutung, von der nichts an die Öffentlichkeit drang, seinen Geheimen Rat ein. Am nächsten Tage versammelten sich die Minister und hohen Persönlichkeiten aus Staat und Heer im großen Audienzsaal des Kreml. Die Innenhöfe, Straßen und Türen waren von 3 Bataillonen des Leibregiments mit geladenem Gewehr bewacht. Peter ließ sich auf seinem Thron nieder und befahl, daß man den Zarewitsch, den er bisher noch nicht wiedergesehen hatte, hereinführte. Alexej trat ein, zur Seite 2 riesige Soldaten mit blankem Schwert. Er trug keine Kopfbedeckung, keine Waffe, kein einziges Abzeichen seiner Stellung. So ging er auf den Zaren zu, lang, armselig, bestürzt. Während atemlose Stille herrschte, erteilte ihm Peter eine scharfe Zurechtweisung. Er warf ihm seine Faulheit, sein ungehöriges Betragen, seine Flucht vor, und daß er an einem ausländischen Hof Verleumdungen über seinen Souverän und Vater verbreitet habe. Der Prinz fiel auf die Knie und flehte ihn unter Tränen an, ihm sein Wohlwollen zu schenken.

„Worum bittest du mich?" schnaubte der Zar.

„Ich bitte um mein Leben und meine Vergebung", stotterte der kniende Prinz.

Der Zar befahl ihm aufzustehen, versprach ihm Gnade unter 2 Be-

dingungen: daß Alexej auf den Thron verzichte und alles, was sich
vor und nach seiner Flucht zugetragen hat, genau berichte. Der
Prinz versprach es und überreichte anschließend dem Herrscher folgenden kurzen Brief:

„Allergnädigster Herr und Vater!
Ich habe Euch schon in Neapel meine großen Verfehlungen gegen
Euch, mein Vater und mein Herrscher, eingestanden. Ich wiederhole
es heute noch einmal und erkläre, daß ich meine Pflichten als Sohn
und Untertan außer acht ließ, als ich Ihr Land verließ und mich in
den Schutz des Kaisers begab und ihn um seine Hilfe ersuchte. Darum
bitte ich demütig um Eure allergnädigste Vergebung.

ALEXEJ"

Peter ließ diese Deklaration öffentlich verlesen, dann unterbrach er
die Sitzung und ging mit seinem Sohn in einen Nebenraum, in dem
sie allein waren. Was während dieses langen Gespräches unter vier
Augen gesagt wurde, weiß man nicht. Höchstwahrscheinlich gab der
gepeinigte Zarewitsch seine Mutter, seine Verwandten, Kikin, den
Haushofmeister Afanassiew und den Fürsten Dolgorukij als Komplicen an, denn noch am gleichen Tage wurden Offiziere der Garde
zu ihrer Verhaftung ausgeschickt. Alexej betrat hinter dem Zaren
wieder den Saal, die Gerichtssitzung konnte weitergehen. Auf ein
Zeichen des Zaren verlas der Vizekanzler mit erhobener Stimme
folgendes Schriftstück:

„EIDESSTATTLICHE ERKLÄRUNG"

Ich, der Unterzeichnete, bekenne bei der Heiligen Schrift, daß ich
in Anbetracht meiner Verbrechen an meinem Vater und Herrscher,
die in seinem Brief und meinem Schuldbekenntnis einzeln genannt
sind, jedes Anrecht auf die russische Thronfolge verwirkt habe. Deshalb erkläre ich wahrheitsgemäß, bei dem Dreieinigen, Allmächtigen
Gott und seiner Gerechtigkeit, im Hinblick auf meine Verfehlungen
und meine Schändlichkeit zu versichern und zu schwören, daß ich
mich in allem dem väterlichen Willen fügen werde und in Zukunft

nie, unter gar keinem Vorwande, weder nach seinem Erbe trachten, noch es verlangen oder annehmen werde. Als legitimen Nachfolger erkenne ich meinen Bruder, den Zarewitsch Peter Petrowitsch an. Ich küsse das Kreuz Christi und unterzeichne mit eigener Hand.

ALEXEJ"

Die Versammlung begab sich darauf in die Auferstehungskathedrale. Alexej wiederholte dort, die Hand auf dem Evangelium, mit lauter Stimme seine Erklärung und unterzeichnete sie sodann. Noch am gleichen Tage wurde auf dem Roten Platz zu Moskau ein endloses Manifest Peters verlesen, das wir im folgenden kurz zusammenfassen: Der Zarewitsch war faul, er war ungehorsam. Er hat sich in Gesellschaft von minderem Volk gefallen. Er hat seiner untadeligen Gemahlin solchen Kummer zugefügt, daß sie darüber gestorben ist, und er hat einer ordinären Konkubine den Vorzug gegeben. Anstatt mit seinem Vater in Kopenhagen zu arbeiten, ist er mit seiner Maitresse nach Wien geflüchtet, wo er die verlogensten Beschuldigungen gegen seinen Vater verbreitet hat. Es mußte ihm erst die Rückführung „mit bewaffneter Hand" angedroht werden, damit er nach Rußland zurückkam. Das Manifest fährt fort:

„Weil Unser Vaterherz von Mitleid erfüllt ist für ihn, *verzeihen Wir und erlassen ihm jegliche Strafe,* doch können Wir ihm nicht ruhigen Gewissens das Erbe des russischen Thrones übergeben. Aus diesem Grunde schließen Wir ihn von der Thronfolge aus und ernennen und erklären Peter, Unseren zweiten Sohn, zum Thronfolger. Wer immer sich der vorliegenden Erklärung widersetzt und Unseren Sohn Alexej als Unseren Erben ansieht oder ihm beisteht, der wird zum Verräter an Uns und dem Vaterlande erklärt[12]."

Neben unbestreitbaren Tatsachen enthält der Ukas zahlreiche Unwahrheiten, zum Beispiel die sorgfältige Erziehung Alexejs, seine Liebesheirat und manche Erklärungen, die er Tolstoj gegenüber gemacht haben soll. Das ist nicht mehr die gramvolle Klage eines enttäuschten Vaters, sondern viel eher die heftige Anklage eines angehenden Staatsanwaltes gegen einen gefährlichen Verbrecher. „Sein ganzes bisheriges Leben ist eine Schmach und Schande, für die es so leicht kein Beispiel in der Geschichte der Menschheit gibt!" Auf diese Weise hofft der Zar das Volk zur Bestätigung der Substitution eines 27 Monate alten Kindes, Katharinas Sohn Peter, an Stelle eines 28jährigen Sohnes Jewdokijas, Alexej, zu bringen.

Am folgenden Tage wurde Alexej ein Fragebogen vorgelegt, zum größten Teil war er von der Hand des Zaren, dem folgende Präambel voransteht:

„Dir ist nur unter der Bedingung verziehen worden, daß Du die Umstände Deiner Flucht und alles, was ihr vorausging, auf das genaueste beichtest — *wenn Du allerdings etwas verschweigst, so wirst Du mit dem Tode bestraft.* Du hast zwar schon einige Deiner Gründe genannt, aber das Wichtigste ist noch zu entdecken . . . Alles, was mit dieser Angelegenheit zusammenhängt, selbst wenn es nicht in den nachstehenden Fragen angeführt ist, muß von Dir mit der gleichen Aufrichtigkeit angegeben werden wie bei einer Beichte, bei der Du Dein Gewissen erleichtern willst. Solltest du etwas verschweigen, das dann doch ans Licht kommt, so schreibe Dir die Schuld nur getrost selbst zu. Gestern wurde Dir vor dem ganzen Volke bekanntgegeben, *daß es nach diesem Pardon keinen zweiten mehr gibt!*"

Der Zar verlangte in den 6 einzelnen Fragen an seinen Sohn, daß er die Namen aller Personen preisgebe, die ihn vor und nach seiner Flucht beraten, unterstützt oder dazu ermutigt hätten. Alexej, allein in seinem Gefängnis, getrennt von seinen Vertrauten, ohne seine teure Afrosinja, mit seinem Vater, dem unbarmherzigen Richter ringend, zu dem sich noch der gefürchtetste aller Inquisitoren, nämlich Tolstoj, gesellte — Alexej also brauchte 4 Tage, um eine reichlich unvollständige Antwort niederzuschreiben. Er denunzierte Kikin, Dolgorukij und Afanassjew, „die so ihre Gedanken hatten"; er berichtete von bedeutungslosen Äußerungen der Zarewna Maria Alexejewna, die scheinbar die Exzarin Jewdokija belasteten. Er beteuerte seine Unschuld: „Ich habe nie irgendwelche Gedanken gehabt." Er verteidigte auch seine Geliebte. „Das gute Kind wußte von nichts; sie ahnte nicht einmal, wohin die Reise ging." Außerdem führte er die Weissagung eines Bischofs über den Tod des Zaren an. Alexej war so töricht — denn nun, da er ganz auf sich gestellt war, kam seine maßlose Dummheit an den Tag — die kaiserliche Regierung in Wien mit der Angelegenheit in Zusammenhang zu bringen. Er behauptete, die Grafen Schönborn und Daun hätten ihn dazu gezwungen, Briefe an den Senat und die russischen Bischöfe zu schreiben. Dem österreichischen Kanzler unterstellte er den folgenden, völlig absurden Ausspruch: „Der Kaiser wird Euch eine Armee zur Verfügung stellen, damit Ihr wieder auf den Thron gelangt!" Der Unselige begriff nicht, daß er seinen Fall mit diesem lügenhaften Bericht nur noch verschlimmerte, wenn er angab, er sei ins Ausland geflohen, nicht um sich in Sicherheit zu bringen, sondern um Verbündete zu gewinnen, die dann seinen Vater bekriegt und ihm das Reich übergeben hätten! Er verschwieg, daß er selber in Neapel die Botschaften an den Senat und die Metropoliten von Rostow und Sarai abgefaßt hatte, die dann aber von der österreichischen Regierung abgefangen wurden. Der hannöversche Geschäftsträger, F. C. Weber, schrieb im Februar und März 1718: „Sankt Petersburg ist ‚gesperrt'. Die Garnison ist in ständiger Alarmbereitschaft und die Prinzessinnen, die bisher keine Wache hatten, fahren nur noch mit einer starken Dragoneskorte aus ... Das Reisen ist verboten worden ... Bei Todesstrafe muß man denjenigen, der auch nur die Absicht dazu hat, bei der Obrigkeit angeben ... Es ist sicher, daß die Geistlichkeit, der Adel und das gemeine Volk den Zarewitsch wie einen Gott verehren."

Die vom Zarewitsch denunzierten Personen — es waren etwa 50 — wurden nach Moskau gebracht. Der Metropolit Dossifej hatte infolge sogenannter „Visionen" den Tod des Zaren und die Herrschaft Alexejs und seiner Mutter vorausgesagt. Er wurde vor die versammelten Bischöfe geladen, denn bevor er den weltlichen Gerichten übergeben werden konnte, mußte er erst aus der Kirche ausgestoßen werden. Während der Verhandlung wandte sich Dossifej mit aller Schärfe gegen seine Amtsbrüder: „Bin ich der einzige Schuldige in dieser Sache? Ihr alle, prüft einmal euere Herzen! Nun, was findet ihr da? Neigt euer Ohr einmal dem einfachen Volke zu und hört, worüber es spricht. Ein Name wird dort genannt, den ich wohlweislich nicht aussprechen werde!" Er wurde sogleich seiner Ämter und Titel verlustig erklärt und gefoltert. In seiner Qual gab er zu, den Tod des Zaren gewünscht zu haben, „damit der Zarewitsch

Alexej Petrowitsch regiere, das Volk größere Freiheiten habe und St. Petersburg vom Erdboden verschwinde!" Er nannte einen Onkel Alexejs, einen Lopuchin, dem auf der Folter gleichlautende Geständnisse entrissen wurden.

Der Untersuchungsrichter Skorniakow Pissarew wurde zum Kloster Ssusdalj, in dem die Nonne Helene, die Exzarin Jewdokija lebte, gesandt. Als er sich dort eingeschlichen hatte, entdeckte er recht seltsame Zustände, denn die städtisch gekleidete verstoßene Frau Peters führte dort ein Leben, das nichts Klösterliches mehr an sich hatte. Sie empfing sehr häufig ihren Freund, den schönen Hauptmann Glebow und schrieb ihm auch. Eine Ordensschwester − die mit dem Patron des Klosters „Vom Schutze der Heiligen Jungfrau" zusammenlebte − versiegelte und beförderte diese ergreifenden Liebesbotschaften, die nun der Richter in einem mit modischem Tand vollgestopften Koffer entdeckte. Jewdokija und ihr Geliebter wurden nach Moskau gebracht und gestanden dort ihre engen Beziehungen. Während der peinlichen Befragung erhielt Glebow die Knute. Man quälte ihn mit Feuer und Eis, brach ihm die Rippen, riß ihm mit Zangen ganze Fleischstücke aus dem Körper und setzte ihn auf ein Nagelbrett. Er aber ertrug alles und verriet keinen. 50 Nonnen wurden mit der Knute geprügelt. Mehrere von ihnen starben daran. In Gegenwart des Zaren, der keine Vorstellung in der Folterkammer versäumte, wurden Feodor Pustynnik, der Bruder Ökonom − er hatte manchmal zwischen der Nonne Helene und Glebow den Briefträger gemacht −, Kikin, Dolgorukij, Afanassjew, Fürst Stscherbatow und viele andere gefoltert. Ein von den Ministern des Zaren gebildeter Gerichtshof verurteilte am 15. März 1718 Kikin, Glebow und Dossifej zum langsamen, Stscherbatow und zwei weitere Angeklagte zum sofortigen Tode. Die Verwandten der Lopuchins, einige adlige Damen, ferner die Superiorin des Klosters von Ssusdalj und einige Nonnen erhielten die Knutenstrafe oder Stockschläge. Der ausgeschlossene Dossifej wurde auf das Rad geflochten. Vor seinem Tode bat er darum, mit dem Zaren sprechen zu dürfen. Für seinen Gang in den Zarenpalast band man ihn los. Und dann sagte er zu Peter: „Wenn Du Deinen Sohn tötest, wird sein Blut auf Dich und Deine Nachkommenschaft, vom Vater auf den Sohn, bis zum letzten

Zaren kommen. Gott sei Deinem Sohne gnädig, Gott sei Rußland gnädig!" Kikin wurde langsam zu Tode gequält. Nacheinander wurden ihm Arme und Beine gebrochen, und dann wurde er so fest auf das Rad geflochten, daß er vor Schmerzen aufschrie und flehentlich darum bat, man möge ihn doch ganz töten. Der Zar soll ihn gefragt haben: „Wie konntest du, als vernunftbegabter Mensch, dich auf so etwas einlassen?" Der Sterbende habe darauf geantwortet: „Die Vernunft braucht zum Gedeihen Weite, du aber erstickst sie." Die grausamste Strafe war Stefan Glebow, dem Geliebten der verstoßenen Zarin, vorbehalten. Nachdem man ihn auf furchtbare Weise ausgepeitscht, mit glühenden Eisen und brennenden Hölzchen unter den Nägeln gefoltert hatte, wurde er dreimal 24 Stunden auf ein Brett mit hölzernen Bolzen genagelt. Dann pfählte man ihn, und erst nach entsetzlichem Todeskampf ging sein Leben am nächsten Tag zu Ende. Damit die Kälte ja nicht sein Sterben beschleunige, hatte man ihn mit einem Mantel und einer Kappe aus Pelz bekleidet. Jewdokija wurde in ein Kloster an den Ufern des Ladogasees geschickt, die Zarewna Maria in der Festung von Schlüsselburg eingekerkert[13]. Der österreichische Gesandte Pleyer befand sich an Ort und Stelle und berichtete: „Viele andere von ihnen wurden übermäßig gestäupt oder geprügelt. Einigen schnitt man vor ihrer Verschickung in das sibirische Exil die Nasenflügel ab. Eine Dame von Stande, aus der Familie der Trojekurow, wurde ausgepeitscht, eine andere, von den Golowins, mußte spießrutenlaufen. Die Fürstin Golizyn, die doch mit den allervornehmsten Familien verwandt ist, wurde nach Preobrashenskoje gebracht. Dort wurde sie dann in der Mitte eines Kreises von etwa 100 Soldaten zu Boden gelegt und ganz furchtbar mit Ruten geschlagen. Dann hat man sie wieder ihrem Mann übergeben, der hat sie aber zu ihrem Vater zurückgeschickt ... Auf dem großen Platz vor dem Kreml, wo die Exekutionen stattfanden, wurde ein 6 Ellen hohes, viereckiges Blutgerüst aus weißem Stein errichtet. Daneben standen Eisenpfähle, darauf die Köpfe Hingerichteter gespießt wurden. Auf der Plattform stand ein Stein von einer Elle im Geviert. Dort lagen die Leichen, obenauf Glebow."
Am Abend des letzten Hinrichtungstages tafelte der Zar ausgiebig

mit dem „Allerbetrunkensten Konzil" und reiste dann nach St. Petersburg (24. März). Man sollte meinen, damit sei dieses traurige Kapitel abgeschlossen. Aber das hieße, Peter I. gründlich verkennen.

*

Afrosinja, durch ihre Niederkunft in Berlin zurückgehalten, wurde vom Zaren und vom Zarewitsch gleichermaßen ungeduldig erwartet, vom Sohn zur Hochzeit, vom Vater zum Verhör. Alexej war nach St. Petersburg gebracht worden, wo er seine scheinbare Freiheit weidlich dazu benutzte, um sich Tag für Tag derart zu betrinken, „daß es den Anschein hatte, als habe er den Verstand verloren", berichtete der Gesandte Pleyer. Alexej schrieb an Afrosinja, daß alles zum besten stünde und daß er bei seinem Vater zum Abendessen gewesen sei. „Wir haben von jeher, Du weißt es wohl, nur nach einem ruhigen Leben in Reschestojenka gestrebt. Mit Dir vereint und in Frieden bis ans Ende meiner Tage zu leben, das ist mein einziger Wunsch."

Am 13. April 1718, einem Ostersonntag, warf sich Alexej Katharina zu Füßen und flehte sie um ihre Fürsprache beim Zaren an, damit er seine Freundin gleich bei ihrer Ankunft heiraten könne. Es besteht wohl kein Zweifel darüber, daß diese egoistische und vulgäre Dienstmagd ihn voll und ganz für sich eingenommen hatte. Endlich kam sie, und mit ihr Tod und Verrat. Bevor der Zarewitsch zu ihr eilen konnte, wurde sie in der Festung eingesperrt[14]. An den folgenden Tagen brachte man sie in einem geschlossenen Boot zur Residenz in Peterhof. Der Zar verhörte sie auf das genaueste, geduldig und sogar mit Sanftmut! Er überschüttete sie mit Fragen über das Tun und Lassen Alexejs, über die Bekanntschaften des Zarewitsch in Österreich und die Briefe, die er angeblich unter dem Druck der kaiserlichen Minister geschrieben hatte. Afrosinja — die auf nichts anderes dachte, als ihren eigenen Kopf zu retten — plauderte alles aus, was sie gesehen und gehört hatte, alles, was sie wußte, alles, was ihr Liebhaber ihr anvertraut. Wenn auch, abgesehen von einigen Tatsachen, nichts Neues herauskam, so bestätigte und verschlimmerte sie doch alles, was gegen den Zarewitsch verwendet werden konnte.

Sie belastete ihn aufs schwerste und gab ihn preis, nur um dem Zaren gefällig zu sein. Sie bestätigte ihre mündliche Aussage in einer schriftlichen Aufzeichnung, der wir folgende Zeilen entnehmen: „Alexej beklagte sich oft beim Kaiser über seinen Vater ... Als er von der Meuterei der Truppen in Mecklenburg erfuhr, freute er sich, denn er wollte schon immer den Thron erben, und deswegen ist er auch fortgegangen ... Er hat mir erzählt, daß er Briefe abgesandt habe, die in St. Petersburg heimlich zugestellt werden sollten ... Er sagte: ‚Wenn ich der Herr bin, dann werde ich in Moskau leben, und Petersburg wird dann weiter nichts als eine gewöhnliche Stadt sein... Ich will mit niemandem im Kriege liegen ... Ich begnüge mich mit dem Kaiserreich, so wie es war. Vielleicht stirbt mein Vater, oder aber es kommt zu einem Aufstand. Mein Vater will meinen Bruder zu seinem Erben machen, aber der ist noch ein kleiner Balg. Er glaubt, seine Frau, meine Stiefmutter, sei eine Frau mit Verstand, und wir hätten nach seinem Tode eine Weiberherrschaft. Aber das wird nicht gutgehen, es wird zu Aufständen kommen, und die einen werden für meinen Bruder, die anderen aber für mich sein ...‘"

Afrosinja machte genaue Angaben über die gleichlautenden Sendschreiben Alexejs an den Senat und die 2 Bischöfe: Selbstverständlich hatte der Zarewitsch den Entwurf ohne irgendwelchen Zwang, von wem auch immer, selber aufgesetzt und durchgesehen. (Ebenso wie Alexej wußte sie nicht, daß die Regierung in Wien die 3 Briefe abgefangen hatte.) Ihr Geliebter gab ihr besagten Entwurf in Neapel zum Verbrennen, sie aber hatte ihn sorgfätig aufgehoben. Wozu? Doch nur, um Alexej ans Messer zu liefern. Sie überließ dem Zaren dieses Papier. Er las:

„Durchlauchtigste Herren Senatoren!
Ew. E. haben wahrscheinlich, wie das ganze Volk, voller Verwunderung von meiner Abreise aus Rußland und meinem neuen, bis heute geheimgehaltenen Aufenthalt in der Fremde vernommen. Kein anderer Grund als der, den Sie ja schon kennen, hat mich zum Verlassen meines teuren Vaterlandes veranlaßt, nämlich die dauernden Sorgen und die regellosen Beschlüsse, deren unschuldiges Opfer ich bin, zumal Anfang des vergangenen Jahres nur wenig fehlte, und

ich hätte in ein Kloster gehen müssen, ohne den geringsten Verstoß von meiner Seite, dafür sind Sie Zeuge. Aber der barmherzige Gott hat auf die Fürbitte der Trösterin aller Betrübten, der heiligen Mutter Gottes, und aller Heiligen mich vor diesem Unheil bewahrt, indem er mich aus meinem teuren Vaterlande führte, das ich unter keinen anderen Umständen verlassen hätte. Nunmehr aber befinde ich mich wohl und in Sicherheit unter dem Schutz einer sehr hochgestellten Persönlichkeit, bis es Gott gefällt, daß ich meine Heimat wiedersehe. Bis dahin bitte ich Sie, mich nicht zu vergessen. Ich wünsche bis an mein Grab Ew. E. sowie unserem Vaterlande alles Glück.   ALEXEJ

8. (19.) Mai 1717

P. S. Man wird verbreiten, daß ich nicht mehr unter den Lebenden weile oder irgendeine andere Schlechtigkeit dieser Art, um dadurch im Volke die Erinnerung an mich auszutilgen. Bitte, schenken Sie dem keinen Glauben. Durch Gottes Gnade und die Gunst meines Wohltäters bin ich am Leben und befinde mich an einem sicheren Ort. Ich sende Ihnen diese Botschaft, um jede gegenteilige Nachricht über mein Schicksal zu widerlegen."

Der in der Peter-und-Pauls-Festung gefangengehaltene Zarewitsch wurde einige Tage nach dem Verhör dieses Frauenzimmers dem Zaren vorgeführt. Afrosinja war da, seine angebetete Geliebte, die er heiraten wird und die er seit Bologna nicht mehr gesehen hat! Er will auf sie zueilen, sie an sein Herz drücken, mit Küssen überschütten — aber die Wachen halten ihn brutal zurück: Was hier stattfindet, ist kein Stelldichein mit der Verlobten, sondern die Gegenüberstellung des Angeklagten mit dem Hauptbelastungszeugen[15]. Kann man es Gegenüberstellung nennen? Das Wort ist noch zu schwach, denn die russischen Protokolle berichten, daß die „Liebenden sich Aug in Aug gegenübergestellt wurden"! In den Augen des Prinzen ist Leidenschaft, Zärtlichkeit und Hoffnung, im Blick der Dienstmagd nichts als Angst, Egoismus und Kälte. Sie widerspricht ihrem völlig fassungslosen Liebsten, sie überschüttet ihn mit Beschuldigungen. Was liegt schon daran, daß er zugrunde geht, wenn nur sie den Qualen der Folter entkommt. Da bricht der Mann zusammen. Von nun an kämpft er nicht mehr. Er erzählt alles, was man von ihm wissen will und sogar, was man ihm suggeriert, so, wie es wirklich war und wie es ihm unterstellt wird. Will er nun so schnell es geht mit dem Leben abschließen? Oder glaubt er im Gegenteil durch seine Selbstbezichtigungen und damit, daß er sich selbst durch den Schmutz zieht, seinem Vater die Waffen aus der Hand zu schlagen? Versucht er seine Konkubine vor jeder Strafe zu bewahren?... Ist es vielleicht Überdruß, Ekel, Hoffnungslosigkeit oder Aufopferung, Hoffnung? Vielleicht auch alles in einem?...

Alexej war von dem Schurken Tolstoj so kunstgerecht bearbeitet worden, daß er am 6. Juni an seinen Vater schrieb: „Während meinem letzten Verhör habe ich gesagt, daß, hätten die Aufständischen, wann auch immer und sogar zu Ihren Lebzeiten, mich auf ihre Seite gerufen, ich mich zu ihnen gesellt hätte."

Der Zar gab ein weiteres Manifest bekannt. Er zog abermals alle Vorwürfe gegen seinen Sohn hervor, da er durch die Zeugenaussage Afrosinjas von dessen Lügen überzeugt war. Mit der öffentlichen Bekanntgabe von Alexejs Geständnissen kommt er zu dem Schluß: „Der Zar hatte seinem Sohn versprochen, ihn zu begnadigen, wenn er die ganze Wahrheit entdecken und die Namen seiner Komplicen nennen würde. Alexej hat nichts dergleichen getan. Er hat zwar einige Tatsachen genannt, aber die Namen gewisser Personen verschwiegen. Er hat seine Pläne und seine Umsturzversuche nicht eingestehen wollen. Es tritt somit klar zutage, daß niemals ein aufrichtiges Geständnis in seiner Absicht lag, noch sich zu bessern. Daß er dies alles verschwiegen hat, diente nur einem einzigen Ziel: eines Tages seine eigenen Pläne wiederaufzunehmen."

Bei den erneuten Verhören hatte Alexej seinen Beichtvater Iwan Ignatjew angegeben, der sogleich gefoltert wurde, ebenso Abraham Lopuchin, Iwan Afanassjew und Feodor Dubrowskij. Auf der Folter gestanden sie, den Tod des Zaren gewünscht zu haben, da sie wußten, daß er Epileptiker sei. Sie wurden alle enthauptet.

Am 24. Juni richtete Peter einen Brief an die Geistlichkeit, in dem er sie nach ihrer Meinung über die Bestrafung seines Sohnes befragte. Er erinnerte nochmals an „das unerhörte Verbrechen" des Zarewitsch und fuhr fort: „Obwohl er den wichtigsten Punkt verschwiegen hat, das heißt seinen Plan, einen Aufruhr gegen Uns, seinen Vater und seinen Zaren anzuzetteln, erinnern Wir uns an das Wort Gottes, der da befiehlt, in einem solchen Fall den Rat der Geistlichkeit einzuholen (XVII. Buch Deuteronomium). Wir wünschen, daß Ihr, Erzbischöfe und Priester, die Ihr das Wort Gottes verbreitet, in der Heiligen Schrift nach einem Fingerzeig für die Art der Bestrafung sucht, die Unser Sohn für sein verabscheuenswürdiges Betragen, dem Absalom vergleichbar, verdient hat. Ihr werdet in den göttlichen Geboten und in der Heiligen Schrift darnach suchen und Ihr werdet mich Eure Antwort schriftlich und eigenhändig unterzeichnet wissen lassen. Wir werden dann über diese Sache entschließen können, ohne Unser Gewissen zu belasten. Wir vertrauen Euch als den würdigen Hütern der Gebote Gottes und den getreuen Hirten von Christi Herde. Wir beschwören Euch, mit Redlichkeit und Unparteilichkeit zu handeln."

Der Klerus zog sich geschickt aus dieser gefährlichen Situation. Nachdem die Vertreter der orthodoxen Kirche 9 Beispiele väterlicher Strenge aus dem Alten Testament — von der Verfluchung des Cham durch Noah bis zum Tode Absaloms — und dazu noch 7 Fälle von väterlicher Milde aus dem Neuen Testament zitiert hatten, kamen sie zu dem Schluß: „Über diese Angelegenheit zu urteilen, kommt uns nicht zu. Wer sollte uns zu Richtern über denjenigen einsetzen, dem wir angehören? Wie könnten wohl die Glieder dem Haupte raten? Ferner kann unser Urteil auch nur ein geistiges sein, denn der Klerus führt keine Waffen aus Eisen, sondern die Waffe des Geistes. In aller Demut unterbreiten wir dies alles der Überlegung des Monarchen und schlagen ihm vor, nach seinem Gutdünken zu verfahren. Wenn er den Schuldigen gemäß der Größe seines Vergehens bestrafen will, so hat er die Beispiele des Alten Testaments. Sollte er die Begnadigung wünschen, so hat er das Beispiel Christi, der dem verlorenen Sohn verzieh und Barmherzigkeit statt der Preisgabe walten ließ. Kurz, des Zaren Herz liegt in Gottes Hand. Möge er den Weg wählen, den der Herr ihm zeigt."

Peter hatte, ohne erst die Antwort der Bischöfe abzuwarten, einen Außerordentlichen Gerichtshof für die Verurteilung seines Sohnes bestimmt. Er hatte ihn mit den gleichen Ministern besetzt, die schon das erste Tribunal gebildet hatten, und Senatoren, Beamte, Generäle, Gouverneure und Bojaren sowie eine große Zahl von Offizieren, angefangen beim Feldmarschall über die Kapitäne aus Heer und Flotte bis herab zum Fähnrich, als Beisitzer ernannt. Insgesamt waren es 127 Personen, darunter 22 Fürsten aus den alten Adelsgeschlechtern und 3 Ausländer: General Adam Weyde, der Generalmeister der Polizei und Generaladjutant Antoine Devier und der Oberst Hans Buchholz.

Ein solches, für den vorliegenden Fall und allein vom Zaren eingesetztes Sondergericht, für das es keine gesetzliche Grundlage gab, widerstrebt unserer heutigen Rechtsauffassung. Vergessen wir jedoch nicht: Der russische Souverän war Herr über Leben und Tod seiner Untertanen, einschließlich seiner Familienmitglieder. Eine von ihm ergangene Verurteilung war unwiderruflich und mußte vollstreckt werden. Zu jener Zeit konnte daher der Entschluß Peters, seine Befugnisse einem Außerordentlichen Gericht zu übertragen, als ein besonderer Gunstbeweis, zumindest aber als ein Akt der Milde verstanden werden. Warum aber fällte der Zar nicht selber das Urteil, dem er durch die grauenerregenden Untersuchungen in Moskau und St. Petersburg so ausgezeichnet vorgearbeitet hatte, durch die Zeugenaussage Afrosinjas, die Geständnisse der Angeklagten, insbesondere des Zarewitsch? Wollte er Sicherheit für die Zukunft, seine Hände wie Pontius Pilatus in Unschuld waschen? Ein solches Sichhinwegstehlen lag nicht in Peters Art; er drückte sich nicht vor seiner Verantwortung. Vielleicht wollte er — in der Überzeugung, daß sein Sohn nur eine Verschwörung angezettelt hatte, um an die Macht zu kommen — durch ein Urteil, das von einem mit hohen Würdenträgern, Vertretern der Geistlichkeit, des Heeres und der Verwaltung besetzten Gericht erging, seinen Gegnern Furcht und Schrecken einjagen. Immerhin ist es auch wahrscheinlich, daß er das Jüngste Gericht fürchtete — von ihm „das Schreckensgericht" genannt —, denn auch er war Christ, auf seine Art und wenn es ihn gerade überkam. Alexej wurde indessen auf die Bastion Trubezkoj überführt. Neben seiner Zelle hatte man eine Folterkammer hergerichtet. Auf Befehl des Gerichts — das ihn nach dem Willen des Zaren wie einen gewöhnlichen Verbrecher behandelte — wurde er erst einmal gefoltert und erhielt 20 Knutenhiebe (die höchste, in den Protokollen dieser Untersuchung vermerkte Anzahl). Der Gepeinigte, von der Peitsche zerfetzt, keuchend vor Schmerzen, bestätigte seine früheren Geständnisse und erfand weitere Verbrechen hinzu. Der Zar wohnte der Folterung seines Sohnes bei.

Der feine Tolstoj überbrachte Alexej die Fragen seines Vaters, die er später in einem Brief beantwortete, der sehr wahrscheinlich im Kopf dieses zweifelhaften Ehrenmanns entstanden war. Wir entnehmen ihm folgende Stelle: „Es ist wahr, daß ich auf andere Weise nach dem Thron gestrebt habe als durch den Gehorsam. Im Bewußtsein, meinem Vater zu mißfallen, blieb mir nur ein Weg, nämlich Hilfe im Ausland zu suchen. Ich hätte mich nicht geweigert, mit der Armee, die der Kaiser mir versprochen hatte, mich des russischen Throns zu bemächtigen. Hätte der Kaiser die Unterstützung russischer Truppen im Kampf gegen irgendeinen Feind oder große Summen Geldes verlangt, ich hätte sie ihm gegeben. Ich hätte seinen Ministern und seinen Generälen schöne Geschenke gemacht und die Truppen, die er mir zur Erlangung der russischen Krone zur Verfügung gestellt hätte, wären aus meiner Tasche bezahlt worden. Kurz, ich hätte nichts unversucht gelassen, um an mein Ziel zu gelangen..." Wieder sauste bei einer zweiten Folterung die Knute auf den erbärmlich zugerichteten Körper nieder. Wieder floß Blut, aber der Zar blieb ungerührt. Der Schmerz trieb Alexej zu einer neuen Lüge: Er habe an den Metropoliten von Kiew geschrieben. (In Wirklichkeit hatte er sich nur an den Metropoliten von Rostow und den Erzbischof von Saraj wie an den Senat gewandt.)

Nachdem das Gericht die vom Zarewitsch erpreßten Geständnisse zur Kenntnis genommen hatte, fällte es am 24. Juni/5. Juli 1718 das Urteil: „Wir, die Unterzeichneten, Minister, Senatoren, Beamten, Militär- und Zivilpersonen, haben nach reiflicher Überlegung, gestützt auf die Heilige Schrift und die Apostel, auf die Kirchengesetze und Regeln der Päpste und der Kirchenväter, auf die Verordnungen der römischen und griechischen Kaiser und Könige und die der christlichen Herrscher sowie auf die russischen Gesetze in unbestrittener Einmütigkeit entschieden, daß der Zarewitsch Alexej schuldig ist der Auflehnung gegen seinen Vater und seinen Zaren — dem er von

Kindheit an so sehr die Herrschaft über das Reich neidete, daß er sich seiner mit Hilfe des niederen Volkes und fremder Fürsten bemächtigen wollte, die nur seine vollkommene Zerstörung herbeigeführt hätten — und dafür den Tod verdient . . .[16]"

*

Wird der Zar dieses Urteil mildern und Gnade walten lassen? Wird er auf den Rat Katharinas hören, die ihm wiederholt sagte: „Ist es nicht genug, ihn in ein Kloster zu schicken? Sein Tod wird auf dich und deine Nachkommen zurückfallen!" Oder wird er, im Gegenteil, seinen Sohn hinrichten lassen? In aller Öffentlichkeit oder heimlich? So fragt sich ganz Rußland, in den Palästen, Klöstern, Kasernen und in den „Isbas". Plötzlich geht es wie ein Lauffeuer durch St. Petersburg: am 26. Juni/7. Juli sei der Zarewitsch im Kerker gestorben.

Am folgenden Tage läßt der Zar bekanntgeben:

„Als das Urteil gegen Unseren Sohn gefällt wurde, da waren Wir, sein Vater, von Mitleid bestimmt, aber ebensosehr erfüllt von der Sorge um den Frieden Unseres Reiches. In dieser schwierigen Lage fiel es schwer, zu einem Schluß zu kommen. Doch dem Allmächtigen in seiner unendlichen Güte gefiel es, Uns Unserer Zweifel zu entheben und Rußland zu retten, denn gestern, am 26. Juni, hat er den Tagen des Zarewitsch Alexej ein Ende gesetzt. Der Zarewitsch erlag einer Krankheit, die ihn bei der Verlesung des Todesurteils und der Aufzählung all der unerhörten gegen Uns und das Reich begangenen Verbrechen befiel. Es war, so schien es, eine Art Schlagfluß. Aber er erlangte noch einmal das volle Bewußtsein und empfing die Sterbesakramente als ein guter Christ. Er bat Uns um Unseren Besuch, und Wir gedachten nicht mehr seiner Schandtaten, sondern begaben Uns mit Unseren Ministern und Senatoren zu ihm. Er gestand ehrlich seine Verbrechen ein, vergoß reichlich Tränen der Reue und empfing Unsere Verzeihung, die Wir ihm als Vater und Landesherr schulden. Am 26. Juni gegen 6 Uhr starb er einen wahrhaft christlichen Tod."

Niemand glaubte dieser offiziellen Version. Der Gesandte des Kaisers, Pleyer, schrieb, Alexej sei enthauptet worden. Sein Kollege von den Generalstaaten berichtete, daß man ihm die Pulsadern geöffnet habe. Eine gewisse Anna Kramer, Kammerfrau bei Katharina, bezeugte, daß der Zarewitsch auf Befehl seines Vaters enthauptet wurde, denn sie habe Kopf und Rumpf wieder „annähen" und die Stelle mit einer breiten Halsbinde verdecken müssen[17]. Wie man sieht, war sie eine äußerst geschickte Näherin! ... Lamberty geht noch weiter: „Nachdem der Zar seinen Sohn mit der Knute geschlagen hatte — das ist eine Folterung — enthauptete er ihn auch selber ..." Später kamen zwei andere Versionen in Umlauf, nämlich die von Peter-Henri Bruce aufgebrachte, nach welcher der Zarewitsch vergiftet, und die Rumjanzew zugesprochene, nach der er erwürgt wurde. Fassen wir sie kurz zusammen: Bruce soll von Marschall Weyde aufgefordert worden sein, einem Apotheker den Auftrag zu geben, „den stärksten Trank" zu bringen. Der habe zuerst gezaudert, ihn aber dann doch in einem silbernen Becher dem Verurteilten gereicht. Der Zarewitsch trank die „Arznei", wurde von Krämpfen befallen und gab nach entsetzlichen Qualen den Geist auf. Rumjanzew wiederum soll am 27. Juli 1718 an einen Freund, einen gewissen Titow, einen Brief folgenden Inhalts geschrieben haben: Auf Befehl des Zaren begaben sich Tolstoj, Buturlin, Uschakow und er, Rumjanzew, an das Lager des schlafenden Opfers, um den „Verbrecher Alexej" auf diskrete Weise zu beseitigen. Tolstoj weckte ihn und sagte ihm, daß sein letztes Stündlein gekommen sei und er sein Gebet verrichten möge. Da aber der Verurteilte weinte und winselte, warfen sie ihn auf sein Bett und erstickten ihn mit zwei Kissen. Zusammen kleideten sie dann den Leichnam in sein Staatsgewand und ließen den Zaren wissen, daß sein Wille geschehen sei.

Wem soll man nun glauben? Bruce oder Rumjanzew? Weder dem einen noch dem anderen?

Schauen wir zuerst einmal darauf, wieweit diese Behauptungen Glaubwürdigkeit haben. Die Erzählung von Bruce erschien etwa 1783, also 65 Jahre nach Alexejs Tod. Die „Memoiren" des Engländers (wenn sie tatsächlich von ihm stammen) nennen keinen Verleger. Hinzu kommt, daß niemand über Bruces Anwesenheit beim Zarewitsch an diesem unheilvollen Tage etwas vermerkt hat. Ustrialow behauptet, daß das Buch pure Erfindung sei. Gegenüber der Glaubwürdigkeit und Wahrhaftigkeit dieses Berichtes ist größte Vorsicht geboten. Hinsichtlich der Darstellung Rumjanzews möchten wir zu bedenken geben, daß ein Mann mit Namen Titow, der der Empfänger des Briefes war, vollkommen unbekannt ist. Nach de Vogüé hat kein Mensch je das Original dieses Briefes gesehen, von dem verschieden lautende Kopien existieren[18]. Außerdem: Welches Interesse soll Rumjanzew daran gehabt haben, sich dieses Verbrechens zu bezichtigen? Könnte dieser Brief nicht auch eine von irgendeinem Feind Rumjanzews oder seiner angeblichen Komplicen verfertigte Fälschung sein?

In Wirklichkeit gibt es keinen schlüssigen Beweis dafür, daß man Alexej erstickte, vergiftete, köpfte oder ihm die Pulsadern öffnete. Anderseits können wir uns nicht der offiziellen Darstellung von seinem Tode durch einen Schlaganfall anschließen. Es ist sehr wahrscheinlich, daß die 35 Knutenhiebe für den ohnehin kränklichen, vom übermäßigen Alkoholgenuß geschwächten Körper des Zarewitsch vollauf genügten, seinen Tod herbeizuführen, ohne daß es weiterer Gewaltanwendung bedurft hätte. Das ist auch die Meinung von Ustrialow. Er schreibt: „Es besteht die höchste Wahrscheinlichkeit für die Annahme, daß Alexej an den Folgen der Folter starb. Feststeht, daß er am 26. Juni um 8 Uhr morgens in der Trubezkoj-Bastion gefoltert wurde und daß um 7 Uhr abends die Kirchenglocke seinen Tod verkündete. So jedenfalls wird die Geschichte in einer Notiz in den Staatsarchiven nach den Worten einer vertrauenswürdigen Person dargestellt, die Gelegenheit hatte, vor etwa 15 Jahren Einblick zu nehmen[19]."

Obwohl seit dem Erscheinen seines meisterhaften Werkes „Peter der Große" nun ein Jahrhundert vergangen ist, hat die Schlußfolgerung dieses außerordentlich gewissenhaften Autors, der alle russischen Archive, die in irgendeinem Zusammenhang mit dem Prozeß stehen, auf das gründlichste studiert hat, ihre Gültigkeit behalten. Es ist kein Dokument aufgetaucht, das seine These entkräftet hätte.

*

Am Tag nach dem Tode des Prinzen beging man in St. Petersburg den 9. Jahrestag der Schlacht bei Poltawa. Beobachtete man die gehobene Stimmung des Zaren während der Feierlichkeiten, so schien es, als feierte er einen doppelten Sieg: über den Schwedenkönig

Karl XII. und über den russischen Zarewitsch Alexej. Den ganzen Tag wurde im Posthof getafelt, und am Abend ging es in der gedeckten Galerie in den Sommergärten zu Füßen der Venusstatue weiter. Als der Zarewitsch in den Sarg gelegt wurde, erschallten laute Hochrufe auf den Sieger.

Am 28. Juni wurde die sterbliche Hülle von Alexej in die Kathedrale überführt. Starr vor Schreck zog die Bevölkerung an dem zu Tode Gemarterten vorüber. Der nächste Tag war Peters Namenstag. Eine Messe, Kanonendonner, Glockengeläut, ein großes Essen, der Stapellauf einer Fregatte, Feuerwerk und allgemeine Besäufnis — nichts fehlte zu einem großen Fest. Der Schreiber des Garnisonstagebuches vermerkt: „Man hat sich höchstlichst ergötzt." Der Zar war sehr vergnügt. Er lachte und sprach dem Wein so herzhaft zu, daß der hannöversche Gesandte darüber sprachlos vor Entsetzen war. Mit großem Aufwand gingen am Montag, dem 30. Juni, die Trauerfeierlichkeiten für Alexej in der Kathedrale vor sich, an denen der Zar mit seiner Familie, die Minister, die höchsten Würdenträger und eine riesige Menschenmenge teilnahmen. Die hohen Geistlichen zelebrierten das Totenamt. Am Schluß schritt der Zar die Stufen zum Katafalk empor, beugte sich über seinen Sohn und küßte die Lippen seines Opfers. Man sagt, er habe geweint ...

Peter pflegte diejenigen, die ihm zu seinen Siegen verholfen haben, reichlich zu belohnen. Tolstoj erhielt den Grafentitel. Rumjanzew wurde zum Major befördert und bekam 2000 Leibeigene. Afrosinja wurde aus dem Gefängnis entlassen und mit Geschenken abgespeist. Später heiratete sie einen Gardeoffizier und lebte mit ihm glücklich bis ans Ende ihrer Tage.

Iwan der Schreckliche hatte seinen Sohn in einer Zornesaufwallung getötet. Er machte sich sein Leben lang die bittersten Vorwürfe. Peter I. dagegen hatte den seinen kaltblütig in den Tod geschickt. Schon am folgenden Tage nahm er an dem ausgelassensten Feste teil. Zum Jahresende ließ er eine Medaille schlagen, auf der eine Krone von Sonnenstrahlen erhellt wird, die durch die Wolken brechen. Die Inschrift lautete: „Der Horizont hat sich gelichtet!"

Wenn man das Verhalten des Zaren in dieser Tragödie mit einiger Unvoreingenommenheit beurteilen will, muß man sich die Verhält-

nisse vor Augen führen, in denen sie sich abspielte. Als der Zarewitsch im Herbst 1716 außer Landes flüchtete, stand Rußland seit
21 Jahren im Krieg. Es hatte eine beträchtliche Zahl an Menschen
verloren, die durch ständige Rekrutenaushebungen ersetzt wurden.
Die ländliche Bevölkerung war stark dezimiert worden. Der Zar
hatte eine Menge neuer Steuern eingeführt und die Abgaben erhöht,
um die Militärausgaben, die Kosten für den Bau der Flotte, die Errichtung von St. Petersburg und weitere große Vorhaben zu bestreiten. Seine feindselige Haltung dem Klerus gegenüber, seine Teilnahme an den Gelagen des „Allerbetrunkensten Konzils", seine
Kriege, seine weiten Reisen, sein Wille in Rußland europäische Auffassungen, Umgangsformen und Kleidung zwangsweise einzuführen,
die Berufung ausländischer Offiziere auf die höchsten Kommandostellen und die Einstellung Tausender von Europäern in den Dienst
des Zarenreiches hatten das Volk zutiefst verstimmt, das zäh am
unwandelbaren „heiligen Rußland" festhielt, sich allen Neuerungen
widersetzte und die Ketzer aus der Ssloboda haßte. Es herrschte
allgemeine Unzufriedenheit; sie schwelte in allen Schichten, ganz
besonders aber unter der Geistlichkeit und dem Adel.

Aufstände waren mit unnachsichtiger Grausamkeit unterdrückt
worden. Die gehenkten Rebellen wurden samt den Galgen in den
Fluß geworfen, um die Uferbewohner abzuschrecken. Den Unzufriedenen blieb nur die eine Hoffnung: Der Tod Peters und die
Thronbesteigung Alexejs, der ein Freund der alten Sitten, ein Gegner der väterlichen Reformen war, der Moskau liebte und St. Petersburg nicht mochte. Die Situation verschärfte sich im Jahre 1718, als
der Prozeß stattfand. Die Berichte der Diplomaten lassen darüber
keinen Zweifel. Am 3./14. Februar sandte der hannöversche Geschäftsträger, F. C. Weber, einen Brief aus Moskau, dem wir einige
Stellen entnehmen: „Je mehr ich in die Zukunft dieses Landes vorzudringen suche, desto weniger kann ich mir vorstellen, wie diese Wirren einmal enden werden . . . Bei aller Liebe für seine Untertanen
ist der große Monarch doch in allen Handlungen ganz allein auf sich
gestellt . . . Alles, was er während seiner gloriosen Regierung geändert hat, wurde von den Russen mit Widerwillen und nur aus bloßem
Gehorsam angenommen. Die meisten verbringen ihre schlaflosen

Nächte mit den Gedanken an die Zukunft und hoffen, daß die Tage
S. M. gezählt seien und das Zarenreich wieder seine vorherige Gestalt
annimmt . . . Petersburg, die Schiffe, das Meer, die deutschen Moden
und die Bartabschneider, alle fremden Sitten und Sprachen sind für
die meisten ein Alptraum. Alle, die sich in St. Petersburg ansiedeln
mußten, sehnen sich nach ihrer Heimat wie nach dem verlorenen
Paradies zurück und wünschen nichts sehnlicher herbei als die Rückkehr ihres russischen Reiches von ehedem und das Zurücksinken in
den Schlamm . . . So ist es nicht verwunderlich, daß der Zar, als ihm
diese Widerstände offenbar wurden und er merkte, daß der Zarewitsch nicht in seine Fußspuren, sondern in diejenigen seiner Vorfahren trat, zu außerordentlich harten Maßnahmen griff, die nach
Ansicht der übrigen Welt ungerechtfertigt und dem Recht der Nationen entgegenzustehen scheinen. Aber alle diejenigen, die sich in diesen
Fragen noch ein gesundes Urteil bewahrt haben, finden diese Maßnahmen berechtigt."

Vorsichtshalber chiffrierte der Diplomat die letzten Zeilen des Berichts:
„In diesem Lande wird es ein Ende mit Schrecken geben, weil das
Wehklagen über den Zaren von so vielen Millionen Seelen zum
Himmel emporsteigt und weil in jedem Menschen ein Fünkchen Wut
glimmt, das nur auf den Wind und einen Anführer zum Entfachen
der Feuersbrunst wartet."

Vier Wochen später bestätigte auch der Konsul La Vie, daß die Russen das Werk des Zaren verabscheuten. Er schreibt: „Sie erwarten
und wünschen nur sein Ende, um wieder in den Pfuhl des Müßig-
gangs und die gröbste Unwissenheit zurückzusinken. Nun, da der
Zar von der Gegenwart auf die Zukunft schließt und seine Untertanen sich nur aus Furcht vor Strafe gezwungenermaßen in seine
Neuerungsmaßnahmen schicken, dabei aber sich an die Hoffnung
klammern, daß der Zarewitsch, der jetzt dieses Titels für verlustig
ging, später einmal alles wieder in den alten Zustand zurückversetzen
werde — wie könnte man sich darüber wundern, daß der Zar in dieser verhängnisvollen Lage sich solcher Maßnahmen bedient, die dem
äußeren Anschein gegen die Naturgesetze verstoßen, bei näherer Betrachtung aber mit guten Gründen zu rechtfertigen sind. Ich spreche
von der Absetzung des unseligen Prinzen Alexej."

Im Jahre 1718 war die Hauptfigur in diesem Trauerspiel, der Zarewitsch, 28 Jahre alt. „Alexej, dieser arme Teufel, war so dumm, daß ihn sein Vater hinrichten ließ" (Mérimée). Er war unverbesserlich faul, roh, verschlagen und bigott. Sklavisch gehorchte er einem Subdiakon und schlug sämtliche väterlichen Ratschläge und Ermahnungen in den Wind. Peter hatte allen Grund, sich über diesen Tunichtgut zu erzürnen, der — das sei zu seiner Entlastung gesagt — in sehr jungen Jahren von der Mutter getrennt und vom Vater vernachlässigt wurde. Es kommt hinzu, daß der Zar die Popularität seines Sohnes fürchtete, „der von den meisten Großen dieser merkwürdigen Monarchie wie von der zahlreichen Geistlichkeit sehr geliebt wird" (de Bie).

Als Peter erfuhr, daß Alexej sich nach Österreich geflüchtet hatte, packte ihn der Zorn, denn er sah sich in seiner Autorität als Vater und Herrscher verhöhnt und fürchtete, an den Fürstenhöfen im Ausland als lächerlich oder als Scheusal zu erscheinen. Dieser Ärger steigerte sich zu rasender Wut, als der Wiener Hof die Anwesenheit des Zarewitsch ableugnete und später ungeschickte Ausflüchte machte. Der Zar ging sogar so weit, Österreich mit Krieg zu drohen! Indessen hat Peter zur Beschwichtigung des besorgten Kaisers versprochen, daß dem Prinzen außer einer „väterlichen Zurechtweisung" nichts geschehen werde. Mit der Absicht, Alexejs Mißtrauen zu zerstreuen, verzieh er ihm schriftlich, ohne weitere Bedingungen zu stellen, er „versicherte ihn sogar seiner Zuneigung". Als aber der Zarewitsch in Moskau eintraf, entriß er ihm den Titel und die Privilegien des Thronfolgers und warf sie dem kleinen Peter in die Wiege. Es kam noch schlimmer: Er machte die Verzeihung, die er ja schon vor Gott erteilt hatte, davon abhängig, daß Alexej „die ganzen Zusammenhänge der Flucht und der Zeit, die ihr vorausging", beichtete. Weil aber der Zarewitsch nicht gleich beim ersten Verhör alles eingestand, wurde die Verzeihung zurückgenommen und Alexej einem Sondergericht übergeben. Aus diesem Tatbestand geht klar hervor, daß der Zar sein Wort gebrochen hat. „Wie auch immer die Versprechungen meines Vaters lauten werden, so kenne ich ihn doch zu gut, um ihnen Glauben zu schenken", hatte Alexej gesagt. „Es gibt keinen Eid, an den er sich gebunden fühlt . . ." Trotz allen Torturen, die den Ange-

klagten „im Verhör" angetan wurden, hatte die erste Untersuchung
in Moskau nur wenige Tatsachen zutage gefördert: Da war die
Liaison der Exzarin mit Glebow, die Mittäterschaft einiger Vertrauter Alexejs bei der Vorbereitung zur Flucht nach Wien und die
Visionen eines hohen Geistlichen, aber nichts von Verschwörung,
versuchter Verschwörung oder gar vorbereitenden geheimen Zusammenkünften[20]. Dafür war dem Zaren durch die gerichtliche Untersuchung der allgemeine Widerstand gegen seine Reformen zum
Bewußtsein gekommen, die in der Tiefe schwelende Feindseligkeit
gegen ihn, und die lebhaften Sympathien, deren Alexej sich bei den
Unzufriedenen erfreute. Der Zarewitsch verkörperte also „nolens
volens" den Widerstand, die Hoffnung auf einen Wechsel. Er war
das Symbol der Vergeltung, der Fackelträger der Opposition. Jetzt
gab es für Peter keinen Zweifel mehr: Wenn er stirbt und sein
ältester Sohn ihm auf den Thron folgt, werden alle seine Mühen
und Anstrengungen und die Resultate zunichte werden, Rußland
wird in Unwissenheit, Aberglauben und Erstarrung zurücksinken,
es wird einem untätigen, unfähigen, vollkommen von den Popen beherrschten Souverän ausgeliefert sein. *„Und am Ende wirst du dieses Reich zerstören"*, hatte der Zar am 19. Januar 1716 an seinen
Sohn geschrieben. Nicht einen gewöhnlichen Schuldigen richtete
Peter I., sondern einen politischen Gegner.
Die zweite Untersuchung in St. Petersburg und im besonderen die
Geständnisse Alexejs mußten den Zaren in dem Glauben bestärken,
daß sein Sohn im Ausland gegen ihn eine Verschwörung angezettelt
hatte und daß er drauf und dran war, sich an die Spitze einer revo-
lutionären Bewegung zu stellen, um dadurch auf den Thron zu gelangen. Obwohl diese Lügen bei den Folterungen erpreßt worden
waren, fand der Zar doch seinen Verdacht bestätigt. Nach diesen
Verhören verurteilte das Gericht den Prinzen einstimmig zum Tode.
Demnach hatte die Staatsräson eine ausschlaggebende Rolle bei den
Entscheidungen Peters gespielt, der sein Werk von seinem Nachfolger bedroht sah[21]. Einige Monate nach der Hinrichtung, am
16. Februar 1719, sagte er selbst zu den Adligen: „Ihr habt es gesehen, wie ich die Verbrechen eines undankbaren, scheinheiligen und
unvorstellbar hinterlistigen Sohnes wie die Schandtaten derjenigen,

die an seiner Missetat teilgenommen haben, bestrafte. *Ich hoffe dadurch mein großes Werk gesichert zu haben, das darin besteht, aus Rußland auf ewig ein mächtiges und furchtgebietendes Reich und aus allen meinen Staaten blühende Provinzen zu machen* — ein Werk, das mich unendliche Mühe und meine Untertanen unendlich viel Blut und Geld gekostet hat und *das bereits im ersten Jahr nach meinem Tode vernichtet worden wäre, wenn ich nicht in der Weise, wie ich es getan habe, meine Vorkehrungen getroffen hätte.*"

Wir kennen den Stolz und den despotischen Charakter des Zaren und glauben daher, daß ebenso die Kränkung, der Zorn und das Ressentiment, ja sogar der Haß gegen seinen Sohn zu seinem Entschluß beigetragen haben.

Nun meine man aber ja nicht, daß das Sondergericht allein das Todesurteil unterzeichnet habe! Um die Verantwortung des Zaren zu beweisen, sei nur an seinen Brief an Alexej vom 14. Februar erinnert: *„Wenn Du etwas verschweigst, wirst Du mit dem Tode bestraft."*
Dieses Mal allerdings hielt er Wort!

Die *Geschichte* — dieses Hohe Gericht, vor welchem alle gekrönten und ungekrönten Staatsoberhäupter erscheinen, ehe sie vor den höchsten Richter gerufen werden — wird sie Peter aus Gründen der Staatsräson für unschuldig am Tod seines Sohnes erklären? Wird sie der Ansicht sein, daß Peter I. unter den vorliegenden Umständen keine andere Möglichkeit blieb, wenn er sein Werk retten wollte? Wir bezweifeln es. Wird sie als Anklagepunkt vermerken, daß er sein Wort gebrochen hat, indem er seine Verzeihung rückgängig machte? Das glauben wir allerdings. Wird sie ihm mildernde Umstände zubilligen? Wir wünschen es ihm. Dafür wird ihm die Geschichte niemals verzeihen, daß er den Folterungen seines Sohnes ohne jede Gefühlsregung beigewohnt hat, daß er zusah, wie die Knute des Henkers 35mal auf den blutenden Leib seines Kindes niederfiel, daß er die Schmerzensschreie des Gemarterten hörte und doch seinem Peiniger befahl: „Mach weiter!"

Das Verbrechen war so ungeheuerlich, daß viele Russen es nicht glauben wollten. Zwischen 1723 und 1728 erlebte man es, daß 5 falsche Alexej auftauchten: 1 Soldat, 1 Bauer, 1 Arbeiter und 2 Bettler.

Fünftes Buch

MENSCH - FREUND - HERRSCHER

Jeder Mensch wird zu jeder Stunde gleichzeitig von zwei Strebungen bewegt, die eine führt ihn zu Gott, die andere zu Satan hin.   BAUDELAIRE

Mit seiner alles umfassenden Seele war Peter I. zugleich Wissenschaftler und Kriegsheld, Schiffer und Zimmermann, ein Arbeiter auf dem Thron, sein Leben lang.   PUSCHKIN

PETER I. ALS MENSCH

Du glaubst, daß es nur einen Gott gibt. Du tust recht! Aber
auch die Dämonen glauben es und zittern.   JAKOBUS 2., 19

Trotz seiner Unredlichkeit war Peter I. groß in seiner Beharr-
lichkeit, seinem Glauben und der Sorge um den Ruhm und das
Glück Rußlands.   VOLTAIRE

... Urwüchsige Kräfte und Instinkte geraten in Peter I. in Be-
wegung. Er ist ein Primitiver, wild wuchernd wie ein Urwald,
kraftstrotzend und unendlich vielgestaltig ...
      WALISZEWSKIJ

Das Standbild von Antokolskij, die Büsten von Rastrelli, die Porträts von Kneller, Leroy, Caravaque, Nattier, Rigaud und Moore,
die historischen Schilderungen von Sirow, Gay und Surikow, die
Beschreibungen seiner Person von Saint-Simon, Liboy und Louville,
die skizzenhaften Andeutungen von Diplomaten und Reisenden
haben uns die Erscheinung Peters so vertraut gemacht, daß wir ihn
vor uns sehen, wie er uns mit langen, federnden Schritten, den Kopf
vornübergeneigt, ein wenig gebeugt, mit schlenkernden Armbewe-
gungen entgegenkommt. Aber seien wir vor ihm auf der Hut, denn
er hält seine „Dubina", den dicken Rohrstock mit dem Elfenbein-
knopf, in der Hand, mit dem er besonders gern die Rücken streichelt.
Der Zar ist sehr groß (genauer gesagt 2 Meter und $4^{1}/_{2}$ Zentimeter),
recht korpulent, breitschultrig, dunkel wie ein Afrikaner und stark
wie ein Bär. Er bringt es fertig, mit seinen Händen ein Hufeisen zu
verbiegen oder einen Silberteller zusammenzurollen.
Er hat einen langen und muskulösen Hals, ein rundliches Gesicht,
volle Backen, Mund und Nase sind wohlgeformt, die dunklen Augen
schwarz bewimpert; er hat eine hohe Stirn, kurzes, krauses Haar und
eine Warze auf der rechten Wange. Wenn nicht Fazialiskrämpfe sein
Gesicht entstellten und er im allgemeinen nicht so schlecht angezo-

gen wäre, könnte man ihn als imposante Erscheinung bezeichnen. Meistens trägt er zu enge Hosen, eine schmutzige Weste, gestopfte Strümpfe und abgetretene Schuhe. Ist er bei der Armee, dann legt er die grüne Uniform des Preobrashensker Regiments mit dem roten Kragen an. Im Ausland allerdings kleidet er sich nicht so ärmlich. „In Paris", schreibt Saint-Simon, „trug er nur eine linnene Halsbinde, eine runde, dunkelhaarige Perücke, die nicht einmal bis auf die Schultern reichte und nicht gepudert war, einen einfarbigen braunen Justeau-corps mit Goldknöpfen, ein Wams, Hosen, Strümpfe, aber keine Handschuhe oder Manschetten. Den Ordensstern trug er auf dem oft von oben bis unten aufgeknöpften Rock und die dazugehörige Ordensschärpe darunter. Seinen Hut legte er meistens auf einen Tisch, hatte ihn aber nicht auf dem Kopf, auch nicht außerhalb des Hauses. Obgleich er so schlicht in seinem Aufzug, so schlecht es nur eben ging mit Wagen und Begleitung versehen war, konnte einem doch die ihm eigene Größe nicht entgehen." Dubois vertritt in seinen „Memoiren" nicht die gleiche Ansicht: „Unter majestätischem Gebaren, das er sich zu geben versuchte, trat doch ein wilder und ungehobelter Charakter zutage."

Wir sehen ihn vor uns, wie er im Morgengrauen mit einem Satz aus dem Bett springt, einen Wodka zum Munterwerden trinkt, in seinen zu kurzen Schlafrock schlüpft, unter dem seine mageren, behaarten Beine hervorschauen. Dann fährt er in seine speckigen, zerlöcherten Pantoffeln, um in diesem Aufzug die ersten Besucher zu empfangen, ohne sich von seiner baumwollenen, mit grünen Bändern verschönten Nachtmütze zu trennen. Wir sehen ihn vor uns, wie er dahergeht, das Handwerkszeug gebraucht, an der Spitze seiner Soldaten paradiert, mit den Matrosen trinkt oder einen Bedienten verprügelt. Wir hören, wie er Befehle schreit, einen Offizier anschnauzt, aus vollem Halse lacht und im nächsten Moment vor Wut brüllt. So etwa erscheint uns sein Bild über die Zeiten hinweg.

Dagegen ist es schwierig, einen Zugang zu Peters Seele zu finden. Wir bewundern ihn, aber gleich darauf stößt er uns ab, ohne daß wir es recht verstehen, so vielschichtig und widersprüchlich ist das Wesen des Despoten, bald von höchstem Geistesflug, bald wie vom Teufel besessen, bald gewinnend, bald unglaublich gewöhnlich, bald

anziehend, bald abstoßend scheußlich. Um seine Licht- und Schatten-
seiten zu erfassen, wollen wir diesem stets eiligen Herrscher im Lauf-
schritt folgen. Lassen wir unsere Gefühle beiseite, wenn wir versuchen, die hervorstechendsten Charakterzüge dieses außergewöhn-
lichen Menschen herauszuarbeiten, der — vergessen wir es nicht —
vor bald 2 und einem halben Jahrhundert in einer uns fremden Welt
gelebt hat.

*

Was zuallererst auffällt, ist das merkwürdige Benehmen des Zaren
in Rußland selbst wie im Ausland. „Er ist schlecht erzogen", wieder-
holen seine westlichen Zeitgenossen um die Wette. Nein: Peter hat
überhaupt keine Erziehung gehabt. Es ist nicht weiter verwunderlich, wenn er ohne Messer und Gabel ißt, mit vollen Backen kaut,
sich den Mund mit der Hand abwischt und eine Fischspeise, die
man ihm vorsetzt und die er nicht ausstehen kann, mit einem Fuß-
tritt zurückschickt, denn er ist von keinem Menschen je getadelt
oder eines Besseren belehrt, mit einem Wort: erzogen worden. Ludwig XIV. erhielt in seiner Jugend Prügel, wenn er ungehorsam war;
auf einer Reise sagte seine Mutter zu ihm: „Ich mache Euch darauf
aufmerksam, daß man in Amiens genauso gut die Hosen stramm
ziehen kann wie in Paris." Peter dagegen bekam nie eine Tracht
Prügel. Er hat nicht die einem Prinzen zukommende Erziehung erhalten, er wuchs wie ein Wilder auf und blieb ein Wilder sein Leben
lang.

Aus Schüchternheit war er gewalttätig, unfähig, seine Nerven und
Sinne im Zaum zu halten — trotz der leichten Politur, die er aus
Amsterdam und London und später aus Paris, Brüssel und Berlin
mitgebracht hatte. Da ihm niemand entgegentrat, entwickelte sich
seine Gewöhnlichkeit in zunehmendem Maße, wurde sein Hang zur
Herrschsucht immer ausgeprägter. Als eines Abends bei einem Mahl
ein ausländischer Seemann allzusehr flunkerte, hörte der Zar dem
Maulhelden eine Weile zu, dann spuckte er ihm wortlos ins Gesicht
und ging... Da er als Kind und als Jüngling niemals auf den geringsten Widerstand, die leiseste Kritik gestoßen war, vertrug er es
nicht, wenn seine Launen, und seien sie noch so unsinnig, nicht durch-

gingen. Der König von Dänemark will ihm eine Mumie, die Peter in den wissenschaftlichen Sammlungen in Kopenhagen entdeckt hat, nicht zum Geschenk machen, unter dem Vorwand, es handle sich um ein einmaliges Stück. Empört packt sie der Zar, verstümmelt sie und sagt zu dem entsetzten Konservator: „Jetzt könnt ihr sie meinetwegen behalten . . ." Überall und zu allen benimmt er sich mit Entsetzen erregender Ungeniertheit. An einem Wintermorgen in der lutherischen Kirche zu Reval ist es ihm plötzlich zu kalt. Was macht er? Er reißt dem Bürgermeister die Pelzmütze vom Kopf und behält sie bis zum Ende der Predigt auf. Der König von Preußen hat ihm zu Ehren in Berlin einige Prunkgemächer, einen Empfang und einen Ball vorbereitet: Peter bleibt bei einem Tischler, den er von früher her kannte. Anläßlich dieses Besuches führte er sich übrigens besser auf als gewöhnlich, sehr zum Bedauern derjenigen, die sich über ihn lustig machen wollten.

Von Sotow und den Bedienten verleitet, liebte Peter den Trunk wie alle Reußen und führte den Vorsitz bei tage- und nächtelangen Festen. Bacchus hatte keinen eifrigeren Jünger. Der kleinste militärische Erfolg, der Stapellauf eines Schiffes, ein Geburtstag, der Jahrestag irgendeines Sieges, ein Ukas oder eine Beförderung bieten willkommenen Anlaß zu feuchtfröhlichem Gelage. Man maskierte sich, tanzte, betrank sich sinnlos — und Peter führte überall den Reigen an. Weil er selber große Mengen Wodka hinunterstürzte, ohne auch nur mit der Wimper zu zucken, verlangte er das gleiche von seinen Gästen, egal, ob Herren oder Damen. Schildwachen vertraten ihnen den Weg, wenn sie sich davor drücken wollten[1]. Ein zeitgenössischer Beobachter berichtete, daß Peter im März 1715 seine Gäste derartig zum Trinken nötigte, daß „sie sich dem Schlummer überließen, die einen im Garten und die anderen im Walde". Gegen 4 Uhr nachmittags wurden sie geweckt, und der Zar bat sie, mit ihm zum Bäumefällen zu gehen. Nach dreistündiger sportlicher Betätigung versetzte er sie abermals in einen so gewaltigen Rausch „mit einem starken Quantum Schnaps, daß wir völlig empfindungslos in den Schlaf hinübertaumelten". Gerechterweise muß hier hervorgehoben werden, daß aus dem Herrscher niemals eine Entscheidung herauszubringen war, wenn er getrunken hatte.

Wie fern sind diese Gelage von den glänzenden Festlichkeiten des Sonnenkönigs: von den Picknicks, Komödien- und Opernaufführungen, Gondelfahrten, den Spielen im Freien wie Schaukeln und Rutschbahn!

*

Sein schlechtes Benehmen, die Gewöhnlichkeit und die alkoholischen Exzesse des Monarchen sind noch harmlose Schwächen im Vergleich zu einigen bezeichnenden Zügen seines Charakters: seine Vorliebe für Monstrositäten, seine Gewalttätigkeit und seine Grausamkeit. Wir müssen darüber sprechen. In dem von Peter gegründeten Museum befinden sich außer Kunstwerken noch krankhafte „Kuriositäten": Schafe mit 6 Beinen, Kälber mit 2 Köpfen, mißgestaltete Kinder, Menschen mit Buckeln, Kröpfen und anderen abstoßenden Anomalien. Der Zar beauftragte seinen Gesandten in Wien, eine Frau mit einem Schweinsrüssel ausfindig zu machen, von der Tolstoj berichtet hatte.

Er regierte seine Untertanen durch die Gewalt. Er schonte weder Kranke und Irre noch Greise — 80jährige mußten als Mundschenke bei den nächtlichen Gelagen aufwarten. Er achtete niemanden außer Gott und den Heiligen. Mit Fußtritten, Faust- und Stockhieben habe er die Zivilisierung betrieben, heißt es. Das Messer in der Faust, setzte er wegen eines geringfügigen Vergehens einem jungen Drechsler nach, dem es gerade noch gelang, zu entwischen und aus St. Petersburg zu fliehen, das er erst nach dem Tod des Zaren wiedersah. Aber das ist nur ein Beispiel von hunderten. „Er wird von Tag zu Tag unerträglicher. Wer nicht ständig um ihn sein muß, kann sich glücklich schätzen!" berichtet der Neffe des Generals Lefort. Der Zar glaubte nur an die Macht der Stärke, der Drohung und der erbarmungslosen Strafe. Da er nichts von Psychologie verstand, sah er nicht, wie fruchtlos Henkermethoden sind. Ungezählte Grausamkeiten trüben den Glanz seiner Herrschaft. Hier nur einige Tatsachen! Der kaiserliche Gesandte Guarient bat im Jahre 1689 Seine Majestät, ihm die Ehre zu geben und bei ihm zu Abend zu speisen. Peter sagte unter der Bedingung zu, daß die europäischen Damen ebenfalls geladen würden. In Begleitung des Kriegsministers Golowin und anderer Würdenträger begab er sich zu dem ausländischen Missionschef. Die Damen hatten ihre schönsten Kleider angelegt und die Herren trugen ihre goldstrotzenden Uniformen mit den höchsten Orden. Ohne Sinn und Verstand trank der Zar die edlen Weine, verschlang er die köstlichen Speisen. Plötzlich sieht er, wie Golowin den mit Essig angemachten Salat zurückgehen läßt, den der Bojar verabscheut. Zornbebend läßt ihn der Despot von seinen Offizieren greifen. Auf seinen Befehl wird dem geknebelten Golowin Essig durch Mund und Nase eingeflößt, bis der Unglückliche, mit Salat vollgestopft, hustend und dem Ersticken nahe, Blut spuckt. Soweit der lateinisch abgefaßte Bericht von Korb, der an diesem Galadiner in einer ausländischen Botschaft teilnahm ...

Nicht anders verfuhr der Zar mit Tischgenossen, die Austern, Käse, Olivenöl oder andere Würzen nicht mochten. Als eine von Schafirows Töchtern sich weigerte, ein Riesenglas Wodka zu leeren, wurde sie von Peter vor allen Gästen geohrfeigt und als „unverschämte Judenbrut" beschimpft. Ich habe schon in den früheren Kapiteln von der abscheulichen Niederschlagung des Strelizenaufstandes berichtet, der Peinigung des Zarewitsch Alexej und dem Martyrium der Exzarin Jewdokija. Es ist daher nicht unwahrscheinlich, daß Peter „die Verurteilten bis auf das Schafott mit Vorwürfen und Schmähungen verfolgte und damit ihrem Todeskampf und ihrem Ende spottete" (Sjemjewskij).

Der französische Diplomat de Bonnac sandte 1703 folgenden Bericht über ein Blutbad im Kloster der Basilianer zu Polozk nach Paris: „Als der Zar den Prediger der Kathedrale darüber befragt und gehört hatte, daß der 1623 ermordete Erzbischof Josafat, dessen Standbild den Klosterhof ziert, vom Papst heiliggesprochen worden war, rief er: ‚Was höre ich da? Ihr gehört der Kirche von Rom an?‘ Darauf versetzte er ihm mit seinem Stock einen Hieb auf den Kopf, griff ihn am Kragen und schlug ihn mehrmals mit der Faust ins Gesicht. Dann warf er ihn zu Boden und hetzte eine Dogge auf ihn, die ihn an der Kehle packte und würgte, während der Zar ihm mit einem Dolch das Herz durchbohrte ... Damit hatte sein Toben noch kein Ende. Er ließ den Vikar des Klosters, den Vater Konstantin, ergreifen und schnitt ihm mit der Grausamkeit eines Henkers Nase

und Ohren ab... Darauf ließ er ihn, den er einen Götzendiener genannt hatte, aufknüpfen... Er ließ noch weitere drei Klosterbrüder und die Dienstleute ermorden. Ein Mönch wurde gehenkt... die Kirche und das Kloster geplündert[2]."
General Fürst Wolkonskij — er war 18mal im Kriege verwundet worden — wurde erschossen, weil er dem Zaren nicht gehorcht hatte. Seine Frau, seine Kinder und Verwandten mußten auf Befehl Peters in Trauerkleidung der Hinrichtung beiwohnen. Die Leiche wurde, auf dem Bauche liegend, 24 Stunden lang öffentlich aufgestellt[3]. Als der Zar erfuhr, daß Wallfahrer zu seiner verstoßenen Gemahlin Jewdokija kamen, begab er sich des Nachts zum Kloster. Er sah dort Leute, die in einem Korridor schliefen. Sie warteten darauf, am nächsten Tag von der Exzarin empfangen zu werden. Peter befahl, 12 dieser armen Menschen unter den Fenstern von Jewdokija hinzurichten. Seinen ersten Pagen Wassilij ließ er dreimal in seinem eigenen Zimmer foltern, um hinter gewisse Erpressungen seiner Vertrauten zu kommen[4]. Ein anderes Mal forderte er den Fürsten Golowin bei den Vorbereitungen zu einer Maskerade auf, als Teufel in einem Umzug mitzugehen. Der 80jährige Fürst war krank und versuchte, sich der Aufforderung zu entziehen. Der Tyrann ließ ihn greifen, entkleiden und eine Stunde lang auf die zugefrorene Newa setzen. Als einziges Bekleidungsstück trug der Bedauernswerte eine Papiermütze. Er holte sich eine Lungenentzündung und starb einige Tage später. Barbarei oder Sadismus? Darüber möge der Leser selbst entscheiden.

Der Zar hatte sich Iwan den Schrecklichen zum Vorbild genommen und bedauerte nur, ihm nicht vollkommen zu gleichen. Zumindest war er ihm in seiner Grausamkeit ähnlich, was Leibniz tief bedauerte[5]. Fontenelle versuchte das Verhalten des Zaren mit der Begründung zu rechtfertigen, daß das russische Volk „hart, unbelehrbar, faul und an grausame Strafen gewöhnt sei[6]". Mag sein! Damit sind aber nicht die unmenschlichen Taten des Zaren zu entschuldigen, der sogar die 12 Jahre zuvor beerdigte Leiche Iwan Miloslawskijs schänden ließ. Er wollte sein Land neu gestalten, die Sitten und Kleider der Russen ändern, aber er vergaß ganz, mit dem Besserungswerk bei sich selbst zu beginnen. Nie zuvor hatte ein Reformator

Reformen nötiger als er! Immerhin war er freimütig genug, es einzugestehen. Nach Aussage Waliszewskis war der Zar nur dann so unerbittlich, „wenn die Staatsräson im Spiele war". Eine solche Behauptung scheint mir nicht zutreffend zu sein, denn die Staatsräson hatte mit den Mißhandlungen von Jewdokija, der Baronin Schafirow und der andern Opfer nichts zu tun. Waliszewskij weigert sich, in dem Zaren einen Sadisten oder einen aus Triebhaftigkeit oder mit Vorbedacht unmenschlich handelnden Despoten asiatischer Prägung zu sehen. Sein Geist und sein Herz waren solchen Begriffen wie Milde nicht verschlossen. Zur Bekräftigung dieser Behauptung führt er an, der Zar habe sich als „Beschützer der Witwen, Waisen und Wehrlosen" bezeichnet. An Stelle dieses hochtrabenden Titels wäre mir ein Bericht über einige Gnadenakte lieber gewesen. Trotz beharrlicher Nachforschungen sind mir nur 2 Fälle bekanntgeworden. Als Scheremetjew gerade eine Niederlage einstecken mußte, schrieb ihm Peter im Juli 1705: „Seien Sie nicht betrübt über dieses Unglück, denn dauernder Erfolg führte schon manchen in sein Verderben. Vergessen Sie es und geben Sie der Truppe neuen Mut!" Später schrieb er an den Fürsten Repnin, als dieser Riga belagerte:

„Monsieur,
ich habe die Nachricht über Ihre schlechte Führung erhalten. Dafür müßtest Du eigentlich mit Deinem Kopf einstehen, denn ich habe bei Todesstrafe verboten, was immer es auch sein mag, nach Riga passieren zu lassen. Du schreibst, daß Ogilvy Dich ermächtigt hat, diesen Brottransport durchzulassen. Ich kann Dir darauf nur entgegnen: Und wäre es ein Engel gewesen — gar nicht zu reden von diesem Nichtsnutz und Wichtigtuer Ogilvy — der Dir diesen Befehl gab, Du hättest es nicht tun dürfen, denn ich hatte es Dir verboten. Wenn noch ein einziger Hobelspan durchkommt, dann wirst Du, das schwöre ich bei Gott, einen Kopf kürzer gemacht...

PITER"

Von der nachsichtigen Seite zeigte sich der Philosoph von Ferney, wenn er meint, daß Peter I. „halb Tiger und halb Mensch" gewesen sei. Für Cabanès ist der Zar „ein Barbar, in dem primitive Kräfte und Instinkte wirken. Tragisch und närrisch zugleich, hat er etwas von Ludwig XI. und von Falstaff".

*

Ein weiterer Charakterzug, der an einem schlichten Bürger zwar verwunderlich, an einem Staatsoberhaupt jedoch mehr als befremdend wirkt, war Peters beharrliche Vorliebe für alberne Späße. Daß die Garde ein riesiges Feuer entzündet und Sturm läutet, damit die Bevölkerung von Moskau zusammenläuft, kann man zur Not noch hingehen lassen, denn es war der 1. April, und ebenso, daß 2 Jahre später bei der vom Zaren eigens empfohlenen Galavorstellung auf die Bühne ein Schild mit der Aufschrift „1. April" herunterschwebt. Aber dabei blieb es nicht. Peter I. trieb seine geschmacklosen Scherze immer mehr auf Kosten der Krone, des Staates und der Kirche. Er ernannte Sotow, seinen ehemaligen Hauslehrer, den gewaltigsten Säufer von Moskowien zum... Justizminister. Er vertraute die Admiralität Iwan Golowin an, „weil dieser Fürst nichts von der Seefahrt versteht". Während er mit seinen Truppen Kriegsübungen abhielt, ließ er eine Schwadron von Zwergen an den Kampfhandlungen teilnehmen oder befahl den Kirchensängern, sich mit den Kompanieschreibern zu schlagen. So liegen Spaß und Ernst nahe beieinander, vermischt sich die Posse mit kriegerischen Übungen, bei denen die Kanonen dröhnen und Menschen getötet werden.

Die Jahre vergingen, der Herrscher änderte sich nicht. 2 Tage nach der Hochzeitsfeier seiner Nichte Anna mit dem Herzog Friedrich Wilhelm von Kurland nahm der Zar mit dem ganzen Hof an der Hochzeit von 2 Zwergen teil; dazu hatte er 72 weitere Zwerge aus dem ganzen Kaiserreich herbeikommen lassen. In den „Relations" lesen wir über den anschließenden Ball: „Man kann sich leicht vorstellen, welches Vergnügen Peter I. und die übrige Gesellschaft an den drolligen Bockssprüngen, seltsamen Grimassen und lächerlich anmutenden Verrenkungen dieses zusammengewürfelten Haufens von Pygmäen fand, von denen die meisten eine solche Gestalt hatten, daß schon ihr Anblick zum Lachen reizte. Der eine von ihnen hatte einen mächtigen Buckel und sehr kurze Beine, ein zweiter fiel durch seinen ungeheuerlichen Bauch auf, ein dritter watschelte auf krummen Beinen wie ein Dachs daher. Es waren welche da, die hatten ein Schiefmaul und Langohren, dazu kleine Schweinsäuglein. Wieder andere hatten noch viel komischere Gesichter. Als die Vergnügungen zu Ende waren, brachte man die Jungvermählten in den Palast des Zaren und legte sie in seinem eigenen Zimmer zu Bett..."

Im Jahre 1715 beschloß der Zar, Sotow, den Anführer des „Allernärrischsten Konzils", im Alter von 84 Jahren mit einer um ein weniges jüngeren Dame zu verehelichen. Er wies die Proteste des Betroffenen und die flehentlichen Bitten des Obersten Sotow, seinem Vater doch diese Schande zu ersparen, zurück und schärfte allen Würdenträgern ein, zu diesem Feste maskiert zu erscheinen. Den Hochzeitszug führte Seine Majestät Romodanowskij als König David an. Der Bräutigam saß in großem Priesterornat mit seiner Angelobten auf einem von Bären gezogenen Karren. Von allen Kirchtürmen dröhnten die Glocken. Die Volksmenge spottete: „Der Papst heiratet...! Es lebe der Patriarch und seine Frau!" Die Einladung zur Hochzeitsfeier wurde von den ärgsten Stotterern von ganz Moskau mündlich überbracht. Uralte Tattergreise, die sich kaum noch auf den Beinen halten konnten, waren die Brautführer, Läufer die 4 größten Fettsäcke des Zarenreiches. Der von Peter für die Trauung ausgesuchte 100jährige Priester hatte sein Augenlicht und sein Gedächtnis verloren, so daß man ihm die Worte zuschreien mußte. Im Festzug bearbeitete ein Seemann mit breitspurigem Gang wie wahnsinnig seine Trommel. Jeder erkannte ihn an seiner Größe, seinen nervösen Ticks und seiner Warze: Es war der Überwinder Karls XII.!

Nach Sotows Tod — diese erzwungene Heirat hatte ihn nicht gerade verjüngt — berief der Zar das Konzil zur Wahl eines neuen „Knjas-Papstes" ein. Die Mitglieder versammelten sich bei Buturlin und begaben sich darauf in feierlichem Zug zum Hause des Verblichenen. Jeder Kardinal wurde in eine Zelle eingeschlossen. Alle Viertelstunden mußte er einen großen Löffel Eau-de-vie oder anderen Branntwein schlucken. Am nächsten Tage trat das Konzil zusammen. Nach dreimaligem Wahlgang bestimmte es den neuen Fürst-Papst. Jeder küßte ihm die Hand und den Pantoffel, auch die durchgefallenen Kandidaten, die nun den Privilegien dieses Amtes nachtrauerten, nämlich 2000 Rubeln Gehalt jährlich, einem Haus in Moskau und einem zweiten in St. Petersburg, Bier und Branntwein à discrétion. Auf diesen fabelhaften Wahlakt „folgte ein Maskenfest, das 8 Tage dauerte. Während dieser Zeit hielt der Zar die Gäste vom Morgen bis zum Abend zum Trinken und Spaßmachen an!", erzählt Campredon. Diese Zeremonien des Konzils haben nichts zu tun mit den von Michelet in seiner „Geschichte Frankreichs" beschriebenen, damals in Europa abgehaltenen Hexensabbaten, den Schwarzen Messen und Saturnalien. Wie soll man sie erklären? Waren die Trinkgelage für Peter nur eine Zerstreuung, ein Schabernack, eine vergnügliche Unterbrechung seiner harten Tagesarbeit? Ist er nur ein Riese, der einmal aus ganzem Herzen lachen will, Gargantua, der sich in der Abtei Thelem betrinkt, wie Welter annimmt? Wohl kaum. Mit diesen geschmacklosen Possen wollte der Zar den Klerus, den Patriarchen und den Papst in Rom verhöhnen, denn das Haus des „Fürst-Papstes" wird „Vatikan" genannt, und der Narrenumzug ist eine Parodie auf die Palmsonntagsprozessionen. Das war wenigstens der Eindruck des Gesandten Campredon und Voltaires, der „das lustige Fest des Konklave" dem Wunsch nach Verspottung der römisch-katholischen Kirche zuschreibt. „Der Zar", so meint er, „rächte, indem er verlachte, 20 deutsche Kaiser, 10 französische Könige und eine Unmenge Fürsten. Das ist der ganze Erfolg, den die Sorbonne mit ihrer nicht sonderlich klugen Idee von der Vereinigung der griechischen mit der lateinischen Kirche erntet." Alle Geschmacksverirrungen, Verunglimpfungen, Sakrilege, Obszönitäten und abstoßenden Kulthandlungen hat sich der Monarch — mitten im Nordischen Krieg — höchstselbst ausgedacht, in Statuten festgelegt, anbefohlen und selber geleitet...

*

Peter vertuschte seine kriegerischen Niederlagen, stellte seine Erfolge als Siege dar und verwandelte seine Siege in Triumphe, wohl um die des nicht enden wollenden Krieges überdrüssige öffentliche Meinung

zu beschwichtigen. Nach der Schlappe bei Asow schickte er 1703 eine
Gesandtschaft nach Wien, die eine überschwengliche Darstellung dieses „glänzend gelungenen" Feldzuges gab. 3 Jahre später schossen
sämtliche Geschütze der Festung Kronslot zur Feier der Niederlage
von Grodno Salut, bei der die Russen ihre gesamte Artillerie und
ihren Train eingebüßt hatten. Gewiß, Peter ist nicht das einzige
Staatsoberhaupt oder der einzige Armeeoberbefehlshaber, der seine
Heeresberichte „frisiert" hat. Aber er ging doch etwas zu weit!
Einige Geistliche beschönigten sein Tun von der Höhe der Kanzel
herab! Er belohnte sie mit Goldstücken.
Der Zar scheute nicht vor der Lüge zurück, wenn sie ihm nützlich
erschien. Im Jahre 1700, kurz vor Ausbruch des Nordischen Krieges,
erklärte er einem Abgesandten Karls XII.: „Wenn der König von
Polen sich Riga nimmt, werde ich diesen befestigten Platz für Schweden zurückerobern!" In Wahrheit war er bereits mit August II. gegen
Schweden verbündet. Während der Feindseligkeiten hatte er mehrmals sein Wort gebrochen. 2 Beispiele seien hier genannt: Am 21. März
1710 kapitulierte die schwedische Garnison Wiborg. Obgleich der
Besatzung der Abzug aus der Stadt mit ihren Waffen zugesichert
wurde, hielt man sie unter fadenscheinigen Vorwänden zurück. Nach
langwierigen Verhandlungen wurde am 4. Juli Riga von dem schwedischen General Stromberg übergeben. Unter Verletzung der Kapitulationsbedingungen wurde der General, die hohen Offiziere und
die Generalstäbler gefangengenommen, weil — so sagte der Zar —
Karl XII. 10 Jahre früher, nach der Niederlage bei Narwa, es ebenso
gemacht habe.

*

War Peter ein gläubiger Christ oder nicht? Es ist nicht leicht, darauf
eine Antwort zu geben, denn sein Verhalten war — auf diesem Gebiet mehr noch als auf andern — voller Widersprüche. Er besuchte
regelmäßig den Gottesdienst, bei dem man seine schöne Baßstimme
hören konnte. Vor der ersten Schlacht um Asow, seiner Feuertaufe,
nahm er mit seinen Offizieren an einer Messe teil. Er schrieb darnach an den Fürsten Romodanowskij: „Wir sind, gestärkt durch die
Gebete der heiligen Apostel, der felsenfesten Überzeugung, daß uns

die Söhne der Finsternis (die Türken) nicht besiegen werden." Er verfaßte für die Soldaten Gebete, die mit folgender Anrufung begannen: „Großer, ewiger, heiliger Gott..." Als das von ihm entworfene Schiff „Die alte Eiche" in einen Sturm geriet, beruhigte er den Kapitän mit den Worten „Fürchte nichts! Gott ist mit uns." Bei allen Schlachten, allen Belagerungen führte er ein Bild des Heilands mit sich, das sein Palladium zu sein schien. Aus England schrieb er an den Patriarchen: „Es ist gewiß nicht so sehr das Bedürfnis, das mich zur Arbeit treibt, sondern mein Wissensdurst, das Seewesen zu erlernen, die erworbenen Kenntnisse nach Rußland zu bringen und — dies ist mein fester Wille mein Leben lang — imstande zu sein, über die Feinde Christi zu siegen und die Christenheit zu befreien." Am Abend der Schlacht von Poltawa befahl er auf dem Schlachtfeld ein Männerkloster und die Peter-Paul-und-Samson-Kirche zu errichten. (Sie wurden niemals gebaut.) Als Alexej unter Anklage gestellt wurde, schrieb er an die Geistlichkeit: „Ich fürchte Gott, und ich befürchte, daß ich mich versündigen muß." Gerne pflegte er zu sagen: „Wer Gott vergißt und seine Gebote nicht befolgt, arbeitet sich vergebens ab und wird nicht der Segnungen des Himmels teilhaftig werden..." Peter kommunizierte, verrichtete die althergebrachten religiösen Gebräuche und stürzte sich einige Stunden später in wüste Orgien. Obwohl er Gotteslästerungen verboten hatte und denjenigen mit den härtesten Strafen drohte, die Gott, den Glauben und die Kirche beleidigten, dachte er sich Zügellosigkeiten aus, bei denen die heiligsten Dinge durch den Schmutz gezogen wurden. Nach der Eroberung von Asow fuhren in seinem Triumphzug in einer Staatskarosse zwei Priester mit einer Ikone und einem Kreuz mit — angeführt aber wurde der Zug vom Fürstpapst des Allerbetrunkensten Konzils. Man sieht, wie sich in ihm die widerstreitendsten Gefühle begegnen. Der Gesandte Lefort schrieb an Ostern 1721: „Der Zar verrichtet seine Andacht aufmerksamer als sonst, mit mehreren mea culpa, Kniebeugen und vielem Küssen des Bodens." Das mag schon sein, aber niemals gab er Gewissensbisse zu erkennen. Peter sagte einmal: „Es wäre mir lieber gewesen, wenn das Volk sich nicht ausschließlich mit Fasten, Kniebeugen, Kerzen und Weihrauch abgeben würde, sondern Gottvertrauen hätte und verstünde, was

Glaube, Liebe und Hoffnung sind." Nun, gerade an Nächstenliebe fehlte es ihm, um als wahrer Christ zu gelten.

Der Zar empörte sich gegen die Gottesleugner, denen er folgende Zeilen widmete: „Sie halten sich für klüger als die anderen, begreifen aber nicht einmal, daß sie mit ihren frechen Reden nur ihre Ruchlosigkeit, ihre Unwissenheit und ihren Hochmut beweisen. Ihre Ruchlosigkeit, weil sie Gottes Wort verachten, das in der Heiligen Schrift dargelegt ist und auf dem die Religion beruht. Ihre Unwissenheit, weil sie nicht über genügend Verstand und Wissen verfügen, um die Wahrheit der christlichen Religion zu erkennen. Ihren Hochmut schließlich, weil sie sich für klüger halten als die Gelehrten, die durch ihre ernsthaften Arbeiten die Wahrheit des Christentums dargetan haben. Der geringste von den Vätern eines beliebigen Konzils hat mehr Geist und Würde als die ganze Horde dieser verworrenen und frechen Salbaderer, die nur Dummheit und Schlechtigkeit lehren."

Obwohl der Zar sich über den Aberglauben bei seinen Untertanen lustig machte, glaubte er an Träume. Im März 1712 träumte er, wütende Tiger würden ihn anfallen, aber eine Stimme habe ihm zugerufen, er solle sich nicht erschrecken. Die Bestien ließen sogleich von ihm ab, und vier weißgekleidete Personen kamen auf ihn zu und trieben die Tiere zurück ... Er notierte ganz genau den Tag, die Stunde und die Einzelheiten dieses Traumes, in dem er die Verheißung eines Sieges über die inneren Feinde erblickte (Whitworth, 25. März 1712).

Mereschkowskij berichtete folgendes über die Leiden der „Raskolniki" (der Altgläubigen): Ein Greis wurde dreimal „verhört" (sprich gefoltert). Man zwickte ihm die Rippen mit glühenden Zangen ab und riß ihm den Nabel heraus. Darauf wurde er bei größter Kälte vollkommen entkleidet und mit eiskaltem Wasser übergossen, bis die Eiszapfen von seinem Bart bis zur Erde reichten, um schließlich auf dem Scheiterhaufen zu sterben. Wieder anderen legte man einen eisernen Halsring um, an welchen man Hände und Füße ankettete. Die Rückenwirbel brachen auseinander, das Blut schoß aus Nase, Mund und Ohren ... Um den Verfolgern zu entgehen, schlug eine Frau ein großes Loch in das Eis, warf ihre sieben kleinen Kinder hinein und stürzte sich hinterher. Der zur Bekehrung der „Raskolniki" vom Zaren nach Kerschenetz entsandte Bischof Pitiriom schrieb an ihn: „Sie wurden mit großer Grausamkeit gefoltert und zerrissen, bis sogar ihre Eingeweide heraustraten." Peter war weit davon entfernt, diesen seltsamen Bekehrer zu züchtigen, und untersagte, den Prälaten wegen seiner „seelsorgerischen Mission" zu tadeln.

Er hatte versprochen, „jedem Christen die Freiheit zu lassen, auf eigene Verantwortung für das Heil seiner Seele zu beten". Indessen zwang er die Orthodoxen, wenigstens einmal im Jahr zur Beichte zu gehen. Wer sich sträubte, wurde von der Gouvernementsverwaltung und den Distriktrichtern mit einer Geldbuße belegt. Dagegen war der Zar sehr großzügig gegenüber den anderen Glaubensbekenntnissen. Durch das Edikt vom 16. April 1702 garantierte er, allerdings nur den Ausländern, die freie Ausübung ihrer Religion. So sehr er den Bekehrungseifer, die Weltherrschaft der römisch-katholischen Kirche und vor allem die Macht des Papstes fürchtete, so gerne nahm er an den Gottesdiensten der reformierten oder lutherischen Kirche teil. Er soll Pastor Reichmuth anvertraut haben, er bedaure, nicht die gleiche Schlichtheit in seiner Kirche einführen zu können. Die Israeliten hingegen konnte er nicht leiden. Als der Bürgermeister von Amsterdam ihm die Bitte für die Einwanderungserlaubnis von jüdischen Händlern nach Rußland vortrug, schlug er sie rundweg ab: „Es ist nicht der richtige Zeitpunkt, um jenen Leuten das Zarenreich zu erschließen. Stehen sie auch in dem Rufe, in den Handelsgeschäften alle und jeden zu betrügen, so würden sie meine Russen noch gewitzter finden."

Im November 1709 hatte der Metropolit von Kasan den Pfarrern verboten, die Trauungen zwischen Ausländern zu vollziehen, die in einem von der orthodoxen Kirche verbotenen verwandtschaftlichen Verhältnis standen. Der Gesandte Whitworth legte Protest ein. Der Zar gab dem Begehren statt und bestätigte die von seinen Vorgängern erteilten Rechte in Gewissensdingen. Er setzte hinzu, daß allein die in seinem Namen getroffenen Entscheidungen Gültigkeit hätten[7].

Er hatte zuerst die Jesuiten in seinem Lande aufgenommen, schickte sie aber wieder fort mit der Begründung: „Ich kenne ihr profundes Wissen, aber sie bedienen sich ihrer Religion nur für ihre Pläne und ihrer Schulen nur für ihre geheimen Praktiken zugunsten des Papstes,

um einen gewissen Einfluß auf die europäischen Herrscher ausüben zu können. Ich bin überrascht, daß der französische und der spanische Hof, die im Rufe allergrößter Schlauheit stehen, diese Sektierer, die schon so viele Könige in den Tod getrieben haben, noch dulden[8]."
Auf Anraten Kaiser Josephs I. erlaubte der Zar den Kapuzinern, die Stellen und Funktionen der Jesuiten einzunehmen. Aber schon bald machte er ihnen die gleichen Vorwürfe wie den Jüngern Loyolas und übertrug den Franziskanern die Versorgung der katholischen Kirchen.

*

Diese lebensfrohe, joviale, schwungvolle Natur hatte aber auch ihre unberechenbare nervöse Seite und unterlag plötzlichen Stimmungswechseln, heftigen Wutanfällen und beängstigenden Depressionen. Peter, sehr unbeständig in seinen Entschlüssen, warf bei seinen Reisen ins Ausland die Festprogramme über den Haufen, änderte die Reiseroute, schlug die für ihn bereitgehaltenen Bankette, Prunkwagen und Unterkünfte aus und brachte dadurch seine Gastgeber zur Verzweiflung.
Sein Verhalten war oft derart widerspruchsvoll, daß es schwer gelingt, seine Handlungsweise zu erklären und seine Gefühle zu durchschauen. Verzweifelt, könnte man glauben, weinte er drei Tage lang am Sarg seiner Mutter. Doch schon am nächsten Tage war er auf einem rauschenden Fest bei Lefort, amüsierte sich prächtig und trank wie 10 Popen. Im Jahre 1719 wollte nichts gelingen: Sein Sohn Peter war eben gestorben, Scheremetjew, sein bester General, folgte ihm bald nach. Der Zar lag mit Frankreich, England und Österreich in Streit. Ein paar Tage verweigerte er jegliche Nahrung und war für niemand zu sprechen. An der Spitze einer Delegation des Senats sprengte Fürst Jakob Dolgorukij die Türe auf. Mit Entschiedenheit erinnerte er ihn an seine Pflichten. Der Zar nahm seine Arbeit wieder auf, und noch am gleichen Abend — seine Verzweiflung hatte er längst vergessen — präsidierte er in bester Laune bei neuen Tafelfreuden ... Man könnte ihn für freigebig und großzügig halten, weil er seine Freunde mit Schenkungen und Präsenten überhäufte (Landgüter, Leibeigene, Wagen, wertvolle Pferde und Schmuckstücke) oder weil er einen Fest-

saal bauen ließ, der ein Vermögen kostete. Auf der anderen Seite
feilschte er mit einem Fischer um einen alten Kahn, ließ seine
Strümpfe stopfen, trug zerlöcherte Schuhe und fuhr in einem mit
einem Klepper bespannten zweirädrigen Kabriolett. Er verabfolgte
seinem getreuen Küchenmeister eine Tracht Prügel — hatte er sich doch
erdreistet, ein Stück von dem Peter so teuren Limburger Käse zu
essen! Manchmal war er liebenswürdig mit seinen Gästen, eilte von
einem Tisch zum andern und hatte für jeden ein freundliches Wort.
Man konnte ihn für einen vollkommenen Gastgeber halten, wenn er
sich nicht im nächsten Augenblick wie ein Rohling aufgeführt hätte.
Bei der Kapitulation von Narwa (1704) erhielt der schwedische Kommandant Horn ein paar Backpfeifen und die schlimmsten Vorwürfe,
weil sich dieser hervorragende Offizier zu lange verteidigt hatte. Den
Leichnam der während der Erstürmung getöteten Frau Horn ließ der
Zar in den Fluß werfen. 2 Jahre später fiel er einem schwedischen
Schiffskapitän um den Hals, weil dieser ihm in hervorragender Weise
Widerstand geleistet hatte, küßte ihn und nannte ihn seinen Bruder!
Endlich kommen wir zum größten Widerspruch in seinem Leben: Er
will das Glück seines Volkes, allein er unterwirft es einem eisernen
Regiment, läßt an die 200 000 arme Kerle aus Mangel an Nahrung
und Fürsorge elend auf den Baustellen zugrunde gehen ...

*

Obgleich er seinen Vertrauten gestattete, bei den Festmählern ungezwungen zu ihm zu sprechen, war er doch empfindlich und nahm
manche Äußerungen gewaltig übel. Behielt er auch bescheiden den
durch eigenes Verdienst erworbenen Rang in der Armee bei, so war
er nicht frei von Überheblichkeit. Als er 1723 in Derbent einzog,
sagte er: „Gebaut wurde diese Stadt von Alexander dem Großen,
aber Peter I. erobert sie!“
Er war rachsüchtig: Er meinte, 1697 in Riga anläßlich des Aufenthalts
der Großen Gesandtschaft von dem schwedischen Gouverneur nicht
gebührend aufgenommen worden zu sein. 12 Jahre später eröffnete
er die Belagerung der vom Unglück betroffenen Stadt, gab selbst die
ersten Kanonenschüsse ab und berichtete an Menschikow: „Dank der

Vorsehung werde ich mich nun an dieser verdammten Stadt rächen können!"

*

Nicht nur Laster und Schwächen barg das Herz des Zaren: Er hatte viele gute Eigenschaften. Er war einer der arbeitseifrigsten Herrscher der Geschichte. 1700 sagte er: „Gott hat den Herrschern zwanzigmal mehr zu tun aufgegeben als den übrigen Menschen. Doch hat er ihnen nicht die zwanzigfache Zeit und die zwanzigfache Kraft mitgegeben. ... Verlust an Zeit gleicht dem Tode ... er ist unwiederbringlich." Immer war Peter in Eile, als wären seine Tage gezählt, als wollte Freund Hein sein Werk unterbrechen. Er jagte von einem Ende des Reiches zum andern, von Smolensk nach Archangelsk, von St. Petersburg nach Asow, nach Polen, Europa und Finnland; unmöglich, ihm auf seinen unaufhörlichen Wanderschaften zu folgen. Seine Hände mußten sich regen, seine Füße sich bewegen. Er ging nicht, er raste. Nicht einen Tag konnte er müßig verbringen, nicht eine Stunde stillsitzen. Auch bei den ihm zu Ehren veranstalteten Festlichkeiten war er nicht in der Lage, Zuschauer, passiv zu sein. Er mußte Bewegung haben, die Trommel rühren, von einem Platz zum anderen eilen. Die Tat war seines Lebens Freude und Sinn.

Als es wieder Krieg mit den Türken gab, stürzte er ohne Vorbereitung, ohne Proviant auf sie los, mit dem Erfolg, daß seine Armee am Pruth eingeschlossen wurde. Er hatte es stets so eilig, daß seine Briefe oft unlesbar, die Worte nicht ausgeschrieben sind. Hier ein Beispiel aus einem Brief an Menschikow: „Mei her Brude un Kamara ..."

Der Zar stand jeden Morgen um 4 Uhr auf — auch nach einem Gelage. In der Nacht vom 26. Februar 1692 war er bei General Lefort, der ihm ein großes Gastmahl gab. Trotzdem trat er bei Sonnenaufgang eine große Reise an. Folgendes berichtet der Gesandte Baluze am 2. Januar 1703 an Ludwig XIV.: Peter I. sei gegen Mitternacht von einer Reise zurückgekommen und sofort bei Graf Golowin abgestiegen, von wo aus er den polnischen Residenten zu sich befohlen habe. Er empfing diesen Diplomaten gegen 2 Uhr morgens. 1721 verbrachte er täglich 14 Stunden mit der Abfassung des See-

Reglements, und zwar vom Morgengrauen bis zum Mittag und von 4 bis 11 Uhr nachts. Und dies wochenlang! Beim ersten Hahnenschrei erteilte er dem zum Gesandten in Stockholm ernannten Grafen Bestushew seine Instruktionen. Sogar im Frühjahr schaffte er die Strecke von Moskau nach St. Petersburg in 4 Tagen, und wenn er um 6 Uhr morgens ankam, begab er sich unverzüglich an die Arbeit (Gordon). Eigenhändig verfaßte er ungezählte Sendschreiben, Ukase, die großen Direktiven und bis ins kleinste ausgearbeitete Instruktionen. Zu Beginn des Asowschen Feldzuges schrieb er an einem einzigen Tage 6 Armeebefehle für Gordon.

Sein vielseitiger Geist beschäftigte sich mit den verschiedenartigsten Dingen: der Reorganisation der Armee, einem Rezept für Kaldaunen-Sülze, dem Bau einer Flotte, dem Verbot für Eichensärge, der Redaktion eines russischen Lexikons, dem Abrichten von Hunden, der Erscheinung von Sonnenflecken, dem Walfischfang, dem Ankauf von Bildern, dem Erwerb von „menschlichen und tierischen Mißgeburten" durch den Staat, der Misthaufenkonservierung und der Erziehung von Findelkindern ... Man sieht: Er vergaß nichts!

Sein Bildungshunger und seine Wißbegier führten ihn auf Baustellen, in Häuser, Eisenhütten, Seziersäle, Fabriken, Sägewerke, Druckereien, Mühlen und auf Schiffe. Er stellte 1000 Fragen, kritzelte ungezählte Notizen in seine Taschenbücher, die er stets bei sich trug. Sein Leben war ein ständiges Ergründen der verschiedenartigsten Gegenstände. Er wollte jeden Beruf erlernen. Geschickt verstand er mit Hobel, Drehbank, Axt und Säge umzugehen. Dieser Arbeiter mit schwieligen Händen, dieser energische Werkmeister, dieser Zimmermann, Schmied, Zahnarzt, Schlosser, dieser Universalhandwerker kannte jedes Instrument. In seinem Palast hatte er eine Werkstatt eingerichtet, in der er sich mit Andrej Nartow zusammen an mehreren Drehbänken betätigte. Jahrelang arbeitete er an einem Elfenbeinlüster mit 24 Kerzen, der für die Kathedrale von St. Petersburg bestimmt war. Ganz auf das Praktische, Konkrete, Konstruktive gerichtet, beobachtete er alles, um es nachzuarbeiten, lernte alles, um es selber machen zu können. Er sah in erster Linie die Sache, den Gegenstand, das Werkzeug, die Maschine, die Arbeit an sich und den Arbeitsvorgang, die technische Erfindung. Hatte er den Kon-

struktionsplan zu einem Schiff gezeichnet, dann wollte er es auch
eigenhändig bauen. Wenn das Schiff dann vom Stapel gelaufen war,
steuerte er es selbst. Er war der Künder der Technik, welche die
Industrie, das Heer, das ganze Leben umformen sollte. Ahnte vielleicht sein überwacher Geist in einer weiten Zukunft eine neue Welt
voraus, in der Wissenschaft und Technik die erste Stelle einnehmen
werden?

Er war derart lernbegierig, daß er nach seiner Ankunft in Dresden,
um 1 Uhr nachts, nach einer langen Tagereise noch bis zum Morgengrauen bei Fackelschein das Museum besichtigte. Er wollte alles sehen,
alles befühlen: Maschinen, Verwundungen, die Uhr an der Corsage
einer Dame, den lebenden Salamander, den ein Apotheker in einem
Glasgefäß aufbewahrte. Zur Befriedigung seiner Neugier bedurfte es
eigentlich eines 48-Stunden-Tages und mehrerer Leben für ihn.

Leidenschaftlich interessiert für die Chirurgie, fragte er 6 Stunden
lang einen mit einer Karawane aus China zurückgekehrten englischen
Arzt aus. Dolgorukij behauptet in seinen „Memoiren", der Zar habe
die Autopsie der Zarin Martha Apraksin, der Witwe Feodors III.,
vorgenommen, weil er wissen wollte, ob sie mit 51 Jahren noch
Jungfrau war, wie behauptet wurde. Beim Anblick des Säckchens mit
den von Peter gezogenen Zähnen, das in Leningrad sorgfältig aufbewahrt wird, erfaßt einen noch heute ein Schauder in Gedanken
an die Schmerzen, die der Zahnarzt-Helfer seinen bedauernswerten
Patienten zugefügt hat, trotz des Diploms der Pariser Akademie der
Wissenschaften. Und man versteht auch, daß seine Bedienten Kno-
chenhaut- und Zahnfleischentzündungen, dicke Backen und Abszesse
vor ihm geheimhielten. Indessen dürfte er auch nicht viel schlechter
operiert haben als die Herren „Ärzte" — wahre Grobschmiede —,
die im Jahre 1685 Ludwig XIV. die Zähne gezogen hatten: Sie hatten
ihm nämlich ein Stück vom Gaumen herausgerissen und den Kiefer
gesprengt, in dem sich eine übelriechende Öffnung bildete.

*

Nach der Meinung einiger Autoren soll der Zar ein Wunderkind gewesen sein. In Wirklichkeit konnte er mit 11 Jahren noch nicht lesen,

und seine „Genialität" bestand nur darin, Uhren auseinanderzunehmen, um das Räderwerk zu untersuchen. Später zeigte er eine ausgesprochene Neigung für die Naturwissenschaften, Mathematik und Geometrie, Technik und Handwerk. Aber er blieb, trotz seiner raschen Auffassungsgabe und seinem Eifer für die Arbeiten, die ihn fesselten, auf dem Niveau eines Volksschülers. Sein unverbrauchter Geist wußte nichts von den großen Zusammenhängen, von Abstraktionen, obwohl er sich leidenschaftlich für Theologie interessierte. Die Vorschläge von Leibniz, in Rußland Institute für philologische und sprachwissenschaftliche Forschung zu gründen, stießen auf keinerlei Verständnis von seiner Seite. Dieser Tatmensch hatte weder Zeit noch Lust, auch nur dem geringsten philosophischen Problem auf den Grund zu kommen. Mit Geräten verstand er besser umzugehen als mit Menschen, mit Zahlen besser als mit Lehrsätzen. Literatur, Geschichte, Kunst, außer der Architektur, waren ihm gleichgültig. Wenn er in Europa Statuen und Bilder kaufte — u. a. van Dyck, Rubens, Rembrandt, Breughel —, so beseelte ihn mehr der Wunsch, das Vorbild der Pariser oder Amsterdamer Museen nachzuahmen, als ein künstlerisches Bedürfnis. Es ist nicht bekannt, ob seine von dem Basler Gsell geleitete Bildergalerie ihm tatsächlich etwas bedeutet hat, wogegen er leidenschaftlichen Anteil am Schaffen der Architekten in St. Petersburg nahm.

*

Sein ganzes Temperament, seine nervöse Unruhe, seine barsche Art, seine Stimmungsumschwünge, seine heftigen Wutanfälle, sein Eigensinn und seine Verachtung für die höfischen Sitten machten ihn zu einem schlechten Diplomaten. Mit seinem Ultimatum an die Türkei lud er sich gerade in dem Moment eine Kriegserklärung auf den Hals, als er ohne Verbündete dastand (1711). Er ließ sich in die verworrensten Intrigen verwickeln. In Polen wurde er von seinem Freunde August, dem Meister in der Kunst des Treubruches, mehrmals hinters Licht geführt.

Dafür besaß er andere Eigenschaften, die für einen Staatsmann ausschlaggebend sind: Scharfblick, Entschiedenheit, Zähigkeit, eine unerhörte Arbeitskraft und einen unbegrenzten Aufopferungswillen für sein Land. Mochte er sich mündlich oder schriftlich den Rat von Sachkennern auf dem Gebiet der Innenpolitik einholen, das Oberkommando der Armee und der Marine Generälen und Admirälen übergeben, denen er sich unterordnete — alle Entscheidungen, auch die allerschwersten, auf dem Gebiet der Außenpolitik traf er allein. Er erklärte den Krieg, er schloß Bündnisse, bot Frieden an und diktierte die Kapitulationsbedingungen. Da er zur Ausdehnung des Moskowiterreiches nur die Wahl zwischen seinen 3 Erbfeinden, der Türkei, Polen und Schweden hatte, entschloß er sich 1695 — nach sechsjähriger Untätigkeit — die unter Sofjas Regentschaft mit Österreich, Polen und Venedig als Verbündeten begonnenen Feindseligkeiten gegen die Ungläubigen fortzusetzen. Nach einer anfänglichen Schlappe vor Asow eroberte er schließlich die Stadt. Während der Reise der Großen Gesandtschaft widersetzte er sich vergeblich den Verhandlungen, die den Krieg gegen die Türkei beendeten. Der Friede von Karlowitz (1699) war für ihn ein schwerer Schlag, denn seine Verbündeten hatten ihn im Stich gelassen, das Schicksal der jungen russischen Flotte in den Häfen am Asowschen Meer war ganz unsicher geworden, der Wiederaufbau des Wolga-Don-Kanals hatte an Bedeutung verloren. Die ganze Expansionspolitik Peters nach Süden brach zusammen.

3 Lösungen boten sich damals an: Entweder führte er den Kampf gegen die Türkei allein weiter; oder er schloß mit der Hohen Pforte Frieden und ließ Rußland weiter in seinen verletzlichen Grenzen dahinleben; oder aber er machte Frieden mit der Türkei, griff Polen oder Schweden an, um bei Danzig oder Riga an die Ostsee zu gelangen. Ohne Zögern unterzeichnete er einen Bündnisvertrag mit dem Kurfürsten von Sachsen und dem König von Dänemark gegen Schweden. Diese vollkommene Schwenkung in der russischen Außenpolitik, die Kehrtwendung der Armeen war von Peter aus eigener Machtvollkommenheit beschlossen worden. Es offenbart sich hier seine Neigung zu einsamen Entschlüssen und zugleich seine Unvorsichtigkeit — denn seine Truppen waren noch nicht soweit, um sich mit den Karolinen und Trabanten messen zu können. Wir haben gesehen, mit welcher Hartnäckigkeit er diesen Krieg 21 Jahre lang,

zuletzt ohne Bundesgenossen, bis zum Frieden von Nystad geführt hat. Die Schlappe vor Asow, die Einnahme und darauf der Verlust dieser Stadt, der Sieg bei Poltawa, die Niederlage am Pruth, die Friedensverträge mit der Türkei und der von Nystad, Erfolge und Mißerfolge gehen allein auf das Konto des Zaren; der Senat, die Kollegien und die Diplomaten waren nur ausführende Organe.

Seine überragende Intelligenz mahnte ihn zu klugem Verhalten während zahlreicher Verhandlungen. Als er 1714 von seinen militärischen Zielen sprach, sagte er: „Wenn wir Ingermanland alleine behalten und wenn der Feind (Schweden) Estland und Finnland in seinem Besitz hat, dann beherrscht er das Meer weiterhin wegen der Enge des Finnischen Meerbusens. Wenn wir andererseits Livland und Estland behalten und Ingermanland abtreten, so sind wir von Rußland abgeschnitten . . ." Die Schlußfolgerung ergab sich von selbst: Er mußte die Baltischen Provinzen *und* Ingermanland erobern. Das gelang ihm auch, obwohl seine Verbündeten von ihm abfielen.

Man kann nach Prüfung der vom Zaren geschriebenen Brouillons mit Sicherheit behaupten, daß die wesentlichsten Teile der mit dem Nordischen Kriege zusammenhängenden diplomatischen Dokumente, die der Kanzler unterzeichnet hatte, das persönliche Werk des Zaren sind.

*

Manche Autoren — insbesondere General Leher und C. B. Basilewitsch[9] — haben in Peter I. ein militärisches Genie gesehen, einen zweiten Alexander oder einen Vorläufer Napoleons. Wie steht es damit? Nach unserer Meinung war der Zar weder ein bedeutender Stratege noch ein glänzender Generalstabschef. Seine militärische Begabung war begrenzt. Er war zwar schöpferisch, gab Anregungen, verstand zu improvisieren, aber er arbeitete seine Pläne nicht aus, er dachte seine Überlegungen nicht bis zur letzten Konsequenz durch; zu seinen Siegen verhalfen ihm nur seine unerhörte Ausdauer und sein eiserner Wille. Er kann nicht mit Alexander dem Großen verglichen werden, dem eine bereits von seinem Vater Philipp aufgestellte Equipe von aufeinander eingespielten fähigen Politikern und

Generälen zur Verfügung stand. Peter hatte zu seiner Unterstützung weder einen Parmenion noch einen Antipater. Der Zar war nach und nach die militärischen Rangstufen emporgestiegen: bei Asow Hauptmann der Bombardiere, bei Poltawa Armeegeneral, mit 35 Jahren Konteradmiral bei Hangö und 5 Jahre später Vizeadmiral (das heißt erster Admiral nach dem Generaladmiral). Aber er kannte die Grenzen seiner Fähigkeiten, die Überlegenheit der anderen Offiziere und übertrug deshalb bei Poltawa Scheremetjew den Armeeoberbefehl und Graf Apraksin die Führung des Seekrieges gegen Schweden. Damit bewies er seine Bescheidenheit und Selbstverleugnung, seine vollkommene Hingabe an den Staat.

Waliszewski hat eine Parallele zwischen Peter und Napoleon gezogen und fand bei beiden „die gleiche unablässige, nie erlahmende Anspannung, die gleiche elastisch-geschmeidige Kraft, die gleiche Fähigkeit, sich unendlich vielgestaltigen Gegenständen gleichzeitig widmen zu können ..." Diese Ansicht überrascht mich. Zwar ist es richtig, daß die beiden Staatenlenker Intelligenz, Schaffenskraft, Entschiedenheit, Willensstärke und das Gefühl für Größe miteinander gemein hatten, doch sind sie in vielen Punkten voneinander verschieden. Zieht man nur die Situation ihrer Staaten zum Zeitpunkt ihres Todes in Betracht, so muß man zugeben, daß Peter Napoleon als Staatsmann überragte. Auf militärischem Gebiet dagegen kann sich der Zar nicht mit dem „Petit Caporal" messen.

*

Peter I. hatte eine sehr hohe Auffassung von den Pflichten eines jeden gegen den Staat. Darum kämpfte er zeit seines Lebens gegen die Veruntreuungen seiner Untergebenen. Wir erleben es, wie 1714 der Senator Fürst Grigorij Iwanowitsch Wolkonskij, Vizegouverneur von St. Petersburg, Fürst Gagarin, Vizegouverneur von Moskau und weitere Angeklagte „verhört" werden. 3 Jahre später war die Reihe an General Tschernytschew, Admiral Apraksin, einem Fürsten Dolgorukij, dem Generalkommissar der Proviantverwaltung und Solowjow. Gagarin wurde gehenkt, Nesterow gerädert, Pissarow standrechtlich erschossen. Wir führen nur einige Namen aus der großen

Zahl der wegen Untreue im Amt verurteilten hohen Würdenträger und Beamten an. Unzählige Berichte von Diplomaten belehren uns über diesen Krebsschaden, der an der russischen Verwaltung nagte[10].

Als Ende Januar 1718 das Senatsgebäude in Flammen aufging, wurden im Verlauf einer gegen hohe Persönlichkeiten durchgeführten Untersuchung die Angeklagten verdächtigt, Feuer an die Strafregister gelegt zu haben. Eines Morgens ließ der Zar, noch bevor er aus St. Petersburg fortreiste, mehreren hohen Würdenträgern „Batogen" (Ruten) verabreichen. Auspeitschen, Knutenstrafe, Nasenabschneiden, Zungenausbrennen, Köpfen, Rädern, Beschlagnahme des Besitzes nützten nichts. Die Schuldigen wurden mit ihren Familien in die Verbannung geschickt, ein Karren mit Verurteilten nach dem andern fuhr zum Richtplatz — alles war umsonst: Die Korruption wütete am Hofe und im ganzen Reich beharrlich weiter. Ein Diplomat, der einen großen Teil seines Lebens in Moskau zugebracht hatte, rief aus: „Ich bedaure diesen Monarchen, der weit und breit keinen einzigen treuen Untertanen finden kann[11]." Es spielten sich wirklich unglaubliche Szenen ab. Zum Beispiel: Der Generalprokureur wird unter Anklage gestellt; der Senatspräsident, dem die Strafsachen unterstehen, gleichermaßen in die Angelegenheit verwickelt, setzt seine Arbeit, eskortiert von 2 Soldaten, während der Untersuchung fort. Wenn die Angeklagten freigesprochen werden, nehmen sie wieder ihr Amt ein, als sei gar nichts geschehen. Auf diese Weise pendelte man zwischen dem Senat und dem Gefängnis, der Zelle und dem Senat hin und her — wenn man nicht nach Sibirien oder in den Himmel spediert wurde. Das scheint alles ganz selbstverständlich...

Erbittert rief der Zar eines Tages aus: „Ich lasse jetzt alle Diebe aufknüpfen...!" Worauf Jagushinskij, der Generalprokureur, schlicht zur Antwort gab: „Wollen denn Eure Majestät allein, ohne Untertanen Kaiser sein...?" In Gogols Komödie „Der Revisor" sagt ein Funktionär zum anderen: „Für deine Stellung stiehlst du aber ein bißchen viel...!"

Die Diplomaten müssen bei jeder Gelegenheit die Minister des Zaren mit „Verehrungen" gewinnen. Um die Vermittlung Frankreichs zwischen Rußland und Schweden beim Zaren zu erreichen, machte Campredon Tolstoj „ein kleines Präsent" von 10 000 Dukaten. Tolstoj

rät, „auch den Kanzler Golowkin zu gewinnen, der für ein Geschenk
sehr empfänglich sei." Er verlangte 40 000 Dukaten, um Ostermann,
Rumjanzew und einige Subaltern-Beamte zu „schmieren", damit er
in Geheimaudienz beim Zaren empfangen werde[12]. Man hat geschrieben, das russische Regime sei durch politischen Mord temperierter
Despotismus; man hätte besser gesagt: durch Käuflichkeit verschärf-
ter Absolutismus.

*

Mut und Tollkühnheit waren Karl XII. in die Wiege gelegt worden.
Peter nahm sich neben ihm recht kläglich aus. Die blutigen Szenen
im Kreml hatten seine Kindheit mit Furcht und Schrecken erfüllt.
Mitten in der Nacht nahm er Reißaus, halbnackt, ohne Strümpfe,
als 1689 ein paar Mörder hinter ihm her waren. Schon am folgenden
Tage hatte er sich wieder in der Gewalt. Aber 11 Jahre später überließ er bei Narwa, als die Schweden heranrückten, einem fremden General seine Armee, der sie kaum kannte. Dafür hielt er sich bei Poltawa ausgezeichnet. Diese mit aller Gewalt anerzogene Furchtlosigkeit ist bestimmt verdienstvoller als die angeborene Verwegenheit
seines Gegners. Peter besaß eine außergewöhnliche Beharrlichkeit.
Bei der ersten Belagerung von Asow gab er sich alle Mühe, noch
an Ort und Stelle der mangelhaften Vorbereitung abzuhelfen. Er ließ
die Artillerie angreifen, Minenstollen ausheben und einen Sturmangriff versuchen, der jedoch mit einem Blutbad endete. Besiegt von
der Ungunst des Wetters, der Unfähigkeit seiner Generäle, der Tapferkeit der Türken, war ihm klar geworden, daß diese Stadt ohne
Schiffe nicht erobert werden konnte, und so baute er eine Flottille,
mit der er donabwärts fuhr, zerschlug die ottomanische Flotte und
nahm Asow ein. Noch erstaunlicher war seine Ausdauer im Nordischen Krieg; denn trotz empfindlicher Rückschläge und enormer Verluste, trotz der Unzufriedenheit seines Volkes, setzte er einen allem
Anschein nach aussichtslosen Kampf fort. Die Niederlage von Narwa
führte ihn langsam zum Siege bei Poltawa.
Der Zar war sparsam, ja er neigte zum Geiz. Über seine Einnahmen führte er genau Buch: „366 Rubel für meine Arbeit auf der

Werft und 40 Rubel für meinen Dienst als Kapitän verdient . . . Oberstensold in Grodno erhalten: 460 Rubel . . ." Er schreibt seine Ausgaben auf, wobei selbstverständlich Empfänge und Festessen auf Staatskosten gehen. Sein Küchenchef Velten wurde schlecht bezahlt. Seine Geschenke waren im allgemeinen bescheiden. Für ihre erste Liebesnacht erhielt Katharina einen Dukaten von ihm. Nur einen Rubel steckte er unter das Kopfkissen der Wöchnerinnen, wenn er Pate bei einem Soldatenkind war, und einen Dukaten bei der Frau eines Offiziers. Er schenkte dem Steuermann, der ihm auf dem Weißen Meer das Leben gerettet hatte, nur 30 Rubel (1694). Als Jagushinskij gerade in diplomatischer Mission in Wien war, erkundigte er sich bei ihm nach dem Preis von 2 oder 3 Dutzend Flaschen guten Tokajers nebst den Transportkosten (1720). Aber auch auf diesem Gebiet überrascht uns Peter durch seine Widersprüche: Dieser angebliche Geizhals bewilligte den Klöstern ansehnliche Subsidien. Er trat an den Staat seinen ganzen Landbesitz ab, bis auf das von den Vorfahren ererbte Dörfchen von 24 Seelen. Seine Günstlinge, die nicht so uneigennützig wie Lefort waren, überhäufte er mit Reichtümern. Er verschwendete ein Vermögen für sein Vergnügen an Feuerwerken.

Peter verabscheute alles große Gepränge, gestattete es aber für die Große Gesandtschaft und später auch für Katharina — nach der Heirat. In den letzten Jahren seiner Regierung „gibt er nicht mehr als 50 000 Rubel für seine Hofhaltung, für Essen, Bier und den Marstall aus, während sich die Gesamtsumme der Einkünfte auf ca. 10 Millionen Rubel beläuft[13]". Dafür war der Hofstaat seiner zweiten Gemahlin ebenso zahlreich und glänzend wie die reichsten Höfe in Deutschland. In der Sparsamkeit für sich selber konnte er es mit Friedrich Wilhelm, dem Vater Friedrichs des Großen, aufnehmen. Er hatte weder einen Oberhofmeister noch Kammerherren und Kammerjunker. Ein Dutzend junger Edelleute waren ausreichend zu seiner Bedienung. Nur viermal legte er seinen Galarock an und nur einmal das von Katharina gestickte Gewand, denn lieber trug er bei festlichen Gelegenheiten die Uniform. Dagegen verschaffte er jedem seiner Zwerge und Narren den päpstlichen Orden vom Goldenen Sporn am Bande — der ihn 60 Rubel pro Kopf kostete.

Dieser Fürst aus königlichem Geblüt, als Sohn und Enkel eines
Zaren im Kreml geboren, unterschied sich von seiner Umgebung
durch außerordentliche Einfachheit in seiner Kleidung, seiner Haus-
haltführung und seiner Kutsche „mit der gar mancher Moskauer
Kaufmann sich nicht zufrieden gegeben hätte", berichtete ein Augenzeuge. Für gewöhnlich speiste er um 1 Uhr zu Mittag. Seine Leib-
gerichte waren Kohlsuppe, Grütze, Spanferkelsülze, kalter Braten
mit gesalzenen Gurken und Zitronen, Schinken und Limburger Käse.
Vor dem Essen nahm er ein Glas Kümmel. Bei Tisch trank er Bier,
Ermitagewein, Tokajer, Médoc oder Cahors. Er konnte es nicht
ausstehen, von Lakaien bedient zu werden. Soldaten oder subalterne
Hofbeamte übernahmen es, ihm bei Tisch aufzuwarten. Wurde er
zu einem Essen geladen, dann brachte er seinen eigenen, elfenbein-
verzierten Holzlöffel, Messer und Gabel mit.

Sein Häuschen in St. Petersburg war nur 18 auf 6 Meter groß, und
dasjenige in Reval bestand nur aus Schlaf- und Eßzimmer, Küche
und Bad. Der Park war der Bevölkerung zugänglich. Sein Arbeits-
kabinett in St. Petersburg, in dem er alle wichtigen Schriftstücke
unterzeichnete, war nur mit einem Schreibtisch und einem lederbe-
zogenen Lehnsessel aus Birke, den er selbst gearbeitet hatte, möbliert.
Er haßte hohe und weite Räume. Erschien ihm ein Zimmer nicht
niedrig genug, so ließ er als künstlichen Plafond Stoffbahnen span-
nen. Bei Siegesparaden nahm er nicht die erste Stelle auf der Ehren-
tribüne oder an der Spitze der Armee ein. Er marschierte im Glied
mit den Soldaten, die unter seinem Kommando standen. Bei den
Festmählern in der Deutschen Siedlung wünschte er nie den Ehrenplatz. Er war nicht der Führer der Großen Gesandtschaft, sondern
hielt sich unter den adligen Volontären verborgen. Geschah es aus
Schüchternheit oder weil er die Bojaren und Kleriker, denen diese
Reise ein Dorn im Auge war, beschwichtigen wollte? Nein, denn
das war nicht seine Art, und außerdem würde es nichts an der Tatsache geändert haben, daß ein Zar ins Ausland reiste. Fürchtete er,
mit den fremden Herrschern nicht Schritt halten zu können? Dann
hätte er sie wohl kaum besucht. Die wahrscheinlichste Hypothese
ist, daß Peter sich frei bewegen, ungestört alles, was ihn interessierte,
besehen und den lästigen offiziellen Verpflichtungen entgehen wollte,

die ihm ein Greuel waren. Im Verlauf dieser Reise eröffnete ihm der
Bürgermeister von Amsterdam bei einem Festessen, daß die Ostindische Handelsgesellschaft ihm zu Ehren mit dem Bau einer Fregatte beginnen werde und ihm die gewünschte Unterkunft bei einem
Seilermeister besorgt habe. Als Meister Peter das hörte, war er ganz
außer sich vor Freude. Auf der Stelle verließ er das Bankett, sprang
in einen Kahn und holte trotz schlechten Wetters sein Handwerkszeug in Zaandam, um am nächsten Tag in aller Herrgottsfrühe mit
der Arbeit beginnen zu können. Gibt es etwas, das einen mehr in
Erstaunen setzt als dieser Zar, der — anstatt irgendeinem Diener
einen Befehl zu erteilen — wie ein gewissenhafter Arbeiter selbst den
weiten Weg macht, um sein Arbeitszeug zu holen?

Fürst von Geblüt, konnte er doch die Aristokraten nicht leiden, mit
denen er hart umging. Er verachtete die Vorrechte der Geburt und
ließ nur den Adel der Arbeit und des Verdienstes gelten. Geleistete
Dienste und erworbene Kenntnisse setzte er an die Stelle der Adels-
briefe. Er ging selber mit gutem Beispiel voran und schaffte 10 Stunden täglich mit seinen eigenen Händen auf den Werften. Am Abend
und an den Feiertagen trank er, in Seemannstracht, mit den Matrosen,
Händlern und Handwerkern. Stolz zeigte er ihnen seine von Teer
schwarzen Hände. Bei einem offiziellen Gastmahl in Riga, an dem
auch der Adel und die Großwürdenträger der Provinz teilnahmen,
„stand er fortwährend auf, um in seiner Eigenschaft als Konteradmiral mit den holländischen Seeleuten anzustoßen[14]". Während der
Festlichkeiten zur Feier des Nystader Friedens (sie dauerten 8 Tage)
sang er und tanzte sogar auf dem Tisch. Als Schiffsmaat oder französischer Bauer gekleidet, schlug er unermüdlich die Trommel — sein
Lieblingsinstrument. Diese extreme Natürlichkeit des Benehmens
führte so weit, daß er in Dresden mit den Kammerdienern auf ihrer
Stube aß.

Peters Vorgänger hatten sich dem russischen Volk wie die asiatischen
Despoten in goldgewirkten Gewändern, behängt mit Juwelen gezeigt. Er dagegen trug Uniform und Abzeichen seines militärischen
Ranges, wenn er bei der Parade an der Spitze seiner Soldaten marschierte. Seine Ahnen waren, unter dem Schutze der Strelizen in
ihrem Palaste eingesperrt, unerreichbare Halbgötter. Er mischte sich

unter die Matrosen und Händler und trank mit ihnen. Peter war der
volksverbundenste Herrscher, den die Geschichte je gesehen hat.

*

Der Zar stand ebenso treu zu seinen Freunden wie er seinen Feinden
gegenüber unnachsichtig war. Er überhäufte Lefort, den er fast täglich sah, mit Gunstbeweisen und behandelte ihn wie einen Bruder.
Als er sich in Amsterdam für 2 Monate von ihm trennen mußte,
drückte er ihn an sein Herz, küßte ihn und weinte. Das war bestimmt keine Komödie. Durch seine Ergebenheit, seine Rechtschaffenheit verdiente der Genfer allerdings auch diese Zuneigung, aber
Peter bewies die gleiche Freundestreue gegenüber Menschikow, dem
Meister im Nehmen und Stehlen. Ließ der Zar auch mehrmals die
„Dubina" auf seinem Rücken tanzen, so überhäufte er ihn doch mit
Landgütern und Titeln. Mit der gleichen Nachsicht behandelte er
den ebenso brillanten wie niederträchtigen August II. von Sachsen.
Das verräterische Spiel dieses Genießers, der ihm seinen Thron ver-
dankte, entmutigte den Zaren nicht: Nach der Niederlage bei Narwa
schickte er ihm noch einmal 12 000 Soldaten und 300 000 Rubel. Im
Gegensatz zu August dem Starken, der Patkul an Karl XII. auslieferte,
stand er zu seinem Wort und weigerte sich, den Fürsten Kantemir
nach der Niederlage am Pruth den Türken herauszugeben. Er soll
damals gesagt haben: „Wenn man sein Ehrenwort nicht hält, so ist
das ein nicht wiedergutzumachender Eidbruch. Wer gegen die Ehre
verstößt, darf kein Herrscher sein."

*

Eklatant treten die krassen Widersprüche im Charakter und der
Seele des Zaren in seinen familiären Beziehungen zutage. Er behandelte seine erste Gemahlin, Jewdokija, mit unerbittlicher Härte und
verfolgte sie mit seinem Haß. Zu seiner Katharina war er voll Liebe
und Zärtlichkeit. Seiner geliebten „Katenka" schickte er alle möglichen Geschenke: getrocknete Blumen, Haarlocken, die ihm gerade
abgeschnitten worden waren. Später wird er verzweifelt sein über

den Verrat dieser leichtfertigen Dienstmagd, die er zur Kaiserin gemacht hatte. Ohne jedes Gefühl wohnte er der Folterung seines Sohnes Alexej bei, aber er war zärtlich zu Katharinas Kindern. Stundenlang konnte er mit ihnen spielen und seine freien Minuten bei ihnen verbringen. Er nannte sie seine „Eingeweide". Als er aus Paris zurückkehrte, wurde er in St. Petersburg von seinen Kindern empfangen. „Seine Töchter, die beiden Prinzessinnen kamen ihm entgegen, nach der spanischen Mode gekleidet, und sein Sohn, der kleine Prinz Peter, erwartete ihn in seinen Gemächern, auf einem ganz entzückenden Islandpony...[15]" Der Zar liebte auch seinen Bruder Iwan sehr, mit dem er sich ausgezeichnet verstand. Es ist daher ungerecht, ihn nur als Monstrum zu betrachten: Er hatte seine grausamen Tage und seine zärtlichen Stunden.

*

Versuchen wir aus so vielen Widersprüchen die Folgerung zu ziehen! Peter war ein unermüdlicher, von unerhörter Energie und Ausdauer befeuerter Arbeiter, der seine Pläne auch verwirklichte, ein Gläubiger, ohne ein Christ zu sein, der die Kirche, die er verhöhnte, doch schützte, der an der Ausübung der von ihm parodierten Kirchengebräuche festhielt; er war ein cholerischer, unberechenbarer, rachsüchtiger Mensch, der insbesondere durch seine Gewöhnlichkeit und seine Grausamkeit von sich reden machte. Zu wiederholten Malen führte er sich wie ein Despot auf, der das Leben anderer, ob Frauen, Männer, Russen, Ausländer, Fürstlichkeiten, Arbeiter oder Leibeigene, mit Füßen trat. Es müssen jedoch hierbei die in der damaligen Zeit herrschenden Bräuche und die persönlichen Lebensumstände in Betracht gezogen werden. In ganz Europa wurden damals die Strafverfahren gegen jeden Angeklagten, schuldig oder nicht schuldig, mit äußerster Härte geführt[16]. Der Zar war, mit 4 Jahren Vaterwaise, von einer allzu schwachen Mutter verzärtelt, von seinem „Präzeptor" Sotow, dem durstigsten aller Trinker, zwischen 2 Rülpsern beweihräuchert, wie ein wildes Füllen unter Stallknechten und Spitzbuben in völliger Freiheit aufgewachsen. Als Zehnjähriger hatte er aus unmittelbarer Nähe erlebt, wie von ihm geliebte Menschen auf entsetzliche Art umgebracht wurden. Niemand hatte sich um seine Erziehung, um seine Vorbereitung auf das schwere Amt des Herrschers gekümmert, niemand hatte seinen Launen, Saufereien und Ausschweifungen Einhalt geboten. Seine Umgebung war alles andere als zartfühlend. Seiner Schwägerin, der Zarewna Praskowje, Iwans Witwe, machte es besonderes Vergnügen, ihre Hofdamen zu verprügeln. Einem Diener schüttete sie Alkohol über den Kopf, zündete ihn an und schlug dem armen Kerl auf die frischen Wunden, nur damit er ein geringfügiges Vergehen gestehen sollte. Diese feine Dame war umsichtig: stets hatte sie eine Flasche mit Alkohol in Reichweite... Wie sollte man sich also über die Grausamkeit des Zaren wundern, die dem Fürsten Iwan Golowin folgende Bemerkung entlockte: „Die Nebenumstände beim Prozeß Alexejs zeigten mir in ihm einen gekrönten Tiger... Er hat die Natur eines Wilden, der seinen Leidenschaften keine Zügel anzulegen weiß."

Trotz seiner ungeheuren Schwächen besaß Peter eine hervorragende Eigenschaft: Die absolute Hingabe an sein Land. Während um ihn herum alle nur darnach strebten, so schnell und so leicht wie möglich zu Reichtum zu kommen, arbeitete der Zar nur für die Größe des Vaterlandes. Er weihte ihm seine ganze Intelligenz, seine ganze Kraft — er weihte ihm sein Leben. Das wird klarer zutage treten, wenn wir auf die von ihm durchgeführten Reformen näher eingehen.

MITARBEITER, VERTRAUTE UND FREUNDE DES ZAREN

Liebe alle Menschen, doch meide den einzelnen!
Devise des heiligen ARSENIUS, Eremit der Thebais

Das Pferd mag gerne den Hafer, die Erde den Mist und der
Gouverneur die Geschenke.

Gott schuf zwei Übel: den Beamten und den Bock.
ALTE RUSSISCHE SPRICHWÖRTER

Peter waren nicht solche Mitarbeiter wie Ludwig XIV. vergönnt, dem die Ratschläge von Louvois, Le Tellier, Lionne, Colbert, Clerville, Chamlay, Turenne, Condé, Vauban und andern zugute kamen. Er war fast allein bei der Bewältigung seiner ungeheuren Aufgabe. Wir wissen, daß seine Reformen auf allgemeine Ablehnung stießen; er wurde nur von einer Handvoll russischer und ausländischer Mitarbeiter unterstützt, Zivilisten oder Militärs von sehr unterschiedlicher Brauchbarkeit. Nach dem Tode von François Lefort und Gordon lebte kein einziger Ausländer mehr in der allernächsten Umgebung des Zaren. Die Russen entstammten 3 verschiedenen Generationen: Die älteste war die des Zaren Alexej, dann kam die von Peters Zeitgenossen und schließlich die junge Generation, die er formte. Aus der ersten seien der Fürst Feodor Romodanowskij erwähnt, Fürst Jakob Dolgorukij, Graf Golowin, Marschall Scheremetjew, Repräsentanten der alten Fürstenfamilien oder des Dienstadels. Der bekannteste seiner Zeitgenossen war Menschikow. Unter den von Peter I. herangebildeten Zöglingen müssen die folgenden Diplomaten genannt werden: Nepliujew, M. Bestushew-Riumin, A. Tsestujew-Riumin, A. P. Wolynskij, A. N. Rumjanzew, Graf A. Golowkin und Fürst A. Kurakin.

Im Vordergrund des Geschehens standen die Russen Romodanowskij, Scheremetjew und Menschikow. Fürst Romodanowskij, aus einer von Rurik abstammenden Familie, war Chef des PolizeiPrikas in Preobrashenskoje, gewissermaßen Polizeiminister und Chef des Sicherheitsdienstes. Der Zar vertraute ihm die allerheikelsten Angelegenheiten an und übergab ihm die Führung des Reiches, wenn er ins Ausland oder in den Krieg ging. Der allmächtige Herr über die Folterkammern und Kasematten schlug die Rebellionen mit eiserner Hand nieder, vielleicht in Erinnerung an seinen Großonkel, Gregorij Gregorowitsch Romodanowskij, der 1682 von den Strelizen massakriert worden war. „Er ist beim Erkenntnisverfahren streng bis zur Ungeheuerlichkeit", sagte der Zar, der es ja am besten wußte. Es heißt, er habe 6000 Diebe und Mörder hinrichten und das Blut in Strömen fließen lassen. Als es in Moskau einmal zu einem Krawall kam, griff er sich aus der Menge wahllos 200 Männer heraus, die — ohne weiteres Verhör — auf der Stelle an den Rippen an eisernen Haken auf dem Roten Platz aufgehängt wurden.

Romodanowskij, ergeben und unbestechlich, ein harter, unbedingt verläßlicher Offizier, furchtlos und hochmütig, war der Wachhund des Zaren. Trotzdem kroch er nicht vor ihm wie so viele andere Hofleute. Als Peter I. in Holland erfuhr, daß Romodanowskij bei einem Gelage einen ausländischen Edelmann verletzt hatte, fügte er seinem Brief folgendes Postskriptum an: „Rohling, wie lange willst Du denn noch den Leuten Deine Kugeln in den Leib jagen? Mußtest Du ihn denn zum Krüppel machen...? Jetzt ist Schluß mit der Sauferei! Ich reiße Dir den Kopf ab, wenn das noch einmal vorkommt!"

Der Fürst antwortete ihm unverschämt: „Nur diejenigen, die viel freie Zeit haben und sie im Ausland zubringen, können häufig Bacchus huldigen. Wir haben Besseres zu tun, als Wein zu schlürfen: Wir baden jeden Tag im Blut!"

Romodanowskij hatte 1694 bei einer Übung im „Spielkrieg" den falschen Polenkönig, den Buturlin machte, besiegt. Peter hatte die verrückte Idee, ihn zur Belohnung für diesen Sieg zum „Fürst-Cäsar" zu ernennen und ihn mit „Majestät" anzureden. War es nur einer seiner üblichen Studentenstreiche? Wollte er die alte Ordnung ins

Lächerliche ziehen? Wollte er Romodanowskij für seine Kühnheit auszeichnen oder wegen seiner herablassenden Art aufziehen? Es ist schwer zu sagen, denn des Herrschers Psyche hatte ihre unergründlichen Seiten. Die plausibelste Erklärung ist wohl die: Peter hatte ein übermäßig ausgeprägtes Pflichtgefühl, eine sehr hohe Auffassung von seinem „Dienst". Daher sein Bedürfnis, bei einem Übergeordneten seine Last abzuladen, aus sich herauszutreten und aus seiner Hand Beförderung und Lohn für seine ganz persönlichen Verdienste zu empfangen. Wie dem auch sei, Romodanowskij jedenfalls nahm seine Rolle ernst und führte sich wie ein asiatischer Dynast auf. Kein Fahrzeug, nicht einmal das Kabriolett des Zaren, passierte das Tor seines Palais. An der Einfahrt reichte ein zahmer Bär den Besuchern ein randvolles Gefäß mit gepfeffertem Branntwein, den man sich wohl oder übel einzuverleiben hatte. Darauf sank man Seiner Majestät in Anbetung zu Füßen. Das Jagdgefolge dieses Scheinherrschers umfaßte nicht weniger als 500 Personen. Der Zar redete ihn bei jeder Gelegenheit mit „Sire" an und begegnete ihm wie dem Allgewaltigen Rußlands. Er entschuldigte sich demütig, wenn er vergaß, ihn auf der Straße zu grüßen, und dankte ihm in aller Ehrfurcht für seine Ernennung zum Obersten. Er unterschrieb seine Briefe mit: „Euer Majestät gehorsamster Sklave: Knech Komonder Piter". „Min herr Kenik" (Romodanowskij) ermahnte „min herr Kaptein" zu schicklichem Betragen, weil der Zar ihn mit der für Burtulin und Winius bestimmten Formel angeredet hatte. Umgehend antwortete der völlig vernichtete Zar-Matrose: „In Deinem letzten Briefe geruhst Du, mich auf meinen Fehler aufmerksam zu machen, daß ich nämlich Eure Erhabene Person mit anderen auf eine Stufe gestellt habe. Ich bitte dafür um Verzeihung. Wir armen Seeleute sind in Dingen des Protokolls nicht sehr bewandert."

Nach der Schlacht bei Poltawa wurde Peter auf Vorschlag Scheremetjews von Romodanowskij zum Generalleutnant und Konteradmiral befördert. Er dankte mit folgenden kuriosen Worten, die gleichwohl aufrichtig gemeint waren:

„Sire,
wiewohl ich eine solche Auszeichnung, die mir einzig durch Eure

Huld zuteil wurde, nicht verdiene, bete ich zu Gott, mir die Kraft
zu geben, durch meine weiteren Dienste Euer Wohlwollen zu verdienen.

Euer Majestät ergebener Diener

PETER."

Der Schwager des Zaren, Fürst Kurakin, schrieb über Romodanowskij: „Er hatte ein eigentümliches Wesen. Nach seinem Äußeren ein
Monstrum, nach seinem Charakter ein böser Tyrann, der keinem
etwas Gutes wünschte. Alle Tage betrunken, aber ergeben wie kein
zweiter."

Der Bojare Boris Petrowitsch Scheremetjew, geboren 1652, war durch
seine Gemahlin mit der Familie der Naryschkins verwandt. Bei Erest-
fer (Livland) errang er den Sieg über die Schweden, der ihm den
Marschallstab einbrachte. Für die Niederwerfung des Aufstandes in
Astrachan erhielt er den Grafentitel (der erste Russe, der auf Bitten
Peters vom römischen Kaiser in den Grafenstand erhoben wurde).
Er war schwerfällig, langsam, mutig und schonte sich selber nicht.
Rückschläge und Erfolge wurden ihm gleichermaßen zuteil. Botschafter Whitworth sah in ihm einen „Gentleman von hohen Gra-
den, der sehr beliebt bei der Armee ist". Obwohl der Generalissimus
eine diplomatische Mission nach Italien und Malta geführt hatte,
schätzte er die ausländischen Offiziere nicht. Er unterschrieb seine
Briefe mit: „Euer niedrigster Sklave", was bei ihm keine leere Formel war. Trotzdem hielt sich der Zar Scheremetjew vom Leibe, weil
er ihn langweilig fand.

Alexander Danilowitsch Menschikow, geboren zwischen 1670 und
1673, war der Sohn eines Hofstallknechts, der es mit der Zeit zum
Korporal brachte. Als Bäckerjunge verkaufte er in seiner Jugend den
Soldaten Piroggen (kleine Pasteten). Später trat er in die Armee
ein. Mit 25 Jahren war er Sergeant im Preobrashensker Regiment.
Er fiel Peter auf, der ihn in seine Nähe zog und sich derartig in ihn
vernarrte, daß er ihn in seinem Briefwechsel (1700–1706) „Alek-
saschka, mein Herzenskind, min best Frint, min Bruder" nannte. Er
hatte für ihn „eine fast leidenschaftliche Liebe" (Solowjow), die wie
andere Schwärmereien Grund zu Verdächtigungen lieferte[1]. Nach

Ansicht von Bruce soll der Favorit sich die Gunst des Zaren dadurch erworben haben, daß er ihm vor dem Gastmahl bei einem Bojaren zugeflüstert habe, einige Speisen seien vergiftet. Auf diese Weise habe er ihm das Leben gerettet. Wie dem auch sei, er machte jedenfalls eine Blitzkarriere.

Er war bei der Großen Gesandtschaft, wurde zum durchlauchtigsten Fürsten gemacht, zum Herzog von Ishora, Grafen von Dubrowna, Gorkij und Potschep, Erbfürsten von Oranienbaum und Baturin, Generalissimus, Mitglied des Obersten Geheimen Rates, Konteradmiral, Generalgouverneur von St. Petersburg, Oberstleutnant der 3 Leibregimenter, Ritter des St.-Andreas-, St.-Alexander-, Elefanten, Weißen und Schwarzen Adler- und vielleicht noch anderer Tierorden ... Er verfügte über eine derartige Macht, daß der Feldmarschall Scheremetjew an ihn schrieb: „Erbarme Dich meiner, verwende Dich für mich und reiche mir Deine hilfreiche Hand!" (1704).

Ist diese glänzende Laufbahn den fachlichen Kenntnissen oder den moralischen Qualitäten des ehemaligen Bäckerjungen zuzuschreiben? Ganz gewiß nicht! Denn die Charakterschilderung, die Ausländer und Russen von ihm gegeben haben, zerstört auch die letzte Illusion. Whitworth schrieb: „Dieser Fürst mit seinen überaus lasterhaften Neigungen, seiner Gewalttätigkeit und Halsstarrigkeit, der weder lesen noch schreiben kann, hat es — dank seiner beharrlichen Dienstbeflissenheit — zu solcher Beliebtheit gebracht, daß er zum Vormund des Kronprinzen und Gouverneur der Provinz Ingermanland ernannt wurde, in Wahrheit des ganzen Zarenreiches, wo nichts ohne seinen Konsens geschieht ... Er strebt die gleiche Macht über die Armee an" (13. Juni 1705).

Der Fürst besaß einen derart maßlosen Ehrgeiz, daß er darnach trachtete, sich an Stelle der Herzoginwitwe zum Herzog von Kurland ernennen zu lassen. Für Iwan Golowin war Menschikow „ein habgieriger, moralisch verkommener Ehrgeizling, ein arroganter und grausamer Parvenu von niedriger Gesinnung". Katharina, seine einstige Mätresse, ließ einmal die Bemerkung fallen, daß der Fürst „keinen einzigen einleuchtenden Gedanken über was auch immer habe". Doch seien wir gerecht! Er *konnte* lesen und schreiben, er war entschlossen, tatkräftig und kühn, gelegentlich sogar geistreich.

Als der Zar Menschikow einmal drohte, ihn wieder dorthin zurückzuschicken, woher er gekommen sei, erschien er am nächsten Tage
in Bäckerhosen, einen Korb auf dem Kopfe balancierend, und rief:
„Frische Piroggen, frisch aus dem Ofen!" Der Zar war entwaffnet
und lachte herzlich.

Der Favorit war für seine Grausamkeit berüchtigt. Als er eines
Abends mit seiner Suite durch ein Dorf kam, wurde er angegriffen.
Mit knapper Not entkam er dank der Schnelligkeit seines Pferdes.
Aber dann kehrte er mit einem Trupp Soldaten zurück und ließ alle
Einwohner bis auf den letzten hängen: Männer, Frauen, Kinder und
den unschuldigen Popen... Wie er der zwischen dem Zaren und
seinem Sohn herrschenden Mißstimmung gewahr wurde, hänselte
und schlug Menschikow Alexej, warf ihn nieder und schleifte ihn
an den Haaren über den Boden (Pleyer). Bei ihm handelte es sich
weniger um einen geistig überlegenen Führer als um einen skrupel-
losen Abenteurer. Keiner verstand es besser als dieser zum Fürsten
aufgestiegene Pastetenbäcker, sich auf Staatskosten zu bereichern. Er
stahl, stahl, wo und wie er nur konnte. Auf den ehemals Masepa
gehörenden Domänen eignete er sich 15 000 Seelen an. Er betrieb
seine Gaunereien in Rußland, Pommern und überall. Er zwang die
polnischen Adligen dazu, ihm ihre ausgedehnten Ländereien für ein
Spottgeld zu überlassen. Er unterschlug die für die Verpflegung und
Bewaffnung seiner Truppen bestimmten Gelder, lieh seine Unterstützung nur für Geld, mißbrauchte seinen Einfluß, wucherte mit
Getreide, Flachs und Bauholz. Seine Habgier war unersättlich. 1711,
1714, 1719 und 1723 wurde er deswegen denunziert[2]. Peter ordnete
Untersuchungen an, machte ihm entsetzliche Szenen, schlug ihn mit
seiner „Dubina". Er nahm ihm Ämter und Ländereien und belegte
ihn mit schweren Geldbußen. Doch alles war umsonst: ob er sich
nun rechtfertigte oder gestand, der Räuber setzte seine Raubzüge
fort. Des Zaren Geduld war am Ende: Kurz vor seinem Tode sagte
er zu Katharina: „Wenn es Menschikow so weiter treibt, wird er
einen Kopf kürzer gemacht." Dieser Gauner „ist für den russischen
Adel ein Gegenstand des Neides und des Hasses", schrieb La Vie.
Als das Palais des Fürsten abbrannte, war dies ein Freudenfeuer für
die gesamte Bevölkerung. Rußlands reichster Mann — er besaß

Dutzende von Millionen Rubel — beendete seine Laufbahn im sibirischen Exil.

*

Solchergestalt also war die erste Besetzung. Hinter ihr zeichneten sich weniger ausgeprägte Figuren ab. Peter Pawlowitsch Schafirow, geboren 1669, war der Sohn eines jüdischen Kommissärs aus Polen, der, nachdem er die Taufe erhalten hatte, auf Grund einer Verordnung des Zaren Alexej in den Adelsstand erhoben worden war. Schafirow, das fette, kurzbeinige Männchen mit seinem süßlichen Lächeln, war zunächst Angestellter bei einem Tuchhändler, dann Kopist in der Zarenkanzlei und fiel durch Intelligenz, Fleiß und Redegewandtheit auf. Er besaß eine gewisse Bildung (neben 5 Sprachen konnte er auch Latein), paßte sich leicht an und hatte eine Begabung für das Abfassen von Schriftstücken. Er gehörte zur Großen Gesandtschaft, kam dann mit Peter nach Moskau zurück und blieb von da an ihm zur Seite. Er wurde Direktor der Post, Geheimer Rat beim Gesandtschafts-Prikas und nach der Schlacht von Poltawa Vizekanzler, während Graf Golowkin das ehrenvolle Amt des Kanzlers ausübte. Die ausländischen Diplomaten bestätigten, daß er derjenige sei, von dem die Außenpolitik bestimmt werde. 3 Jahre wurde er von den Türken gefangen gehalten, 1704 wieder in Freiheit gesetzt. Mit Glücksgütern gesegnet, einflußreich, führte der frischgebackene Baron mit der blauen Schärpe des St.-Andreas-Ordens über der Brust ein luxuriöses Leben in seinem Petersburger Palais. Seine Töchter verheiratete er mit den Fürsten Dolgorukij, Gagarin, Chowanskij und Ssaltykow, seinen einzigen Sohn Jesaias, der so dick war, daß er nicht zu gehen, sondern nur wie ein Faß zu rollen schien, ließ er zum Kammerherrn ernennen.

Der schwindelerregende Aufstieg des „kleinen Juden" hatte aus ihm einen eitlen und brutalen Ränkeschmied voll Herablassung gemacht. Trotz seines Reichtums hatte er in großer Menge öffentliche Gelder für sich genommen, wie Menschikow, sein ganz spezieller Feind. Schafirow wurde von einem Außerordentlichen Gericht der Veruntreuung schuldig befunden und zum Tode verurteilt (12./23. Februar 1723). 3 Tage später bestieg er schlotternd vor Angst das Blutgerüst.

Die Henkersknechte packten ihn und legten seinen Kopf auf den Richtblock. Der Scharfrichter hob das Beil und ließ es niederfallen . . . auf das Holz neben Schafirows Kopf. Darauf verlas Makarow, der Geheimsekretär des Zaren, den Ukas, der die Todesstrafe „in Anbetracht der langjährigen und bedeutenden Verdienste" in Verbannung umwandelte. Sein Besitz jedoch wurde eingezogen. Schafirow, „den Tod in den Augen", begab sich in den Senat, drückte seinen Richtern, die ihn beglückwünschten, die Hand und machte sich auf in die Gefängnisse von Nowgorod . . . in der Hoffnung, nach dem Tode des Zaren wieder an die Macht zu kommen.

Kanzler Gabriel Iwanowitsch Golowkin (1660–1734) war seit seiner Jugend dem Zaren verbunden, nahm an den Kriegsspielen und dann auch am Wettsaufen des Allerbetrunkensten Konzils teil. Dieser zurückhaltende, bedächtige „gentleman de bon sens", wie ihn Whitworth nennt, zeichnete sich durch seine Bigotterie, seine Magerkeit und seinen ewigen Pfeffer-und-Salz-Rock aus. Er war so geizig, daß er schon gleich beim Nachhausekommen seine lange rote Perücke aus Sparsamkeit an einem Nagel aufhängte. In seiner Eigenschaft als Kanzler wurde er Präsident des Kollegiums für Auswärtige Angelegenheiten und später Graf des Kaiserreichs von Josephs I. Gnaden. Er mußte es sich vor versammeltem Senat gefallen lassen, der Veruntreuung zum Schaden der Armee bezichtigt zu werden.

Peter Andrejewitsch Tolstoj war verheiratet und Vater von mehreren Kindern, als ihn der Zar — ohne seine Familie — mit einer Horde junger Edelleute zum Studium nach Italien schickte. Da er sehr intelligent und fleißig war, verlor er dort nicht seine Zeit. Peter ernannte ihn zum Gesandten in Konstantinopel, was ihm die zweifelhafte Ehre einbrachte, anläßlich des zweimaligen Abbruchs der Beziehungen zur Türkei, jedesmal einen längeren Aufenthalt im Kastell von Jedi Kule nehmen zu dürfen. Für diesen durchtriebenen Zyniker war der Zarewitsch Alexej eine leichte Beute: Es war ein allzu ungleicher Kampf zwischen diesem Erzschurken und dem jungen Säufer (1718). Peter gab sich keinen Täuschungen über ihn hin und sagte einmal: „Wenn man mit Tolstoj zu tun hat, muß man einen Stein in der Tasche haben, damit man ihm die Zähne einschlagen kann, bevor er einen verschlingt!" Mit einem Schlag auf die Glatze soll er ihm einmal zugerufen haben: „Kopf, Kopf! Wenn du nicht so klug wärst, hätte ich längst befohlen, dich abzuschlagen!" Der preußische Gesandte bezeichnete Tolstoj als „von Natur aus böse und rachsüchtig". Campredon hielt ihn für den „geschicktesten und verschlagensten der russischen Minister[3]". Der hannöversche Resident nannte Tolstoj und Jagushinskij „die beiden Greuel der Nation". Nach dem Tode des Zaren wurde der 80jährige Tolstoj von Katharina I. zur Befriedigung der Rachsucht Menschikows in ein Kloster verbannt, wo er 1728 starb.

Fürst Boris Kurakin (1671–1727) studierte das Seewesen in Italien, bevor er eine Verwendung im diplomatischen Dienst fand. Trotz seiner Intelligenz und der ihm anhaftenden Allüren eines Grandseigneurs, brachte er es nur zu einem Teilerfolg in Paris, obwohl er sich zuvor verschiedener diplomatischer Missionen glänzend entledigt hatte. Peter hatte ihn gewissermaßen zu seinem Chef-Diplomaten gemacht, dem die anderen Gesandten an den europäischen Höfen unterstellt waren. Bei Poltawa befehligte er das Ssemionowsche Garderegiment.

Feodor Alexejewitsch Golowin hatte in Nertschinsk das erste Freundschaftsabkommen mit China unterzeichnet, das bis zu dem durch den General Murawjew abgeschlossenen Vertrag die Basis der russisch-chinesischen Beziehungen bildete. Golowin stand Lefort bei der Großen Gesandtschaft zur Seite und war bis zu seinem Tode an der Spitze der russischen Diplomatie. Der hochgewachsene, majestätisch auftretende, kultivierte und arbeitsame Golowin war nach Ansicht von Leibniz „der intelligenteste und geistvollste Moskowiter". Whitworth, Pleyer, der österreichische Gesandte, und sein preußischer Kollege Keyserlingk waren derselben Meinung.

Die Familie der Fürsten Dolgorukij schenkte dem Zaren vier Mitarbeiter: Jakob war Gesandter in Frankreich und Spanien, 10 Jahre Gefangener der Schweden, dann Chef des Gerichts-Prikas und Senator, sein Bruder Gregorij Gesandter in Polen, sein Neffe Wassilij Lukitsch Gesandter in Kopenhagen; sein zweiter Neffe Wassilij Wladimirowitsch war in die Alexej-Affäre verwickelt. Jakob hatte sich den Mut bewahrt, seine Meinung stets frei heraus zu äußern. So wurde er eines Tages vom Zaren befragt: „War nach deiner Ansicht

mein Vater ein besserer Herrscher als ich?" Nachdem Dolgorukij
lange nachgedacht hatte, gab er zur Antwort: „Sire, im Flottenbau
und in der auswärtigen Politik habt Ihr ihn übertroffen. Aber in
gerechtem Gericht und der inneren Verwaltung war Euch der verblichene Zar Alexej überlegen."

Unter Peter I. bekleideten noch andere Vertreter der alten Aristokratie hohe Stellungen: die Fürsten Apraksin, die Grafen Golizyn
und die Streschnjow.

Jagushinskij kam aus kleinen Verhältnissen, wurde mit diplomatischen Missionen betraut und war dann Generalprokureur des Senats.
Er war gescheit und gebildet, ein fröhlicher Mensch, aber ehrgeizig
und raffgierig. „Alle beugen sich vor ihm, so mächtig ist er", schreibt
der preußische Gesandte. Andrej Artamonewitsch Matwejew war der
Sohn eines der Opfer des Strelizen-Aufstandes. Zuerst Gesandter in
Holland und England, dann Senator und Justizminister, tat er sich viel
zugute auf seine intime Kenntnis des Westens. Noch klüger war der
Senator und Präsident des „Staatskontors" Mussin-Puschkin. Der
Gesandte Pleyer rühmt ihn etwas umständlich als „Liebhaber der
Geisteswissenschaften, der Ausländer und kultivierten Leute". Der
Mönch Teofan Prokopowitsch, Lehrer an der Akademie in Kiew,
Bischof von Pleskau und dann Erzbischof von Nowgorod, war der
einzige Ratgeber des Zaren in kirchlichen Angelegenheiten; die anderen Theologen, besonders der Ukrainer Stefan Jaworskij, suchten
ihn zu stürzen. Solowjow, ein sehr tüchtiger Geschäftsmann, war in
eine Untersuchung gegen seinen Bruder mit hineinverwickelt. Zwar
freigesprochen, ging er aber aus dem Prozeß als ein vollkommen
vernichteter Mann hervor. Der Henkersknecht hatte ihm während
der peinlichen Befragung Arme und Beine gebrochen. Demidow, ein
kleiner Büchsenschmied, hatte dem Zaren eine Pistole aus seiner
Fabrikation vorgelegt. Peter war von der Kunstfertigkeit dieses
Handwerkers so angetan, daß er ihm Konzessionen für die Herstellung von Waffen erteilte und ihn unterstützte. Demidow gründete an
die 20 Werke und wurde zum Stammvater einer Großindustriellen-
familie. Sein Urenkel verschaffte sich vom Vatikan den Titel eines
Grafen von San Bonato, heiratete eine Cousine Napoleons III. und
rief in der Gironde das Kaviar-Geschäft ins Leben.

Von den Vertrauten des Zaren seien noch genannt: General J. J. B. Buturlin, nach Ansicht einiger Diplomaten ein böser und unehrenhafter Mensch; Kurbatow, der Vizegouverneur von Archangelsk, den eine Krankheit zur rechten Zeit vor der Verurteilung und dem Schafott bewahrte; Ssaltykow, J. J. Nepliujew, Jerchow, Tatistschew, Rumjanzew und Graf Tschernytschew.

*

Betrachten wir nun die Ausländer, welchen der Zar sein Vertrauen und seine Freundschaft schenkte. Von allen regierenden Fürsten, mit denen er im Laufe der Jahre zusammentraf, war sicherlich August II. derjenige, dem Peter am meisten zugetan war, so sehr, daß er ihm seine wiederholten Treuebrüche verzieh[4]. „Der König liebt die Intrige und Überraschung", schreibt Whitworth. „Die Art, wie er den Krieg begonnen und auf seine Krone verzichtet hat, war mit einer Geheimhaltung und Geschicklichkeit ins Werk gesetzt, die einer besseren Sache würdig gewesen wäre." (25. Mai 1711.) „Zum Kriegführen hat er kein Geld, aber für seine Mätressen, die Oper und die Komödie verschwendet er riesige Summen", berichtet der Gesandte Dolgorukij. Als Moreau aus dem verunglückten Pruth-Feldzug zurückkehrte, erlebte er den Karneval in Warschau. August II. hatte allerhand auf die Beine gebracht: Eine Quadrille zu Pferde und eine kostümierte Kavalkade als Auftakt zu den Kämpfen mit Stieren, Löwen, Tigern, wilden Pferden, Wildschweinen und Bären. Doch ach, nach einigen zaghaften Hufschlägen und harmlosen Stößen mit den Hörnern legten sich die Kämpfer in der improvisierten Arena friedlich nieder, und kein Feuerwerk, keine Raketen und kein Hundegekläff, nicht einmal die Anwesenheit der alten und neuen Mätressen des Herrschers brachten sie wieder auf die Beine.

Unter den schottischen Mitarbeitern des Zaren sind Ogilvy, Bruce und Gordon am bekanntesten. Jakob Bruce, 1670 in Moskau geboren, entstammte einer vornehmen schottischen Familie. Er machte eine glänzende, sehr bewegte Karriere. Der Zar hielt ihn für einen großen Astronomen, Physiker, Chemiker und Mathematiker, das Volk für einen Hexer. Nach der Schlacht von Narwa fiel er in Ungnade. Er wurde rehabilitiert und zum Generalfeldzeugmeister ernannt. Bei Poltawa befehligte er die Artillerie, er wurde Senator, Präsident des Berg- und Manufaktur-Kollegiums, Direktor der Schulen für Navigationskunde, Artillerie und des Geniewesens. Zusammen mit dem Deutschen Ostermann zeichnete er sich bei den Verhandlungen des Vertrages von Nystad aus, was ihm den Grafentitel und den Marschallstab einbrachte. Patrick Gordon d'Achleuris, geboren 1635, war das Haupt der nach Moskau geflüchteten Jakobiten-Kolonie, Ingenieur, Kommandant eines Garderegiments und sprach fließend russisch. Seit 1690 war Peter Gast in seinem Hause in der Sloboda. Der Zar bedauerte zutiefst den Tod dieses ergebenen, untadeligen Soldaten.

Der Deutsche *Johann Friedrich Ostermann*, geboren 1686, Sohn eines Pastors aus Bochum, war zwar talentierter, aber weniger anständig von Gesinnung als General Gordon. Der Diplomat Campredon schildert ihn folgendermaßen: „Er ist ein allgemein verhaßter Ausländer, der dem Zaren nur arge Ratschläge gibt und der in der Öffentlichkeit geschont wird, weil der Fürst auf ihn hört ... Er spricht deutsch, italienisch und französisch; dadurch hat er sich unentbehrlich gemacht. Seine hauptsächlichste Fähigkeit besteht in der Verdrehung der Dinge, der Spitzfindigkeit und Verstellungskunst. Man kann seinen Reden und Versprechungen keinerlei Vertrauen schenken, obgleich er Geschenken nicht unzugänglich ist ... Er besitzt weder die Kühnheit noch die gründliche Erfahrung Schafirows. Er verfolgt nur solche Angelegenheiten, die seinem eigenen Glück zuträglich sind ... Er ist ein Meister in der Kunst der Verstellung[5]." Das ist richtig: Ostermann war ein geschickter, verschlagener Schurke. Sein Landsmann Manstein, General in russischen Diensten, schreibt von ihm: „Er hatte eine Art, sich so seltsam und zweideutig auszudrücken, daß die ausländischen Diplomaten oft nach einer zweistündigen Unterredung beim Hinausgehen nicht viel schlauer waren als beim Hereinkommen. Alles, was er sagte oder schrieb, bekam einen doppelten Sinn. Schlau und undurchsichtig sah er niemandem direkt ins Gesicht. Weil er Angst hatte, seine Augen könnten ihn verraten, hielt er seinen Blick starr geradeaus gerichtet."

Virtuose in der Kunst des Hinhaltens, bediente sich Ostermann weidlich des Mittels der „diplomatischen Krankheit", legte sich bei politischen Krisen ins Bett, simulierte eine Augenkrankheit oder beschmierte sich das Gesicht mit getrockneten Feigen, um alle Welt glauben zu lassen, er habe die Gelbsucht. Der ehemalige Jenenser Student war versessen auf kostbaren Schmuck und wertvolle Tabatièren. Ein Arbeitstier, verbrachte er ganze Nächte an seinem Schreibtisch, eingemummt in einen völlig abgeschabten Schlafrock aus rotem Samt, in einer „im höchsten Grade schmutzigen" Häuslichkeit, mit Domestiken, die „wie Bettler gekleidet sind" (Manstein). Friedrich II. spendet ihm jedoch in seinen „Memoiren" höchstes Lob[6]. Unter Anna Iwanowna war er Minister, Mitglied des Regentschaftsrates unter Iwan VI. Von Elisabeth I. verbannt, starb er im Exil in Sibirien (1747). Einer seiner beiden Söhne, Graf Friedrich, wurde Oberstkommandierender der Landstreitkräfte, der andere, Graf Hans, bevor er in Ungnade fiel, Kanzler unter Katharina II.

Groß war die Zahl der deutschen Ingenieure und höheren Offiziere in Peters Diensten. Unter ihnen sei der Generalleutnant von Münnich genannt, der als 40jähriger die Bauarbeiten am Ladogakanal leitete. Den Höhepunkt seiner Laufbahn erreichte er erst nach dem Tod des Zaren. Heinrich Huyssen, Sohn des Bürgermeisters von Essen, war der Erzieher Alexejs und wurde mit verschiedenen diplomatischen Missionen betraut. Von Leibniz hingegen muß gesagt werden, daß die Behauptung falsch ist, ihm sei bei dem Reformwerk des Zaren eine bedeutende Rolle zugefallen. Der Vater der Differentialrechnung hegte eine große Vorliebe für den Erneuerer und hatte ihn in Torgau anläßlich der Vermählung des Zarewitsch mit folgenden Worten angesprochen: „Wir gehen von einem gemeinsamen Punkte aus, Sire! Beide sind wir Slawen und gehören jener Rasse an, deren Geschicke noch kein Mensch voraussagen kann, beide sind wir Bahnbrecher der vor uns liegenden Jahrhunderte ..." Peter I. zeigte nicht die geringste Neigung, sich mit dem großen Philosophen näher einzulassen, den er wahrscheinlich für einen Schwätzer hielt. Er begnügte sich damit, Bruce aufzufordern, mit dem Gelehrten eine wissenschaftliche Korrespondenz zu unterhalten. Nach einem zweiten Treffen in Karlsbad (Oktober 1712) schrieb Leibniz an die Herzogin von Braunschweig: „Der Zar wünscht, daß ich ihm nach Teplitz folge ... Eure Hoheit

werden es erstaunlich finden, daß ich so etwas wie der Solon von
Rußland, obgleich aus der Ferne, sein soll, d. h. der Zar hat mir durch
seinen Kanzler Graf Golowkin sagen lassen, daß ich die Gesetze verbessern und Reglements über das Recht und die Justizverwaltung
aufstellen soll."
Der zweite Solon hatte große Pläne: die Gründung einer Akademie,
die Publikation einer Enzyklopädie in russischer Sprache, ganz zu
schweigen von seinen politischen Ideen. Er korrespondierte mit dem
Professor für Mathematik in Moskau, Fergusson, und mit Areskin,
dem Leibarzt des Zaren. Ende November 1712 traf er in Dresden
zum drittenmal den Zaren, „der ihn auf das großzügigste aufnahm".
Peter hatte ihm in Torgau den Titel eines Geheimrats mit einem
jährlichen Gehalt von 500 Gulden in barem Gelde verliehen. Er ließ
ihm damals „die Besoldung der vorausgegangenen Jahre aushändi-
gen". Diese Rente ruinierte jedoch den russischen Fiskus nicht, sie
wurde nämlich trotz der zahlreichen Reklamationen des Herrn Geheimrats niemals mehr bezahlt[7]. Leibniz traf mit dem Zaren noch in
Bad Pyrmont und später in Hannover zusammen (Juni 1716). Am
2. Juli schrieb er in sein Notizbuch: „Ich hoffe, wir werden mit seiner
Hilfe erfahren, ob Asien mit Amerika zusammenhängt." Kurz darauf
sandte er an Peter ein Exposé, in dem er das Kollegien-System lobte,
das sich in der Praxis als das brauchbarste bewährt habe: „Die Kollegien müssen sich gegenseitig antreiben wie das Räderwerk einer Uhr.
Der Zar könnte mit 9 Kollegien den Anfang machen." Leibniz bestand auf der Gründung der Akademie und bettelte mit solcher Beharrlichkeit um den Titel eines russischen Bevollmächtigten in Hannover, daß der Zar ihn schließlich bewilligte.
Andreas Winius, geboren in Moskau, war der Sohn eines holländischen Einwanderers orthodoxen Glaubens. Er sprach perfekt russisch und zeichnete sich vor der großen Mehrheit der Moskowiter
durch seine Bildung aus. Der Zar ernannte ihn zum Direktor der
Post — wodurch Winius die Möglichkeit hatte, sich zu bereichern
und dem Schule machenden Beispiel Menschikows, allerdings mit
etwas mehr Zurückhaltung, nachzueifern.
Peters bester Freund war der Genfer *François Lefort*, dessen außergewöhnliche Karriere einen ausführlicheren Bericht verdient[8]. Nach-

dem er vor Oudenaarde gekämpft und bei Kasimir, dem regierenden Herzog von Kurland, als Sekretär gedient hatte, wurde er im Range eines Hauptmanns mit anderen Offizieren in russische Dienste über-nommen. 1676 gingen sie in Archangelsk an Land, wo sie vom Gouverneur sehr unfreundlich empfangen wurden. Der Krieg gegen die Türkei war beendet, der Zar Alexej verstorben, europäische Kader wurden nicht mehr gebraucht. Nach tausend Schwierigkeiten erhielt Lefort die Erlaubnis, nach Moskau zu reisen. Hatte er auch keinen blanken Heller in der Tasche, so besaß er doch Schätze: seine Jugend, eine eiserne Gesundheit und eine unbesiegliche Heiterkeit. Im Oktober 1677 kam er in die Sloboda und beschrieb seinen Verwandten „die beispiellose Misere" der Offiziere[9].

Dank seiner stattlichen Erscheinung und seiner distinguierten Manieren wurde Lefort Sekretär beim dänischen Gesandten, den er zu Zar Feodor III. begleitete. Er wechselte dann in den Dienst des englischen Gesandten über, mit dem er täglich zu Abend speiste. Im Frühling des folgenden Jahres ließ er sich für die russische Armee anwerben und heiratete in zweiter Ehe eine Verwandte des Generals Gordon. Nach dem Krim-Feldzug waren in seinem großen Haus in der Sloboda Diplomaten, russische Großwürdenträger und ausländische Offiziere zu Gaste. Im September 1690 befreundete sich Peter mit diesem nicht sehr gebildeten, aber intelligenten, vornehmen Mann, der seine Erfahrungen gemacht hatte, ein treuer und aufrichtiger Freund war, gutmütig und maßvoll in seinem Urteil, und zu alledem noch ein großer Säufer vor dem Herrn. Bald wurde der Genfer Peters bester Freund. Im folgenden Jahr schrieb ein Offizier an Ami Lefort nach Genf: „Euer Bruder wird wohl schwerlich Rußland verlassen können, denn der großmütige Fürst, der ihn so liebgewonnen hat, wird einen so prächtigen Offizier und Diener, wie es Euer Bruder ist, nicht gehen lassen. Euer Bruder wagt gar nicht darüber zu sprechen, aus Furcht, daß er sich in Ungelegenheiten bringen könnte, denn Ihr wißt ja, daß ein Fürst Dank für seine Liebe zu einem Diener haben will, indem man ihm immer fester die Treue hält ... Er ist jetzt so hoch gestiegen, daß man ihn mit Sicherheit den ersten Favoriten unseres großmütigen Fürsten nennen kann[10]."

Seit der Zar „den großen Lefortschen Saal" bauen ließ (1693), hatte sein Freund 2 Funktionen zu erfüllen: die eines Generals (er befehligte 20 000 Soldaten) und diejenige eines Maître de Plaisir. Er schreibt an seine Mutter: „Selbst wenn ich krank sein wollte, würde man es nicht dulden, denn Seine Majestät der Zar gibt mir so viel zu tun, daß ich bisweilen von dreimal 24 Stunden keine zweie schlafe, besonders dann, wenn tagelang gefeiert wird, die eine Hälfte der Gesellschaft schläft und die andere tanzt, und ich bin immer der Haushofmeister oder Marschall. Außer diesen Bagatellen habe ich so viele Leute, denen mein Haus offensteht, daß den ganzen Tag über, wenn ich daheim bin, alle Zimmer voll sind. Ohne Unterlaß gibt es Klagen, und alle Offiziere der Sloboda verfehlen nicht, mir ihre Aufwartung zu machen[11]."

Etwas später schreibt er an seinen Bruder Ami: „Ich habe augenblicklich in meinem Keller für mehr als 3000 Taler Wein, aber meine Fässer werden in 3 Monaten leer sein!... Es wird viel getrunken, bei mir gibt es aber Wein und keinen Schnaps. Ich sorge auch dafür, meine Gäste etwas vom Trinken abzulenken durch Belustigungen wie Scheibenschießen, Kegeln, Illuminationen und Feuerwerke. Die soliden unter ihnen sprechen über Geschäfte... Die außerordentlichen Huldbeweise Seiner Majestät sind einzig[12]."

Am 21. Dezember 1692 schickte Peter einen begeisterten Brief an den Großen Rat der Republik Genf:

„Wir haben mit besonderer Wohlgeneigtheit den Edlen François, Sohn des Jacques Le Fort, Eures Mitbürgers, aufgenommen. Auch haben Wir ihm den höchsten militärischen Rang Unseres Reiches verliehen, das heißt den Titel eines Generals und Obersten unseres ‚erwählten' Regiments. Dieser Ehre hat er sich würdig erwiesen sowohl durch seine von der Natur mitgegebenen Tugenden und Vorzüge wie durch die treuen Dienste, die er Unserer Majestät geleistet hat. Dieserhalb verpflichtet sich Unsere Zarische Majestät, die gleiche Gunst und das gleiche Wohlwollen all denjenigen tapferen und mutigen Fremden zu erweisen, die den Spuren dieses edlen Kriegers folgen und wie er durch den Kampf gegen unsere Feinde an der Mehrung Unserer Macht arbeiten wollen.

Hinsichtlich des wohlmeinenden und getreuen Zeugnisses, das Ihr, sehr geschätzte Syndici und Ratsherren, in Eurem Brief über die adlige

Gesinnung und die außerordentlichen Tugenden Unseres Generals François, Sohn des Jacques Le Fort, Eures Mitbürgers, ablegt, so kann es dem nichts hinzufügen, was Wir nicht schon an diesem Krieger bemerkt hätten, der durch seine vielfältigen Bemühungen und seine hervorragenden Dienste voll und ganz Unser kaiserliches Wohlwollen verdient.

Sehr geschätzte Syndici und Ratsherren, Unsere Zarische Majestät wünscht Euch und dem ganzen übrigen Magistrat und Eurer Republik ganz allgemein volles und ganzes Gedeihen[13]."

Wiederholt brachte Peter auf den Banketten herzliche, von Kanonensalven begleitete Trinksprüche auf das Wohl der Obrigkeit der Republik aus. Nie zuvor war der Magistrat von Genf im eigenen Lande Gegenstand solch lärmender Sympathiekundgebungen gewesen!

2 Verwundungen (eine an der rechten Seite und eine in der Magengrube) machten Lefort schwer zu schaffen. Er fieberte so hoch, daß der Zar die Abreise der Großen Gesandtschaft, die sein Freund führen sollte, verschieben mußte[14]. Leibniz schrieb nach einer Begegnung mit dem General: „Er ist einfach großartig. Er war es, der dem Zaren die Idee zu der Reise und den Reformen in den Kopf gesetzt hat. Er ist gewaltig trinkfest, niemand kann es darin mit ihm aufnehmen. Es steht zu befürchten, daß er ein paar Hofleute des Kurfürsten unter den Tisch trinkt. Am Abend beginnt er mit Rauchen und Trinken und hört erst 3 Stunden nach Sonnenaufgang auf. Indessen ist er ein Mann von großen Geistesgaben."

Durch einen des langen und breiten begründeten Ukas ernannte Peter am 28. Februar 1698 zum Dank für seine überragenden Verdienste „François Jakowlewitsch Le Fort" zum Admiral und General[15]. Er machte ihm einige kleinere Präsente, schenkte ihm einen Landbesitz und bald darauf „das Dorf Krasnaja mit seinen Arbeitern, Leibeigenen, Wäldern und gesamtem Ernteertrag". Er schrieb an General Menschikow „stets für einen convenablen Unterhalt des Ältesten der Familie Lefort zu sorgen". Lefort, dem die höchsten Ehren zuteil geworden waren, der das unbegrenzte Vertrauen des Herrschers besaß und ständig um Fürsprache bei ihm angegangen wurde, hätte „große Reichtümer aufhäufen können", wie er selber sagt[16]. „Aber er ist unbestechlich und rät dem Zaren nur zu solchen Dingen, die

diesem großen Kaiser angemessen sind", schreibt Witsen, der Bürgermeister von Amsterdam. Der kurländische Edelmann Bomberg bestätigt dies und Pierre Lefort schreibt an seinen Vater: „Alles, was
mein Onkel, der General, besitzt, ist für seine Freunde da ... Würde
er darauf ausgehen, etwas anzusammeln, um es dann im Ausland
anzulegen, so wäre dies ein leichtes für ihn. Aber das Ehrgefühl für
seinen Fürsten treibt ihn zu ganz anderem als diesem[17]."
Während die meisten Minister, Würdenträger, Beamten, Funktionäre
und Vertrauten des Zaren sich bereicherten, ihre Stellung mißbrauch-
ten, hatte sein engster Freund nicht einmal die Mittel, seiner Familie
die Pension und die Kosten für das Studium seines Sohnes Henri,
den er nach Genf geschickt hatte, zu ersetzen. Ohne Rücksicht auf
seinen Gesundheitszustand gab er sich restlos seinen zahlreichen
Pflichten hin. Er arbeitete sich buchstäblich zu Tode. Am 2. März
1699 starb er im Alter von erst 43 Jahren an den Folgen seiner Verwundungen. Der Zar befand sich gerade auf den Werften von Woronesch. Als der Eilkurier aus Moskau ihm diese Trauerbotschaft
überbrachte, brach er in Tränen aus, sprang in seine sechsspännige
Kutsche und legte mit größter Schnelligkeit die 128 Meilen hinter
sich. Er warf sich über den Leichnam seines Freundes, küßte ihm
Stirn und Hände und rief: „Jetzt ist es soweit: Kein einziger getreuer
Diener bleibt mir! Ich habe mein ganzes Vertrauen in ihn gesetzt.
Auf wen kann ich hinfort noch bauen?" In Trauerkleidung, eine große
schwarze Schärpe umgelegt, leitete der Zar die großartigen Trauerfeierlichkeiten, an denen alle Generäle, 24 der vornehmsten Adligen,
das Diplomatische Korps und 3 Regimenter zu je 2500 Soldaten teilnahmen. Der Sarg wurde von 28 Obersten getragen.
Als Peter von Leforts Armut unterrichtet wurde, befahl er eine Be-
standsaufnahme der Hinterlassenschaft. Auf der Habenseite standen
ein paar Ländereien von sehr geringem Ertrag, viele Silberteller,
Waffen, kostbare Kleider, aber nicht ein Rubel. Dafür bildeten
erhebliche Schulden, u. a. ein Rückstand von 2500 Talern für das
Kostgeld in Genf, die Passiva. Der Zar bewilligte der Witwe des
Generals eine Pension von 600 Talern. Er berief den einzigen Sohn
des Verstorbenen, Henri, aus Genf zurück und brachte dem kräftig
gebauten, hübschen und geistvollen jungen Mann eine herzliche Zu-

neigung entgegen. Henri Lefort starb bei der Belagerung von Nöteborg am 28. April 1703[18].

Nach einigen Autoren soll der General Lefort den Pastor, der ihm die letzten Tröstungen spenden wollte, aus dem Zimmer gewiesen haben. Wein und Musikanten habe er kommen lassen und bei Walzerklängen sei er hinübergegangen. Das ist eine Legende. Nachdem Lefort 7 Tage mit hohem Fieber bewußtlos darniedergelegen hatte, war er wieder zu sich gekommen. Er bat den Pastor, der an seinem Lager weilte, zu beten und starb als guter Christ[19].

Der Zar bewahrte Lefort in seinem Herzen ein so lebendiges Andenken, daß er noch 18 Jahre später, bei seinem Besuch in Paris, zu Philipp von Orléans sagte: „Man versicherte mir, daß Sie einen echten Freund zur Seite haben, wie es zu seinen Lebzeiten mir der arme Lefort war?" Statt jeder Antwort wies der Regent auf den Kardinal Dubois.

Von Lefort, Gordon, Scheremetjew und General Schein sagte der Zar: „Diese Männer werden durch ihre Treue und ihre Verdienste auf ewig in die Geschichte Rußlands eingehen..."

Die Historiker haben sehr unterschiedliche Ansichten über François Lefort und sein Werk geäußert. Unbestritten sind seine untadelige Gesinnung, seine Rechtschaffenheit und seine unbedingte Ergebenheit. Er war der Freundschaft und des Vertrauens, die Peter ihm während 9 Jahren bezeugte, würdig. „Kein Mensch außer Katharina hat auf den Zaren einen solch gesunden und beruhigenden Einfluß ausgeübt wie Lefort", schreibt Brückner[20].

An dem buntscheckigen Hof des Zaren finden wir sogar einen Abessinier: Ibrahim Hannibal. Tolstoj hatte ihn in Konstantinopel erstanden. Mit 11 Jahren war er in Wilna in Anwesenheit seiner Paten, des russischen Herrschers und der Königin von Polen, getauft worden. Das gelehrige und gegen jedermann freundliche Bürschlein diente zuerst als Page bei Peter I. Dann ging er mit 22 Jahren zur weiteren Ausbildung nach Paris. Er kämpfte in Spanien (1720) und brachte es dort bis zum Pionierhauptmann. Nach Rußland zurückgekehrt, diente er als Leutnant in Peters Bombardierkompanie. In zweiter Ehe verheiratete er sich mit der hübschen Erbin eines griechischen Kaufmanns. Doch siehe da, die kleine Polyxena, der sie das

Leben schenkte, war so hoffnungslos weißhäutig, so ganz und gar blondhaarig, daß Ibrahim Hannibal seine ungetreue Gemahlin stracks in ein Kloster steckte. Polyxena ließ er sorgfältig erziehen, verheiratete sie, stattete sie mit einer Mitgift aus, sah sie aber niemals wieder. Peter schätzte den redlichen, ergebenen und sparsamen Mann. Katharina I. schickte — auf Betreiben des allmächtigen Menschikow — auch ihn ins Exil. Elisabeth holte ihn zurück und ernannte ihn zum Oberkommandierenden der Armee. Er starb 1781, im Alter von 85 Jahren. Puschkin, sein Urenkel, hat Ibrahim Hannibal in seiner Dichtung „Der Mohr Peters des Großen" ein Denkmal gesetzt.

*

Wenngleich diese Aufzählung unvollständig ist, so können wir doch feststellen, daß die Mitarbeiter des Zaren sehr verschieden waren nach Nationalität und Herkunft, geistigen Gaben und Fähigkeiten sowie nach ihrer charakterlichen Veranlagung. Sie waren weit davon entfernt, ein festgefügtes Team zu bilden; Gehässigkeiten, Rachegelüste und Intrigen spalteten sie in Gruppen und Grüppchen, die aufeinander eifersüchtig waren, sich denunzierten, Ränke schmiedeten und triumphierten, wenn ein Feind geköpft, verbannt wurde oder sein Hab und Gut verlor. Die Berichte der Diplomaten unterrichten uns ausführlich über die Streitereien zwischen Menschikow, den Feldmarschällen Ogilvy und Scheremetjew, Schafirow, Golowin und all den anderen. Wiederholt bedauerte Whitworth „den armen Zaren". Campredon beklagte 1723 die fortgesetzten Zwistigkeiten der Würdenträger untereinander und ihre Unehrenhaftigkeit.

Abgesehen von wenigen löblichen Ausnahmen — so Romodanowskij, Scheremetjew, Gordon und vor allem Lefort — kümmerte sich die Mehrzahl der ehrgeizigen und raffgierigen Mitarbeiter Peters weniger um das russische Allgemeinwohl als um die eigene Tasche. Damit blieben sie dem alten russischen Prinzip (dem „Kormlenje"), dem alten byzantinischen Brauch treu, nach dem „der Regierende auf Kosten der Regierten lebt".

Der Gesandte Mackenzie nennt den Zaren „einen guten, gerecht denkenden Herrscher" und die Senatoren „Betrüger"[21].

PETER UND DIE FRAUEN

Der König von Dänemark: – Oho, mein Vetter! Wie ich höre,
habt auch Ihr eine Mätresse?
Peter I.: – Mein Vetter, meine Dirnen kosten mich nicht viel.
Eure Mätresse dagegen kostet Euch Millionen, die Ihr besser
verwenden könntet.

Dialog in Kopenhagen. Aus der Depesche des Gesandten VON
LOSS an MANTEUFFEL. Kopenhagen, den 14. August 1716.

Am 27. Januar 1689 hatte der 17jährige Peter Jewdokija, die Tochter
des Bojaren Feodor Abramowitsch Lopuchin, geheiratet. In seinem
ungestümen Verlangen nach Sehen und Lernen, seiner Leidenschaft
für Bewegung und Leben zogen ihn Europa und die Fremden an.
Die um 3 Jahre ältere Jewdokija kam geradewegs aus dem „Terem"
(Frauengemach). Sie konnte lesen und schreiben, nähen und Kirchen-
gewänder sticken, Säuglinge wiegen und beten. Zwar war sie gar
nicht dumm, jedoch abergläubisch, weder häßlich noch gebildet.
Unter einem schüchternen Äußeren verbarg sie eine sanfte, zärtliche
Seele und ein großes Verlangen nach Liebe. Von ihrer Familie hatte
sie die streng konservative Gesinnung, das Festhalten an den Tra-
ditonen des heiligen Rußland, eine mit Frömmelei durchsetzte Frömmigkeit und das Mißtrauen gegenüber den Ausländern geerbt. Man
könnte sie mit einem braven Lämmlein, das aus einem warmen Stalle
kommt, vergleichen, Peter dagegen mit einem Füllen, das ohne Zaum
und Zügel mit flatternder Mähne über die Steppe dahingaloppiert.
Die Zarin Natalja hatte beim Zustandekommen dieser Ehe nicht
daran gedacht, welch tiefer Abgrund diese beiden Wesen voneinander
trennte. Ihr war daran gelegen, das Temperament ihres Riesen zu
zügeln, den Ruhelosen seßhaft zu machen und ihm die politische

Unterstützung einer großen und einflußreichen Familie zu sichern. Peter, der nur seine Soldaten und Schiffe im Kopf hatte, ließ es sich gefallen. 3 Tage nach der Hochzeitsfeier suchte er bereits das Weite und stürmte zu seinen Schiffen und Kanonen. Die Flitterwochen waren zu Ende.

Zwischen 2 militärischen Übungen, einer Truppenparade, Festen und einer Reise tauchte er plötzlich bei seiner Frau auf, verbrachte eine Nacht mit ihr und verschwand bei Morgengrauen wieder. Diese Stippvisiten waren von Erfolg gekrönt, denn am 19. Februar 1690 schenkte Jewdokija dem unglücklichen Alexej das Leben und 12 Monate später Alexander, der jedoch kurz nach der Geburt starb. Während der ersten 3 Jahre verstanden sich die Eheleute anscheinend recht gut, obwohl — oder gerade weil — Peter unausgesetzt von Hause fort war. Ihre Briefe waren voll Zärtlichkeit. Jewdokija schreibt an ihn: „Meinem Herrscher und meiner ganzen Freude, dem Zaren Peter Alexewitsch wünsche ich ein langes Leben! Wie eine Gunst erflehe ich von Dir, mein König, ohne Verweilen zu mir zu kommen. Ich bin so erbärmlich und so unglücklich auf dieser Welt! Geruhe wenigstens, mir zu anworten, mein Licht!"

Sie nannte ihren Mann „Lapuschka" (Pfötchen). Dieser Kosename paßte jedoch so wenig zu Peter, daß sie ihn einem anderen Manne gab — 20 Jahre später ... Der Zar hatte in der Sloboda die Geliebte des Generals Lefort kennengelernt, Anna Mons — „domicella Monsiana" — wie sie Korb in seinem „Diarium" nennt. Sie war die Tochter eines Gastwirtes aus Westfalen, bezeichnete sich jedoch als Flämin und ließ sich Anna Mons de la Croix nennen — was natürlich weit besser klang. Hübsch, strotzend vor Gesundheit und geldgierig, zögerte sie nicht lange, den unbegüterten Favoriten zugunsten des Herrschers aller Reußen zu verlassen. Sie wird es manches Mal bedauert haben, denn Lefort war großzügig, der Zar dagegen sparsam, ja knauserig mit Belohnungen. Die Wonnen, die Peter I. bei der „domicella" genoß, entfremdeten ihn seiner Gemahlin, die er nun zu züchtig, zu spröde fand. Nach dem Tode seiner Mutter (1694) schlief er nur noch selten zu Hause — Jewdokija interessierte ihn nicht mehr. Er verweilte einen Augenblick bei dem kleinen Alexej und kehrte dann wieder zu seinen Kriegs- und Liebesspielen zurück. Während des Asowschen Feldzuges sandte ihm Anna Mons ein sehr wertvolles Geschenk: 4 Orangen und 4 Zitronen.

Zwischen dem Zaren und den Lopuchins, die seine Neuerungen und seine Freundschaften mit den Ketzern in der Deutschen Siedlung mißbilligten, kam es zu gespannten Beziehungen. Peter traktierte seinen ältesten Schwager in aller Öffentlichkeit mit Stockschlägen; doch nicht genug damit, er schickte den zweiten auch noch auf die Folter. Es besteht wohl kein Zweifel darüber, daß nunmehr jede eheliche Harmonie dahin war. Während der Reise der Großen Gesandtschaft schrieb der Zar kein einziges Mal an seine Frau, die er bei jeder sich bietenden Gelegenheit betrog. Dem unvergleichlichen Marquis Caermarthen hatte er es zu danken, daß er in London einige köstliche Nächte mit der betörenden Schauspielerin Mary Cross verbrachte, die schmollte, als sie als „Gratifikation" ganze 500 Guinees erhielt, wahrlich kein königliches Geschenk. „Sie ist das gar nicht wert", behauptete der Undankbare.

Auf dieser ersten Reise nach Europa hatte Peter schöne, sehr elegante Frauen kennengelernt, die entzückende Toiletten trugen. Er wußte, Jewdokija würde ihm nun schlecht frisiert, ungeschminkt und kein bißchen herausgeputzt, häßlich vorkommen. Also schrieb er an Lew Naryschkin und Streschnjow, ihm unverzüglich seine Gemahlin vom Hals zu schaffen, die er niemals wiederzusehen gewillt sei. Sofort nach seiner Ankunft in Moskau (26. August 1698) eilte er zur Mons. Einige Tage später bestellte er Jewdokija in das Haus seines Freundes Winius und forderte sie zum Eintritt ins Kloster auf. Im Bewußtsein ihrer Unschuld weigerte sich Jewdokija. Peter ging wütend von dannen. Am nächsten Tage wies er dem Patriarchen, der sich zu vermitteln erlaubte, die Tür. Nach 3 Wochen fruchtloser Verhandlungen wurde der Herrscher aller Reußen ernstlich böse und schickte seine Gemahlin in einem elenden Zweispänner, mit dem sich kein Fähnrich zufriedengegeben hätte, in das Kloster Ssusdalj. Das war der größte Schimpf für eine Zarin! Mit 26 Jahren wurde Jewdokija verstoßen, in ein Kloster gesperrt, von ihrem Sohn getrennt, hatte ihre Titel und Privilegien, ja sogar ihren Namen verloren. Denn nun hieß sie Schwester Helena. Und worin bestand ihr Verbrechen? Sie gefiel eben Seiner Majestät nicht mehr. . . . Peter I. war empört, daß sie es gewagt hatte, sich ihm zu widersetzen, und trieb die Bösartigkeit so weit, ihr die Pension und das Personal zu entziehen. Von allem entblößt, schreibt sie ihrer Familie: „Um Gottes willen, gebt mir zu essen, gebt mir zu trinken und schickt der Bettlerin Kleider!"

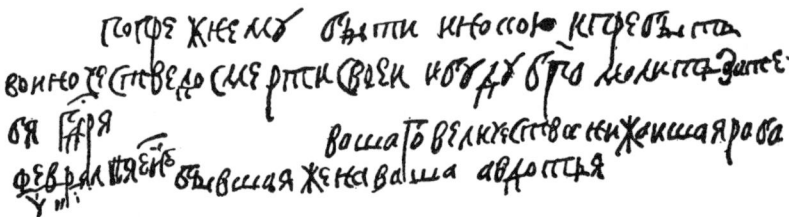

Handschrift der Jewdokija Lopuchina

Am 15. Februar 1718 schrieb sie dem Zaren: „Nach wie vor lebe ich als Nonne, und auch bis zu meinem Tode im Nonnenstande verbleibend, werde ich für Dich, Gossudar, beten. Eurer Majestät untertänigste Sklavin, Eure ehemalige Frau, Awdotja."

18 Jahre vergingen, ohne daß der Zar daran gedacht hätte, das Los der von der Welt abgeschiedenen Exzarin zu erleichtern. Da, eines Tages machte der Hauptmann Stefan Glebow, den seine dienstlichen Obliegenheiten in die Gegend geführt hatten, beim Kloster Ssusdalj halt. Als er hörte, die Exzarin leide unter der Kälte, schickte er ihr einen Pelz. Sie ließ ihm danken und empfing ihn. Bei dem einen Besuch blieb es nicht. Bald sank die Klosterfrau Helena dem schönen Offizier in die Arme. In ihrer glühenden Leidenschaft überschüttete sie ihn mit all ihrer in so langen Jahren zurückgedämmten Liebe und Zärtlichkeit. Nicht gar so leidenschaftlich schien Glebow die Folgen seines Abenteuers ins Auge zu fassen. Machte seine Frau ihm Vorwürfe? War er der Ansprüche einer untätig dahinlebenden Geliebten überdrüssig, die nur von ihrer Liebe und für ihre Liebe lebte? In die Gefühle des Hauptmanns mischte sich vielleicht auch ein gut Teil Ehrgeiz: Würde er nicht zu den höchsten Stellungen aufsteigen, wenn die Nonne Helena wieder auf den Thron gelangte...? Doch lassen wir das dahingestellt sein. Die Liebenden ließen jedenfalls alle Vorsicht außer acht, küßten sich in der Öffent-

lichkeit, schickten die Nonnen fort, um ungestört stundenlang allein bleiben zu können, bei Tage und bei Nacht. Dies alles brachte der Untersuchungsrichter, als er anläßlich des Alexej-Prozesses 1718 in der Gegend von Ssusdalj sein Wesen trieb, mit Leichtigkeit heraus, dank der Knute, die die nackten Körper der Zeugen zerfleischte und ihnen die Zunge löste. Die 9 Liebesbriefe an Glebow, welche die Exzarin einer Nonne diktiert hatte, wären nicht weiter beachtet worden, hätte nicht der Hauptmann die unbegreifliche Unvorsichtigkeit begangen, auf jeden von ihnen zu schreiben: „Brief der Zarin Jewdokija". Leidenschaft und Ungewißheit brechen aus diesen Botschaften hervor:

„Wo immer Dein Geist sei, mein ‚Batko' (Väterchen), da ist auch der meine, wo auch Dein Wort sei, ist auch mein Kopf. Ich werde immer nach Deinem Willen handeln ...

Warum, o mein ‚Batko', kommst Du nicht mehr zu mir? Ist Dir etwas zugestoßen, hat man schlecht über mich gesprochen? Du mein Freund, Licht meiner Tage, mein ‚Liubonka' (Liebster), erbarme Dich meiner. Hab Erbarmen, Du Herr meines Lebens, und komme morgen. Du mein Alles, mein Angebeteter, mein ‚Lapuschka' (Pfötchen), antworte mir. Lasse mich nicht vor Kummer sterben. Ich habe Dir eine Halsbinde geschickt, o meine Seele, Du. Trage wenigstens sie, Du trägst nichts von dem, das Du von mir hast! Bedeutet es, daß ich Dir nicht mehr gefalle? Aber Deine Liebe kann ich nicht vergessen, kann ohne Dich nicht weiterleben ...

Warum bin ich nicht tot, warum hast Du mich nicht mit Deinen eigenen Händen in der Erde verscharrt ... Ach verzeih mir, mein Leben, verzeih ... Laß mich nicht sterben. Ich töte mich ... Warum hast Du mich verlassen? Sende mir ein Stückchen Brot, in das Du gebissen hast. Wie hast Du mich alleine gelassen! Wie hätte ich Dich so verletzen können, daß Du mich nun als verwaistes, unglückliches Wesen zurückläßt?"

Nach der gräßlichen Folterung Glebows im Zusammenhang mit dem Prozeß des Zarewitsch wurde auch Jewdokija von 2 Mönchen vor versammeltem Ordenskapitel ausgepeitscht, danach in ein von aller Welt abgeschiedenes Kloster am Ladogasee überführt und streng bewacht. Der Gesandte Jean Lefort berichtete dem sächsischen

Ministerium für Auswärtige Angelegenheiten: „Als ich am alten
Ladogasee vorüberkam, habe ich das Auferstehungskloster, umgeben
von einer doppelten Palisadenwand, gesehen, in dem die in Ungnade
gefallene Zarin eingesperrt ist. Ein Hauptmann und 20 Soldaten
sind zu ihrer Bewachung da; niemand darf das Kloster betreten. Ein
böser Ort ist das, an dem nur noch 10 oder 12 Nonnen sind, deren
2 sie bedienen." (19. August 1724.)

*

Nachdem Jewdokija verstoßen, hinter Klostermauern verbannt war,
widmete sich Peter rückhaltlos seiner Geliebten Anna Mons. Schien
er sie aufrichtig zu lieben, so fühlte sie sich offenkundig mehr zum
Zaren als zum Menschen hingezogen. Sie bombardierte ihn mit Briefchen, in denen sie ihn um einen Landbesitz, eine Mühle, ein Palais,
Geschenke, Vergünstigungen für sich und ihre Verwandten bat.
Mürrisch zahlte er ihre Schulden, bewilligte ihr eine jährliche Pension von 700 Rubel und schenkte ihr ein sehr schönes Haus in der
Sloboda, in dem das Schlafzimmer mit besonderer Sorgfalt ausgestattet wurde. Er gab den dringenden Bitten der „domicella" nach
und überließ ihr — ohne große Begeisterung — 1703 die große Do-
mäne Dubino. Von 500 Guinees, mit denen die Schauspielerin in
London abgespeist worden war, konnte keine Rede mehr sein.
Jetzt war die Favoritin reich, trug wertvollen Schmuck und kost-
bare Pelze. Man nannte sie die „Zarin des Koniuch" oder einfach
„das Luder". Anna Mons hatte den Gipfel ihrer Laufbahn erreicht:
Der Zar ließ sich in aller Öffentlichkeit mit ihr sehen, er übernahm
nur unter der Bedingung die Patenschaft bei einem dänischen
Kinde, wenn sie Patin sei. Das hinderte ihn aber nicht, sehr intime
Beziehungen zu einer Freundin der Mons, der Deutschen Helene
Fademrecht, zu unterhalten, die ihm schrieb: „Meine geliebte kleine
Sonne, mein Abgott mit den schwarzen Augen und Brauen!" Diese
flüchtige Liebelei störte weder Anna, die ihre Zukunft für gesichert
hielt, noch die Höflinge, die ihre nahe bevorstehende Hochzeit mit
dem Zaren prophezeiten.
Doch den Göttern macht es bisweilen diebischen Spaß, die noch so
schlau eingefädelten Pläne der Menschen zu durchkreuzen. Nach

einem feuchtfröhlichen Abend während des Nordischen Krieges ertrank vor Peters Augen beim Überschreiten eines Flusses der sächsische Gesandte Königseck. Sein Leichnam wurde an Land geholt. Der Zar durchwühlte sofort die Taschen des Diplomaten — Diskretion war nicht gerade seine stärkste Seite. An Stelle der vertraulichen Instruktionen oder kompromittierender Aufzeichnungen, die er zu finden hoffte, fielen ihm Briefe von ... Anna Mons in die Hände! Nicht etwa Billette, wie sie sie an ihren erlauchten Liebhaber zu richten pflegte, sondern lange Botschaften, und nicht Geld wollte sie von dem Diplomaten, sondern Liebe, eine ebenso verzehrende Liebe wie die ihre! Der Herrscher öffnete das Medaillon auf der Brust des Verstorbenen. Er blickte auf eine Miniatur der Ungetreuen, blonde Haare, eine Widmung von Annas Hand: „Liebe und Treue". Peter tobte, er war gedemütigt worden. Die beinahe zur Zarin erhobene Demoiselle ließ er in den Kerker werfen und 30 Personen dazu. Wenig später auf freien Fuß gesetzt, wurde Anna zuerst die Geliebte und darauf die Frau des preußischen Gesandten Keyserlingk. Die 30 angeblichen Komplicen saßen nach 4 Jahren immer noch hinter Schloß und Riegel. Weder sie noch der Gouverneur des Gefängnisses wußten den Grund für die Haft. Wir wollen hoffen, daß sie noch lebend herausgekommen sind.

Im Jahre 1708, am Ende eines Gelages, das in der Nähe von Lublin abgehalten wurde, und bei dem der Zar in besonders leutseliger Stimmung war, bat Keyserlingk, zweifellos auf Betreiben seiner Frau, um eine Gunst für den Bruder der Mons. Der Zar antwortete wütend: „Ich habe diese Frau erzogen für mich, in der Absicht, sie zu heiraten. Sie haben sie verführt. Behalten Sie sie also und sprechen Sie zu mir nie wieder von ihr noch von ihrer Sippschaft."
Als der Preuße weiter auf seiner Bitte bestand, brüllte Menschikow: „Ihre Mons ist eine Hure! Ich habe sie besessen wie Sie und wie alle anderen auch! Lassen Sie uns in Frieden mit ihr!"
Um den zudringlichen Gatten loszuwerden, verabfolgten der Zar und sein Favorit ihm eine tüchtige Tracht Prügel und warfen ihn die Treppe hinunter. Am nächsten Tage verlangte Peter eine Entschuldigung.
Nachdem Madame Keyserlingk, geborene Mons (de la Croix) im

Jahr 1711 Witwe geworden war, liebte sie noch ein allerletztes Mal, einen Schweden. Einige Jahre später schied sie von ihm und von der schönen Welt. Sie hätte also noch Zeit gehabt, La Fontaines Fabel „Perrette et le pot au lait" zu lesen.

*

Im Juli 1702 rüstete sich Marschall Scheremetjew an der Spitze einer Armee von 30 000 Mann zum entscheidenden Sturm auf Marienburg. Der schwedische Kommandant, entschlossen, sich mit der Zitadelle und der Besatzung in die Luft zu sprengen, evakuierte eine bestimmte Anzahl von Zivilisten, darunter auch die Familie und die Magd des Pastors Glück. Wie nun der wackere Gottesstreiter von den russischen Vorposten verhört wurde, schwenkte er eine Bibel in altslawischer Sprache in seiner Hand, die er vorsorglich mitgenommen hatte. Er hob seine Kenntnisse in mehreren Sprachen hervor und bot seine Dienste als Dolmetscher an. Scheremetjew schickte ihn samt seiner Familie nach Moskau; die Magd aber behielt er bei sich — denn sie war 17 Jahre alt, vollbusig, hübsch und fröhlich und sehr entgegenkommend. Wie könnte man sie auch in der schändlichen Gesellschaft eines ketzerischen Pastors lassen? Schon am gleichen Abend speiste sie an der Tafel des Marschalls. Beim Nachtisch zahlte sie die Zeche — auf ihre Weise. Diese blonde Dienstmagd sollte eines Tages die Zarin Katharina I. werden.

Wer war sie und woher kam sie? Sie war die Tochter der Skawronskijs, armer Bauern aus dem schwedischen Teil Livlands. Von ihren Eltern ausgesetzt, wurde sie vom Pastor in sein Heim aufgenommen, bei dem sie dann als Bedienstete blieb. Wenn sie auch vollkommen ungebildet war, so verstand sie sich doch auf die Hilfe im Haushalt, auf Kinderpflege, Waschen, Nähen und Bügeln. Damit erschöpften sich ihre Kenntnisse. Zum Ausgleich legte sie ein derart hitziges Temperament an den Tag, daß der gute Seelenhirte, beunruhigt ob des Einflusses seines Schützlings auf seine Schäflein, sie eiligst mit einem schwedischen Trabanten namens Kruse verlobte (oder verheiratete), der bei der Einnahme Marienburgs durch die Russen gefangengenommen wurde.

Im Generalstab der livländischen Armee verschwendete Katharina wahllos ihre Gunst, Tag und Nacht. Mit unwahrscheinlicher Schnelligkeit die militärischen Ränge überspringend, wechselte sie aus den Armen eines Unteroffiziers in das Feldbett des Marschalls Scheremetjew, von wo aus sie mit einem Satz im Harem des Generals Menschikow landete. Dort entdeckte sie Peter. Und damit war die Magd des Pastors im kaiserlichen Bett (1703). Sie war nicht die einzige in der Gunst des Zaren und gab daher auch nicht ihre Beziehungen zu Menschikow auf. Der Monarch und sein Favorit waren zu innig befreundet und hatten zu großzügige Ansichten, um nicht Gefahren, Ehren und Frauen redlich zu teilen. Mit einem Wort, die Damen, die ihnen auf ihren Kriegszügen folgten, bildeten einen kleinen Gemeinschaftsharem, eine Liebeskolchose.

Beim Zaren befanden sich — unter anderen — Daria und Barbara Arsenjew. Daria war entzückend. Barbara zeichnete sich durch ihre Häßlichkeit und ihren Geist aus. Sie war von der Natur so stiefmütterlich behandelt worden, daß der Zar während eines Banketts ihr zurief: „Du hast bestimmt noch niemals die Liebe erfahren? Da mir das Ausgefallene Spaß macht, dulde ich nicht, daß du stirbst, ohne geliebt worden zu sein..." Auf das Wort ließ er sogleich die Tat folgen, noch im Bankettsaal selbst. Würde dieser Bericht von Villebois stammen, so wäre Vorsicht geboten. Aber nichts ist unmöglich, wie wir noch sehen werden.

Bereits im Jahre 1705 hatte Katharina zwei uneheliche Kinder vom Zaren. Stimmte ihn diese zweifache Vaterschaft doch nachdenklich oder war Eifersucht mit im Spiel? Jedenfalls drängte er Menschikow zur Heirat mit der hübschen der Schwestern Arsenjew und beschloß, daß Katharina ganz bei ihm bleiben solle. Die vitale, stets zum Lachen aufgelegte Katharina, die in allen Lebenslagen spielend zurechtkommt, wäre eine vortreffliche Marketenderin oder die ideale Frau für einen Subalternoffizier gewesen. Ihr Platz war unter einem Zeltdach und nicht in einem Palast, hinter einem Packwagen und nicht in einer Staatskarosse. Peter schätzte an ihr 2 sehr wesentliche Fähigkeiten: Sie war sparsam und bügelte die Wäsche wie keine zweite! Nach und nach gewann die Konkubine an Boden und eroberte das Herz des allgewaltigen Herrschers aller Reußen.

1708 konvertierte sie und legte sich den Vornamen Katharina Alexejewna zu, wobei der Zarewitsch Alexej Pate stand. Als Peter Moskau verließ, um sich dem Heer Karls XII. entgegenzustellen, hinterließ er folgende Notiz: „Sollte mir nach dem Willen Gottes ein Unglück zustoßen, so verordne ich, die 3000 Rubel, welche sich im Hause Menschikows befinden, an Katharina Wassilewska und ihre Tochter auszuhändigen. Piter." 3000 Rubel für Katharina und ihre Nachkommenschaft? Man kann den Monarchen nicht der Verschwendung zeihen . . . ! Peter I. sehnte sich nach seinem geliebten Wäscherinliebchen. Er schrieb an sie: „Ohne dich ist das Leben traurig und meine Wäsche ungepflegt." Die Freude des Wiedersehens war so groß, daß Katharina nochmals mit einem Mädchen niederkam: mit Elisabeth (1709). Waren sie getrennt, sandte er ihr aus Dresden eine Uhr, Mechelner Spitzen, einen Fuchs und 2 Paar Täubchen aus Finnland. Sie bedachte ihn mit einer warmen Weste und Früchten.

Im Jahre 1711 ließ der Zar 2 Stunden vor dem Aufbruch zu dem unglückseligen Pruth-Feldzug seine Schwester, die Zarewna Natalja, die Zarinwitwe und seine Halbschwestern zu sich kommen und erklärte ihnen, Katharina sei seine Gemahlin. Sie hätten ihr in dieser Eigenschaft die gebührende Achtung zu erweisen und müßten ihr, falls ihm etwas zustieße, die Stellung, die Privilegien und Einkünfte anderer Herrscherwitwen zuerkennen. Sie sei seine rechtmäßige Frau, wenngleich aus Mangel an Zeit der Trauungsakt gemäß den Bräuchen des Landes noch nicht vollzogen sei, was er jedoch so schnell wie möglich nachholen werde. Und in der Tat, am 19. Februar/ 1. März 1711, ehelichte der Konteradmiral Peter (lies: der Zar von Rußland) Katharina um 7 Uhr morgens in der kleinen Kapelle des Fürsten Menschikow; Trauzeugen waren die Zarinwitwe, 2 Admiräle und die Frau eines Vizeadmirals. Zwei süße kleine Mädchen von 5 und 3 Jahren — Anna und Elisabeth, die außerehelichen Kinder der beiden Brautleute — wurden zu Brautjungfern für ihre Eltern bestimmt. An dieser originellen, militärisch-matutinen Hochzeit im intimsten Kreise, ohne die Anwesenheit hoher Staatsbeamter, wird einmal Voltaire seine helle Freude haben. Es folgte ein Empfang im Palast, ein Galadiner, Ball und Feuerwerk. Peter bemerkte gegenüber dem englischen Gesandten, „daß diese Verbindung fruchtbar sei, denn es seien ja schon 5 Kinder da!"

Zu Unrecht hat man diese Eheschließung angezweifelt. Die übereinstimmenden Berichte von Campredon, Whitworth und de Bie, die Frankreich, England und die Niederlande in Moskau vertraten, berichten über diesen Tag in allen Einzelheiten. Humorvoll schreibt Whitworth: „It is one of the surprising events in this wonderful age." Einige Autoren haben diese Verbindung dem Wunsch des Zaren zugeschrieben, Katharina für ihren hervorragenden Dienst, den sie am Pruth der russischen Armee geleistet haben soll, zu belohnen. Das ist ein offenkundiger Irrtum, da die Trauung zeitlich mehrere Monate vor der Episode im russisch-türkischen Kriege stattfand.

Der Ehemann nahm es mit der Treue nicht viel genauer als der Liebhaber; aber Katharina kannte Peter viel zu gut, um Unmögliches zu verlangen. Allerdings soll er sich seinen zahlreichen Mätressen — wie sein Sekretär behauptet — nie mehr als eine halbe Stunde täglich gewidmet haben. Von seinen Reisen schrieb er zärtliche Briefe an seine „Katerinuschka", seine „kleine Herzensfreundin". Er schickte ihr ein Sträußchen getrockneter Blumen, eine Haarlocke, was bei einem derart rohen Gesellen erstaunt. 7 Jahre lang schrieb Katharina an ihn wie ein demütiger Untertan und redete ihn mit „Majestät" an: Briefe einer Dienstmagd, nicht einer Gattin. Dann wurde sie kühner, vertraulicher, aber stets voll Humor. Die umfangreiche Korrespondenz der beiden ist herzlich, manchmal sogar leidenschaftlich[1].

Am 28. Oktober 1715 schenkte Katharina einem Knaben das Leben, der wie der um 16 Tage ältere Sohn des Zarewitsch Alexej und der Zar den Namen Peter erhielt. 1718 wurde der Sohn Katharinas — der Zar nannte ihn „Petruschka" —, nachdem Alexej von der Erbfolge ausgeschlossen worden war, zum Thronfolger erklärt. Die Zarin war zu den höchsten Ehren aufgestiegen, so hoch, daß sie anscheinend ihre Familie in der Menge der kleinen Leute aus den Augen verloren hatte. Ein ärgerlicher Vorfall sollte sie wieder an sie erinnern: Ein Postillon wurde von einem Reisenden geschlagen und beschwerte sich unter Berufung auf seine nahe Verwandtschaft mit der Zarin. Man erstattete Meldung, der Zar ordnete eine Untersuchung an, bei der herauskam, daß zwei Brüder und drei Schwestern

Katharinas auf russischem Boden lebten: ein Kutscher, ein Landarbeiter, eine Prostituierte, die in Reval ihrem Gewerbe nachging,
eine Leibeigene und eine Schustersfrau. Peter setzte ihnen eine bescheidene Rente aus und warf die Revaler Dame ins Gefängnis.
Katharina schämte sich ihrer dunklen Herkunft nicht, sie sprach darüber mit einem deutschen Pastor, den sie bei Glück kennengelernt
hatte, und sie fragte den Gesandten Whitworth (er hatte anscheinend früher manch trautes Plauderstündchen mit ihr verbracht):
„Haben Sie ‚Katerinuschka‘ auch nicht vergessen?"
Katharina muß wohl über gute und liebenswerte Eigenschaften verfügt haben, die auf den Zaren so anziehend wirkten, daß er diese
doch sehr leichtfertige Frau zu seiner Gemahlin machte und sie bald
darauf krönen ließ. Vielleicht finden wir eine Erklärung, wenn wir sie
beschreiben. Sie war klein und gedrungen, stand fest auf ihren stram-
men Beinen. Das Gesicht war rundlich, die Haut braun gegerbt,
eine Himmelfahrtsnase, auffallend große, hervorquellende Augen. Mit
20 hatte sie bereits einen üppigen Busen, mit 30 quoll er aus dem
Mieder, er hätte später einen würdigen Platz auf einem von Rubens'
Monumentalgemälden finden können. Ihre Haare, ursprünglich blond,
trug sie später schwarz gefärbt. Keine Spur von Grazie, von Eleganz in ihren Bewegungen. „Schon ihr bloßer Anblick genügte, um
ihre niedere Abkunft zu erraten", schrieb 1717 die boshafte Schwester Friedrichs II. Kleidete sie sich wenigstens mit Geschmack? Nach
Ansicht der eben erwähnten Markgräfin von Bayreuth jedenfalls
nicht: „Ihr Kleid war beim Trödler gekauft, sehr altmodisch und mit
Steinen überladen. Die hatten ein merkwürdiges Muster: ein Doppeladler, dessen Federn mit Diamanten vom allerkleinsten Karat und
schlechter Fassung geziert waren. Sie hatte ein Dutzend Orden und
mindestens ebenso viele Heiligenbildchen und Reliquien an den Zier-
leisten ihres Gewandes baumeln, die beim Gehen bimmelten, daß
man hätte meinen können, ein Maultier käme daher, weil sie den
gleichen Ton hatten."
Peter jedoch — der sich wahllos Herzoginnen und Straßenmädchen,
Fette und Magere, kultivierte Damen und einfältige Gänse nahm —
fand Katharina nun einmal nach seinem Geschmack. Den Beweis
dafür haben wir in 223 Briefen, die er von überall her an sie sandte,

und in den 11 Kindern, die sie ihm schenkte (die meisten von ihnen starben im Säuglingsalter). Doch die körperlichen Beziehungen waren nicht die einzigen, die sie verbanden: Trotz ihrer zahlreichen Schwangerschaften begleitete Katharina seit 1709 den Zaren auf all seinen Feldzügen. Erst da kamen die vielseitigen Möglichkeiten ihrer Veranlagung und ihres Charakters richtig zur Geltung: Diese „Kinderfrau der Soldaten" (Bassewitsch), stets munter und gutgelaunt, verteilte Wodka und gab den Kriegern neuen Mut. Sie war praktisch veranlagt, eine hervorragende Köchin und hielt die Wäsche des Zaren „tadellos in Ordnung". Als ausgezeichnete Reiterin, zäh wie Leder, schlief sie nach einem langen Tagesritt auf der nackten Erde, und in ihrer Gutmütigkeit bat sie bei Verfehlungen den Gebieter um Strafmilderungen oder Straferlaß. Während des persischen Feldzugs, von dem wir noch sprechen werden, schnitt sie sich die Haare ab und trug eine Soldatenmütze. Sie nutzte den Schlaf des Herrschers, um wegen der glühenden Hitze den Abmarsch der Truppen hinauszuschieben. Vor der Schlacht nahm sie an der Truppenmusterung teil, lächelte den Soldaten zu und fand freundliche Worte für sie. Beherzt, zuckte sie mit keiner Wimper, als ein Unteroffizier der Eskorte an ihrer Seite fiel. Sie scheute sich nicht, selbst zum Gewehr zu greifen, und wollte sogar an Bord eines Schiffes gehen, um in Reval gegen die Engländer und Dänen zu kämpfen. Wenn Peter einen seiner Zornes- (oder epileptischen) Anfälle bekam, die seine Umgebung in Furcht und Schrecken versetzten, sprach Katharina leise und zärtlich auf ihn ein und strich ihm sanft über das Haar. Allmählich wurde er ruhiger, um endlich an dem mächtigen Busen, der ihm eine ganze Welt bedeutete, einzuschlafen. Man meint, ein Kind ruhe an der Brust seiner Mutter. Beim Erwachen war er dann frisch und munter. Um jede Erinnerung an den Anfall zu verscheuchen, wirbelte Katharina ihren hohen Gemahl in einem Walzer mit sich fort, denn sie war eine hervorragende Tänzerin. Zwischen 2 Drehungen erzählte sie ihm irgendeine pikante Geschichte, über die er aus vollem Halse lachen mußte. Das Gewitter war abgezogen ...

So wenig sie Jewdokija ausstehen konnte und sie mit ihrem Haß verfolgte, so sehr gab sie sich auf der anderen Seite Mühe, die er-

barmungslosen Strafmaßnahmen des Tyrannen zu mildern, die er
oft für die lächerlichsten Kleinigkeiten verhängte. Unbemerkt glitt
sie in das Leben des Zaren hinein und machte sich mit seinen Gewohnheiten vertraut: Sie wachte über seine Gesundheit, sorgte dafür, daß die Trinkgelage nicht zu lange ausgedehnt wurden, holte
ihren Gemahl nach den Banketten bei Menschikow oder woanders
ab und brachte ihn nach Hause, wie es auch die Frau eines Arbeiters
tun würde. Sie interessierte sich, dank ihrer erstaunlich leichten An-
passungsfähigkeit, für die Reformen des Zaren, förderte sie, arbeitete
selbst daran mit, während Jewdokija und ihre Familie sie verurteilt
hatten. All diese Gründe haben den Zaren bewogen, seine Geliebte
zu ehelichen. Die aufrichtige Zuneigung, die er ihrem kleinen Peter
und den beiden Töchtern Anna und Elisabeth entgegenbrachte, die
Freude, die er an diesen Kindern hatte — nach so viel Verdruß mit
Alexej — trugen mit dazu bei, die Bande zwischen den Eheleuten
enger zu knüpfen. Als Konsul La Vie anläßlich einer Hochzeitsfeier
einmal bei Hofe soupierte, sah er den Zaren sehr oft mit der „Zarischen" und den kleinen Prinzessinnen tanzen. Peter küßte sie immer
wieder und war äußerst liebevoll zu ihnen.
Die Diplomaten, die bei Katharina ein und aus gingen, urteilten
wesentlich milder als die Markgräfin von Bayreuth. 1715 berichtete
Weber aus Moskau: „Dank ihrer klugen und liebenswürdigen Auf-
führung hat sie ein großes Ansehen und die Zuneigung des ganzen Volkes gewonnen." Im Jahre 1717 schreibt Baron Pöllnitz nach dem Besuch des Zaren in Berlin: „Wenn diese Fürstin auch nicht mit allen
Reizen ihres Geschlechts ausgestattet ist, so hat sie doch dessen ganze
Sanftmut. Sie erwies der Königin große Ehrerbietung und ließ
erkennen, daß ihre hohe Stellung sie nicht den großen Abstand vergessen ließ, der zwischen ihr und der Königin besteht." Campredon
spricht Katharina politischen Verstand und Scharfblick zu, sie mische
sich aber nicht in die Staatsgeschäfte ein.
Wir sprechen später von Katharinas Krönung und ihrer Untreue.

*

Trotz seiner Liebe zu Katharina hatte Peter derartig viele galante
Abenteuer, daß es kaum gelingt, sie alle aufzuzählen. Einige dieser

Affären führten so weit, daß seine zweite Gemahlin befürchten mußte, daß auch ihr das Schicksal Jewdokijas bevorstehe. Im Jahre 1706 verliebte sich der Zar in Hamburg nicht in die Magd – sondern in die Tochter eines Pastors. Weniger zugänglich als Katharina, widerstand die Jungfrau den Avancen des Verführers in Riesengestalt. Er versprach ihr darauf die Ehe und beauftragte Schafirow mit der Ausarbeitung des Heiratsvertrags. Das arme Ding war beruhigt und gab sich ihm hin. Don Juan hatte sein Ziel erreicht, zahlte eine „Entschädigung" von 1000 Dukaten und verschwand.

Aus seinem Harem wäre weiterhin Jewdokija Rjeskij zu verzeichnen, die der Zar mit dem Hauptmann Tschernyschew verheiratet hatte, ohne deswegen nun ganz auf sie zu verzichten. Jewdokija Tschernyschew – von Peter „la Bataille" genannt – schenkte 4 Töchtern und 3 Söhnen das Leben. Wer vermöchte zu sagen, welche ihrer 7 Kinder vom Zaren und welche von dem Offizier stammten? Jewdokija jedenfalls nicht, denn sie kannte sich selber nicht mehr in dem Gewimmel ihrer Liebhaber aus. Es war nicht weiter verwunderlich, daß sie sich eine gewisse, lästige Krankheit zugezogen hatte, die sie ihrem erlauchten Freunde übermachte, der sie wiederum Katharina weitergereicht hat. Da Peter dieses Geschenk gar nicht schätzte, soll er Tschernyschew nahegelegt haben, seine Frau tüchtig zu verprügeln.

Auch eine andere Geliebte „hielt sich" eine Weile, die Gräfin Maria Matwejew. Der Zar gab sie dem Hauptmann Rumjanzew zur Ehe, der die Treibjagd auf Alexej geführt hatte. Sein Sohn, der Marschall Rumjanzew, der sich unter Katharina II. auszeichnete, war Peter wie aus dem Gesicht geschnitten. Vielleicht war auch er einer jener Bastarde wie die 3 Kinder der Madame Stroganow und anderer Damen. Waliszewski behauptet, daß die uneheliche Nachkommenschaft Peters ebenso zahlreich sei wie die Ludwigs XIV.

1717 besuchte der Zar den König von Preußen in Magdeburg. Baron Pöllnitz beschreibt eine „feierliche Audienz": „Da nun der König befohlen hatte, daß dem Zaren alle erdenklichen Ehren zu erweisen seien, waren die verschiedenen Staatskollegien in corpore zu seiner Begrüßung erschienen, wobei ihre Präsidenten das Wort nahmen. Wie nun der Herr von Cocceji, der Bruder des Großkanzlers, an der Spitze des Minister-Kollegiums die Grußworte an ihn richten will,

findet er ihn auf zwei russische Damen gestützt, während er seine
Hände über ihre Brüste gleiten ließ, worin er auch noch fortfuhr, als
die Ansprachen begannen[2]."
Pöllnitz versichert, den nun folgenden Bericht vom König von Preu-
ßen selbst und zwei Augenzeugen erhalten zu haben. Er erzählt das
Treffen zwischen Peter I. und seiner Nichte, der Herzogin von
Mecklenburg: „Der Zar eilte der Fürstin entgegen, küßte sie zärtlich
und geleitete sie in ein Zimmer, wo er sich, nachdem er sie auf ein
Kanapee niedergelegt hatte, ohne die Türe zu schließen und ohne
Rücksicht auf die im Antichambre zurückgebliebenen Personen oder
gar den Herzog von Mecklenburg, in einer Weise benahm, die darauf
schließen ließ, daß nichts seine Leidenschaften im Zaume halten
konnte."

*

Gegen Ende des Jahres 1718 tuschelten sich die Höflinge eine auf-
regende Neuigkeit zu: Man hat der Zarin Schmuck und Geld gestohlen, und der Schuldige könne nur jemand sein, der im Palast
ein- und ausgehe. Der Verdacht fiel auf die Gräfin Marie Hamilton,
die Enkelin Artamon Matwejews. Aus einer vornehmen schottischen
Familie stammend, wurde sie in Moskau geboren und erzogen. Sie
war Hofdame bei Katharina und wurde wiederholt, wie die meisten
ihrer Schicksalsgenossinnen, vom Zaren „beehrt", denn der Hofstaat
der Zarewnas diente Peter gern als Harem. Nach ihrer Verhaftung
gab die Angeklagte zu, die Juwelen und das Geld für ihren Liebhaber
Orlow gestohlen und sich eines Neugeborenen entledigt zu haben.
Sie wurde wegen schweren Raubes und Kindsmords verurteilt und
bestieg am 14. März 1719 das Schafott — nicht etwa in Sträflings-
kleidern, sondern in einer Robe aus weißer Seide mit einer Garnitur
aus schwarzen Bändern. Der Zar war zugegen. Er sprach ihr Mut
zu — dann wurde sie vom Scharfrichter kunstgerecht geköpft. Darauf hob Peter das blutige Haupt mit den verdrehten Augen auf. In
aller Ruhe, wie ein Professor seinen Studenten eine anatomische Vor-
lesung hält, erklärte er den herumstehenden Gaffern die Wirkung
des Beils auf Nerven und Wirbelsäule. Dann küßte er die kalten Lip-

pen, die sich so oft bebend unter den seinen geöffnet hatten. Schließlich ließ er den Kopf seiner ehemaligen Geliebten in den Schnee fallen, bekreuzigte sich und ging davon.

*

Fürst Dimitrij Kantemir, der mit der Niederlage am Pruth sein Fürstentum Moldawien verloren hatte, war seinem Verbündeten nach Rußland gefolgt. In Petersburg lebte er mit einer Tochter von solcher Schönheit, daß Peter sie zu seiner Mätresse machte. Maria Kantemir und Katharina begleiteten den Zaren auf dem persischen Feldzug (1722). In Astrachan mußte die Prinzessin haltmachen, da sie hochschwanger war. Würde sie dem Zaren, der über den Tod seines vor 3 Jahren dahingegangenen „Petruschka" immer noch untröstlich war, einen Sohn gebären? Würde er dann Katharina verstoßen, in irgendein Kloster stecken wie Jewdokija, um nach dem sehr berechtigten Wunsche des Vaters Maria Kantemir heiraten zu können? Der ganze Hof war in heller Aufregung. Die Damen steckten die Köpfe zusammen und die Würdenträger suchten sich auf die günstigste Seite zu schlagen, Katharina zitterte vor Furcht. Es besteht die Wahrscheinlichkeit, daß sie und ihr Anhang nicht untätig zugesehen haben, denn die Prinzessin hatte eine gefährliche, möglicherweise künstlich herbeigeführte Fehlgeburt. Katharina hatte gesiegt: 2 Jahre später wurde sie gekrönt.

*

Frauen ohne Zahl hatte der Zar zu Geliebten: Fürstinnen und Mägde, Gräfinnen und Schauspielerinnen; Bojarentöchter, die Nachfahrin schottischer Lairds und eine evangelische Pastorentochter waren darunter. Abseits dieser Ansammlung von Weiblichkeiten aller Schattierungen sehen wir eine Frau auftauchen, die ihm nichts mehr als eine wirkliche Freundin war, Elisabeth Sieniawska, eine geborene Prinzessin Lubomirska, die Gemahlin eines polnischen Standesherrn. Diese nicht gerade schön zu nennende, sehr gescheite und geistreiche, unnahbare Frau empfing den Zaren in Jaworow. Sie sprachen über Politik. Mit einem Freimut und einer Selbständigkeit des Urteils, die der Zar nicht gewohnt war, rühmte sie die Vorzüge Stanislas Leszczinskis, seine Überlegenheit über August von Sachsen, auf dessen Seite der Zar und Sieniawski standen. Peter war überwältigt von so viel Scharfsinn und Geist und versuchte es gar nicht, sie zu verführen, weil er begriff, daß dies ein vergebliches Unterfangen gewesen wäre. Aber er besuchte sie oft und machte lange Spaziergänge mit ihr. Der französische Gesandte Baluze entdeckte die beiden in Arbeitskleidern beim Bau eines Bootes. Sie neckte den Herrscher, sie dämpfte, sie beruhigte ihn. Als er in einem Augenblick zorniger Aufwallung rief, er werde alle Ausländer aus seiner Armee ausstoßen, bedeutete sie dem Dirigenten ihres Orchesters, für einen Augenblick hinauszugehen und die Musiker allein weiterspielen zu lassen, wodurch ein jämmerlicher Mißklang entstand. „Sehen Sie, so wird Ihre Armee ohne die fremden Offiziere sein", sagte sie lachend zu Peter . . . Ein anderes Mal erklärte er, daß er die russischen Provinzen in Wüsteneien verwandeln werde, wenn Karl XII. es sich einfallen ließe, seinen Weg zur Eroberung von Moskau durch die russischen Lande zu nehmen. Madame Sieniawska antwortet ihm: „Sie erinnern mich an jenen Edelmann, der sich zum Eunuchen machte, um seine Frau zu bestrafen . . .!"

Es tut wohl, nach so vielen unerfreulichen Episoden das Bild dieser Polin, dieser großen Dame, lebendig werden zu lassen, die durch ihr reines Wesen diesem hemmungslosen Schürzenjäger Respekt abnötigte.

Sechstes Buch

DIE LETZTEN LEBENSJAHRE

1721-1725

Peter der Große stand allein gegen alle, ein Großwild, das von Mücken und Ungeziefer zu Tode gequält wurde.

MERESCHKOWSKIJ

IM SPIEL DER DIPLOMATIE

HEIRATSPROJEKTE

ERKUNDUNGSFAHRTEN IN FERNE LÄNDER

*Die Politik eines Staates ist durch seine geographische Lage
gegeben.*   Napoleon I.

*Die Zeiten Gustavs II. Adolf kamen wieder, nur daß aus dem
Schweden ein Russe geworden war.*   Leibniz

„Der Zar hat den Ehrgeiz, an seinem Hofe Abgesandte aus allen
Ländern zu sehen; er verübelt es dem Kaiser, daß er nicht schon
früher einen Botschafter bei ihm bestellt hat", berichtet der Vertreter der Generalstaaten im Jahre 1711. Das stimmt: Peter I. hatte
es gern, auf seinen Feldzügen und häufigen Reisen Diplomaten in
seinem Gefolge zu sehen. Aber wie behandelte man sie in Moskau?
Wenn ihre Gebieter eine Politik betrieben, die dem Zaren paßte,
dann unterhielt er sich lange mit ihnen, sparte nicht mit Schmeiche-
leien und bevorzugte sie durch eine herzliche Umarmung. Der französische Konsul berichtet, nicht ohne einen Anflug von Eifersucht,
im Jahre 1718 sei Herr von Weber, Gesandter Ihrer Britischen Majestät für deren Kurfürstentum Braunschweig-Lüneburg „in Anwesenheit der ganzen Hofgesellschaft umarmt" worden. 3 Jahre später
war es an Campredon, nach Versailles zu melden: „Er umarmte mich,
und ich hatte die Ehre, ihm drei- oder viermal die Hand zu küssen,
was ihm offensichtlich Vergnügen machte." War Peter dagegen mit
den Herrschern oder ihren Geschäftsträgern nicht zufrieden, so
weigerte er sich, sie zu empfangen, gab die Pässe nicht heraus und
scheute sich nicht, sie einfach zurückzuhalten. Die Kuriere wurden
abgefangen, festgesetzt und verschwanden.

Peter sah es als Majestätsbeleidigung an, daß sein Gesandter in London wegen Schulden verhaftet wurde. Andrerseits setzte er sich kaltblütig über die diplomatische Immunität hinweg, wenn es ihm nützte. Da wurde zum Beispiel eine Woche nach Alexejs Tod der Vertreter der Generalstaaten, Jakob de Bie, angeklagt, von der allgemeinen Unzufriedenheit in Rußland gesprochen zu haben. Man verhaftete und verhörte ihn. Das am gleichen Tage im Namen des Zaren verschickte Rundschreiben beweist, daß die Post des Residenten von der Polizei geöffnet worden war. Während des Verhörs, dem er sich nicht hätte zu unterziehen brauchen, gab de Bie zu, er habe nur etwas geschrieben, was jedermann dachte: daß nämlich das Volk nicht glaube, der Zarewitsch sei eines natürlichen Todes gestorben, und daß Peter sich nur auf ganz wenige ergebene Personen verlassen könne.

Am 5. Juli 1723 setzte der französische Gesandte Campredon seinen König darüber in Kenntnis, daß die Gemahlin und die Dienerschaft des holländischen Residenten geprügelt worden seien, weil sie niederländische Seeleute verteidigt hätten. Er fährt fort: „Dergleichen böse Erlebnisse passieren durch die Unhöflichkeit der Russen — um es nicht anders auszudrücken — in Petersburg sehr häufig." Dieser Berufsdiplomat, der die europäischen Höfe gut kannte, beklagte sich bitter über die Arroganz der Minister des Zaren und betrachtete den russischen Hof als „den schwierigsten und seltsamsten, den man sich vorstellen kann"[1].

Die Mehrzahl der ausländischen Gesandten berichtete ähnliches ihren Regierungen; sie kritisierten das ausgetüftelte Zeremoniell, insbesondere bei Überreichung der Beglaubigungsschreiben. Gleichwohl ließe sich nichts gegen die Gewandtheit Schafirows, Tolstojs, Ostermanns und anderer Minister sagen.

Vor der Reise der Großen Gesandtschaft hatten die moskowitischen Diplomaten durch ihre verächtliche Herablassung und ihre anmaßenden Forderungen an das Protokoll die westliche Welt in größeres Erstaunen gesetzt als durch ihre Kleidung und ihre Bärte. Im Jahre 1705 hatte Matwejew junior, der Rußland in Den Haag, Paris, London und Wien vertrat, folgende Äußerungen des französischen Außenministers Marquis de Torcy nach Hause berichtet: „Eure Abgesandten haben ungebührliche und unverschämte Forderungen gestellt. Sie hatten Trunkenbolde, Krakeeler und Hitzköpfe bei sich, die durch mutwillige Beleidigungen ein so kluges und gesittetes Volk, wie es das französische ist, verärgerten." Die Reise nach Europa brachte dem Zaren zum Bewußtsein, wie notwendig und wichtig eine Rußland angemessene diplomatische Vertretung war.

Aus diesem Grund betraute er mit diplomatischen Missionen zuerst Ausländer, die wie ihre europäischen Kollegen vor den fremden Herrschern und bei Konferenzen im Galarock mit Perücke und Seidenstrümpfen erschienen. Kurze Zeit darauf traten Russen an ihre Stelle: u. a. Tolstoj, die Fürsten Golizyn und Kurakin, die in Versailles eine sehr freundliche Aufnahme fanden, 3 Fürsten Dolgorukij, Bestushew und seine 2 Söhne. Diese nichtgeschulten Diplomaten begingen zwar manchmal Fehler; aber mit Intelligenz und Ausdauer konnten sie doch in den meisten Fällen den ihnen gestellten Fallen entgehen. Die Bildung eines Diplomatischen Korps, das bald an Eleganz und Aufwand den ausländischen Gesandten nicht nachstand, war das Verdienst Peters.

*

Durch die Siege der russischen Armeen in den baltischen Provinzen, durch die Besetzung von Mecklenburg, Polen und mehrerer wichtiger Häfen, durch die Vertraulichkeiten Peters oder zumindest seiner Umgebung mit dem Baron Görtz und den Jakobiten hatten sich die Beziehungen zwischen dem Zaren und Georg I. derartig verschlechtert, daß „ihre Abneigung bis zur Ungebührlichkeit ging" (Saint-Simon). Im Jahre 1719 berichtet Sir James Jefferies aus Rußland: „Trotz seiner Verstellung kann der Zar sich nicht enthalten, mir persönlich und dem gesamten britischen Volk sichtliche Beweise seiner Unzufriedenheit zu geben ... Man hat den englischen Kaufleuten verboten, Rußland zu verlassen, bevor sie nicht alles bezahlt haben, was sie Privatleuten oder dem Zaren an Steuern schulden; ja, man hat sogar ihren Debitoren untersagt, ihnen ihre Schulden zu bezahlen, nicht einmal für Materiallieferungen ... 2 Seeleute, die nicht in russische Dienste treten wollten, sind in der Festung Schlüsselburg angekettet worden ... Andere wurden gezwungen, in die Marine

einzutreten oder sind dort gewaltsam zurückgehalten worden, ohne
Rücksicht auf irgendwelche Interventionen, sogar dann, wenn sie
nach England zurückkehren wollten ... Man hat dem Vizeadmiral
Gordon übel mitgespielt, indem sein Gehalt um die Hälfte gekürzt
wurde[2]."
England griff zu Vergeltungsmaßnahmen, berief seine Seeleute ab
und schickte 70 „Nowiki" in ihre Heimat zurück. Vizekanzler Schafirow machte seinem Unmut in einer dem Botschafter gewährten
Audienz Luft. Als Sir James Jefferies seinen Posten verließ, wurde
sein russischer Bedienter verhaftet und mit Stockschlägen traktiert.
Das englische Parlament antwortete mit einer Bill (1720), die bei
Androhung schwerster Strafen die Ausbildung irgendeines Untertanen des Zaren verbot. Im Oktober überreichte der neue Botschafter
Michail Bestushew-Riumin dem englischen König eine Denkschrift,
in der gegen die doppelzüngige Haltung Englands protestiert wurde,
das einerseits die Flotte des Generals Norris gegen Rußland entsandte und gleichzeitig seine Vermittlung zwischen Stockholm und
Moskau angeboten habe. Darauf erfolgte der Abbruch der diplomatischen Beziehungen.
Nach der Unterzeichnung des Nystader Friedens — an dessen Zustandekommen Campredon weitgehend mitgewirkt hatte — erhielt
er den Auftrag, einen Vermittlungsvorschlag für Rußland auszu-
arbeiten, „das ernsthafte Zerwürfnis zwischen Peter und Georg",
wie es Abbé Dubois nannte, aus der Welt zu schaffen. Wahrlich,
eine äußerst heikle Aufgabe! „An eine Behandlung der Frage der
englischen Interessen war bisher gar nicht zu denken; der Zar ist
anscheinend immer noch sehr erbost über die Person des Königs von
Großbritannien", schreibt der französische Diplomat, der auf eine
ganz offenkundige Feindseligkeit stößt[3]. Im Februar 1723 brachte
Ostermann in folgenden Worten den Groll seines Herrn gegen England zum Ausdruck: „Der Zar kann den ihm angetanen Schimpf nicht
vergessen, wenn er nicht Genugtuung erhält ... Er wird nicht so
niedriger Gesinnung sein, die Hand zu küssen, die nach ihm schlägt ...
Ich erkläre Ihnen ohne Umschweife, daß Ihre Tätigkeit hier beendet
ist, wenn Sie weiterhin auf der Garantie des Vertrages, der England
betrifft, bestehen ...[4]" Campredon gab sich die größte Mühe, um

diese Aussöhnung herbeizuführen. Peter verlangte die Auslieferung der Brüder Wesselowskij. Diese beiden nach London geflüchteten Russen waren angeblich Mitverschworene des Zarewitsch Alexej selig, „deren der Zar bis heute noch nicht hat habhaft werden können, so große Mühe er auch darauf verwendet hat; der König von England würde ihm einen großen Gefallen tun, indem er ihm diese beiden Männer ausliefern oder ihm die Wege ebnen würde, um sich ihrer in einer Weise zu bemächtigen, die weder seine Würde noch das Asylrecht verletzen würde, was sich doch wohl machen ließe . . .“, bedeutete der Vizekanzler Ostermann dem Vermittler[5].

Der Zar führte in einem Handschreiben, das Campredon vom Vizekanzler überreicht wurde, seine Beschwerden und seine Bedingungen an: Georg I. warf er vor, er habe Schweden Hilfe gewährt, die Zarin bei einer Reise nach Hannover beleidigt und gegen Mecklenburg übel gehandelt; er verlangte den Abzug der englischen Truppen aus dem Kurfürstentum Hannover, Schadenersatz in Geld, Verzicht auf Durchfahrtsgebühren für seine Schiffe im Sund und Auslieferung der beiden Moskowiter. Aber, so fügte Ostermann hinzu, der Regent möge absolutes Stillschweigen über diesen Brief bewahren. Der Herzog von Bourbon, der eben dem Herzog von Orléans in seiner Eigenschaft als Premierminister gefolgt war, antwortete am 24. Dezember 1723, daß er beim König von England in wirksamer Weise nicht intervenieren könne, ohne ihm die Beschwerden des Zaren auseinandersetzen zu müssen; im übrigen erschienen ihm gewisse Forderungen Peters I. schlechterdings unannehmbar. Da der Herzog großen Wert auf die Allianz mit England legte und Georg I. zu mißfallen fürchtete, reichte er ihm die Berichte aus Rußland weiter. Er wies Campredon an, „diese Aussöhnung zur notwendigen Vorbedingung für den geplanten Bündnisvertrag (zwischen Frankreich und Rußland) zu machen“.

Das nutzlose Reden in Moskau zwischen dem französischen Diplomaten und den russischen Ministern ging weiter. Als Antwort auf die Beschwerden des Zaren brachte nun Georg I. die seinen vor: Es sei unter den Papieren des verstorbenen Görtz „ein von Peter I. selbst entworfener Plan gefunden worden, nach dem im Verein mit dem seligen König von Schweden der König von Großbritannien

nicht allein in seinen deutschen Landen, sondern auch in seinem
Königreich angegriffen werden sollte". Ostermann bestritt dies.
Auf Drängen von Versailles unterzeichneten am 1. August Kanzler
Golowkin und Vizekanzler Ostermann eine „Erwiderung auf die
letzten Vorschläge Seiner Allerchristlichsten Majestät bezüglich der
Aussöhnung zwischen Seiner Kaiserlichen Majestät von Rußland und
dem König von England".

Mit dem Hinweis auf die „Ungerechtig-
keiten und Feindseligkeiten", die der Zar vom König von England
erduldet habe, und der Dringlichkeit, mit der der König von Frankreich auf einer Versöhnung bestehe, erklärt die Note, daß aus Ästi-
mierung und Freundschaft für den König von Frankreich „S. K. M.
gestatte" (sic!), daß der König von England einen Bevollmächtigten
in der Eigenschaft eines Gesandten an den Hof S. K. M. entsende, um
zu bezeugen, wie sehr seinem König und Herrn an der Wiederherstellung der alten freundschaftlichen Beziehungen zu S. M. gelegen,
und daß er, der Bevollmächtigte, eigens zu diesem Zweck entsandt
worden sei. Darüber hinaus sei es unabdingbar, daß in dem Beglaubigungsschreiben, welches der König von England senden wird, der
Titel S. K. M. in aller Form anerkannt werde. Dem König von England wird überdies zugemutet, als Botschafter − „und sei es nur für
8 Tage"! − Bestushew, „persona ingratissima" am Hofe von Saint-
James, zu empfangen.

Peter ließ es dabei nicht bewenden: War der König von Frankreich
ihm, dem Zaren, zuliebe bereit, eine Versöhnung mit England herbeizuführen, so heischte er außerdem die ausdrückliche Anerkennung
des Kaisertitels und folgende Zugeständnisse: Der Herzog von Mecklenburg sowie Schweden sollen als Partner in den vorgesehenen Vertrag mit Frankreich aufgenommen werden; der Herzog von Holstein
soll das Herzogtum Schleswig wiedererlangen, usf. Somit hätte Frankreich seine uneigennützigen Dienste auch noch selber zu bezahlen!
Diese Note, welche die Minister nur ungern Campredon überreichten − Ostermann tat so, als habe er sich dem widersetzt −, sei ein
„Ultimatum" des Zaren, behaupteten sie.

Der französische Diplomat informierte seine Gesprächspartner am
27. September 1724 darüber, daß die Bedingungen angenommen
seien. Am 8. Oktober erhielt er aus Paris den Entwurf für ein De-

fensivbündnis zwischen Frankreich, England und Rußland, welches gleichzeitig militärische Garantien und uneingeschränkte Freiheit des Warenhandels für die Vertragspartner vorsah. Es scheint, als seien damit alle Hindernisse aus dem Wege geräumt. Schon bereitete sich der englische Gesandte darauf vor, London zu verlassen, als Ostermann Campredon eröffnete, es „widerstrebe dem Zaren, gemeinsam mit dem König von England zu verhandeln; jedoch sei er bereit, mit dem König von Frankreich alleine einen Vertrag zu schließen". Nach vergeblichen Protesten bei Ostermann und Tolstoj hatte der bedauernswerte Vermittler bei einem kurzen Treffen am 23. Dezember Gelegenheit, sich mit dem Zaren persönlich zu unterhalten. Er sagte ihm, daß er in der Lage sei, ein Dreierbündnis endgültig absprechen zu können. Peter antwortete, er möge sich noch einige Tage gedulden, da die Kur, die er eben mache, ihn daran gehindert habe, sich mit dieser Angelegenheit zu befassen[6]. Einige Wochen später setzte der Tod des Zaren einen Schlußpunkt hinter diese emsige Verhandlungstätigkeit.

Frankreich hatte im Jahre 1717 den Abschluß einer engen Allianz mit Peter verweigert, da es Schweden die Treue halten und England nicht vor den Kopf stoßen wollte. Im Jahre 1724 willigte es nicht in das vom Zaren gewünschte Defensivbündnis ein, weil es seinem neuen Verbündeten nicht den geringsten Grund zum Ärger geben wollte. Waren diese Entscheidungen nun gerade glücklich für Frankreich? Nein, antwortet darauf Saint-Simon, der sowohl den Regenten wie Dubois scharf dafür tadelt, daß sie sich „so knechtisch an England hätten ketten lassen ... Schließlich verlor der Zar über unserer Harthörigkeit die Lust ..." Frankreich hatte jedoch guten Grund, vorsichtig zu sein: Die Zukunft Rußlands, einer jungen, aufstrebenden Macht, eines Kaiserreichs, das noch im Werden begriffen war, lag im ungewissen. Seine Armeen standen sehr weit vom Rhein entfernt, die Verbindungsmöglichkeiten waren kläglich. Anderseits legte die Regentschaft großen Wert auf das in Den Haag unter unsäglichen Mühen zustande gekommene Dreierbündnis mit England und den Niederlanden. Frankreich befürchtete, eines Tages völlig isoliert dem feindlichen Österreich, dem Spanien Philipps V. und Elisabeth Farneses gegenüberzustehen. Was wäre wohl aus diesem Bündnis mit

Rußland unter Peters Nachfolgern geworden, die von 1725 bis 1740 regierten: Katharina I., Peter II. und Anna Iwanowna? Die leidenschaftliche Kritik Saint-Simons scheint doch zu weit zu gehen. Trotz aller Anstrengungen war es dem französischen Kabinett und seinen Diplomaten nicht gelungen, Peter und Georg, die beiden Starr- und Hitzköpfe, deren Interessen zu Lande wie zu Wasser aufeinanderprallten, miteinander zu versöhnen. Dafür hatten Bonnac und Campredon wesentlich zum Abschluß des „ewigen" Friedens zwischen Rußland und der Türkei beigetragen (1720), während es für ein französisch-russisches enges Bündnis noch zu früh war.

*

Peter hatte mit dem Ziel einer Erweiterung seines Einflußbereichs und einer Festigung seiner Dynastie Alexej mit Charlotte von Wolfenbüttel verheiratet, die 4 Jahre später starb (1715). Am 17. Dezember 1716 schrieb der Beauftragte des Zaren in Paris an den Herrscher: „Bonmazari hat mit dem Marschall d'Estrée über die Verheiratung des Zarewitsch (Alexej) mit einer europäischen Prinzessin gesprochen und dabei geschickt einfließen lassen, ob der französische Hof keine Neigung habe, den Zarewitsch mit einer französischen Prinzessin, zum Beispiel mit der Tochter des Herzogs von Orléans, zu verheiraten. Worauf der Marschall zur Antwort gab, daß er über einen solch guten Gedanken hoch erfreut sei, und weiter, daß man Seiner Majestät dem Zaren nichts abschlagen werde. Der Marschall hat dann alles dem Herzog berichtet, der sagte: ‚Ich wäre darüber so glücklich, daß ich es am liebsten heute noch in die Tat umsetzen würde.'"

Als Sotow diesen Brief schrieb, wußte er noch nicht, daß Alexej das Weite gesucht und sich 5 Wochen zuvor nach Wien geflüchtet hatte. Die Idee einer Verbindung mit dem französischen Königshaus schien indes dem Zaren zu gefallen, denn im Mai 1721 beauftragte er den Fürsten Wassilij Lukitsch Dolgorukij, der nach Versailles entsandt worden war, um Frankreich für seine Vermittlung im Nordischen Kriege zu danken, beim Regenten diskret vorzufühlen, wie er über eine eventuelle Heirat zwischen Ludwig XV. und der Großfürstin

Elisabeth dächte. Durch die Verlobung des zwölfjährigen Königs mit der Infantin Maria-Anna-Victoria, der Tochter Philipps V. und Elisabeth Farneses, zerschlug sich dieser Plan. Peter machte daraufhin Campredon Vorschläge für eine Verbindung zwischen Elisabeth und dem Herzog von Chartres, dem Sohn des Regenten, oder dem Grafen von Charolais, dem Sohn des Herzogs von Bourbon[7]. Am 8. November 1721 schrieb Campredon aus Moskau: „Ein Freund sagte mir eben, wenn die Zarin vollständig für unsere Sache gewonnen werden solle, wäre die Heirat zwischen der jüngsten Tochter des Zaren mit irgendeinem französischen Prinzen wünschenswert, den man sehr leicht zum König von Polen machen könnte, was bei der Macht des Zaren sogar als sicher gelten würde."

Am 10. Januar 1722 brachte Baron Schleinitz einen Entwurf ins reine, der im Laufe der Verhandlungen noch mehrmals abgeändert wurde[8]. Da der König von Polen damals gerade erkrankt war, schrieb Campredon an Dubois: Nachdem er die Sache nun gründlich geprüft habe, erscheine sie ihm für Frankreich im allgemeinen, für den Ruhm und Nutzen des königlichen Hauses im besonderen sehr vorteilhaft (20. Februar 1722). Als der Gesandte keine weiteren Instruktionen erhielt, „flehte" er Dubois an, ihn nach Paris zurückzuberufen (27. März). Am 10. April unternahm er einen erneuten Versuch: „Der Zar muß allmählich davon überzeugt sein, daß Frankreich nur die Absicht gehabt habe, ihn mit leeren Versprechungen hinzuhalten." Schließlich geruhte der Kardinal Dubois, seinem Gesandten am 14. Oktober genaueste Instruktionen zu erteilen: Einer dieser Briefe hatte nicht weniger als 70 Seiten[9]! Obgleich er diese Heirat „in Anbetracht der niedrigen Herkunft der Mutter wenig konvenabel" fand, übersandte er ihm doch einen Vertragsentwurf mit 14 Artikeln und Vollmachten für Abschluß und Unterzeichnung eines Bündnisvertrags; er erinnerte Campredon daran, daß das Hauptanliegen seiner Mission die Erreichung eines Defensivvertrages mit Rußland sei, und drängte ihn nun voranzumachen, um „auf schnellstem Wege zu einem Abschluß" zu kommen! Er fuhr fort: „Seine Königliche Hoheit kann keinen zuverlässigeren Beweis ihres aufrichtigen Wunsches nach einer festen und soliden Bindung zwischen Frankreich und Großrußland geben als den Vorschlag für die Eheschließung von Monseigneur dem Herzog von Chartres mit einer der Töchter des Zaren. Die ältere Prinzessin entspräche natürlich mehr seinen Wünschen. Da nun der Bewerber um ihre Hand dazu bestimmt sein wird, Nachfolger des Zaren auf dem Thron des Kaiserreichs von Großrußland zu werden, und Monseigneur der Herzog von Chartres der präsumtive Erbe der Krone Frankreichs ist, würden sich diese beiden Fürsten gegenseitig in Ungelegenheiten bringen. In Anbetracht dieser Erwägung, die ein Beweis für die Aufrichtigkeit S. K. H. ist, und noch aus einem zweiten Grunde, der nicht weniger ehrlich gemeint ist, schlägt S. K. H. die Vermählung seines Sohnes mit der jüngeren Prinzessin vor, in der Absicht, den Prinzen im Verein mit dem Zaren auf den polnischen Thron zu erheben, wenn dieser vakant wird. Sollte es die Lage verlangen, so könnte der Prinz alsdann nach den bekannten Beispielen der polnischen Krone entsagen. Das Kaiserreich von Rußland hätte in dem König von Frankreich, seinem Schwager, einen zuverlässigen Alliierten. Sollte aber der Prinz in Polen bleiben, so hätte es an ihm einerseits jemanden, der getreulich über alles wacht, was von Polen abhängt, und gleichzeitig ein sicheres Unterpfand für die Treue und Wachsamkeit Frankreichs in allem, was seine Interessen in Europa betreffen könnte. Dieser Fürst hat glücklicherweise alle diejenigen Eigenschaften, die dem Zaren an einem Kandidaten für den polnischen Thron zusagen werden."

Anfang Februar 1723, also gleich nach seiner Rückkehr aus dem persischen Feldzug, von dem wir noch sprechen werden, empfing der Zar den französischen Gesandten. Er beauftragte Dolgorukij, die Angelegenheit unter möglichst strenger Geheimhaltung weiterzuverfolgen, denn eine Wiener Zeitung hatte bereits einige Monate zuvor darüber geschrieben[10]. Am 12. März sagte Ostermann zu Campredon: „Man muß die beabsichtigte Eheschließung vollständig und in aller Form behandeln, damit kurze Zeit nach, ja besser noch vor der Wahl des Herzogs von Chartres auf den polnischen Thron die Ehe vollzogen werden kann." Am folgenden Tage sandte er einen langen Bericht nach Frankreich, in dem es heißt: Nachdem er sich versichert habe, daß Peter diesem Heiratsprojekt und der Thronbesteigung des Herzogs von Chartres gewogen sei, und ebenso, daß die Verhandlungen darüber günstig aufgenommen würden, habe er mit ihm darüber während einer Privataudienz in Anwesenheit der Zarin, ohne einen einzigen Minister — was überhaupt noch nicht vorgekommen sei —, gesprochen. Der Zar, dem dieses Projekt „sehr gefiel", habe geglaubt, daß die Heirat „gleichzeitig mit dem Defensivbündnis hier beschlossen werden könne", sofern Campredon Vollmacht habe. Er, Campredon, habe geantwortet, daß er nur allgemeine Anweisungen erhalten habe. Dolgorukij seinerseits drängte Campredon, Instruktionen über die Mitgift und die Frage der Religion einzuholen, denn es sei keine Zeit zu verlieren, in einer Affäre, die für beide Monarchen von gleich großem Interesse sei.

Campredon fügte diesem Bericht noch einen Entwurf für die geheimen Artikel bei, die er selbst aufgesetzt hatte und die den Bündnisvertrag vervollständigen sollten. In einem Brief an Dubois entwarf er folgendes Bild der Tochter Peters und Katharinas: „Über die Person der Prinzessin Elisabeth ist nur das Erfreulichste zu berichten. Sie hat eine sehr schöne Gestalt, eine schöne Haut und ebensolche Augen und Hände. Sollte sie irgendwelche Fehler haben, so sind sie in der Erziehung und den Manieren zu suchen. Man hat mir versichert, daß sie Geist habe, und da ist es nicht unmöglich, das Fehlende zu ergänzen, wenn eine geschickte und erfahrene Person sich ihrer annimmt, so die Angelegenheit beschlossen wird, was sehr zu hoffen ist, da mir nichts so sehr am Herzen liegt, wie Mgr. den Herzog von Chartres und Eure Eminenz zufriedenzustellen."

Hinsichtlich der Geheimhaltung der Verhandlungen gab sich Campredon allerdings schönen Täuschungen hin. Tatsächlich berichtete der Gesandte Mardefeld an Friedrich Wilhelm I., daß über eine Heirat zwischen dem Grafen de Charolais aus dem Hause Condé und der Großherzogin Anna verhandelt werde (26. Februar 1723). Der König von Preußen war indessen besser unterrichtet und belehrte ihn, der Zar werde den Fürsten Kurakin nach Paris schicken, um eine Heirat zwischen der Großfürstin Elisabeth und dem Herzog von Chartres vorzuschlagen, dem man den polnischen Thron in Aussicht stelle. Campredon war davon überzeugt, daß Frankreich großer Nutzen aus dieser Verbindung erwachsen werde, und so sandte er Bericht über Bericht nach Paris und gab sein ganzes Geld für Kuriere aus. Von Kardinal Dubois kam keine Antwort. Verzweifelt, völlig verausgabt, war der Gesandte bald so weit, daß er sich krank meldete und ins Bett legte, um den lästigen Fragen des Zaren und seiner Minister zu entgehen. Endlich, nach neunmonatigem Schweigen, geruhte der Kardinal, seine Instruktionen zu vervollständigen: Man müsse erst den Ausgang der polnischen Thronfolge abwarten. Falls der Herzog von Chartres auf den Thron von Frankreich gelange, könne man an seiner Statt „einen anderen Prinzen aus dem französischen Königshause, zum Beispiel einen Prinzen der herzoglichen Linie des Hauses Bourbon, für eine Heirat mit Elisabeth ins Auge fassen". Ferner müsse man sich vergewissern, daß England mit diesem Projekt einverstanden sei (Dubois hielt Georg I. über diese Verhandlungen, trotz ihres vertraulichen Charakters, auf dem laufenden). Es zeigte sich jetzt, daß die Ansichten des Zaren und der Ratgeber des jungen französischen Königs weit auseinandergingen: Peter möchte, daß die Heirat sofort vollzogen wird, der Regent hingegen wünscht sie bis zum Tod Augusts II. und der Thronbesteigung des Herzogs von Chartres in Polen zu verschieben. Am 1. August 1723 schrieb Dubois, daß „das Leben des Königs von Polen kein langes mehr sein kann", er spekulierte mit diesem unmittelbar bevorstehenden Todesfall. Gott jedoch rief plötzlich den Prälaten zur Ordnung: Am 3. August legte Dubois die Arbeit nieder, und 9 Tage später raffte ihn der Tod hinweg. August II. — dessen Ende er so leichtsinnig vorausgesagt hatte — überlebte ihn um 10 Jahre. Statt einer Trauerrede schrieb Saint-Simon über den Kardinal: „Alle Untugenden, Falschheit, Geiz, Lasterhaftigkeit, Ehrgeiz und Speichelleckerei führten in seinem Innern den Kampf um die Herrschaft." Die Mutter des Regenten ergänzte dieses Epitaph mit den Worten: „Er ähnelte einem jungen Fuchs, die Falschheit sprang aus seinen Augen."

Den Brief an Campredon vom 1. August unterzeichnete daher der Herzog von Orléans, der vorübergehende Nachfolger Dubois' — ohne daß an seinem Inhalt ein Wort geändert wurde[11]. Der Zar erhielt niemals eine offizielle Antwort und erfuhr nur durch Zufall einige Monate später von der Hochzeit des Herzogs von Chartres mit einer deutschen Prinzessin. „Das ist für die Russen nicht sehr erfreulich", schrieb Campredon, der selbst tief enttäuscht war[12].

Im April 1725, drei Monate nach Peters Tod, erreichte Katharina die

Nachricht von der Auflösung der Verlobung Ludwigs XV. mit der Infantin. Die Zarin ließ ihm auf der Stelle die Hand der Groß-fürstin Elisabeth antragen, dazu ein politisches Bündnis und für den Herzog von Bourbon den Thron von Polen. Dieses dreifache Ange-bot wurde abgelehnt, Ludwig XV. heiratete Maria Leszczinska.

Der Herzog von Bourbon hatte damit das von Katharina I. ange-botene Angriffs- und Verteidigungsbündnis ausgeschlagen, das sein Vorgänger, der Herzog von Orléans, gar zu gern mit Peter abge-schlossen hätte. Er interessierte sich nicht für die Besetzung des Thro-nes von Polen, einer befreundeten, von ihren Nachbarn bedrohten Macht, mit einem französischen Prinzen, während Ludwig XIV. sich vergebens für den Prinzen Conti darum bemüht hatte. Gewiß, die Mutter Elisabeths war von niedriger Abkunft, aber ihr Vater gehörte der Dynastie der Romanows an. War dies überdies ein trif-tiger Grund, um die Tochter eines gescheiterten Königs — die Frank-reich nur vage Ansprüche einbrachte — der Erbin eines mächtigen Kaiserreiches vorzuziehen, war der Vorwurf stichhaltig genug, um Rußland in die Arme der Feinde Frankreichs zu treiben? Campredon und andere mit ihm dachten nicht so. Niemand konnte damals ahnen, daß die ärmste aller Prinzessinnen Frankreich eine reiche Morgen-gabe mitbringen würde, nämlich Lothringen, das Ludwig XIV. er-folglos begehrt hatte[13].

Unter dem Eindruck dieser demütigenden Beleidigung unterzeichnete die Zarin ein Angriffs- und Verteidigungsbündnis mit Österreich (6. August 1726) und kehrte sich gegen Frankreich[14]. Europa war von diesem Augenblick an in 2 Lager gespalten: auf der einen Seite Frankreich, England und Holland, auf der anderen Seite Österreich, Rußland und Spanien. Rußland kämpfte später im Polnischen und Österreichischen Erbfolgekrieg gegen Frankreich und wurde erst durch die Annäherung von Paris an Wien auf indirektem Wege sein Verbündeter (1756).

*

Peter hatte auch sein Interesse für ferne Länder, insbesondere für Persien und China, bekundet — als wäre Europa nicht groß genug gewesen, um seine Neugierde und seine Ambitionen zu befriedigen!

Kurz vor Ausbruch des Nordischen Krieges, im Jahre 1700, hatte er eine Studienkommission mit Sitz in Tobolsk nach Sibirien entsandt. Wie ihm vom Hörensagen bekanntgeworden war, sollte der Amu-Darja (Fluß in Zentralasien), der einst in das Kaspische Meer mündete, reiche Lager an goldhaltigem Sand bergen. Er übergab dem Tscherkessen-Fürsten Alexander Bekowitsch-Tscherkassy das Kommando über ein Expeditionskorps von 3000 Soldaten, unter denen sich 500 bei Poltawa gefangengenommene Sachsen befanden, die in seine Dienste übergetreten waren. Es wurde bis auf den letzten Mann von den Tataren und den Kalmücken niedergemacht.

Im Jahre 1717 wurde Wolynskij mit einer diplomatischen, wissenschaftlichen und ökonomischen Mission in Ispahan beauftragt: Er sollte dem Schah seine Aufwartung machen, ihn der aufrichtigen Freundschaft des Zaren versichern und ihn davon überzeugen, daß die Türken die Feinde Persiens seien, sodann sollte er die Möglichkeiten für die Entwicklung der Wirtschaftsbeziehungen zwischen den beiden Ländern prüfen. Eigenhändig ergänzte Peter die Instruktionen für Wolynskij: Er solle ermitteln, ob die Flüsse, die in das Kaspische Meer münden, schiffbar sind, ob sich eine Verbindung mit der Provinz Ghilan herstellen lasse, und sich darum bemühen, den Seidenhandel von der seit langem über Smyrna—Aleppo laufenden Straße abzuziehen sowie die Umgebung des Schahs zu bestechen. Wolynskij brachte vielversprechende Nachrichten mit: Persien sei von Parteien zerrissen, von Aufständen erschüttert und stehe mitten in einer politischen Krise, es fiele nicht schwer, mit leichten Truppen einen Teil dieses Landes zu erobern. Peter I. ernannte Wolynskij zum Gouverneur von Astrachan und befahl ihm, unter größter Geheimhaltung eine militärische Expedition vorzubereiten. 1721 wurden die in Persien eingerichteten russischen Handelskontore durch streifende Nomaden zerstört, die Afghanen rückten bis nach Ispahan vor. Auf die Hilferufe Wolynskijs verließ Peter Moskau zusammen mit Katharina, Tolstoj und Apraksin. Am 18. Juli 1722 schiffte er sich in Astrachan mit 23 000 Mann Fußvolk nach Derbent ein, wo auf dem Landwege noch 9000 Reiter der regulären Truppe, 20 000 Kosaken, 20 000 Kalmücken und 30 000 Tataren, insgesamt also mehr als 100 000 Mann, zu ihm stießen. Derbent wurde erobert. Aber der Nachschub klappte nicht. Die Proviant- und Fouragetransporte gingen auf dem Kaspischen Meer zugrunde, Tausende von Pferden krepierten, man mußte sich auf Astrachan zurückziehen.

Der Zar soll bei diesem Kriegszug 32 Schiffe aller Bauarten auf dem Kaspischen Meer verloren haben, dazu 4000 Mann an regulären Truppen, eine noch größere Anzahl Kosaken, 15 000 Pferde und 1 Million Rubel. Das wenigstens behauptet Campredon.

Am 12. September 1723 wurde in St. Petersburg zwischen dem Schah von Persien und Peter ein Friedensvertrag unterzeichnet[15]. Prinz Mahmud drängte bei der Hohen Pforte zum Eingreifen, indem er behauptete: Wenn der Zar das Kaukasusgebiet erobere, werde er auch das Schwarze und das Kaspische Meer in seine Gewalt bringen. Der Verdruß war so groß in Konstantinopel, daß ein neuer Krieg drohte. Golowkin und Tolstoj schrieben an den Gesandten de Bonnac in Konstantinopel und baten ihn, den Großwesir zu beruhigen. Peter dankte dem französischen Diplomaten höchstpersönlich, „sich so bald als möglich dafür zu verwenden, daß die Verhandlungen zu einem glücklichen Abschluß geführt werden[16]". Campredon und Bonnac steigerten ihre Bemühungen: „So wird also der König für sich den Ruhm in Anspruch nehmen können, nach dem Norden auch noch dem Orient den Frieden gebracht zu haben", schreibt Campredon nach Versailles. Am 23. August wurde der Vertrag unterzeichnet. Noch am gleichen Tage sprach der Zar dem König von Frankreich seine Dankbarkeit aus[17]. Durch den Vertrag von Ismail-Beg erwarb Rußland die Städte Baku und Derbent und die 3 Provinzen Daghestan, Ghilan und Masanderan mit Rescht und Asterabad. Die Hohe Pforte gewann dabei Tauris (Täbris), Erivan und weitere Plätze[18]. Der Zar ging sofort an die Organisation der neuerworbenen Territorien. Er ließ Befestigungen anlegen und befahl, Christen in den Provinzen anzusiedeln, die Muselmanen ohne Aufsehen aus dem Lande zu vertreiben und nach Bodenschätzen, insbesondere nach Naphtha, zu suchen.

*

Zwei Kriege gegen die Türkei, ein Krieg von 21 Jahren gegen Schweden, ein Feldzug gegen Persien, das ist die militärische Bilanz der Re-

gierung des Zaren. Er fügte ihr noch einiges an schmückendem
Beiwerk hinzu: Im Februar 1719 hatte er Daniel Gottlieb Messer-
schmidt beauftragt, 7 Jahre lang Sibirien kreuz und quer zu erforschen. Der deutsche Arzt brachte eine Fülle von Informationen mit.
Im gleichen Jahre starteten drei Seefahrer, zwei Russen und ein
Schwede, in einem zerbrechlichen Schiff zur Erkundung der Kamtschatka. Im November 1723 entsandte Peter 2 Schiffe unter dem Befehl des Vizeadmirals Winster nach Madagaskar mit einer Botschaft
für den König dieser Insel, in der er ihm die Einrichtung regel-
mäßiger Verbindungen vorschlug. Diese Expedition verschwand auf
Nimmerwiedersehen — vielleicht in einem Sturm.

Im Januar 1725 gab der Zar dem Kapitän Vitus Bering den Auftrag,
entlang der Küsten von Kamtschatka zu segeln, um nach der Verbindung mit Amerika zu suchen. Er schrieb an den berühmten Dänen:
„Mein schlechter Gesundheitszustand hat mich gezwungen, abgeschlossen in meinem Zimmer zu leben. Ich habe also Muße zum
Nachdenken gehabt und mich dabei verschiedener Pläne erinnert,
zu deren Ausführung mir bisher die Zeit fehlte. Da das Vaterland
nun keine Feinde mehr zu fürchten hat, muß ich daran denken, es
mit Ehren auf dem Gebiet von Kunst und Wissenschaft zu bedecken."
Als Bering die nach ihm benannte Meerenge entdeckte, hatte Peter
der Große bereits das Zeitliche gesegnet. Aber er hatte den Anstoß
zu einer der größten geographischen Entdeckungen seit Kolumbus
gegeben.

DIE REFORMEN

Die Russen besaßen das größte Reich der Welt, und man konnte alles daraus machen. Da wurde Peter I. geboren und Rußland erhielt eine Form. VOLTAIRE

Peter I. gab den Russen Leiber, Katharina II. Seelen. CHERASKOW

Der Despotismus hat dann seine Berechtigung, wenn er fortschrittlichen Ideen dient. FONTENELLE, Trauerrede auf Peter I. in der Akademie der Wissenschaften zu Paris.

Wir haben so ein gewisses Etwas in unserem Blute, das sich jeglichem Fortschritt entgegenstemmt ... — Wir werden größer, aber wir werden damit nicht reifer. TSCHAADAJEW

Der Herrscher — Die Verwaltung — Die Gouvernements — Die Städte — Armee — Marine — Polizei — Finanzen — Justiz — Der Kalender — Die Kirche — Landwirtschaft, Handel und Industrie — Verkehrswege — Sozialstruktur — Stellung der Frau — Die Ehe — Kultur und Wissenschaft — Kleidung und Bärte

Es wäre ein Irrtum, wollte man Peter als einen geborenen Reformator betrachten, der mit allen Mitteln versuchte, ein nach vorbedachten Grundsätzen ausgearbeitetes Programm zu realisieren. Der Zar hatte keinen zusammenhängenden Plan. Die jeweiligen Umstände waren der Ansporn für ihn, das Dringlichste in Angriff zu nehmen. Er reorganisierte die Armee, weil er seine Niederlagen wettmachen wollte. Das Rekrutierungssystem wurde umgestaltet, um die enormen, durch Krankheit, Wetterunbilden, Kämpfe und Desertion verursachten Verluste auszugleichen. Er rief eine Flotte ins Leben, um Asow zu erobern. Er gründete neue Industrien, um den Artilleriepark zu vergrößern. Weil Armee und Flotte viel Geld verschlangen, trieb er neue Steuern ein. So ging es während seiner ganzen Regierungszeit. Seine Entscheidungen wurden also nicht von allgemeinen Einsichten bestimmt, sondern jeweils nacheinander von zwingenden Notwen-

digkeiten diktiert: der militärischen Lage, einer wirtschaftlichen oder finanziellen Krise und besonders von den Revolten. Einige bedeutende Reformen allerdings sind das Werk seines genialen Geistes, seines entschiedenen Willens, sein Volk zu modernisieren. Während der 36 Jahre der tatsächlichen Regierung des Zaren gab es nur *ein einziges* vollständiges Friedensjahr, und das war 1724. In den ersten beiden Jahrzehnten ergriff Peter die Maßnahmen, wie sie sich gerade zufällig bei einem Feldzug, einer Reise, einem Fabrikbesuch oder der Inspizierung einer Werft aufdrängten, in Form kurzgefaßter Briefe oder Ukase. Manche Befehle waren unausführbar: Zum Beispiel schrieb er eine Mindestbreite für das Uniformtuch vor, für das die Webstühle viel zu schmal waren. Nach der Schlacht bei Poltawa, als er nicht mehr so stark durch die militärischen Operationen beansprucht war, konnte er sich mit den grundlegenden Reformen und Gesetzen beschäftigen und nach dem Frieden von Nystad sich ihnen voll und ganz widmen. Folgende Zahlen zum Beweis: Von 1700 bis 1709 erließ er 500 gesetzgeberische Akte, von 1709 bis 1719 1238 und von 1720 bis 1725 etwa 1300. Außer denjenigen, welche die Armee und Marine zum Gegenstand hatten, stammte die Mehrzahl der wichtigsten Reformen aus den letzten Regierungsjahren. Als Peter I. eines Abends an einer der „Assembléen" teilnahm, sagte er zu seinen Vertrauten:
„Die Reform wurde in 3 Etappen zu jeweils 7 Jahren durchgeführt: 1700 bis 1707: Stärkung der Militärmacht.
1707 bis 1714: Mehrung des Ansehens Rußlands.
1714 bis 1721: Herstellung geordneter Zustände."
Nach ihrem Moskauer Aufenthalt schrieb die Fürstin von Anhalt-Zerbst an ihre Tochter, die spätere Katharina II.: „Über alle Reformen Peters I. sind allerlei Notizen von seiner Hand aufbewahrt worden. Im Senats- und Kollegiengebäude habe ich mit eigenen Augen Dokumente zur Innen- und Außenpolitik gesehen, große Papierbogen in Folioformat, die sorgfältig gehütet werden. Die höchsten Beamten und die angesehensten Männer des Staates haben mir gesagt, daß diese Schriftstücke von der Hand Peteres I. stammen und daß sein Stil so klar gewesen sei, daß selbst ein Kind ihn hätte verstehen können."

Katharina II. sagte später: „Jedesmal, wenn ich mich mit einer neuen
Frage beschäftigte, befahl ich, daß man in den Archiven suchen solle,
ob nicht Peter der Große sich schon damit beschäftigt habe. Und fast
jedesmal mußte festgestellt werden, daß dies der Fall war."
Dieses Reformwerk zerfällt in so viele kleine Einzelheiten, es ist in
einem solchen Maße mit den Siegen und Niederlagen, Revolten, Prozessen, den vielen Reisen des umherziehenden Zaren verfilzt, daß ich
auf seine chronologische Darstellung verzichtet habe. Der Leser
würde sich nur in diesem Gewirr verlieren. Ich habe eine systemati-
sche Untersuchung nach Sachgebieten für besser erachtet. Sie bietet
den Vorteil, klar überschaubar zu sein, gibt aber den Reformen
Peters einen Anschein von vorbedachter Ordnung, die sie in Wirklichkeit nicht hatten.

*

Der Herrscher — Nach dem Vorbild Gustavs II. Adolf, Karls XII.
und einer Entscheidung des schwedischen Reichstags aus dem Jahre
1693 definierte Peter I. die Macht, die er in Händen hielt, mit folgenden Worten: „Der Zar ist souveräner Herrscher, der keinem Menschen auf Erden über seine Handlungen Rechenschaft schuldig ist,
sondern das Recht hat, sein Reich nach eigenem Gutdünken und als
christlicher Potentat zu regieren" (Kriegsartikel von 1716). Ergänzend sagte er 5 Jahre später: „Der Kaiser ist absoluter Herrscher.
Gott befiehlt, ihm zu gehorchen, weil er sich nur vor Gott über das
ihm anvertraute Volk zu verantworten hat. In seiner Umgebung sind
nur Ratgeber und die ausführenden Organe seines herrscherlichen
Willens, welcher alleine über ihre Wahl zu entscheiden hat. Setzt er
sie in Kollegien an die Spitze eines Verwaltungszweiges, so darum,
weil eine Versammlung kompetenter Männer ihm mehr Erkenntnis
zu haben scheint als ein einzelner und weil sie unabhängiger und
unparteiischer ist und eine kontinuierliche Arbeit garantiert."
In seinen Augen ist der Herrscher nicht der Staat und nicht mit diesem gleichzusetzen. Er ist dessen erster Diener, der erste Beamte. Er
ist der erste in der Reihe der Dienenden. Das Staatsinteresse als
die vornehmste Regel der Allgemeinheit — gilt für alle, vom Monarchen bis zum allerärmsten seiner Untertanen. Zum ersten Male

gebrauchte und wiederholte ein Herrscher immer wieder in seinen
Ukasen, Proklamationen und Befehlen Ausdrücke wie: das Staatsinteresse ... das Allgemeinwohl ... der allgemeine Nutzen des Volkes. Nach dem Siege bei Dobroje sagte Peter zu seinen Soldaten:
„Seit ich angefangen habe zu ‚dienen', habe ich ein solches Feuer und
geordnetes Operieren unserer Soldaten weder gehört noch gesehen."
Als wollte er seiner Vorstellung sichtbare Gestalt geben, ließ er 2 ge-
trennte Treue-Eide schwören: den einen auf den Zaren und den
anderen auf den *ganzen Staat* (Ukas vom 13. März 1711). Bis dahin
wurden alle Bittgesuche, alle an den Herrscher gerichteten Rapporte
mit dem Wort „Sklave" unterzeichnet. Er befahl, diesen herabwür-
digenden Ausdruck durch das Wort „Untertan" zu ersetzen. Statt die
ganze Reihe der Titel des Zaren aufzuzählen, sagte man nun: „Seine
allerhöchste und allergnädigste Majestät." Er untersagte, vor ihm auf
die Knie zu fallen oder im Winter vor dem Hof die Mütze abzunehmen. Er hielt seine Würdenträger dazu an, für ihre Ratschläge auch
die Verantwortung zu übernehmen und sich nicht mehr hinter der
traditionellen Formel zu verschanzen: „Wie der Herr es wünscht."
Alexejs Verurteilung bewirkte den Ukas über die Thronfolge vom
5. Februar 1722. Der Herrscher hatte zukünftig das Recht, seinen
Nachfolger nach eigenem Ermessen zu bestimmen. Er konnte einen
unfähigen oder unwürdigen Erben von der Thronfolge ausschließen,
„damit dies ein Grund für die Söhne der Hohen und Niederen sei,
stets tugendhaft zu leben und keine solchen Streiche zu begehen wie
Unser Sohn, dessen schlechtes Beispiel Uns noch vor Augen ist ...
Aus diesem Grund", so schließt der Ukas, „beteuern und schwören
Unsere getreuen Untertanen, geistliche wie weltliche, bei der Heiligen Schrift, immerdar eingedenk Unserer Verordnung zu sein, dergestalt, daß alle diejenigen, die ihr zuwiderhandeln oder ihr eine andere Auslegung geben, als sie der Buchstabe ausdrückt, als Verräter
angesehen und mit dem Tode und der Einziehung ihres Besitzes bestraft werden."

*

Die Verwaltung — Solange Peter noch vollkommen von den beiden
Asowschen Feldzügen, den ersten Phasen der militärischen Reorgani-

sation, dem Aufbau der Flotte und der Reise der Großen Gesandtschaft in Anspruch genommen war, änderte er nichts Wesentliches
an der zentralen Verwaltung bis zum Jahre 1699. Als er die notwendige Erneuerung der veralteten Verwaltungsmethoden erkannte,
bat er den Staatssekretär Fagel in Den Haag, ihm einen Spezialisten
für die Neuordnung der Kanzlei zu nennen. Der anglikanische Pastor
Francis Lee arbeitete einen Plan aus, dem er das Prinzip der Kolle-
gien-Einrichtung entnahm. Peter stellte damals den Rechnungsprikas
wieder her, der die Einnahmen und Ausgaben der ganzen Verwaltung
kontrollierte, rief die persönliche Geheimkanzlei ins Leben, die ihn
auf all seinen Reisen begleitete. Er ersetzte die Bojarenduma — die
manchmal aus lauter Unfähigen, des Lesens und Schreibens Unkun-
digen, bestand — durch ein weniger zahlreich besetztes Minister-
konsilium, dem eine Gerichtskammer beigegeben wurde (1700). Den
Mitgliedern dieses Konsiliums wurde später befohlen, daß sie die Sit-
zungsprotokolle zu unterschreiben hätten: „Ohne dieses ist keine
Angelegenheit zu erledigen, weil hierdurch eines jeden Narrheit an
den Tag kommen wird", sagte Peter. Als er in den Krieg gegen die
Türken zog (1711), konstituierte er, mit Rücksicht auf seine häufige
Abwesenheit, einen Regierenden und Verwaltenden Senat, eine Art
Regentschaftsrat nach schwedischem oder polnischem Muster. Unter
Androhung der Todesstrafe wurde allen geboten, dem Senat wie
dem Herrscher selbst zu gehorchen. „Ihr habt nur die eine Aufgabe:
die Regierung", schrieb der Zar an die Senatoren. „Wenn Ihr sie
nicht umsichtig führt, so werdet Ihr dem Gericht Gottes und auch
dem irdischen nicht entgehen!" Und später: „Das war lächerlich, daß
Ihr Euch bestechen ließet, aus alter und gewohnter Dummheit. Wenn
Ihr zu mir kommt, werde ich Euch zur Rechenschaft ziehen. Ihr verbringt Eure Sitzungen mit Schwatzen wie die Klatschbasen auf dem
Marktplatz."
Außer dem Senat, der persönlichen Kanzlei und der Gerichtskammer
ernannte Peter I. im Jahre 1718 9 Kollegien: Kollegium für Auswärtige Angelegenheiten, Kammerkollegium (für die staatlichen Einnahmen), Staatskontor (für die staatlichen Ausgaben), Revisions-
kollegium (Finanzkontrollamt), das Justiz-, Kriegs-, Admiralitäts-,
Kommerz- und das Berg- und Manufakturkollegium. Jedes Kolle-

gium wurde von einem Konsilium von 11 Mitgliedern geleitet: dem Präsidenten, dem Vizepräsidenten, 4 Räten und 5 Assessoren. Anfänglich waren diese Kollegien dem Senat unterstellt, später wurden die Kollegien des Auswärtigen, das Kriegs- und Admiralitätskollegium selbständig. Zuerst nahmen die Präsidenten der Kollegien von Rechts wegen an den Sitzungen des Senats teil. Sie mußten, wie die Mehrheit der Mitglieder, Russen sein, die Vizepräsidenten, Räte und Angestellten waren fast alle Ausländer, sie wurden bei der Neugestaltung der Kollegien, ab 1722, von Russen ersetzt. Im Kollegium für Auswärtige Angelegenheiten waren alle hohen Beamten Russen, mit Ausnahme Ostermanns. Die 9 — später auf 12 erweiterten — Kollegien (von denen 7 ausländische Benennungen hatten) waren den schwedischen Institutionen nachgebildet, die der Verwaltungsrat Heinrich Fick, ein ehemaliger Quartiermeister Karls XII., im Auftrag des Zaren gründlich studiert hatte. Der schlesische Baron Lüberas stellte seine Dienste zur Verfügung. Die Instruktionen und Formulare für die Kollegien waren fast wörtlich aus dem Schwedischen übersetzt; viele schwedische Kriegsgefangene, die der Armee Karls XII. angehört hatten, wurden in die neue Verwaltung eingestellt[1]. Peter I. entsandte 40 junge Russen zur Ausbildung in die preußischen Kanzleien, insbesondere nach Königsberg. Der Senat war nicht mehr allein die oberste Verwaltungsinstanz, sondern auch die gesetzgebende, vollstreckende, richterliche. „Alle Affären gehen an den Senat, der aber keine einzige entscheidet", schreibt de Bie. Der Senat führte neue Steuern ein, arbeitete die rasch hingeworfenen Vorschläge des Herrschers aus, gegenzeichnete die Ukase und ernannte den „Oberfiskal". Dieser neugeschaffene hohe Beamte hatte den Auftrag, die säumigen Steuerzahler aufzuspüren, „gleich welchen Rang sie bekleiden". Ihn unterstützten etwa 500 Spitzel, die bestochene Richter und ungetreue Beamte denunzieren, Zivil- und Militärpersonen, die sich der Veruntreuung von Staatsgeldern schuldig gemacht hatten, ausschnüffeln und Steuerhinterziehern und Defraudanten jeglicher Schattierung nachspüren sollten. Diese Angeber, die im geheimen ihr Wesen trieben, erhielten einen Teil des Besitzes der Verurteilten. Auf diese Weise wurde die Denunziation zu einer staatlichen Einrichtung. Man muß es als Ironie des Schicksals ansehen, daß der Oberfiskal A. Nesterow der Bestechlichkeit überführt und kurzerhand gehenkt wurde, nachdem er so manche Untersuchung gegen die Senatoren geführt und den Gouverneur von Sibirien, Fürst Gagarin, wegen Untreue im Amt an den Galgen gebracht hatte. Peter schaffte schließlich die Fiskale und den Oberfiskal wieder ab. Im Jahre 1715 bestimmte er einen „Generalrevisor" oder „Erlaßaufseher", der über die Ausführung der Dekrete zu wachen hatte. Dieser hohe Beamte beklagte sich sehr oft beim Herrscher über die Langsamkeit und Nachlässigkeit des Senats. General Apraksin bedauerte „das große Durcheinander auf allen Gebieten". Campredon behauptet, daß nicht einmal die Hälfte von dem, was seine Untertanen zahlten, in die Tasche des Zaren fließe. „Fände sich irgendein Kommissar, der für Geschenke unempfänglich wäre, so müßte er schon ein Wundertier sein" (4. Februar 1724)².

Obwohl der Senat die höchste Instanz des Reiches geworden war, gab er doch nicht immer den Beamten ein Beispiel für untadelige Haltung und Rechtschaffenheit. Lärmende Szenen und erbitterte Streitereien störten die Sitzungen, so daß der Zar 1720 eine Geschäftsordnung erließ, die nicht einer gewissen Komik entbehrt: „Nach Vortrag der betreffenden Angelegenheit hat der Senat eine halbe Stunde darüber zu reden und nachzudenken, es sei denn, daß es eine schwierige Sache ist und daß ein Aufschub nötig wird; in diesem Falle ist sie in der nächsten Sitzung zu behandeln. Für eine nichtvertagbare Sache ist eine halbe Stunde zuzulegen, wenn es notwendig ist, nochmals eine halbe Stunde. Wenn die Frist nach der Sanduhr abgelaufen ist, soll sogleich Papier und Tinte gebracht werden, damit jeder Senator seine Ansicht niederlege und unterschreibe. Wenn wer von den Senatoren nicht so tut, so soll man alles stehen- und liegenlassen und zum Zaren eilen, gleichviel wo er sich befindet ... Alles soll ordentlich verlaufen, ohne unnützes Geschwätz, ohne Geschrei und sonstiges Getöse."

War der Senat auch den Kollegien übergeordnet — in Wirklichkeit war er nichts anderes als ein Instrument in der Hand des Herrschers: Die Senatoren waren nur hohe Beamte, die jederzeit abgesetzt werden konnten. Es kam vor, daß Peter sie prügelte oder mit Geldstrafen belegte, wenn sie schlechte Arbeit leisteten. Der Zar kon-

sultierte jedoch oft den Senat. Zum Beispiel schrieb er ihm: „Ich sende
Euch hiermit meine Ansicht und gebe sie Euch zur Beratung. Vielleicht kann man sie auch anders angehen? Auf jeden Fall hat irgend
etwas zu geschehen." Zur Beaufsichtigung dieser ungebärdigen Schulklasse, von der manche
Mitglieder kaum als gebildet bezeichnet werden konnten, bestimmte
Peter zuerst einen Obersekretär und später Stabsoffiziere der Garde,
die für Ordnung zu sorgen hatten, selbstverständlich bei Androhung
der Todesstrafe, Amtsenthebung, Degradierung und Verlust aller
Rechte. „Wenn ein Senator sich mit seinem Kollegen zankt oder sich
ungebührlich aufführt, soll er auf der Stelle verhaftet, eingesperrt
und der Zar benachrichtigt werden." Auch das hatte keinen durch-
schlagenden Erfolg, denn einige Jahre später gab es nicht weniger
als 16 000 unerledigte Angelegenheiten. Der Herrscher setzte also
einen Generalprokureur (1722) ein, der allein von ihm abhing und
„des Herrschers Auge" war, wie Peter es selbst ausdrückte. Dieser
neue Amtsträger spielte die erste Rolle im Senat, obwohl er nicht
stimmberechtigt war. Ihm waren auch die Fiskale unterstellt. Ein
anderer Ukas hielt die Senatoren dazu an, „mit dem Gesetz nicht wie
mit Karten umzugehen und die Festung der Wahrheit nicht zu unter-
graben".

Die Beziehungen der Senatoren zu den Mitgliedern der Kollegien
und anderer Institutionen gestalteten sich so schwierig, daß Peter sich
schließlich mit einem ganzen Generalstab von Prokureuren und Ka-
binettssekretären umgab, aus dem später der „Oberste Geheime Rat"
Katharinas I. hervorging. 1720 wurde die „Bekannte Person" geschaffen, das Amt des Requêtenmeisters, der die Bittschriften in Empfang zu nehmen und sie an die zuständigen Stellen weiterzuleiten
hatte. So wußten die Bittsteller wenigstens, an wen sie sich in diesem
Irrgarten von neuen Institutionen zu wenden hatten.

*

Die Gouvernementsreform—Peter ersetzte die alte Gebietsgliederung
durch 8 Gouvernements: Archangelsk, Ingermanland (St. Petersburg),
Moskau, Smolensk, Kiew, Asow, Kasan und Sibirien. Sie wurden

später in Provinzen und diese wieder in Distrikte aufgeteilt. Der Zweck dieser Reorganisation war vor allem ein fiskalischer: Der Zar verteilte alle militärischen und sonstigen Ausgaben nach Gouvernements, „damit ein jeder wisse, wo er die ihm bestimmte Summe zu bekommen habe" („Tagebuch", 1. Januar 1710). Vom Senat und den Kollegien überwacht, sollte sich der Gouverneur um die Polizei, die Straßen, die Befestigungen, Truppenaushebungen und das Eintreiben der Gelder kümmern. Jeder Gouverneur verfügte über einen Stab von Mitarbeitern: den Vizegouverneur, 8 bis 12 Landräte, 1 Landrichter, 1 Oberproviantmeister und Proviantmeister, zwecks Einsammlung der Korndeputate, und verschiedene Kommissare. Mit der Zeit unterstanden diese Beamten mehr und mehr den direkten Anweisungen des Senats, was zu zahlreichen Kompetenzstreitigkeiten führte.

Die Gouvernements hatten die Staatseinnahmen einzutreiben, während die Ausgaben von der Zentralgewalt in Moskau verfügt wurden. Dieses System hatte seine Nachteile: Die 8 neuen Gouvernements waren viel zu groß, der Sitz des Gouverneurs oft erbärmlich. Als Tatistschew zum Gouverneur von Archangelsk ernannt wurde, fand er weder Papier noch Feder vor. Die Distrikte waren auf zu willkürliche Art abgegrenzt; ein Distrikt von 250 000 Einwohnern hatte die gleiche Zahl von Beamten wie einer von 20 000 Seelen.

*

Die Städte — Bei seiner ersten Reise nach Europa war Peter I. die ausgezeichnete Art der Selbstverwaltung der Städte und die aktive Rolle der Bürgermeister aufgefallen. Nach seiner Rückkehr traf er die Bestimmung, daß die größeren Gemeinwesen, wenn sie wollten, frei ihre Magistrate wählen konnten, unter der Bedingung, daß sie Steuern in doppelter Höhe zahlten. Allerdings machten nur einige Städte Gebrauch von dieser Möglichkeit. Im Jahre 1718 teilte der Zar die Stadtbevölkerung in 3 Gilden auf: Die erste wurde von den Bankiers, Großkaufleuten, Ärzten, Apothekern und den Meistern höherer Handwerke gebildet. Die kleinen Händler und einfachen Handwerker, die sich in Zünften zusammenschließen sollten, gehörten der zweiten Gilde an. Arbeiter, Tagelöhner und „kleine" Leute bildeten die dritte. Die gesamte Bevölkerung wählte die Bürgermeister auf ein Jahr. Die Angehörigen der ersten Gilde und die Bürgermeister ernannten die „Magistrate" auf Lebenszeit, welche die Verwaltung der Stadt, der Finanzen, der Polizei, der Hospitäler und Schulen unter sich hatten und über weitgehende richterliche Befugnisse, mit Ausnahme der Todesstrafe, verfügten.

*

Die Armee — Die Katastrophe von Narwa hatte bewiesen, daß die russischen Truppen sich mit den modernen ausländischen Armeen nicht messen konnten. Angespornt von der Niederlage, dehnte der Zar die Dienstpflicht auf alle sozialen Schichten aus, hob 10 neue Regimenter aus, stellte die Strelizeneinheiten, die er zuvor aufgelöst hatte, wieder auf, ließ Kirchenglocken einschmelzen, baute ein Eisenwerk und bestellte 250 Geschützrohre. Er unterwarf seine Soldaten einer strengen Ausbildung und zwang ihnen eine eiserne Disziplin auf. Die Artillerie erhielt deutsche Instrukteure. Widerstandsfähig und ausdauernd, erwiesen sich die Bauern und Leibeigenen als ausgezeichnete Soldaten — sofern sie fähige Vorgesetzte hatten; die Kosaken waren hervorragende Reiter, kühn und behend.

Die Militärreform war die vornehmste Aufgabe, die Peter sich auferlegt hatte. Er sagte es ausdrücklich im Manifest vom April 1702: „Wir haben uns die größte Mühe gegeben, vor allem anderen im Bereich des Möglichen die Armee zu verbessern, welche die Stütze unseres Staates ist, damit unsere Truppe nicht nur aus gutausgebildeten Leuten besteht, sondern auch Gehorsam und geordnete Zustände lernt." Bisher hatte der Moskauer Adel in Friedenszeiten des Zaren Suite und den Hofstaat und in Kriegszeiten das Leibregiment gebildet. Er stellte die Stabsoffiziere der anderen Formationen und hatte das Kommando über die Einheiten des Provinzadels. Aus seinen Reihen holte sich der Zar die beiden Garderegimenter, zu denen später noch das Dragoner-„Leibregiment" kam. Um die jungen Leute zum Dienst in der Armee und Verwaltung zu zwingen, ließ er 8000 Halbwüchsige nach Moskau kommen, die von ihm geprüft und in die Truppeneinheiten gesteckt oder dem Zivildienst zugeteilt oder zum Studium ins Ausland geschickt wurden. Diese Maßnahmen erstreckten sich bald auf alle Provinzadligen, die vom Senat registriert, in die Armee aufgenommen oder mit einem Amt beauftragt wurden. Die Garde wurde die Schule der militärischen und zivilen Elite, aus ihr gingen die zukünftigen Generäle, Minister, Gesandten und hohen Beamten hervor.

Mit 15 Jahren hatte der Adlige als gemeiner Soldat in einem Linien-, Artillerie- oder Dragonerregiment zu dienen, er mußte „von Grund auf die Pflichten des Soldaten kennen" und seine Beförderung verdienen. Peter selbst ging mit gutem Beispiel voran: Er war nacheinander Trommler, Bombardier, Sergeant, Fahnenjunker und Gardehauptmann; nach einem Sieg über die Schweden wurde er Oberst und nach der Schlacht bei Poltawa Generalleutnant. Das gleiche galt für seine Beförderung in der Flotte: Der Zar wurde erst nach dem Stapellauf eines Kriegsschiffes, für das er die Pläne angefertigt hatte, zum Schiffszeichner ernannt. Er erhielt seinen Sold und unterschrieb die Quittungen wie jeder andere Offizier auch. Oft verkündete ein Narr die Beförderung seines Herrn, wobei er seine Ansprache mit ironischen Anspielungen würzte.

Die Aushebung zum Kriegsdienst erreichte mittlerweile alle sozialen Schichten. Nun wurden Tausende von Bedienten zum Dienst in der Armee herangezogen, die früher mit den Adligen zum Heer kamen, nur hinderlich bei den Märschen waren, den anderen die Verpflegung wegnahmen und beim ersten Kampf die Flucht ergriffen. Anstatt mit seinen Leibeigenen für einige Zeit mobilisiert zu werden, wurde der adlige Grundbesitzer nun allein zu den Fahnen gerufen. Wenn man die langwährenden Feldzüge in Betracht zieht, so wurde er eigentlich Berufsoffizier, der zum Dienst gezwungen war. Während des unabsehbaren Nordischen Krieges blieb der Soldat so lange unter den Fahnen, wie es sein Gesundheitszustand erlaubte. Es gab keine Altersgrenze, nur die Schwerverwundeten und Schwerkranken wurden entlassen. Es entstanden so hohe Verluste, daß der Zar auch die Popensöhne, unbeschäftigten Arbeiter, Leibeigenen und Landstreicher einziehen ließ[3]. Die in allen Volksschichten zwangsweise ausgehobenen Dienstpflichtigen traten an die Stelle der „Freiwilligen", die stehenden Regimenter ersetzten die „erwählten". Dank dieser Maßnahmen blieb der Effektivbestand des Heeres fast immer gleich, so daß man in Europa von den „unsterblichen russischen Soldaten" sprach, denn die Lücken wurden sofort wieder aus den unerschöpflichen Reserven aufgefüllt.

Diese allgemeine Wehrpflicht löste eine tiefe Unzufriedenheit im Volke aus. La Vie versichert, daß ein Edelmann sich aus Verzweiflung darüber, daß er eine Einberufung erhalten hatte, die Gurgel durchschnitt. Der Diplomat Weißbrodt schreibt: „Die Russen verabscheuen zutiefst einen Krieg gegen die Fremden und werden von panischem Schrecken gepackt, wenn man sie mit Gewalt aus ihren Dörfern holt . . . Vielleicht kommt das von der maßlosen Dummheit, mit der sie behandelt werden, weil so nachlässig mit ihrer Gesundheit verfahren wird, denn man läßt sie manchmal aus Mangel an rechter Organisation mehrere Tage lang ohne Brot in der Stadt. Bedenkt man ferner die Art und Weise, wie sie zum Dienst ausgehoben werden, so sind sie faul, traurig und für die Ehre und das Avancement unempfänglich" (Moskau, den 12. November 1711). „Die Männer werden zu zweit aneinandergekettet und auf Wagen zur Armee geschickt, damit sie nicht desertieren" (11. Oktober 1711).

Der Zar verhängte die schärfsten Strafen, um den Widerstand zu brechen und den Drückebergern einen Strich durch die Rechnung zu machen. Wer dem Aufruf zur Musterung nicht folgte, dessen gesamtes Hab und Gut wurde konfisziert, der Denunziant — selbst wenn es ein Leibeigener war — erhielt die Hälfte des beschlagnahmten Besitzes als Prämie. Wer nicht erschien, wurde zum „politischen Tode" verurteilt, sein Name vom Henker an einem Galgen angeschlagen, und jeder konnte diesen vogelfreien „Verräter" berauben, schlagen und sogar töten.

Im Streben nach Verbesserung der Kader hob Peter die Standesprivilegien auf: Zukünftig konnte ein Soldat niedrigster Abstammung Offizier werden, er erhielt damit den Adel und konnte zu den höchsten Rängen aufsteigen, wenn er sich dessen würdig zeigte. Das persönliche Verdienst wurde höher gewertet als der Stammbaum. Der Bäckerjunge Menschikow wurde ebensogut Feldmarschall wie der Bojar Scheremetjew. Erinnern wir uns, daß man damals in Frankreich 4 adlige Ahnen nachweisen mußte, um Offizier werden zu können; diese Hürde fiel erst bei der Revolution, etwa 70 Jahre nach dem Ukas Peters I. Im „Leibregiment" zogen 300 Söhne aus Fürsten- und höchsten Adelshäusern auf Wache und verrichteten Schmutzarbeiten wie alle anderen.

Nach der Schlacht bei Narwa hatte der Zar ein wenig willkürlich die Truppenaushebungen vorgenommen, ohne nach einem festumrissenen Plan zu handeln, indem er sogar den Leibeigenen erlaubte, ohne die Einwilligung ihrer Herren sich für den Kriegsdienst anwerben zu lassen. Im Jahre 1705 befahl er die erste allgemeine Aushebung nach der Norm: je 1 Rekrut auf 20 steuerpflichtige Höfe, was jährlich etwa 30 000 Konskribierte ergab. Infolge der Veruntreuungen in der Verwaltung und mancher Offiziere „starben mehr Rekruten an Hunger und Kälte während der Ausbildungszeit als in den Kämpfen mit dem Feinde", berichtet der Diplomat Weber. Trotz dieser Massenopfer konnte Peter bei Poltawa 80 000 disziplinierte und gutausgebildete Soldaten in den Kampf führen, dazu eine ausgezeichnete Artillerie, eine starke Kavallerie und eine sehr große Zahl nichtregulärer Truppen[4]. Am Ende seiner Regierungszeit besaß Rußland eine Armee von 200 000 Mann, dazu 100 000 Kosaken und andere nicht reguläre Reitertruppen, ferner 16 000 Artilleriegeschütze.

Im Jahre 1725 betrugen die Ausgaben für das russische Heer und die Flotte 150 Millionen Goldfranken, das heißt zwei Drittel des jährlichen Staatsbudgets, im Vergleich zu 5 Millionen im Jahre 1680 (Welter). Nach dem Vorbild der schwedischen Heeresorganisation richtete der Zar das Kriegskommissariat für die Verpflegung der im Felde stehenden Armeen ein. Im Jahre 1718 führte er die Kopfsteuer ein. Er verteilte den Unterhalt und die Einquartierung der Truppen (in Friedenszeiten) auf die Gouvernements, die Provinzen und Dorfgemeinden; die Grundbesitzer waren für die Zahlung der Kopfsteuer verantwortlich, die von den Stabs- und Oberoffizieren der Regimenter eingetrieben wurde. Das Auftreten der Kommissare, Offiziere oder der Steuereinnehmer verbreitete Furcht und Schrecken unter den Bauern, die ohne jegliche Vergütung das Material und ihre Arbeitskraft für den Bau von Stabsquartieren und Truppenunterkünften zur Verfügung stellen mußten. Verzweifelt und verschuldet, flohen viele Bauern über die Grenze, nachdem sie zu Schleuderpreisen ihr Vieh und das Korn auf dem Halm verkauft hatten. Die Kopfsteuer, die an die Stelle der Besteuerung der Höfe getreten war, traf auch die Leibeigenen und sogenannten freien Landarbeiter auf den staatlichen Domänen. „Diese Steuerreform beendet eine bereits seit langem begonnene soziale Entwicklung, indem sie endgültig den Bauern an den Herrn kettet: Die Leibeigenschaft auf beschränkte oder auf Lebenszeit macht dem erblichen Dienst Platz" (Kliutschewskij). In Peters Ukas heißt es u. a.: „Bei allen Listen einholen, ein Jahr Frist geben, daß sie wahrheitsgetreu berichten, wem in welchem Dorf wieviel Personen männlichen Geschlechts angehören, und ihnen bekanntgeben, daß, wer was verheimlicht, es dem gegeben werden wird, der das anzeigt. Berechnen, auf wieviel Seelen ein gemeiner Soldat entfällt!" Trotz drakonischer Strafen wurden 3 Jahre später an die 20 000 verheimlichte Seelen entdeckt. Beim Tode des Zaren waren die Revisoren mit ihrer Arbeit noch nicht zu Ende.

Noch vor der Bildung des Militärkollegiums und der Artilleriekanzlei mit ihren zahlreichen Unterabteilungen hatte Peter die Armee in Divisionen, Brigaden, Regimenter, Bataillone und Kompanien neu eingeteilt. Jede Division hatte ihre Feldschere, Feldgeistlichen, Apotheker, ihren Train, ihre Wäschereien, Küchen, Magazine und Lazarette, in denen auch zivile Kranke, mit Ausnahme der Geschlechtskranken, behandelt wurden. Das Militärreglement besagte, daß „jeder Soldat dazu verpflichtet ist, seinem Kameraden vor dem Feinde zu Hilfe zu kommen und bis zum äußersten seine Fahne zu verteidigen, die ihm ebenso teuer sein soll wie sein eigenes Leben und seine Ehre". Und weiter: „Mütter, schwangere Frauen, Greise, Priester, Kirchendiener, Kinder und alle diejenigen, die sich unserer Soldaten nicht erwehren können, dürfen weder von ihnen beschimpft noch verletzt werden. Mit um so größerem Recht und unter Androhung schwerster Strafen müssen Kirchen, Hospitäler und Schulen nach Kräften von ihnen verschont werden!"

Es gab ziemlich viele ausländische Offiziere in der Armee: 1712 kamen auf 31 russische Generäle 14 ausländische. Im Jahre 1725 stellten sie ein Drittel der Tabelle der Generalität. Die höchsten

Kommandostellen allerdings wurden Russen anvertraut. Das Schicksal der Ausländer war nicht immer sehr beneidenswert. Schon 1691 schrieb General Patrick Gordon an einen englischen Offizier, der gern in russische Dienste getreten wäre: „Der Sold ist sehr gering, er wurde um ein Drittel gekürzt. Ein Hauptmann erhält monatlich 20 bis 22 Taler. Die Hälfte wird in Pelzen bezahlt, wodurch es empfindliche Verluste gibt. Die Bewohner haben keine solchen Sitten wie in anderen Ländern und sind nicht so ‚umgänglich'. Und vor allem kann man den Dienst nicht quittieren, wenn die Umstände dagegen sprechen ... Schwierig ist es außerdem, wieder außer Landes zu gehen, wenn man sich einmal verpflichtet hat."

Sehr oft wurde der Sold der ausländischen Offiziere nicht ausgezahlt — wie auch das Gehalt und der Sold der Russen. Wurden die Ausländer nicht mehr gebraucht, so entließ man sie von einem Tag auf den anderen, zum Beispiel nach dem Pruth-Feldzug. Brauchte sie der Zar, so hielt er sie zurück, sogar gegen ihren Willen und die vertraglichen Abmachungen. Der alte und kranke General Schönbeck durfte 1705 nach Hause zurückkehren, 100 anderen deutschen Offizieren verbot es der Zar. General Münnich erhielt seinen Paß, konnte aber nicht in sein Vaterland heimreisen, weil man von ihm einen Bürgen verlangte, der „mit Leib und Leben" für seine Rückkehr garantierte.

Die ausländischen Offiziere wurden überdies in gleicher Weise wie die Russen behandelt: Ein junger deutscher Hauptmann wurde geköpft, weil er einen Kameraden bei einem Duell getötet hatte. Oberst Campel, ein hervorragender, von seinen Männern vergötterter Offizier, wurde wegen eines dienstlichen Versehens nach Sibirien verschickt.

*

Die Marine — Es ist nicht richtig, wenn behauptet wird, die Russen hätten vor dem Regierungsantritt Peters keine Ahnung von der Seefahrt gehabt, denn schon im 16. Jahrhundert segelten sie regelmäßig nach Spitzbergen und nach Grönland. Sie hatten ihre Handelsschiffe auf dem Weißen Meer und der Nordsee. In der Zeit, da sie die Beherrscher von Narwa waren (1558 bis 1581), bauten sie

Schiffe, die die Ostsee befuhren. Das Land lieferte ihnen das nötige Material: Holz, Eisen, Teer, Pech, Hanf und Leintuch. Zar Alexej hatte sich mit dem Gedanken an eine Flotte getragen, die er im Ausland kaufen wollte. Als seine Bemühungen scheiterten, nahm er holländische Spezialisten in seine Dienste und beauftragte sie mit dem Bau eines großen Handelsschiffes für das Kaspische Meer. Dieses Schiff, der „Adler", wurde 1669 fertiggestellt, aber im nächsten Jahr von den Banden Stenka Rasins verbrannt.

Als Peter den Thron bestieg, besaß Rußland kein einziges Kriegsschiff. Sein schon früh bekundetes Interesse für die Schiffahrt verwandelte sich in eine Leidenschaft, als er das erstemal auf dem offenen Meer gewesen war. Von da an wachte er bis zu seinem Tode über die Organisation, Instruktion, Disziplin und das Wohlergehen seiner frisch gebackenen Marine. „Meister Piter" war selig, wenn er die Axt oder den Zirkel auf einem Schiffsbauplatz in die Hand nehmen konnte. Der erste Sieg zur See des „Kommandanten Piter" war einer der schönsten Augenblicke seines Lebens. Im Jahre 1696 zählte seine Flotte schon 30 Linienschiffe, 30 Galeeren und 100 Brigantinen[5]. 1704 bat der Gesandte Baluze den König von Frankreich, dem Zaren die Pläne für große Kriegsschiffe zu schicken „mit Angabe der Maße, der Ladung, Zahl der Kanonen, Schiffsbemannung und der Soldaten", was Peter I. „als einen großen Freundschaftsbeweis" ansehen würde[6].

Der Zar ließ aus dem Ausland Spezialisten in der Schiffsbaukunst, Instruktionsoffiziere und Seeleute kommen; er schickte Russen auf die Werften in Holland, Frankreich, England und nach Venedig. 1717 arbeiteten zwanzig junge Edelleute als Seekadetten in Saint Malo.

Das Kommando über seine Schiffe übergab er so lange ausländischen Kapitänen, bis die Russen so weit ausgebildet waren, daß sie es übernehmen konnten[7]. Er beschäftigte ausschließlich Russen beim Bau der Schiffe; sobald irgendwelche Schwierigkeiten auftauchten, guckte er sich das Notwendige von dem englischen Schiff ab, das gerade auf dem gleichen Dock lag[8].

Von 1715 bis 1720 arbeitete der Herrscher mit fieberhaftem Eifer an der Abfassung des „Seereglements". Er studierte von Grund auf

das englische, holländische, französische, schwedische und dänische
Seerecht, das er eigens hatte übersetzen lassen. Er schrieb in der Präambel: „Dies haben wir in eigener Arbeit angefertigt und zusammengestellt. In Anbetracht dessen, daß diese Sache für einen Staat notwendig ist — nach dem Sprichwort, daß ein Herrscher, welcher nur
über eine Landarmee verfügt, nur einen Arm, während derjenige,
der eine Flotte besitzt, deren zwei hat —, haben wir das Militär-
und Seereglement geschaffen, damit jeder wisse, was seine Pflicht ist
und sich nicht auf seine Unwissenheit herausreden kann."
Der Matrose mußte Zimmermann sein und Schmied, etwas verstehen von Grammatik, Artillerie und Mathematik. Dieses Reglement — nach dem Urteil von Fachleuten das Muster eines Reglements — sollte eine sichere Grundlage für die Überlegenheit der
russischen Marine bei verschiedenen Gelegenheiten bilden. Dabei bedachte der Zar geringste Einzelheiten bei der Ausbildung der künftigen Seeleute. So schrieb er u. a. vor: „Die Marinegarde (so wurden
die Zöglinge der Akademie genannt) hatte sich — unter Strafandrohung — bei Sonnenaufgang im Saal zum Gebet zu versammeln.
Ein jeder begibt sich alsdann an seinen Platz, ohne Konfusion oder
Belästigung der anderen — bei Strafandrohung. Die Schüler sollen
den Professoren aufmerksam zuhören, sie haben ihnen — unter Strafandrohung — den ihnen zukommenden Respekt zu zollen. Die Professoren haben bei Strafandrohung die Marinegarde mit dem größten
Eifer und auf die verständigste Art zu unterweisen. Die Professoren
dürfen weder direkt noch privatim etwas von den Schülern annch-
men — bei Strafandrohung."
Im Jahre 1719 erklärte Peter, „die russische und die englische Flotte
sind die besten Flotten der ganzen Welt". Indessen, ein von den
Russen unter der Anleitung des Zaren gebautes Kriegsschiff mit
90 Kanonen, das 1718 zu Wasser gelassen wurde, sank im folgenden
Jahr auf der Reede von Kronstadt. Es sei eines der größten der
Flotte gewesen, versicherte der Gesandte Jefferies.
Über die russischen Seeleute schreibt derselbe Diplomat: „Sie sind
teilweise recht unwissend, machen aber jeden Tag Fortschritte. Der
Zar wendet alle erdenklichen Mittel an, um sie weiter auszubilden.
Ich sehe nicht ein, warum aus ihnen mit der Zeit keine guten See-

leute werden sollen, so wie aus der Miliz gute Soldaten geworden sind, vor allem, da die Flotte des Zaren größte Leidenschaft ist."

*

Die Polizei — Die russischen Straßen und sogar die Peripherie der Städte waren nicht sicher vor Überfällen von Räubern, die, manchmal zu Banden zusammengeschlossen, ständig zunahmen. Menschikow sagte eines Tages im Senat, er sei nicht sicher, ob man mit den Banditen in seinem Gouvernement St. Petersburg fertig werde. Die Ausreißer, die sich in den Wäldern oder Staatsdomänen um Moskau herum versteckt hielten, griffen trotz Androhung schwerster Strafen die Passanten an. Um diesem Zustand ein Ende zu machen, nahm Peter I. eine Umgestaltung der sehr mangelhaften Polizei des Reiches vor. Er bestellt einen Generalpräfekten der Polizei in St. Petersburg und einen Polizeidirektor in Moskau. Obwohl er selbst im Polizeikorps einen untergeordneten Rang übernahm, um Beamte anzulocken, erzielte er keinen nennenswerten Erfolg. Der Gesandte Jean Lefort berichtet, daß 1722 eine Horde von 9000 Räubern unter dem Befehl eines russischen Obersten in St. Petersburg ihr Unwesen trieb. 36 von ihnen wurden gefangen, gepfählt oder an den Rippen aufgehängt.

*

Die Finanzen — Unter Feodor III. war der Geldbedarf des Staates durch einige Monopole, einige indirekte Steuern und 2 direkte Steuern gedeckt worden: Die eine war die sogenannte Strelizen-, die andere die Leibeigenensteuer. Während der Regierungszeit Peters I. verlangte der quasi permanente Krieg, die Unterhaltung, Verwaltung und Besoldung eines stehenden Heeres, dessen Bestände unaufhörlich zunahmen, der Bau und Unterhalt einer Flotte die Erschließung neuer Einnahmequellen. Das finanzielle Problem, von dem der Zar, wie er behauptete, nichts verstand, machte ihm ständig schwer zu schaffen. Der Herrscher hatte seinen ganzen Landbesitz dem Staat geschenkt, er opferte der Armee die bisher dem Hof seines verstorbenen Bruders zufließenden Beträge. Aber das war nur ein Tropfen

auf den heißen Stein. Der Zar legte die Hand auf die Einkünfte aus
dem Besitz der Kirche (1701), er erließ neue direkte Steuern: die
Dragonersteuer für den Kauf von Pferden, Rekruten-, Schiffs- und
Transportsteuer. Um Geld für den Nordischen Krieg aufzubringen,
griff er wiederholt zu Münzverschlechterungen. Vom Jahre 1704 ab
regnete es Steuern auf die Stadt- und Landbevölkerung, auf Reiche
und Arme. Die Steuern für die Altgläubigen wurden verdoppelt,
Salz, Kreide, Tabak und Tran monopolisiert. Alles wurde dem unersättlichen Moloch Fiskus unterworfen: der Boden, Mützen, Öfen,
Holz, Schachspiele, Herbergen, Lederstiefel, Pferdegeschirre, Spiel-
karten, Wassermelonen, Keller, Fuhrgeschäfte, Brunnen, Bienen, Betten, Milch, Tränken, Dampfbäder und Gurken. Abgaben lagen auf
zinspflichtigen Häusern, auf dem Eishacken, den Bärten, Maßen und
Gewichten, den Nüssen und dem Honig. Die Ehe wurde indirekt
durch die Besteuerung der Geburten betroffen, der Tod durch die
Abgaben auf die Särge. Es nimmt wunder, daß der Zar nicht auch
Steuern auf die Liebe erhob.

Von der Kopfsteuer, über die wir schon sprachen, wurde jedes Lebe-
wesen männlichen Geschlechts betroffen, das nun „Revisionsseele"
oder „Registrierungsseele" genannt wurde. Als schließlich diese
Steuer auf 74 Kopeken pro „Seele" auf dem Land festgesetzt wurde,
stiegen die Einnahmen um etwa 2 Millionen Rubel. Um alle Steuerpflichtigen zu erfassen, ordnete der Zar wiederholte Kopfzählungen
an. Nach Jean Lefort soll es jedoch „mehr als 2 Millionen verheimlichte Seelen, welche keine Kopfsteuer zahlten", gegeben haben[9]. Um
den fiskalischen Polypen zu entgehen, bestachen manche Reichen die
Beamten, die Städter flohen auf das Land und die Bauern in die
Wälder. Miljukow schätzt, daß bei Zugrundelegung der Kopfzählung
von 1710 die steuerpflichtige Bevölkerung in 30 Jahren um ein Fünftel abgenommen hatte.

Eine genaue Zusammenstellung der Einnahmen und Ausgaben des
Zarenreichs ist fast ein Ding der Unmöglichkeit. In einem Memorandum aus dem Jahre 1721 stellte La Vie folgende Tabelle auf:

„Augenblickliche Einnahmen des Zaren an Geld, die in seine Kasse
fließen:

Steuern auf die Häuser der Stadt- und
Landbewohner 3 254 637
Einkünfte aus der gewöhnlichen Steuer 778 533
Kopfsteuer 1 000 000
Münzgeld 200 000
Schenken 1 000 000
Tabak 300 000
Salinen 296 666
Zölle 400 000
Handel mit Sibirien und China 200 000
Einkünfte zum Unterhalt des Hofes 400 000

7 829 836 Rubel."

Nach Aussage von La Vie verscharrten die Russen ihr Geld in der Erde. „Lieber erleiden sie alle Foltern und lassen sich das Notwendigste abgehen, als ihr Geld nutzbar zu machen, indem sie es im Handel zirkulieren lassen oder irgendeinen anderen Gebrauch davon machen, von dem sie Profit hätten." Nach Haumont sollen die Einnahmen des Staates, die unter dem Zaren Alexej 2 Millionen betrugen, im Jahre 1725 etwa 9 Millionen Rubel erreicht haben, also:

Ertrag aus der direkten Steuer 5 426 000
Ertrag aus den Monopolen und staatlichen
Industrien 1 780 000
Ertrag aus den indirekten Steuern 1 171 000

8 377 000 Rubel.

Allein die von den Bauern aller Klassen gezahlten direkten Steuern beliefen sich auf 4 820 000 Rubel. Da aber die Ausgaben während der letzten Regierungsjahre Peters 9 Millionen Rubel überstiegen, wuchsen damit auch die Nöte des Staatssäckels. Der Fiskus griff daraufhin zu wunderlichen Maßnahmen: 1723 wurden die Beamten in Pelzen bezahlt, kurz darauf mußten sie einen Teil dessen, was sie in natura erhalten hatten, in Geld zurückerstatten!
Russische, deutsche, holländische und schwedische Finanzsachverständige schlugen dem Zaren neue Wege vor, um schmerzlos die Geldmittel der Privatleute in die Kassen des Staates abzuleiten. Keiner von ihnen machte großen Eindruck auf ihn außer dem berühmten

und berüchtigten Bankier Law, den er in Paris kennengelernt und darauf nach Moskau eingeladen hatte. Aber der Schotte war nach dem aufsehenerregenden Zusammenbruch der „Banque Royale" nach Venedig geflohen. Nach Welter soll Peter I. Law den Vorschlag gemacht haben, gegen Zahlung von 1 Million Rubel eine Handelsgesellschaft in Rußland zu gründen. Die Sache kam aber nicht zum Abschluß.

*

Die Justiz — Als einmal der Fregattenkapitän J. J. Nepliujew zu Peter I. kam, um ihm für seine Ernennung zum Gesandten in Konstantinopel zu danken, sagte der Zar zu ihm: „Ich bin euer Vormund, von Gott über euch gesetzt. Ich muß ein wachsames Auge darauf haben, daß demjenigen, der es nicht verdient, gegeben, und dem, der es wohl verdient, nicht genommen wird. Danke mir nicht: Du hast dir deine Ernennung durch deine Arbeit selbst verdient!"

Als der Prozeß gegen Menschikow eröffnet wurde, sagte Peter zum Senat: „Wenn es sich um das Leben oder die Ehre eines Menschen handelt, verlangt die wahre Gerechtigkeit, daß man unparteiisch seine Verbrechen wie seine Verdienste um das Vaterland und den Herrscher in die Waagschale werfe. Wiegen die Verdienste schwerer als die Verbrechen, so soll in einem solchen Falle Gnade vor Recht ergehen ... Es ist besser, das Gesetz begnadigt einen Schuldigen, als daß es einem Unschuldigen ein Unrecht antut ... Alle, die sich im Senat, den Kollegien, Kanzleien, Gerichten des Staates befinden sowie die Richter müssen ihre Sache ernst nehmen, denn es handelt sich um Gottes Urteil. Verflucht sei derjenige, der die Angelegenheiten Gottes nachlässig behandelt!"

Der Zar befahl, daß auf jedem Richtertisch — beim Senat wie beim bescheidensten Tribunal — „ein hölzerner Ständer mit 3 Seiten" aufgestellt sei. An jeder Seite war eine der 3, von ihm eigenhändig abgefaßten Verfügungen befestigt. Die erste nahm Bezug auf eine gewissenhafte Verwaltung, auf die genaue Befolgung der bürgerlichen Gesetze. Die zweite war den Pflichten aller Beamten gewidmet, der ordnungsgemäßen Durchführung von Gerichtssitzungen und Verhören. Die dritte verlangte, daß alle Mitglieder des Senats,

des Heiligen Synods, der Kollegien, der Kanzleien und Gerichte des Reiches eine genaue Kenntnis der Gesetze hätten. Wie üblich wurden die widerspenstigen Beamten mit den mannigfaltigsten Strafen, von der Geldbuße über die Konfiskation bis zur Todesstrafe, bedroht. In einem dieser Ukase heißt es: „Die Richter haben vor allem darüber zu wachen, daß die armen, machtlosen Menschen, die Witwen und Waisen ohne den geringsten Verzug vollständige Genugtuung erhalten und gegen diejenigen, die ihnen Leid zufügen, verteidigt werden, ohne daß man sich darum bekümmert, ob die letzteren hochgestellte Personen sind ... denn der Zar ist der berufene Verteidiger aller, die nicht die Kraft haben, sich selbst zu verteidigen."
Peter verfolgte die Verbrechen gegen den Staat und die Krone mit inquisitorischen Mitteln, Folterungen und grausamsten Bestrafungen. Obgleich der Leibeigene nicht als Zeuge bei Gericht aussagen konnte, durfte er umstürzlerische Absichten seines Herren denunzieren. Der Zar war unbeugsam in der Ahndung militärischer Delikte oder solcher, die an das Staatsinteresse rührten.
„Die Justiz wird in Rußland in anderer Weise als in England gehandhabt", schreibt Perry. „Es gibt hier weder Geschworene, die über die Tat urteilen, noch Advokaten, die Eure Verteidigung übernehmen. Der Wille des Richters ist das einzige Gesetz, welches Euren Fall erledigt, wie es ihm gerade gutdünkt, unter dem Vorwand irgendeiner Bestimmung..." Der Zar beabsichtigte, die Gesetzessammlung Alexejs („Uloshenje" von 1649) durch den schwedischen Kodex zu ersetzen, den er ins Russische hatte übersetzen und einer Expertenkommission vorlegen lassen. Dreimal wurde die Prüfung immer wieder aufgenommen (1700, 1714 und 1720), führte aber zu keinem Resultat, weil es an Juristen fehlte. Peter I. hielt auch weiter am gerichtlichen Geheimverfahren und der Folterung fest. Immerhin richtete er im April 1722 folgenden Befehl an den Senat: „Die Foltern sind zu prüfen, um all diese Praktiken einzuschränken. Sogar bei unbedeutenden Affären werden Personen gefoltert, gegen die nicht der leiseste Verdacht besteht..." Soviel wir wissen, geschah seitens des Senats nichts zur Besserung des bestehenden Systems[10]. Die Gerichtsinstitutionen wurden nicht von den ständigen Eingriffen der staatlichen Exekutive befreit: Der Woiwode ist Präsident des

Provinzialgerichtes, der Gouverneur führt den Vorsitz bei den sogenannten Hofgerichten. Durch seine gefürchtete Geheime Kanzlei übte Peter I. einen Druck auf alle, die sich vor Gericht zu verantworten hatten, aus.

Der Zar versuchte durch die Einsetzung von „Landrichtern" den Gang der Rechtsprechung zu beschleunigen und zu verbessern. Diese Landrichter hatten ähnliche Funktionen wie Friedensrichter und entsprachen etwa den schwedischen Richtern. Aber die überstürzte neue Einrichtung geriet alsbald unter den Zwang des Fiskus, und die Notwendigkeit, Geld zu beschaffen, siegte über die Wahrnehmung des Rechts. So kam es, daß die Richter anscheinend nicht viel unbestechlicher als die Würdenträger und Verwaltungsbeamten waren, wie aus der Satire Kantemirs hervorgeht: „Willst du Richter werden? Stülp dir eine schöngelockte Perücke über, beschimpfe denjenigen, der dir ein Gesuch vorlegt und dabei mit leeren Händen kommt, mach dich über die Tränen der Armen lustig, schlafe sanft auf deinem Richterstuhl, während der Amtsschreiber das Protokoll verliest. Wenn jemand von dir die Anwendung der bürgerlichen Gesetze, des Naturrechts oder des Rechtsempfindens des Volkes verlangt, dann spei ihm ins Gesicht und sage ihm, daß er dumm daherredet, indem er an die Richter solche unmöglichen Zumutungen stellt. Es ist Sache des Amtsschreibers, sich im Papierkram zurechtzufinden, für den Richter genügt es, das Urteil unterschreiben zu können."

Fonwisin, Autor hervorragender Komödien, legt einer seiner Figuren, einem Gerichtsrat, der seine Schäfchen tüchtig geschoren hatte, die Worte in den Mund: „Wer ist kein Sünder? Ich bin Richter gewesen und ich kann es in aller Offenheit sagen: Es verstößt gegen die Natur, wenn einer nur aus Gründen der Billigkeit richtet, einzig weil der Staat ihm Gehalt zahlt ... Zu meiner Zeit zahlte der Kläger, um zu seinem Recht zu kommen, und der Angeklagte, weil er im Unrecht war — und alle waren es zufrieden."

*

Der Kalender — Das russische Kalenderjahr begann am 1. September, dem Tage, an dem angeblich die Welt im Jahre 5508 vor Christus erschaffen worden war. Also wurde Peter I. nach dieser Zeitrechnung im Jahre 7180 (1672) geboren. Am 20. Dezember 1699 veröffentlicht er einen Ukas: Damit wurde die europäische Jahreszahl übernommen, jedoch ohne die gregorianische Berichtigung von 1582. Jahresanfang war nun der 1. Januar, aber das russische Kalenderjahr war im 18. Jahrhundert um 11 Tage hinter dem unseren zurück, im 19. Jahrhundert um 12 und im 20. um 13 Tage[11]. Mit einem feierlichen Tedeum in der Moskauer Himmelfahrtskathedrale wurde dieses Ereignis begangen. Die Popen murrten: „Wie hätte Gott die Welt im Winter erschaffen können?" Und die Altgläubigen machten ihrer Empörung in geheimen Zusammenkünften Luft: „Der Zar", so sagten sie, „leistet den Ketzern Vorschub gegen unsere alte Glaubenslehre, indem er den Jahresanfang vom 1. September auf den 1. Januar verlegt. Nun, die Bibel verkündet, der Antichrist werde die Zeit ändern — also ist Peter I. der Antichrist!"

*

Die Kirche — Ein jeder Neuerung sich widersetzender Patriarch, hohe Geistliche, die über eine unbeschränkte Macht verfügten, steinreiche Klöster und bettelarme Mönche, eine niedere Geistlichkeit in großer Menge und von krassester Unwissenheit, ein gläubiges, den Glauben auch praktizierendes, aber in finsterem Aberglauben versunkenes Volk — so war es um die russisch-orthodoxe Kirche bei der Thronbesteigung Peters I. bestellt. Unablässig vermehrten sich die Sekten, und die aberwitzigsten Lehren waren im Schwange: Da forderten z. B. völlig Überspannte, man dürfe am fünften Tage der Woche nicht arbeiten, „damit der Freitag nicht zornig werde"! In der Präambel zu einem seiner Kirchen-Ukase hob der Zar hervor, daß die Kirche „unter gehöriger Unordnung und Mißbrauch leide". Kantemir entwarf ein ungeschminktes Bild des russischen Prälaten: „Zieh dir einen Talar an, darüber leg, mit Stolz, einen knallbunten Mantel, häng dir eine goldene Kette um den Hals, laß deinen Bart bis auf den Bauch wallen und dir den Hirtenstab vorantragen. Streck dich in einer prunkvollen Karosse aus und erteile nach allen Seiten den Segen ... Jeder wird dich als einen Erzpriester erkennen und dich ehrfurchtsvoll ,hochwürdiger Herr' nennen."

Der Zar beschloß, die Kirche in so mancher Hinsicht zu reformieren: Das geistige Niveau der Geistlichen sollte gehoben werden, die abergläubischen Bräuche bekämpft, der Reichtum der Kirchen, den der Staatssäckel so dringend brauchte, eingezogen werden, Tausende von „Nichtstuern", die die Klöster überfüllten, sollten einer nutzbringenden Tätigkeit zugeführt und der Staat von der Bevormundung durch den Patriarchen befreit werden. Peters Vater, Zar Alexej, hatte den Patriarchen Nikon in ein Kloster gesperrt, der geschrieben hatte: „Die erhabene Amtsgewalt des Priestertums empfangen wir nicht von Königen und auch nicht von Kaisern... Sie ist sehr viel größer als die der Königswürde... Nichts verstößt so sehr gegen die Gesetze wie ein Zar, der über einen Bischof zu Gericht sitzt." Alexej hatte indessen diese Ungerechtigkeit begangen und Nikon gestürzt, ohne das Patriarchat anzurühren[12]. Peter hatte es trotz seines stürmischen Charakters nicht sonderlich eilig, auf diesem Gebiet etwas zu unternehmen: Er war es vorerst zufrieden, den Esel des Patriarchen bei der Palmsonntagsprozession nicht mehr am Halfter führen und dem Haupt der Kirche nicht mehr behilflich sein zu müssen, wenn er bei der Segnung der Flüsse von seinem Reittier abstieg und wieder aufstieg. Er behielt den Patriarchen Adrian unter Aufsicht, der im Kreise der alten Bojaren das Zentrum der Opposition war, aber er beließ ihn bis zu seinem Tode (16. Dezember 1700) im Amt. Im folgenden Jahr richtete er den Klosterprikas wieder ein, der von Alexej geschaffen, von Feodor III. aufgehoben worden war. Er setzte für Adrian keinen Nachfolger ein, sondern ernannte den Metropoliten von Riasan, Stefan Jaworskij zum Exarchen des „Allerheiligsten Patriarchenthrones". Jaworskij hatte bei den Jesuiten in Posen studiert. Als einfacher Geistlicher hatte er durch die Predigt bei dem Trauergottesdienst für den Marschall Schein in Moskau die Aufmerksamkeit des Zaren auf sich gezogen. Er hatte nur die laufenden Angelegenheiten zu erledigen, während das Klosterkollegium unter Mussin-Puschkin alle wichtigen Entscheidungen traf.
Im Jahre 1721 hob Peter das Patriarchat auf und erließ das „Geistliche Reglement", das von ihm, einigen Senatoren, 87 Metropoliten, Bischöfen, Äbten und Prioren unterzeichnet war. Teofan Prokopowitsch, Rektor der Theologischen Akademie in Kiew, hatte mehrere

Jahre auf die Abfassung dieses Reglements in 300 Artikeln verwendet, die von Peter auf das genaueste geprüft wurden. An die Stelle des Patriarchats trat nun das „Geistliche Kollegium", das sich aus 5 Bischöfen und Prälaten, dem Hofprediger des Zaren und dem höchsten Feldgeistlichen zusammensetzte. Dieses Amt, das allmählich die Bezeichnung „Heiligster Regierender Synod" erhielt, lehnte sich an das frühchristliche Kollegienprinzip an. Ein Generalprokureur, der als Verbindung zum Monarchen diente, hatte das Vetorecht und erfüllte überhaupt die Funktionen eines Ministers für Kirchenfragen. Der Zar beabsichtigte, dieses Amt mit einem „rechtschaffenen Offizier, der energisch ist und den Gang der Geschäfte kennt", zu besetzen.

Graf Bestushew, unter Kaiserin Elisabeth Kanzler, erzählte ein Ereignis, das sich bei einer Sitzung des Heiligen Synods in Anwesenheit des Herrschers abgespielt haben soll: Auf eine Bittschrift des Klerus, der ihn um die Einsetzung eines Kirchenoberhauptes bat, soll Peter, sich heftig an die Brust schlagend, ausgerufen haben: „Hier ist euer Patriarch!" Ist an dieser wahrscheinlich erfundenen Anekdote doch etwas Wahres? Hatte der Zar wirklich die Absicht, die Stelle des Patriarchen einzunehmen? Wir glauben es nicht. Wiederholt äußerte er: „Gott hat den Königen die Macht über die Menschen gegeben, aber Christus allein herrscht über ihr Gewissen." Er wollte, daß die Kirche sich um geistliche Fragen kümmere und sich nicht in die Politik einmische, denn Rußland hatte nur ein einziges Oberhaupt: den Selbstherrscher. Dies brachte er auch in der Präambel zu dem entsprechenden Ukas zum Ausdruck: „Das einfache Volk ist unfähig, den Unterschied zwischen der geistlichen Macht und der Macht des Zaren zu erkennen. Es ist geblendet von der Kraft und Herrlichkeit, in der der oberste Kirchenhirte erstrahlt, und denkt sich, daß jener ein zweiter Herrscher, an Gewalt dem Selbstherrscher gleich und sogar überlegen sei."

Manche Autoren behaupten, Peter habe die orthodoxe Kirche ihrer Unabhängigkeit beraubt, andere, daß er nur den Staat von der unerträglichen Bevormundung des Patriarchen und der Geistlichkeit befreit habe. Voltaire schreibt: „Der Zar rührte das Weihrauchfaß nicht an, aber er führte denen, die es hielten, die Hände." Wie steht

es damit? Die kirchlichen Reformen des Zaren achteten ohne jeden
Zweifel den Glauben und das Dogma, er hatte nie daran gedacht,
sich zum Haupt der Kirche zu machen und theologische Streitfragen
zu entscheiden wie der Papst. Dagegen bedeuteten seine Ukase eine
ernsthafte Bedrohung der Unabhängigkeit der Kirche. Man urteile
selbst: Wie im alten byzantinischen Reich ernannte der Zar einen
Laien seiner Wahl als Prokureur beim Heiligen Synod. Er wählte
die Bischöfe unter den Kandidaten aus, die ihm diese Körperschaft
vorstellte. Er befahl den Gläubigen, an Sonn- und Feiertagen den
Gottesdienst zu besuchen, er reglementierte die Kirchenbräuche und
die Klöster, er ging so weit, von den Priestern zu verlangen, daß sie
Verschwörungen gegen seine Majestät oder den Staat denunzierten,
selbst wenn sie davon im Beichtstuhl Kenntnis erlangt hätten. Solche
Entscheidungen entsprangen aus seiner grundsätzlichen Auffassung
von der Stellung der Untertanen gegenüber dem Staat und der Krone:
Alle geistlichen oder weltlichen Institutionen mußten sich in den gemeinsamen Rahmen einfügen als Teil des Ganzen. Alle Russen — ob
Militär- oder Zivilpersonen, Adlige oder Leibeigene, Arme oder
Reiche, Priester oder Laien — mußten dem Staate dienen, der Nation
nützen, für die der Zar in göttlichem Auftrag handelte. Die Mitglieder des Heiligen Synod hatten nachstehenden Eid zu leisten: „Ich
schwöre, ein getreuer und gehorsamer Diener zu sein, meinem natürlichen und wirklichen Herrscher und seinen erlauchten Nachfolgern
untertan, die er kraft seiner unanfechtbaren Herrschergewalt zu ernennen beliebt. Ich erkenne ihn als höchsten Richter dieses geistlichen
Kollegiums an ... Ich schwöre bei dem Gott, dessen Auge nichts
verborgen bleibt, daß ich diesen Eid mit allem Nachdruck und in
dem Sinne verstehe und anwende, den diejenigen ihm geben, die ihn
lesen oder die ihn hören."
Da nach der Meinung des Despoten die Pflichten gegen den Staat
und die Krone den Vorrang vor jeder anderen Pflicht hatten, vor
jeder beruflichen und jeder Gewissenspflicht, jeder Rücksichtnahme,
hatte der Beichtvater sein Beichtkind der Sicherheit des Staates zu
opfern, wie der Zar seinen eigenen Sohn opferte. Nach den Reformen Peters blieb zwar die russisch-orthodoxe Religion unversehrt,
doch hatte sich das Angesicht der Kirche gewandelt, denn der Heilig-

ste Synod — nach dem Beispiel der reformierten Kirchen der Aufsicht eines Laien unterworfen, der nur dem Zaren verantwortlich war, trat an die Stelle des Patriarchen; verwaltungsmäßig war der Synod eine staatliche Einrichtung wie der Senat, seine Mitglieder waren durch ihren Eid gebunden. Die Russische Kirche hat zukünftig ein doppeltes Gesicht: Das eine, religiöse, ist Gott, das andere, zivile und politische dem Zaren zugewandt.

Folgender Abschnitt aus dem Reglement bestätigt es: „Wir sind davon überzeugt, daß das Kollegium (der Heilige Synod) auf Grund der Tatsache, daß es *vom Monarchen abhängt* und daher seinen Ursprung nimmt, notwendigerweise viel Autorität besitzen muß." Das geistliche Reglement, die Ukase, die vor oder nach ihm erlassen wurden, richteten sich an die Gläubigen und an die Geistlichkeit[13]. Wir zitieren einige besonders wichtige Stellen daraus: „Jeder Christ hat Achtung vor denjenigen zu haben, die das Priesteramt ausüben. Er hat zumindest einmal im Jahre an Gottes Tisch zu treten. Er hat jedem Schismatiker und jeder Person aus dem Wege zu gehen, die unter dem Deckmantel der orthodoxen Religion Verfolgungen gegen die Kirche auszuführen im Sinne hat. Ein Laie, welchen Standes er auch sei, darf in seinem Hause weder eine Kapelle noch einen Priester haben, der den Kirchendienst dort versieht. Er hat in seine Pfarrkirche zu gehen. Niemand kann zum Beichtiger einen umherziehenden oder aus seinem Seelsorgebezirk entlassenen Priester nehmen. Kein Mensch darf die Priester nötigen, zur Taufe seiner Kinder zu ihm ins Haus zu kommen. Jede Person, welchen Standes auch immer sie sei, wird ohne Einschränkung der Diözesangerichtsbarkeit unterworfen. Man kann sich nicht außerhalb des Kirchspiels des Bräutigams oder der Braut, noch viel weniger außerhalb der Diözese verehelichen ... Das Recht zu predigen, erhalten nur diejenigen, die Zöglinge einer theologischen Akademie gewesen sind. Die Prediger dürfen nur die Worte der Heiligen Schrift und der Kirchenväter verkünden, den Abscheu vor dem Laster, die Liebe zur Tugend, die Nächstenliebe und Gottesfurcht im allgemeinen. Sie dürfen niemals etwas sagen, das irgend jemanden im besonderen bezeichnen könnte. Sie müssen sich aller gekünstelten Gebärden und Bewegungen enthalten und in nichts von der Wesensart eines Menschen abweichen,

der einzig und allein dazu bestimmt ist, das Wort Gottes zu ver-
künden, ohne Pomp und nur zur Erbauung der Gläubigen." Das Reglement verbot ferner der Ordensgeistlichkeit, Bücher zu ver-
fassen oder zu kopieren, „indem nichts mehr die Ruhe der Mönche
stört als ihr unsinniges und unnützes Geschreibe". Es untersagte Personen unter 30 Jahren, dem Militär, den Leibeigenen und Männern,
deren Frauen noch lebten, den Beamten, den Schuldnern und Krimi-
nellen, in ein Kloster einzutreten. Das Noviziat dauerte nun 3 Jahre.
Die Nonnen durften vor dem 50. Lebensjahr nicht den Schleier nehmen. Dem Klerus mußte jeglicher Einfluß auf das Volk entzogen
werden. Die äußeren Zeichen seines Nimbus und seiner Herrlichkeit
sollten verschwinden. Obschon die Bischöfe ein großes Werk zu vollbringen hatten, räumte ihnen die Bibel keine spezielle Ehrenbezei-
gung ein. Es war verboten, sie zu geleiten, indem sie unter den Armen
gestützt wurden, und sich vor ihnen bis zur Erde zu verneigen. Sie
durften keine luxuriösen Häuser bewohnen, keine seidenen Gewänder tragen und sich nicht zahlreiche Bediente halten. Sie hatten jedes
Jahr ihr Bistum zu bereisen, die Fastenzeiten strikt einzuhalten und
sich erbaulicher Lektüre und den Kirchenverordnungen zu widmen –
die „sehr viele von ihnen nicht genügend kennen".
Peter schonte auch die Klöster nicht: „In alten Zeiten ernährten sich
die Klöster aus eigenen Mitteln, aber später legten die faulen Mönche
die Worte Christi unrichtig aus. Sie begannen, ihre Klöster nicht
mehr in den Wüsten zu errichten, um ihre Seelen vor den Versuchungen des Lebens zu retten, sondern sie bauten sie in den Städten.
Großer Reichtum fiel in ihre Hände. Kann man das Leben dieser
arbeitsscheuen Mönche als heilig bezeichnen, die sich in die Klöster
einschlossen, um den dringendsten Pflichten zu entgehen: der Arbeit
und der Bezahlung der Steuern? Gleichwohl sollen nicht alle Klöster
aufgehoben werden, vor allem gibt es noch ehrliche Seelen, die dort
ihr Heil suchen. Wir haben im übrigen einen schönen Brauch, nach
dem unsere Bischöfe sich den Versuchungen der Anachoreten aus-
setzen sollen, obwohl dieses Prinzip erst 3 Jahrhunderte nach Christi
Geburt in Kraft getreten ist."
Der Zar schloß 3 Viertel der Klöster, er duldete noch 6 in Sibirien,
die dort allerdings unschätzbare Dienste leisteten. Weil der Vize-

präsident des Heiligen Synods und Erzbischof von Nowgorod, Theodor Janowskij, von „der Tyrannei der weltlichen Gewalt über die Kirche" zu sprechen gewagt hatte, wurde er abgesetzt. Am 31. Januar 1724 erließ Peter eine Vorschrift, wonach die Mönche und Nonnen alte Soldaten und arme Leute, die auf die Klöster verteilt werden sollten, zu versorgen, die Waisen aufzuziehen und mit ihren Händen zu arbeiten hatten. Die des Lesens und Schreibens kundigen Mönche hatten sich im Alexander-Newskij-Kloster weiterzubilden, vor allem in der Redekunst. Durch Ukase und Briefe aktivierte der Zar die christliche Mission unter den Heiden, indem er bald die sanftmütige Überredung und bald gewaltsamen Druck anzuwenden empfahl. Er setzte Metropoliten in Tobolsk (Sibirien), Astrachan, Kasan und Asow, bei den Tataren, den Chinesen, Kalmücken und anderen Völkerschaften ein. Er verfolgte die Atheisten, er ließ Russen verhaften, die zum Katholizismus übertraten — ein ehemaliger Orthodoxer wurde, weil er Protestant geworden war, wegen Häresie verurteilt und hingerichtet.

Die Reinigung der Kirchentexte durch den Patriarchen Nikon hatte zu einer Spaltung in der russischen Kirche geführt, welche durch die Neuerungen Peters noch vertieft wurde. Die „Raskolniki" (Altgläubigen) sahen die Mitglieder der offiziellen Kirche als Ketzer an. „Was uns überliefert ist, soll unverändert in den Jahrhunderten fortbestehen", sagten sie. Der Zar, der sie anfänglich verfolgt hatte, gab es bald auf und befahl dem Senat: „Schickt die Altgläubigen nicht mehr ins Exil nach Sibirien! Es sind dort schon genug von ihnen, so daß es nicht notwendig ist, noch mehr hinzuschicken. Laßt sie nach Rogerwyk bringen, wo ein Hafen gebaut wird... Wenn es schon unmöglich ist, sie von ihren Irrtümern durch Überredung zu heilen, wie sollte es dann mit Feuer und Schwert gelingen? Die Torheiten, die sie in ihren Köpfen haben, machen sie nicht eines Martyriums würdig, von dem der Staat außerdem nicht den geringsten Nutzen hat."

Diese Entscheidung beschwichtigte die Altgläubigen nicht, die in den Städten bald die Zahl von 200 000 erreichten, schrieb der Prälat Pitiriom an Peter I. Sie haßten den Zaren, der mit den Ausländern verkehrte, Haare und Bärte scheren ließ, sich mit Geometrie und

Wissenschaft beschäftigte und die offizielle Kirche unterstützte. Sie zweifelten an seiner Legitimität, behaupteten, der Sohn des Zaren Alexej sei während einer Reise nach Deutschland von den Schweden widerrechtlich zurückgehalten, in eine Säule eingemauert und gegen einen Fremden vertauscht worden, nämlich gegen ihren augenblicklichen Herrscher. Sie hielten ihn für den Antichristen. In seinen Gesichtszuckungen gebe sich der böse Geist zu erkennen. Durch Errechnung persönlicher Daten kamen sie auf die apokalyptische Zahl 666, „die Zahl des Tieres"[14]. Sie nannten die Thronbesteigung Peters I.: „Die dunkelste Zeit seit Menschengedenken, in der die Herrschaft des Geistes der Finsternis begann . . ." Unbelehrbar in ihrem Fanatismus verkündeten die Raskolniki das unmittelbar bevorstehende Ende der Welt.

Gegen die nichtorthodoxen Ausländer verhielt sich Peter großzügig und tolerant, während Jaworskij in seinem Buch „Der Fels des Glaubens" schrieb: „Die Ketzer sind reißende Wölfe, gegen die es kein anderes Mittel als den Tod gibt." In der Umgebung des Zaren fanden wir unter anderen den Katholiken Gordon, den Calvinisten Lefort und den Anglikaner Perry. Bevor Peter im Jahre 1722 nach Astrachan reiste, bestätigte er die Glaubensfreiheit, die er 20 Jahre zuvor erteilt hatte. „Wir erklären, daß wir uns in keiner Weise in Gewissensfragen einmischen wollen", sagte er, „obwohl wir kraft der unumschränkten Gewalt, die Gott uns erteilt hat, die Macht dazu hätten. Wir wünschen im Gegenteil, daß jeder Christ die Sorge für seine Glückseligkeit selber auf sich nehme." Hingegen wies er die Jesuiten aus dem Lande (1689 und wieder 1719), verbot ihnen, durch Rußland zu reisen, weil er den Orden als eine Gefährdung auf weltlichem Gebiet ansah.

Bei seiner Begegnung mit König August in Birsen (1710) hatte der Zar der katholischen Messe beigewohnt; ein polnischer Senator machte ihm daraufhin den Vorschlag, für die Wiedervereinigung der beiden Kirchen zu wirken; Peter antwortete: „Ein Zusammenschluß der Kirchen hängt von Gottes Wille ab." Bei seinem Besuch der Sorbonne (1717) hatte er Einblick in altslawische Handschriften genommen. Als er sich mit den Theologen der Universität unterhielt, sprachen sie mit ihm auch über die Religion der Russen und über die Vereinigung der orthodoxen mit der römisch-katholischen Kirche; sie meinten: „daß es wohl keine unüberwindlichen Schwierigkeiten gäbe, wenn diese Angelegenheit gütlich und im Geiste der christlichen Nächstenliebe behandelt würde". Der Zar erklärte sich für nicht kompetent und bat sie, mit den Bischöfen seiner Kirche zu korrespondieren[15]. Obwohl Leibniz den Plan zu einem Zusammenschluß lebhaft befürwortet hatte, zeigte Peter kein Interesse daran. Ohne Zweifel hätte er jeden Gedanken an eine auch nur kirchliche Einmischung des Papstes in die Angelegenheiten Rußlands weit von sich gewiesen. So war denn auch den beiden anglikanischen Bischöfen (1717), die wegen einer Annäherung der Kirchen bei ihm vorzufühlen versuchten, kein Erfolg beschieden.

*

Handel und Industrie — „Unser Handel gleicht einem kranken jungen Mädchen, das man, soll es geheilt werden, nicht erschrecken oder durch Strenge verschüchtern darf. Reden wir ihm also in aller Güte zu!" sagte der Zar. Er beschäftigte sich intensiv mit Landwirtschaft, Handel und Industrie, er ließ nach Bodenschätzen und Rohstoffen forschen. Er studierte Garten- und Weinbau, Forstwissenschaft und Fischzucht. Er befahl, bei der Kornernte statt der Sicheln nun Sensen zu verwenden, er schützte den Wald und förderte die Viehzucht, indem er neue Rinderrassen einführte. Er machte die Schafzucht im Gouvernement Kasan heimisch, ließ Schäfer aus Schlesien kommen und Tabaksamen aus Spanien, begründete Gestüte und befahl, Wein und Maulbeerbäume im Süden des Landes anzupflanzen. In der Tat, kein Zweig der Volkswirtschaft scheint ihm entgangen zu sein. Dieser praktisch denkende Mann der Tat, den alles interessierte, für den es keine Hindernisse gab, begnügte sich nicht damit, Fabriken und Werke im Ausland zu besichtigen, Besitzer und Arbeiter auszufragen und seine Beobachtungen zu notieren: Ihn drängte es, alles in die Wirklichkeit umzusetzen.

Seine Vorstellungen sind in 3 Dokumenten von grundlegender Bedeutung erklärt: Mit dem Ukas vom 3./14. März 1719 wurde das Handelskollegium eingerichtet, mit dem Ukas vom 10./21. Dezember 1719 das Bergwerkskollegium, dazu kam das Manufakturreglement aus dem Jahre 1723. Für die Ausrüstung des Heeres und der Flotte baute er zahlreiche Hüttenwerke im Ural, in Tula, Olonez und Petersburg. Im Jahre 1720 produzierten die russischen Werke mehr als 6,5 Millionen Pud Gußeisen und 200 000 Pud Kupfer. Nachdem der Zar die Bergwerke in Freiberg und Annaberg besichtigt hatte, beauftragte er deutsche Techniker mit der Inspektion der russischen Minen. Er betraute den Holländer Henning mit der Aufgabe, den Bergbau im Ural zu entwickeln und gründete Jekaterinburg, das zum Zentrum des Bergbaus wurde. Er ließ die Steinkohlenvorkommen abbauen und Erdölquellen in Baku erschließen und meinte dazu: „Dieser Stoff wird von großem Nutzen sein, auf jeden Fall für unsere Nachfahren." Er engagierte Leineweber und Handwerker in Holland und England, schickte Russen zur Erlernung bestimmter Berufe ins Ausland. Er gründete eine Seidenfabrikation, in der für einige Zeit französische Arbeiter beschäftigt wurden. Er förderte die für den Bedarf von Heer und Flotte notwendigen Industrien, die Decken, Uniformtuch, Planen und Segeltuch produzierten. Weiterhin baute er eine Papiermühle, eine Häckselmühle, Getreidemühlen, Seilereien, Ziegeleien und Gerbereien. Er regte die Schwefelförderung und das Torfstechen an, die Glasfabrikation und den Verkauf von Pottasche. Im Jahre 1721 berief er 1000 junge Tataren nach Moskau, damit sie ein Gewerbe erlernten.

Er unternahm eine persönliche Propaganda in der Hoffnung, die jungen Industrien und den Handel in Schwung zu bringen: „Diese Betätigungszweige sind ebenso ehrenhaft wie der Staatsdienst und das Erziehungswesen", sagte er. „Die jüngeren Söhne aus adligen Häusern (die nicht erben), sollen genötigt werden, sich ihren Lebensunterhalt im (Staats- oder Militär-) Dienst, im Unterrichtswesen, in Handel oder in der Industrie zu verdienen. Dies kann ihnen nicht zum Vorwurf gemacht werden, weder ihnen persönlich noch ihren Familien, weder schriftlich noch mündlich."

Puschkin schreibt: „Rußland ähnelte damals einer Riesenfabrik, angefüllt mit Maschinen, die ohne Unterlaß in Bewegung waren, und wo jeder Arbeiter an seinem Platze stand." Diese junge staatliche Industrie — geboren aus dem Willen eines einzigen Menschen, konnte den Wettbewerb mit den qualitativ besseren und billigeren ausländischen Waren nicht aufnehmen. Um ihr aufzuhelfen, führte der Zar Schutzzölle ein (1724) und entband die Gründer von Fabriken und Werken samt ihren Verwandten und Angestellten vom Staatsdienst und den Steuern; sie konnten abgabefrei Rohstoffe einkaufen und ihre Fertigwaren absetzen; er gewährte ihnen nichtrückzahlbare Subsidien und unverzinsliche Darlehen. Nach europäischem Vorbild rief er Gilden ins Leben und schuf eine neue Adelsschicht, den Adel des Gründers, Webers und Industriellen.

Es blieb das schwierige Problem der Beschaffung von Arbeitskräften: „Es gibt kaum jemanden bei uns, der gern in den Fabriken arbeitet, denn unser Volk ist unwissend und mit Kindern zu vergleichen, die nicht das Abc lernen wollen, solange sie der Lehrer nicht dazu zwingt... In den Manufakturen haben wir schon gute Ergebnisse erzielt, indem wir mit Zwang vorgingen." Peter befahl, daß die entlaufenen Bauern, die in der Industrie arbeiteten, nicht ihren ehemaligen Herren ausgeliefert werden durften, und verletzte damit das gesetzlich bestehende Besitzerrecht. Er schickte Bettler, Landstreicher, Zuchthäusler und Dirnen in die Fabriken. Die Grundlage der neuen Industrie war also nicht die freiwillige Arbeit und die Freiheit der Löhne, sondern die vom Staate sanktionierte Zwangsarbeit. In der gleichen Richtung liegt es, wenn er den Fabrikbesitzern erlaubte, Dörfer mit den dazugehörigen „Seelen" zu kaufen — unter der Bedingung, daß diese Ansiedlungen mit ihren Leibeigenen immer bei der Fabrik bleiben sollten. Auch hier handelte er den empirischen Umständen entsprechend: Er förderte die private Initiative, befolgte den Grundsatz der freien Wirtschaft, „so es möglich ist", ersetzte aber beides durch das Staatsmonopol und den Zwang, „wenn es nötig ist"; dies sind seine eigenen Worte. Nachdem er zuerst die staatlichen Monopole noch vermehrt hatte, wie schon vor ihm sein Vater, änderte er auf Anraten des Barons Lüberas seinen Standpunkt in dieser Frage. Das Tabakmonopol, das ursprünglich an einen Engländer verpachtet (1698), dann verstaatlicht worden war (1705), wurde (1718) gänzlich aufgehoben. Im folgenden Jahr verblieb nur noch das Kali- und Terpentinmonopol. 1723 ordnete Peter an, die auf Staatskosten errichteten Fabriken an Privatleute zu verkaufen.

Der Zar entwickelte den Warenumschlag im Petersburger Hafen —
auf Kosten des Hafens von Archangelsk; das geht aus folgender
Statistik (ausgedrückt in Millionen Rubel nach damaliger Währung)
hervor:

	1717—1719		1726	
	Export	Import	Export	Import
Archangelsk	2 344	597	285	36
Petersburg	269	218	2 403	1 550
Insgesamt:	2 613	815	2 688	1 586

Um seine beiden Ziele — Steigerung der Produktion, um die Bedürfnisse Rußlands zu decken, und Förderung des Exports — zu erreichen,
ernannte der Zar Handelsbevollmächtigte in Paris, Toulon, Bordeaux,
Antwerpen, Lüttich, Wien, Cadiz und in China. Durch seinen Feldzug
gegen Persien versuchte er, sich der indischen Handelsstraßen zu bemächtigen.

*

Verkehrswege — Zur Hebung des Binnenverkehrs und des Außen-
handels hatte Peter zwischen Moskau und St. Petersburg, Asow und
Moskau Straßen anlegen lassen. An den Hauptverkehrsadern von
Petersburg, Woronesh, Kiew und Smolensk erbaute er „Rasthäuser",
die durch Wegweiser gekennzeichnet waren. Katharina II. stellte dieses Straßennetz fast vollständig fertig.
Der Zar ließ zahlreiche Pläne für den Bau von Kanälen, insbesondere
von dem englischen Hauptmann Perry, ausarbeiten, der sich mehrere
Jahre in Rußland aufhielt[16]. „Doch der Nordische Krieg hatte seine
Aufmerksamkeit vom Schwarzen Meer abgelenkt, und der Verlust
von Asow nötigte ihn, alle diese überaus kostspieligen Bauvorhaben
in dieser Stadt aufzugeben. Sich auf dem Moskwafluß einzuschiffen
und ohne umzusteigen am Newaufer landen zu können, war Peters
Traum. Zusammen mit dem sachkundigen Bauern Sserdiukow durch-
forschte er die abgelegenen Grenzgebiete von Nowgorod und Twer,
untersuchte die Flüsse und Seen und ließ das Wyschnewolozker Ka-
nalsystem anlegen; es wurde ein Kanal zwischen dem Twerez, einem
Nebenfluß der Wolga, und dem Flusse Zna gezogen; der Zna buchtet

zu dem Mstino-See aus, tritt dann aus ihm als Msta heraus und mündet in den Ilmensee. 4 Jahre nahmen die Arbeiten in Anspruch;
20 000 Mann waren daran beschäftigt, und 1706 wurden sie zum
Abschluß gebracht; doch etwa 10 Jahre darauf versandeten die Stein-
schleusen, weil keine genügende Aufsicht vorhanden war, und nur
mit Mühe gelang es, den Weg wieder frei zu machen" (Kliutschewskij). Campredon berichtete im Jahre 1723 aus St. Petersburg, daß
„bereits 30 000 Menschen bei den Arbeiten am Ladogakanal elend
zugrunde gegangen sind". Nach Beckerodt sollen allein beim Bau
des Hafens von Taganrog 300 000 Mann verhungert oder an Krankheiten gestorben sein und 200 000 bei der Gründung von Petersburg[17]. Diese Zahlen sind jedoch offensichtlich übertrieben.

*

Sozialstruktur — Peters Maßnahmen hatten sehr großen Einfluß auf
die gesellschaftliche Schichtung des russischen Reiches. Er wollte die
sozialen Gegensätze bekämpfen, die Sitten verfeinern und den europäischen angleichen, und vor allem — und dies war die eigentliche
Triebfeder seiner Handlungen — alle Kräfte in den Dienst des Staates
stellen. Im Jahre 1718 gründete er die „Assembléen", die er in einem
Brief an den Oberpolizeimeister folgendermaßen definiert: „Assemblée ist ein französisches Wort, das in Russisch nicht ganz zutreffend
wiedergegeben werden kann. Man kommt zwanglos zusammen, nicht
nur zum Vergnügen, sondern auch um Geschäfte zu besprechen; dabei kann jeder mit jedem sprechen und erfahren, was so los ist." Das
Reglement schrieb vor, daß dreimal wöchentlich bei den Vornehmen
Assembléen stattzufinden hätten. Nachstehend geben wir einige Punkte
aus diesem merkwürdigen Dokument wieder:

„1. Derjenige, bei dem eine Assemblée stattfindet, gibt dies durch
einen Anschlag an seiner Haustüre bekannt.

2. Die Versammlung beginnt um 4 oder 5 Uhr und dauert bis 10 Uhr.

3. Der Gastgeber ist nicht verpflichtet, einen seiner Gäste abzuholen
oder wieder nach Hause zu bringen. Er liefert das Licht und die Erfrischungen sowie alles, was man zum Spielen braucht.

4. Man kommt und geht nach Belieben; es genügt zu erscheinen.

5. Jedem steht es frei, zu spielen oder nicht, ohne daß der ‚Große Adler‘, der ‚Oriol‘[18], geleert werden mußte.

6 Die Adligen, Offiziere, angesehenen Kaufleute, Reeder und Angehörigen der Kanzlei nehmen mit ihren Frauen und Kindern an diesen Assembléen teil.

7. Die Lakaien, mit Ausnahme der zum Hause gehörenden, halten sich in einem Nebenraum auf.

8. Ein Ballsaal, ein Spielzimmer und ein dritter Raum zum Rauchen und Plaudern ist da, und ein vierter, in dem sich die Damen mit Blindekuh und anderen harmlosen Gesellschaftsspielen vergnügen können."

Anfänglich fühlte sich die russische Weiblichkeit, eingeschnürt in ein ihr unbekanntes Marterwerkzeug, das sich Korsett nannte, und behindert von den steifen Röcken, sehr wenig behaglich, aber sie gewöhnte sich schnell an ihre neuen Toiletten[19]. „Der Jugend Ehrenspiegel", den Peter aus dem Deutschen hatte übersetzen lassen (1717), lehrte den guten Ton und Kallisthenie: Es darf nicht mitten in den Saal gespuckt werden, sondern beiseite; man soll nicht mit den Fingern in der Nase bohren, sondern sich möglichst geräuschlos in ein Taschentuch schneuzen. Es ist unschicklich, mit dem Messer in den Zähnen zu stochern, sich mit der Gabel am Kopf zu kratzen und die halb abgenagten Knochen wieder in die Fleischschüssel zu werfen... Dieses Anstandsbuch fand solchen Anklang, daß es in mehreren Auflagen erschien.

1. *Der Adel* — Ein Ukas vom 16./27. Januar 1721 erhob alle höheren Offiziere und ihre Nachkommen in den Adelsstand. Ein Jahr später wurde durch die „Rangtabelle" eine vollkommen neue Hierarchie in diesem zentralisierten, totalitären und bürokratischen Staat eingeführt. Sämtliche neubegründeten Dienstgrade und Ämter (die im allgemeinen ausländische Bezeichnungen hatten) waren darin in 3 parallel laufenden Kategorien gegliedert: in den Militär-, Zivil- und Hofdienst[20]; diese wiederum in 14 Ränge unterteilt, die, im Zivildienst, vom Kollegienregistrator bis zum Kanzler des Zarenreiches gingen, im Militärdienst vom Fähnrich bis zum Marschall und im Hofdienst vom „Tafeldecker" bis zum Oberstkämmerer. Der Adel „des Verdienstes" nahm den Platz der alten Aristokratie ein. Jeder

Würdenträger, Magistrats- oder sonstige höhere Beamte war Träger
eines militärischen Ranges, der seiner Charge entsprach, selbst wenn
er niemals der Armee angehört hatte; so war der Kanzler Marschall,
der Vizekanzler kommandierender General, die Mitglieder des Geheimen Rates hatten den Rang eines Generalleutnants und die Kammerherren den eines Brigadegenerals. Für das Avancement hatte der
Zar das Vorschlagsrecht und das Ballotageverfahren vorgesehen.
Diese Regel wurde manchmal zugunsten eines dem Zaren nicht ge-
nehmen Kandidaten angewandt, der dann den Senat beglückwünschte,
daß er einem fähigeren Mann den Vorzug gegeben hatte. So wurden
nach dem allgewaltigen Willen des Zaren die „Dahergelaufenen"
offiziell in den niederen und hohen Adel erhoben und mit den Bojaren der allervornehmsten Familien vermischt, am Hofe, in der Armee,
in der Justiz und der Staatsverwaltung. Der befähigte Bürgerliche
wurde der „Gesellschaft" einverleibt wie die Gesellschaft dem Staate.
Auf Grund des „Mestnitschestwo" (Rangliste, Hierarchie) durfte
früher kein Mann unter jemanden dienen, der unter dem Befehl
seiner Eltern und Großeltern gestanden hatte! Wie der Zar seine
„Unterhalter" (Poteschnyje) sich aus den Reihen der Fürstensöhne
und der Kinder der Hofstallknechte geholt hatte, so überhäufte er
den Bäckerjungen Menschikow mit Ehren und ernannte Schafirow,
den ehemaligen Ladengehilfen bei einem Tuchhändler, zum Kanzler.
In diesem Bereich wurde er offenbar mehr vom Staatsinteresse geleitet als von sozialen Überlegungen.
Vor dem Regierungsantritt Peters hatte der Adlige in Friedenszeiten
untätig auf seinen Besitzungen leben können. Es gab eine Menge
Müßiggänger und Exzentriker: Ein Musiknarr z. B. traktierte seine
Bedienten mit dem Übungsbuch für Vokalmusik, die sich daraufhin
nur noch singend mit ihm verständigen durften. Ein anderer ließ sich
den Morgentee gleich von einem Dutzend Leute servieren, die in
einer Prozession heranschritten: der erste trug den Samowar, der
zweite die Tasse, der dritte den Löffel, der vierte den Zucker und so
fort; nachts wachten 7 Jungfrauen über 7 Katzen, die an den 7 Beinen
eines Tisches angebunden waren ... Das Arbeitstier Peter erklärte
den Faulenzern, Bojaren oder Landstreichern, wo immer er sie auf-
spürte, den Krieg. Nepljujew erzählt in seinen „Memoiren": Er war

verheiratet, Familienvater, als er mit andern jungen Adligen nach Nowgorod gerufen wurde, um von Menschikow examiniert zu werden. Man schickte ihn auf die Schulbank und 6 Monate später zu einem gehobenen Lehrgang nach Narwa, darauf nach St. Petersburg und Reval, wo er als Unteroffizier der Flotte abkommandiert wurde. Als er zum Fregattenkapitän aufgerückt war, wurde er zum russischen Bevollmächtigten in Konstantinopel ernannt.

Nach dem Vorbild der von Friedrich Wilhelm I. angelegten Vasallentabellen ernannte der Senat einen „Heroldmeister", der ein Register aller Adligen anlegen sollte, um diejenigen zu erfassen, die sich dem Dienst zu entziehen versuchten.

Der Zar hat die Mitglieder des Erbadels ihrer privilegierten Stellung und ihrer Rechte beraubt und dafür ihre Pflichten erhöht. Die Bojaren wurden den gleichen Strafen unterworfen wie die Muschiks; ihr Name bewahrte sie nicht davor, öffentlich ausgepeitscht, ja hingerichtet zu werden. Wie in Byzanz und Rom war die Stellung eines Menschen nicht mehr abhängig von seiner Abstammung, sondern von dem Platz, den er sich in der Hierarchie erobert hatte, von der Einstufung in die Rangtabelle. Bei der Thronbesteigung Peters wurden etwa 3000 Adelsgeschlechter gezählt, bei seinem Tode waren es 100 000 (nach Kliutschewskij). So konnten fremde Reisende schreiben: „In Rußland gibt es keine Edelleute, sondern Obristen, Hauptleute, Räte, Assessoren usw., die, manchmal Söhne von Leibeigenen und Popen, geadelt wurden."

Nach dem Vorbild dessen, was der Zar in Europa gesehen hatte, schrieb er seinem Adel Perücke, französischen Rock und Degen vor; der Bojarentitel verschwand, Peter machte seine Favoriten zu Grafen und Baronen und verlieh ihnen Wappen.

Der Ukas aus dem Jahre 1714 statuierte das Majorat, und zwar in dem Sinne, daß in Zukunft der Besitzer von unbeweglichen Gütern durch Testament einen seiner Söhne (oder eine Tochter, wenn kein Sohn da war) zum Erben des Besitzes bestimmen konnte; starb er, ohne ein Testament zu hinterlassen, so übernahm der älteste Sohn (oder die älteste Tochter, wenn Söhne fehlten) den Grundbesitz mit den darauf ansässigen Leibeigenen. „Das Gut wird nicht zerstückelt", erklärte der Zar, „der Erbe soll seine ‚armen Untertanen' (d. h.

seine Bauern) nicht mit neuen Fronden belasten, wie das Brüder
taten, die ein geteiltes Erbe antraten, um so leben zu können, wie
ihr Vater seinerzeit gelebt hatte; er soll vielmehr seine Bauern fördern und ihnen die regelmäßige Steuerentrichtung zu erleichtern
suchen[21]." Die übrigen Kinder sollten die bewegliche Habe erhalten.
Dieser Ukas, der sowohl die dem Adel für besondere Leistung nur
zeitweilig überlassenen Güter wie die ererbten und definitiv erworbenen betraf, führte die Angleichung beider Kategorien herbei[22]. Bezüglich der nicht erbenden Söhne empfahl der Erlaß, sie zu Kaufleuten, Industriellen, Ingenieuren oder sogar Popen zu machen.

2. *Bauern und Leibeigene* — Als Peter den Thron bestieg, teilten sich
die Landarbeiter in 2 große Gruppen: freie Bauern und Leibeigene.
Die vollkommen freien Staatsbauern bestellten die Ländereien der
Krone; sie waren die einzigen Ackerbautreibenden, die ihre Steuern
direkt an die Staatskasse entrichteten. Die Klosterbauern bearbeiteten
die Felder der Kirche; ihre Abgaben wurden von den Klöstern ent-
richtet. Die bei den Gutsherrn verbleibenden Bauern konnten unter
gewissen Bedingungen ihren Aufenthaltsort und ihre Arbeit wechseln. Die ehemaligen, verarmten Landbesitzer, die nicht mehr als ihre
„Isba" besaßen, behielten hingegen die Freiheit. Unter den Leibeigenen unterschied man zwischen „lebenslänglichen" und „bedingten", zeitweilig verpflichteten Leibeigenen. Wir haben gesehen, daß
Peter mit der Einführung der Kopfsteuer, der sogenannten „Seelensteuer", den Landarbeiter an den Boden gefesselt und damit die
Sklaverei gefördert hat. Der freie Bauer in den Schweden abgenom-
menen Gebieten, der Halbleibeigene des Staates und der Halbbauer
der Kirche verschwinden; in Zukunft sind alle, die das Land bebauen,
Leibeigene. Die vom Zaren angeordnete allgemeine Volkszählung hat
diese unheilvolle Entwicklung noch gefördert, denn nach Ansicht des
Fiskus kann der Mensch der niederen Klasse nur Soldat oder Leibeigener sein; in seiner Nomenklatur ist kein Platz für die Übergangsschichten: die Sklaverei ist unteilbar. „Im ganzen Gebiet des
Zarenreiches wird von nun an die Leibeigenschaft der Normalzu-
stand sein. Im gleichen Augenblick, da der Ackerbau mehr denn je
die Knechtschaft bringt, macht die ökonomische, kommerzielle oder
industrielle Tätigkeit frei" (Jacques Pirenne)[23].

Die sogenannte „Seelensteuer" lieferte den Schismatikern einen un-
vermuteten Vorwurf gegen den Zaren: „Steht nicht geschrieben, daß
der Antichrist Tote, Gold und Silber verlangt?" so meinten sie. „Ist
es denn nichts anderes als die schlimmste Blasphemie gegen den Allmächtigen, wenn eine Steuer auf die Seele, den unvergänglichen
Hauch Gottes, erhoben wird, anstatt auf die irdischen Güter?"
Peter erließ verschiedene Ukase, die die Leibeigenen betrafen: Er
nahm sie in die Armee auf (1700); er erlaubte den Herren, die Knutenstrafe an den Entlaufenen zu vollziehen, mit Ausnahme derjenigen, die sich in die Armee anwerben oder zur Arbeit in einer Fabrik
verpflichten ließen (1713); er bestrafte die Gutsbesitzer, die sie quäl-
ten (1719) und erklärte, daß der Mord an einem Leibeigenen ein
Mord wie jeder andere sei; er widersetzte sich der Einführung der
Leibeigenschaft in der Pomorje, einem Landstrich am Weißen Meer
(1720); er forderte vom Senat, den Verkauf von Menschen zu unterbinden, „die man veräußert, als wären sie Vieh, was nirgends in der
Welt üblich ist und deswegen es zu nicht geringem Geschrei kommt.
Wenn schon, dann solle man die Leibeigenen wenigstens in geschlossenen Familien, aber nicht einzeln verkaufen" (1721). Schließlich
verbot ein Ukas den Herren, ihre Leibeigenen zu einer Heirat gegen
ihren Willen zu zwingen (1724). Die Lage dieser Ärmsten, die von
ihrem Besitzer und vom Staate ausgebeutet wurden, blieb jedoch auch
weiterhin eine höchst jämmerliche. Die Leibeigenschaft wird erst
unter Alexander II. im Jahre 1862 abgeschafft.
Der Autor der „Nouveaux Mémoires" berichtet anläßlich einer Reise
nach Moskau: „Sie benutzen keine Kerzen, sondern sie tragen in
ihren Händen oder quer im Mund lange Holzspäne, die ihnen leuch-
ten, wenn sie das Haus verlassen oder arbeiten... Sobald sie ein
bißchen Geld bekommen haben, sei es ein Geschenk oder was ihnen
geschuldet wird, so verstecken sie es in ihrem Munde, unter der
Zunge... Ihre Häuser sind ganz aus Holz, ohne Stein, Eisen oder
Glasfenster... In Twer habe ich eine Familie von 20 Personen...
zusammen auf dem Ofen und den Bänken ringsherum schlafen sehen;
sie sagten mir, daß sie sich an einem so warmen Platz vollkommen
wohl fühlten und keine Betten brauchten" (Oktober 1716).
Manche Damen betrieben geradezu eine Zucht mit Sklavinnen: Sie

kauften kleine Mädchen, das Stück zu 25 Rubel, und verkauften sie später für 500 bis 1000 Rubel; diese armen Dinger landeten oft in den türkischen oder persischen Harems. Man pflegte vom Leibeigenen zu sagen, sein einziger Besitz sei seine Seele. Peter scheint die Seelen vor allem als „Fiskusseele", als „Revisionsseele", betrachtet zu haben.

3. *Fabrikarbeiter* — Um die Arbeiter in den Fabriken (Leibeigene, die mitsamt dem Boden gekauft wurden, arme Teufel, denen die Anwerber das Paradies versprochen hatten, Landstreicher und Frauen mit schlechtem Lebenswandel) war es noch schlimmer bestellt als um die Landarbeiter. In Lumpen gehüllt, zusammengepfercht wie Vieh, schlecht genährt, manchmal angekettet an den Amboß oder den Hochofen, gebrandmarkt, waren sie in Wirklichkeit zu lebenslänglicher Zwangsarbeit verurteilte Sträflinge. Die unter dem Befehl des Ingenieurs Perry Arbeitenden „haben sich oft unter Tränen bei ihm über das ihnen von den Gouverneuren der Städte und den Offizieren der niederen Grade angetane Unrecht und die Ungerechtigkeiten beklagt, aber sie haben ihn aus Angst vor Vergeltungsmaßnahmen angefleht, ihre Klagen ja nicht an den Gouverneur weiterzuleiten". Man bewilligte Perry nicht ein Kopeke zur Bezahlung der guten Arbeiter, denn, so wurde ihm erklärt, man könne sich auf kein Beispiel berufen, daß vom Zaren Geld für solche Leute bewilligt worden wäre, die nichts anderes als ihre Pflicht tun. Für die vom Herrscher oder in seinem Namen befohlenen Arbeiten wurden Bauern und Arbeiter requiriert, ohne daß sie den geringsten Lohn dafür erhielten.

Perry bemerkt dazu: „Es besteht kein Grund, sich darüber zu wundern, daß die Moskowiter von allen Völkern die am wenigsten zur Erlernung irgendeiner Kunst oder Wissenschaft geeigneten sind, wohl aber bereitwilligst jede Gelegenheit ergreifen, sich aufzulehnen und sich dazu hergeben, die barbarischsten Grausamkeiten zu begehen, in der Hoffnung, sich von der erblichen Sklaverei zu befreien."

4. *Die Stellung der Frau, die Ehe* — Natalja, die Mutter des Zaren, war von ihrem Vormund Matwejew europäisch erzogen worden und hatte sich vom „Terem", dem russischen Frauengemach, losgesagt. Sie

besuchte Theatervorstellungen, begleitete den Zaren Alexej auf die
Jagd und fuhr mit ihm im offenen Wagen aus. Sofja hatte es ihr
gleichgetan. Zum lebhaften Mißvergnügen der Geistlichkeit billigte
Peter diese Neuerungen, ja, er ging noch weiter: Er entschied, daß
Verlobte sich wenigstens 6 Wochen vor der Hochzeit besuchen konnten; wenn sie nicht zueinander paßten, sollten sie beizeiten das Ver-
löbnis lösen. Indem er die Vorlegeschlösser des „Terem" zerbrach,
befahl er den Frauen, sich nach der europäischen Mode zu kleiden
und am gesellschaftlichen Leben teilzunehmen, an den Festlichkeiten,
Hochzeiten, Taufen und den „Assembléen". Seine Töchter Anna und
Elisabeth, die sich wie Pariserinnen kleideten, ließ er von einer
französischen Lehrerin erziehen. Er hätte gerne die jungen Damen
aus guten Familien zur Weiterbildung nach Europa geschickt, stieß
dabei aber auf hartnäckigen Widerstand: mag es für die jungen Männer noch angehen, aber für die jungen Mädchen von Stande ... welcher Frevel! sagte man. Im Jahre 1704 sah die Bevölkerung von
Moskau mit Entsetzen, wie Jungfrauen bei einem Umzug Blumen
in die Menge warfen und sangen.

*

Unterrichtswesen, Wissenschaft und geistiges Leben — Mit tiefem
Bedauern über den auf seinem Volk lastenden Obskurantismus schrieb
Peter: „Viele Menschen täuschen sich, wenn sie behaupten, daß die
Wissenschaften ketzerische Gedanken erzeugen. Wenn man den Ab-
lauf der hinter uns liegenden Geschichte etwa durch ein Fernrohr
betrachtet, so kommt einem zum Bewußtsein, daß alles, was sich
an Schlechtigkeiten erdenken läßt, sich in den Zeiten zutrug, da die
Wissenschaften im argen lagen, und nicht in den aufgeklärten Perio-
den ... Die besten Gelehrten werden Bücher über die verschiedenen
Wissensgebiete schreiben, die ich dann ins Russische übersetzen lasse.
Ich werde selber die jungen Leute auswählen, die ich ihnen anver-
traue und die sie auf Grund der Bücher unterrichten und darauf
vorbereiten, daß sie ihrerseits wiederum lehren können. Mit anderen
wissenschaftlichen Arbeiten und Entdeckungen, die in Latein verlegt
werden, wollen wir uns Ehre und Ansehen in Europa verschaffen.

Die Ausländer sollen erfahren, daß bei uns die Wissenschaften gedeihen und werden uns hinfort nicht mehr für Barbaren halten. Alle, die in den Kollegien, Kanzleien, Kontoren und Gerichten sitzen, müssen jedesmal den Rat der Akademie einholen, wenn ihre Angelegenheiten die Befragung der Wissenschaften verlangen." Überzeugt von der Notwendigkeit der Volksbildung, erließ der Zar mehrere Ukase (1714), durch die die Schulpflicht für die 10- bis 15jährigen eingeführt wurde. Die Kinder von Adligen, Beamten, Sekretären und Untersekretären mußten die „Ziffern" erlernen, d. h. Arithmetik, und die Grundkenntnisse der Geometrie. Ohne Schulzeugnis — keine Verheiratung! Peter gründete 42 solche Rechenschulen; er befahl den Bischöfen, weitere Schulen in den größeren Städten einzurichten, außerdem Priesterseminare, deren Lehrprogramm 7 Jahre umfaßte. Diese neuen Gesetze verursachten derartige Schwierigkeiten, daß sie abgeändert werden mußten: Bereits im Januar 1716 wurden die Söhne der Adligen von der Schulpflicht befreit, darauf die Kinder aus den Vorstadt-Siedlungen, die Kinder der Kirchen- und Klosterdiener, und schließlich die der Kaufleute.

Zwischen 1716 und 1722 sollen nur etwa 200 Schüler die Schulen besucht haben. Die Schulpflicht war bei Kindern und Eltern gleichermaßen unbeliebt. Den Gouverneuren wurden im Jahre 1714 47 Lehrer zugeteilt, aber 18 kamen nach Moskau zurück, weil sie keine Schüler fanden; 1725 entflohen 53 von den 93 Schülern der Volksschule von Riasan. Im gleichen Jahr machten sich 127 Schüler der Navigationsschule mit ihren Stipendiengeldern aus dem Staube. Noch lange ließ die Freude am Studium auf sich warten, die Schulen wurden spärlich besucht. Beim Tode des Zaren gab es deren kaum mehr als 50. Dieser Mißerfolg war der allgemein herrschenden Gleichgültigkeit und dem Widerstand der Geistlichkeit zuzuschreiben.

Mit seinen Reformen war Peter bestrebt, aus Rußland ein technisch ebenso entwickeltes Land wie die westlichen Staaten zu machen und vor allem Heer und Flotte zu stärken; darum richtete er seine ganzen Bemühungen auf die Wissenschaft. Anläßlich einer Schiffstaufe sagte er 1714: „Ich vergleiche den Weg der Wissenschaften mit dem Blutkreislauf im menschlichen Körper. Ich denke, daß die Wissenschaften, die augenblicklich ihren Sitz in England, Frankreich und Deutschland haben, diese Länder verlassen werden, um sich für einige Jahrhunderte bei uns aufzuhalten, bevor sie in ihr eigentliches Vaterland zurückkehren, nämlich nach Griechenland. Daher: Betet und arbeitet! Seid versichert, daß ihr vielleicht noch zu euren Lebzeiten andere kultivierte Länder in den Schatten stellen werdet und Rußlands Ruhm seinen Gipfel erreichen wird[24]!"

Die klassische Bildung, das humanistische Gymnasium, hatte keinen Platz in den vorsorglichen Bemühungen des Zaren. Er eröffnete eine Marineakademie, eine Mathematik-, Artillerie- und Ingenieurschule, eine Bergwerks- und eine Medizinische Akademie. Auf die Marineakademie folgte die Akademie der Wissenschaften mit einem Gymnasium und einer Universität; die Akademie — die die meisten Senatoren als unnötigen Luxus ansahen — nahm ihre eigentliche Arbeit erst nach dem Tode Peters auf[25]. Er sagte einmal: „Ich will keineswegs den Alchimisten, der Metalle in Gold zu verwandeln, den Techniker, der das ‚perpetuum mobile‘ zu finden sucht, oder den Mathematiker, der die Meridiane festlegt, tadeln, denn indem sie nach dem Unerforschlichen suchen, entdecken sie manchmal weniger bedeutende, dafür aber nützliche Dinge. Auf jeden Fall sollten diese Männer gefördert und nicht dadurch herabgesetzt werden, daß man ihre Arbeiten als Hirngespinste abtut."

Peter ließ zahlreiche Landkarten zeichnen: 31 von den verschiedenen russischen Gebieten, sodann den ersten großen Atlas des Landes. Er befahl, an 1000, in der Mehrzahl wissenschaftliche und technische Werke zu übersetzen. Im Februar 1709 schickte er Sotow eine Übersetzung zurück, die er für unklar hielt und fügte eine neue Fassung bei. Dazu schrieb er: „Man darf sich nicht zu sehr an das Wörtliche halten, sondern soll, nachdem man sich den Text ganz zu eigen gemacht hat, in seine eigene Sprache übersetzen, dergestalt, daß er so verständlich wie möglich ist."

Von den Übersetzungen seien genannt: „Die Einführung in die allgemeine Geschichte" von Pufendorf, die „Colloquia" des Erasmus von Rotterdam, die „Geschichte Alexanders von Mazedonien" von Curtius Rufus, die „Eroberung Trojas", das „Theatrum historicum", Maronius' Werke, italienische und polnische Arbeiten über verschiedene politische und rechtswissenschaftliche Fragen.

Peter erteilte den Verwaltern der Provinzen den Auftrag, in allen
Klöstern, Bischofssitzen und Hauptkirchen von den dort befindlichen
Urtexten und historischen Manuskripten Abschriften anfertigen zu
lassen und die Kopien an den Senat zu senden.

Im Januar 1703 erschien auf seine Anordnung hin die erste, vier-
seitige Zeitung in Moskau mit einem schier unendlich langen Titel,
der später in die kürzeren „Nachrichten" umbenannt wurde. Die
Zeitung unterrichtete in gedrängter Form über die Vorgänge in Rußland und in den größten europäischen Staaten. Zur Erläuterung wurden dem Leser Hinweise folgender Art vorgesetzt: „Lissabon ist die
Hauptstadt von Portugal und liegt am Tejo in Europa... Versailles
ist ein Dorf und eine Vergnügungsstätte für den König von Frankreich, in der Umgegend von Paris... Ein Lord ist ein englischer
Bojar...[26]"

Peter rief auch das erste russische Museum, ein neues Theater und
mehrere Druckereien ins Leben, welche die „bürgerliche" Schrift, im
Gegensatz zur slawisch-russischen Kirchenschrift, gebrauchten. Der
Gesandte Baluze sah 1703 in Moskau 2 Komödien, eine in russischer,
die andere in deutscher Sprache. „Der Theatersaal ist aus Holz, aber
groß; die Logen sind recht gut angeordnet und das Theater ziemlich
tief", schrieb er an Ludwig XIV. Während in Frankreich Literatur
und Theater in höchster Blüte standen, hatte Rußland nur wenige
Schriftsteller von Rang aufzuweisen: die Geistlichen Stefan Jaworskij, Dimitrij von Rostow, Prokopowitsch und ein paar weltliche
Autoren: den Historiker und Geographen Tatischtschew, den Wirt-
schaftswissenschaftler und Verfasser der Schrift „Von Armut und
Reichtum" Possoschkow, Kantemir und Mankjew. Am Petersburger
Hof, dessen Herr und Gebieter eine Abhandlung über Geometrie
dem allerschönsten Roman vorzog, stand die Literatur nicht sehr
hoch im Kurs.

Peter ließ in Deutschland und den baltischen Provinzen Bibliotheken
und wissenschaftliche Sammlungen ankaufen; er berief Gelehrte nach
Rußland und schickte die „Nowiks" — Studenten oder Lehrlinge —
ins Ausland. Im Jahre 1720 gab es nur wenige große Städte in
Europa, die keine kleine russische Kolonie hatten. Die Nowiks be-
nahmen sich nicht immer wie Heilige: In Venedig verließen sie nur

ihr Quartier, um von einer Spelunke zur anderen zu ziehen; in Toulon mußten ihnen die Waffen abgenommen werden; in London schlugen sie ein paar friedliche Bürger zusammen. Zu ihrer Entschuldigung sei gesagt, daß diese jungen Leute oft keine Mittel hatten, denn
ihre Stipendiengelder trafen meist verspätet ein — wenn sie überhaupt eintrafen! Peter nahm lebhaftes Interesse an ihnen: Bereits im
Jahre 1697 hatte er eine bis ins kleinste ausgearbeitete Anweisung
für ihre Ausbildung erlassen; auf seiner zweiten Reise nach Holland
hatte er sie auf Herz und Nieren geprüft und Romodanowskij darüber Bericht erstattet. Die Nowiks gingen nicht nur auf die Werften,
Akademien und in die Cafés, sondern auch in Gesellschaft, besuchten
Theater und Konzerte. Manche von ihnen trugen nach ihrer Rückkehr zur Verteidigung der westlichen Kultur bei.
Peter hatte in Moskau ein Hospital bauen lassen, das 1707 fertiggestellt wurde. Der mit seiner Führung und der Unterweisung der
Studenten beauftragte Arzt übersandte dem Zaren folgenden Bericht: Er habe 1712 1000 Kranke mit Erfolg behandelt; täglich fänden sich 100 bis 200 Patienten bei ihm ein; von den Studenten seien
33 geblieben, 6 gestorben, 8 geflohen, 2 seien auf eine Schule und
einer zum Militär geschickt worden.

*

Barttracht und Kleidung — Bei der Rückkehr von seiner ersten Reise
nach Europa hatte Peter also das Tragen von Bärten verboten; aus-
genommen waren die Mitglieder des Klerus, Bauern, Altgläubige und
Leibeigene. Adlige und Beamte, die dieses Attribut der Göttlichkeit
behalten wollten, hatten eine Abgabe von 100 Rubel zu zahlen; die
Händler 60 bis 100 Rubel, und die Bauern entrichteten jeweils eine
Kopeke, wenn sie die Stadt betraten und wieder verließen. Diese
Haarsteuer wurde später auf 50 Rubel für alle festgesetzt.
Der Zar glaubte, in den Bartträgern die Gegner seiner Reformen zu
sehen und gab folgenden Befehl:
„Der früher erlassene Ukas betreffs der Bärte ist strengstens zu be-
achten! Jährlich sind 50 Rubel zu zahlen! Die bärtigen Altgläubigen
dürfen keine andere Kleidung als ihre alte tragen" (1722). Wenn ein

Zeitgenössischer Holzschnitt

Bärtiger sich in einem Amt in regelwidriger Kleidung sehen ließ, wurde seine Bittschrift nicht angenommen, er mußte dableiben und durfte ein zweites Mal 50 Rubel bezahlen. Diejenigen, die nicht in der Lage waren, diese Summe zu entrichten, wurden nach Rogerwyk geschickt, um die Geldstrafe abzuarbeiten. Wer einem Bärtigen in unvorschriftsmäßiger Kleidung begegnete, konnte ihn mit Gewalt zu den Behörden bringen; er erhielt die Hälfte der Geldbuße und die abgetragenen Kleidungsstücke.

Das Gewand des Muschiks war ebenso kostspielig wie unbequem: es brauchte viel Stoff, die langen Ärmel behinderten die Bewegungsfreiheit, und es hatte keine Taschen, wodurch die Männer gezwungen waren, die Papiere in den Stiefeln, das Taschentuch in ihrer Mütze und ihr Geld im Munde aufzubewahren. Diese unveränderliche Tracht asiatisch-byzantinischer Herkunft hatte etwas Feminines; manchmal schneiderte sich der Mann sein Gewand aus dem alten Kleid der Frau. Gleich Alexander d. Gr., der seinem Volke eine neue Bekleidung, ein Gemisch aus Persischem und Mazedonischem, vorgeschrieben hatte, befahl Peter seinen Untertanen, sich nach europäischer Mode zu kleiden, was „für den Ruhm und die Schönheit des Staates notwendig" sei (Ukas vom 20. August 1700). Außer den Angehörigen des Klerus und den Bauern mußte jeder den ungarischen Kaftan tragen. Im folgenden Jahr wurde die neue Pflichtkleidung genau angegeben: deutsches Kamisol, Hosen, Stiefel und Schuhe, darüber französische oder sächsische Röcke; die Frauen trugen: deutsche Röcke und Schuhe und aufgeschlagene Hüte. Die Bojaren kleideten sich in den französischen oder englischen Rock mit Gold- oder Silbertressen. Ein Muster dieser Kleider wurde an allen Moskauer Stadttoren angeschlagen; wer sich dieser Vorschrift nicht fügte, konnte es erleben, daß seine Kleider von den Aufsehern zerschnitten oder zerrissen wurden. Die Frauen der Altgläubigen hatten sich in lange Mäntel zu hüllen und Zweispitze zu tragen. Kaufleute, die denjenigen russische Kleidung verkauften, die sie nicht mehr tragen durften, wurden mit der Knute, Konfiskation und Zwangsarbeit bestraft. Den Armen wurde eine Frist von 5 Jahren gesetzt, um ihre altmodischen Kleider aufzutragen.

Der Ingenieur Perry befragte einmal einen Bauern, der vom Barbier kam. Der Russe zog aus seinem Gewand den gerade abgeschnittenen Bart hervor und sagte: „Wenn ich in mein Dorf heimkomme, verstecke ich ihn in meinem Hause, damit man ihn in meinen Sarg legen kann. Dann sieht ihn Petrus und wird mich ins Paradies einlassen."

DER TOD PETERS I.

Die Sünder aber leiden Strafe entsprechend ihrem Sinnen.
Denn sie mißachten den Frommen und fielen ab vom Herrn.
BUCH DER WEISHEIT, 3. Kap. Vers 10

Die Seele weiß, daß die Sühne die durch die Ungerechtigkeit
verletzte Ordnung der Welt wiederherstellt.   BOSSUET

Am 28. Juni 1718 hatte der Zarewitsch Alexej, erschöpft, verzweifelt
und blutüberströmt den Geist aufgegeben. Der Tod dieses Unschuldigen schrie nach Vergeltung: Ein Vater, der seinen Sohn gefoltert
hatte, mußte bestraft werden! Aber der Schrecken regierte im Lande,
niemand wagte die Hand zu erheben. Nur noch Gott konnte Gerechtigkeit üben. Sie traf den Schuldigen in seinem eigenen Fleisch und
Blut, in seinem Herrscherstamm. Denn 10 Monate nach Alexejs Tod
verstarb ganz plötzlich der Thronfolger, der Zarewitsch Peter Petrowitsch, Sohn Peters und Katharinas. Damit waren alle 5 Söhne
Katharinas tot, von ihren 6 Töchtern lebten nur noch 3: Anna, Elisabeth und Natalja. Auf der zweiten Ehe des Zaren schien ein Fluch
zu lasten.
Petruschka, Tschitschetka, der blonde Engel, das vierjährige Prinz-
lein, der Stolz und die Hoffnung seines Vaters, hatte für immer die
blauen Augen geschlossen! Sollte die Krone damit an den anderen
Peter, den Sohn des Empörers Alexej und der seligen Charlotte,
an den Enkel der verstoßenen Jewdokija, zurückfallen? Wer hört
nicht das schmerzerfüllte Schluchzen, die Wutschreie des Zaren?
Wer errät nicht den triumphierenden Blick in den Augen seiner
Feinde? Der Wodka floß in Strömen, sogar in den abgelegensten

Klöstern! Der Souverän hatte sich für den Gebieter über Leben und Tod gehalten und sich seines ältesten Sohnes entledigt; aber Gott hatte den jüngsten zu sich gerufen und damit Peter daran erinnert, daß der Selbstherrscher aller Reußen nur der Knecht des Königs aller Könige war. Der Zar kannte sehr wohl die Bibel und konnte nun über den Spruch Salomons nachdenken: „Auf Frevler sei nicht eifersüchtig, noch neidisch auf die Missetäter! Denn keine Zukunft hat der Böse, des Frevlers Lampe muß erlöschen." Vielleicht erinnerte er sich auch an einen Brief, den er einst an Romodanowskij geschrieben hatte: „Gott rächt das ungerecht vergossene unschuldige Blut . . ."

Auf die Sühne des Verbrechens folgte der Lohn der Tapferkeit: der Friede von Nystad im Herbst 1721, die triumphale Heimkehr des Siegers von Wiborg bis St. Petersburg. Der Zar leerte in einem Zug einen Becher mit Wodka und gab damit das Signal zum Beginn der Festlichkeiten. Suchte er sich zu betäuben, im Rausch Vergessen von seiner Gewissensqual, die Alexej, seinem tiefen Kummer, der Peter hieß? Fast möchte man es glauben, wenn man sein damals von Nikitin gemaltes Porträt betrachtet: Mit dem abgespannten Ausdruck und dem von Traurigkeit erfüllten Blick erscheint der Zar weniger gegen sein Schicksal aufgebracht als müde und von Schmerz gepeinigt. Dagegen waren die rasch aufeinanderfolgenden Trauerfälle Katharina, die der Gesandte Mackenzie einmal „die Gefährtin", ein andermal „die Zarische" nennt, offenbar nicht allzusehr zu Herzen gegangen. Sie war aufgeblüht, noch dicker geworden und strotzte vor Gesundheit. An Weihnachten erhielt sie vom vereinigten Senat und Synod den Titel „Kaiserin". 3 Jahre später wurde sie gekrönt!

Am 15. November 1723 hatte der Souverän folgenden Ukas unterzeichnet:

„Wir, Peter I. usw., geben unserem ganzen Volke, den Geistlichen, Militär- und Zivilpersonen und allen treuen Untertanen durch diesen feierlichen Erlaß kund und zu wissen: Es ist allbekannt, daß die christlichen Potentaten seit den Zeiten der rechtgläubigen Kaiser Basileios, Justinian, Herakleios usw. den unwandelbaren Brauch hatten, ihre Gemahlinnen krönen zu lassen. Jedermann weiß von den langen Strapazen und Gefahren aller Art, welchen Wir während

21 Kriegsjahren unter Bedrohung Unseres Lebens ausgesetzt waren. Diese Kriege sind nun durch einen ebenso günstigen wie ruhmreichen Friedensschluß beendet worden. Da Unsere teure Gemahlin, die Kaiserin Katharina, Uns eine große Hilfe war, indem sie Uns aus freiem Antrieb und eigenem Willen überallhin begleitete und bei all Unseren kriegerischen Unternehmungen zugegen war, ohne die sonst bei ihrem Geschlecht üblichen Schwächen zu zeigen, war sie Uns hauptsächlich eine große Hilfe, als unsere Armee von dem türkischen Heer umzingelt wurde. In jener Zeit der höchsten Not gab sie keineswegs zu erkennen, daß sie ein Weib sei; sie zeigte im Gegenteil die heldenmütigste Unerschrockenheit, was ja Unsere Armee bestätigen wird und was sie schon durch ihre Erzählungen in Unserem Reiche verbreitet hat.

Wir haben daher kraft der herrscherlichen Macht, die Wir in Händen halten, beschlossen, Unsere Gemahlin in Anerkennung all dieser Verdienste zu krönen, was mit Gottes Hilfe unweigerlich in diesem Winter in Moskau stattfindet. Demzufolge haben Wir all Unsere getreuen Untertanen, welchen Wir stets durch Unsere kaiserliche Huld gewogen bleiben, durch diese Proklamation davon in Kenntnis gesetzt."

Am 7./19. Mai 1724 fuhr Katharina, von einem Pariser Schneider gekleidet, in einer prachtvollen Karosse, auf der die Kaiserkrone prangte, an der Kathedrale vor. Der Zar höchstpersönlich befehligte die vor kurzem erst gegründete, vor der Kutsche hertänzelnde „Kompanie der Kavaliere der Kaiserin". Unter Glockengeläut, Trompetengeschmetter, Paukengedröhn und Infanteriesalven ging die pomphafte Zeremonie im Beisein der Erzbischöfe und Bischöfe, des Diplomatischen Korps, der Fürsten und des ganzen Adels vonstatten.

Somit war die niedrige livländische Magd, die einstige Mätresse von Scheremetjew, Menschikow und Konsorten, gekrönt, was nur ein einziges Mal und für wenige Tage in Rußland geschehen war, in der Zeit der Wirren, als der eine Woche später ermordete, falsche Demetrius Marina Mniszek die Krone aufsetzen ließ. Die Kaiserin sprach 3 Sprachen, aber sie konnte weder lesen noch schreiben; schon in Kürze sollte sie lernen, wenigstens mit ihrem Namen zu unterzeichnen ... Gewiß würde sie nun ihre Dankbarkeit gegen ihren Wohl-

täter durch mustergültige Ergebenheit und unbedingte Treue beweisen und die ihr unablässig entgegengebrachte Zuneigung desjenigen erwidern, der sie aus der Gosse zog! Den Entwurf für das
Feuerwerk zu ihrem letzten Hochzeitstag hatte sich der Zar selber
ausgedacht: die verschlungenen Anfangsbuchstaben ihrer Namen in
einem Herzen mit einer Krone darüber. Doch, leider: Katharina
zeigte sich ihrer Erhebung nicht würdig. Es scheint, als habe sie sich,
auf dem Gipfel der Ehren angelangt, vielleicht von diesem ungeheuren Triumph berauscht, verändert. War sie nämlich bisher honett
und uneigennützig gewesen, so ließ sie sich nun ihre Vermittlung in
klingender Münze bezahlen, verschacherte ihren Einfluß beim Zaren
und nahm enorme Bestechungsgelder. Erlag sie dem Einfluß ihrer
korrupten Umgebung? Folgte sie dem Beispiel und den Ratschlägen
ihres ehemaligen Geliebten, des Fürsten Menschikow? Wie auch
immer — sie legte jedenfalls ihre auf so üble Weise errafften Gelder
im Ausland an. Peter, als er davon erfuhr, raste vor Wut. Dieses
Weib, seine eigene Frau betrieb die von ihm zutiefst verabscheute
Veruntreuung, der er mit allen Mitteln Herr zu werden versuchte!
Die gekrönte Zarin gab das Beispiel für den Mißbrauch ihrer Stellung!
Der Zar schickte den Fürsten Wolkonskij, der nur eine unbedeutende
Nebenfigur Katharinas in einer geschäftlichen Transaktion war, aufs
Schafott; er ließ das Amt, welches das Vermögen seiner Frau ver-
waltete, versiegeln und verbot ausdrücklich, einen Befehl oder eine
Empfehlung von ihr entgegenzunehmen, „in Anbetracht des Miß-
brauchs, der ohne Wissen der Herrscherin damit getrieben wurde!"
Ein zweiter, noch schwerer wiegender Verrat traf den Zaren mitten
ins Herz: Am 5. November 1724 erfuhr er durch eine anonyme
Denunziation, daß seine Frau ihn mit William Mons betrog. Alle
wußten es außer dem bestinformierten Mann ganz Rußlands. Mons,
der Bruder seiner ehemaligen Mätresse? War denn nie Schluß mit
dieser verwünschten Sippe? Der Liebhaber war ein junger, fröhlicher
Mensch, anziehend und ritterlich. Er schrieb zuweilen Gedichte und
trug 4 Ringe: aus Gold, Blei, Eisen und Kupfer. Der goldene war
der Ring der Liebe ... Die Polizei entdeckte sehr schnell den Denunzianten, einen Untergebenen des Kammerherrn Mons. Er wurde in
die Folterkammer auf der Peter-und-Pauls-Festung gebracht. Der Zar,

als Kenner auf diesem Gebiete, hatte im Handumdrehen aus diesem
Manne alles herausgelockt, was er wußte: daß Mons Liebesbriefe an
die Zarin schrieb, die mit einem weiblichen Vornamen unterzeichnet
und an Katharinas Hofdame Ssaltykow adressiert waren. Eine ihrer
Schwestern, die mit dem Gouverneur von Riga, Generalmajor Balck,
verheiratet war, diente als Mittelsperson; alle Hofdamen der Zarin
waren über diese Liebesaffäre im Bilde ... Mons wurde am 19. November verhaftet. Der Skandal war nicht abzusehen.

Ohne daß es notwendig gewesen wäre, die Folter anzuwenden, gestand Mons Amtsmißbrauch und Veruntreuungen; in schweigender
Übereinkunft wurde der Name der Zarin nicht genannt. Frau Balck,
die bis dahin die Tatsachen abgestritten hatte, wurde nach dem ersten
Knutenhieb geständig. Das Urteil ließ nicht lange auf sich warten,
und der Gesandte Lefort berichtete am 28. November in dem ihm
eigenen Kauderwelsch: „Vorgestern, gegen Mittag wurde öffentlich
angeschlagen und bei Trommelwirbel verkündet, daß am nächsten
Tag, dem 27., bei der Dreifaltigkeitskirche die Hinrichtung des ehemaligen Kammerherrn Mons, seiner Schwester Balck, des Schrift-
stellers Stoletoff und des Kammerlakaien Balakireff stattfinde und
daß jedermann sich dorthin begeben solle. Am Nachmittag wurden
Mons und seine Schwester in die Festungsgefängnisse überführt, und
man schickte ihnen Pastor Nazius, damit er ihnen für ihren Gang,
von dem es kein Zurück gibt, Mut zuspreche und sie vorbereite.
Gestern, gegen 10 Uhr, wurden die Verbrecher aus der Festung herausgeführt, der besagte Mons in Begleitung des Pastors Nazius, seine
Schwester Balck im offenen Schlitten, die beiden anderen gingen zu
Fuß hinterher. Auf dem Wege hat man die Gelassenheit des Mons
bestaunen können, der nicht im mindesten aufgeregt schien, sein Ohr
dicht am Kopfe des Pastors Nazius hatte und hin und wieder Personen aus seiner Bekanntschaft grüßte, an denen er vorüberschritt.
Als er zum Richtplatz kam, bestieg er beherzt das Blutgerüst und
streifte selber seinen Pelzrock ab, wobei er immer noch aufmerksam
den Worten des Pastors Nazius lauschte. Der Gerichtsschreiber kam
herbei und verlas das Urteil, welches ich noch nicht sehen konnte
und das aus 3 Punkten besteht, betreffend Geschenke, die er angenommen habe ‚für unbillige Bittschriften'. Aus diesen Gründen wurde

er zum Tode verurteilt. Daraufhin machte Mons eine tiefe Verbeugung. Als er damit fertig war, entkleidete er sich, kniete nieder und empfing den Streich, der den Kopf vom Rumpf trennt. Sodann wurde das Urteil seiner Schwester verlesen, das ebenfalls auf Annahme unerlaubter Geschenke lautete. Sie war zu 11 Knutenhieben verurteilt worden, aber manche Leute behaupten, daß nicht alle trafen..."
Frau Balck verschickte man nach Sibirien. Ihre beiden Söhne — der eine war Kammerherr, der andere Page — wurden als einfache Soldaten in die Persien-Armee gesteckt. Die Namen derjenigen, die dem Hingerichteten Bestechungsgelder gezahlt hatten, wurden nahe dem Schafott angeschlagen: die Zarin Praskowje Feodorowna, Fürst Menschikow und der Herzog von Holstein standen zuoberst auf der Liste, gefolgt von zahlreichen Würdenträgern.
Obwohl die Zarin sich den Anschein gab, als berühre sie das tragische Geschick ihres Freundes in keiner Weise, und während der Hinrichtung eine Tanzstunde mit ihren Hofdamen nahm, „stand ihr der Kummer im Gesicht geschrieben, so daß alle darauf warteten, was nun wohl mit ihr geschehe" (Campredon). Ja, was wird mit der Ehebrecherin geschehen, rätselten die Höflinge. Bei Alexejs Verfehlung war die Zarin siegesgewiß — jetzt sah sie wie eine Todgeweihte aus... Eines Tages zerschlug der Zar in furchtbarem Zorn vor ihren Augen einen venezianischen Spiegel:
„So werde ich mit dir und deinesgleichen verfahren", schrie er sie an.
„Sie haben soeben eine der schönsten Zierden Ihres Hauses zerstört. Hat es darum jetzt an Reiz gewonnen?" antwortete Katharina, die nie um eine schlagfertige Antwort verlegen war.
Beunruhigender als die Wutausbrüche des Zaren war sein Schweigen. „Man spricht fast nicht mehr miteinander, man ißt nicht gemeinsam, und man schläft nicht zusammen" (Lefort). Auf welch fürchterliche Rache sinnt der zum Gespött gewordene Ehemann? Wird er sie verstoßen und in ein Kloster schicken wie Jewdokija? Oder wird sie etwa die den Ehebrecherinnen zukommende Strafe erhalten: bis an den Hals eingegraben zu werden? Peter verhängte über Katharina eine erste Züchtigung: Bei einem Spaziergang führte er sie an der Richtstätte vorbei, an der sie den abgehackten Kopf ihres schönen

Liebhabers und seinen Körper mit dem blutigen Hals sah. Jede andere Frau wäre ohnmächtig geworden, die Zarin zeigte keine Regung, kein Muskel in ihrem Gesicht zuckte, sie lächelte wie gewöhnlich ... Enttäuscht, daß sein Vorhaben mißlungen war, dachte sich der Tyrann Schlimmeres aus: Als Katharina in ihr Zimmer zurückkehrte, entdeckte sie auf einem Möbelstück ein Gefäß. Sie trat näher heran: In einer mit Weingeist gefüllten Glaskugel schwamm der Kopf ihres zärtlichen Freundes! Die weit aufgerissenen Augen des Hingerichteten starrten sie an ... Die Zarin blieb unbeweglich. Ohne die geringste Überraschung zu zeigen, verbrachte sie Tage und Nächte unter diesem Blick; schließlich ließ der Zar diese Glaskugel — voll Alkohol und Erinnerungen — entfernen.

Während man sich noch die schwache Hoffnung, die Katharina blieb, in die Ohren raunte, kamen ihr 2 außenpolitische Überlegungen zu Hilfe: Ihre Tochter Anna sollte in Bälde den Herzog von Holstein heiraten, und der Zar hoffte, Elisabeth mit Ludwig XV., zumindest aber mit einem Prinzen aus dem französischen Königshaus zu verloben. Tolstoj und Ostermann, die mit Campredon im Gespräch waren, machten ihrem Gebieter klar, daß die Verurteilung der Mutter der Prinzessinnen kaum die Heiratsverhandlungen erleichtern würden. Am 16. Januar 1725 schreibt Lefort: „Die Zarin hat einen langwährenden und tiefen Kniefall vor dem Zaren getan, um Vergebung für ihre Verfehlung zu erlangen. Die Unterhaltung dauerte 3 Stunden. Man soupierte zusammen, und dann trennte man sich ..." Es war also nur eine formelle Versöhnung, dazu bestimmt, den ausländischen Höfen zu beweisen, daß Peter nicht Heinrich VIII. sei und Katharina nicht das gleiche Schicksal wie Anna Boleyn zu gewärtigen habe.

*

Seit Peter bei dem Gemetzel auf der Roten Treppe (1682) die furchtbaren Angstzustände gehabt hatte, litt er an häufig auftretenden, kurzen Anfällen von heftigen Gehirnkrämpfen; sie äußerten sich in konvulsivischen Zuckungen, die ihn in einen solch unangenehmen Zustand versetzten, daß er niemanden bei sich ertragen konnte, nicht einmal seine besten Freunde.

„Dieser Paroxysmus kündigte sich immer durch eine starke Ver-
krampfung des Halses nach der rechten Seite und eine heftige Kon-
traktion der Gesichtsmuskeln an", schreibt ein Augenzeuge. Als
Jacques Lefort den Zaren zum ersten Male gesehen hatte — er war
damals 26 Jahre alt —, schrieb er: „Der Herrscher leidet an Ver-
drehungen der Augen, daß man nur noch das Weiße sieht." Man
gab dem Kranken eine seltsame Arznei: die Innereien und Flügel
einer zerstoßenen Elster nach Ansicht einiger Autoren; andere wieder behaupten, es sei eine ganze gebratene Elster gewesen, die dann
zu Pulver zermahlen wurde. (Allerdings: Die Ärzte hatten 9 Jahre
zuvor Ludwig XV. von einer chronischen Enteritis mit einem Ab-
führtrank aus pulverisierten Krebsen und Vipern, Tamarindensaft,
Pferdemist und Tannin kuriert.) Wenn der Anfall in Gesellschaft zum
Ausbruch kam, hefteten die Gäste den Blick auf den Boden, um den
Herrscher nicht in noch größere Aufregung zu versetzen; Katharina
bettete Peters Kopf an ihre Brust; 1, 2 Stunden, manchmal auch
länger, verhielten sich die Anwesenden mucksmäuschenstill. Plötzlich
kam der Gebieter wieder zu sich, ohne recht zu wissen, was vorgefallen war.

Bei Einbruch der Nacht bekam es der Zar mit der Angst — er konnte
nicht alleine schlafen; wenn er sein Bett nicht mit seiner Frau oder
irgendeiner Freundin teilte, stieß er den ersten besten aus seiner
Umgebung, egal ob Bedienter oder Soldat, in sein Bett und schlief
dann ein, angeklammert an diesen unfreiwilligen Bettgenossen; wenn
der Betreffende sich bewegte oder ihn weckte, wurde er mit Fußtritten traktiert.

Länger als 25 Jahre hatte Peter die Trinkgelage vorzüglich vertragen,
die seine übermenschliche Arbeit nicht im geringsten beeinträchtigten; aber die Anfälle nahmen durch seine Ausschweifungen zu und
wurden immer schlimmer. Im Laufe des Jahres 1721 litt er an
Asthma und an einer galanten Krankheit, die er sich in Riga zugezogen — oder vielmehr erneut zugezogen hatte — schreibt Lefort. Die
Diplomaten verbreiten sich sehr ausführlich über dieses Thema[1].

Trotz spürbarer Schädigungen mäßigte sich Peter weder in seiner
Arbeit noch in seinen Exzessen. Bei einem Fest der Flotte „küßt er
in seinem Rausch den Herzog von Holstein auf den Hals, die Stirne,

den Schädel, auf die Zähne und die Lippen", berichtet Bergholz. War es nun eine Folge seiner Krankheit, daß die Staatsgeschäfte sich hinschleppten, der Handel nicht gedieh, die Korruption sich wie eine Seuche ausbreitete, die Staatskasse sich leerte, die Stimmung der Offiziere sank und der Sold der Armee monatelang ausblieb? Weil es an Geld und Proviant fehlte, konnten 20 000 Mann, die an den Ladogasee marschieren sollten, nicht abrücken. Man versteckte die alten Rubel, denn man hatte kein Vertrauen in die neuen Geldstücke; die Straßen wimmelten von Leuten, die ihre Kinder verkaufen wollten[2].

Peter arbeitete Tag und Nacht, um die Veruntreuungen der hohen Würdenträger und Beamten zu unterbinden. Im Februar 1723 schickte er 200 Personen, darunter den Fürsten Menschikow, den Vizekanzler Schafirow und den Generalprokureur Pissarew vor das peinliche Gericht in Preobrashenskoje! Noch einmal rettete der erklärte Günstling seinen Kopf durch die Zahlung einer beträchtlichen Geldbuße; der Zar entzog ihm nur die Statthalterschaft von Ingermanland und Livland. Schafirow wurde doch noch ins Exil geschickt, seine Habe konfisziert. Aber wie sollte man mit der Korruption, die die höchsten Schichten zerfraß, fertig werden, wenn man sah, daß der Generalprokureur von Generalleutnant Münnich ein Geschenk von 18 000 Rubel verlangte, um ihn beim Bau des Ladogakanals zu unterstützen, dessen Arbeiten, so sagte Münnich, derartig ungeschickt begonnen worden waren, daß 3 Generationen vonnöten seien, um ihn fertigzustellen.

Vom Herbst des Jahres 1724 ab verschlechterte sich zusehends die Gesundheit des Zaren, was ihn aber nicht hinderte, weiterhin Orgien zu feiern: Während einer Reise nach Kronstadt präsidierte er bei einem Fest zur Weihe einer Kirche, auf dem 3000 Flaschen Wein konsumiert wurden! Kurz darauf „besuchte er die vornehmsten Häuser von Moskau mit einem Gefolge von 200 Personen, darunter Musikanten und andere, die singen und sich auf Kosten der Leute, die sie besuchen, mit Essen und Trinken vergnügen" (Campredon). Trotz seines Nierenleidens und der Geschwülste an den Oberschenkeln besichtigte Peter die Baustellen am Ladogakanal und die Hüttenwerke in Olonez. Als er an einem Novembertag ein Schiff stranden und

die Matrosen in Lebensgefahr sah, sprang er in das eiskalte Wasser und half bei den Rettungsarbeiten. Mit hohem Fieber kehrte er nach St. Petersburg zurück und legte sich zu Bett; in den folgenden Wochen verschlimmerte sich sein Zustand. Die Ärzte Paulson und Blumentrost stellten ein Steinleiden fest, zu dem sich ein Aufflackern der alten venerischen Krankheit hinzugesellte. Der Chirurg Horn nahm — zu spät — eine Punktion vor. Der Zar hatte grauenvolle Schmerzen auszuhalten, verlangte aber trotzdem den Admiral Apraksin zu sehen: „Es geht mir sehr schlecht. Mir ist, als läge ein Haus auf meiner Brust", gestand er ihm[3]. Dreimal beichtete und kommunizierte er zwischen dem 22. und 26. Januar. Beim Empfang der heiligen Sakramente sagte er immer wieder: „Ich glaube. Ich hoffe . . ." Am 27. verlangte er nach Schreibzeug und kritzelte mühsam die Worte hin: „Gebt alles . . ." Aber die Feder entglitt seinen Händen und fiel auf das Bett. Der Selbstherrscher aller Reußen, der Millionen Menschen erzittern ließ, konnte den Satz nicht zu Ende schreiben! Niemals wird man erfahren, was er sagen wollte, an wen „alles übergeben" werden sollte. Mit letzter Kraft rief der Todgeweihte seine Tochter Anna zu sich — wahrscheinlich, um ihr seinen Letzten Willen zu diktieren. Sie kam aus dem Nebenzimmer herbei. Aber schon versagte ihm die Sprache. „Er wird erneut von Krämpfen geschüttelt, auf die ein langes Delirium folgt, während dem man ihn sagen hörte, er habe sein eigenes Blut geopfert. Ungeachtet der Anstrengungen seiner Wächter wälzte er sich aus dem Bett; er wünschte, daß das Fenster geöffnet werde, damit er Luft bekomme, aber schon versank er in Bewußtlosigkeit[4]." Nach äußerst qualvollem Todeskampf gibt Peter I. im Alter von 53 Jahren am 28. Januar/8. Februar 1725 gegen 6 Uhr morgens den Geist auf. Er hatte 43 Jahre regiert. 101 Kanonenschüsse von der Festung und das Totengeläut von allen Kirchenglocken verkünden dem knienden Volk, daß der Monarch nicht mehr ist. Heftig bläst der Wind, der Schnee rieselt auf die entblößten Häupter. Man hört die Menschenmenge singen: „O Christ! Gib der Seele Deines Dieners Peter unter Deinen Heiligen die ewige Ruhe!"
Als der Tod des Zaren in der Moskauer Hauptkirche verkündet wurde, „gab es einen unbeschreiblichen Verzweiflungsausbruch; das

Schluchzen der Frauen und Wehklagen offenbarten den Schmerz aller. Das gleiche Bild bot sich in den anderen Kirchen dar[5]."

Am 12. Februar neuer Zeitrechnung wurde der einbalsamierte Leichnam des Zaren im Kleinen Saal des Palastes aufgebahrt, in dem das Volk zum letzten Abschiednehmen zugelassen wurde. Am 24. wurde er in den Thronsaal gebracht. Eine unübersehbare Menge zog an dem auf einem Paradebett liegenden Peter I. vorbei. Jeden Morgen und jeden Abend verbrachte Katharina eine halbe Stunde bei ihm und küßte ihm Gesicht und Hände; sie jammerte, seufzte und vergoß solche Tränenströme, „daß man es nicht zu fassen vermochte, daß sich ein so großer Wasservorrat im Kopfe einer Frau befinden könne" (Villebois). Man eilte herbei, um der Vorstellung beizuwohnen, die dieses des Orients würdige Klageweib gab und erzählte sich, daß, als der Kaiser im Sterben lag, sie sich ihm zu Füßen geworfen und gerufen habe: „Öffne deine Pforten, Paradies, um die Seele dieses Engels einzulassen!" Hatte die Zarin das Gottesurteil nicht doch mit Erleichterung aufgenommen, das dem Richtspruch des betrogenen Ehemannes zu gelegener Zeit zuvorkam[6]?

Am 19. März wurde die sterbliche Hülle des Zaren und seiner Tochter Natalja — sie war einige Tage nach ihm gestorben — in die Kathedrale der Peter-Pauls-Feste überführt. Der Sarg des Zaren wurde von 12 Obersten getragen; 8 Generalmajore hielten die goldenen Schäfte des Baldachins aus Goldbrokat und grünem Velours. Die Zarin, die Prinzessinnen Elisabeth und Anna, die Geistlichkeit, das Diplomatische Korps, die höchsten Würdenträger, alle höheren Offiziere, die Fahnen, Abordnungen des Heeres und der Marine und die am Zügel geführten Leibpferde bildeten das prunkvolle Ehrengeleit, das 2 Stunden lang vorbeizog; 144 Artilleriegeschütze und die gesamte Schützenabteilung gaben ununterbrochen Salven ab.

Nach dem Trauergottesdienst stieg Feofan, Erzbischof von Pskow, der 16 Jahre zuvor die Begrüßungsansprache auf Peter nach dem Sieg bei Poltawa gehalten hatte, die Kanzel und rief:

„*Was ist uns zugestoßen? Wo sind wir nun, Russen? Was sehen wir, was tun wir? Es ist Peter der Große, den wir zu Grabe tragen!*"

Wehklagen, Schmerzensschreie, Schluchzen unterbrachen den Prediger; ungehemmt gab sich die Menge ihrer Verzweiflung hin. Lange konnte

sich der Erzbischof — auch er weinte — kein Gehör verschaffen. Als
endlich Ruhe eintrat, fuhr Feofan fort: „Unser Kummer soll nicht
unsere Kräfte verzehren! Der große Herrscher, der Vater, der uns
verließ, hat uns nicht allein gelassen. Er ist von hinnen gegangen,
aber er hat uns nicht in Armut zurückgelassen: Der riesengroße
Reichtum an Macht und Ruhm, welche das Ergebnis seines Wirkens
sind, bleibt uns. Rußland, so wie er es geformt hat, wird fortbestehen. Er hat es vollbracht, daß es von den Guten geliebt wird,
sie werden es auch weiterhin lieben. Er hat es vollbracht, von seinen
Feinden gefürchtet zu werden, für die Rußland auch weiter eine
Bedrohung sein wird. Vor der ganzen Welt hat er es mit unsterb-
lichem Ruhm bedeckt." Immer wieder unterbrochen von den Schmer-
zensausbrüchen der Anwesenden kam der Prediger zum Schluß:
„Peter der Große hat uns unsere bürgerlichen, militärischen und
geistlichen Einrichtungen hinterlassen. Verläßt er uns durch den Zer-
fall des Fleisches, so hinterläßt er uns doch seinen Geist."
Eine Handvoll Erde wurde auf den Leichnam geworfen, der Sarg
geschlossen und mit dem kaiserlichen Purpur bedeckt. Unter einem
Baldachin ruhte er inmitten der Kathedrale bis zum 1. Juni 1731.

*

Die Nachricht vom Tod des Zaren wurde sehr unterschiedlich auf-
genommen. In London tranken die englischen Kaufleute auf den
„toten Teufel". In Stockholm, Kopenhagen und Warschau wurden
Freudentränen vergossen. In Rußland beglückwünschten sich die
Gegner seiner Neuerungen, die Anhänger Alexejs und Jewdokijas,
die Altgläubigen zu seinem Ableben. „Es war eine allgemeine
Freude", schrieb Graf Rabutin, Gesandter am Wiener Hof. Eine
Karikatur mit der Überschrift: Eine Katze wird von Mäusen zu
Grabe getragen, drückte diese Erleichterung aus. Aber andere Zeitgenossen priesen den gewaltigen Herrscher, der Karl XII. besiegt
und aus dem unbekannten Fürstentum Moskau das mächtige und
gefürchtete Kaiserreich Rußland gemacht hatte. Schon bald war auf
den Straßen folgendes Bänkelsängerlied zu hören:

„Vor dem Palast des Herrschers,
vor der wunderschönen Treppe
zieht ein junger Sergeant auf Wache.
Seine flinken Füße frieren in den Stiefeln fest,
seine weißen Hände sind bis auf die Knochen kalt.
Als er Wache stand, da hat er nachgedacht
und hat bitterlich zu weinen angefangen.
Und er weint wie ein dahinströmender Fluß,
die Tränen fließen wie die Bächlein.
Er hat geseufzt wie der rauschende Wald,
er hat geschluchzt wie der rollende Donner.
Und als er schluchzte, hat er gesagt:
„Blast nur aus den Bergen, grimmige Winde!
Vertreibt die weißen Flocken aus den Wolken!
Rüttle, Wind, an dem noch frischen, weißen Grabstein!
Schüttle die feuchte Erde, unsere Mutter,
in allen 4 Himmelsrichtungen!
Zerbrecht, Winde, die Bretter des Sarges,
hebt den goldenen Brokat,
schlagt zurück das feine weiße Leichentuch!
Erhebe dich, erwache, rechtgläubiger Zar,
rechtgläubiger Zar Peter Alexejewitsch!
Recke empor dein ungestümes Haupt,
schau auf dein tapferes Heer!
Schön ist dein braves Heer aufgestellt,
ganz unerschütterlich steht es da,
es ist ganz kriegerisch aufgerichtet,
um in den Kampf zu ziehen.""

Der rechtgläubige Zar blieb taub auf diesen Anruf; er erhob sich
nicht zur Besichtigung seiner braven Armee: endlich genoß er Ruhe
und Frieden.

PETER DER GROSSE?

*Was immer den Ruhm der Nation befleckt, geht mir mehr zu
Herzen als jedes andere Anliegen ...
Wir sind einzig und allein für das öffentliche Wohl geboren
worden.* LUDWIG XIV.

*Ein Herrscher soll sich von seinen Untertanen nicht durch die
Eleganz seines Äußeren und noch weniger durch seinen Aufwand unterscheiden, sondern er soll stets in seiner Seele die
schwere Last um das Wohlergehen des Staates und um die Erleichterung des Lebens seiner Untertanen tragen.*
PETER DER GROSSE, Korrespondenz

*Als Gott das Herz und das Innerste des Menschen schuf, ver-
lieh er ihm zuerst die Güte als das Charakteristikum der göttlichen Natur. Die Heroen ohne Menschlichkeit seien ferne von
uns! Mögen sie auch Achtung erzwingen und uns Bewunderung
abnötigen – unser Gefühl müssen wir ihnen versagen.*
BOSSUET, Grabrede auf den Prinzen Condé

Um die Aufgabe, die ich mir gestellt habe, zu Ende zu führen, bleibt
mir noch eine persönliche Wertung des von manchen als „göttlich",
von anderen als „verrucht" bezeichneten Lebenswerks Peters I. ab-
zugeben.
Die vom Zaren verfolgten Ziele sind klar: Er wollte das offene Meer
erobern, das Zarenreich vergrößern, die Armee stärken, eine Marine
schaffen, die Staatseinkünfte erhöhen, die natürlichen Reichtümer
des Landes ausschöpfen, die industrielle Produktion vorantreiben,
Menschen und staatliche Einrichtungen modernisieren, das Unterrichtswesen entwickeln und die besten Elemente der Nation, gleichgültig welcher sozialen Herkunft, der Elite des Reiches einverleiben.
In Wahrheit gab es nur ein einziges Ziel, dem er seine ganze Kraft
weihte: die Größe Rußlands. Zur Erreichung dieses Vorsatzes brachte
er keinen vorgefaßten Plan mit. Erschien ihm eine staatliche Einrichtung schlecht und unwirksam, so schaffte er sie ab, ersetzte er
sie, begann von Grund auf neu. Brauchte er eine Flotte, Industrie-
werke, Arbeiterschaft und Geld, so improvisierte er, gab Befehle,
reiste herum, kontrollierte und führte Neuerungen ein. Etwas

schaffen, sich rühren — das lag ihm: ein ewig umherziehender Vagabund. Kam er, von tausend neuen Sorgen bedrückt, in sein Land zurück, dann fällte, schnitt und riß er alles aus und pflanzte neu an: er rang wie ein Kolonist im Kampf mit dem Urwald, den er im Lauf einer einzigen Jahreszeit urbar machen möchte!

Am Beginn seiner Regierung hatte Peter nichts von einem Solon, einem Lykurgos, der in der Stille über ein neues Gesetz nachdenkt, es mit seinen Ratgebern ausarbeitet und es wieder und wieder abändert. Er war ein Armeeführer auf der Suche nach Truppen, Geld, Proviant, Transportmitteln und Verbindungswegen. Ein Staatsmann ohne Beistand, der, nachdem er die Mängel der nationalen Einrichtungen festgestellt hatte, sie zu verbessern suchte. Ein immer eiliger Herr eines riesigen Besitzes, der zwischen 2 Reisen ein Stockwerk seines Hauses abträgt, Anweisungen für seinen Wiederaufbau hinterläßt und für unbestimmte Zeit wieder verreist. Sind das Reformen? Gewiß! Aber ebenso schnell entschlossene Erledigung der laufenden Angelegenheiten von höchster Wichtigkeit oder fast lächerlicher Unwichtigkeit, die ihm vom Kriege oder den Erfordernissen des Staates aufgenötigt wurden.

Ein Mensch der Tat war dieser Zar, ein Reformator aus innerem und äußerem Zwang und das Gegenbild eines Mannes, der eine ideologische Konstruktion in die Wirklichkeit umsetzen will: ein Empiriker, der eine Lösung wählte, wie man ein Heilmittel probiert, es mit einem anderen versucht, wenn das erste ihn nicht befriedigt. Er ging vom Liberalismus zum Etatismus über und kehrte zur freien Wirtschaft zurück; weil er von keinem System ausging, strauchelte er bisweilen, verrannte, irrte, widersprach er sich. Zum Beispiel gewährte er zur Unterstützung der Industrie Befreiung vom Militärdienst und von den Steuern, bewilligte Darlehen und Subsidien, gewährte den Fabrikanten weitgehende Handlungsfreiheit und lobte den industriellen Unternehmer; aber als Arbeitskräfte schickte er Dirnen, Landstreicher und Sträflinge in die Werke, welche die Industrie in Verruf brachten. Um die Städte zu entwickeln, gab er ihnen eine weitgehende politische Autonomie, versklavte aber auf der anderen Seite die freien Bauern und beseitigte die Übergangsschichten aus Kleinbauern, Leibeigenen der Krone und der Klöster. Auf diese

Weise schuf er 2 gegensätzliche soziale Gruppen: die geknechtete
Klasse der Landbevölkerung und die befreite der Bürger, welche später in erbitterten Kämpfen aufeinanderprallen sollten. Er dezentrali-
sierte die Staatsgewalt, aber bald darauf faßte er sie straffer denn
je zusammen, um alles unter seiner Aufsicht zu haben. Die unmittelbaren Erfordernisse — nicht Prinzipien und Logik — sind das Maßgebende bei seinen Entschlüssen. Seine bruchstückhaften Reformen,
oft improvisiert, zusammenhanglos, dem Volk unerwünscht, einer
organischen politischen Entwicklung widersprechend, konnten nicht
in die Massen eindringen.

Nach der Ansicht Voltaires begann die Geschichte Rußlands erst mit
Peter I.: Vor diesem Übermenschen — der keine Wurzeln in der Vergangenheit und keine Bindungen an das Überkommene gehabt und
dessen überragender Geist im Gegensatz gestanden habe zu dem seiner Nation — habe es nur „Chaos" gegeben, aus dem er ein „neues
Volk" hervorbrachte. Nichts trifft so wenig zu, denn der Zar setzte
die Bemühungen Iwans III. des Großen und Iwans IV. des Schrecklichen fort, um Rußland zu zentralisieren und zu einigen und ihm
Zugang zum offenen Meer zu verschaffen. Er führte die von mehreren seiner Vorgänger in Ansätzen vorhandenen Reformen weiter.
Michail III. und später Alexej Michajlowitsch hatten versucht, ein
stehendes Heer zu bilden, dessen Kern deutsche Offiziere waren;
Filaret, Peters Vorfahre, hatte vom Staate unabhängige Industrien
geschaffen, Alexej das Bauernstatut kodifiziert, Sofja die „Sammet-
bücher" angenommen, die der „Rangtabelle" vorausgingen. Die Idee,
eine neue Hauptstadt zu gründen, stammte nicht von Peter, aber er
erdachte und erbaute St. Petersburg.

Auf manchen Gebieten — insbesondere in der Außenpolitik — setzte
der Zar nur das Werk seiner Vorgänger fort. Hingegen trug alles,
was er unternahm, den Stempel seiner Persönlichkeit: es gehorchte
seinem unbeugsamen Willen und seiner Arbeitswut; darin finden wir
seinen gebieterischen und ungestümen Charakter wieder und seine
ungeheure Dynamik. Dieses rasche, fiebrige Vorgehen war ärgerlich,
wenn es um die Einbürgerung neuer Grundsätze ging, aber es entsprach dem Gebot der Stunde und erreichte sein Ziel.

Der Zar handelte auf Grund eigener Machtvollkommenheit, eigener

Auffassungen und Erfahrungen; er baute nur auf sich selber und entnahm aus den Plänen und Berichten Heinrich Ficks, des Baron Lüberas, Sawa Ragusinskijs und Theodor Ssaltykows im Zivilbereich, der
Generäle Boris Scheremetjew und Wassilij Dolgorukij, der Admiräle
Theodor Golowin und Apraksin in militärischen Dingen, was er
gerade brauchen konnte und für richtig hielt. An den Rand ihrer
Vorschläge schrieb er seine Bemerkungen, Kritik oder Billigung. Er
nahm nur das an, was seinen Vorstellungen entsprach und ließ sich
von keinem dreinreden: An seinem Hof war kein Platz für eine graue
Eminenz. Hatte er diese absolutistische Auffassung von Friedrich
Wilhelm I. übernommen, wie man mitunter lesen kann? Sicher nicht.
Er hatte sie von Iwan dem Schrecklichen, und eher ist es so, daß der
König in Preußen sich die Auffassung des Zaren zu eigen machte.
Da der Zar seit 1710 mehr Zeit für sich hatte, vertauschte er oft
Schwert und Axt mit der Feder; der Improvisator mauserte sich zum
Gesetzgeber; man merkt es deutlich an seinen Ukasen.

*

Nach der Meinung einiger Autoren hätte der Zar—überwältigt von der
Überlegenheit Europas — nur das Fremde geschätzt und kein anderes
Ziel gehabt, als aus seinem Volk eine westliche Nation zu machen.
Das heißt jedoch seine Denkungsart und seine Absichten verkennen.
Gewiß, er bewunderte die Wissenschaften, die Technik und die Industrie Frankreichs, Englands und Hollands, die Zucht im Heer
Karls XII. und manche politischen Institutionen Schwedens; aber *es
ist ihm niemals eingefallen, Rußland von seiner Bestimmung abzulenken und aus ihm einen Ableger Europas zu machen.* Er wollte
vom Westen das entlehnen, was Rußland nicht besaß, damit sein
Land ebenso stark, blühend und zivilisiert wie die europäischen Staaten werde, um diese dann auszustechen. Er wollte — auf materieller
und technischer Ebene — sich die Erfahrung zu eigen machen, die
Europa in der Zeit der Renaissance und des Dreißigjährigen Krieges
erworben hatte. Das geht aus seinen Worten und seinen Taten hervor: „Wir brauchen Europa für einige Jahrzehnte; später können wir
ihm dann die kalte Schulter zeigen", sagte er einmal zu Kanzler

Ostermann. Bei einer Schiffstaufe erklärte er: „Hoffen wir, daß wir in einigen Jahren soweit sind, unsere Nachbarländer zu demütigen, indem wir unser Land zum höchsten Gipfel des Ruhmes führen." Die Liebe, die Peter unter dem Einfluß von Lefort, Gordon und der Deutschen Siedlung am Anfang seiner Laufbahn für Europa hatte, ist später erkaltet; er mißtraute dem Westen, er verübelte manchen europäischen Höfen ihre Herablassung, ihre Lebensart. Er verpflichtete im Ausland zahlreiche Offiziere, Ingenieure, Professoren, Finanzfachleute, Künstler und Handwerker, um die Russen auszubilden, nicht aber um ihre Stellen zu besetzen. Er berief keinen einzigen Europäer in den Senat oder an die Spitze der Kollegien, nicht einmal Lefort, seinen besten Freund. Wenn Ausländer bis zum Ende seiner Regierung bedeutende Posten in der Marine einnahmen, so deshalb, weil für die höheren Ränge noch nicht genügend Russen bereitstanden; dagegen nahm die Zahl der ausländischen höheren Offiziere in der Armee allmählich ab; James Bruce, der junge Winius, Weyde waren zwar fremder Abkunft, wurden jedoch in Rußland geboren und auf moskowitische Art erzogen. Die neuen Garderegimenter wurden ausschließlich von Russen gebildet. Als Fick im Jahr 1718 vorschlug, die wichtigen Verwaltungsposten mit Deutschen zu besetzen, wies es der Zar glatt ab: solle man doch unter den Landeskindern suchen! Kurz, die Beschäftigung von Ausländern war für ihn ein vorübergehendes notwendiges Übel, eine Überbrückungsmaßnahme. Peter hatte die Wahl zwischen den beiden europäischen Sphären: den romanisch-katholischen Ländern, in denen Kunst und Wissenschaft gediehen, mit ihrem verfeinerten Lebensstil einerseits und den germanisch-protestantischen Ländern andererseits, die nüchterner, aktiver und in der Technik weiter waren. Er wandte sich Deutschland, England, den Niederlanden und Schweden zu, weil ihre politische und militärische Organisation, die Industrie, Technik und die Maschine als wesentliche Errungenschaften der Zivilisation ansah. Er nahm sich den deutschen Aufbau des Militärwesens zum Vorbild, bildete die holländischen und englischen Werften nach, entlehnte den Schweden das Kollegiensystem. Er übernahm die „Landräte" und „Landrichter" der baltischen Länder. Am Hofe trat der „Kammerherr" an die Stelle des „Stolnik", der „Kollegienregistrator" verdrängte den „Podjatschi" aus den Ämtern. Der Zar begehrte von Europa vor allem Wissenschaft und Technik, und nicht etwa, was Europa an Kostbarstem zu bieten hatte: die Freiheit.

War diese im wesentlichen auf das Nützlichkeitsprinzip abgestellte Politik revolutionär? Hat sie zu einem Bruch mit dem alten Moskauer Staat geführt? Hat sie Rußland seiner Bestimmung entfremdet? Hat sie die russischen Traditionen und seine Sitten verändert? Nichts ist verständlicher, als daß die Zeitgenossen des „schrecklichen" Reformators — besonders das einfache Volk — dies gedacht haben und daß sie in einer Revolution zu stehen glaubten, denn das heilige Moskau war entthront, der Patriarch abgesetzt, die Frauen aus dem „Terem" befreit, alle Männer zum Dienst verpflichtet, die Nationaltrachten und der Bart verboten und der Kalender geändert. Für sie bedeutete es das Herannahen des Weltendes, die Herrschaft des Antichristen! Nach Solowjow hat Peter „einen eklatanten, ja sogar furchtbaren Umschwung" vollbracht und das russische Leben von Grund auf umgestaltet. Gonzague de Reynold hingegen schreibt: „Aus einer Evolution machte der Zar eine Revolution. . . Er weist die Merkmale eines Revolutionärs auf: Ressentiment gegenüber Vergangenem, das Bedürfnis, übereilt ans Werk zu gehen und alles auf einmal anzupacken, ohne dabei die Übergangsstadien in Betracht zu ziehen und die geschichtliche Erfahrung, ja nicht einmal die menschliche Natur zu berücksichtigen ... Ist dies nicht charakteristisch für einen Revolutionär? Ist nicht der Haß auf die Vergangenheit die treibende Kraft jeder tiefgreifenden Revolution[1]?" Aber Peter I. hatte gerade *keinen* Haß auf die Vergangenheit; er hatte die Fundamente und Grundstruktur des Moskowiterreichs, die geschichtliche Herrschaftsform des Landes nicht angetastet. Revolutionär war er nur in seinen Methoden, im Tempo, mit dem er die von seinen Vorgängern beabsichtigten oder begonnenen Reformen durchsetzte, und in der unerhörten Leidenschaft, mit der er sein Lebenswerk verwirklichte.

Andererseits führte der Zar in Rußland das System der gelenkten Wirtschaft ein — „im Interesse des Staates und des Volkes". Er teilte sein Werk, allerdings erst post festum, in 3 Abschnitte zu je 7 Jahren ein, so daß man ihn fast als Vorläufer der sowjetischen Fünfjahrespläne bezeichnen könnte.

Unter Berufung auf sein eigenes Wort, daß die Erleuchtung der menschlichen Vernunft ein Segen Gottes sei, versuchte der Zar, seinem Volke die Notwendigkeit der Reformen verständlich zu machen. Er rechtfertigte seine Dekrete, die mit dem Wort „weil" beginnen und mit „deshalb" enden, durch eine Darlegung der Gründe. Aber sogleich wurde den Ungehorsamen mit den härtesten Strafen gedroht: Der Appell an die Furcht folgte dem Appell an die Vernunft auf den Fersen.

Peter kannte die Opposition, die seine Reformen in allen Schichten auslöste, vom passiven Widerstand über Sabotage bis zur offenen Empörung. Er wußte: Der Klerus, für den Europa gleichbedeutend mit der Häresie, der Verderbtheit war, befürchtete, daß die neuen Einrichtungen den Einfluß der Kirche verringern könnten, die Bojaren wurden in ihren Standesprivilegien und ihrem Besitz getroffen, der einfache Mann aus dem Volk wurde direkt durch die sogenannten indirekten Steuern erfaßt, aus seinen Gewohnheiten gerissen, an seinen zu langen Kaftanschößen gezupft und buchstäblich am Barte gezaust. Weil der Zar die instinktive Abneigung der Russen gegen alle Neuerungen kannte, ihr Mißtrauen und ihren Haß gegen die Fremden, sagte er einmal zu Jägern, die um die Ehre seiner Gesellschaft baten: „Gehen Sie nur, meine Herren, und amüsieren sie sich bei der Jagd auf wilde Tiere. Ich kann daran nicht teilnehmen, solange ich einen bedrohlichen Feind (Schweden) aus meinem Reich zu verjagen und — in meinem Lande — blutgierige und rebellische, ungehorsame Untertanen zu scheuchen habe . . . Bei den europäischen Völkern kann man mit Milde und Sanftmut zu guten Erfolgen kommen; aber das gleiche gilt nicht für Rußland. Wenn ich nicht mit Strenge vorgehen würde, wäre ich schon lange nicht mehr Zar. Denn oft habe ich nicht mit Menschen, sondern mit wilden Tieren zu tun!"

Die Geschichte seiner Reformen war ein ständiger Kampf zwischen dem despotischen Willen des Herrschers und der Trägheit der Nation. Um der Dienstpflicht zu entgehen, bestachen die Adligen die Beamten, stellten sich krank und mimten den Verrückten; die Bauern flohen — wenn sie konnten; obwohl man den Rekruten an der rechten Hand ein Zeichen einbrannte, desertierten sie zu Haufen, einfach deswegen, weil die Armee mit ihren ausländischen Offizieren, ihren

deutschen Rangbezeichnungen, ihren „Ober" und „Unter" bei den
Russen zutiefst verhaßt war. Die Reichen verscharrten ihr Geld an
heimlichen Verstecken, um es nicht in die neuen Industrien stecken
zu müssen; die Popen wühlten im Dunkel; die Schüler schwänzten
die Schule. In der Nähe des Kreml wurden Drohbriefe an den
Zaren gefunden, in welchen man ihn als Tyrann, Heiden und Antichrist beschimpfte. Die Diplomaten schilderten immer wieder ihren
Regierungen diese Stimmung. Der preußische Gesandte meinte, in
allen Schichten sei die Unzufriedenheit so groß, daß „wenn der Zar
stürbe, die Moskowiter alles, sogar ihr Leben dafür geben würden,
um die überkommene Regierungsform wiederherzustellen und die
neuen Einrichtungen des Zaren, die sich nur durch sein strenges
Regiment hielten, zu beseitigen." Herr von Mardefeld irrte: Nach
Peters Tod, 4 Jahre später, hielt sich sein Werk: es war die Renaissance Rußlands und der aus tiefem Schlaf erwachenden asiatischen
Welt.

Die Ukase bedrohten erfolglos die Widerspenstigen mit drakonischen
Strafen: schwerer Geldbuße, Beschlagnahme, Degradierung, Knute,
Verbannung, Zwangsarbeit, Hinrichtung oder Martertod. Mit harter
Hand schickte der Zar junge Adlige, die nicht die Mathematikschule
besuchen wollten, in die Sümpfe; wie Verbrecher ließ er die „Landräte" in Eisen legen und nach Moskau schaffen, wenn sie in der anbe-
raumten Frist die Registrierung nicht fertiggestellt hatten; er sperrte
die Gehälter nachlässiger Beamter, Regierungskommissare wurden
öffentlich ausgepeitscht. Ein Leibeigener, der es im Namen seiner
Leidensgenossen, auf ihre Armut hinweisend, wagte, um eine Ermäßi-
gung der Abgaben einzukommen, wurde erbarmungslos mit der
Knute geschlagen, bis er kein Lebenszeichen mehr von sich gab.

Zahlreiche Attentate auf Peter wurden vereitelt. 1718 spricht der
Konsul La Vie von einem Anschlag, der angeblich der 29. seit Beginn
seiner Regierung gewesen sei (?). Am 30. Januar 1722 wies Campredon auf die Verschwörung einiger Priester hin, die den Zaren ver-
giften wollten; mehrere wurden gefoltert, ein Bischof und einige
andere Personen in Ketten gelegt. Die Protokolle der in den Folterkammern von Preobrashenskoje[2] eingeleiteten Prozesse, wie die Entwicklung des „Raskol" (des Schismas), lassen keinen Zweifel über

die allgemein herrschende Feindseligkeit gegen den Zaren. Vier Volkserhebungen, insbesondere die von Scheremetjew niedergeschlagene in Astrachan (1705/06) und der von Bulawin geführte und von dem Fürsten Wassilij Dolgorukij bezwungene Kosakenaufstand (1707/08), sind durch die Reformen hervorgerufen worden. Peter unterdrückte sie mit erbarmungsloser Härte.

Der Zar hatte nicht nur gegen den passiven Widerstand der Mehrzahl seiner Untertanen zu kämpfen, er geriet auch mit der Verwaltung scharf aneinander: Die Korruption stand der Unfähigkeit bei den meisten Würdenträgern und Beamten in nichts nach. Possoschkow schreibt: „Wohin auch das Auge blickt, nirgends hat der Zar einen ehrenhaften Ratgeber. Der große Monarch gibt sich alle Mühe, aber er kann nichts erreichen, niemand ist zu seiner Hilfe da. Mit 10 Männern zieht er die Last auf den Berg, und Millionen Menschen holen sie wieder herunter. Wie also sollen die Dinge von der Stelle kommen? Wenn die alten Zustände nicht geändert werden, kann man tun, was man will, das Werk muß aufgegeben werden."

Das ist durchaus richtig. Es fehlte Peter an tüchtigen, integren und ergebenen Männern. Der Sinn für das Allgemeinwohl, den er im höchsten Maße besaß, Berufsehre und Gewissenhaftigkeit im Amt waren nicht vorhanden; man verharrte in der alten Auffassung, gemäß der die Ämter dazu da waren, ihren Inhabern zum Unterhalt und zum Reichtum zu verhelfen. Allerdings konnten die Beamten zu ihrer Entlastung Entschuldigungsgründe anführen: Die meisten von ihnen besaßen keine Vorbildung; die Ukase waren allzu zahlreich und nicht selten unklar abgefaßt, ja unausführbar, vor allem auf finanziellem Gebiet; der Zar hatte ohne genügende Vorbereitung nach ausländischen Vorbildern staatliche Institutionen eingeführt, die für das Beamtenpersonal und die Allgemeinheit zu kompliziert waren. Die Befugnisse der neugeschaffenen Regierungsorgane waren nicht eindeutig festgelegt worden, wodurch es zu Kompetenzstreitigkeiten kam. Vor allem aber wurden die Beamtengehälter, Löhne und der Sold des Militärs ganz unregelmäßig ausgezahlt, obwohl die Ukase aus den Jahren 1711, 1715 und 1719 die Höhe der Entlohnungen festgesetzt und die Verteilung von Bauern und Landbesitz abgeschafft hatten. Wie also konnte man von Beamten, die eine ganze

Familie zu ernähren hatten, unbedingte Ehrlichkeit erwarten, wenn sie nicht regelmäßig ihr Gehalt erhielten? Mit dem Eid, „ein treuer, gehorsamer und unbestechlicher Diener und Untergebener zu sein", hatte der Beamte das Recht, zu erwarten, daß auch der Staat seinen Verpflichtungen nachkomme. Von diesen treuen und gehorsamen, obendrein schlecht oder überhaupt nicht bezahlten Staatsdienern verlangte Peter noch eine „eigene und vernünftige Meinung": sie sollten nicht nur ausführende Organe sein. Das war viel — zuviel verlangt von diesen laienhaften Funktionären. Außerdem hatte es Peter eilig; der Faktor „Zeit" spielte seiner Ansicht nach eine ausschlaggebende Rolle; er wollte „bauen", alles andere würde dann von selber kommen.

*

Indem Peter die Barrieren zwischen den sozialen Schichten einriß, verschaffte er verdienstvollen Männern, welcher Herkunft sie auch sein mochten, den Zugang zum Adel, zu den höchsten zivilen und militärischen Stellungen. Für Beförderung, Rang und Titel hatte er das Verdienst an die Stelle der Abstammung gesetzt. Die von ihm herbeigeführten, tiefgreifenden Veränderungen der Rechtsstellung, der Vermögensverhältnisse und der sozialen Pflichten der Adligen, die er zum Dienst am Staate gezwungen hatte, haben den Verfall der alten Familien beschleunigt. Er hatte die verriegelten Pforten des „Terem" geöffnet, die Frau befreit und ihr durch die „Assembléen" einen Platz in der Gesellschaft gegeben. Dagegen hatte die „Seelensteuer" den Bauernstand nivelliert, vereinheitlicht und die Leibeigenschaft auf Volksschichten ausgedehnt, die sich bis dahin noch einer gewissen Freiheit erfreut hatten. Die jammervolle Lage der Leibeigenen hatte sich unter seiner Herrschaft nicht gebessert. Die ehedem durch verschiedene äußere Merkmale (Kleidung und Barttracht) hervorgehobenen gesellschaftlichen Unterschiede wurden, statt verringert, nur noch schärfer betont; die Nation spaltete sich in 3 Blöcke: den Adel (den alten und den Verdienst-Adel), die städtische Bevölkerung und die niedere Geistlichkeit und schließlich die klagende Herde der Leibeigenen.
Wenn das gemeine Volk weiterhin in Trägheit, Unwissenheit und

Aberglauben verharrte, wenn die Sitten der breiten Massen von den Reformen nicht berührt wurden, so hatten dagegen die gehobenen Schichten durch den Kontakt mit dem Westen eine feinere Lebensweise angenommen. Schon 1721 verzeichnete der hannöversche Resident: „Man muß zugeben, daß Rußland sich in 20 Jahren vollkommen verändert hat." Campredon berichtete seinem König, daß man Rußland kaum wiedererkenne[3].

Die Rangtabelle des Zaren hatte aus den Russen ein Volk von Soldaten gemacht und der alten Ordnung des Adels, der von jeher ein Dienstadel war, ein neues Gesicht gegeben. Die patriarchalische moskowitische Einfachheit machte einer starren Rangordnung und einem peinlich genauen Protokoll Platz. Hinfort trugen nicht nur Soldaten, sondern auch Zivilpersonen im Staatsdienst, Studenten, Schüler und Schülerinnen Uniform und nahmen die deutsche Steifheit an — bis in die Mitte des 19. Jahrhunderts.

Mit der Ersetzung des Patriarchats durch den Heiligen Synod, der Beschlagnahme der über ihre Bedürfnisse hinausgehenden Einkünfte der Kirche zum Nutzen der Staatskasse und durch die Ordnung im niederen Klerus verleibte Peter die Kirche dem Staate ein, er befestigte die Vorrangstellung der weltlichen über die geistliche Macht, rührte allerdings nicht an das Dogma.

Der Zar verzichtete darauf, die Bojaren-Duma einzuberufen, und regierte mit dem Senat, den Kollegien, den Gouverneuren, Landräten, Fiskalen und einem Heer von Beamten. Er intensivierte den Etatismus, in dem der einzelne Mensch nur durch seine militärische oder zivile Funktion Wert erhielt. „Das etatistische Prinzip gelangte durch seine Entwicklung unter Peter dem Großen so weit, aus der Leibeigenschaft die natürliche Lebensform der Bevölkerung zu machen und den passiven Gehorsam zur Richtschnur der Führungsschichten" (Jacques Pirenne).

*

Wenn dem Zaren auf administrativem Gebiet zahllose Fehler unterlaufen waren, so war er im militärischen Bereich zu überragenden Erfolgen gekommen. Am Ende seiner Regierung verfügte er über 200 000 Soldaten und 100 000 Kosaken, die er ausgehoben und ausgerüstet, denen er Disziplin und Schliff beigebracht hatte[4]. Dieses moderne Heer, sein Werk, bewies seine Tauglichkeit noch in den Schlachten gegen die Preußen bei Zorndorf und Kunersdorf (1758/59). Friedrich II. irrte, wenn er sagte, daß „die russische Armee nur auf dem Papier existiere". Feldmarschall Keith, der unter der Regierung der Zarin Anna Oberst in der russischen Armee gewesen war, wußte es besser: „Um die Russen zu besiegen, muß man sie wie eine Festung angreifen und zerstören."

Ganz und gar seine Schöpfung war die russische Marine. Unter persönlichem Einsatz eilte er von einer Küste zur anderen, kümmerte sich um jede Einzelheit der Schiffsbaukunst, verfaßte selber das Seereglement und darf mit Recht der Vater der russischen Flotte genannt werden. Seit 1724 verfügte er über 7 Häfen an der Ostsee und am Finnischen Meerbusen: St. Petersburg und Kronstadt, die er erbaut, Riga, Pernau, Reval, Narwa und Wiborg, die er den Schweden abgenommen hatte. Im gleichen Jahre liefen 240 Schiffe in St. Petersburg ein. Beim Tode des Zaren zählte die russische Flotte 48 Linienschiffe, 800 Galeeren und kleinere Einheiten sowie 28 000 Mann. Diese junge Kriegsflotte sollte zahlreiche Siege erringen.

Nach 30 Jahren Krieg war die Bevölkerung durch Mobilisationen und Kriegsverluste um ungefähr ein Fünftel geringer geworden, die Steuerpflichtigen völlig ausgeblutet, das Elend hatte zugenommen — aber der Zar hinterließ bis auf die ausstehenden Gehälter keinen Rubel Staatsschulden. Diese gewaltige Leistung hatte allein sein Wille vollbracht.

Überdies gründete Peter Elementarschulen, Militär-, Handwerksschulen, eine medizinische und eine Ingenieurschule, eine Universität, eine Marineakademie und eine Akademie der Wissenschaften. Er hat ein russisches Alphabet geschaffen, um das kirchenslawische zu ersetzen.

*

Wenn das Kriterium für den Wert eines Gesetzes seine Lebensdauer ist (ein Kriterium, das für eine Demokratie mehr Gültigkeit besitzt als für ein absolutistisches Regime wie das russische), müssen wir versuchen, ausfindig zu machen, was vom Werk Peters I. bestehenblieb und was verschwunden ist. Die Mehrzahl seiner politischen Institutionen: Senat, Kollegien, Heiliger Synod, Gouvernements, Gerichte, Staatspolizei[5] etc., blieben 50, 100, ja sogar 200 Jahre nach dem Tode des Zaren, wenn auch mit den von der Zeit bedingten Abänderungen, in Kraft. „Überall, im politischen wie im Privatleben dieses Volkes, spürt man den Impuls, den ihm Peter I. gab", schreibt Haxthausen in der Mitte des 19. Jahrhunderts. „Die russische Verwaltung ruht immer noch auf den von Peter dem Großen gelegten Fundamenten, die von Katharina II. gefestigt und erweitert wurden", stellt Leroy-Beaulieu 1882 fest.

Von den zahlreichen Industriegründungen des Zaren verfielen oder verschwanden manche aus den verschiedensten Gründen: Mangel an Facharbeitern, fehlende Absatzgebiete und ausländische Konkurrenz. 1725 hatte Rußland jedoch 200 Werke und Fabriken, von denen einige Tausende von Arbeitern beschäftigten, 21 Eisen- und Kupferhütten allein im Kreis von Jekaterinburg. Rußland exportierte für 2 400 000 Rubel und importierte für 1 500 000 Rubel. Die Satelliten, die „Sputniks", die im Jahre 1958 die Welt mit Staunen erfüllten, wären nicht geschaffen worden, wenn der Zar nicht die ersten Eisenwerke gebaut, wenn er nicht die russische staatliche Industrie geschaffen hätte.

St. Petersburg war nach dem Tode Katharinas I. als Hauptstadt aufgegeben worden, erhielt aber vom Jahre 1732 an die ihm gebührende Stellung zurück. Die Zarin Anna richtete sich dort mit ihrem Hofe ein, und schon bald erfreute sich die verhöhnte Stadt gleicher Beliebtheit wie Moskau.

Dagegen war die Kommunal-Reform ein Fehlschlag infolge des Mangels an Männern, die fähig gewesen wären, die Geschäfte im Sinne der Selbstverwaltung zu führen: „Wir wissen nicht, wen wir wählen sollen", hatten einige Städte entgegnet. Die Gilden faßten niemals Fuß, und Peter scheiterte auch mit der Einrichtung der Landräte und Landrichter, die er mit Befugnissen ausgestattet hatte, die weitgehend von den Gouverneuren unabhängig waren. Die Einführung des Majorats im Jahr 1714 verursachte derartige Schwierigkeiten, daß der Zar sich zu Erleichterungen herbeilassen mußte, bis es von der Zarin Anna wieder abgeschafft wurde. Ebenso schlugen Peters Be-

mühungen um Errichtung russischer Export- und Importgesellschaf-
ten fehl. Der Außenhandel Rußlands blieb in den Händen der holländischen, englischen und deutschen Kaufleute. Die Ziffernschulen,
Schulpflicht für die Söhne von Edelleuten und Beamten, wurden das
Opfer der allgemeinen Feindseligkeit.
Trotz dieser Mißerfolge — die nicht alle auf des Zaren Konto gehen —
kann man mit Bestimmtheit sagen, daß seine wesentlichsten Reformen die Bewährungsprobe der Zeit siegreich bestanden haben.

*

Durch den Nystader Frieden hatte Rußland Landgebiete gewonnen,
die mehr als achtmal so groß wie die Schweiz waren: Livland mit
Riga und den Inseln Dagö und Ösel, Estland mit Reval, Ingermanland mit der Newa und St. Petersburg und Karelien mit Wiborg.
Der Zugang zum offenen Meer — jahrhundertealter Traum der moskowitischen Herrscher — wurde durch das weitausgedehnte Küsten-
gebiet zur Wirklichkeit. Die baltischen Provinzen stellten eine große
Anzahl von Diplomaten und Verwaltungsbeamten, die im Reich so
dringend gebraucht wurden.
Rußland war eine europäische Macht geworden; es trat an die Stelle
Schwedens, das sein baltisches Imperium verloren hatte. Polen und
die Türkei gingen dezimiert und geschwächt aus den jüngsten Krie-
gen hervor. Das europäische Gleichgewicht war damit gestört — seine
politischen Probleme bekamen ein neues Gesicht, das Spiel der Allianzen erschien in einem anderen Licht. Die türkische und die polnische
Frage waren neu gestellt. Von nun an besaß Rußland 3 Einfallstore
nach Deutschland: Mecklenburg, Riga und Polen.
Der Zar hatte dem Fürsten Kantemir, als ihn dieser zu seinen Land-
gewinnen in Persien beglückwünschte, zur Antwort gegeben: „Täuschen Sie sich nicht über die wahren Interessen Rußlands: Land hat es
schon genug, aber nach Wasser muß es suchen..." Dieses „Wasser"
hat Peter I. erobert; dank ihm war Rußland zu einer gewaltigen
Land- und Seemacht geworden; es hatte in Europa eine Stellung erobert, die ihm keiner streitig machen konnte.
Mit berechtigtem Stolz konnte Schafirow 1717 sagen: „Vor etwa

12 Jahren wußte man in Europa über Rußland und das russische
Volk nicht mehr als über Indien und Persien, Ländern, zu welchen
die europäischen Staaten außer einigen Handelsbeziehungen keine
Verbindungen hatten. Heute dagegen geschieht nichts in unserem
Reich, was nicht Anlaß gäbe, die Freundschaft und Bündnispartner-
schaft Seiner Majestät zu suchen oder seine Feindschaft zu fürchten."
1773 überreichte Graf de Broglie Ludwig XV. eine Denkschrift, in
der wir lesen können: „Der ungeschliffene, aber überragende Geist
Peters I. gebar den seinen Vorgängern unbekannten Plan, den ihm
gebührenden Rang unter den europäischen Großmächten einzunehmen ... Es gelang ihm, dieses große und glorreiche Vorhaben auszuführen[6]."

*

Peter I. hatte also nicht aus dem „Nichts", aus dem „Chaos" das neue
Rußland erschaffen; er hatte eine Entwicklung beschleunigt, die
Elisabeth und Katharina II. weiterverfolgten. Und vor allem hatte
er Rußland aus seiner Isolierung herausgeführt, aus der Umklam-
merung gelöst, in der es zu ersticken drohte. Diese Ergebnisse grenzen ans Wunderbare, wenn man die Hindernisse bedenkt, die sich
ihm in den Weg stellten: die riesige Ausdehnung des Landes, die
fehlenden Verbindungswege, die ununterbrochenen Kriege, das un-
wissende und starr am Alten festhaltende Volk, der Widerstand der
Geistlichkeit und zahlreicher Bojaren und der große Mangel an fähigen Beamten. Darum verdient es Peter I., in der Geschichte

PETER DER GROSSE

genannt zu werden.
Groß ist er durch sein gigantisches Werk, seinen eisernen Willen,
seine Ausdauer und die grenzenlose Hingabe an seine Mission, die er
„seine Sache" nannte. Seine Parole war: „Dienen." Ja, dienen, aus
ganzer Kraft, aufrichtig, bis zum Ende, sich vollständig hingeben,
ohne Einschränkung und ohne Nebenabsichten. Als Admiral Cruys
ihn bei einer gefährlichen Kreuzfahrt bat, sein Leben nicht aufs Spiel
zu setzen, antwortete ihm Peter: „Seinen Sold einzustreichen und
dafür nicht zu dienen, wäre eine Schande!"

Hören Sie, was er vor der Entscheidungsschlacht bei Poltawa seinen
Soldaten zurief:

„Soldaten! Die Stunde ist gekommen, die über das Schicksal unseres
Vaterlandes entscheiden wird ... Glaubt ja nicht, daß ihr für Peter
in den Kampf geht: ihr kämpft für den Peters Händen anvertrauten
Staat, für euer Volk, für das Vaterland, für unseren rechten Glauben
und die Kirche ... Haltet im Kampf euren Sinn fest gerichtet auf die
ewige Wahrheit und Gott, euren Beschützer ... Und was Peter
angeht, so wisset, daß ihm das Leben nur insofern teuer ist, daß Rußland lebe und sein Ruhm fortbestehe, sein Glück und sein Wohlergehen." Das sind keine leeren Worte: Der Zar liebte sein Vaterland mit einer so alles umfassenden Liebe, daß dieses Wesensmerkmal
seine Roheit, seine Ausschweifungen und seine Tyrannei in den Hintergrund treten läßt.

Peter ist groß durch seine wissenschaftliche Neugier, die zur Ent-
deckung der Beringstraße führte, groß durch seinen Blick für die
Zukunft der fernsten Länder: Persien, Indien, China und Madagaskar.

Er ist eine große, mächtige Gestalt, auf die der gewöhnliche Maß-
stab nicht paßt, eine ungeheure Elementarkraft. Wie ein Wirbel-
sturm fegt er über Wälder und Steppen dahin, von Asow bis Archangelsk, von Poltawa bis Derbent, alle Hindernisse umstürzend. Wie
ein Rasender dringt er in Schlösser und Isbas ein, greift nach Herren
und Knechten, treibt sie mit seiner Dubina vor sich her an die Arbeit,
ans Werk; er stampft aus dem erschöpften Volk ungezählte Bataillone,
erschließt neue Hilfsquellen und Industrien.

Dieser Koloß ohne Zucht und Sitte ist groß in seinen Vorzügen und
groß in seinen Schwächen, seinen Lastern, groß bis zum Abscheu.
Kann man die Hünen mit den Maßen der Menschen messen? Kann
man sie wie gewöhnliche Sterbliche beurteilen, mit den gleichen Worten, den gleichen Kriterien ...? Waren seine Gewalttätigkeiten und
die unserer Ansicht nach abscheulichen Grausamkeiten nicht notwendig, um das neue Gebäude aufzurichten und instand zu halten, das so
viele seiner Untertanen gar zu gern wieder eingerissen hätten?
Peter der Große ist die Personifizierung, die Verkörperung Rußlands,
er ist der Widerschein dieser Natur, dieses Klimas, in dem die

Extreme stärker hervortreten als in irgendeinem anderen Teil der Welt: ein kurzer, bisweilen glühendheißer Sommer, ein Herbst mit unergründlichem Morast, ein unerbittlich strenger Winter, und ein kurzer, plötzlich einsetzender Frühling. Peter bietet die gleichen krassen Kontraste wie die Jahreszeiten: wie sie fällt er von einem Extrem ins andere, geht über von Fröhlichkeit in Zorn, von Barbarei in Kultur, von der Knute zu Zärtlichkeiten, vom Geiz in Großzügigkeit, von der Hütte in den Palast. Er glüht vor Leidenschaft wie der russische Sommer, er ist unerbittlich hart wie der Winter; er wühlt sich in den herbstlichen Schlamm von Gelagen und Rachegelüsten; selten blüht seine Seele auf wie der Frühling.

Nach Leforts Ende hatte Peter keinen einzigen verläßlichen Freund mehr. Er stand ganz allein, allein den Menschen gegenüber, isoliert von ihnen durch seine despotische Macht, bestohlen von seinen Ministern, betrogen von der zur Zarin erhobenen Magd, und auch allein vor Gott, seit er das Patriarchat abgeschafft hatte. Peter der Große war ein einsamer Riese, der wie ein Fels aus der trägen Masse seines Volkes emporragt.

Sein Werk verdient unsere Bewunderung, als Mensch und Vater aber müssen wir ihm unser Gefühl versagen.

ZEITTAFEL

1671	Zar Alexej vermählt sich in zweiter Ehe mit Natalja Naryschkin.
1672	Geburt Peters I.
1676	Tod des Zaren Alexej. Peters Halbbruder Feodor III. besteigt den Thron.
1682	Tod Feodors III. Peter wird als Zar ausgerufen. – Aufstand der Strelizen. – Krönung der zwei Zaren Iwan und Peter. – Sofjas Regentschaft.
1686	Beginn des Krieges gegen die Türken.
1687	Erster Krimfeldzug.
1689	Zweiter Krimfeldzug.
1689	Peter heiratet Jewdokija Lopuchina. – Peter flieht nach dem Troizka-Kloster. – Sofja streckt die Waffen. – Peter alleiniger Herrscher Rußlands.
1690	Geburt des Zarewitsch Alexej.
1695	Fortsetzung des Krieges gegen die Türkei, erster Asowscher Feldzug, der mit einer Niederlage endet.
1696	Tod Iwans V. – Zweiter Asowscher Feldzug. Die Stadt ergibt sich.
1697/98	Die Große Gesandtschaft. – Zweite Revolte der Strelizen, der Zar eilt vorzeitig nach Moskau zurück.
1698/99	Verhör, Folter und Hinrichtung der Strelizen. – Jewdokija wird im Kloster Ssusdalj interniert. – Tod des Generaladmirals François Lefort. – Rußland tritt der von Dänemark und Polen gebildeten Allianz gegen Schweden bei. – Ukas zur Einführung der neuen Zeitrechnung.
1700	30jähriger Waffenstillstand zwischen Rußland und der Türkei. – Peter erklärt Schweden den Krieg. – Niederlage bei Narwa.
1704	Tod der Exregentin Sofja. – Stanislaus Leszczinski wird zum König von Polen ausgerufen.
1705	Aufruhr in Astrachan.

1706	Vertrag von Altranstädt zwischen Karl XII. und August II.
1709	Sieg von Poltawa.
1710	Rußland erobert Livland, Estland und Karelien. — Peter I. zieht im Triumph in Moskau ein. — Achmed II. erklärt Rußland den Krieg.
1711	Peter I. heiratet Katharina Skawronskij. — Peter wird am Pruth von den Türken eingeschlossen und unterzeichnet einen Waffenstillstand mit dem Großwesir. — Der Zarewitsch Alexej heiratet Charlotte von Braunschweig-Wolfenbüttel.
1713	In Adrianopel wird ein Waffenstillstandsabkommen über 25 Jahre geschlossen.
1714	Seesieg von Hangö. — Karl XII. flieht aus Bender.
1715	Dem Zarewitsch Alexej wird ein Sohn, Peter, geboren. — Geburt Peter Petrowitschs, des Sohnes von Peter I. und Katharina.
1716/17	Reise Peters I. nach Holland und anschließend nach Frankreich. — Der Zarewitsch Alexej flieht nach Wien.
1718	Verurteilung und Tod Alexejs.
1719	Tod Peters, des Sohnes von Peter I. und Katharina
1721	Peter I. hebt das Moskauer Patriarchat auf und gründet den Heiligen Synod. — Der Friede von Nystad.
1724	Krönung Katharinas I.
1725	Tod Peters I. — Peters Tochter Anna heiratet den Herzog von Holstein-Gottorp.
1727	Tod Katharinas I.

ANMERKUNGEN

An Abkürzungen haben wir in den nachstehenden Texten verwendet:
AMAE = Archives du Ministère des Affaires étrangères, Paris
PRO = Public Record Office, London
SP = State Papers
ARA = Algemeen Rijksarchief, Den Haag
HHStA = Haus-, Hof- und Staatsarchiv, Wien

EINLEITUNG

1 Chronik sophijskaja, in der „Sammlung russischer Chroniken" veröffentlicht, Bd. 6.

2 „Iwan der Schreckliche": die gebräuchliche, jedoch unrichtige Übersetzung des Beinamens „Grozny", der eigentlich „Der Gefürchtete" bedeutet.

3 Auch andere Städte wie Pskow, Rostow, Nowgorod und Nishnij-Nowgorod haben ihren Kreml.

4 Die gewöhnliche Übersetzung: „Auf Beschluß des Zaren haben die Bojaren befohlen", ist nicht richtig.

5 Die „Okolnitschije" waren Bojaren niederen Ranges, die „Dumadjaken" hohe Beamte an der Spitze des Sekretariats der Duma. Der Patriarch und einige Mitglieder des „Geheiligten Ssobor" nahmen an den Sitzungen der Duma teil.

6 Der Patriarch Nikon hatte mit großen Kosten die griechischen Manuskripte vom Berg Athos und von anderen Orten kommen lassen, um aus den altslawischen Texten der liturgischen Bücher die Fehler zu beseitigen, die sich durch die Kopisten, durch Hinzufügen und durch falsche Auslegungen eingeschlichen hatten. Die neuen Texte wurden von einem Konzil genehmigt und ihr Gebrauch den Gläubigen zur Pflicht gemacht. Die „Altgläubigen", mit ihrer tiefen Abneigung gegen jede Neuerung, zeterten über die Entweihung. Zehn Jahre nach der Einführung von Nikons Überarbeitung wurde der Patriarch von einem Konzil seines Amtes enthoben, nicht etwa wegen seines Werkes, sondern weil er zu ehrgeizig war.

7 „Viaggi fatti da Venetia alla Tana", S. 87—96.

8 Matthäus-Evangelium, Kapitel 15, Vers 10/11: „Und er rief das Volk zu sich und sprach zu ihnen: ‚Hört und versteht es! Nicht was in den Mund hineingeht, verunreinigt den Menschen; sondern was aus dem Munde herausgeht, das verunreinigt den Menschen'."

9 „L'art russe",von Louis Réau. Bd. 1, S. 362.

1. BUCH · 1. Kapitel

1 Archive der Generalstaaten, Den Haag, Faszikel „Rußland", 1675—1698, Nr. 6609.

1. BUCH · 2. Kapitel

1 Wenn man sich ein Bild vom Formalismus mancher Orthodoxen machen will, lese man folgende Bemerkung eines Annalenschreibers aus Nowgorod, aus dem 15. Jahrhundert: „In jenem Jahre begannen einige den Gesang mit: ‚O Herr, erbarme Dich unser!', während andere sagten: ‚Herr, erbarme Dich unser!'" Das ist die Folge dieses manchmal übertriebenen Traditionsbewußtseins des russischen Charakters, auf den wir schon in der Einleitung hingewiesen haben.

2 Schon in der Vergangenheit war der Plan zu einem Bündnis mehrerer westlicher Staaten mit Rußland gegen die Türkei Gegenstand von Verhandlungen gewesen. Bischof Antonius Verantius hatte 1573 eine derartige Übereinkunft empfohlen. Zwanzig Jahre später wurde sie von Pietro Cedolini Klemens VIII. vorgeschlagen. 1567 bemühte sich Philipp II. darum, den Zaren zum Krieg gegen den Sultan zu bewegen.

3 Der Resident des polnischen Königs in Moskau, Gloskowskij, hat diesen Rückzug in seinem Rapport vom 12. August 1687 beschrieben. (AMAE, „Moscovie", Bd. 2, S. 74.) — Gordon schildert den Verlauf der Feldzüge von 1687 und 1689 im 2. Band seines „Tagebuchs". — Nach der Schätzung des schwedischen Beauftragten Kochen betrugen die russischen Verluste 40 000—50 000 Mann.

4 Berichte van Kellers an die Generalstaaten vom 5. August, 9. September und 9. Dezember 1687. (ARA, Nr. 6609.)

1. BUCH · 3. Kapitel

1 Sotow wurde später Mitglied der Duma, Präsident der Zaren-Kanzlei, Graf und darüber hinaus „Fürst-Papst des Saufkollegiums".

2 Der holländische Resident van Keller berichtet fünf Jahre später nach Den Haag: „Der junge Zar beginnt, der allergrößten Beachtung wert zu sein, denn seine Intelligenz und seine Kenntnis in militärischen Dingen entwickeln sich ebenso vorteilhaft wie seine körperlichen Anlagen . . . Es wird behauptet, daß er bald soweit sei, die Herrscherwürde zu bekleiden. Wenn dieser Wechsel im Staate tatsächlich stattfände, würden manche Dinge eine andere Wendung nehmen." (13. Juli 1688.)

3 Das Original dieses Briefes liegt in den Staatsarchiven in Moskau. (Fonds 2, Aktenstück Nr. 1, S. 1.)

4 Über diese „Nacht der Geprellten" sind verschiedene Versionen verbreitet worden. Nach einigen Quellen sollen Schaklowityj und ein paar Strelizen versucht haben, in das Dorf einzudringen. Nach anderen soll Sofja Alarm gegeben haben mit der Begründung, daß Peters Truppen auf Moskau marschierten; einige Regimenter sollen auch wirklich zu den Waffen gegriffen haben; zwei Offiziere seien darauf zu Peter gegangen, um ihn über die Haltung der Regentin zu

informieren. Es besteht sogar die Annahme, daß Peters Anhänger ohne sein Wissen diese Affäre gestartet haben, um ihn dadurch zu zwingen, Sofja zuvorzukommen.

5 Schwester Susanna verstarb dort am 4. Juli 1704 im Alter von 46 Jahren. Ihr Geliebter, Fürst Golizyn, starb viel später, im Exil, von allen vergessen.

6 Von Iwans drei Töchtern heiratete Anna den Herzog von Kurland, der kurz nach der Hochzeit starb; sie wird später Zarin. — Katharina heiratete den Herzog von Mecklenburg; Praskowja starb schon in jungen Jahren.

7 Die Einwohner von Moskau hatten den Ausländern, weil sie nicht russisch konnten, den Beinamen „Njemetz" (njemoj bedeutet stumm) gegeben. Daher stammt der Name für das Viertel der „Deutschen", das heißt: der Ausländer im allgemeinen.

8 Brief des Hauptmanns Senebier an den Syndicus Ami Lefort in Genf, datiert Moskau, 22. September 1693. (Unveröff.)

9 Aus der Korrespondenz Lefort, 1694. (Unveröff.)

10 Am 24. Juni 1692 schreibt van Keller an die Generalstaaten: „Der junge Zar vertreibt sich auf dem Lande die Zeit mit dem Bau von irgendwelchen Kriegsschiffen; fünf sind schon fertig und mit schweren Kanonen bestückt; das größte soll dreißig Geschütze haben ... Der Zar hat sich vorgenommen, Übungen abzuhalten, damit er sieht, wie alles gehen wird. Das bedeutet nichts Gutes ... Dieser junge Held hat schon oft den Wunsch geäußert, König Wilhelm in England im Kampfe gegen die Franzosen beizustehen oder ihm in einem Seekrieg gegen sie zu helfen." (ARA, 6609.)

11 Koniuch: Viertel von Moskau, das bekannt für seine öffentlichen Häuser war, Beiname der Sloboda, des Ausländerviertels.

2. BUCH · 4. Kapitel

1 Im 2. Band seines „Tagebuchs" gibt General Gordon eine ausführliche Schilderung jenes ersten Asowschen Feldzuges. Gordon befehligte etwa 10 000 Mann mit einem Train von 3800 Fahrzeugen.

2 General Lefort an den Kurfürsten von Brandenburg, Brief v. 11. Februar 1695.

3 Iwan verstarb unerwartet am 29. Januar 1696, um 10 Uhr morgens. Am nächsten Tage wurde er kurz nach 12 Uhr mittags in aller Stille beigesetzt; so scheint es wenigstens. (Tagebuch des Generals Gordon, Bd. III, S. 6.) Seine Grabstätte ist, wie die seiner Vorgänger, in einer der Kreml-Kirchen.

4 Jansen war ursprünglich Katholik, wurde Protestant, darauf orthodoxer Katholik und schließlich Muselman.

5 General Lefort, Briefe an seine Mutter v. 25. September 1696 und an seinen Bruder Ami vom 9. Oktober 1696. (Unveröff.)

2. BUCH · 5. Kapitel

1 Dazu „La Relation des trois ambassades de Mgr. de Carlisle" (1672): „Die Russen dürfen ihr Land nicht verlassen, sonst könnten sie ja die Bräuche und Anschauungen anderer Völker kennenlernen und auf den Gedanken kommen, die Fesseln

ihres Sklavendaseins zu sprengen." Kotoschichin schreibt darüber später: „Und selbst wenn Kaufleute ihrer Geschäfte wegen in fremde Länder fahren, so zieht man von vornehm und angesehenen Personen schriftlich beglaubigte Urkunden ein, worin die Unterzeichner sich dafür verbürgen, daß jene Kaufleute samt ihren Waren nicht in den fremden Staaten bleiben, sondern wieder zurückkehren werden. Und sollte irgendeiner, und wäre er ein Fürst oder ein Bojare oder sonst wer, sich selbst heimlich, ohne den Zaren um Erlaubnis gebeten zu haben, ins Ausland begeben oder seinen Sohn oder seinen Bruder hinschicken, so würde man ihm das als Hochverrat anrechnen, und man würde ihm sein Vermögen und seine Besitzungen und seine Leibeigenen zuhanden des Zaren wegnehmen. Und wenn jemand selbst verreisen sollte, und es fänden sich in Rußland Verwandte von ihm, so würde man sie foltern, um zu erfahren, ob sie von seiner Absicht keine Kenntnis gehabt hätten." Zitiert nach Gitermann, Bd. 2, S. 403.

2 Das russische Original dieses Beglaubigungsschreibens befindet sich in den Archiven der Generalstaaten. Es ist datiert vom 8. März 1697 und am 3. Juli 1697 eingegangen. (ARA, 6608.)

3 Pierre Lefort an seinen Intimus Minder, 27. Juli 1697. (Unveröff.)

4 Brief aus Den Haag vom 12. Juli 1697 an den Syndicus Ami Lefort in Genf. (Unveröff.)

5 Diese Hütte wurde besichtigt von Paul I. und seiner Gemahlin, Joseph II., Gustav III., Alexander I. und Napoleon I. Wilhelm I. schenkte sie der Großfürstin Anna Pawlowna. Heute ist sie zum Schutz mit einer Backsteinmauer umgeben und überdacht worden. Sie ist vollständig erhalten und kann besichtigt werden.

6 Fragment eines Briefes aus dem Besitz von Leibniz.

7 Der Neffe des Generals Lefort bestätigte es in einem Brief: „Wir taten, was wir konnten, um ihn zu verstecken, aber alle wissen es jetzt. Gerüchte darüber sind derart verbreitet, daß das ganze Volk zusammenläuft, sobald es auch nur einen Moskowiter sieht, im Glauben, es sei Seine Majestät der Zar. In Holland ist es bei hohen Strafen verboten, Zeitungsartikel zu drucken, in denen der Name Seiner Majestät erwähnt wird." 2. September 1697. (Unveröff.)

8 Brief vom 8. Oktober 1697. (Unveröff.)

9 Pierre Lefort, Briefe vom 6. Dezember 1697 und 18. April 1698, und von Jacques Lefort vom 14. Januar 1698. (Unveröff.)

10 Jacques Lefort, Brief 23. Januar 1698, Amsterdam. (Unveröff.)

11 Brief an seinen Bruder Ami, Amsterdam, 14. März 1698. (Unveröff.)

12 Crull: The ancient and the present state of Moscovy (1698). A. Brückner, Peter der Große, Berlin 1879, S. 156.

13 Brief an seinen Bruder Ami, Wien, 28. Juni 1698. (Unveröff.)

14 Fontes rerum austriacarum, 2. Abteilung, 27. Bd., Wien (1867).

2. BUCH · 6. Kapitel

1 Die Zahlen, die Gordon in seinem Tagebuch angibt, weichen ab: 70 getötet oder ihren Verletzungen erlegen, 130 auf Befehl des Generalissimus hingerichtet, 1845 in den Klöstern gefangen; 25 Verletzte blieben zurück. Aber diese Gesamtsumme

entspricht nicht den Zahlen, die Gordon selbst in seinem Bericht angibt, wo er von 22 Toten, und nicht von 70, und von 40 Verletzten spricht. Die „Vollständige Sammlung der Gesetze des russischen Imperiums" (1. Serie, Nr. 1634, „Untersuchung über die Strelizen-Angelegenheit") spricht von 15 Toten und 37 meist schwer Verletzten.

2 Der kaiserliche Gesandte Guarient bestätigt es in seinem Bericht vom 17. Oktober 1698: „Die Strelizen wollten die Sloboda und ihre Einwohner ausrotten, den Zaren töten, weil er den Ausländern Glauben schenkte und immer mit ihnen zusammen war."

3 Korb, Diarium. Der Text ist in lateinischer Sprache abgefaßt: „Quid tibi cum icone?"

4 Pierre Lefort, Brief vom 3. Februar 1699. (Unveröff.)

3. BUCH · 7. Kapitel

1 Archive des Ministerium des Äußeren, Moskau. Geschichte des Kaisers. (1698/99, II. Nr. 57.)

2 Bericht von Langens an den König von Polen. 11. August 1700. Arch. Dresden, Bd. 3 der Akten über den Krieg gegen Schweden.

3 Original dieses Briefes in AMAE, „Moscovie", 2, S. 140.

4 In einem Manifest vom· Juni 1719 sagt Peter: „Wir hätten niemals den Krieg gegen Schweden begonnen (trotz des uns angetanen Unrechts), wenn Uns nicht die Schmach, die Unsere Person unmittelbar erfuhr und die hinterlistigen Umtriebe des ehemaligen General-Gouverneurs Graf Dahlbergh, die gegen Unser eigenes Leben gerichtet waren, dazu gezwungen hätten." PRO. SP, 81. Russia, Bd. 9, S. 309. ·· ·· ·· ·· ·· ·· ··

5 Kniperkron schreibt in seinem Bericht vom 16. Mai 1700 an Karl XII.: „Er sagte zu meiner Tochter (die, erschüttert über die Kriegsgerüchte, in Tränen ausgebrochen war): ‚Dummes Gänschen, wie kannst du nur denken, daß ich einen ungerechten Krieg beginne und den dauerhaften Frieden breche?' Der Zar umarmte den Diplomaten und gab ihm die Versicherung, daß, wenn der König von Polen Riga einnehmen würde, er, Peter, die Stadt nicht in seinen Händen ließe."

6 Croy, der in der kaiserlichen Armee gegen die Türken gekämpft hatte, war von Peter 1698 in seine Dienste genommen worden. Er starb als Gefangener Karls XII. in Livland.

7 a. a. O. Seite 465.

8 Der schwedische General Schlippenbach bestätigt in einer Denkschrift, die er nach der Niederlage bei Poltawa während seiner russischen Gefangenschaft verfaßte, daß Karl XII. ursprünglich die Absicht hatte, sich auf Rußland zu werfen; aber seine Generäle sollen ihn davon überzeugt haben, zuerst einmal den König von Polen entscheidend zu schlagen.

9 Karl XII., a. a. O. S. 61.

10 Zu dieser Schlacht vgl. den Artikel von Oberst Olaf Ribbing, Revue internationale d'histoire militaire, 1955, S. 243 (Bibliographie).

11 August II. bedankt sich in diesem Brief vom 31. Oktober (dessen Übersetzung sich beim PRO befindet) bei Peter für die Unterstützung, die er ihm seit Kriegs-

beginn gewährt hatte „wie ein treuer Freund und wie ein Bruder". Er lobt den Fürsten Alexander (Menschikow); er spricht von seiner Befürchtung, daß das Land von den Schweden verwüstet werde und rät zur Verständigung, „das Eisen zu schmieden, so lange es noch heiß ist". Er sagt kein Sterbenswörtchen über seine Verhandlungen mit Karl XII. (SP, 91, Bd. 5, Nr. 3.)

12 Der englische Gesandte Stepney schreibt darüber: „Er ist ein großer, stattlicher Monarch, aber er ist auch ziemlich ungepflegt . . . Er ist so mit Straßenschmutz bespritzt wie ein Postillon . . . Während der Mahlzeiten, die kürzer als eine Viertelstunde dauern, spricht er kein Wort."

13 Auf russischer Seite werden immer 16 000 Mann genannt.

14 Das Original dieses eilig hingeworfenen Briefes befindet sich in den Moskauer Staatsarchiven.

15 Die russischen Autoren geben wesentlich niedrigere Zahlen an.

16 Das Original dieses Briefes befindet sich in den Moskauer Staatsarchiven, Fonds 2, Aktenstück 8, 1. Teil, S. 22—23 (Unveröffentl.). Wir haben es in freier Übersetzung wiedergegeben.

17 Karl XII. habe von jeher die Artillerie viel zu gering eingeschätzt, berichtet Whitworth vor Poltawa. (Rapport vom 17./28. September 1708.)

18 „In Rußland", schreibt Whitworth, „ist zu jener Zeit die Feldbestellung nur gering, die Dörfer sind selten, die Holzhäuser ziemlich wertlos, an Ausstattung ist fast überhaupt nichts da, so daß, wenn der Feind herannaht, das Volk schon darauf vorbereitet ist, mit dem, was es ihm gerade zu retten gelingt, abziehen zu können. Die Kosaken stecken das übrige in Brand, wie sie es ja schon mehrmals beim Anrücken der schwedischen Armee getan haben, die dann nur noch Verheerung vorfindet, je weiter sie vordringt, desto ärger werden Notdurft und Kälte."

19 Der Schwede Th. Funck schreibt am 23. Oktober 1709 aus Bender an seinen Bruder, den Obersten Militärrichter Isaak Funck, der in Vorpommern diente: „Urteilen Sie nun selbst, wie es um unsere Führung bestellt ist, wenn eine Armee von 50 000 Mann (???) innerhalb eines Jahres vollständig zerstört wird. Der Hochmut und die Verkennung der anderen sind die Ursache dafür" (HHStA, Russica, Bd. 18.)

3. BUCH · 8. Kapitel

1 Dieser Ausspruch, der häufig Peter zugeschrieben wurde, stammt nicht von ihm, sondern aus den Briefen des Grafen Francesco Algarotti über Rußland (1769). Puschkin hat ihn dort entliehen. — Es wird auch von einem „Fenster nach Europa" gesprochen.

2 Berichte des holländischen Gesandten de Bie vom 8. Januar 1717 und Sir James Jefferies vom 22. Januar 1719.

3 Berichte Campredons vom 28. November 1721 und 5. März 1723; La Vies vom 24. November 1721; Leforts vom 16. November 1726.

4 Schlüter starb noch im Jahre seiner Ankunft in St. Petersburg (1713). Leblond, der 1716 als Oberster Baumeister berufen worden war, starb ebenfalls dort 1719. Der unter dem Namen Gerbel in Rußland bekanntgewordene Härbel wirkte von 1719 bis 1724 in Petersburg. Seinen Nachkommen war in Rußland eine glänzende Laufbahn als Generäle oder Schriftsteller beschieden. Pietro Antonio Trezzini,

der 1710 in Petersburg geboren wurde, hatte den Zaren und die Tochter des Vizeadmirals Cornelius Cruys zu Taufpaten. Nach dem Studium in Italien und Österreich kehrte er beim Tode seines Vaters nach Petersburg zurück. Er arbeitete dort bis 1751. Ein Verwandter von ihm, Giuseppe Trezzini, kam dorthin und wurde einer der großen Industriellen von Petersburg.

5 Whitworth schreibt darüber: „Karl XII. meint, es sei Ehrensache für ihn, eine Person (Stanislaus Leszczinski) weiter an der Macht zu halten, die er zur Annahme der Krone (von Polen) bewogen habe ... Er scheint sehr wenig besorgt zu sein um das Schicksal Livlands, der Niedergang seines Vaterlandes und die Leiden, von denen sein Volk heimgesucht wurde ... Der Krieg ist das ganze Entzücken und die ganze Leidenschaft dieses jungen Monarchen, der überhaupt keine Achtung vor der Meinung seiner Minister und Generale hat." (SP, Russia 91/4.)

6 Nach Meinung des englischen Gesandten soll Schafirow den Großwesir mit 3000 Rubel bestochen haben (Bericht von Whitworth, Petersburg, 7. Mai 1712). Nach Moreau soll er am 4. August 200 000 Dukaten oder ihren Gegenwert erhalten haben.

7 Baltadschi wurde von Jussef abgelöst. Es wurde ihm aber ein anderer Posten anvertraut. Nach einem Bericht Marschall Scheremetjews an den Zaren soll er, mit einem Strick um den Hals, barfüßig durch die Straßen Konstantinopels geführt und dann erdrosselt worden sein.

8 Brankowan spielte eine sehr zwielichtige Rolle zwischen den Türken, Russen und Österreichern. Nach dem Pruth-Feldzug wurde er mit seinen Söhnen auf der Insel Prinkipo von den Türken enthauptet (1718). Er war mit einer Tochter von Konstantin Kantakuzenos verheiratet.

9 Ein Major vom Preobrashensker-Regiment, der im September 1711 nach Moskau in Urlaub gekommen war, erklärte gegenüber dem englischen Diplomaten Weisbrodt: „Für keinen einzigen Soldaten bestand mehr die Hoffnung, zu entkommen ..." (SP, Russia, Bd. 5.)

3. BUCH · 9. Kapitel

1 Am 24. Juli 1710 wurde im Rigaer Schloß von einem livländischen Adligen eine Begrüßungsansprache an Marschall Scheremetjew gehalten. Die Rede wurde ohne Angabe des Autors gedruckt. Wir geben hier eine besonders köstliche Stelle wieder: „Vorhin haben die Conquesten dieses Vastissimum Imperium vor anderen Reichen allbereit herrlich distingirt ..." Dem Verfasser entging ein peinlicher Druckfehler: er sprach von der „Befestigung der Thoren" anstatt von der „Befestigung der Throne ...".

2 Whitworth schreibt, nachdem er sich von Königsberg nach Riga begeben hatte: „Ein schönes Land ist das hier. Aber es ist vom Kriege, vom Hunger und von der Pest vollkommen vernichtet. Die Häuser sind unbewohnbar, die Äcker liegen brach, und die wenigen Bewohner, die hier geblieben sind, leben in Elend und Trostlosigkeit ... Die berühmte Stadt Riga hat ganz erheblich gelitten." (Chiffrierter Bericht vom 20./31. Juli 1709.)

3 Rapport von Whitworth, Berlin, 12. Mai 1711. (SP)

4 Die Berichte von Baluze vom 16. März, 3., 17. und 22. April 1712. (AMAE, Moscovie, S. 63—97.)

5 a. a. O., S. 335.

6 „Tessin und Tessiana" von Gustav III. wird bei Oskar II. zitiert.

7 Als Peter von diesem Treubruch Augusts II. erfuhr, schickte er ihm eine Note, der wir folgende Stelle entnehmen: „Wir können nicht umhin, Eurer Majestät zu erklären, daß diese Verhandlungen mit Frankreich Uns im unrechten Augenblick unternommen zu sein scheinen und Uns sehr verdächtig dünken . . . Wir möchten Sie daran erinnern, mit welchem Nachdruck Wir Ihre Interessen verteidigt haben, insbesondere was Ihre Wiedereinsetzung auf den polnischen Thron betrifft . . ." August II. führte indessen noch andere obskure Besprechungen mit dem Krim-Khan und sogar mit den Anhängern seines Gegners, des Königs Leszczinski.

8 Berichte Whitworths vom 25. Mai, 1. und 18. Oktober 1711.

9 Anweisungen aus Whitehall an Whitworth vom 30. Oktober 1711.

10 Am 31. Oktober 1710 war in Moskau die Hochzeit des Herzogs von Kurland mit der Großfürstin Anna Iwanowna gefeiert worden. Der neunzehnjährige Herzog starb auf der Rückreise, sechs Kilometer von Petersburg entfernt. Seine Witwe zog nach Mitau. Am 6. Februar 1716 wurde Katharina, die älteste Tochter der Zarin Praskowje, der Witwe Iwans V., in Anwesenheit des Zaren und Katharinas Herzogin von Mecklenburg.

11 Dieses in Amsterdam gedruckte Dokument befindet sich in den AMAE, Moscovie, Bd. 7, S. 84.

12 Voltaire behauptet in seiner „Geschichte Karls XII.", der Zar habe Görtz zweimal in Audienz empfangen. In seiner „Geschichte Rußlands" schreibt er, Görtz habe Peter niemals gesehen!

13 SP, 123/22.

14 Es wurde ein Komplott oder ein Mord vermutet. Karl XII. soll hinterrücks von einer Kugel aus dem eigenen Schützengraben getroffen worden sein. Wahrscheinlicher ist, daß den König eine feindliche Kartätschenkugel traf. In Stockholm wurde in der Riddarholm-Kirche am 31. August 1859 in Anwesenheit von Karl XV. und seinem Bruder, dem Prinzen Oskar, das Grab Karls XII. geöffnet. König Oskar II. schrieb darüber später: „Die aus diesem Anlaß vorgenommene genaue Untersuchung zeigte wieder einmal, wie unbegründet die Vermutungen sind, die den Tod unseres Helden einer Mörderhand zuschreiben . . ." (a. a. O. S. 149 und 339). Der Tatort ist vom Militärmuseum in Stockholm, in den Sälen, die Karl XII. gewidmet sind, auf das genaueste rekonstruiert worden. Über den Tod des Königs siehe auch: H. Vallotton, Sept souverains de Suède. S. 145.

15 Gustav III. schrieb 1770 einen Brief an die Tochter des Barons Görtz, Frau von Eyben, in dem er die Unschuld ihres unglücklichen Vaters erklärte. 1776 ließ er ihr 60 000 Silbertaler auszahlen, „damit Schweden von einem Verbrechen entlastet sei".

16 Brief vom 11. Dezember 1719 an den Gesandten Jefferies (SP, 123/22).

17 Aus einer Geheimdepesche Campredons vom 14. März 1721 geht hervor, daß Ostermann den Friedensschluß ablehnte. Er trieb den Zaren zur Weiterführung des Krieges bis zum Ende. Campredon „gab sich alle Mühe, diese Einstellung zu bekämpfen . . ." (AMAE, Moscovie, S. 33.)

18 Berichte von Whitworth (14. April 1708) und Weißbrodt (vom 24. Januar 1713 und 13. Juni 1719). — Unter dem Titel „Wahrheitsgetreuer Bericht" war 1705 in Stockholm eine Broschüre in schwedischer und deutscher Sprache er-

schienen, in der die schlechte Behandlung der schwedischen Gefangenen, ihrer Frauen und ihrer Kinder aufgedeckt und mit Repressalien gegen russische Gefangene gedroht wurde.

19 AMAE, Russie, Ergänzungsband 1, S. 4. Siehe auch eine Schrift über die Titel: „Herzog, König, Zar, Beherrscher, Oberhirte von Rußland" (ebenda, Mémoires et documents, Bd. 3, S. 13).

20 Im März 1704 hatte Peter sich folgende Titel gegeben: „Wir, Peter Alexejewitsch, von Gottes Gnaden, allerdurchlauchtigster hochmögender Herr, Zar und Großfürst von Großrußland, Kleinrußland und Weißrußland, Herrscher von Moskau" (AMAE, Moscovie, 2, S. 243).

21 Campredon, Berichte vom 3. November 1721 und 2. Februar 1722.

4. BUCH · 10. Kapitel

1 Bericht vom 3. Mai 1712 (ARA).

2 De Bie, Berichte. Briefe der Generalstaaten vom April und Mai 1712. (ARA, Nr. 6610.)

3 AMAE, Moscovie, 6, S. 291.

4 Am 3. Februar 1706 schreibt Whitworth nach London: „Das englische Staatsinteresse verlangt, daß die Russen von der Ostsee ferngehalten werden. Obwohl der Zar zu dem Versprechen bereit ist, auf der Ostsee keine Flotte zu bauen, ist die Versuchung eines Wortbruches zu groß für ihn, wenn er erst einmal im uneingeschränkten Besitz der Küstengebiete ist." Im nächsten Jahr setzt Matwejew die Verhandlungen mit Harley und Marlborough erfolglos fort. „Die Engländer haben den Entschluß gefaßt, uns auch nicht den kleinsten Besitz an der Ostsee zu überlassen", schreibt er. „Sie können noch so viele schöne Worte machen, ihre Herzen sind nicht aufrichtig." 1708 besteht Whitworth — der zuweilen der Ehre teilhaftig wurde, den Kuß des Kaisers zu empfangen — bei der englischen Regierung auf seiner Abberufung: „Ich fühle mich auf Gnade und Barmherzigkeit irgendeinem Geschwätz oder irgendwelchen Umtrieben ausgesetzt und möchte Brüskierungen, die anderen Diplomaten widerfuhren, gerne vermeiden."

5 Staatssekretär Beyle, Briefe an den Botschafter Matwejew vom 27. und 29. Juli 1708 (SP, 103, Bd. 2, S. 109).

6 Brief des Zaren aus dem Feldlager Solowelo vom 17. September 1708.

7 Matwejew, Brief aus Den Haag vom 16./27. November 1708 (SP 120, Bd. 2, S. 135 ff.).

8 Die zahlreichen Berichte von Whitworth befinden sich in London (SP 91, Bd. 6).

9 In Rußland als Druckschrift erschienener zeitgenössischer Bericht (AMAE, Russie, Documents, Bd. 2, S. 141).

10 1714 trat Mackenzie den Posten Whitworths an. Seine Instruktionen besagten: „Die Königin kann die totale Zerstörung und Unterwerfung von Schweden nicht zulassen, da sie mit ihm durch manche Allianz verbunden ist, deren Erhaltung von allergrößter Wichtigkeit für England ist. Der Gesandte soll bei jeder Gelegenheit dem Zaren und seinen Ministern sagen, wie angenehm die Wiederherstellung des friedlichen Zustandes für die Königin und wie glorreich sie für den Zaren sein würde. Er soll sich auch aktiv mit den Interessen des englischen

Handels befassen! Saint James, 20. Mai 1714." Mackenzie wurde 1716 von Sir James Haldane abgelöst, der am 15. September von Georg I. etwa gleichlautende Instruktionen empfing.

11 AMAE, Moscovie, Bd. 1, S. 151.

12 AMAE, Moscovie, Bd. 3, S. 166. In den französischen Dokumenten wie in dem bereits zitierten Brief des Zaren an die englische Königin erhält der Gesandte den Namen Mamejew.

13 Instruktionen an Baluze vom 24. Juli 1710 und Berichte von Baluze. (AMAE, Moscovie, Bd. 4, S. 12 ff. und 208 ff.)

14 England bestärkte den Zaren in dieser Idee. Dies findet seine Bestätigung in der Instruktion an Whitworth vom 13. Juli 1711: „Ihre allgemeine Befähigung wie Ihre spezielle Kenntnis dieses Hofes versetzen Sie in die Lage, die Moskowiter davor zu bewahren, daß sie von den Franzosen hinters Licht geführt werden, die — nachdem sie alle Kräfte verwandt, die Türken in den Krieg hineinzuziehen — nun versuchen, sich in aller Sittsamkeit mit dem Zaren gut zu stellen, indem sie ihm ihre Vermittlung für einen Friedensschluß anbieten."

15 Schon 1721 beklagte sich Campredon beim König über La Vie, der in der Zwischenzeit französischer Konsul geworden war, und auch über einen Franziskaner, einen gewissen Caillaux, „einen streitsüchtigen und impertinenten Burschen. Ihrer beider Benehmen hatte das Ansehen der französischen Nation in Rußland vollständig ruiniert". (Depeschen vom 24. April 1721 und vom 23. April 1723. AMAE, Moscovie, Bd. 2, S. 34, 42; Bd. 13, S. 189.) La Vie wurde zurückberufen; das Außenministerium zahlte seine Schulden.

16 Die Kläger, Josse und Amiot, Kaufleute in Paris, präsentierten einen Wechsel, ausgestellt von „Jean Lefort und Co., in Leipzig, am 21. Mai 1715, über 4000 Florin, zahlbar innerhalb von 4 Tagen, gezogen auf Jean Lefort, Intendant und Berater Seiner Majestät des Zaren." Dieser Wechsel befindet sich in den AMAE, Moscovie, Bd. 6, S. 224.

17 AMAE, Hollande, Bd. 322, 1717.

18 Dieses Bassin ist noch heute im Graben des Parks, gegenüber dem Palais Royal zu sehen. Es trägt folgende Inschrift:
PETRUS ALEXIOWITZ CZAR, MAGNUS MOSCOVIAE DUX, INSIDENS MARGINI HUJUS FONTIS, AQUAM ILLIUS NOBILITAVIT LIBATO VINO HORA POST MERIDIEM TERTIA DIE XVI APRILIS ANNO MDCCXVII.
Ganz in der Nähe steht eine Büste des Zaren, ein Geschenk des Fürsten Demidow an die Stadt Brüssel. Sie wurde 1856 an dieser Stelle zur Erinnerung an den Brüsseler Aufenthalt Peters I. aufgestellt.

19 Libois — oder Liboye, Liboy, wie er von einigen genannt wird — hat über diese Reise des Zaren von Dünkirchen nach Paris sehr anschauliche und detaillierte Berichte gesandt. (AMAE.)

20 Berichte von Libois und de Bernage. (AMAE, Moscovie, Bd. 7, S. 218 und 233.)

21 Wehen Herzens schreibt der Bischof: „Ich hatte mein Haus, das wahrlich nicht sehr prachtvoll ist, auf das schönste für die Unterbringung des Zaren und einen Teil seiner Suite hergerichtet. Ich hatte für ihn ein Konzert mit Gesang und eine Illuminierung mit Feuerwerk vorgesehen. Er hätte an mehreren Stellen im Hause sein Wappen vorgefunden und in dem Zimmer, wo er, wie ich vermeinte, wohl

schlafen würde, die Bilder der Großfürsten von Moskau, des Zaren Vater und Mutter. Aber all diese Vorbereitungen und meine Sorge um sein leibliches Wohl waren unnötig . . ."

22 Nach einem Diner, das Friedrich Wilhelm I. dem Zaren in Berlin gegeben hatte, vermerkte ein Augenzeuge voller Überraschung: „Peter I. hat weder gerülpst noch gefurzt, noch in den Zähnen gestochert."

23 Das Konzept von Peters Antwortschreiben mit Korrekturen von seiner Hand, befindet sich in den Staatlichen Archiven in Moskau (Fonds 97).

24 Marschall de Tessé, der für ein Bündnis mit Rußland war, schreibt in seinen Memoiren: „Die neue Regierung hatte weiter nichts im Sinn, als den Zaren bis zu seiner Abreise an der Nase herumzuführen und ihn mit leeren Versprechungen hinzuhalten, ohne jedoch zu irgendeinem Abschluß mit ihm kommen zu wollen."

25 Nach manchen russischen Quellen soll der Vertrag von Amsterdam in seinen Grundzügen bei diesem persönlichen Gespräch festgelegt worden sein.

26 AMAE, Moscovie, Bd. 8, S. 165. Das Original des Vertrages wird in den Archiven des Historischen Museums in Moskau aufbewahrt.

27 Bericht von Crawford an Addison, Paris, 24. Mai 1717. (PRO, France, Bd. 350.)

28 Brief und Anweisung vom 19. Juni 1717. — Auszug aus den Beschlüssen des Magistrats von Namur (5. Protokollbuch, Blatt 201—203).

4. BUCH · 11. Kapitel

1 Lefort schreibt am 12. Mai 1693 an seinen Bruder Ami: „Bis jetzt galt ein strenges Verbot, den Zarewitsch vor dem fünfzehnten Lebensjahr zu besuchen. Da er noch nicht vier Jahre alt ist, bekommt ihn niemand zu Gesicht außer meinem Sohn. Der Zar will absolut, daß er ihn besucht. Er ist dort gern gesehen, aber er darf nur ganz alleine kommen, denn kein Fremder, nicht einmal einer von den allerhöchsten Herren kann ihn besuchen." (Unveröff.)

2 1704 soll Ludwig XIV. Peter I. den Vorschlag gemacht haben, den Zarewitsch in Versailles erziehen zu lassen (Ustrialow, a. a. O., Bd. IV, Brückner, a. a. O.).

3 Pleyer, Bericht vom 15. Juli 1705.

4 Whitworth, Berichte vom 14. Januar und 18. August 1708.

5 Anscheinend war vorher eine Vermählung mit der Tochter oder Schwester Josephs I. in Erwägung gezogen worden. Das geht aus dem nichtunterzeichneten „Mémorial" hervor, das sich in den Zentralarchiven des Außenministeriums in Moskau befindet. Es enthält zehn Artikel, von denen wir es hier wiedergeben: „Sollte Seine Majestät der Zar daran denken, seinen Sohn mit einer ausländischen Prinzessin zu vermählen, so würde Seine Majestät der Kaiser Joseph I. ihm seine Schwester oder seine Tochter zur Frau geben. Damit verbunden wäre eine ewige Freundschaft und Allianz gegen den König von Schweden, die Türken und überhaupt alle Feinde."

6 Der Zar schrieb das Wort „testament" in Französisch.

7 Das Original dieses Briefes befindet sich in den Staatsarchiven in Moskau (Fonds 4, Akte 19, S. 1—3). Es ist von einem Schreiber verfertigt. Nur das Datum, der 11. Oktober 1715, und die Unterschrift sind von der Hand Peters.

8 Das Original dieses Briefes liegt in den Staatsarchiven in Moskau.

9 Bericht des holländischen Gesandten, St. Petersburg, 8. Januar 1717.

10 Diese äußerst bedeutsame Stelle wurde vom Autor hervorgehoben.

11 Berichte des sächsischen Gesandten von Loss, aus Moskau vom Januar und Februar 1718.

12 Nachstehend geben wir den Wortlaut des Treueschwurs wieder, den Peter I. damals auf den Zarewitsch Peter Petrowitsch leisten ließ:
„Der Zar hat durch öffentliche Anschläge verkünden lassen, daß der Zarewitsch Alexej Petrowitsch die russische Thronfolge nicht antreten kann. Er hat es aus gutem Grund für richtig befunden, nun den Zarewitsch Peter Petrowitsch an diese Stelle zu berufen. Darum schwöre ich vor Gott dem Allmächtigen und der Heiligen Dreifaltigkeit, den geheiligten Beschlüssen Seiner Majestät des Zaren in dieser Hinsicht Genüge zu tun und jederzeit dem Zarewitsch Peter Petrowitsch, den ich als legitimen Nachfolger anerkenne, treu und ergeben zu sein. Ich erkläre, daß ich immer auf seiner Seite stehen werde. Darüber hinaus verpflichte ich mich, mein Leben in seinen Dienst zu stellen gegen alle, die ihm schaden wollen, und daß ich ihn niemals im Stich lassen werde. Ich werde mich hingegen dem Zarewitsch Alexej nicht anschließen, wann immer und aus welchem Grunde es auch sei, ihm auch nicht in irgendeiner Weise behilflich sein, auf den Thron zu gelangen. Das gebe ich bei meiner Seele und meinem Leibe im Angesicht Gottes und des Gekreuzigten kund (den ich küsse), indem ich dieses mit eigener Hand unterschreibe."

13 Jewdokija überlebte ihren Sohn und ihren Gemahl. Maria durfte 1719 wieder nach Moskau zurückkehren, wo sie vier Jahre später starb.

14 De Bie berichtet: „Als die Konkubine des enterbten Zarewitsch aus Deutschland ankam, wurde sie verhaftet und mit all ihren Sachen hierher gebracht. Es heißt, man habe bei ihr große Mengen Gold, Schmuck und kostbare Kleider gefunden. Man kann sich auch nicht genug darüber wundern, daß der Prinz sich derart in eine solch mindere und wenig löbliche Person vernarrt hat. Alles wurde ihr abgenommen bis auf die Sachen, die sie unbedingt brauchte. St. Petersburg, den 29. April 1718." (ARA.)

15 Der Gesandte von Loss schreibt an Baron Manteuffel: „Es wurde mir gerade ein besonderer Umstand, oder eine Tatsache erzählt, die eine große Schwäche des Zarewitsch bezeichnet: er soll nämlich Tolstoj flehentlich gebeten haben, es so einzurichten, daß er seine Dulcinea noch einmal umarmen und von ihr Abschied nehmen kann, bevor ihm, dem Zarewitsch, der Kopf abgeschlagen oder er auf Lebenszeit ins Gefängnis gesperrt wird, denn dieses oder das andere Urteil erwartet er von seinem Vater. Wenn das wahr ist, so muß der Verrat seiner Maitresse seine Leidenschaft für sie in keiner Weise abgekühlt haben, und ich bin mehr denn je der Meinung, daß er nicht ganz richtig im Kopfe ist . . . Moskau, am 14. Mai 1718."

16 Das Urteil führt unter anderem aus: „Was soll man von dieser Rebellion (Alexejs) halten, für die es, verbunden mit dem abscheulichen doppelten Vatermord, an dem Staatsoberhaupt als Vater des Vaterlandes und dem natürlichen Vater, kein Beispiel in der ganzen Welt gibt . . .?"

17 Nach Lathoud ist diese Aussage von A. T. Busching in sein „Pièces pour servir à l'histoire des personnages célèbres" aufgenommen worden.

18 Boris Mouravieff, Le fils de Pierre le Grand, Neuchâtel o. J.
19 Das geht auch aus dem Garnisonstagebuch hervor. (Siehe den Text bei Gitermann ‚Geschichte Rußlands‘, Bd. 2, S. 438.)
20 „Ich sehe in diesem Prozeß keinerlei Verschwörung", schreibt Voltaire. „Ich versuche, mich aus dieser mißlichen Lage zu befreien, indem ich im Herzen des Zaren die Vaterlandsliebe über die väterlichen Gefühle siegen lasse . . . Auf der ganzen Welt wurde niemals zuvor auch nur ein einziger Mensch aufgrund von unnützen Gedanken, die ihm in den Kopf gekommen sind und die er niemandem mitgeteilt hat, vor ein Tribunal gestellt und verurteilt. Es gibt wohl kein Gericht in Europa, das einem Menschen, der sich eines verbrecherischen Gedankens bezichtigt, Gehör schenken würde."
21 Voltaire schreibt dazu: „Peter war an erster Stelle König und an zweiter erst Vater. Er opferte seinen eigenen Sohn den Interessen eines Staatengründers und Gesetzgebers und denjenigen einer Nation, die ohne diese unselige Strenge in den Zustand, aus dem er sie gerade emporgeführt hatte, zurückgefallen wäre . . . Hätte Alexej tatsächlich regiert, so wäre alles zerstört worden . . . Wenn man ein solches Unglück recht eigentlich überdenkt, schaudert ein empfindsames Gemüt, ein hartes billigt diese Tat."

5. BUCH · 12. Kapitel

1 Ein Gast erzählt: „Herrn und Damen packte das Grausen, wenn sie Gardesoldaten mit Eimern voll Siwuka (minderem Wodka) heraneilen sahen, dessen Geruch sich in allen Alleen verbreitete. Die Schildwachen hatten ausdrücklichen Befehl, niemanden zum Garten hinauszulassen. Eigens hierzu befohlene Gardemajore hatten die Pflicht, alle Anwesenden zum Trinken auf das Wohl des Zaren anzuhalten. Glücklich konnte sich schätzen, wem es gelang, aus dem Garten zu entschlüpfen! Nur die geistlichen Würdenträger wandten ihr Angesicht nicht von diesem Leidenskelch ab und blieben frohgelaunt an ihren Tischen sitzen; manche von ihnen rochen von weitem nach Rettich und Zwiebeln."
2 Bericht vom 13. September 1703. (AMAE, Russie, Ergänzungsband, Nr. 2, S. 24.) Nach anderen Quellen soll der Zar sich bei diesem Anlaß nicht so erbärmlich aufgeführt haben und nicht selber dem Pater Konstantin Nase und Ohren abgeschnitten haben.
3 Bericht La Vies, 25. Dezember 1717 aus St. Petersburg.
4 Bericht Campredons, 14. Oktober 1724 aus St. Petersburg.
5 „Es ist wirklich schade, daß dieser mächtige Fürst, der doch so viele gute Eigenschaften hat, sich seine Neigung zur Grausamkeit nicht abgewöhnen kann", schreibt Leibniz in seinem Brief vom 27. Dezember 1698.
6 Friedrich der Große urteilte ebenso hart über das russische Volk. (Memoiren, Bd. I, S. 39.)
7 Whitworth, Bericht vom 16./17. Februar 1710.
8 Dazu schreibt Jefferies: „Die Jesuiten wurden des Landes verwiesen, weil sie mit dem Ausland korrespondierten und sich in Dinge einmischten, die sie nichts angehen . . . Ihre Papiere wurden beschlagnahmt." (Bericht vom 1. Mai 1719.)
9 General Leher war Professor an der Kriegsakademie in St. Petersburg und eine

Autorität auf seinem Gebiet. C. B. Basilewitsch ist der Autor eines Buches „Peter I., Staatsmann, Reformer und Heerführer" (russisch).

10 Wir verweisen u. a. auf die Berichte G. Mackenzies vom 29. November 1714, La Vies vom 22. August, 7. und 11. Oktober 1717, 3. und 31. Januar und 14. Februar 1718, 5. April 1720 und 31. März 1721, sowie von Jean Leforts vom 5. Februar 1724.

11 Jean Lefort, Bericht vom 12. November 1723 an den Kurfürsten von Sachsen.

12 Campredon berichtete 1722 an Dubois: „Ich darf Ew. Eminenz darlegen, daß, sollten sich Ihren Vollmachten nicht die Mittel zur Verteilung von Geld an die russischen Minister hinzugesellen, ein Zustandekommen nicht erwartet werden kann, wie günstig auch ein Bündnis mit Frankreich für den Zaren sein mag, denn, wenn seine Minister dabei nicht auf ihre Kosten kommen, so werden sie mit ihren Intrigen und heimlichen Feindseligkeiten die für ihren Gebieter allernütz- lichsten und ruhmvollsten Verhandlungen zum Scheitern bringen. Ich sehe täglich Beweise dieser Wahrheit."

13 Beckerodt, a. a. O., S. 117; Brückner, a. a. O., S. 511.

14 De Bie, Bericht an die Generalstaaten, Riga, 1. Juli 1712.

15 La Vie, Bericht vom 21. Oktober 1717.

16 In allen Ländern wurde mit den ausgeklügeltsten Folterwerkzeugen „verhört": da gab es den Strafesel, das Rad, Spießruten, spanische Stiefel, flüssiges Blei, das in Augen, Mund und Ohren gegossen wurde. Die „peinliche Befragung" wurde angewendet, um den Beschuldigten zum Geständnis zu bringen. Nach der Ver- urteilung und vor dem Strafvollzug wurde er noch dem „hochnotpeinlichen Ver- hör" unterzogen, um die Namen seiner Komplicen preiszugeben. Diese Methoden wurden in Frankreich erst 1780 und 1789 von Ludwig XVI. abgeschafft. Erst am Anfang des 19. Jahrhunderts folgten die Schweiz und andere Länder diesem Beispiel. Unter dem Ancien Régime fanden in Paris die Exekutionen bei Tage auf der Place de Grève statt, „damit die Bestrafung der Verbrecher den Guten zum Troste und den Bösen zur Abschreckung diene. Man hielt Galgen, Rad und Scheiterhaufen für ausgezeichnete Werkzeuge der Tugend . . ." (Falken). „In Ruß- land zur Zeit Peters des Großen, in Frankreich zur Zeit Ludwigs XIV. oder in Venedig zur Zeit des Rates der Zehn war die Folter anscheinend das rechtmäßige Verfahren der Justiz" (de Vogüé). Fast ein Jahrhundert später wird in der „Grande Encyclopédie" festgestellt, daß ein Register der diversen bei allen Völ- kern praktizierten Torturen „den sittlichen Menschen erschauern lasse. Es sei ein unerklärliches Phänomen, wie weit die menschliche Erfindungsgabe reiche, wenn es sich um Barbarei und Grausamkeit handelt".

5. BUCH · 13. Kapitel

1 Bergholz spricht in unmißverständlichen Worten von einem hübschen Knaben, den der Zar „zu seinem Plaisir" bei sich hatte. 1722 erhielt ein Maler den Auf- trag, das Portrait eines Pagen Peters anzufertigen, wobei er ihn „ganz nackt" malen sollte — was immerhin zu denken gibt (Waliszewski, a. a. O., S. 258). Manche hingegen glauben, es handelte sich um das Portrait Elisabeths, die schön wie Aphrodite gewesen sein soll.

2 Bericht der Gesandten Mardefeld, Whitworth, Mackenzie, Jean Lefort und des Konsuls La Vie.

3 Bericht vom 8. Oktober 1723 (AMAE, Moscovie, Bd. 14, S. 260). Am 14. März 1721 schlägt Campredon dem Regenten vor, Tolstoj ein Geschenk von 10 000 bis 12 000 Dukaten zu machen.

4 August II. soll 1704 Karl XII. ein Bündnis gegen alle seine Feinde vorgeschlagen haben; „insbesondere gegen jenen, der nicht genannt zu werden braucht", schrieb er und meinte damit den Zaren, seinen Verbündeten. (Brückner, a. a. O., S. 422.)

5 Chiffrierte Depesche vom 14. März 1721, Berichte vom 28. Januar 1723 und 13. Februar 1724. (AMAE, Moscovie, Bd. 11, S. 102, Bd. 13, S. 21, Bd. 15, S. 152 und Bd. 16, S. 117.)

6 Vgl. Friedrich der Große, Memoiren, I, S. 41.

7 Leibniz, Briefe an Schafirow vom 22. Januar und 10. Mai 1715, an Kanzler Golowkin vom 10. Mai 1716, an Huyssen vom 12. Juli 1715 und an den Vizekanzler vom 22. Juni 1716.

8 Die Familie Lefort, ursprünglich Lifforti, hatte Cuneo (Piemont) in der Zeit der Reformation verlassen und sich 1563 in Genf angesiedelt. Der Vater von François, Gewürzhändler, hatte drei Töchter und vier Söhne: Ami, der Syndicus in Genf wurde, Isaak, Jakob und François.

9 Briefe von F. Lefort an seinen Bruder Ami vom 15. Oktober und 27. November 1677. (Unveröff.)

10 Brief von Boutenant de Rosenbusch an Ami Lefort. Moskau, den 6. Januar, und 12. Dezember 1691. (Unveröff.)

11 General Lefort, Brief an seine Mutter vom 12. Mai 1693. (Unveröff.)

12 Sammlung Lefort. (Unveröff.)

13 Die Staatsarchive in Moskau besitzen mehrere Briefe des Genfer Magistrats an Peter I., die auf Lefort Bezug nehmen (Fonds 97).

14 „Die Wunden nässen dauernd wie eine Fistel, und es besteht keine Hoffnung, daß sie je heilen werden", schreibt Pierre Lefort, der Neffe des Generals. Briefe vom 22. Januar und 3. März 1697 Leforts an seinen Vater. (Unveröff.)

15 AMAE, Russie, Ergänzungsband Nr. 2, S. 2.

16 „Wäre ich ehrgeizig, so könnte ich mein Säckel schon füllen . . . Ich bin sicher, daß man nach meinem Tode nicht sagen wird, ich hätte andere um ihr Hab und Gut gebracht, sondern man soll sagen können: ‚Wenn ihm daran gelegen wäre, hätte er große Reichtümer anhäufen können.' " Brief an seinen Bruder Ami vom 9. März 1694. (Unveröff.)

17 Brief an seinen Bruder Ami vom 9. März 1694. (Unveröff.)

18 Pierre Lefort kam 1694 nach Moskau und erwarb den Generalsrang. Ein zweiter Neffe von Lefort, Jean, wurde von Peter mit verschiedenen diplomatischen Missionen in Europa betraut. Später vertrat er den König von Polen und Kurfürsten von Sachsen am russischen Hof. Er setzte sich in Mecklenburg zur Ruhe, wo er zum Stammvater einer großen Familie wurde.

19 Pierre Lefort, Brief an seinen Vater vom 8. März 1699. (Unveröff.)

20 Brückner, a. a. O., S. 105.

21 Chiffrierte Depesche vom 2. Juni 1714. (SP, 91, Russia, Bd. 8.)

5. BUCH · 14. Kapitel

1 1861 in russischer Sprache veröffentlicht, heute vergriffen.
2 Mémoires, Bd. 2, S. 65.

6. BUCH · 15. Kapitel

1 Campredon schreibt: „Die Minister des Zaren sind in guten Zeiten ebenso arrogant und unzugänglich, wie sie in schlechten Zeiten fügsam sind. Sie sind von einem Stolz und Hochmut ohnegleichen. Sie verbinden ihr bißchen Höflichkeit mit einem Übermaß an Einbildung auf die Stellung ihres Gebieters . . . Ihre Ränke, ihre Unredlichkeit, ihre Doppelzüngigkeit und ihre Wortbrüche gehen ins Ungemessene." (Berichte vom 10. März und 27. April 1721, 4., 6. und 29. Januar 1723 und 16. und 31. März 1724. AMAE, Moscovie, Bd. 9 und 12.)
Campredon schreibt seinem Kollegen in Konstantinopel, dem Marquis de Bonnac: „Ich verhandle hier mit Leuten, die, ans Betrügen gewöhnt, in dauerndem Argwohn leben und die, kaum haben sie ein Wort ausgesprochen, es wieder rückgängig machen wollen aus Furcht, daß sie zuviel gesagt haben. Die Strenge des Zaren hat zu dieser Zurückhaltung beigetragen, und dieser Fürst hat so viele Ungetreue unter seinen Untertanen, daß sein Verhalten nur ein löbliches genannt werden könnte, wenn er sich nicht oft mit seinen Ministern hinsichtlich der geringen Aufrichtigkeit in Einklang befände." (16. März 1724.)
2 Berichte von Sir James Jefferies vom 12. Januar, 23. März und 7. November 1719.
3 Bericht vom 14. März 1721. (AMAE, Moscovie, Bd. 11, S. 110—116.)
4 AMAE, Moscovie, Bd. 13, S. 65.
5 Bericht Campredons vom 11. und 13. November 1723 und 1. Februar 1724.
6 Die zahlreichen Depeschen Campredons aus dem Jahr 1724: AMAE, Moscovie, Bd. 16, S. 75—265.
7 Nach einem Brief Campredons vom 2. Februar 1722 stammte die Idee zu dieser Ehe von Baron Schleinitz, der seit 1717 Gesandter des Zaren in Paris war. (AMAE, Moscovie, Bd. 12, S. 33.)
8 Hier der Wortlaut des Entwurfs: „Der Zar erklärt die Prinzessin zu seiner Erbin und Nachfolgerin auf dem russischen Thron. Die Prinzessin soll den Herzog von Chartres heiraten. Sie erhält Livland und Estland als Mitgift, unter der Bedingung, daß diese Provinzen an das russische Herrscherhaus zurückfallen, wenn die Prinzessin kinderlos stirbt. Der Wohnsitz der Vermählten soll zu Lebzeiten des Zaren, nach seinem Willen, in Livland oder Frankreich sein. Die Prinzessin verbleibt in der griechisch-orthodoxen Kirche und wird, falls sie ihren Wohnsitz in Frankreich nimmt, ihre Religion frei und öffentlich ausüben können. Man wird übereinstimmende Maßnahmen ergreifen, um den Herzog von Chartres, sollte der polnische Thron vakant werden, zum König von Polen wählen zu lassen, und man wird auch nach schicklichen Möglichkeiten suchen, um König August zu einer freiwilligen Abdankung zu bewegen. Falls der Herzog von Chartres durch seine angestammten Rechte die französische Thronfolge antreten sollte, wird man in dem Ehekontrakt vornehmlich darum besorgt sein, solide Vorkehrungen zu treffen, damit die russische Monarchie stets unabhängig von der französischen bleibe, und man wird die Thronfolge dieses oder jenes Herrscher-

hauses in entsprechender Reihenfolge zwischen den aus dieser Ehe geborenen Kindern regeln."

9 Am 16. Juli 1722 wurde Dubois Kardinal, am 22. August Premierminister. Ludwig XV. wurde 1723 mündig gesprochen.

10 Brief des Regenten an Campredon vom 12. Februar 1723. (AMAE, Moscovie, Bd. 8, S. 10—16).

11 Orléans starb am 3. Dezember 1723. An seine Stelle trat der Herzog von Bourbon, Chef des Hauses Condé.

12 Bericht vom 22. April 1724. (AMAE.)

13 Franz Stephan überließ 1737 sein angestammtes Herzogtum Lothringen im Tausch gegen Toscana Stanislaus Leszczinski, nach dessen Tode es an Frankreich zurückfallen sollte, wie es auch 1766 geschah.

14 Bei der Geburt der Großfürstin Natalja, 1718, hatte der Zar den jungen König Ludwig XV. gebeten, die Patenschaft zu übernehmen. Der französische Hof hatte abgelehnt, indem er den Unterschied in der Religion als Vorwand benützte.

15 AMAE, Moscovie, Bd. 14, S. 190.

16 Briefe Golowkins vom 15. Februar, 6. März und 1. April 1724, Brief Tolstojs vom 6. März und Peters vom 28. März. (AMAE, Moscovie, Bd. 15, S. 195 und 207; Bd. 5, S. 215.)

17 AMAE, Moscovie, Bd. 15, S. 209, und Bd. 16, S. 103.

18 1732 gab die Zarin Anna im Vertrag von Rescht alle eroberten Provinzen im Tausch gegen wirtschaftliche Vorteile zurück.

6. BUCH · 16. Kapitel

1 Mehrere europäische Staaten besaßen Kollegien. Leibniz empfahl wärmstens ihre Einführung in Rußland, aber Peter gab dem schwedischen System den Vorzug. Der Zar befolgt also nicht die Ratschläge von Leibniz, wie manche Autoren glauben, sondern diejenigen von Fick und Lüberas. (Siehe Bibliographie: Harold Hjarne, Ur det förgangna.)

2 Katharina II., der man eine Erhöhung der Beamtengehälter vorschlug, antwortete: „Wenn ich ihnen auch mehr bezahlen würde, sie würden mich darum nicht weniger bestehlen!"

3 Beckerodt schreibt, daß nur einer von dreißig mobilisierten Bauern seine Heimat wiedersah. (Brückner, a. a. O., S. 523.)

4 Bereits im Jahre 1705 lobte Whitworth die russische Infanterie. Er bewunderte „den tadellosen Zustand", in dem sich ein Regiment befand, das er eben besichtigt hatte. „Alle Offiziere haben deutsche Uniformen an. Die gut ausgerüsteten Soldaten ertragen alle nur möglichen Entbehrungen, sie sind an Hunger und Kälte gewöhnt. Allerdings fehlt es noch an guten Offizieren, und die Bewaffnung ist nicht vollkommen." Jefferies bestätigt die Ansicht seines Vorgängers. Feldmarschall Ogilvy bestätigt, er kenne kein Volk, das besser mit Kanonen und Mörsern umzugehen verstehe als die Russen bei Narwa.

5 Lefort, Brief an seinen Bruder Ami. (Unveröff.)

6 Brief vom 29. August 1704. (AMAE, Moscovie, Bd. 2, S. 262.)

7 Im Jahre 1722 gibt es in der russischen Marine einen Vizeadmiral und einen Konteradmiral, dreizehn Offiziere, fünf Ärzte und viele Unteroffiziere und Matrosen, die alle Engländer sind.

8 Bericht Whitworths vom 1. Juli 1705.

9 Bericht vom 3. Dezember 1723.

10 Die „peinliche Befragung" wurde noch in ganz Europa angewandt, obwohl bereits im Jahre 866 Papst Nikolaus I. in seinem bewunderungswürdigen Brief an den Chan der Bulgaren, Boris, die Abschaffung der Folter verlangt hatte: „Ich weiß, daß ihr einen Dieb nach seiner Gefangennahme so lange mit Foltern quält, bis er geständig ist; aber kein göttliches oder menschliches Gesetz erlaubt dies. Das Geständnis soll freiwillig sein und nicht erpreßt werden . . . Wenn nun der arme Sünder sich schuldig bekennt, ohne es tatsächlich zu sein, auf wen fällt dann die Sünde?"

11 Die Differenzen zwischen der alten und der neuen Zeitrechnung wurde endgültig von der Regierung der Sowjetunion aufgehoben. Sie erklärte den 1. Januar 1918 zum 14. Februar und nahm den Gregorianischen Kalender an. Die russische Kirche richtet sich auch weiter nach der alten Zeitrechnung und feiert den Beginn des Kirchenjahres am 1. September, obwohl sie dem weltlichen Kalenderjahr am 1. Januar ihren Segen erteilt.

12 Ein Konzil, bei dem die morgenländischen Kirchen vertreten waren, hatte Nikon wegen seiner Bestrebungen, die der orthodoxen Glaubensauffassung entgegenstanden, verurteilt.

13 Die französische Übersetzung des Reglements befindet sich in den AMAE, Russie, Mémoires et documents, Bd. 1, S. 36. Das Reglement wurde im Mai 1722 von einem Anhang, bestehend aus 62 Artikeln, ergänzt, in denen die Richtlinien für das Betragen der Geistlichkeit festgelegt sind. (Ebenda S. 88—116.)

14 Apokalypse, Kap. 13, Vers 18: „Hier ist Weisheit erforderlich. Wer Verstand hat, der berechne die Zahl des Tieres; denn es ist eines Menschen Zahl, und seine Zahl ist sechshundertsechsundsechzig."

15 Die Denkschrift der Sorbonne aus dem Jahre 1717 befindet sich in den AMAE, (Moscovie, Bd. 8, S. 90). — Peter I. und seine Minister korrespondierten in den Jahren 1705 bis 1707 mit Papst Clemens XI. über die freie Ausübung der katholischen Religion in Rußland und die Vereinigung der beiden Kirchen. — Possevino hatte in seinem Buch „Moscovia" festgestellt, daß sich zwei unvereinbare, nicht in Übereinstimmung zu bringende Welten gegenüberstanden: die europäische und die russische.

16 Kliutschewskij gibt folgendes über diese umfassenden Arbeiten an: „Peter I. unternahm es, eine zweifache Verbindung der zentralen Wasserstraßen mit dem Schwarzen Meer durch zwei Kanäle herzustellen, deren einer die Kamyschinka und Ilwlja, zwei Nebenflüsse von Wolga und Don, verbinden sollte, während der andere über den kleinen Iwansee führte, dem auf der einen Seite der Don entströmt, von der anderen der kleine Fluß Schatj, Nebenfluß der Upa, die in die Oka mündet; der See und diese Flüsse mußten kanalisiert, gereinigt und vertieft werden. Hier wie dort wurden jahrelang Tausende von Arbeitern beschäftigt und eine Riesenmenge an Material verausgabt; im Iwanowschen Kanal hatte man bereits zwölf steinerne Schleusen angelegt." (Geschichte Rußlands, Bd. 4, S. 128 ff.)

17 Beckerodt, a. a. O., S. 82 ff.; Brückner, a. a. O., S. 523.

18 Oriol: ein großes Trinkgefäß, auf dem das Reichswappen abgebildet war, gefüllt

mit starkem Schnaps, wodurch man leicht zum Gegenstand allgemeiner Heiterkeit
wurde. (Anm. des Übersetzers, nach Kliutschewskij.)

19 Bergholz, Kammerherr des Herzogs von Holstein, schreibt in seinem „Tagebuch"
am 18. Februar 1722 nach einer „Assemblée" bei dem Geheimen Rat Matwejew
in Moskau: „Was mir nicht gefällt, ist einmal, daß in dem Zimmer, wo sich die
Damen aufhalten, Tabak geraucht und Trictrac gespielt wird. Daher entsteht
schlechte Luft und ein solcher Lärm, daß man die Musik nicht mehr hören
kann. Und was mir auch nicht gefällt, ist, daß die Damen und Herren immer
getrennt sitzen, so daß man sich, außer beim Tanzen, wie die Stummen anschaut."

20 Diese Rangtabelle befindet sich in den AMAE, Russie, Mémoires et documents,
Bd. 1, S. 32. Ferner wird dort eine Liste mit dem Titel aufbewahrt: „Personnes
du premier rang de cette cour", die von dem berühmten Chevalier d'Eon zu-
zusammengestellt wurde. Ebenda, Bd. 5, S. 156.

21 Über diesen Ukas siehe auch die Studie von Kliutschewskij, a. a. O., S. 90 ff.

22 Jacques Pirenne schreibt darüber: „Der Etatismus, welcher der Gesellschaft den
Dienst am Staate als alleinigen Zweck vorschreibt, kann das freie Spiel der
sozialen Kräfte nicht dulden. Die von ihm geschaffenen Kader sollen als ständige
Einrichtungen endgültig, unverrückbar sein. Somit wurde das Erstgeburtsrecht
statuiert, um den Besitz der Grundeigentümer unversehrt zu erhalten, die zu
einer regierten Klasse geworden waren. Die jüngeren Söhne hatten daher in den
Dienst des Reiches einzutreten und die Reserve an Menschen zu bilden, die seine
imperialistische Politik erforderte." („Les grands courants de l'histoire".)

23 „In Rußland bestand außer dem Staate als Bindeglied keinerlei Kontakt zwischen
dem Gefüge der städtischen und der ländlichen Wirtschaft. Die normale Lebens-
funktion der Städte wurde dadurch auf lange Zeit gedrosselt und aufgehalten.
Daraus resultiert eine ständig sich steigernde Gegensätzlichkeit der beiden, sich
nebeneinander entfaltenden sozialen Gruppen, die das Gleichgewicht der Gesellschaft zerstören und ihre normale Entwicklung verhindern. Die Grundlagen
für die große bolschewistische Revolution sind geschaffen." (J. Pirenne, a. a. O.,
S. 157.)

24 Siehe dazu eine Rede Peters ähnlichen Inhalts aus demselben Jahr in: Boris
Mouravieff, Le Testament de Pierre le Grand, S. 62.

25 Die Akademie der Wissenschaften von St. Petersburg trat zum erstenmal am
27. Dezember 1725 (alter Zeitrechnung) zusammen. Die ersten Mitglieder waren
die Brüder de l'Isle, Professoren der Astronomie und der Geographie aus Paris;
die mathematische Disziplin vertraten die Brüder Bernoulli aus Basel und Her-
mann aus Schwaben, die Philosophie Milzinger, Geschichte Bayer, Rechtswissen-
schaft Backstein, Physik und Mechanik Leutmann, Anatomie Duvernois, Chemie
Bürger. Blumentrost war Präsident.

26 In seiner ausgezeichneten „Geschichte Rußlands" gibt Valentin Gitermann eine
deutsche Übersetzung dieser ersten Ausgabe wieder. (Bd. II, S. 418.)

6. BUCH · 17. Kapitel

1 In seinem Kauderwelsch berichtet Jean Lefort: „Die Gesundheit des Zaren
nimmt täglich ab, sein Asma (sic) incommodiert ihn sehr, so daß man glauben
könnte, er habe ein Geschwür im Leib . . . Außer diesen Unpäßlichkeiten, die

mir ernst genug erscheinen, um mir darüber Gedanken zu machen, kam vor kurzem noch eine in Riga hinzu, die fast sein Lebenslicht ausgeblasen hätte und die ganz und gar nicht an der Zeit war. Gott weiß, wie es dazu kam, aber man hat bemerkt, daß einer dieser Schmutzfinken von Pagen dieses Halbgottes das Glück hatte, zur gleichen Zeit wie sein Herr krank zu werden und das ganz augenscheinlich davon, daß er seinen kranken Herrn besucht hat . . . Dieses Übermaß an Schwäche führte in diesem Körper zu einem so gräßlichen Aufruhr, daß er nach seinen eigenen Aussagen 17 Stunden bewußtlos war und mit dem Tode rang." (Unveröff.)

2 Berichte von Mardefeld an den König in Preußen vom 20. April 1722 und 24. März 1723. Berichte von Jean Lefort an den Kurfürsten von Sachsen vom 26. Februar, 2. September und 21. Oktober 1724.

3 Die Berichte Campredons an Ludwig XV. und an den Grafen Morville vom 6., 8. und insbesondere vom 10. Februar 1725 sowie die Mitteilungen Leforts an den Kurfürsten von Sachsen geben ausführliche Aufschlüsse über die schmerzhafte Behandlung des Zaren. (AMAE.)

4 Campredon, Brief an den Grafen Morville vom 10. Februar 1725. (AMAE, Moscovie, Bd. 17, S. 70.)

5 Brief des Grafen Matwejew, Präsidenten der Senatskasse, an den Sekretär Makarow.

6 Lamberti hat behauptet, Katharina habe ihren Mann vergiftet. Diese Beschuldigung ist völlig aus der Luft gegriffen.

6. BUCH · 18. Kapitel

1 G. de Reynold, „La formation de l'Europe", Bd. 7. „Le monde russe", S. 185 und 198.

2 In Preobraschenskoje war Peters Geheimpolizei untergebracht. (Anm. des Übersetzers.)

3 Campredon schreibt: „Dieser große Fürst hat wahre Wunder vollbracht, und wenn auch die meisten seiner Untertanen sich innerlich nicht geändert haben, so ist doch zumindest äußerlich eine so beträchtliche Verwandlung mit ihnen vorgegangen, daß diejenigen, die Rußland vor dreißig Jahren kannten und sehen, was heute dort vor sich geht, zugeben müssen, daß nur ein solch kühner, aufgeklärter und arbeitseifriger Monarch eine so glückliche und allgemeine Umgestaltung herbeiführen konnte." (Moskau, den 13. März 1723.)

4 Bericht von Mardefeld vom 3. April 1725.

5 Unter Katharina II. und Paul I. wurde die Staatspolizei „Geheimpolizei", unter Nikolaus und Alexander II. — er löste sie 1880 endgültig auf — dritte Sektion der kaiserlichen Kanzlei" genannt. — „Kein Werkzeug des Despotismus und der Unterdrückung, nicht einmal die spanische Inquisition, hat derart viele Menschenleben vernichtet und Existenzen zermalmt wie dieses", schreibt Leroy-Beaulieu (a. a. O., Bd. 2, S. 143).

6 Aus der Geheimkorrespondenz Ludwigs XV.

NOTIZEN

Häuschen und Paläste.

Zwei von Peter d. Gr. einst bewohnte Häuschen sind erhalten. Das eine, das ihn 1691, als er die Flotille auf dem Peresjaslawschen See baute, beherbergte (3. Kapitel), wurde zum Kloster in Kolomenskoje bei Moskau gebracht. Das andere, das er von 1703 bis 1708 während des Baues von St. Petersburg bewohnte, ist in Leningrad selbst und wird von einer Ziegelmauer geschützt. Es enthält ein Arbeits- und ein Schlafzimmer, Eßzimmer und Küche. Man hat den Eindruck, als warte das ganz in der Nähe liegende Boot auf den Zaren.

Das in einem großen Park gelegene Sommerhaus hat zwei Etagen. Es besteht aus einem kleinen Thronsaal, einem Tanz-, einem Speisesaal und Schlafzimmern für Eltern und Kinder. Man kann dort das gastliche Bett Katharina I. ansehen, Porträts und Kleidungsstücke des Zaren, wertvolle Boiserien und eine prächtig eingerichtete Küche.

Auch das von Peter I. in Zaandam bei Amsterdam gemietete Häuschen (5. Kap.) ist der Öffentlichkeit zugänglich.

Im Winterpalais zu Leningrad kann man u. a. eine riesige Uhr mit mehreren Zifferblättern, eine Drehbank, eine Maschine zum Prägen von Medaillen bewundern, die dem Zaren gehört haben sollen.

Peterhof mit seinen zahlreichen Pavillons, etwa 30 Kilometer von Leningrad entfernt, wurde im letzten Krieg vollkommen zerstört, wird aber wieder aufgebaut.

Was sich aus der Handbibliothek Peters I. erhalten hat, wird in 3 riesigen Glasschränken in der Akademie der Wissenschaften zu Leningrad aufbewahrt. Meist sind es Werke über Geographie, Militärwissenschaft, Technik und Architektur.

Porträts, Bilder und persönliche Gegenstände aus dem Besitz Peters I.

a) Das Staatliche Historische Museum in Moskau am Roten Platz hat Peter d. Gr. und seiner Zeit 2 Säle gewidmet. Dort sind die von L. A. Rowinskij in seinem „Dictionnaire détaillé de porträts-gravures russes" (Bd. 3) aufgeführten Porträt-Stiche zu sehen, sein sehr bescheidener mit schwarzem Leder ausgeschlagener Schlitten, seine Uniformen, Kriegstrophäen aus der Poltawa- und anderen siegreichen Schlachten, Schiffsmodelle, Waffen, Kanonen, die ersten gedruckten Bücher, satirische Blätter der Altgläubigen, Medaillen und allerlei Gläser. Dieses Durcheinander ist ein getreues Abbild der unmäßigen Betriebsamkeit des Herrschers aller Reußen.

In der Tretiakow-Nationalgalerie sind mehrere Historienbilder von Gay, Sirow, Surikow, Repin. Eine Bronzestatuette Peters von Antokolskij verdient Beachtung.

b) Die von Katharina II. gegründete Ermitage in Leningrad besitzt eine umfangreiche historische Abteilung. Ein Bild Peters von Moore und die Porträt-Büste von Rastrelli d. Ä. befinden sich in Saal 13 und 15. In natürlicher Größe sitzt der Zar, in Hoftracht aus blauer Seide auf einem Sessel, eine Perücke auf dem Kopf, und fixiert die Vorübergehenden mit seinem Herrscherblick. Das Werk würde dem Wachsfigurenkabinett des Musée Grévin Ehre machen. Einige Schritte weiter sehen wir seine Totenmaske und ein Bild, das ihn auf dem Totenbett darstellt. Man kann außerdem noch die Drehbänke betrachten, die dieser vielseitige Handwerker benutzte, seine Reiseapotheke, die gefürchteten chirurgischen und zahnärztlichen Instrumente, sein abgenutztes Zimmermannshandwerkszeug und den herrlichen Lüster aus Elfenbein, den er nicht mehr vollenden konnte. Im Nationalmuseum sind der Kopf Peters I. von Kollo (für das Standbild von Falconet), die Büste von Rastrelli und verschiedene Porträts aufgestellt.

Das Taschenbuch Peters I.

Dieses kleinformatige Taschenbuch aus sehr dünnem Papier enthält Notizen und Skizzen und wird in den Staatsarchiven in Moskau aufbewahrt.

Das Notizbuch des Zarewitsch Alexej, bestehend aus 41 Seiten, befindet sich ebenfalls in den Moskauer Staatsarchiven. Ein entzückender silberner Bleistift mit einem Brillanten ist daran befestigt.

BIBLIOGRAPHIE

MEMOIREN
Mayerberg, Augustin, Freiherr von: Iter in Moscoviam Augustini liberi Baronis de Mayerberg . . . ab . . . Imperatore Leopoldo ad Tzarem . . . Alexium Mihalowicz, Anno MDCLXI (Frankfurt, 1715?)

Avril, Philippe: Voyage en divers Etats d'Europe et d'Asie, Paris, 1692.

d'Azéma: Mémoires, contenant diverses anecdotes des règnes de Pierre le Grand et de Catherine, Amsterdam, 1764.

Collins, Samuel: Relation curieuse de l'estat présent de la Russie, Paris, 1679.

Friederike Sophie Wilhelmine, Markgräfin von Bayreuth: Mémoires, escrits de sa main, 2 Bde., Paris, 1811.

Galitzin, Fürst Augustin: La Russie au XVIIIe siècle, mémoires inédits sur les règnes de Pierre le Grand, Catherine I. . . ., Paris, 1863.

Gordon, Patrick: Tagebuch des Generals P. G. während seiner Kriegsdienste unter den Schweden und Polen vom Jahre 1655 bis 1661, und seines Aufenthaltes in Rußland vom Jahre 1661 bis 1699 . . ., 2 Bde., Moskau-St. Petersburg, 1849-52.

Korb, Johannes Georgius: Diarium itineris in Moscoviam . . . Domini Ignatii Christophori de Guarient et Rall . . . ab Imperatore Leopoldo I. ad. . . Tzarum et Magnum Moschoviae Ducem Petrum Alexiowicium anno MDCXCVIII, Wien o. J., (1700?)

Lamberty, Guillaume de: Mémoires pour servir à l'histoire du XVIIIe siècle, contenant les négociations, traitez, résolutions et autres documens authentiques concernant les affaires d'état . . ., 2. Aufl., 14 Bde., Den Haag, 1724-40.

Leibniz: in Guerrier, Wladimir Iwanowitsch: Leibniz in seinen Beziehungen zu Rußland und Peter dem Großen. Eine geschichtliche Darstellung dieses Verhältnisses nebst den darauf bezüglichen Briefen und Denkschriften, 2 Teile, Petersburg und Leipzig, 1873.

Moreau de Brasey, Jean-Nicole: Mémoires politiques et satiriques de messire J. N. D. B. C. de L. (= Jean-Nicole Moreau de Brasey) . . . Amsterdam, 1716.

Olearius, Adam: Voyages très curieux et très renommez faits en Moscovie, Tartarie et Perse par le Sr. Adam Olearius . . . Traduits de l'original . . . Nouvelle édition revue et . . . augmentée. 2 Bde., Leyden, 1719.

Nestesuranoi, Iwan Iwanowitz (Pseudonym für Jean Rousset de Missy): Mémoires du Règne de Pierre le Grand, Empereur de Russie, Nouvelle édition . . ., 4 Bde., Amsterdam, 1728-30.

Perry, John: The State of Russia under the present Czar: in relation to the several great and remarkable things he has done . . . London, 1716.

Peter der Große: Journal de Pierre le Grand, depuis l'année 1698 jusqu'à la conclusion de la paix de Neustadt, traduit de l'original russe, imprimé d'après les manuscrits corrigés de la propre main de Sa Majesté impériale, qui sont aux archives. 2 Bde., London, 1778.

Saint-Simon, Henri Jean Victor, duc de: Mémoires . . .

Villebois: Mémoires secrets pour servir à l'Histoire de la Cour de Russie, sous les règnes de Pierre-le-Grand et de Cathérine I., rédigés . . . d'après les manuscrits originaux du Sieur de Villebois . . . Paris, 1853.

Rousset de Missy, Jean: Mémoires du règne de Catherine Impératrice et Souveraine de toute la Russie . . . Amsterdam, 1728.

ALLGEMEINE LITERATUR ÜBER RUSSLAND

Briand-Chaninow, N.: Histoire de Russie, Paris, 1929.

Eck, Alexandre: Le Moyen Age Russe, Paris, 1933.

Funk V. et Nazarewski: Histoire des Romanof, 1613—1913, Paris, 1930.

Gitermann, Valentin: Geschichte Rußlands, 3 Bde., Hamburg, 1949.

Grünwald, Constantin de: Trois siècles de diplomatie russe, Paris, 1945.

Hamilton, G. H.: The art and architecture of Russia, Penguin Books.

Haumant, Emile: La Russie au XVIIIe siècle, Paris, o. J.

Haxthausen, August, Baron: Etude sur la situation intérieure, la vie nationale et les institutions rurales de la Russie, 3 Bde., Hannover, 1847.

Ilse, Jakob: Beziehungen zu Rußland und zur Türkei in den Jahren 1718—1727. Basel, 1945.

Jaggi, Arnold: Rußland und Europa in Geschichte und Gegenwart, Bern, 1951.

Karamsin, M.: Histoire de la Russie, 11 Bde., Paris, 1819.

Kirchner, Walther: Geschichte Rußlands von den Anfängen bis zur Gegenwart, Stuttgart, 1950.

— —: Emigration to Russia, American Historic Revue, 1950.

Korff, G. de: Clarté sur la Russie, Vichy, 1943.

Kowalewsky, Pierre: Manuel d'histoire russe, Paris, 1948.

— —: Histoire de la diplomatie, ouvrage publié sous la direction de Wladimir Potemkin, 3 Bde., Paris, 1946-1947.

Krakowski, Ed.: Histoire de Russie, Paris, 1954.

L'Héritier, Michel: La Russie, Paris, 1946.

Leroy-Beaulieu, A.: L'empire des tzars, 3 Bde., Paris, 1882.

Milioukow, Seignobos et Eisenmann: Histoire de Russie, 3 Bde., Paris, 1932.

Nikolsky, Boris: Le peuple russe, sa carrière historique, Neuchâtel, 1945.

Nolde, Boris: La formation de l'Empire russe, 2 Bde., Paris, 1952.

Nougaret: Beautés de l'histoire de Russie, Paris, 1814.

Pirenne, Jacques: Les grands courants de l'histoire universelle, 7 Bde., Neuchâtel o. J.

Portal, Roger: L'Oural au XVIIIᵉ siècle, Paris, 1950.
Rambaud, Alfred: Histoire de Russie, Paris, 1879.
Reynold, Gonzague de: La Formation de l'Europe, Bd. 7, Le monde russe, Paris, 1950.
Sédillot, René: Survol de l'histoire du Monde, Paris, o. J.
Stählin, Karl: Geschichte Rußlands, 2 Bde., Hamburg 1949.
Solovief, Wladimir: Conscience de la Russie, Paris, 1950.
Welter, G.: Histoire de Russie, dès l'origine à nos jours, Paris, 1949.

ÜBER PETER d. GR.

Correspondance secrète de Louis XV., 2 Bde., Paris, 1866.
Bantisch-Kamensky: Illustrations de la Russie ou galerie des personnages les plus remarquables, Paris, 1829.
Binder, Wilhelm: Peter der Große und seine Zeit, Reutlingen, 1844.
Body, Albin: Pierre le Grand aux eaux de Spa, Brüssel, 1872.
Bulgakowski, D.: La maisonnette de Pierre le Grand à Saint-Pétersbourg, Petersburg, 1898.
Cabanès: Fous couronnés, Paris, o. J.
Chastelain, Jean Didier: Pierre le Grand à Bruxelles, in: Où leur ombre rôde encore, Brüssel, 1950.
Chérémétef: Biographie du boyard Chérémétef, Paris, 1859.
Ehret, Joseph: Domenigo Trezzini, der erste Erbauer von St. Petersburg, Bern, o. J.
— —: Nicolaus Friedrich Härbel, Basler Zeitschrift für Geschichte, 1949.
— —: Pietro Antonio und Carlo Giuseppe Trezzini, Zeitschrift für schweiz. Archäologie, 1952.
Fontenelle: Eloge du tzar à l'Académie des Sciences de Paris, Bibl. Nat., Paris.
Gachard, M.: Le voyage de Pierre le Grad dans les Pays-Bas autrichiens en 1717, Bulletin de l'Académie royale des Sciences de Belgique, Bd. 46, 1878.
Galitzine, Emmanuel: La Russie au XVIIᵉ siècle dans ses rapports avec l'Europe occidentale, Paris, 1855.
Graham, Stephan: Peter the Great, London, 1929.
Große sowjetische Enzyklopädie, Moskau, 1955. Artikel über Peter den Großen (russisch).
Grünwald, Constantin de: La Russie de Pierre le Grand, Paris, 1933.
Guichen, Vicomte de: Pierre le Grand et le premier traité franco-russe, 1908.
Hjarne, Harold: Ur det förganga. Svenska reformer i Tsar Peters välde, Stockholm, 1912.
Haussonville, Comte de: La visite du tzar Pierre le Grand en 1717, Revue des Deux Mondes, 15. Okt. 1896.
Jacob, Georges E.: Notice historique sur le Pouhon Pierre le Grand à Spa, Spa, 1936.
Juste, Théodore: Pierre le Grand. Son règne et son testament, Brüssel, 1877.
Kersten, Kurt: Peter der Große, Frankfurt/M., 1951.
Kliutschewskij, W.: Pierre le Grand et son œuvre, Paris, 1953.
— —: Geschichte Rußlands, 4 Bde., Stuttgart, 1925.
Labry, Raoul: Pierre le Grand, in: Les grandes figures, Paris, o. J.
Lamartine, A. de: Pierre le Grand, Paris, 1865.
Lathoud, David: Pierre le Grand Réformateur, Paris, o. J.

Mauvillon, Eléazar: Histoire de Pierre le Grand, Amsterdam und Leipzig, 1742.

Meermann, J. de: Discours sur le premier voyage de Pierre le Grand, Paris, 1812.

Mérimée, Prosper: Histoire du règne de Pierre le Grand, Paris, 1929.

Minzloff, R.: Pierre le Grand dans la littérature étrangère, Petersburg, 1872.

Morley, Charles: Guide to research in russian history, Syracuse, 1945.

Mouravieff, Boris: Le testament de Pierre le Grand, Neuchâtel, 1949.

Novik, D. und V. Llona: Pierre le Grand, 2 Bde., Paris, 1933.

Oudard, Georges: La vie de Pierre le Grand, Paris, 1929.

Pernet: Pierre le Grand mercantiliste, Paris, 1913.

Raynal, P. de: Le mariage d'un roi (1721-1725), Paris, 1887.

Reiche, K. F.: Peter der Große und seine Zeit, Leipzig, 1841.

Ribbing, Olof: Caractéristiques de l'art nordique de la guerre, in: Revue Internationale d'histoire militaire, Stockholm, 1955.

Ségur, Comte de: Histoire de Russie et de Pierre le Grand, 2 Bde., 1829.

Stählin, J. de: Anecdotes originales de Pierre le Grand, Straßburg, 1787.

Stschebalskij: La régence de la tzarevna Sophie, Karlsruhe, 1857.

Sumner: The place of Peter the Great in Russian history, Paris, o. J.

Tongas, Gérard: L'ambassadeur Louis Deshayes de Cormenin, Paris, 1937.

Tolstoj, Alexis: Pierre le Grand, Paris, 1929.

Turgenjew, Alex.: La cour de Russie, 1725-1783, Berlin, 1858.

Vandal, Albert: Louis XVe et Elisabeth de Russie, Paris, 1882.

Verenet, Georges: Pierre le Grand en Hollande et à Zaandam, Utrecht, 1863.

Vogüé, E. Melchior, Vicomte de: Le fils de Pierre le Grand. — Mazeppa, Paris, 1884.

Voltaire, Histoire de l'Empire de Russie sous Pierre le Grand, Paris, 1885.

Waliszewskij, K.: Pierre le Grand, Paris, 1887.

— —: L'Héritage de Pierre le Grand, Paris, 1900.

Wiesener, L.: Pierre le Grand et ses propositions d'alliance en 1717, Paris, o. J.

Winter, Zubow, Figurowskij, Obermann: Die Begegnung der deutschen und russischen Wissenschaft und Kultur im 18. Jahrhundert, Wissenschaftliche Annalen der deutschen Akademie, Berlin, Oktober 1957.

Wittram, R.: Peter der Große, Berlin, 1954.

Darstellung der Geschichte der Sowjetunion, Zeit des Feudalismus. Reformen Peters I. Herausgegeben unter Leitung von B. B. Kafenhaus und N. P. Pawlenko. Akademie der Wissenschaften der Sowjetunion, Moskau, 1954 (russisch).

X . . .: Lebensgeschichte Peters des Großen, Prag, 1784.

NEUERE LITERATUR

Brinkmann, Horst: Peter I. in der russischen Literatur, Inaugural-Dissertation, Gießen 1963.

Cartier, Raymond: Peter der Große, deutsche Ausgabe, München 1963.

Gödeke, Herwig (Hrsg.): Peter der Große und seine Zeit, Ausstellungskatalog der Universitäts-Bibliothek Marburg, Marburg 1972.

Stählin, Jacob von: Originalanekdoten von Peter dem Großen, deutsche Ausgabe, München 1968.

Wittram, Reinhard: Peter I., Czar und Kaiser, Band I und II, Göttingen 1964.

ÜBER GENERAL LEFORT

Unveröffentlicht: Die Korrespondenz des Generals Lefort mit seiner Familie aus den Jahren 1674-1696 in 2 Bänden zu je 661 und 441 Seiten.

Basseville: Récit historique sur la vie et les exploits de François Le Fort, Lausanne, 1786.

Circourt, Adolphe de: Le général Lefort, son temps et sa vie, Revue de Paris, 1868.

Posselt, Moritz: Der General und Admiral Franz Lefort, Frankfurt/M., 1866.

Vulliemin, L.: Pierre le Grand et l'amiral Lefort, Bibliothèque Universelle et Revue Suisse, 1867.

ÜBER KARL XII.

Adlerfeld: Histoire militaire de Charles XII, 4 Bde., Amsterdam, 1740.

Bengtsson, Frans G.: Karl XII., Zürich, o. J.

Chevalier X. (Dryander?): Histoire abrégée de Charles XII., Den Haag, 1730.

Friedrich d. Gr.: Réflexions sur les talents militaires et sur le caractère de Charles XII., Berlin, 1874.

Geffroy, A.: Lettres inédits de Charles XII., Paris, 1853.

— —: Le Charles XII de Voltaire et le Charles XII de l'Histoire, Revue de Paris, November 1869.

Grinaret: Les campagnes de Charles XII, 4 Bde., Den Haag, 1705.

Nordberg: Histoire de Charles XII, 3 Bde., Den Haag, 1748.

Oskar II., König von Schweden: Charles XII, Übersetzung von Albert-Savine, Paris, 1906.

Syveton, G.: Louis XIV et Charles XII au camp d'Altranstadt (1707). — La mission de Besenval, Paris, 1900.

Vallotton, Henry: Sept souverains de Suède, Charles XII, Lausanne, 1951.

Voltaire: Historie de Charles XII.

Rosen, Carl von: Bidrag till kännedom om de händelsersom närmast föregingo svenska stormaktsväldets fall. 1 und 2. Teil, Stockholm, 1936.

ARCHIVE

Archives du Ministère des Affaires étrangères, Paris:

a) Correspondance politique, Moscovie. Bd. 1 bis 18 c und Ergänzungen 1 bis 3.

b) Mémoires et documents, Russie. Bd. 1 bis 5 c.

c) — —: France. Bd. 460 und 1247.

Recueil des instructions données aux ambassadeurs et ministres de France depuis les traités de Westphalie jusqu'à la révolution française, Russie. Bd. 8, 1. Buch: Des origines jusqu'à 1748; 2. Buch: 1749 bis 1789, Paris, 1890.

Collection de Documents, Mémoires et correspondances relatifs à l'histoire de l'Empire de Russie. Publiée par la Société historique Russe (Sbornik):

a) Traités entre la France et la Moscovie, 1613 bis 1724.

b) Archives diplomatiques de Dresde, 1695 bis 1730.

c) Archives diplomatiques anglaise, 1704 bis 1719.

d) Archives diplomatiques hollandaises.

e) Rapports Lefort (Neffe des Generals), 1721, 1727.

Algemeen Rijksarchief, Den Haag.

Public Record Office, London.

a) Secretary letter book:

SP 103 119:	1679 bis 1688	SP 123	: 1712 bis 1721
SP 120	: 1690 bis 1709	SP 124	: 1713 bis 1714
SP 121	: 1710 bis 1711	SP 125	: 1722 bis 1726
SP 122	: 1712 bis 1719		

b) Berichte der Diplomaten:

SP Bd. 4: 1704 bis 1706		SP Bd. 7: 1711 bis 1712
SP Bd. 5: 1707 bis 1708		SP Bd. 8: 1714 bis 1715
SP Bd. 6: 1709 bis 1712		SP Bd. 9: 1718 bis 1725

Österreichisches Staatsarchiv, Wien, Abtlg. Haus-, Hof- und Staatsarchiv, Sammlung Russica:

Bd. 1/14	Jahre 1682-86	Bd. 1/24	Jahre 1716-17
Bd. 1/15	Jahre 1687-89	Bd. 1/25	Jahr 1718
Bd. 1/16	Jahre 1690-95	Bd. 1/26	Jahre 1719-21
Bd. 1/17	Jahre 1696-97	Bd. 1/27	Jahr 1722
Bd. 1/18 bis 1/21	Jahre 1698-1711	Bd. 1/28	Jahr 1723
Bd. 1/22	Jahre 1711-12	Bd. 1/29	Jahre 1724-25
Bd. 1/23	Jahre 1713-15	Bd. 1/30	Jahr 1725

NOTIZEN ZUR BIBLIOGRAPHIE

Unzählbar sind die Peter d. Gr. gewidmeten Werke in russischer Sprache. Die fremdsprachlichen füllten bereits 1872 den an 700 Seiten starken Band von R. Minsloff: „Peter der Große in der ausländischen Literatur." Wir können hier der Liste der hauptsächlichsten Dokumente und Literatur, deren wir uns bedient haben, nur einige erklärende Anmerkungen anfügen:

1. *Tagebuch Peters des Großen*. Von Katharina II. aufgefordert, veröffentlichte Fürst Michail Stscherbatow 1770 das „Tagebuch Peters des Großen, vom Jahre 1698 bis Abschluß des Nystadter Friedens" in russischer Sprache. Der Fürst behauptete, er habe in den Kabinettsarchiven Peters I. dieses wertvolle Dokument sowie eine große Anzahl von Briefen gefunden, durch die es ergänzt werden konnte. 1773 ließ der Verleger Formey eine französische Übersetzung drucken, die ein junger Russe ausgeführt und Formey revidiert hatte. Das erste Kapitel trägt den Titel: „Tagebuch Peters des Großen, von ihm selber geschrieben."

Ist es wirklich das Werk des Zaren? Stscherbatow glaubt es nicht, er sagt: „Der Kaiser soll befohlen haben, vom Beginn des Krieges gegen die Schweden an ein Tagebuch über sein Leben zu führen; er soll es an vielen Stellen eigenhändig korrigiert haben. In den Archiven finden sich 8 dieser Niederschriften, die nicht ins Reine übertragen wurden; 5 sind vom Zaren überarbeitet worden. Aber noch vor der letzten Revision des Textes starb der große Monarch; nur der erste Teil, bis zum Jahr 1715 reichend, ist fertiggestellt." Ergänzend bemerken wir, daß der mutmaßliche Verfasser des „Tagebuchs" der Sekretär des Zaren, Makarow, war, dem die wesentlichsten Dokumente zugänglich waren.

Formey vermutet, daß Peter „das Tagebuch nicht in dem Sinne redigieren ließ, wie es dann erschienen ist. Der Zar redet mit sich selber; es sind Selbstgespräche." Wir dagegen glauben, daß bei der Ausarbeitung ein doppelter, praktischer Zweck verfolgt wurde: einmal Europa, das sich nach der Niederlage von Narwa über den Zaren lustig machte, eine Antwort zu erteilen und der Instruktion der Offiziere zu dienen.

Das „Tagebuch" ist in erster Linie ein Generalstabsbericht, in dem die Heeresbestände, die Zahl der Gefangenen, erbeuteten Kanonen usw. aufgeführt werden. Der Autor verschweigt einige sehr wesentliche Tatsachen: z. B. die Flucht Peters von der Front vor Narwa oder die von Katharina am Pruth geleisteten Dienste. Es enthält sogar offenkundige Widersprüche, etwa über das Ende Patkuls. Trotzdem ist dieses chronologische Résumé des Nordischen Krieges nicht ohne Interesse.

2. *Das Testament Peters I.* Dieses apokryphe Testament erschien in Paris kurz vor dem russischen Feldzug Napoleons I. (1812) in dem Werk von Lesur: „Des progrès de la puissance russe depuis son origine jusqu'au commencement du XIXe siècle." Die zweite Version stammt von Gaillardet und ist in seine, gefälschten, „Mémoires du Chevalier d'Eon" (1836) eingeschoben. Minsloff ist überzeugt, daß „es Lesur war, der — noch recht ungeschickt — die 14 Artikel dieser Fälschung verfaßt hat". Das ausgezeichnete Werk von Boris Muravieff „Le testament de Pierre le Grand" hat die letzten Zweifel an dieser Fälschung beseitigt.

3. *Briefe und Dokumente Peters d. Gr.* Unter diesem Titel haben A. F. und I. A. Bytschkow Briefe und Dokumente des Kaisers aus den Jahren 1682 bis 1708 publiziert (7 Bde.). Von 1946 bis 1956 hat das Institut für Geschichte der Akademie der Wissenschaften der Sowjetunion die bis zum Jahre 1710 reichenden Bände 8, 9 und 10 herausgebracht. Die Veröffentlichung der Jahre 1711 bis 1725 steht bevor. Zahlreiche Autographen Peters befinden sich in den Moskauer Staatsarchiven, in der Staatlichen Bibliothek M. E. Saltykow-Schtschedrin und der Bibliothek der sowjetischen Akademie der Wissenschaften in Leningrad. Das Staatliche Historische Museum in Moskau besitzt Ukase, Befehle und Communiqés mit der Unterschrift des Zaren.

Die Korrespondenz zwischen Peter und Katharina wurde 1861 in russisch veröffentlicht.

4. *Die Briefe des Magistrats der Stadt Genf an Peter I.* vom 11. Juli 1698, 9. Juli 1701 und 6. Mai 1712 befinden sich in Moskau (Archiv des Außenministeriums, Fonds 97).

5. *Das über den Zarewitsch Alexej verhängte Gerichtsurteil.* Das Original liegt in den Moskauer Staatsarchiven (Fonds 6).

6. *Berichte der in Rußland akkreditierten Diplomaten.* Frankreich bewahrt 28 Bände mit Berichten, Anweisungen, Korrespondenz und offiziellen Dokumenten auf (AMAE, „Correspondance politique", und „Mémoires et documents").

In England sind 6 dicke Bände den Berichten der Diplomaten gewidmet (SP 91, Bd. 4 bis 9, 7 weitere enthalten Instruktionen und Kopien von Dokumenten in Latein, Französisch und Englisch (SP 104, 119-125).

Die Berichte der Residenten der Generalstaaten werden in Den Haag verwahrt. (ARA, Faszikel Rußland, 6609 bis 6612, 7301.)

Im HHStA Fonds Russica finden sich 17 Faszikel, darunter sind 13 für die Regierungszeit Peters I.

Der „Sbornik" in 148 Bänden hat einen Teil der nach London, Wien und Dresden geschickten Berichte im Originaltext abgedruckt.

7. *Die Instruktionen für die französischen Gesandten und Bevollmächtigten* sind, soweit sie auf Rußland Bezug nehmen, mit einer Einführung und hochinteressanten Anmerkungen von Alfred Rambaud veröffentlicht worden. (1890.)

8. *Lefortsche Dokumentensammlung.* François Lefort, Generaladmiral und engster Freund Peters I., hat einen regen Briefwechsel mit seiner Mutter und seinen Familienangehörigen in Genf unterhalten, von seiner Ankunft in Rußland (1675) bis zu seinem Tode (März 1699) Diese unveröffentlichte Korrespondenz von 1200 Briefblättern sowie die Briefe von François' Neffen Pierre befanden sich im Besitz der Familie des verstorbenen Rechtsanwalts Jacques Lefort in Genf. Sie wurden 1957 der Stadt Genf überlassen.

9. *Tagebuch des Generals Patrick Gordon* (Leipzig, 1849). Gordon, ein Schotte, diente von 1655 bis 1661 in Schweden und Polen, dann von 1661 bis 1699 in Rußland. Sein englisch geschriebenes Tagebuch wurde in Deutsch veröffentlicht (1849 und 1881). Das Original-Manuskript ist in den Moskauer Staatsarchiven, eine Kopie in der Handschriftenabteilung der Staatlichen Bibliothek M. E. Saltykow-Schtschedrin in Leningrad.

Obwohl dieses „Tagebuch" vor allem persönliche Fragen behandelt (Hochzeiten, Todesfälle, Ausgaben, Abführmittel usf.) ist es recht aufschlußreich in bezug auf den zweiten Asowschen Feldzug und den Aufstand der Strelizen. Dagegen erfahren wir aus Gordons Briefen, 1690-1696 (Bd. 3) nichts Wesentliches.

10. *„Etat présent de la Grande Russie"*, *par le capitaine Jean Perry.* (Den Haag, 1742.) Peter I. hatte diesen Genie-Offizier auf seiner Reise nach England (1698) verpflichtet. Er beauftragte ihn, die Anlage verschiedener Kanäle zu studieren, insbesondere zwischen Wolga und Don und St. Petersburg und der Wolga. Perry reiste 16 Jahre kreuz und quer durch Rußland und stand in engem Kontakt mit Bauern, Handwerkern und Arbeitern. Da er es satt hatte, keine Bezahlung zu bekommen, ging er mit dem Gesandten Whitworth nach England zurück und nahm seine sachlichen, äußerst instruktiven Notizen mit.

11. *„Mémoires pour servir à l'histoire du XVIIIe siècle."* Diese Dokumente, von M. de Lamberty in 14 Quartbänden gesammelt, reichen von 1700 bis 1717. Sie wurden von 1724 bis 1740 veröffentlicht. Neben wichtigen Angaben enthalten sie auch andere, lügenhafte, z. B. daß Peter eigenhändig 200 Strelizen enthauptet habe und von seiner Gemahlin Katharina ermordet worden sei.

12. *„Anecdotes originales de Pierre le Grand."* (Straßburg, 1787.) Jacques Stählin war unter der Regierung Elisabeths und Katharinas II. Sekretär der Akademie der Wissenschaften in St. Petersburg und sammelte 117 Anekdoten, die er angeblich von Zeitgenossen Peters d. Gr. hatte. Sie sind wenig interessant.

13. *La Russie au XVIII. siècle. Mémoires inédits sur les règnes de Pierre le Grand, Catherine I et Pierre II.* Kompilation eines unbekannten Autors.

14. *„Diarium itineris in Moscoviam . . ."* Der Autor, Ignaz Christoph Korb, war Sekretär der Kaiserlichen Gesandtschaft, die unter Führung des Gesandten de Guarient im April 1698 nach Moskau kam. Korb blieb bis Juli 1699 in Rußland und veröffentlichte im nächsten Jahr in Wien seinen Reisebericht. Fürst Golizyn, damals Gesandter Peters beim römischen Kaiser, legte gegen diesen angeblich verleumderischen Bericht

Protest ein. Der Gesandte de Guarient seinerseits desavuierte Korb beim Zaren und seinen Ministern. Das lateinisch geschriebene Werk verdient indes alle Beachtung.

15. Die „*Nouveaux Mémoires sur l'état présent de la Moscovie*", erschienen 1725 in Paris, und sind das Werk eines deutschen Diplomaten, wahrscheinlich A. Webers, der 6 Jahre Resident von Braunschweig-Hannover in Rußland war. Der 1. Bd. liefert wertvolles Material, der 2. Bd. u. a. das aus dem russischen Original übersetzte und auf allerhöchsten Befehl des Zaren erlassene „Manifest des Kriminalprozesses gegen den Zarewitsch Alexej Petrowitsch."

16. Den „*Mémoires et anecdotes d'un ministre étranger résidant à Moscou*" (Den Haag, 1737) sind 2 Briefe des Autors an einen deutschen Fürsten vorangestellt. Im ersten stellt der Diplomat Peter als ein sanftmütiges Wesen vor, das einer zornigen Aufwallung gar nicht fähig ist, großzügig und bescheiden, voll Ehrfurcht vor der Kirche, ein sittsames Leben — ohne Maitressen — führt und überdies von seinen Untertanen vergöttert wurde! Prinz Alexej ist ein gar vortrefflicher, gebildeter Mensch und hervorragender Mathematiker ... In einem zweiten Brief preist er in den höchsten Tönen den Fürsten Menschikow, der in Wirklichkeit der ausgemachteste Gauner seines Jahrhunderts gewesen ist. Die „Mémoires" sind eben jene unter Ziffer 15 angeführten.

17. „*Les Mémoires secrets pour servir à l'histoire de la Russie*" (Paris, 1853) sind meist unter dem Titel „*Mémoires de Villebois*" bekannt. Sie sind in mehr als einem Punkt höchst suspekt, und Villebois darf man nur in sehr beschränktem Maße Vertrauen schenken. Infolge eines Versehens soll dieses in der Bibliothèque Nationale in Paris verwahrte Manuskript Villebois zugeschrieben worden sein, Minsloff nimmt an, daß der Autor der Gesandte de Campredon sei. Wir sind nicht dieser Ansicht, nachdem wir sorgfältig die Berichte dieses Diplomaten geprüft haben. Merimée schreibt: „Herr von Villebois, der, nach seinem Biographen, als Schmuggler begonnen hat und zeit seines Lebens ein Säufer geblieben ist, hat es nur darauf angelegt, Skandalgeschichten zu sammeln ... Seine Anekdoten, so amüsant sie sein mögen, erinnern in ihrem Wahrheitsgehalt an Casanova."

18. „*Die Regentschaft der Zarin Sophie*", von Stschebalsky, übersetzt von Fürst S. Galitzin, liefert einen wertvollen Beitrag zur bewegten Geschichte Rußlands zwischen 1682 und 1689 (Karlsruhe, 1857).

19. Die „*Mémoires du règne de Pierre le Grand*" (Amsterdam, 1730, 4 Bde.) sind von einem vorgeblichen Baron Iwan Iwanowitsch Nestesuranoi geschrieben, in Wirklichkeit aber das Werk des Publizisten Jean Rousset (Anagramm von Nestesuranoi), einem Zeitgenossen des Zaren, der einen Teil seiner Informationen und Dokumente von Huyssen, dem Erzieher des Zarewitsch Alexej, bezogen und von den damaligen Zeitungen profitiert hat, insbesondere dem „Mercure historique" und der „Gazette de Hollande".

20. „*Le voyage du R. P. Avril*" (Paris, 1692.) Der Jesuit und gelehrte Mathematiker Philippe Avril besuchte zwischen 1685 und 1692 zweimal Moskau. Das Kapitel „Voyages de Moscovie" liefert glaubhafte Informationen über die Beziehungen zwischen Rußland und China.

21. „*La Russie aux XVIIIe siècle*" (Paris, 1863) enthält bis dahin unveröffentlichte Memoiren über die Regierungszeit Peters I., Katharinas II. und Peters II., die von Fürst Augustin Galitzin publiziert wurden. Es folgt „die Geschichte einiger großer

Herren am russischen Hofe, die von Peter I., und seinen Nachfolgern zum Tode verurteilt oder verbannt wurden".

22. „*L'histoire du règne de Pierre le Grand*", von Mérimée (Paris, 1929). Kein persönliches Werk Mérimées, sondern Auszüge aus Ustrialows „Geschichte Peters des Großen".

23. „*Voyage en Moscovie du baron Mayerberg.*" Mayerberg kam 1661 an der Spitze einer Gesandtschaft Leopolds I. nach Rußland und blieb ein Jahr dort. Er gibt eine äußerst genaue Schilderung seiner beschwerlichen Reise, vom Hof des Zaren Alexej, Peters I. Vater, und den russischen Sitten. Da er unter dauernder Überwachung stand und fast wie ein Kriegsgefangener behandelt wurde, behielt er den Moskauer Staat in schlechter Erinnerung. Seine scharfe Beurteilung erscheint manchmal übertrieben.

24. Die „*Mémoires de M. D. B. C. D. L.*" wurden einem gewissen Jean Nicole de Brasey, Grafen von Lyon, zugeschrieben, welcher Brigadier in der russischen Armee gewesen sein soll. Nun gab es aber keinen höheren französischen Offizier dieses Namens im Dienste des Zaren. Nach Quérard („Supercheries littéraires, Bd. 2) hieß der Autor ganz schlicht Moreau. Aller Wahrscheinlichkeit nach machte er den Pruth-Feldzug als Freiwilliger mit. Was er darüber zu berichten weiß, ist höchst interessant. Der Rest der 3 Bände enthält nichts als Geschwätz und anzügliche Geschichten.

25. „*L'histoire de Russie sous Pierre le Grand*", von Voltaire, erlebte zahlreiche Auflagen und wurde in mehrere Sprachen übersetzt. Von einem so überragenden Autor hätte man eigentlich Besseres erwarten können. Es ist nicht das unparteiische Werk eines wahrheitsliebenden Historikers, sondern dasjenige eines gefallsüchtigen Historiographen, der geflissentlich die für seinen Helden ungünstigen Zeugnisse außer acht läßt. Voltaire geruhte nicht, die Irrtümer richtigzustellen, auf die ihn Busching und andere Mitglieder der Akademie der Wissenschaften in St. Petersburg hingewiesen hatten. Der damalige Bibliothekar dieser Körperschaft, Taubert, wurde wegen der Schreibweise der russischen Eigennamen folgender Antwort gewürdigt: „Bezüglich der Namensverstümmelungen glaube ich, daß ein Deutscher mir diesen Vorwurf macht. Ich wünsche ihm mehr Geist und weniger Konsonanten." Ustrialow und andere Historiker haben bedauert, daß die Voltaire von dem Grafen Schuwalow anvertrauten „kostbaren Dokumente auf Nimmerwiedersehen verschwunden seien". Das ist ein Irrtum, denn sie sind, als Katharina II. die gesamte Voltairsche Bibliothek erwarb, mit nach Rußland gekommen und befinden sich heute in der Abteilung „Seltene Bücher" der Staatlichen Bibliothek M. E. Saltykow-Schtschedrin (Leningrad).

26. „*Studien über die innenpolitische Lage, das völkische Leben und die ländlichen Institutionen Rußlands*" wurden von Baron August von Haxthausen nach einer Rundreise durch das Zarenreich geschrieben. Dieses umfangreiche Werk in 3 Bänden erschien 4 Jahre später als „La Russie en 1839" des Marquis de Custine und wurde in Rußland teilweise verboten. Das an Beobachtungen reiche, vorzüglich gemachte Buch zeigt, was von Peters Werk die Zeit überdauert hat. Betrüblich ist, daß die Gallophobie des Autors ihm jegliche Objektivität nimmt, sobald er vom französischen Einfluß in Rußland spricht.

27. *Moderne Werke über Peter den Großen.* Unter den besten Werken, die in französischer Sprache vorliegen, seien die Peter I. gewidmeten Seiten in der „Histoire

de la diplomatie" von Wladimir Potemkin genannt, ferner die Werke von Waliszewski, Grünwald, Kliutschewskij, Novik und Llona, sowie Georges Oudard; in Deutsch die kurze Biographie von R. Wittram. K. Stählins „Geschichte Rußlands" und das gleichnamige Werk von V. Gitermann.

28. *Werke, die in letzter Zeit in Rußland erschienen sind.* Die russische Akademie der Wissenschaften hat 1954 einen großen Band über die Zeit, die Regierung und die Reformen des Zaren veröffentlicht. Die Große sowjetische Enzyklopädie hat 1955 einen mehrseitigen Artikel Peter I. gewidmet.

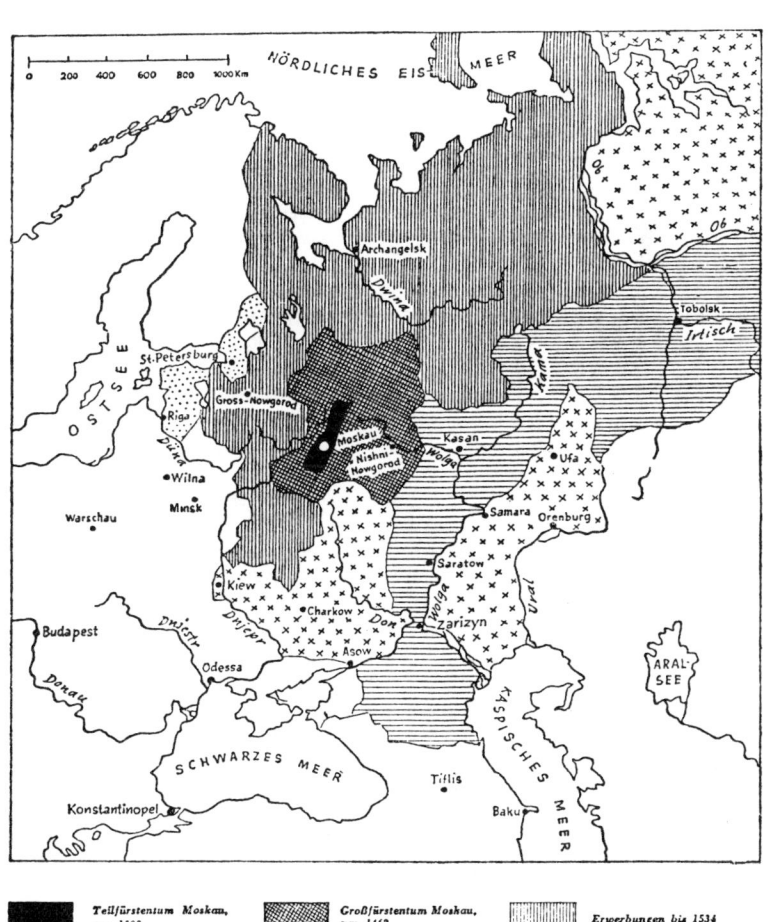

Teilfürstentum Moskau, um 1303	*Großfürstentum Moskau, um 1462*	*Erwerbungen bis 1534*
Erwerbungen unter Iwan IV., bis 1584	*Erwerbungen bis 1689*	*Erwerbungen unter Peter dem Großen, bis 1725*

STAMMBAUM DER DYNASTIE ROMANOW

Roman Jurjewitsch Sacharjin-Koschkin

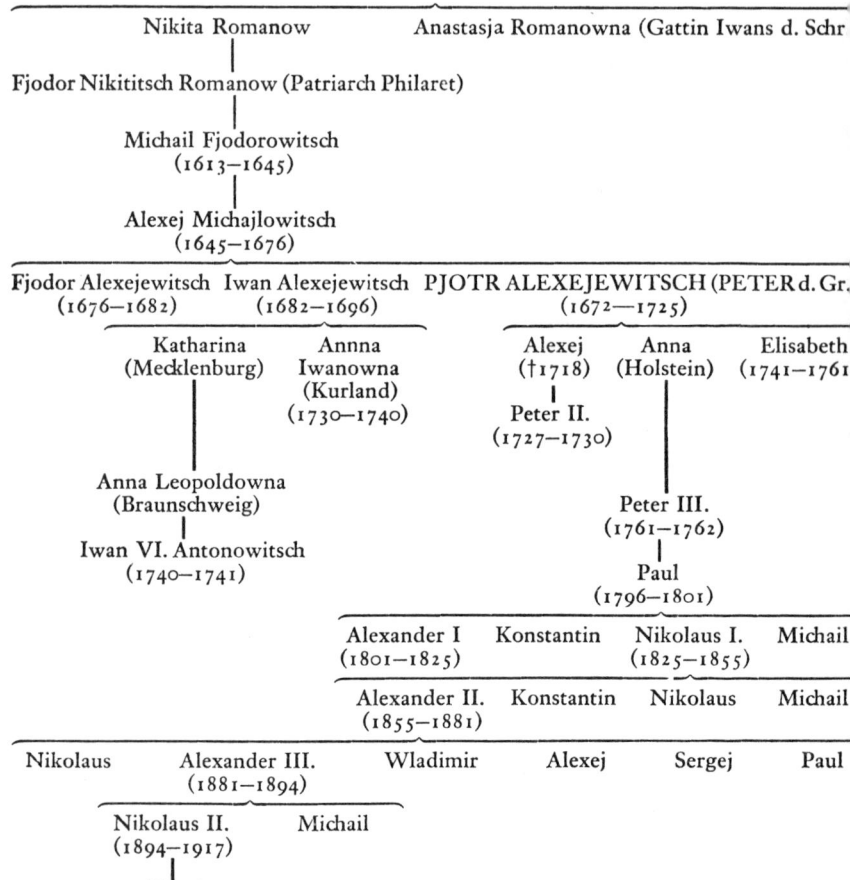

Nikita Romanow   Anastasja Romanowna (Gattin Iwans d. Schr

Fjodor Nikititsch Romanow (Patriarch Philaret)

Michail Fjodorowitsch
(1613—1645)

Alexej Michajlowitsch
(1645—1676)

Fjodor Alexejewitsch   Iwan Alexejewitsch   PJOTR ALEXEJEWITSCH (PETER d. Gr.
(1676—1682)   (1682—1696)   (1672—1725)

Katharina   Annna   Alexej   Anna   Elisabeth
(Mecklenburg)   Iwanowna   (†1718)   (Holstein)   (1741—1761
(Kurland)   Peter II.
(1730—1740)   (1727—1730)

Anna Leopoldowna
(Braunschweig)   Peter III.
(1761—1762)
Iwan VI. Antonowitsch   Paul
(1740—1741)   (1796—1801)

Alexander I   Konstantin   Nikolaus I.   Michail
(1801—1825)   (1825—1855)

Alexander II.   Konstantin   Nikolaus   Michail
(1855—1881)

Nikolaus   Alexander III.   Wladimir   Alexej   Sergej   Paul
(1881—1894)

Nikolaus II.   Michail
(1894—1917)

Alexej

Die Jahreszahlen beziehen sich auf die Dauer der Regierung.

INHALTSVERZEICHNIS

Inhaltsverzeichnis